STRONG

고졸 검정고시
실전 모의고사

7일
완성

시대에듀

머리글 PREFACE

인생의 새로운 갈림길에서 열심히 노력하며
성공을 꿈꾸는 진취적인 여러분께 악수를 청합니다.

1 **검정고시는 제2의 배움을 다시 시작할 수 있도록 정부가 보장하는 제도입니다.**

배움에는 흔히 끝이 없다고들 합니다. 검정고시는 부득이한 이유로 정규 학교 교육을 받지 못하거나 중도에 포기한 사람, 자신만의 꿈을 위해 새로운 길을 선택하는 사람들에게 또 다른 교육의 기회를 주어 제2의 인생을 다시 시작할 수 있도록 정부가 보장하는 제도입니다. 이를 통해 사회 진출의 기초를 마련할 수 있게 해 줍니다.

2 **검정고시는 자신과의 싸움이며, 미래에 대한 도전입니다.**

검정고시는 어려운 환경을 극복하고 미래를 개척하는 굳은 신념의 상징이라고 할 수 있습니다. 그래서 사회에서도 자신과의 싸움에서 이겨낸 사람의 인내심과 성실함을 높이 평가하고 있습니다.

3 **시험공부에는 왕도가 없습니다.**

매일 꾸준히 공부하는 것만이 합격의 지름길이며, 출제 문제의 의도를 파악하고 실력을 늘려간다면 반드시 원하는 목표에 도달할 것으로 확신합니다. 다만, 어떤 수험서를 선택하는가에 따라 수험 기간이 길어질 수도, 짧아질 수도 있습니다. 그래서 검정고시에 가장 효과적으로 대비할 수 있도록 본서를 출간하게 되었습니다.

4 **검정고시는 밝은 앞날을 약속하는 시험입니다.**

검정고시는 배움의 시기를 놓치거나 새로운 배움의 길을 선택한 사람들에게 더 많은 기회를 제공하는 시험이며, 이를 통해 얻게 되는 자신감과 실력은 사회의 어떤 분야에서든지 자신의 꿈을 이루는 데에 도움이 될 것입니다.

5 **수험생 모두에게 행운이 함께하기를 기원합니다.**

검정고시를 준비하는 모든 수험생이 희망과 용기를 가지고 학업에 전념할 수 있도록 도움이 되고자 하는 마음에서 본서를 출간한 만큼 수험생 모두에게 좋은 결과가 있기를 기원합니다.

합격의 공식 ▶ 시대에듀

자격증 · 공무원 · 금융/보험 · 면허증 · 언어/외국어 · 검정고시/독학사 · 기업체/취업

이 시대의 모든 합격! 시대에듀에서 합격하세요!

www.youtube.com → 시대에듀 → 구독

7일 완성 학습 플래너 STUDY PLANNER

최종 점검! 7일 완성 학습 플래너로 목표 점수에 도달하자!
시험 합격을 목표로 모의고사 점수를 기록해 보세요!

목표일	공부한 날	점수 기록			
1일차 실전 모의고사	____월 ____일	국어		과학	
		수학		한국사	
		영어		도덕	
		사회		**과목 평균**	
2일차 실전 모의고사	____월 ____일	국어		과학	
		수학		한국사	
		영어		도덕	
		사회		**과목 평균**	
3일차 실전 모의고사	____월 ____일	국어		과학	
		수학		한국사	
		영어		도덕	
		사회		**과목 평균**	
4일차 실전 모의고사	____월 ____일	국어		과학	
		수학		한국사	
		영어		도덕	
		사회		**과목 평균**	
5일차 실전 모의고사	____월 ____일	국어		과학	
		수학		한국사	
		영어		도덕	
		사회		**과목 평균**	
6일차 실전 모의고사	____월 ____일	국어		과학	
		수학		한국사	
		영어		도덕	
		사회		**과목 평균**	
7일차 실전 모의고사	____월 ____일	국어		과학	
		수학		한국사	
		영어		도덕	
		사회		**과목 평균**	

고졸 검정고시 시험 안내 INFORMATION

◈ 시험 일정

구분	공고일	접수일	시험일	합격자 발표
제1회	2월 초순	2월 중순	4월 초·중순	5월 초·중순
제2회	6월 초순	6월 중순	8월 초·중순	8월 중·하순

◈ 시험 과목

구분	시험 과목	비고
고졸	필수: 국어, 수학, 영어, 사회, 과학, 한국사(6과목) 선택: 도덕, 기술·가정, 체육, 음악, 미술 중 1과목	7과목

◈ 시험 시간표

구분	과목	시간
1교시	국어	09:00~09:40(40분)
2교시	수학	10:00~10:40(40분)
3교시	영어	11:00~11:40(40분)
4교시	사회	12:00~12:30(30분)
중식(12:30~13:30)		
5교시	과학	13:40~14:10(30분)
6교시	한국사	14:30~15:00(30분)
7교시	선택 과목	15:20~15:50(30분)

※ 1교시 응시자는 시험 당일 08:40까지 지정 시험실에 입실해야 하며, 2~7교시 응시자는 해당 과목 시험 시간 10분 전까지 시험실에 입실해야 함.
※ 매 교시 시험 시작 시간(입실 시간)은 동일함.
※ 장애인 응시자의 경우, 원서 접수 시 신청자에 한하여 시험 시간을 과목당 10분 연장함. 단, 매 교시 시험 시작 시간은 동일함.

◈ 출제 기준 및 문항 형식

출제 기준	• 2015 개정 교육과정에서 출제 • 검정(또는 인정)교과서를 활용하는 교과의 출제 범위 ➜ 가급적 최소 3종 이상의 교과서에서 공통으로 다루고 있는 내용으로 출제(단, 국어와 영어의 경우 교과서 외의 지문 활용 가능) • 고졸 검정고시 '교과별' 출제 대상 과목 ➜ 2015 개정 교육과정에 따른 고등학교 과목에서 고졸 검정고시 교과별 출제 범위가 되는 대상 과목에서 출제 • 고등학교 졸업 정도의 지식과 그 응용 능력을 측정할 수 있는 수준으로 출제
문항 형식	• 과목별 문항 수: 25문항(단, 수학 20문항) • 문항당 배점: 4점(단, 수학 5점) • 과목별 배점: 100점 • 문제 형식: 4지 택 1형 필기시험

◆ 응시자격 및 제한

가. 응시자격

❶ 중학교 졸업자 및 이와 동등 이상의 학력이 있다고 인정된 사람

※ 3년제 고등기술학교 졸업(예정)자의 경우에도 중학교 졸업자 및 이와 동등 이상의 학력이 있다고 인정된 사람이어야 함.

❷ 고등학교에 준하는 각종 학교 졸업자 또는 졸업예정자와 중학교 또는 동등 이상의 학력이 있는 자를 대상으로 하는 3년제 직업훈련과정의 수료자

※ 본 공고문에서 졸업예정자라 함은 최종 학년에 재학 중인 자를 말함.

❸ 초 · 중등교육법시행령 제97조, 제101조, 제102조에 해당하는 자

❹ 보호소년 등의 처우에 관한 법률 시행령 제69조 제3호에 해당하는 자

나. 응시자격 제한

❶ 고등학교 또는 초 · 중등교육법시행령 제98조 제1항 제2호의 학교를 졸업한 자 또는 재학 중인 자(휴학 중인 자 포함)

※ 응시자격은 시험 시행일까지 유지해야 함(공고일 현재 재학 중이 아닌 자여서 적법하게 응시원서를 접수하였다 하더라도, 그 이후 시험일까지 편입학 등으로 재학생의 신분을 획득한 경우에는 응시자격을 박탈함).

❷ 공고일 이후 중학교 또는 초 · 중등교육법시행령 제97조 제1항 제2호의 학교를 졸업한 자

※ 단, 당해 연도 중학교 졸업자는 2월 말까지 재학생 신분에 해당되어 1회차 고졸 검정고시 응시가 제한됨.

❸ 공고일 기준으로 고시에 관하여 부정 행위를 한 자로서 처분일로부터 응시자격 제한 기간이 경과되지 아니한 자

❹ 고등학교 퇴학일로부터 공고일까지의 기간이 6개월 이상이 되지 않은 자

◆ 합격자 결정

가. 시험 합격

각 과목을 100점 만점으로 하여 전 과목 평균 60점 이상을 취득한 자를 합격자로 결정함.

※ 단, 평균이 60점 이상이라 하더라도 결시 과목이 있을 경우에는 불합격 처리함.

나. 과목 합격

❶ 시험 성적 60점 이상인 과목에 대해서는 과목 합격을 인정하고, 본인이 원하면 다음 회차의 시험부터 해당 과목의 시험을 면제하고 그 면제되는 과목의 성적을 시험 성적에 합산함.

❷ 기존 과목 합격자가 해당 과목을 재응시할 경우, 기존 과목 합격 성적과 상관없이 재응시한 과목 성적으로 합격 여부를 결정함.

※ 과목 합격자에게는 신청에 의해 과목 합격 증명서를 교부함.

◆ 구비 서류

공통 제출 서류	• 응시원서(소정 서식) 1부[접수처에서 교부] • 동일한 사진 2매(모자를 쓰지 않은 상반신, 3.5cm×4.5cm, 응시원서 제출 전 3개월 이내 촬영) • 본인의 해당 최종학력증명서 1부 • 응시수수료: 없음 • 신분증 지참[주민등록증, 외국인등록증, 운전면허증, 주민등록번호가 포함된 대한민국 여권(※ 주민등록번호가 없는 신규 여권은 여권정보증명서 지참), 청소년증, 주민등록번호가 포함된 장애인등록증(복지카드) 중 하나]

★ 상기 내용은 2024년도 제2회 검정고시 공고문을 참고하였습니다. 응시하고자 하는 시 · 도 교육청의 공고문을 반드시 확인하시기 바랍니다.

최신 기출 문항 핵심 키워드 KEYWORD

◆ 국어 ▶ 2024년도 제2회 기출문제

번호	출제 문제 핵심 키워드	번호	출제 문제 핵심 키워드
1번	화법) 공손성의 원리 파악하기	14번	문학) 고전 소설 – 서술상의 특징 파악하기
2번	화법) 말하기 방식 분석하기	15번	문학) 고전 시가 – 갈래의 특징 파악하기
3번	문법) 한글 맞춤법	16번	문학) 고전 시가 – 표현상의 특징 파악하기
4번	문법) 피동 표현 파악하기	17번	문학) 시나리오 – 갈래의 특징 파악하기
5번	문법) 중세 국어의 특징 파악하기	18번	문학) 시나리오 – 소재의 기능 파악하기
6번	작문) 글쓰기 개요 빈칸 채우기	19번	문학) 시나리오 – 세부 내용 파악하기
7번	작문) 고쳐쓰기의 적절성 파악하기	20번	독서) 서술상의 특징 파악하기
8번	문법) 음운 변동	21번	독서) 서술상의 의미 파악하기
9번	문학) 현대 시 – 표현상의 특징 파악하기	22번	독서) 단어의 사전적 의미
10번	문학) 현대 시 – 각 연의 내용 파악하기	23번	독서) 세부 내용 파악하기
11번	문학) 현대 시 – 화자의 태도 파악하기	24번	독서) 문맥에 맞는 접속어 고르기
12번	문학) 고전 소설 – 서술상의 특징 파악하기	25번	독서) 내용 전개 방식 파악하기
13번	문학) 고전 소설 – 지칭하는 대상 파악하기		

◆ 수학 ▶ 2024년도 제2회 기출문제

번호	출제 문제 핵심 키워드	번호	출제 문제 핵심 키워드
1번	다항식의 덧셈과 뺄셈	11번	원과 직선의 위치 관계
2번	인수정리	12번	좌표평면 위의 점의 대칭이동
3번	인수분해 공식	13번	집합의 뜻
4번	켤레복소수	14번	차집합
5번	이차방정식의 근의 판별	15번	충분조건, 필요조건
6번	이차방정식의 근과 계수의 관계	16번	합성함수의 함숫값
7번	이차함수의 최댓값	17번	역함수의 함숫값
8번	절댓값 기호를 포함한 일차부등식	18번	무리함수의 그래프의 평행이동
9번	좌표평면 위의 내분점	19번	순열
10번	점과 직선 사이의 거리	20번	조합

◆ 영어 ▶ 2024년도 제2회 기출문제

번호	출제 문제 핵심 키워드	번호	출제 문제 핵심 키워드
1번	'opportunity'의 의미	14번	빈칸에 들어갈 내용 유추하기
2번	'be aware of'의 의미	15번	대화의 주제 파악하기
3번	'due to'의 의미	16번	글의 목적 파악하기
4번	단어의 의미 관계	17번	안내문과 일치하지 않는 내용 파악하기
5번	안내문에서 언급되지 않은 내용 찾기	18번	글과 일치하지 않는 내용 파악하기
6번	'order'의 활용	19번	글의 주제 파악하기
7번	'that'의 활용	20번	빈칸에 들어갈 내용 유추하기
8번	'for'의 활용	21번	빈칸에 들어갈 내용 유추하기
9번	밑줄 친 표현의 의미 파악하기	22번	글의 문맥을 이해하고 적절한 곳에 문장 넣기
10번	대화 속 화자의 심정 파악하기	23번	글의 문맥을 이해하고 이어질 내용 찾기
11번	대화가 이루어지는 장소 파악하기	24번	빈칸에 들어갈 내용 유추하기
12번	대명사 'It(it)'이 가리키는 대상 찾기	25번	글의 주제 파악하기
13번	빈칸에 들어갈 내용 유추하기		

◆ 사회 ▶ 2024년도 제2회 기출문제

번호	출제 문제 핵심 키워드	번호	출제 문제 핵심 키워드
1번	시민 참여의 필요성과 사례	14번	한대 기후 지역의 전통 생활 모습
2번	인권	15번	자연재해
3번	입법권, 행정권	16번	사막화 방지 협약
4번	준법 의식	17번	도시화가 가져온 변화
5번	정부	18번	합계 출산율
6번	자유 무역 협정(FTA)	19번	동아시아 문화권
7번	수정 자본주의	20번	이슬람교
8번	포트폴리오	21번	인간과 자연의 공존을 위한 노력
9번	공동선	22번	세계화의 문제점
10번	사회 보험	23번	국경 없는 의사회(MSF)
11번	문화 병존	24번	정보화에 따른 문제점
12번	문화 사대주의, 문화 상대주의	25번	석유, 천연가스
13번	용광로 이론		

최신 기출 문항 핵심 키워드 KEYWORD

◆ 과학 ▶ 2024년도 제2회 기출문제

번호	출제 문제 핵심 키워드	번호	출제 문제 핵심 키워드
1번	태양광 발전	14번	뉴클레오타이드
2번	운동량	15번	세포 내 유전 정보의 흐름
3번	전자기 유도	16번	세포막을 통한 물질의 확산
4번	수평 방향으로 던진 물체의 운동	17번	자연 선택
5번	열효율	18번	생태계 구성 요소
6번	그래핀	19번	생태 피라미드
7번	원자의 전자 배치	20번	산소
8번	주기율표	21번	태양 에너지의 생성
9번	이온 결합 물질	22번	수권
10번	염기	23번	판의 경계
11번	중화 반응	24번	표준화석
12번	산화 환원 반응	25번	지구 내부 에너지
13번	유전적 다양성		

◆ 한국사 ▶ 2024년도 제2회 기출문제

번호	출제 문제 핵심 키워드	번호	출제 문제 핵심 키워드
1번	신석기 시대	14번	조선 총독부
2번	신라 진흥왕	15번	신채호
3번	선종	16번	3·1 운동
4번	묘청의 서경 천도 운동	17번	브나로드 운동
5번	『삼국유사』	18번	의열단
6번	조선 정조의 개혁 정치	19번	좌우 합작 운동
7번	대동법	20번	조소앙의 삼균주의
8번	미국과 조선의 관계	21번	6·25 전쟁
9번	14개조 개혁 정강	22번	경제 개발 5개년 계획
10번	일제의 국권 침탈 과정	23번	1980년대 대한민국의 민주주의 발전
11번	신민회	24번	금융 실명제
12번	전봉준	25번	남북 기본 합의서
13번	교육 입국 조서		

◆ 도덕 ▶▶ 2024년도 제2회 기출문제

번호	출제 문제 핵심 키워드	번호	출제 문제 핵심 키워드
1번	실천 윤리학	14번	식량 불평등 문제
2번	환경 윤리	15번	예술에 대한 도덕주의 입장
3번	맹자	16번	갈퉁의 평화론
4번	공리주의	17번	롤스의 정의관
5번	죽음에 대한 다양한 관점	18번	교정적 정의
6번	제물(齊物)	19번	정보 기술 발달에 따른 윤리적 문제
7번	요나스의 책임 윤리	20번	통일 비용
8번	시민 불복종의 정당화 조건	21번	니부어의 사회 윤리
9번	프롬이 제시한 사랑의 구성 요소	22번	소수자 우대 정책
10번	인간 중심주의, 동물 중심주의	23번	하버마스의 담론 윤리
11번	직업 윤리 의식	24번	종교 갈등
12번	과학 기술자의 윤리적 책임	25번	공직자 윤리
13번	사회 계약설		

◆ 2024년도 고졸 검정고시 출제 교육과정 개편 사항

출제 교육과정 변경	2020년도 고졸 검정고시	2024년도 고졸 검정고시
	2009 개정 교육과정	2015 개정 교육과정

※ 2021년도부터 2015 개정 교육과정을 바탕으로 문제 출제

	구분		2020년도 고졸 검정고시	2024년도 고졸 검정고시
출제 과목 변경	필수	국어	국어Ⅰ, 국어Ⅱ	국어
		수학	수학Ⅰ, 수학Ⅱ	수학
		영어	실용영어Ⅰ	영어
		사회	사회	통합사회
		과학	과학	통합과학
		한국사	한국사	한국사
	선택	도덕	생활과 윤리	생활과 윤리
		기술·가정	기술·가정	기술·가정
		체육	운동과 건강생활	체육
		음악	음악과 생활	음악
		미술	미술 문화	미술

이 책의 구성과 특징 STRUCTURES

실전 모의고사

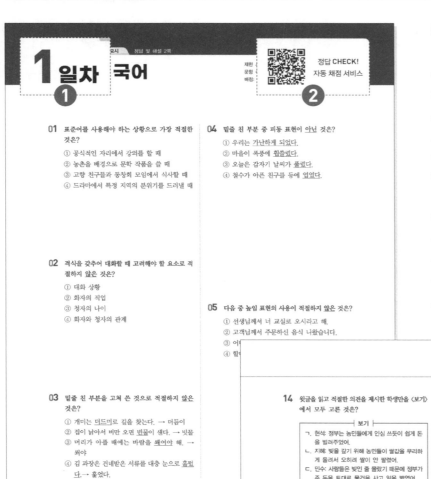

❶ 학습 효과 100%! 7일 완성 단계별 회차 구성

쉬운 난도의 제1~2회, 응용력을 요구하는 고난도의 제3~6회, 평이한 난도의 제7회까지 실전 모의고사를 체계적으로 구성하였습니다. 실제 시험처럼 풀어보며 기초를 다지고 고득점까지 도약해 보세요.

❷ 간편한 자동 채점 QR 서비스

정답을 입력하면 곧바로 채점이 되는 자동 채점 QR 서비스를 제공하였습니다. 목표 점수에 도달했는지 스스로 점검해 보세요.

❸ 검정고시 유형 100% 연계 실전 모의고사

실제 시험과 유사한 방식으로 과목별 실전 모의고사를 제작하였습니다. 출제 가능성이 높은 족집게 문제들을 풀며 시험에 완벽하게 대비해 보세요.

정답 및 해설

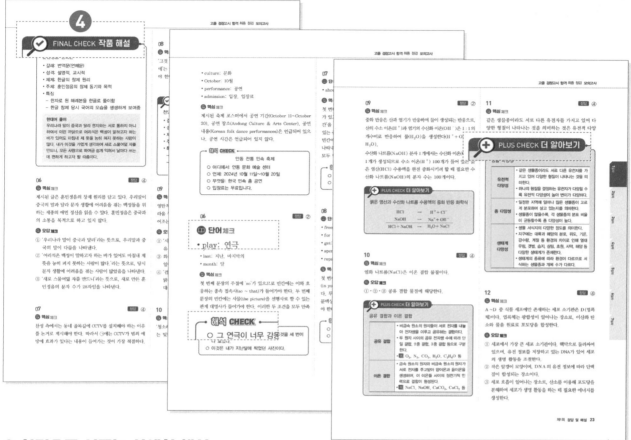

❹ 합격으로 이끄는 상세한 해설

제시문에 대한 분석과 정답을 도출해 내는 과정을 자세히 담았습니다. 시험 합격 전 필수적으로 알아두어야 할 "작품 해설", "단어체크", "해석 CHECK", "더 알아보기" 등 유용한 내용들을 담았으니 관련 내용을 정독해 보세요.

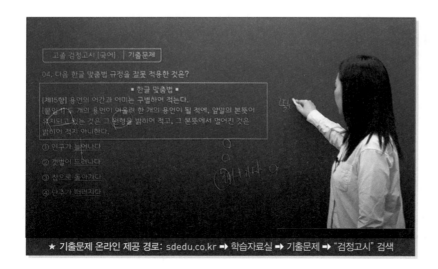

특별 제공 무료 해설 강의

2024년도 최신 기출문제까지 전 문항 해설 강의를 무료로 제공하고 있습니다. 혼자서도 쉽게 학습 가능합니다.

무료 해설 강의 QR 링크 ▶

이 책의 차례 CONTENTS

7일 완성
실전 모의고사

시대에듀

2025 시대에듀 고졸 검정고시
7일 완성 실전 모의고사
www.sdedu.co.kr

1일차
제1회 실전 모의고사

1일차 국어

제한 시간: 40분
문항 수: 25문항
배점: 1문제당 4점

정답 CHECK!
자동 채점 서비스

01 표준어를 사용해야 하는 상황으로 가장 적절한 것은?

① 공식적인 자리에서 강의를 할 때
② 농촌을 배경으로 문학 작품을 쓸 때
③ 고향 친구들과 동창회 모임에서 식사할 때
④ 드라마에서 특정 지역의 분위기를 드러낼 때

02 격식을 갖추어 대화할 때 고려해야 할 요소로 적절하지 <u>않은</u> 것은?

① 대화 상황
② 화자의 직업
③ 청자의 나이
④ 화자와 청자의 관계

03 밑줄 친 부분을 고쳐 쓴 것으로 적절하지 <u>않은</u> 것은?

① 개미는 <u>더드미로</u> 길을 찾는다. → 더듬이
② 집이 낡아서 비만 오면 <u>빈물</u>이 샌다. → 빗물
③ 머리가 아플 때에는 바람을 <u>쐐어야</u> 해. → 쐬야
④ 김 과장은 건네받은 서류를 대충 눈으로 <u>훌텄다</u>.→ 훑었다.

04 밑줄 친 부분 중 피동 표현이 <u>아닌</u> 것은?

① 우리는 <u>가난하게 되었다</u>.
② 마을이 폭풍에 <u>휩쓸렸다</u>.
③ 오늘은 갑자기 날씨가 <u>풀렸다</u>.
④ 철수가 아픈 친구를 등에 <u>업었다</u>.

05 다음 중 높임 표현의 사용이 적절하지 <u>않은</u> 것은?

① 선생님께서 너 교실로 오시라고 해.
② 고객님께서 주문하신 음식 나왔습니다.
③ 어머니께서 제게 시간을 물어 보셨어요.
④ 할머니께서 고민이 많이 있으신 것 같아.

06 ⊙~㉣ 중 훈민정음에 대한 설명으로 적절하지 않은 것은?

> ⊙ 나·랏 :말ᄊᆞ·미 中듕國·귁·에 달·아 文문字·ᄍᆞ·와·로 서르 ᄉᆞᄆᆞᆺ·디 아·니ᄒᆞᆯ·ᄊᆡ ·이런 젼·ᄎᆞ·로 ⓛ 어·린 百·ᄇᆡᆨ姓·셩·이 니르·고·져 ·홇 ·배 이·셔·도 ᄆᆞᄎᆞᆷ:내 제 ·ᄠᅳ·들 시·러 펴·디 :몯ᄒᆞᇙ ·노·미 하·니·라 ·내 ·이·를 爲·윙·ᄒᆞ·야 :어엿·비 너·겨 ㉢ ·새·로 ·스·믈여·듧 字·ᄍᆞ·ᄅᆞᆯ 밍·ᄀᆞ노·니 ㉣ :사ᄅᆞᆷ:마·다 :ᄒᆡ·ᅇᅧ :수·비 니·겨 ·날·로 ·ᄡᅮ·메 便뼌安한·킈 ᄒᆞ·고·져 ᄒᆞᇙ ᄯᆞᄅᆞ·미니·라
>
> – 『월인석보』 (권1)에서, 세조(世祖) 5년(1459년)

① ⊙: 우리말은 중국의 말과 다르다.

② ⓛ: 당시 문자 생활에 어려움을 겪는 사람이 많았다.

③ ㉢: 훈민정음의 문자 수는 28자이다.

④ ㉣: 훈민정음은 중국과의 소통에 도움이 될 것이다.

07 빈칸 ⊙에 들어갈 말로 가장 적절한 것은?

> ■ **논제: 동네 골목길에 CCTV를 설치해야 한다.**
>
> 〈찬성 측〉
> ○ (　　　　　　　⊙　　　　　　　)
> ○ CCTV는 안전한 생활에 필요한 정보를 제공한다.
>
> 〈반대 측〉
> ○ CCTV는 개인의 자유 및 사생활을 침해한다.
> ○ CCTV가 지역에서 발생하는 모든 문제를 해결할 수 있는 것은 아니다.

① CCTV 설치가 지역의 미관을 해친다.

② CCTV를 설치하는 기술이 발전하였다.

③ CCTV 설치를 반대하는 주민들이 많다.

④ CCTV는 각종 범죄 예방에 효과가 있다.

08 ⊙~㉣에 대한 고쳐쓰기 방안으로 적절하지 않은 것은?

> '만무방'의 ⊙ 품사를 사전에서 찾아보니 '염치가 없이 막된 사람'이라고 나와 있었다. 이 작품이 창작된 일제 강점기에는 대부분이 ⓛ 농삿꾼이었고 땅이 없는 농민들도 많았을 텐데, 응칠 형제와 같이 농사를 지어도 먹고 살기가 어려웠다면 대다수가 만무방이 될 ㉢ 수밖에 없었을 것 같다. 이 작품이 ㉣ 열리어진 결말이라 더욱 인상적이었다.

① ⊙: 문맥에 맞게 '의미'로 고쳐 쓴다.

② ⓛ: 맞춤법에 맞게 '농사꾼'으로 고쳐 쓴다.

③ ㉢: 띄어쓰기 규정에 맞게 '수 밖에'로 띄어 쓴다.

④ ㉣: 이중 피동 표현이므로 '열린'으로 고쳐 쓴다.

구두 닦는 사람을 보면
그 사람의 손을 보면
구두 끝을 보면
검은 것에서도 빛이 난다.
흰 것만이 빛나는 것은 아니다.

창문 닦는 사람을 보면
그 사람의 손을 보면
창문 끝을 보면
비누 거품 속에서도 빛이 난다.
맑은 것만이 빛나는 것은 아니다.

㉠ 청소하는 사람을 보면
그 사람의 손을 보면
길 끝을 보면
쓰레기 속에서도 빛이 난다.
깨끗한 것만이 빛나는 것은 아니다.

마음 닦는 사람을 보면
그 사람의 손을 보면
마음 끝을 보면
보이지 않는 것에서도 빛이 난다.
보이는 빛만이 빛은 아니다.
닦는 것은 빛을 내는 일

성자가 된 청소부는
청소를 하면서도 성자이며
성자이면서도 청소를 한다.

　　　　　　 – 천양희, 「그 사람의 손을 보면」

09 윗글의 표현상 특징으로 적절하지 <u>않은</u> 것은?

① 특정 어휘의 반복을 통해 운율감을 살리고
　있다.
② 영탄적 어조로 대상에 대한 화자의 감정을 드
　러내고 있다.
③ 작은 일에도 최선을 다하는 삶의 아름다움을
　노래하고 있다.
④ 대립적인 시구를 제시하여 대상이 지닌 가치
　를 부각하고 있다.

10 ㉠에 대한 이해로 적절하지 <u>않은</u> 것은?

① 성자와 같이 훌륭한 사람을 말한다.
② 자신의 일을 성실하게 하는 사람을 말한다.
③ 자신이 하는 일과 대조되는 세계를 추구하는
　사람이다.
④ 사소해 보이는 일을 하면서도 빛나는 가치를
　지니고 있는 사람이다.

11 다음 글에서 화자가 추구하는 삶의 태도로 가장 적절한 것은?

길이 끝나는 곳에서도
길이 있다
길이 끝나는 곳에서도
길이 되는 사람이 있다
스스로 봄 길이 되어
끝없이 걸어가는 사람이 있다
강물은 흐르다가 멈추고
새들은 날아가 돌아오지 않고
하늘과 땅 사이의 모든 꽃잎은 흩어져도
보라
사랑이 끝난 곳에서도
사랑으로 남아 있는 사람이 있다
스스로 사랑이 되어
한없이 봄 길을 걸어가는 사람이 있다
　　　　　　 – 정호승, 「봄 길」

① 노력보다는 타고난 능력을 중요하게 여기는
　태도
② 가치 있는 일이라도 힘든 일이라면 피하려는
　태도
③ 절망적인 상황에서도 희망을 가지고 살아가는
　태도
④ 고통스러운 현실을 피해 무기력하게 살아가는
　태도

[12~14] 다음 글을 읽고 물음에 답하시오.

그들은 나무 의자에 기대어 한 시간쯤 잤다. 깨어 보니 대합실 바깥에 다시 눈발이 흩날리고 있었다. 기차는 연착이었다. 밤차를 타려는 시골 사람들이 의자마다 가득 차 있었다. 두 사람은 말없이 담배를 나눠 피웠다. 먼 길을 걷고 나서 잠깐 눈을 붙였더니 더욱 피로해졌던 것이다. 영달이가 혼잣말로,

"쳇, 며칠이나 견디나……."

"뭐라구?"

"아뇨, 백화란 여자 말요. 저런 애들…… 한 사날두 촌 생활 못 배겨 나요."

"사람 나름이지만 하긴 그럴 거요. 요즘 세상에 일이 년 안으로 인정이 획 변해가는 판인데……."

정 씨 옆에 앉았던 노인이 두 사람의 행색과 무릎 위의 배낭을 눈여겨 살피더니 말을 걸어왔다.

"어디 일들 가슈?"

"아뇨, 고향에 갑니다."

"고향이 어딘데……."

"삼포라고 아십니까?"

"어 알지, 우리 아들놈이 거기서 도자를 끄는데……."

"삼포에서요? 거 어디 공사 벌릴 데나 됩니까? 고작 해야 고기잡이나 하구 감자나 매는데요."

"어허! 몇 년 만에 가는 거요?"

"십 년."

노인은 그렇겠다며 고개를 끄덕였다.

"말두 말우, 거긴 지금 육지야. 바다에 ㉠방둑을 쌓아 놓구, 추럭이 수십 대씩 돌을 실어 나른다구."

"뭣 땜에요?"

"낸들 아나. 뭐 ㉡관광호텔을 여러 채 짓는담서, 복잡하기가 말할 수 없데."

"동네는 그대루 있을까요?"

"그대루가 뭐요. 맨 천지에 공사판 사람들에다 장까지 들어섰는걸."

"그럼 나룻배두 없어졌겠네요."

"바다 위로 ㉢신작로가 났는데, 나룻배는 뭐에 쓰오. 허허, 사람이 많아지니 변고지. 사람이 많아지면 하늘을 잊는 법이거든."

작정하고 벼르다가 찾아가는 고향이었으나, 정 씨에게는 풍문마저 낯설었다. 옆에서 잠자코 듣고 있던 영달이가 말했다.

"잘됐군. 우리 거기서 공사판 일이나 잡읍시다."

그때에 ㉣기차가 도착했다. 정 씨는 발걸음이 내키질 않았다. 그는 마음의 정처를 방금 잃어버렸던 때문이었다. 어느 결에 정 씨는 영달이와 똑같은 입장이 되어 버렸다.

ⓐ기차가 눈발이 날리는 어두운 들판을 향해서 달려갔다.

– 황석영, 「삼포 가는 길」

12 윗글에 대한 설명으로 적절하지 **않은** 것은?

① 전지적 작가 시점으로 서술된 소설이다.
② 대화를 통해 인물이 처한 상황을 나타내고 있다.
③ 결말 구조가 암시적으로 마무리되어 여운을 남긴다.
④ 고달픈 삶은 드러나지 않지만 인물 간의 갈등이 고조되어 나타난다.

13 ㉠~㉣ 중 상징적 의미가 가장 이질적인 것은?

① ㉠   ② ㉡
③ ㉢   ④ ㉣

14 ⓐ에 대한 설명으로 가장 적절한 것은?

① 정 씨와 영달의 새로운 삶의 출발을 나타낸 것이다.
② 정 씨와 영달이 앞으로 맞게 될 어두운 상황을 암시한다.
③ 정 씨와 영달의 관계가 지속되지 못할 것임을 나타낸 것이다.
④ 정 씨와 영달이 고향에 대해 느끼는 편안함과 안락함을 드러낸 것이다.

(가)

생사(生死) 길은
예 있으매 머뭇거리고,
나는 간다는 말도
못다 이르고 어찌 갑니까.
어느 가을 이른 바람에
이에 저에 떨어질 잎처럼,
한 가지에 나고
가는 곳 모르온저.
아아, 미타찰(彌陀刹)에서 만날 나
도(道) 닦아 기다리겠노라.
           – 월명사, 「제망매가(祭亡妹歌)」

(나)

눈 마ᄌ 휘여진 ᄃᆡ를 뉘라셔 굽다턴고
구블 절(節)이면 눈 속의 프를소냐
아마도 세한고절(歲寒孤節)은 너ᄲᅮᆫ인가 ᄒᆞ노라
           – 원천석, 「눈 마ᄌ 휘여진 ᄃᆡ를」

15 (가)에 대한 설명으로 적절하지 <u>않은</u> 것은?

① 명령형 어미를 통해 화자 자신의 소망을 드러
    내고 있다.
② 비유적 표현을 통해 화자와 대상의 관계를 표
    현하고 있다.
③ 혈육과의 사별에서 오는 슬픔과 안타까움을
    표현하고 있다.
④ 상징과 비유적 표현을 통해 작품의 서정성을
    높이고 있다.

16 <보기>에서 설명하는 시어를 (나)에서 찾은 것으
로 가장 적절한 것은?

┤ 보기 ├
○ '세한 고절'
○ 어떤 시련 속에서도 지조를 지키는 충신을 의
   미함.

① 눈
② ᄃᆡ
③ 마ᄌ
④ 뉘라셔

[17~19] 다음 글을 읽고 물음에 답하시오.

  나는 '나'를 허투루 간수했다가 '나'를 잃은 사람이다.
어렸을 때는 과거 시험을 좋게 여겨 그 공부에 빠져 있
었던 것이 10년이다. 마침내 조정의 벼슬아치가 되어 사
모관대에 비단 도포를 입고 백주 도로를 미친 듯 바쁘게
돌아다니며 12년을 보냈다. 그러다 갑자기 상황이 바뀌
어 친척을 버리고 고향을 떠나 한강을 건너고 문경 새재
를 넘어 아득한 바닷가 대나무 숲이 있는 곳에 이르러서
야 멈추게 되었다. 이때 '나'도 땀을 흘리고 숨을 몰아쉬
며 허둥지둥 내 발뒤꿈치를 쫓아 함께 이곳에 오게 되었
다. 나는 '나'에게 말했다.
  "너는 무엇 때문에 여기에 왔는가? 여우나 도깨비에
게 홀려서 왔는가? 바다의 신이 불러서 왔는가? 너의
가족과 이웃이 소내에 있는데, 어째서 그 본고장으로
돌아가지 않는가?"
  그러나 '나'는 멍하니 꼼짝도 않고 돌아갈 줄을 몰랐
다. 그 안색을 보니 마치 얽매인 게 있어 돌아가려 해도
돌아갈 수 없는 듯했다. 그래서 '나'를 붙잡아 함께 머무
르게 되었다.
  이 무렵, 내 둘째 형님 또한 그 '나'를 잃고 남해의
섬으로 가셨는데, 역시 '나'를 붙잡아 함께 그곳에 머무
르게 되었다.
  유독 내 큰형님만이 '나'를 잃지 않고 편안하게 수오
재에 단정히 앉아 계신다. 본디부터 지키는 바가 있어
'나'를 잃지 않으신 때문이 아니겠는가? 이것이야말로
큰형님이 자신의 서재 이름을 '수오'라고 붙이신 까닭일
것이다. 일찍이 큰형님이 말씀하셨다.

"아버지께서 나의 자(字)를 태현(太玄)이라고 하셨다. 나는 홀로 나의 태현을 지키려고 서재 이름을 '수오'라고 하였다."

이는 그 이름 지은 뜻을 말씀하신 것이다.

맹자께서 말씀하시기를, "무엇을 지키는 것이 큰일인가? ㉠ 자신을 지키는 것이 큰일이다."라고 하셨는데, 참되도다, 그 말씀이여!

드디어 내 생각을 써서 큰형님께 보여 드리고 수오재의 기문(記文)으로 삼는다.

– 정약용, 「수오재기」

17 윗글의 갈래에 대한 설명으로 적절하지 <u>않은</u> 것은?

① 글쓴이의 경험과 깨달음을 전달한다.

② 글쓴이는 독자에게 교훈을 전달한다.

③ 가상의 인물을 설정하여 허구적 이야기를 전달한다.

④ 다른 문학에 비해 글의 형식이 자유로운 것이 특징이다.

18 윗글의 중심 내용으로 가장 적절한 것은?

① '나'를 지키는 일의 중요성

② 상대를 배려하는 자세의 필요성

③ 끊임없이 자신을 단련하는 일의 중요성

④ 어려운 사람을 도와주려는 자세의 필요성

19 ㉠의 의미로 적절하지 <u>않은</u> 것은?

① 올바른 정신을 지키는 것이다.

② 자신의 주관을 잃지 않는 것이다.

③ 자기 본성을 온전히 유지하는 것이다.

④ 꾸준히 공부하여 지식을 함양하는 것이다.

[20~22] 다음 글을 읽고 물음에 답하시오.

(가)

해양 생물들이 플라스틱 조각을 먹이로 알고 먹으면, 포만감을 주어 영양 섭취를 저해하거나 장기의 좁은 부분에 걸려 문제를 일으킬 수 있다. 또한 플라스틱은 제조 과정에서 첨가된 잔류성 유기 오염 물질을 포함하고 있으며 바다로 흘러들어 간 후에는 물속에 녹아 있는 다른 유해 물질까지 끌어당긴다. 미세 플라스틱을 먹이로 착각하고 먹은 플랑크톤을 작은 물고기가 섭취하고, 작은 물고기를 다시 큰 물고기가 섭취하는 먹이 사슬 과정에서 농축된 미세 플라스틱의 ㉠ 독성 물질은 해양 생물의 생식력을 떨어뜨릴 수 있다.

(나)

미세 플라스틱은 인간에게도 위협이 될 수 있다. 한국 해양 과학 기술원의 실험 결과, 양식장 부표로 사용하는 ㉡ 발포 스티렌은 나노(10억분의 1) 크기까지 쪼개지는 것으로 확인되었다. 나노 입자는 생체의 주요 장기는 물론 뇌 속까지 침투할 수 있는 것으로 알려져 있다. 내장을 제거하지 않고 통째로 먹는 작은 물고기나 조개류를 즐기는 이들은 수산물의 체내에서 미처 배출되지 못한 미세 플라스틱을 함께 섭취할 위험이 상대적으로 높아지는 셈이다.

(다)

　　미세 플라스틱이 인간에게 어느 정도 위협이 되는지 현재로서는 과학자들도 분명한 답을 내놓지 못하고 있다. 하지만 미국이나 영국 등의 나라에서는 사람이나 환경에 심각한 피해를 줄 우려가 있으면 인과 관계가 확실히 입증되기 전이라도 필요한 조처를 해야 한다는 '사전 예방의 원칙'에 따라 이미 여러 환경 단체가 ⓒ 미세 플라스틱을 추방하기 위한 활동을 활발히 하고 있다. 이들은 치약이나 세정용 각질 제거제 등을 생산하는 제조업체들에 미세 플라스틱 알갱이를 호두 껍데기나 코코넛 껍질과 같은 ⓔ 유기 물질로 대체하도록 촉구하고 있다. 또한 소비자들에게는 미세 플라스틱이 함유된 생활용품을 쓰지 않도록 하는 캠페인을 진행 중이다.

　　　　　　　　　　　－ 김정수, 「바닷속 미세 플라스틱의 위협」

20 다음 중 미세 플라스틱에 대한 설명으로 가장 적절한 것은?

① 상위 포식자 생물에게는 농축되지 않는다.
② 다른 유해 물질과 결합하는 성질을 가진다.
③ 해양 생물의 영양 섭취를 저해하지는 않는다.
④ 환경오염의 우려로 인해 세계적으로 사용이 금지되었다.

21 ㉠~㉣ 중 긍정적인 의미를 나타내는 것은?

① ㉠　　　　　　　　② ㉡
③ ㉢　　　　　　　　④ ㉣

22 (가)와 함께 제시할 보조 자료로 가장 적절한 것은?

① 도표: 생태계의 먹이 사슬
② 동영상: 생체의 주요 장기 영상
③ 사진: 사람에 대한 심각한 피해 사진
④ 선 그래프: 연간 플라스틱 사용량 변화

[23~25] 다음 글을 읽고 물음에 답하시오.

(가)

일제 강점기의 광화문, 아픔을 겪다

　　광화문은 '왕의 큰 덕이 온 나라를 비춘다[光化].'라는 뜻을 간직한, 경복궁의 남쪽 문이자 정문입니다. 1395년 조선 태조 때 만들어졌으며, 석축을 높게 쌓고 중앙에 홍예문을 터서 문루를 얹은 궐문의 형식을 갖추고 있습니다. 창건 당시 '오문'으로 불리던 광화문이 지금의 이름을 얻게 된 것은 1426년 세종 때입니다. 이는 집현전 학사들이 나라의 위엄과 문화를 널리 만방에 보여 준다는 뜻으로 새로이 붙인 것입니다.

(나)

　　원래 경복궁은 광화문 – 근정전 – 사정전 – 강녕전 – 교태전이 남북으로 일직선상에 놓여 관악산을 바라보고 있었습니다. 그런데 일제가 조선 총독부를 근정전 바로 앞에 세우면서, ㉠ 광화문을 삐딱하게 비틀어 관악산이 아닌 남산을 바라보게 하였습니다. 원래 남산에는 단군을 비롯한 여러 신을 모신 국사당이 있었습니다. 일제는 이 국사당을 허물고 그 자리에 일본의 건국 시조를 신으로 받드는 신사를 건립하였습니다. 이 모든 것이 조선 민족의 정통성과 정기를 훼손하여, 조선 백성을 일왕의 백성으로 만들기 위함이었습니다.

(다)

　　이처럼 광화문은 이름과 달리 수난의 역사를 겪었습니다. 구한말부터 오늘에 이르기까지 우리 민족이 온몸으로 받아 내야 했던 근현대사의 비극을 압축해 담고 있는 셈입니다.

(라)

총독부 새 청사, 광화문을 밀어내다

　　제국주의 일본이 조선을 병탄한 지 6년째 되는 해, 조선 총독부는 새 청사를 짓겠다고 나섰습니다. 조선을 영원히 식민 통치하겠다는 그들의 야욕은 날이 갈수록 더해 갔습니다. 일제가 새 청사의 터로 선택한 곳은 오백 년 조선 왕조를 호령하였던 경복궁 앞뜰이었습니다.

　　　　　　　　　　　－ 문화재청 엮음, 「조선의 얼, 광화문」

23 (가)~(라)의 중심 내용으로 적절하지 않은 것은?

① (가): 광화문이라는 이름의 유래
② (나): 일제 강점기 광화문의 수난
③ (다): 새 청사가 들어서기 전 경복궁의 상태
④ (라): 일제의 조선 총독부 새 청사 건립 계획

25 ㉠에 담긴 일제의 의도에 대한 추론으로 가장 적절한 것은?

① 조선 민족의 정기를 훼손하기 위한 것이다.
② 단군의 권위와 위엄을 세우고자 한 것이다.
③ 조선 총독부 기존 건물이 낡아 새 청사를 지으려고 한 것이다.
④ 광화문이 조선 총독부 건물을 가리지 못하게 하기 위한 것이다.

24 광화문에 대한 설명으로 적절한 것만을 〈보기〉에서 모두 고른 것은?

┤ 보기 ├

ㄱ. 경복궁의 남쪽 문이자 정문이다.
ㄴ. 조선의 자랑스러운 역사만을 담고 있다.
ㄷ. 집현전 학사들이 '광화'라는 이름을 붙였다.
ㄹ. 경복궁 내 다른 건물들과 일직선을 이루며 남산을 바라보고 있었다.

① ㄱ, ㄴ
② ㄱ, ㄷ
③ ㄴ, ㄷ
④ ㄴ, ㄹ

1일차   수학

제한 시간: 40분
문항 수: 20문항
배점: 1문제당 5점

정답 CHECK!
자동 채점 서비스

01 두 다항식 $A = 2x^2 - 3x$, $B = x^2 + 5x$에 대하여 $A + B$는?

① $x^2 - 2x$ ② $3x^2 + 2x$

③ $5x^2 - x$ ④ $7x^2 + 2x$

02 등식 $x^2 + ax - 4 = x^2 + 7x - b$가 x에 대한 항등식일 때, 두 상수 a, b에 대하여 $a - b$의 값은?

① 1   ② 2

③ 3   ④ 4

03 다항식 $3x^2 - 2x + 1$을 $x - 3$으로 나누었을 때, 나머지는?

① 20   ② 22

③ 24   ④ 26

04 다항식 $x^3 + 3^3$을 인수분해한 식이 $(x + k)(x^2 - 3x + 9)$일 때, 상수 k의 값은?

① 0   ② 1

③ 2   ④ 3

05 다음 등식을 만족시키는 두 실수 x, y에 대하여 $x - y$의 값은? (단, $i = \sqrt{-1}$)

$$(x - 3) + (y + 1)i = 5 + 7i$$

① -2 ② -1

③ 1   ④ 2

06 이차방정식 $x^2+4x-3=0$의 두 근을 α, β라 할 때, $\alpha+\beta$의 값은?

① -4　　　　② -3

③ -2　　　　④ -1

07 $-2 \leq x \leq 3$일 때, 이차함수 $y=x^2-3$의 최솟값은?

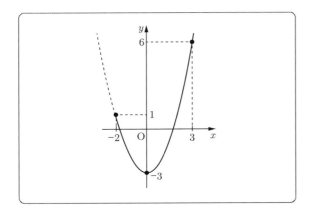

① -1　　　　② -2

③ -3　　　　④ -4

08 삼차방정식 $x^3-3x^2-ax+6=0$의 한 근이 3일 때, 상수 a의 값은?

① 2　　　　② 6

③ 10　　　　④ 14

09 연립부등식 $\begin{cases} 3x > 9 \\ x < 12-x \end{cases}$의 해가 $3 < x < a$일 때, 상수 a의 값은?

① 5　　　　② 6

③ 7　　　　④ 8

10 부등식 $|x-1| \leq 3$의 해를 수직선 위에 나타낸 것이 그림과 같을 때, 상수 a의 값은?

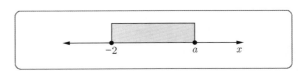

① 2　　　　② 3

③ 4　　　　④ 5

11 좌표평면 위의 두 점 A$(-2, 1)$, B$(2, 5)$ 사이의 거리는?

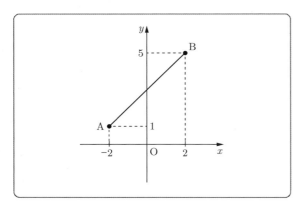

① $2\sqrt{2}$ ② $4\sqrt{2}$

③ $6\sqrt{2}$ ④ $8\sqrt{2}$

12 직선 $y=x-1$에 수직이고, 점 $(0, 1)$을 지나는 직선의 방정식은?

① $y=-x-1$

② $y=-x+1$

③ $y=-\dfrac{1}{2}x-1$

④ $y=-\dfrac{1}{2}x+1$

13 중심이 $(1, -2)$이고 원점을 지나는 원의 방정식은?

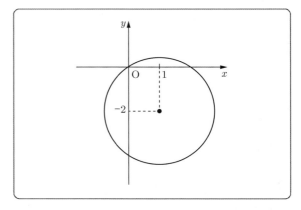

① $(x-1)^2+y^2=1$

② $(x-1)^2+(y+2)^2=1$

③ $(x-1)^2+(y-2)^2=5$

④ $(x-1)^2+(y+2)^2=5$

14 좌표평면 위의 점 $(1, 2)$를 x축의 방향으로 -1만큼, y축의 방향으로 3만큼 평행이동한 점의 좌표는?

① $(0, 5)$ ② $(0, 7)$

③ $(5, 0)$ ④ $(7, 0)$

15 두 집합 $A=\{1, 2, 3, 4\}$, $B=\{2, 3, 4, 5\}$에 대하여 $n(A\cap B)$의 값은?

① 1   ② 2

③ 3   ④ 4

16 명제 '$x^2 \neq 9$이면 $x \neq 3$이다.'의 대우는?

① $x^2 \neq 9$이면 $x = 3$이다.

② $x^2 = 9$이면 $x = 3$이다

③ $x = 3$이면 $x^2 \neq 9$이다.

④ $x = 3$이면 $x^2 = 9$이다.

17 두 함수 $f : X \to Y$, $g : Y \to Z$가 그림과 같을 때, $(g \circ f)(1)$의 값은?

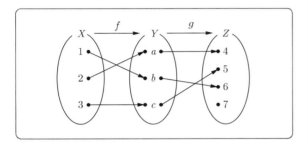

① 4　　　　　　② 5

③ 6　　　　　　④ 7

18 무리함수 $y = \sqrt{x-3} + a$의 그래프가 그림과 같을 때, 상수 a의 값은?

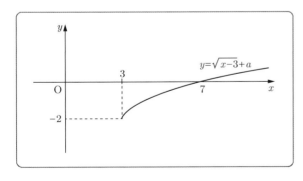

① -1　　　　　② -2

③ -3　　　　　④ -4

19 그림과 같이 4장의 글자 카드가 있다. 이 중에서 서로 다른 2장의 카드를 택하여 일렬로 나열하는 경우의 수는?

매　란　국　죽

① 4　　　　　　② 8

③ 10　　　　　④ 12

20 다음 그림과 같이 한 원 위에 있는 6개의 점으로 만들 수 있는 삼각형의 개수는?

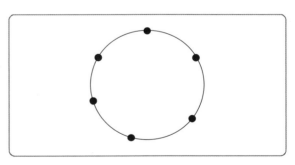

① 20　　　　　② 30

③ 40　　　　　④ 50

1일차 영어

제한 시간: **40분**
문항 수: **25문항**
배점: **1문제당 4점**

정답 CHECK!
자동 채점 서비스

[01~03] 다음 밑줄 친 부분의 뜻으로 가장 적절한 것을 고르시오.

01

You need to <u>concentrate</u> on what people say.

① 반박하다   ② 익숙하다
③ 집중하다   ④ 이해하다

02

I'm really <u>concerned about</u> the result of my exam today.

① ~을 걱정하다
② ~을 후회하다
③ ~에 만족하다
④ ~을 조사하다

03

<u>First of all</u>, you have to be in class on time.

① 대개   ② 우선
③ 끝으로   ④ 다음으로

04 다음 중 밑줄 친 두 단어의 의미 관계와 <u>다른</u> 것은?

Which <u>fruit</u> do you like better, <u>bananas</u> or grapes?

① giver — taker
② earth — ocean
③ furniture — desk
④ vegetable — onion

05 다음 축제 포스터에서 언급되지 <u>않은</u> 것은?

Andong Traditional Folk Festival
○ Where: Andong Culture & Arts Center
○ When: October 11~October 20, 2024
○ What: Korean folk dance performances
○ Admission is free.

① 공연 기간   ② 공연 장소
③ 공연 내용   ④ 공연 시간

[06~08] 다음 빈칸에 공통으로 들어갈 말로 가장 적절한 것을 고르시오.

06

○ The play was so impressive _____ I saw it three times.
○ This is the picture _____ I took last month.

① how　　　　　② that
③ what　　　　　④ when

07

○ It has been a long time _____ I saw you.
○ You should wear a jacket _____ it is cold.

① so　　　　　② for
③ that　　　　　④ since

08

○ What do you do in your _____ time?
○ You can get it for _____.

① free　　　　　② take
③ spend　　　　　④ repair

09 다음 중 밑줄 친 표현의 의미로 가장 적절한 것은?

A: Sorry for being late. I got up late this morning.
B: This is the third time this month.
A: Sir, I promise not to be late again.
B: Okay, but <u>actions speak louder than words.</u>

① 이미 엎질러진 물이다
② 서두르면 일을 그르친다
③ 말보다는 행동이 더 중요하다
④ 어려울 때 도와주는 친구가 진정한 친구다

10 다음 대화에서 알 수 있는 B의 심정으로 가장 적절한 것은?

A: How was the fall field day today?
B: It was great! I had a lot of fun there.
A: You had perfect weather, too.
B: Yes. That's why I'm so happy.

① 괴롭다　　　　　② 언짢다
③ 슬프다　　　　　④ 행복하다

11 다음 대화가 이루어지는 장소로 가장 적절한 것은?

> A: Welcome to Hong's Steak House. Please have a seat.
> B: Thanks. What's today's special?
> A: Hamburg steak, sir. It comes with baked potatoes and a salad.
> B: Sounds good. I'll have it.

① 교실　　　　　② 식당
③ 공항　　　　　④ 도서관

12 다음 글에서 밑줄 친 It(it)이 가리키는 것으로 가장 적절한 것은?

> Dear Sir / Madam
>
> I ordered a skirt from your website on Tuesday. It arrived yesterday. I ordered a red one, but received a blue one. I'd like to exchange it for the correct color.

① skirt
② color
③ website
④ Tuesday

[13~14] 다음 대화의 빈칸에 들어갈 말로 가장 적절한 것을 고르시오.

13

> A: Let's go to the movie theater this afternoon.
> B: Oh, I don't want to watch a movie today.
> A: Then, _____?
> B: Sounds good. We need some exercise and fresh air. Let's go to the park, then.

① what's the matter with you
② how long does it take to get to the park
③ can you tell me how to get to the movie theater
④ what about going to the park and riding bicycles instead

14

> A: _____?
> B: I'm here on vacation.

① How much is it
② May I take your order
③ What's the purpose of your visit
④ Why don't we go on vacation this summer

15 다음 대화의 주제로 가장 적절한 것은?

> A: May I help you?
> B: I bought this smartphone last month. But it doesn't work well.
> A: Can you tell me about the problem?
> B: I think the buttons are out of order.

① 스마트폰 광고
② 스마트폰 고장
③ 스마트폰 구매
④ 스마트폰 반품

16 다음 글을 쓴 목적으로 가장 적절한 것은?

> Dear Mr. Han,
> There is a boy whom I like in my class. I want to be his girlfriend but he seems to like another girl. Should I tell him how I feel about him? Please tell me what I should do.

① 식사 초대
② 약속 철회
③ 고민 상담
④ 선물 사양

17 다음 영작 대회 안내문의 내용과 일치하지 <u>않는</u> 것은?

>
> **The 2024 English Writing Contest by Ace Herald**
>
> ○ When
>   • August 12th, 2024, from 2 p.m.~4 p.m.
> ○ Where
>   • Conference room in the Ace Herald Building
> ○ Who
>   • limited to teenagers
> ○ How to Apply
>   • Sign up at www.aceherald.co.kr

① 여름에 열리는 행사이다.
② 온라인으로 접수해야 한다.
③ 주최하는 곳은 Ace Herald이다.
④ 참가 대상은 고등학교 재학생이다.

18 다음 글에서 Ice cream에 대한 설명과 일치하지 않는 것은?

Ice cream is considered to be a modern food, but ancient people also ate a kind of ice cream. For example, more than 2,000 years ago, people in China would create a dish of rice mixed with frozen milk during wintertime. Likewise, it is said that Alexander the Great enjoyed eating snow flavored with honey.

① 알렉산더 대왕도 아이스크림을 먹었다.
② 아이스크림을 맨 처음 만든 나라는 중국이다.
③ 사람들은 아이스크림을 현대 음식으로 생각한다.
④ 고대에도 아이스크림이라고 할 만한 음식이 있었다.

19 다음 글의 주제로 가장 적절한 것은?

Edinburgh University scientists have found toxic chemicals on the surface of Mars. This means that finding life on Mars would be difficult. Mars has no ozone layer, which indicates high levels of ultra - violet(UV) radiation. The mix of UV radiation and the chemicals means that it might be impossible for anything to grow on Mars.

① 화성 여행
② 화성의 방사선
③ 화성의 생명체
④ 화성의 독성 물질

[20~21] 다음 글의 빈칸에 들어갈 말로 가장 적절한 것을 고르시오.

20

When you go to Woodland Park, remember the following rules. First, fires, even for cooking, are not allowed. This is because fires are very dangerous. Next, food must be stored properly. Leaving food out in the open _____ wild animals.

① attracts   ② develops
③ confuses   ④ increases

21

You may think your brain does not do anything while you are sleeping. However, your brain is actually working hard even when you are _____. Research has shown that, while you are sleeping, your brain reviews, sorts, and stores the knowledge you gained during the day. Therefore, sleep is very important for proper brain function.

① calm   ② asleep
③ strange   ④ nervous

22 글의 흐름으로 보아 다음 문장이 들어가기에 가장 적절한 곳은?

> One of the common advertising techniques is to repeat the product name.

> (①) Repeating the product name may increase sales. (②) For example, imagine that you go shopping for shampoo but you haven't decided which to buy. (③) The first shampoo that comes to your mind is the one with the name you have recently heard a lot. (④) Therefore, repeating the name can lead to consumers buying the product.

23 다음 글의 바로 뒤에 이어질 내용으로 가장 적절한 것은?

> Today, potatoes are one of the most common foods in the world. They are served alone or with your favorite dishes such as pizza and salad. Here are some various recipes for potatoes.

① 감자의 효능
② 감자 판매량
③ 감자 요리법
④ 감자 재배 방법

[24~25] 다음 글을 읽고 물음에 답하시오.

> Trees not only make life possible, but also make the air clean. Humans and animals breathe in oxygen and breathe out carbon dioxide. Trees do the opposite. In this way they help to keep the air clean and fresh. _____, trees soak up water from the soil, which helps to prevent floods during heavy rain.

24 윗글의 빈칸에 들어갈 말로 가장 적절한 것은?

① In fact
② After all
③ In addition
④ Even though

25 윗글의 주제로 가장 적절한 것은?

① 생명과 나무
② 홍수 방지 방법
③ 산소가 주는 유익
④ 나무가 주는 혜택

1일차 사회

제한 시간: 30분
문항 수: 25문항
배점: 1문제당 4점

정답 CHECK!
자동 채점 서비스

01 다음 설명에 해당하는 개념은?

> ○ 공정한 분배를 추구하는 중요한 기준이 된다.
> ○ 동일한 것은 동일하게 취급하고 다른 것은 다르게 취급하는 것이다.

① 정의　　　　　② 자유
③ 권리　　　　　④ 경쟁

02 빈칸 ㉠에 들어갈 말로 알맞은 것은?

> 인간이 행복하기 위해 필요한 보편적인 조건으로는 ㉠ 과 정치적 조건, 사회·윤리적 조건이 있다.

① 문화적 조건　　　② 지리적 조건
③ 심리적 조건　　　④ 경제적 조건

03 다음 설명에 해당하는 개념은?

> 개인의 인생을 시간의 흐름에 따라 단계별로 나타낸 것으로, 아동기, 청년기, 중·장년기, 노년기로 이어지는 인생의 긴 과정을 말한다.

① 보험　　　　　② 재무 설계
③ 생애 주기　　　④ 자산 관리

04 다음 설명에 해당하는 개념은?

 시장에서 하나 또는 소수의 공급자가 가격이나 생산량을 조정하는 것을 말해.

 그렇지. 이 경우 소비자는 시장 가격보다 높은 가격을 지불하게 될 수 있어.

① 독과점
② 공공재
③ 공정 거래
④ 경제적 불평등

05 다문화 사회에 대한 설명으로 옳지 <u>않은</u> 것은?

① 문화의 다양성을 높이는 데 기여한다.
② 교통수단의 발달로 급속히 진전되었다.
③ 외국인 근로자의 유입으로 시장이 안정된다.
④ 다양한 인종이나 문화를 가진 사람들이 공존한다.

06 빈칸 ㉠에 들어갈 말로 알맞은 것은?

> ㉠ 은/는 일정 수준의 소득이 있는 개인과 정부, 기업이 보험료를 분담하여 구성원의 사회적 위험에 대비하는 제도이다.

① 공공 부조
② 사회 보험
③ 사회 서비스
④ 여성 할당제

07 다음 설명에 해당하는 국제 사회의 행위 주체는?

> 개인이나 민간단체를 회원으로 하는 국제 사회의 행위 주체이다. 환경 보호, 인권 신장, 보건 등 국제 사회 및 인류의 보편적 가치를 위해 공동의 노력을 이끌어 내는 역할을 한다.

① 국가
② 이익 집단
③ 정부 간 국제기구
④ 국제 비정부 기구

08 빈칸 ㉠에 들어갈 말로 알맞은 것은?

> ㉠ (이)란 한 사회가 다른 사회와 교류하거나 접촉하는 과정에서 새로운 문화 요소가 전달되어 정착하는 현상이다.

① 발명
② 발견
③ 문화 전파
④ 문화 접변

09 다음 설명에 해당하는 생애 주기 단계는?

> 가족을 부양하거나 노후를 준비하는 등의 과업을 갖는다. 일반적으로 소득이 가장 많고, 소비 규모도 큰 시기이다.

① 유아기
② 아동기
③ 청년기
④ 중·장년기

10 외부 효과에 대한 설명으로 옳은 것만을 〈보기〉에서 모두 고른 것은?

> ┤ 보기 ├
> ㄱ. 외부 효과는 자원의 비효율적인 배분을 초래한다.
> ㄴ. 외부 효과의 종류에는 긍정적 외부 효과와 부정적 외부 효과가 있다.
> ㄷ. 긍정적 외부 효과는 사회적 필요보다 과다 생산되는 문제점을 가지고 있다.
> ㄹ. 부정적 외부 효과는 사회적 필요보다 과소 생산되는 문제점을 가지고 있다.

① ㄱ, ㄴ
② ㄱ, ㄷ
③ ㄴ, ㄷ
④ ㄷ, ㄹ

11 빈칸 ㉠에 들어갈 말로 알맞은 것은?

> ㉠ 은 인간으로서의 존엄과 가치 및 행복 추구권을 바탕으로 자유권, 평등권, 참정권, 사회권, 청구권 등을 기본권으로 보장하고 있다.

① 형법　　　　　② 헌법
③ 행정법　　　　④ 소송법

12 다음 설명에 해당하는 개념은?

> 1970년대 석유 파동으로 등장하였으며, 정부의 역할을 제한하고 시장의 기능과 자유로운 경제 활동을 강조한다. 시장의 효율성을 증진시킬 수 있다는 장점이 있으나 빈부 격차의 심화를 초래하기도 한다.

① 중상주의
② 신자유주의
③ 산업 자본주의
④ 수정 자본주의

13 근대 시민 혁명에 대한 설명으로 옳지 <u>않은</u> 것은?

① 국제 연합에서 세계 인권 선언을 채택하였다.
② 영국에서 평화적인 정권 교체가 이루어졌다.
③ 프랑스에서 시민 계급의 주도로 선언문이 발표되었다.
④ 미국에서 국민 주권의 원리를 담은 선언문을 발표하였다.

14 다음 지도에 표시된 나라에서 자주 일어나는 지형적 요인으로 인한 재해는?

① 홍수　　　　　② 가뭄
③ 폭설　　　　　④ 지진

15 빈칸 ㉠에 들어갈 말로 알맞은 것은?

> ㉠ 는 농업 중심의 사회가 공업 중심의 사회로 변하는 현상이다. 18세기 산업 혁명을 계기로 급속도로 확산되었다.

① 정보화　　　　② 산업화
③ 양극화　　　　④ 사막화

16 문화 다양성에 설명으로 옳지 <u>않은</u> 것은?

① 우리의 삶을 보다 풍부하게 만들어 준다.
② 자기 문화를 가장 우수하다고 여기는 것이다.
③ 각 사회의 구성원이 공유하는 나름의 생활 방식이다.
④ 현재 세대와 미래 세대의 더 나은 삶을 위해 보장해야 한다.

17 다음 설명에 해당하는 도시화의 단계는?

> **사회 골든벨**
>
> 본격적인 산업화가 시작되면서 이촌 향도 현상이 발생하기 시작하는 도시화의 단계는 무엇일까요?

① 초기 단계
② 이동 단계
③ 종착 단계
④ 가속화 단계

18 다음 설명에 해당하는 사회 현상은?

> 전 세계가 긴밀하게 상호 의존하면서 국가의 경계를 넘어 하나의 단일한 체계로 통합되어 가는 현상이다.

① 지역화
② 세계화
③ 사회화
④ 보편화

19 빈칸 ㉠과 ㉡에 들어갈 말로 알맞은 것은?

> ○ ㉠ 은/는 산업 혁명 이후 주요 에너지 자원으로 이용되고 있으며, 매장 지역이 비교적 고르게 분포되어 있다.
> ○ ㉡ 은/는 세계적으로 사용 비중이 가장 높은 에너지 자원으로, 서남아시아에 집중 분포되어 있다.

	㉠	㉡
①	석탄	천연가스
②	천연가스	석탄
③	석탄	석유
④	석유	석탄

20 다음 설명에 해당하는 문화권은?

> 열대 기후 지역으로 원시 부족 단위의 공동체 생활을 하는 지역이다. 토속 신앙이 발달하였으며, 원주민의 일부는 원시 농업·수렵·채집 생활을 하며 살아간다.

① 북극 문화권
② 유럽 문화권
③ 건조 문화권
④ 아프리카 문화권

21 시간적 관점에 대한 설명으로 옳은 것만을 〈보기〉에서 모두 고른 것은?

┌─────── 보기 ├───────┐
ㄱ. 도덕적 가치 판단에 기초하여 사회 현상을 바라본다.
ㄴ. 시대적 배경과 맥락에 초점을 두고 사회 현상을 이해한다.
ㄷ. 특정한 사회 현상이 개인과 사회에 미치는 영향을 분석하는 데 유용하다.
ㄹ. 사회 현상의 역사적 인과 관계를 추론하고, 미래를 예측하는 데 도움이 된다.
└─────────────────────┘

① ㄱ, ㄴ   ② ㄱ, ㄷ
③ ㄴ, ㄹ   ④ ㄷ, ㄹ

22 교통·통신의 발달로 인한 변화에 대한 설명으로 옳지 않은 것은?

① 대도시권이 형성되었다.
② 생활 공간이 확대되었다.
③ 관광 산업이 발달되었다.
④ 지역 격차가 완화되었다.

23 인간 중심주의의 특징이 아닌 것은?

① 인간과 자연의 균형을 중시한다.
② 인간을 가장 가치 있는 존재로 여긴다.
③ 인간의 이익이나 행복을 먼저 고려한다.
④ 자연을 인간의 이익과 필요에 따라 평가한다.

24 다음 설명에 해당하는 국제 협약은?

┌─────────────────────┐
세계 192개의 국가가 지구 온난화를 막기 위해 맺은 국제 협약이다. 이산화 탄소 등의 인위적 가스 방출을 규제하고 있으며, 한국은 1993년 12월에 47번째로 가입하였다.
└─────────────────────┘

① 람사르 협약
② 기후 변화 협약
③ 사막화 방지 협약
④ 생물 다양성 협약

25 빈칸 ㉠에 들어갈 말로 알맞은 것은?

┌─────────────────────┐
   ㉠   은/는 지구촌의 구성원으로서 세계에서 발생하는 여러 가지 문제에 책임 의식을 갖고 그 문제를 해결하기 위해 적극적으로 행동하고자 하는 마음가짐이다.
└─────────────────────┘

① 공정 무역
② 문화의 획일화
③ 세계 시민 의식
④ 자문화 중심주의

1일차 과학

제한 시간: 30분
문항 수: 25문항
배점: 1문제당 4점

정답 CHECK!
자동 채점 서비스

01 다음 설명에 해당하는 신소재는?

> ○ 니켈 – 티탄 합금, 구리 – 아연 합금 등이 있으며, 의료 기기 및 우주 개발 기기 등에 이용된다.
> ○ 실온이나 실온보다 낮은 저온에서 모양이나 형태를 변형시켜도 가열하면 즉시 변형 전 형태로 되돌아가는 성질이 있는 합금이다.

① 풀러렌
② 초전도체
③ 네오디뮴 자석
④ 형상 기억 합금

02 그림은 발전기 내부 구조의 일부분이다. 발전기에서 일어나는 에너지의 전환은?

① 코일의 전기 에너지 → 열에너지
② 코일의 운동 에너지 → 위치 에너지
③ 코일의 전기 에너지 → 운동 에너지
④ 코일의 운동 에너지 → 전기 에너지

03 그림은 정지해 있던 물체에 작용한 힘의 크기를 시간에 따라 나타낸 것이다. 0~6초 동안 이 물체가 받은 충격량의 크기는?

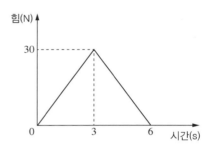

① 30 N · s
② 45 N · s
③ 90 N · s
④ 180 N · s

04 전자기 유도에 의해 코일에 흐르는 유도 전류의 세기에 영향을 주는 요인으로 옳은 것만을 〈보기〉에서 모두 고른 것은?

> ┤ 보기 ├
> ㄱ. 자석의 세기
> ㄴ. 코일의 감은 수
> ㄷ. 코일을 감은 방향
> ㄹ. 자석이 움직이는 속도

① ㄱ, ㄴ
② ㄱ, ㄷ
③ ㄱ, ㄴ, ㄹ
④ ㄴ, ㄷ, ㄹ

05 다음 설명에 해당하는 원소가 <u>아닌</u> 것은?

> ○ 주기율표의 1족에 속한다.
> ○ 반응성이 큰 알칼리 금속이다.

① 수소(H)
② 리튬(Li)
③ 칼륨(K)
④ 나트륨(Na)

06 다음 화학 반응식에서 산소를 잃고 환원되는 물질은?

> $2CuO + C \rightarrow 2Cu + CO_2$

① CuO
② C
③ Cu
④ CO_2

07 다음 중 열 전도성과 전기 전도성이 없는 비금속 원소는?

① 구리
② 헬륨
③ 나트륨
④ 마그네슘

08 그림은 산소 원자(O)의 전자 배치를 나타낸 것이다. 가장 바깥 전자 껍질에 들어 있는 전자의 개수는?

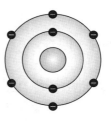

① 2개
② 4개
③ 6개
④ 8개

09 수소 이온(H^+) 100개가 들어 있는 묽은 염산(HCl) 수용액을 완전 중화시키려 할 때 필요한 수산화 나트륨(NaOH)의 분자 수는?

① 50개
② 100개
③ 150개
④ 200개

10 다음 중 공유 결합 물질이 <u>아닌</u> 것은?

① 산소(O_2)
② 질소(N_2)
③ 이산화 탄소(CO_2)
④ 염화 나트륨(NaCl)

11 같은 생물종이라도 서로 다른 유전자를 가지고 있어 다양한 형질이 나타나는 것을 의미하는 것은?

① 개체 수

② 종 다양성

③ 생태계 다양성

④ 유전적 다양성

12 그림은 식물 세포의 구조를 나타낸 것이다. A~D 중 식물 세포에만 존재하는 세포 소기관은?

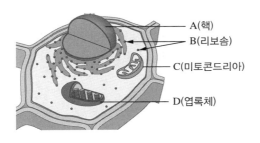

① A   ② B

③ C   ④ D

13 생태계 평형을 깨뜨리는 요인이 <u>아닌</u> 것은?

① 생태 통로

② 화산 폭발

③ 경작지 개발

④ 무분별한 벌목

14 그림은 세포막의 구조와 세포막을 통한 물질의 이동을 나타낸 것이다. 세포막을 구성하는 성분 ㉠과 ㉡의 이름을 바르게 나열한 것은?

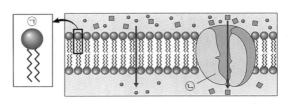

	㉠	㉡
①	인지질	막단백질
②	인지질	탄수화물
③	막단백질	인지질
④	막단백질	탄수화물

15 생명체의 구성 물질 중 탄소 화합물에 해당하는 것만을 〈보기〉에서 모두 고른 것은?

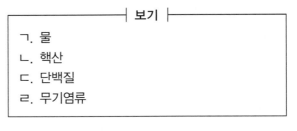

┌─────── 보기 ───────┐

ㄱ. 물

ㄴ. 핵산

ㄷ. 단백질

ㄹ. 무기염류

① ㄱ, ㄴ   ② ㄴ, ㄷ

③ ㄴ, ㄹ   ④ ㄷ, ㄹ

16 DNA 이중 나선에서 아데닌(A)과 상보적 결합을 하는 염기는?

① 구아닌(G)
② 타이민(T)
③ 유라실(U)
④ 사이토신(C)

17 다음 설명에 해당하는 지질 시대는?

> ○ 암모나이트, 공룡 등이 번성하였다.
> ○ 빙하기 없이 전반적으로 온난한 기후였다.

① 선캄브리아 시대
② 고생대
③ 중생대
④ 신생대

18 지하수가 석회암 지대를 용해하여 석회동굴이 형성될 때 상호 작용하는 지구 시스템의 권역은?

① 수권과 지권
② 수권과 기권
③ 외권과 지권
④ 지권과 생물권

19 우주의 주요 구성 원소를 바르게 나열한 것은?

① 철, 헬륨
② 산소, 탄소
③ 수소, 탄소
④ 수소, 헬륨

20 판 경계에서 발달하는 지형 중 다음 설명에 해당하는 것은?

> ○ 발산형 경계 중 해양판과 해양판의 경계에서 나타난다.
> ○ 마그마가 새로운 해양 지각을 생성하면서 거대한 해저 산맥을 이룬다.

① 해령
② 해구
③ 호상 열도
④ 변환 단층

21 지구 시스템의 에너지원 중 가장 많은 양을 차지하는 것은?

① 조력 에너지
② 풍력 에너지
③ 태양 에너지
④ 지구 내부 에너지

22 다음 설명에 해당하는 현상은?

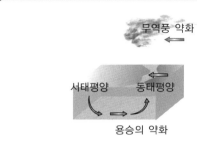

○ 적도 부근 동태평양 해역의 표층 수온이 평년
보다 높은 상태로 지속되는 현상이다.
○ 동태평양 부근은 강수량 증가에 따른 홍수 발
생, 어획량 감소 등이 나타난다.

① 장마
② 엘니뇨
③ 라니냐
④ 사막화

23 그림은 규산염 광물의 기본 구조인 규산염 사면체
를 나타낸 것이다. ㉠과 ㉡에 해당하는 것을 바르
게 나열한 것은?

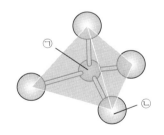

	㉠	㉡
①	산소(O)	염소(Cl)
②	산소(O)	규소(Si)
③	규소(Si)	산소(O)
④	규소(Si)	염소(Cl)

24 자연에서의 에너지 전환의 예로 옳은 것은?

① 번개: 전기 에너지 → 빛에너지
② 폭포: 운동 에너지 → 위치 에너지
③ 광합성: 화학 에너지 → 빛에너지
④ 화산 폭발: 역학적 에너지 → 지구 내부 에너지

25 그림과 같이 가만히 공을 놓았을 때 일어나는 운
동에 대한 설명으로 옳은 것은? (단, 공기 저항은
무시한다.)

① 공은 등속도 운동을 한다.
② 공에 작용하는 힘은 중력이다.
③ 공에 작용하는 힘은 점점 커진다.
④ 공이 1초마다 이동한 거리는 같다.

1일차 한국사

제한 시간: 30분
문항 수: 25문항
배점: 1문제당 4점

정답 CHECK!
자동 채점 서비스

01 다음 설명에 해당하는 유물이 처음으로 제작된 시대는?

○ 명칭: 슴베찌르개
○ 용도: 뾰족하고 긴 부분인 슴베를 만들어서 창이나 화살 따위에 꽂아 쓰는 찌르개

① 구석기 시대
② 신석기 시대
③ 청동기 시대
④ 철기 시대

02 빈칸 ㉠에 들어갈 말로 알맞은 것은?

┌─────────────────────────┐
│ ┌──㉠──┐ 는 각 부족의 영역을 중요시하여 그 │
│ 영역을 침범하는 경우 노비와 소·말로 변상하게 │
│ 하는 책화 제도가 있었다. │
└─────────────────────────┘

① 부여　　　　② 동예
③ 옥저　　　　④ 고구려

03 다음 설명에 해당하는 신라의 정치 기구는?

┌─────────────────────────┐
│ ○ 귀족들이 모여 나라의 중대사를 논하였던 회 │
│ 의 기구이다. │
│ ○ 부족 사회의 특징을 보여주며, 만장일치제로 │
│ 운영되었다. │
└─────────────────────────┘

① 화랑도
② 제가 회의
③ 화백 회의
④ 정사암 회의

04 조선 태종의 정책에 대해 옳은 것만을 〈보기〉에서 모두 고른 것은?

┌──────────── 보기 ────────────┐
│ ㄱ. 사간원 독립 │
│ ㄴ. 호패법 실시 │
│ ㄷ. 집현전 설치 │
│ ㄹ. 홍문관 설치 │
└─────────────────────────┘

① ㄱ, ㄴ　　　　② ㄱ, ㄷ
③ ㄴ, ㄹ　　　　④ ㄷ, ㄹ

05 다음 설명에 해당하는 문화유산은?

> 백제 나성과 능산리 무덤들 사이 절터에서 발견된 백제의 향로이다. 당시의 도교와 불교가 혼합된 종교와 사상을 알 수 있으며, 백제의 공예 기술 및 미술 문화를 종합적으로 파악할 수 있다.

① 장군총
② 무령왕릉
③ 금동 대향로
④ 산수무늬 벽돌

06 빈칸 ㉠에 들어갈 말로 알맞은 것은?

> 질문 ㉠ 에 대해 알려 주세요.
>
> 답변 고려 성종 때 서희가 고려에 침입한 거란을 상대로 외교 담판을 성사시키며 획득한 영토입니다.

① 4군 6진   ② 강동 6주
③ 동북 9성   ④ 쓰시마섬

07 고려의 사회 시책에 대한 설명으로 옳지 <u>않은</u> 것은?

① 물가 안정 기구로 상평창을 운영하였다.
② 흉년 시 빈민 구제를 위한 의창을 시행하였다.
③ 환자 치료와 빈민 구제를 위해 동서 대비원을 두었다.
④ 질병의 확산을 막기 위해 임시 기관인 제위보를 설치하였다.

08 다음 설명에 해당하는 고려의 승려는?

> ○ 유불 일치설을 주장하였다.
> ○ 심성의 도야를 강조하였다.

① 혜심   ② 의천
③ 지눌   ④ 요세

09 빈칸 ㉠에 들어갈 말로 알맞은 것은?

> 통일 후 신라의 ㉠ 은/는 뛰어난 학문 실력을 바탕으로 왕에게 정치적 조언을 하거나 행정 실무를 담당하였다.

① 사림   ② 호족
③ 훈구   ④ 6두품

10 다음 설명에 해당하는 고려의 정치 기구는?

> ○ 국방 및 군사 문제를 논의하였다.
> ○ 재신과 추밀로 구성되었다.

① 어사대
② 도병마사
③ 교정도감
④ 지계아문

11 빈칸 ㉠에 들어갈 말로 알맞은 것은?

> ┌──────┐
> │ ㉠ │ 은/는 울릉도와 독도에 왕래하는
> └──────┘
> 일본 어부들을 쫓아내고, 일본에 건너가서 울릉
> 도와 독도가 우리나라의 영토임을 확인시켰다.

① 장보고　　　　② 이순신
③ 안용복　　　　④ 유성룡

12 다음 설명에 해당하는 조선의 향촌 기구는?

> 조선 시대 향촌에서 유력 양반(사족)이 중심이
> 되어 설립된 기구이다. 수령을 보좌하고, 백성을
> 교화하는 역할을 하였다.

① 향도　　　　② 향약
③ 유향소　　　　④ 경재소

13 다음 설명에 해당하는 흥선 대원군의 정책은?

> ○ 왕실의 권위 회복을 위해 시행하였다.
> ○ 필요한 재정을 확보하기 위해 당백전을 발행
> 　하였다.

① 대동법 시행
② 경복궁 중건
③ 탕평비 건립
④ 『칠정산』 편찬

14 빈칸 ㉠에 들어갈 말로 알맞은 것은?

> 조선 정부는 임진왜란 이후 악화된 국가 재정
> 을 해결하기 위해 돈이나 곡식을 받고 명예직 임
> 　　　　　┌──────┐
> 명장인 │ ㉠ │ 을/를 파는 납속책을 실시하
> 　　　　　└──────┘
> 였다.

① 호패　　　　② 족보
③ 교지　　　　④ 공명첩

15 다음 설명에 해당하는 개혁 기구는?

> ○ 갑오개혁을 추진하였던 최고 정책 결정 기관
> ○ 입법권을 가진 초정부적 기구

① 정방
② 비변사
③ 군국기무처
④ 통리기무아문

16 다음 설명에 해당하는 단체는?

안창호, 양기탁 등이 조직한 항일 비밀 결사 단체는 왜 해체되었나요?

일제가 날조한 105인 사건으로 해체되었어요.

① 신민회
② 보안회
③ 대한 자강회
④ 헌정 연구회

17 빈칸 ㉠에 들어갈 말로 알맞은 것은?

> 〈　㉠　의 전개 과정〉
>
> 프랑스군의 강화도 공격
> ↓
> 문수산성의 한성근 부대,
> 정족산성 양헌수 부대 활약
> ↓
> 프랑스군의 외규장각 의궤 약탈

① 신미양요　　　　② 병인양요
③ 임오군란　　　　④ 갑신정변

18 다음 설명에 해당하는 단체는?

> ○ 김원봉이 만주에서 조직한 항일 무장 투쟁 단체이다.
> ○ 신채호의 '조선 혁명 선언'을 활동 지침으로 삼았다.

① 의열단
② 근우회
③ 조선 혁명군
④ 한국 광복군

19 일제의 무단 통치에 대한 설명으로 옳지 <u>않은</u> 것은?

① 회사령 폐지
② 조선 태형령 실시
③ 조선 총독부 설치
④ 헌병 경찰제 실시

20 다음 설명에 해당하는 민족 운동은?

> ○ 1926년 6월 순종의 인산일에 만세 운동이 일어났다.
> ○ 학생들을 중심으로 전개되었다.

① 3 · 1 운동
② 브나로드 운동
③ 6 · 10 만세 운동
④ 광주 학생 항일 운동

21 ㉠~㉣을 일어난 순서대로 바르게 나열한 것은?

> ㉠ 3 · 15 부정 선거
> ㉡ 이승만 대통령 하야
> ㉢ 김주열의 시신 발견
> ㉣ 대학교수단 시국 선언

① ㉠ - ㉡ - ㉢ - ㉣
② ㉠ - ㉢ - ㉣ - ㉡
③ ㉡ - ㉢ - ㉣ - ㉠
④ ㉢ - ㉠ - ㉡ - ㉣

22 다음 설명에 해당하는 인물은?

■ 역사 인물 카드 ■

○ 생몰 연도:
   1908년~1932년
○ 주요 활동:

   • 김구가 조직한 한인
     애국단의 단원으로
     활동하였다.
   • 1932년 상하이 훙커우 공원에서 폭탄을
     던져 일본인 고관을 살상하였다.

① 김원봉   ② 안중근
③ 이봉창   ④ 윤봉길

23 빈칸 ㉠에 들어갈 말로 알맞은 것은?

○ 탐구 주제: ㉠
○ 탐구 내용
   • 배경: 전두환 정부의 강압적 통치, 박종철
     고문치사 사건
   • 전개: 대통령 직선제 개헌 요구 → 시위 도
     중 대학생 이한열 피격 → '호헌 철폐', '독재
     타도'를 외치며 전국 주요 도시에서 시위
     전개
   • 결과: 6 · 29 민주화 선언 발표

① 4 · 19 혁명
② 새마을 운동
③ 6월 민주 항쟁
④ 5 · 18 민주화 운동

24 신간회에 대한 설명으로 옳지 <u>않은</u> 것은?

① 노동 운동과 농민 운동을 지원하였다.
② 광주 학생 항일 운동에 진상 조사단을 파견하
   였다.
③ 비타협적 민족주의자들과 사회주의자들이 협
   력하여 조직하였다.
④ 국권 회복과 공화정 체제에 바탕을 둔 근대 국
   가 건설을 목표로 하였다.

25 빈칸 ㉠에 들어갈 말로 알맞은 것은?

〈박정희 정부의 정책〉
○ 한일 국교 정상화
○ 베트남 파병
○   ㉠

① 3선 개헌
② 금융 실명제 시행
③ 공산주의 국가와 수교
④ 최초 남북 정상 회담 개최

1일차 도덕

제한 시간: 30분
문항 수: 25문항
배점: 1문제당 4점

정답 CHECK!
자동 채점 서비스

01 다음 중 과학 기술과 정보 윤리 영역의 윤리적 쟁점으로 가장 적절한 것은?

① 원조는 의무인가, 자선인가?
② 동물 실험을 허용해야 하는가?
③ 예술은 윤리적 지도를 따라야 하는가?
④ 사이버 공간에서의 자아 정체성은 현실 공간에서와 동일한가?

02 다음 설명에 해당하는 윤리 사상은?

○ 네 의지의 준칙이 언제나 동시에 보편적 입법의 원리가 되도록 행위하라.
○ 너 자신에게나 다른 사람에게 있어서 인격을 언제나 동시에 목적으로 대우하고 수단으로 대우하지 말라.

① 중용
② 정언 명령
③ 가언 명령
④ 도덕 추론

03 공리주의 관점에 대한 설명으로 옳지 않은 것만을 〈보기〉에서 모두 고른 것은?

┤ 보기 ├
ㄱ. 유용성의 추구
ㄴ. 행위의 동기 강조
ㄷ. 개인의 도덕성 중시
ㄹ. 최대 다수의 최대 행복 추구

① ㄱ, ㄴ   ② ㄴ, ㄷ
③ ㄴ, ㄹ   ④ ㄷ, ㄹ

04 인류가 지향하는 보편적 가치가 <u>아닌</u> 것은?

① 인권
② 평화
③ 갈등
④ 사랑

1일차
2일차
3일차
4일차
5일차
6일차
7일차

05 (가), (나)에 들어갈 말로 적절하지 <u>않은</u> 것은?

주제: 동물 실험의 윤리적 쟁점

찬성 논거	반대 논거
(가)	(나)
⋮	⋮

① (가): 다른 대안이 없다.
② (가): 인간과 동물의 지위는 근본적으로 같다.
③ (나): 인간과 동물은 생물학적인 차이가 있다.
④ (나): 고통을 느끼는 생명체를 희생시켜서는 안 된다.

06 다음 설명에 해당하는 윤리 사상은?

○ 인간에 대한 사랑인 인(仁)을 타고난 내면적 도덕성으로 본다.
○ 인간과 자연이 조화를 이루는 천인합일(天人合一)의 경지를 추구한다.
○ 맡은 바 임무를 충실히 수행하라는 정명(正名) 사상을 제시한다.

① 도가   ② 불교
③ 유교   ④ 묵가

07 빈칸 ㉠과 ㉡에 들어갈 말로 알맞은 것은?

(㉠)	성(性)은 종족 보존의 가치를 가지며 새로운 생명을 탄생시키는 원천이다.
쾌락적 가치	성(性)은 감각적인 욕구를 충족시켜 주는 쾌락적 기능을 가진다.
(㉡)	성(性)은 동물의 성과 달리 상대방에 대한 배려나 예의, 존중을 바탕으로 한다.

	㉠	㉡
①	생식적 가치	문화적 가치
②	생물학적 가치	문화적 가치
③	생식적 가치	인격적 가치
④	생물학적 가치	인격적 가치

08 시민 불복종의 사례로 옳지 <u>않은</u> 것은?

① 이스라엘의 점령에 대한 팔레스타인의 저항 운동
② 영국의 식민지 정책에 저항한 간디의 무저항 운동
③ 마틴 루서 킹의 흑인 차별 철폐를 위한 인권 운동
④ 미국 노예 제도에 반대한 소로의 세금 납부 거부 운동

09 부부간의 바람직한 윤리적 자세로 옳은 것은?

① 부족한 점은 상호 보완한다.
② 부부는 상대에게 확실히 구속되어야 한다.
③ 육아는 여성이, 경제 활동은 남성이 담당한다.
④ 남녀 사이에는 고정된 위계질서가 있음을 인정한다.

10 다음 설명에 해당하는 윤리 사상은?

> ○ 유교에서 제시한 이상 사회이다.
> ○ 재화가 고르게 분배되어 모든 사람들이 더불어 잘 사는 사회이다.

① 철인국가
② 정토사회
③ 소국과민
④ 대동사회

11 예술에 대한 심미주의의 입장으로 옳은 것은?

① 도덕적 선을 지향한다.
② 순수 예술론을 추구한다.
③ 참여 예술론을 지지한다.
④ 예술은 윤리의 지도를 받아야 한다.

12 다음 내용을 주장한 윤리 사상가는?

> ○ 현대 사회의 복잡한 윤리 문제는 개인의 양심과 덕목의 실천만으로 해결하기는 힘들다.
> ○ 정의로운 사회가 되려면 개인뿐 아니라 사회 도덕성을 고양해야 한다.
> ○ 사회 도덕성 유지와 정의 실현을 위해 때로는 사회적인 강제력도 필요하다.

① 롤스   ② 홉스
③ 싱어   ④ 니부어

13 다음 원칙에 해당하는 정책으로 적절하지 <u>않은</u> 것은?

> 정의로운 사회를 위해 사회적 · 경제적 불평등은 최소 수혜자에게 최대의 이익을 보장해야 한다.

① 공공기관의 장애인 채용 의무제 시행
② 저소득층을 위한 공공 임대 주택 공급
③ 기초 생활 수급자에게 최저 생계비 지원
④ 양심적 병역 거부자에게 국방의 의무 면제

14 빈칸 ㉠에 들어갈 말로 알맞은 것은?

> 아리스토텔레스는 윤리적 성찰의 방법으로 '마땅한 때에 마땅한 일에 대해 마땅한 사람에게 마땅한 동기로 느끼거나 행하는 태도'를 말하는 (㉠)을 강조하였다.

① 신독   ② 거경
③ 중용   ④ 일일삼성

15 정보 윤리의 기본 원칙에 대한 설명으로 옳지 <u>않은</u> 것은?

① 존중: 타인의 인격과 사생활 · 저작물 존중
② 책임: 정보의 진실성 · 공정성을 추구하는 것
③ 정의: 정보화 혜택을 차별 없이 분배하는 것
④ 해악 금지: 타인과 사회에 해악을 끼치지 않는 것

16 대중문화에 대한 윤리적 규제를 찬성하는 입장으로 옳은 것은?

① 성의 인격적 가치가 훼손될 수 있다.
② 강자를 대변하는 도구로 악용될 수 있다.
③ 자율성과 표현의 자유를 침해할 수 있다.
④ 규제 기준에 대한 공정성이 문제 될 수 있다.

17 빈칸 ㉠에 들어갈 말로 가장 적절한 것은?

> **주제: 과학 기술 혐오주의의 관점을 알아보자.**
> 1. 과학 기술의 발전을 부정적으로 본다.
> 2. 과학 기술의 혜택과 성과를 전면 부정한다.
> 3. (㉠   )
> 4. 과학 기술이 발전하면 인간 소외 사회가 될 것
>   이라 주장한다.

① 과학 기술의 발전이 인류를 발전시킨다고 본다.
② 과학 기술의 혜택과 성과를 절대적으로 인정한다.
③ 과학 기술의 비인간적 · 비윤리적인 측면을 부각한다.
④ 과학 기술이 사회의 모든 문제를 해결할 수 있다고 본다.

18 공직자가 지녀야 할 윤리적 덕목으로 옳지 <u>않은</u> 것은?

① 부패   ② 봉사
③ 공정   ④ 공익 실현

19 빈칸 ㉠에 들어갈 말로 가장 적절한 것은?

> **건전하고 지속 가능한 환경 발전을 위한 실천 방안**
> ○ 개인적 실천 방안: 친환경적 소비 생활, 에너지 절약
> ○ 국가적 실천 방안: 친환경 에너지 개발,
>   (㉠   )
> ○ 국제적 실천 방안: 탄소 배출권 거래 제도 시행, 국가 간 기후 협약

① 일회용품 사용 권장
② 화석 연료 에너지 개발 확대
③ 오염 물질 배출 규제 법 제정 및 시행
④ 경제 활성화를 위한 소비 권장 캠페인

20 서양의 자연관에 대한 설명으로 옳은 것은?

① 생태 중심주의는 생태계를 인간의 우위에 놓는다.
② 인간 중심주의는 도구적 자연관과 정복 지향적 자연관의 입장을 가진다.
③ 레건은 공리주의 입장에서 동물의 복지와 고통으로부터 해방을 강조하였다.
④ 슈바이처는 모든 생명체가 목적을 지향하는 '목적론적 삶의 중심'이라 규정하였다.

21 다음 내용을 주장한 윤리 사상가는?

> ○ 고통을 감소시키고 쾌락을 증진하는 것은 인류의 의무이다.
> ○ 해외 원조는 인류에게 주어진 의무이므로 누구나 차별 없이 도움을 받아야 한다.
> ○ 세계 시민주의 관점에서 지구촌 전체를 대상으로 원조해야 한다.

① 싱어
② 롤스
③ 칸트
④ 노직

22 종교 갈등 해결을 위한 바람직한 자세로 옳지 않은 것은?

① 종교 간의 대화와 협력
② 타 종교에 대한 관용적인 태도
③ 인권, 사랑과 같은 보편적 가치 추구
④ 자신의 믿음을 타인에게 맹목적으로 강요

23 윤리적 소비의 특징에 맞지 않는 내용만을 〈보기〉에서 모두 고른 것은?

> ┤ 보기 ├
> ㄱ. 사회적 책임을 실천한다.
> ㄴ. 가격과 효용 가치를 따져 소비한다.
> ㄷ. 보편적 가치보다 이익이나 만족감을 중시한다.
> ㄹ. 실천 방법으로 공정 무역 제품 사용, 로컬 푸드 이용 등이 있다.

① ㄱ, ㄴ
② ㄴ, ㄷ
③ ㄴ, ㄹ
④ ㄷ, ㄹ

24 다음 설명에 해당하는 개념은?

> ○ 문화의 고유성과 상대적 가치를 이해하고 타 문화를 존중하는 태도이다.
> ○ 다양한 문화가 갈등 없이 공존하기 위해 필요하다.
> ○ 보편적 윤리 규범이 존재한다는 것이 전제되어야 한다.

① 문화 사대주의
② 문화 제국주의
③ 윤리 상대주의
④ 문화 상대주의

25 ㉠에 대한 설명으로 적절하지 않은 것은?

> 하버마스(Habermas, J.)는 시민은 누구나 자유롭게 소통에 참여할 자격이 있다고 강조하며, '의사소통의 합리성'을 실현하기 위한 ㉠ '이상적 담화 조건'을 제시하였다.

① 논쟁 절차를 준수해야 한다.
② 담화의 내용은 진리에 바탕을 두어야 한다.
③ 주장의 정당성 확보를 위해 상대방의 주장을 배척한다.
④ 대화 당사자들이 대화 내용을 서로 이해할 수 있어야 한다.

남에게 이기는 방법의 하나는 예의범절로 이기는 것이다.

- 조쉬 빌링스 -

2일차

제2회 실전 모의고사

2일차 국어

제한 시간: 40분
문항 수: 25문항
배점: 1문제당 4점

정답 CHECK!
자동 채점 서비스

01 빈칸 ㉠에 들어갈 말로 가장 적절한 것은?

국어 시험을 봤는데 긴장해서 실수를 너무 많이 했어.

㉠

① 실수도 실력이야.
② 그런 변명하지 마.
③ 넌 정말 제대로 하는 게 하나도 없구나.
④ 중요한 국어 시험인데 실수해서 속상하겠구나.

02 다음 설명에 해당하는 대화의 원리로 가장 적절한 것은?

> 대화할 때에는 서로 적절하게 순서를 지키며 말을 주고받아야 한다. 혼자 계속해서 말하거나 상대방의 말을 가로채면 대화가 원활하게 이루어지지 않는다.

① 협력의 원리
② 겸양의 원리
③ 공손성의 원리
④ 순서 교대의 원리

03 다음 표준 발음법 규정에 따라 적절히 발음한 것은?

> **[표준 발음법 제4장]**
> [제13항] 홑받침이나 쌍받침이 모음으로 시작된 조사나 어미, 접미사와 결합되는 경우에는, 제 음가대로 뒤 음절 첫소리로 옮겨 발음한다.

① 옷이[오시] 젖다.
② 꽃을[꼬슬] 심다.
③ 낮이[나치] 길다.
④ 사과를 깎아[깍가].

04 밑줄 친 부분이 한글 맞춤법에 맞게 쓰인 것은?

① 나는 <u>씁슬한</u> 차를 좋아한다.
② 친구는 <u>법석</u>을 피우며 청소를 하였다.
③ 상을 받는 사람에게 <u>박쑤</u>가 쏟아졌다.
④ 우체국에서 선생님께 안부 편지를 <u>붙였다</u>.

05 밑줄 친 부분의 시제가 동일한 것만을 〈보기〉에서 모두 고른 것은?

┌─────────── 보기 ├───────────┐
│ ㄱ. 영철이는 학교에 갔다.
│ ㄴ. 아기가 잠을 잔다.
│ ㄷ. 친구는 열심히 달린다.
│ ㄹ. 아침 기상 알람이 울렸다.
└──────────────────────────┘

① ㄱ, ㄴ   ② ㄱ, ㄷ
③ ㄱ, ㄹ   ④ ㄴ, ㄹ

06 다음 중 종성부용초성에 의한 표기가 사용된 것은?

┌──────────────────────────────┐
│ 불·휘 기·픈 남·ᄀᆞᆫ ᄇᆞᄅᆞ·매 아·니 :뮐·ᄊᆡ 곶
│ :됴·코 여·름 ·하ᄂᆞ·니
│ :ᄉᆡ·미 기·픈 ·므·른 ·ᄀᆞᄆᆞ·래 아·니 그·츨·
│ ᄊᆡ :내·히 이·러 바·ᄅᆞ·래 ·가ᄂᆞ·니
│   – 정인지 외, 「용비어천가」, 제2장
└──────────────────────────────┘

① 곶
② :ᄉᆡ·미
③ ·므·른
④ 바·ᄅᆞ·래

07 빈칸 ㉠에 들어갈 말로 가장 적절한 것은?

┌──────────────────────────────┐
│ 1. 처음: 공정 여행의 의의
│ 2. 중간:
│   1) 공정 여행의 개념
│   2) ┌──────── ㉠ ────────┐
│   가. 지역 재래시장에서 특산물 구매
│   나. 탄소 배출량이 적은 교통수단 이용
│   다. 쾌적한 숙박 시설과 오락 시설의 확충
│ 3. 끝: 공정 여행이 주목받게 된 배경
└──────────────────────────────┘

① 공정 여행의 실천 방법
② 공정 여행의 참여 대상
③ 공정 여행의 업체 선정
④ 공정 여행의 비용 산출

08 다음 설명에 해당하는 쓰기 과정으로 가장 적절한 것은?

┌──────────────────────────────┐
│ 선별한 정보를 바탕으로 내용을 체계적으로 조
│ 직한다.
└──────────────────────────────┘

① 계획하기
② 고쳐쓰기
③ 내용 조직하기
④ 내용 생성하기

[09~11] 다음 글을 읽고 물음에 답하시오.

까마득한 날에
하늘이 처음 열리고
어데 닭 우는 소리 들렸으랴.

모든 산맥들이
바다를 연모해 휘달릴 때도
차마 이곳을 범하진 못하였으리라.

끊임없는 광음(光陰)을
부지런한 계절이 피어선 지고
큰 강물이 비로소 길을 열었다.

지금 ㉠ 눈 내리고
매화 향기 홀로 아득하니
내 여기 ㉡ 가난한 노래의 씨를 뿌려라.

다시 천고(千古)의 뒤에
백마 타고 오는 초인이 있어
이 광야에서 목놓아 부르게 하리라.

– 이육사, 「광야」

09 윗글의 표현상 특징으로 적절하지 <u>않은</u> 것은?

① 상징적 시어를 사용하고 있다.
② 시간의 흐름에 따라 내용이 전개되고 있다.
③ 여성적 어조로 그리움의 정서를 표현하고 있다.
④ 독백적 어조를 통해 시적 화자의 신념을 드러내고 있다.

10 ㉠과 대립적 이미지를 지닌 시어는?

① 하늘   ② 광음
③ 강물   ④ 매화 향기

11 ㉡의 의미로 가장 적절한 것은?

① 천지개벽(天地開闢)
② 암흑과 혼돈(混沌)의 상태
③ 조국 광복을 위한 희생 의지
④ 조국의 광복을 실현할 이상적 구원자

[12~14] 다음 글을 읽고 물음에 답하시오.

이와 같이 조선의 관민이 일치되어 민중의 지식 정도를 높이는 데 진력을 하였다. 즉 그들 관민이 일치되어 계획한 조선의 문화 정도는 급속도로 높아갔다.

그리하여 민중의 지식 보급에 애쓴 보람은 나타났다.

면서기를 공급하고 순사를 공급하고 군청 고원을 공급하고 간이농업학교 출신의 농사 개량 기수를 공급하였다.

은행원이 생기고 회사 사원이 생겼다. 학교 교원이 생기고 교회의 목사가 생겼다.

신문기자가 생기고 잡지기자가 생겼다. 민중의 지식 정도가 높았으니 신문 잡지 독자가 부쩍 늘고 의사와 변호사의 벌이가 윤택하여졌다.

소설가가 원고료를 얻어먹고 미술가가 그림을 팔아먹고 음악가가 광대의 천호(賤號)에서 벗어났다.

인쇄소와 책장사가 세월을 만나고 양복점 구둣방이 늘비하여졌다.

연애결혼에 목사님의 부수입이 생기고 문화주택을 짓느라고 청부업자가 부자가 되었다. 그리하여 부르주아지는 '가보'를 잡고, 공부한 일부의 지식군은 진주(다섯 끗)를 잡았다.

그러나 노동자와 농민은 무대를 잡았다. 그들에게는 조선의 문화의 향상이나 민족적 발전이나가 도리어 무거운 짐을 지워주었을지언정 덜어주지는 아니하였다. 그들은 배[梨] 주고 속 얻어먹은 셈이다.

인텔리…… 인텔리 중에도 아무런 손끝의 기술이 없이 대학이나 전문학교의 졸업 증서 한 장을, 또는 조그마한 보통 상식을 가진 직업 없는 인텔리……. 해마다 천여 명씩 늘어가는 인텔리……. 뱀을 본 것은 이들 인텔리다.

부르주아지의 모든 기관이 포화 상태가 되어 더 수요가 아니 되니 그들은 결국 꾐을 받아 나무에 올라갔다가 흔들리는 셈이다. 개밥의 도토리다.

인텔리가 아니 되었으면 차라리⋯⋯. 노동자가 되었을 것인데 인텔리인지라 그 속에는 들어갔다가도 도로 달아 나오는 것이 구십구 퍼센트다. 그 나머지는 모두 어깨가 축 처진 무직 인텔리요, 무기력한 문화 예비군 속에서 푸른 한숨만 쉬는 초상집의 주인 없는 개들이다. ㉠ 레디메이드 인생이다.

– 채만식, 「레디메이드 인생」

12 윗글에 대한 설명으로 적절하지 <u>않은</u> 것은?

① 현실을 비판하고 풍자하고 있다.
② 속담과 관용적인 표현을 활용하고 있다.
③ 냉소적이고 비꼬는 듯한 어조를 사용한다.
④ 일제 강점기 농민의 삶을 사실적으로 그렸다.

13 윗글의 내용으로 적절하지 <u>않은</u> 것은?

① 지식 보급으로 여러 직업이 생겨났다.
② 노동자와 농민은 생활이 더 어려워졌다.
③ 지식인들은 생활고를 극복하게 되었다.
④ 지식인들의 수요보다 공급이 더 많아졌다.

14 ㉠의 상황을 나타낸 것으로 가장 적절한 것은?

① 낙동강 오리알
② 내 코가 석 자
③ 귀가 간지럽다.
④ 목이 빠지게 기다리다.

[15~16] 다음 글을 읽고 물음에 답하시오.

가시리 ㉠ 가시리잇고 나는
ᄇ리고 가시리잇고 나는
　위 증즐가 大平盛代(대평셩ᄃ)

날러는 엇디 살라 ᄒ고
ᄇ리고 가시리잇고 나는
　위 증즐가 大平盛代(대평셩ᄃ)

㉡ 잡ᄉ와 두어리마ᄂᆞᄂ
㉢ 선ᄒ면 ㉣ 아니 올셰라
　위 증즐가 大平盛代(대평셩ᄃ)

셜온 님 보내ᄋᆞᆸ노니 나는
가시는 ᄃ 도셔 오쇼셔 나는
　위 증즐가 大平盛代(대평셩ᄃ)

– 작자 미상, 「가시리」

15 윗글에 대한 설명으로 적절하지 <u>않은</u> 것은?

① 화자는 임과의 재회를 바라고 있다.
② 4음보의 규칙적인 율격을 활용하고 있다.
③ 김소월의 「진달래꽃」으로 전통이 이어졌다.
④ 우리 민요풍 시가의 전통적인 주제를 다루었다.

16 ㉠~㉣의 의미로 적절하지 <u>않은</u> 것은?

① ㉠: 가시렵니까?
② ㉡: 잡아 두고 싶지만
③ ㉢: 착하면
④ ㉣: 아니 올까 두렵습니다.

[17~19] 다음 글을 읽고 물음에 답하시오.

이때에 어사또, 부하들과 내통한다. 서리를 보고 눈길을 보내니 서리, 중방 거동 보소. 역졸을 불러 단속할 제 이리 가며 수군, 저리 가며 수군수군. 서리, 역졸 거동 보소. 외올망건 공단 모자 새 패랭이 눌러쓰고, 석 자 감발 새 짚신에 한삼(汗衫) 고의 산뜻하게 차려입고, 육모 방망이 사슴 가죽끈을 손목에 걸어 쥐고, 여기서 번쩍 저기서 번쩍, 남원읍이 우글우글. 청파 역졸 거동 보소. 달 같은 마패를 햇빛같이 번쩍 들어,

㉠"암행어사 출두야."

외치는 소리에 강산이 무너지고 천지가 뒤집히는 듯 초목금수(草木禽獸)인들 아니 떨랴. 남문에서,

"출두야."

북문에서,

"출두야."

동서문 출두 소리 청천(靑天)에 진동하고,

"모든 아전들 들라."

외치는 소리에 육방(六房)이 넋을 잃어,

"공형이오."

등채로 휘닥딱.

"애고, 죽겠다."

"공방, 공방."

공방이 자리 들고 들어오며,

"안 하겠다던 공방을 하라더니 저 불속에 어찌 들랴."

등채로 휘닥딱.

"애고, 박 터졌네."

[A]
좌수(座首) 별감(別監) 넋을 잃고 이방, 호방 혼을 잃고 나졸들이 분주하네. 모든 수령 도망갈 제 거동 보소. 인궤 잃고 강정 들고, 병부(兵符) 잃고 송편 들고, 탕건 잃고 용수 쓰고, 갓 잃고 소반 쓰고. 칼집 쥐고 오줌 누기. 부서지는 것은 거문고요 깨지는 것은 북과 장고라. 본관 사또가 똥을 싸고 멍석 구멍 새앙쥐 눈 뜨듯 하고, 안으로 들어가서,

"어, 추워라. 문 들어온다 바람 닫아라. 물 마르다 목 들여라."

관청색은 상을 잃고 문짝을 이고 내달으니, 서리, 역졸 달려들어 후닥딱.

"애고, 나 죽네."

이때 어사또 분부하되,

"이 골은 대감이 좌정하시던 골이라. 훤화를 금하고 객사(客舍)로 옮겨라."

자리에 앉은 후에,

"본관 사또는 봉고파직하라."

분부하니,

"본관 사또는 봉고파직이오."

– 작자 미상, 「춘향전」

---

17 윗글에 대한 설명으로 적절하지 <u>않은</u> 것은?

① 풍자와 해학이 주된 요소이다.

② 열녀 설화를 바탕으로 한 작품이다.

③ 독자에게 말을 거는 형태인 서술자의 개입이 나타난다.

④ 전기(傳奇)적 요소가 빈번하게 나와 비현실적 성격이 강하다.

18 ㉠의 기능으로 가장 적절한 것은?

① 적서 차별을 암시한다.

② 작품의 주제를 강조한다.

③ 극적 반전의 계기가 된다.

④ 인물 간의 갈등을 해소시킨다.

19 [A]의 상황을 나타내는 한자성어로 가장 적절한 것은?

① 어부지리(漁父之利)

② 혼비백산(魂飛魄散)

③ 일취월장(日就月將)

④ 청출어람(靑出於藍)

[20~22] 다음 글을 읽고 물음에 답하시오.

　슈퍼마켓은 물건을 하나라도 더 팔려는 온갖 수법의 전시장과도 같다. 슈퍼마켓 주인은 상품을 진열하는 방법에서 가격을 매기는 방법까지 세심하게 신경을 써 소비자들이 지갑을 열게 한다. 그들에게 가장 반가운 것은 소비자의 충동구매다. 그것은 마치 보너스와 같기 때문이다. 그래서 그들은 소비자가 어떤 물건을 보는 순간 갑자기 "이걸 꼭 사야 돼!"라고 외치도록 만들고 싶어 한다.

　이런 목적에서 슈퍼마켓이 쓰는 고전적 수법 중 하나가 ㉠"특가 세일! 하야니 치약 5통 2만 원"과 같은 광고 문구다. 치약 한 통에 4천 원으로 가격을 낮췄다고 선전해도 되는데, 왜 5통을 묶어서 파는 방식을 선택했을까? 그 이유는 이런 광고 방식이 치약 한 통을 사러 갔던 사람에게 4통을 충동구매하게 만드는 효과를 내기 때문이다. 5통이나 사야 하므로 망설이다가 "에라, 모르겠다."를 외치며 장바구니에 담아 버린다. 바로 이 효과를 노린 것이다.

　마케팅 전문가가 분석한 결과에 따르면, 이러한 판매 방식을 쓰면 하나씩 따로 팔 때보다 판매량이 32%나 증가한다고 한다. 이 방식이 분명히 충동구매를 부추기는 효과를 내고 있다는 뜻이다. 흥미로운 점은 특히 참치 통조림과 냉동식품의 판매량 증가 폭이 컸다는 것이다. 이는 ㉡그러한 판매 방식이 특별히 잘 먹히는 상품이 있음을 보여 준다. 왜 그런 결과가 나왔는지는 독자도 잘 알 것이다.

　사실 이러한 판매 방식은 속이 뻔히 들여다보이는 수법이다. 어느 누구든 치약 5통을 한꺼번에 묶어서 파는 이유를 쉽게 짐작할 수 있기 때문이다. 슈퍼마켓이 쓰는 좀 더 교묘한 수법은 "폭탄 세일! 하야니 치약 4천 원, 단 고객당 5통 이내"라는 문구다. 이 광고 문구를 보는 순간 소비자는 감탄을 한다. "오, 이런 가격이면 열 통, 스무 통씩 사려는 사람이 있겠군."

　정말 사재기를 막으려고 치약의 개수를 5통으로 제한했을까? 그럴 수도 있다. 슈퍼마켓이 쓰는 고전적 판촉 수단 중 하나가 '미끼 상품'이라는 것이다.

－ 이준구, 「슈퍼마켓 백 배 즐기기」

20 윗글의 갈래에 대한 설명으로 적절하지 <u>않은</u> 것은?

① 독자에게 유용하고 객관적인 정보를 전달한다.
② 새로운 정보를 파악하고 사실인지 확인하며 읽는다.
③ 주장을 파악하고 주장에 대한 근거의 타당성을 따지며 읽는다.
④ 표현을 명료하게 하여 독자에게 내용을 정확하게 전달한다.

21 ㉠에 대한 설명으로 적절하지 <u>않은</u> 것은?

① 미끼 상품의 역할을 하는 광고 문구이다.
② 여러 개의 물건을 묶어서 판매하는 방식이다.
③ 속이 뻔히 들여다보이는 수법으로 충동구매를 유도한다.
④ 소비자가 사려고 했던 것보다 더 많이 구입하게 하는 방식이다.

22 ㉡에 해당하는 상품이 <u>아닌</u> 것은?

① 샴푸
② 채소
③ 휴지
④ 통조림

[23~25] 다음 글을 읽고 물음에 답하시오.

㉠ 축제 한류 이끄는 '보령 머드 축제'

㉡ 스페인 이어 뉴질랜드에 수출,
외국인 관광객 약 44퍼센트 늘어나

㉢ 국내 대표 축제인 보령 머드 축제가 수출길에 오르는 등 세계적인 축제로 거듭나고 있다. 충남 보령시는 뉴질랜드 로토루아 시와 협약을 체결해 내년부터 5년 동안 머드 원료 등을 수출한다고 26일 밝혔다.

보령시는 앞서 2014년부터 2년간 세계 유명 축제인 스페인 토마토 축제장에 머드 체험장을 운영하는 방식으로 머드 축제를 처음 해외에 전파했다. 뉴질랜드로의 두 번째 머드 축제 수출을 위해 보령시는 지난달 보령 시장 등이 로토루아 시를 방문해 협약을 맺은 바 있다.

로토루아 시는 뉴질랜드 교육부의 지원을 받아 내년 12월 보령 머드 축제를 본보기로 한 머드 축제를 개최한다는 계획이다. 이에 따라 지난 22일 주한 뉴질랜드 대사가 보령 머드 축제장을 찾아 직접 축제를 체험하고 보령 시장과 머드 원료 수출에 대한 구체적인 협약 이행 방안을 논의하기도 했다.

보령 머드 축제는 1996년 시작된 '대한민국 대표 축제'로, 해마다 대천 해수욕장 일원에서 열리는 축제장을 찾는 외국인 관광객이 늘면서 세계적인 축제로 발돋움해 왔다.

지난 15~24일 열린 올해 보령 머드 축제 역시 외국인 관광객 수가 43만 9,000여 명으로 지난해 30만 4,000여 명보다 약 44퍼센트 늘어난 것으로 보령시는 집계했다.

㉣ 보령 시장은 "올해 열아홉 번째 열린 머드 축제는 그동안 국내외 언론의 많은 조명을 받는 세계적인 축제로 성장해 왔다."라며 "이번 수출은 머드 축제가 한류 문화를 이끄는 세계 유명 축제로 발전하는 계기가 될 것"이라고 말했다.

---

23 윗글에 대한 설명으로 가장 적절한 것은?

① 글쓴이의 정서나 태도를 드러내고 있다.
② 어떤 사실에 대해 객관적인 정보를 제공하고 있다.
③ 글쓴이가 보고 들은 것에 대해 느낀 바를 전달하고 있다.
④ 사건의 문제점을 밝히고 이에 대한 해결책을 제시하고 있다.

24 윗글의 내용과 일치하지 <u>않는</u> 것은?

① 보령 머드 축제는 1996년 시작된 '대한민국 대표 축제'이다.
② 보령 머드 축제를 방문한 외국인이 지난해보다 44퍼센트 늘어났다.
③ 주한 뉴질랜드 대사가 보령 머드 축제장을 찾아 직접 축제를 체험하였다.
④ 보령시의 머드 축제는 뉴질랜드로 수출된 이후에 스페인으로 수출되었다.

25 ㉠~㉣ 중 밑줄 친 부분에 해당하는 것만을 〈보기〉에서 고른 것은?

┤ 보기 ├

　기사문은 주로 <u>표제</u>, 부제, 전문, 본문으로 구성한다.

① ㉠　　　　　　② ㉡
③ ㉢　　　　　　④ ㉣

2일차 수학

제한 시간: 40분
문항 수: 20문항
배점: 1문제당 5점

정답 CHECK!
자동 채점 서비스

01 두 다항식 $A = x^2 - 6$, $B = 3x + 1$에 대하여 $A - B$는?

① $x^2 - 7x - 2$ ② $x^2 - 4x + 7$

③ $x^2 - 3x - 7$ ④ $x^2 + 14x - 3$

02 등식 $x^2 - 3x + 5 = x^2 + ax + b$가 x에 대한 항등식일 때, 두 상수 a, b에 대하여 ab의 값은?

① -15 ② -8

③ 8 ④ 15

03 다항식 $x^3 + 2x - a$가 $x - 2$로 나누어떨어질 때, 상수 a의 값은?

① 16 ② 14

③ 12 ④ 10

04 다항식 $x^3 - 2^3$을 인수분해한 식이 $(x-2)(x^2 + 2x + k)$일 때, 상수 k의 값은?

① 4 ② 2

③ -2 ④ -4

05 $i(1 + 3i) = a + i$일 때, 실수 a의 값은?

(단, $i = \sqrt{-1}$)

① -3 ② -1

③ 1 ④ 3

1일차 2일차 3일차 4일차 5일차 6일차 7일차

06 이차방정식 $2x^2 - 5x + 6 = 0$의 두 근을 α, β라 할 때, $2(\alpha + \beta) - \alpha\beta$의 값은?

① $\dfrac{1}{2}$　　　　② 2

③ $\dfrac{5}{2}$　　　　④ 4

07 $-2 \leq x \leq 1$일 때, 이차함수 $y = -2x^2 + 1$의 최솟값은?

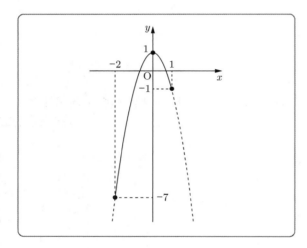

① 1　　　　② -1

③ -5　　　　④ -7

08 삼차방정식 $2x^3 + ax^2 + (a+1)x + 5 = 0$의 한 근이 1일 때, 상수 a의 값은?

① -6　　　　② -4

③ -2　　　　④ 0

09 연립부등식 $\begin{cases} x > 2x - 3 \\ 4x < 5x + 1 \end{cases}$을 만족시키는 정수 x의 개수는?

① 3　　　　② 4

③ 5　　　　④ 6

10 부등식 $|x - 2| \leq 3$의 해가 $a \leq x \leq b$일 때, $a + b$의 값은?

① 2　　　　② 3

③ 4　　　　④ 5

11 좌표평면 위의 두 점 A$(-1,\ 1)$, B$(3,\ 5)$의 중점의 좌표는?

① $(-1,\ 3)$ ② $(-1,\ 5)$

③ $(1,\ 3)$ ④ $(1,\ 5)$

12 직선 $y=\dfrac{1}{2}x-3$에 평행하고, 점 $(0,\ 1)$을 지나는 직선의 방정식은?

① $y=\dfrac{1}{2}x+1$ ② $y=\dfrac{1}{2}x+6$

③ $y=2x+1$ ④ $y=2x+6$

13 두 점 A$(-2,\ -2)$, B$(4,\ 4)$를 지름의 양 끝점으로 하는 원의 방정식은?

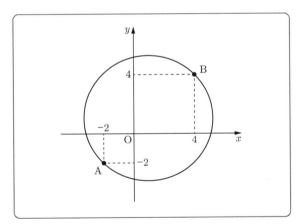

① $(x+1)^2+(y+1)^2=18$

② $(x+1)^2+(y-1)^2=18$

③ $(x-1)^2+(y+1)^2=18$

④ $(x-1)^2+(y-1)^2=18$

14 좌표평면 위의 점 $(-2,\ -5)$를 x축에 대하여 대칭이동한 점의 좌표는?

① $(-5,\ -2)$ ② $(-2,\ 5)$

③ $(2,\ -5)$ ④ $(5,\ 2)$

15 두 집합 $A=\{1,\ 2,\ 3,\ 6,\ 8\}$, $B=\{1,\ 2,\ 5,\ 8\}$에 대하여 $n(A-B)$의 값은?

① 2   ② 3

③ 4   ④ 5

16 명제 '$x \neq 1$이면 $x^3 \neq 1$이다.'의 역은?

① $x = 1$이면 $x^3 \neq 1$이다.

② $x \neq 1$이면 $x^3 = 1$이다.

③ $x^3 = 1$이면 $x = 1$이다.

④ $x^3 \neq 1$이면 $x \neq 1$이다.

17 함수 $f : X \to Y$가 그림과 같을 때, $(f \circ f)(1)$의 값은?

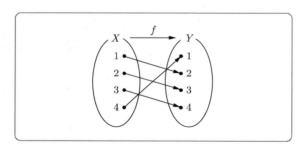

① 1

② 2

③ 3

④ 4

18 유리함수 $y = \dfrac{1}{x-a} + b$의 그래프의 점근선은 두 직선 $x = 1$, $y = 2$이다. 두 상수 a, b에 대하여 $a - b$의 값은?

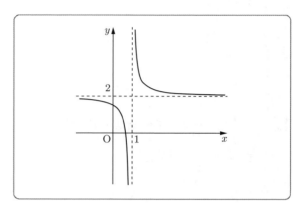

① -7

② -5

③ -3

④ -1

19 그림에서 A 지점에서 C 지점까지 가는 방법의 수는?

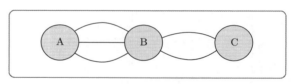

① 5

② 6

③ 7

④ 8

20 5명의 학생 중 3명을 뽑아 발표 순서를 정하는 방법의 수는?

① 60

② 56

③ 52

④ 48

2일차 영어

제한 시간: 40분
문항 수: 25문항
배점: 1문제당 4점

정답 CHECK!
자동 채점 서비스

[01~03] 다음 밑줄 친 부분의 뜻으로 가장 적절한 것을 고르시오.

01

> I want to express my thanks for writing a <u>recommendation</u> letter for me.

① 감사 　　　② 소망
③ 추천 　　　④ 은퇴

02

> The event will <u>take place</u> on May 10th, 2024.

① 연기하다 　　　② 허가하다
③ 시작하다 　　　④ 개최되다

03

> Seat belts protect you <u>in many ways</u>.

① 밖에서
② 여러 모로
③ 부주의하게
④ 갈림길에서

04 다음 중 밑줄 친 두 단어의 의미 관계와 <u>다른</u> 것은?

> When people <u>ask</u> me about my favorite food, I always <u>answer</u> that it is spaghetti.

① pain — ache
② bottom — top
③ flood — drought
④ remember — forget

05 다음 분실물 안내문에서 언급되지 <u>않은</u> 것은?

> **Soccer Ball**
> Please pick it up from the Lost and Found Center next to the school gate.
> ○ Office hours: 10:00 a.m.~4:00 p.m.
> ○ Phone number: 031 - 222 - 2453

① 분실 물품
② 학생증 지참
③ 방문 가능 시간
④ 물품 보관 장소

[06~08] 다음 빈칸에 공통으로 들어갈 말로 가장 적절한 것을 고르시오.

06

> ○ We will be taking part _____ the Flower Festival from May 15 to 20.
> ○ What kind of shoes do you have _____ mind?

① in   ② on
③ off   ④ for

07

> ○ _____ kind of drink do you like the most?
> ○ _____ I want is health, not money.

① How
② When
③ What
④ Where

08

> ○ Would you give me a _____ to wash the dishes?
> ○ Please _____ in your homework on time.

① help
② head
③ hand
④ shoulder

09 다음 중 밑줄 친 표현의 의미로 가장 적절한 것은?

> A: I'm worried about making a kite.
> B: Don't worry. It's a piece of cake.
> A: What do you mean by that?
> B: I mean it's very easy to do.

① 식은 죽 먹기이다
② 시간은 쏜살같이 지나간다
③ 끝이 좋으면 모두 다 좋다
④ 구르는 돌은 이끼가 끼지 않는다

10 다음 대화에서 알 수 있는 B의 심정으로 가장 적절한 것은?

> A: You don't look well. What's wrong?
> B: I don't feel good because I didn't win the prize at the drawing contest.
> A: It's okay. You can win the prize next time.
> B: Well, but I am still very disappointed.

① 슬프다   ② 실망하다
③ 행복하다   ④ 예민하다

11 다음 대화가 이루어지는 장소로 가장 적절한 것은?

> A: Hi. I'd like to check in.
> B: Can I see your passport?
> A: Sure. Here you are. Can I choose a window seat?
> B: No problem. Here is your ticket. Have a nice flight!

① 학교   ② 공항
③ 병원   ④ 극장

12 다음 글에서 밑줄 친 It이 가리키는 것으로 가장 적절한 것은?

> Walking can be just as beneficial to your health as more intense exercise. A physical benefit of walking is that it can reduce body fat. It also has a mental health benefit because it can help reduce stress. So get up and walk!

① health　　　② stress
③ walking　　　④ exercise

[13~14] 다음 대화의 빈칸에 들어갈 말로 가장 적절한 것을 고르시오.

13
> A: _____?
> B: I'm so happy. I feel on top of the world!
> A: That's great. What happened?
> B: I just saw my favorite singer in person!

① What do you mean
② What's the problem
③ What's wrong with you
④ How are you feeling today

14
> A: Yu - na, I heard you're taking a family trip to London this summer.
> B: _____.

① I had a very nice trip
② Thank you for saying that
③ No, I have too much homework
④ Yes, I'm very excited to see the Tower Bridge

15 다음 대화의 주제로 가장 적절한 것은?

> A: We learned about ways we can protect the environment in class today.
> B: Oh, really? What ways?
> A: We talked about recycling, reducing garbage, and using less electricity.
> B: Can you explain more about it in detail?

① 환경 보호 방법
② 전기를 절약하는 방법
③ 물건을 재활용하는 방법
④ 음식물 쓰레기 처리 방법

16 다음 글을 쓴 목적으로 가장 적절한 것은?

> **To the School Library Manager**
> I'm writing to tell you about serious problems in our school library. There are no places to get fresh drinking water and not enough benches. Please solve these problems as soon as possible.

① 축하하려고
② 항의하려고
③ 사과하려고
④ 초대하려고

17 다음 구인 광고문의 내용과 일치하지 <u>않는</u> 것은?

Convenience Store

○ Must have experience.
○ Must be willing to work weekend hours.
○ Working Hours: 7 p.m.~11 p.m.
○ Starting Date: May 1, 2024
○ For Application: Send an email to parttime@ kch.com.

---

① 이메일로 지원해야 한다.
② 주말 근무도 가능해야 한다.
③ 근무 시작일은 5월 1일이다.
④ 경력이 없어도 지원할 수 있다.

18 다음 Tate Modern에 대한 설명과 일치하지 않는 것은?

Tate Modern is a museum located in London. It used to be a power station. After the station closed down in 1981, the British government decided to transform it into a museum instead of destroying it. Now this museum holds the national collection of modern British artwork.

---

① Tate Modern은 런던에 위치에 있다.
② Tate Modern은 발전소가 있던 자리에 있다.
③ Tate Modern은 발전소를 파괴한 후 지어졌다.
④ Tate Modern은 영국의 현대 미술품을 소장하고 있다.

19 다음 글의 주제로 가장 적절한 것은?

The process of aging includes several changes in our bodies. Our hair becomes thinner and wrinkles in the skin increase. Furthermore, blood pressure tends to go up, the brain loses cells and internal organs tend to work slowly. Finally, hearing and eyesight gradually weaken.

---

① 노년의 피부 관리법
② 노화 예방에 효과적인 운동
③ 노화 과정 중에 나타나는 현상
④ 노후를 안정적으로 보내는 방법

[20~21] 다음 글의 빈칸에 들어갈 말로 가장 적절한 것을 고르시오.

20

I went to France with my family last fall. We stayed at a hotel for a week. While staying there, we visited historical places such as the Louvre Museum and the palace at Versailles. It was fantastic to actually see them. The trip was exciting and _____ for me.

---

① effective
② dangerous
③ embarrassed
④ unforgettable

21

The Internet has both positive and negative effects on people's lives. It _____ people with the information they need. It also helps people learn new things easily. On the other hand, if people spend too much time online, they may end up spending less and less time with their family and friends.

---

① explores
② provides
③ establishes
④ communicate

22 글의 흐름으로 보아 다음 문장이 들어가기에 가장 적절한 곳은?

> Various free events, such as dance and music performances will be held.

> Tomorrow will be a car - free day downtown. (①) All the streets will be closed to cars from 7 a.m. to 9 p.m. (②) If you plan to go downtown, please leave your car at home and use public transportation. (③) On the car - free streets, you can walk or ride bikes. (④)

23 다음 글의 바로 뒤에 이어질 내용으로 가장 적절한 것은?

> Do you know what Valentine's Day is? You may think of hearts, flowers, chocolates, or lovers. You may also say that it is a day for people to send Valentine's Day cards and letters to their lovers, friends, and family members. These are just the customs of Valentine's Day, and not the real meaning of Valentine's Day.

① 밸런타인데이에 해야 할 일
② 밸런타인데이의 진정한 의미
③ 밸런타인데이 편지와 카드의 유래
④ 밸런타인데이에 초콜릿을 선물하는 이유

[24~25] 다음 글을 읽고 물음에 답하시오.

> Cars should be able to endure the strong impact that they receive when they crash into another car or object. _____, the bodies of cars are designed to absorb heavy shocks. The goal is to protect drivers and passengers in case of serious car accidents.

24 윗글의 빈칸에 들어갈 말로 가장 적절한 것은?

① Thus
② However
③ In addition
④ In contrast

25 윗글의 주제로 가장 적절한 것은?

① 자동차 외관 디자인의 중요성
② 자동차 사고 시 운전자의 책임
③ 충격을 견디도록 한 자동차 설계
④ 자동차 충돌 시 운전자의 위험성

2일차 사회

제한 시간: 30분
문항 수: 25문항
배점: 1문제당 4점

정답 CHECK!
자동 채점 서비스

01 빈칸 ㉠에 공통으로 들어갈 말로 알맞은 것은?

> ○ ┌─ ㉠ ─┐ 의 기준은 시대나 장소에 따라 다
>   르게 나타난다.
> ○ 아리스토텔레스는 " ┌─ ㉠ ─┐ (이)야말로 인
>   간 존재의 목적이고 이유이다."라고 말하였다.

① 행복   ② 복지
③ 도덕   ④ 법률

02 인권에 대한 설명으로 옳지 <u>않은</u> 것은?

① 인권 보장은 인간 존엄성 실현을 위한 필수 요
   건이다.
② 모든 인간은 인간이라는 이유만으로 존중받아
   마땅하다.
③ 통치자나 국가 기관의 권력 남용 등으로 침해
   되기도 한다.
④ 국가의 운영 원리와 국민의 기본권을 규정한
   최고 규범이다.

03 다음 설명에 해당하는 개념은?

> 사회 계층 간 위화감을 조성하여 사회 불안이
> 생기고, 경제 활동의 원활한 순환을 막아 경제적
> 위기를 초래할 수 있다.

① 공공재
② 기업 윤리
③ 기업가 정신
④ 경제적 불평등

04 자본주의의 발전 개념에 대한 설명으로 옳지 <u>않은</u>
것은?

① 자유방임주의는 개인의 자유로운 경제 활동을
   제한하는 경제 사상이다.
② 중상주의는 국가적으로 상업을 중요시하고 보
   호해야 한다는 경제 사상이다.
③ 신자유주의는 수정 자본주의 경제 체제하에서
   시장의 자유를 강조하며 등장한 사상이다.
④ 수정 자본주의는 정부가 정책을 통해 시장에
   적극적으로 개입해야 한다는 경제 사상이다.

05 다음 설명에 해당하는 개념은?

> 주식회사가 경영 자금을 마련하기 위해 투자자로부터 돈을 받고 발행하는 증서이다.

① 펀드   ② 연금
③ 주식   ④ 보험

06 다음 설명에 해당하는 정치의 주체는?

> 국민의 대표 기관으로서 법률을 제정하며, 정책 집행 과정에서 발생하는 권력 남용을 견제하고 감시한다.

① 정부   ② 검찰
③ 법원   ④ 국회

07 생애 주기별 금융 설계에 대해 옳은 것만을 〈보기〉에서 모두 고른 것은?

> **보기**
>
> ㄱ. 생애 주기 전체를 고려해서 설계하는 것이 좋다.
> ㄴ. 자녀 교육기에는 저축보다 소비를 우선으로 한다.
> ㄷ. 생애 주기별 과업을 바탕으로 재무 목표를 설정한다.
> ㄹ. 대출은 제외하고 현재 소득만을 토대로 금융 생활을 설계한다.

① ㄱ, ㄴ   ② ㄱ, ㄷ
③ ㄴ, ㄷ   ④ ㄴ, ㄹ

08 빈칸 ㉠에 들어갈 말로 알맞은 것은?

> ┌─㉠─┐ 은/는 현실에서 사회적·문화적 규범 때문에 여성 등의 사회적 약자가 자격과 능력을 갖추었음에도 보이지 않는 장벽으로 인해 승진이 가로막히는 현상을 의미한다.

① 인권 유린   ② 가상 현실
③ 유리 천장   ④ 사이버 범죄

09 전통문화에 대한 설명으로 옳은 것은?

① 다른 나라의 문화 요소는 무조건 긍정적으로 수용하는 것이 좋다.
② 우리 문화를 객관적으로 분석하여 고유성과 독창성을 찾아야 한다.
③ 전통문화를 과거에 맞게 계승하여 새로운 문화 콘텐츠를 개발해야 한다.
④ 세계 문화와의 소극적 교류는 우리 사회의 문화를 더 풍요롭게 할 수 있다.

10 다음 설명에 해당하는 태도는?

> 타 문화를 맹목적으로 동경하여 자신의 문화를 열등하게 여기는 태도이다. 자기 문화의 존속이나 주체적인 발전을 어렵게 하고, 구성원 간의 소속감과 일체감을 약화시키는 단점이 있다.

① 문화 제국주의
② 문화 사대주의
③ 문화 상대주의
④ 자문화 중심주의

11 다음 설명에 해당하는 개념은?

○ 화원에 들어서면 피어있는 꽃을 보는 것만으로도 기분이 좋아진다.
○ 공장을 가동할 때 발생하는 매연은 도시 공기를 오염시키지만, 공장은 그 대가를 부담하지 않는다.

① 담합   ② 편익
③ 외부 효과   ④ 기회 비용

12 다음 설명에 해당하는 사회 현상과 관련 없는 이론은?

다양한 인종·민족·종교·문화를 가진 사람들이 함께 어우러져 공존하는 사회이다.

① 용광로 이론
② 모자이크 이론
③ 유효 수요 이론
④ 샐러드 볼 이론

13 빈칸 ㉠에 들어갈 말로 알맞은 것은?

　㉠　 정의관은 개인의 자유로운 선택과 노력으로 얻은 결과물에 대한 소유권을 생명권과 마찬가지로 절대적 가치로 인정한다.

① 자유주의적
② 민주주의적
③ 사회주의적
④ 공동체주의적

14 다음 설명에 해당하는 기후 지역은?

○ 폐쇄적 가옥 구조가 발달하였다.
○ 가장 따뜻한 달의 평균 기온이 10°C를 넘지 않는다.

① 한대 기후 지역
② 열대 기후 지역
③ 온대 기후 지역
④ 건조 기후 지역

15 다음 설명에 해당하는 자연재해는?

○ 장기간 지속되면 사막화에 영향을 준다.
○ 다른 재해에 비해 진행 속도가 느린 편이다.

① 태풍   ② 지진
③ 가뭄   ④ 폭설

16 도시화로 인해 발생하는 문제점에 대한 설명으로 옳지 않은 것은?

① 주택 부족
② 범죄 문제
③ 소음 공해
④ 집값 하락

17 다음 지도에 표시된 ㉠이 가리키는 자원은?

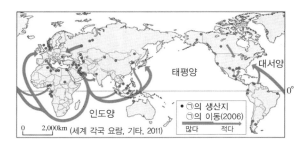

① 석탄
② 석유
③ 원자력
④ 천연가스

18 정보화 사회에 대한 설명으로 옳지 <u>않은</u> 것은?

① 정보의 격차가 심화되었다.
② 전자 상거래가 발달되었다.
③ 사이버 범죄율이 증가하였다.
④ 의사소통의 공간이 축소되었다.

19 빈칸 ㉠에 들어갈 말로 알맞은 것은?

> 대도시 주변에 [㉠] 현상이 일어나 대도시와 주변 지역이 기능적으로 밀접한 관계를 갖게 되는 대도시권이 형성되었다.

① 산업화
② 공업화
③ 교외화
④ 도시화

20 다음 설명에 해당하는 지역 조사 단계는?

> ○ 실내 조사: 지역 신문, 인터넷 등으로 문헌 자료, 통계 자료, 지형도, 항공 사진, 인공위성 영상 등을 수집한다.
> ○ 야외 조사: 주민 면담, 설문 조사, 관찰, 실측, 촬영 등으로 정보를 파악하고 새로운 정보를 입수한다.

① 보고서 작성
② 지역 정보 수집
③ 주제 및 지역 선정
④ 지역 정보 정리 및 분석

21 다문화 사회의 장점에 대한 설명으로 옳지 <u>않은</u> 것은?

① 외국인과 내국인 간에 일자리 경쟁이 발생한다.
② 타 문화의 유입으로 다양한 문화적 경험이 가능하다.
③ 국제결혼 이민자의 유입으로 농촌 발전에 도움이 된다.
④ 다른 문화와의 상호 작용으로 새로운 문화가 창조될 수 있다.

22 국제 평화의 중요성에 대해 옳은 것만을 〈보기〉에서 모두 고른 것은?

┤ 보기 ├
ㄱ. 국제 정의의 실현
ㄴ. 국가별 힘의 균형
ㄷ. 인류의 생존 보장
ㄹ. 인류 무기의 발달

① ㄱ, ㄴ　　　② ㄱ, ㄷ
③ ㄴ, ㄷ　　　④ ㄷ, ㄹ

23 빈칸 ㉠에 들어갈 말로 알맞은 것은?

선진국에서는 의학 기술의 발달과 생활 수준의 향상으로 인해 사망률이 낮아지고, 평균 수명이 늘어남에 따라 ┌ ㉠ ┐ 현상이 심화되고 있어 총인구에서 노년층의 인구가 차지하는 비율이 점점 더 높아지고 있다.

① 고령화
② 성차별
③ 종교 갈등
④ 문화 갈등

24 문화와 문화권에 대한 설명으로 옳지 <u>않은</u> 것은?

① 종교는 문화권을 구분하는 중요한 기준이 될 수 있다.
② 문화권은 여러 문화 요소를 기준으로 다양하게 구분된다.
③ 하나의 문화권은 한번 고정되면 변화하지 않는 특징이 있다.
④ 문화권은 문화적 특성이 유사하게 나타나는 공간적 범위이다.

25 다음 설명에 해당하는 국제기구는?

○ 제2차 세계 대전 이후 전쟁 방지와 평화 유지를 위해 설립되었다.
○ 국제 분쟁 지역에 평화 유지군을 파견하여 분쟁 지역의 치안 및 재건 활동을 하고, 군비를 축소하기 위한 활동 및 국제 협력 활동 등을 수행한다.

① 그린피스
② 국제 연합
③ 국제 노동 기구
④ 경제 협력 개발 기구

2일차   과학

제한 시간: 30분
문항 수: 25문항
배점: 1문제당 4점

정답 CHECK!
자동 채점 서비스

01 물체가 현재의 운동 상태를 그대로 유지하려는 성질은?

① 중력   ② 관성

③ 운동량   ④ 충격량

02 다음 중 물의 위치 에너지를 전기 에너지로 전환하는 발전 방식은?

① 핵 발전

② 풍력 발전

③ 수력 발전

④ 태양광 발전

03 다음 물체 A~D 중 운동량이 가장 작은 것은?

구분	A	B	C	D
질량(kg)	2	2	4	4
속도(m/s)	5	10	10	20

① A   ② B

③ C   ④ D

04 그림과 같이 코일에 자석의 N극을 가까이할 때 검류계의 바늘이 오른쪽으로 움직였다. 검류계의 바늘을 왼쪽으로 움직이게 하는 방법으로 옳은 것만을 〈보기〉에서 모두 고른 것은?

코일

┤ 보기 ├

ㄱ. 자석의 N극을 멀리한다.

ㄴ. 자석의 S극을 가까이한다.

ㄷ. 코일의 감은 수를 많게 한다.

① ㄱ   ② ㄷ

③ ㄱ, ㄴ   ④ ㄴ, ㄷ

05 220 V의 전압에서 4 A의 전류가 흐를 때 공급되는 전력은?

① 110 W   ② 220 W

③ 440 W   ④ 880 W

1일차
2일차
3일차
4일차
5일차
6일차
7일차

06 수평 방향으로 던진 물체의 운동에서 수평 방향과 연직 방향의 운동을 바르게 나열한 것은?

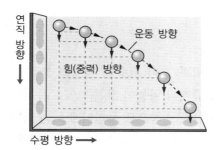

	수평 방향	연직 방향
①	감속 운동	회전 운동
②	회전 운동	감속 운동
③	등가속도 운동	등속 직선 운동
④	등속 직선 운동	등가속도 운동

07 다음 설명에 해당하는 원소는?

○ 원자 번호가 6이다.
○ 원자가 전자의 수는 4이다.

① 수소   ② 탄소
③ 질소   ④ 산소

08 다음 설명에 해당하는 주기율표의 족은?

○ 가장 바깥쪽 전자 껍질이 모두 채워져 있다.
○ 안정한 상태로 다른 물질과 잘 반응하지 않는다.
○ 상온에서 기체로 존재하므로 비활성 기체라고도 한다.

① 1족   ② 2족
③ 16족   ④ 18족

09 그림은 어느 분자의 결합 모형을 나타낸 것이다. 이 분자에 해당하는 것은?

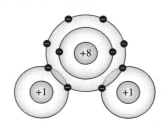

① 물(H_2O)
② 이산화 탄소(CO_2)
③ 산화 이질소(N_2O)
④ 암모니아(NH_3)

10 다음 설명에 해당하는 신소재는?

○ 6개의 탄소가 육각형 모양으로 결합하여 원통 모양을 이루고 있다.
○ 강도가 강하고, 열전도율과 전기 전도율이 높아 첨단 현미경의 탐침, 금속이나 세라믹과 섞어 강도를 높인 복합 재료 등으로 쓰인다.

①

②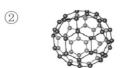

③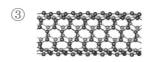

④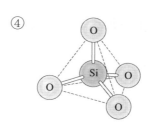

11 염기에 해당하는 물질로 옳은 것만을 〈보기〉에서 모두 고른 것은?

┤ 보기 ├
ㄱ. 염산(HCl)
ㄴ. 암모니아(NH_3)
ㄷ. 수산화 칼륨(KOH)
ㄹ. 아세트산(CH_3COOH)

① ㄱ, ㄴ   ② ㄱ, ㄷ
③ ㄴ, ㄷ   ④ ㄴ, ㄹ

12 다음은 두 가지 화학 반응식이다. ㉠에 해당하는 물질의 화학식은?

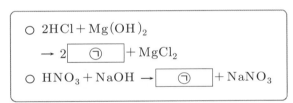

○ $2HCl + Mg(OH)_2$
   → 2 ㉠ $+ MgCl_2$
○ $HNO_3 + NaOH →$ ㉠ $+ NaNO_3$

① H_2O ② H_2O_2
③ $2H_2O$ ④ $2H_2O_2$

13 생명체를 구성하는 물질에 대한 설명으로 옳지 <u>않</u>은 것은?

① 무기염류는 탄소 화합물이다.
② 탄수화물은 주된 에너지원이다.
③ 단백질의 단위체는 아미노산이다.
④ 물은 체온 유지와 물질 운반에 관여한다.

14 다음 설명에 해당하는 개념은?

○ 세포막의 주성분이다.
○ 세포막에서 2중층을 이루고 있다.
○ 친수성인 머리 부분과 소수성인 꼬리 부분으로 이루어져 있다.

① 핵산   ② 단백질
③ 인지질   ④ 셀룰로스

15 생명체에서 합성되어 물질대사를 촉진하는 물질로, 반응 속도를 증가시키는 것은?

① 효소   ② 포도당
③ 지방산   ④ 글리코젠

16 다음은 유전 정보의 흐름을 나타낸 것이다. ㉠과 ㉡에 해당하는 것을 바르게 나열한 것은?

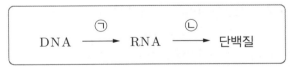

DNA ──㉠──→ RNA ──㉡──→ 단백질

    ㉠   ㉡
① 번역   전사
② 전사   번역
③ 전사   코돈
④ 번역   코돈

17 그림은 식물 세포의 구조를 나타낸 것이다. A~D 중 유전 정보를 저장하고 있는 DNA가 있어 세포의 생명 활동을 조절하는 것은?

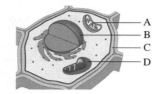

① A
② B
③ C
④ D

18 생태계를 구성하는 생물의 에너지량, 생물량, 개체 수 등을 하위 영양 단계부터 상위 영양 단계로 차례로 쌓아올린 것은?

① 생산자
② 먹이 사슬
③ 먹이 그물
④ 생태 피라미드

19 생물에 다음과 같은 영향을 준 환경 요인은?

> ○ 개구리와 같은 양서류는 추운 겨울이 오면 겨울잠을 잔다.
> ○ 북극여우는 사막여우보다 몸집이 크고 몸의 말단부가 작다.

① 빛
② 온도
③ 토양
④ 공기

20 원시별이 중력 수축으로 온도가 상승할 때 수소 핵융합 반응이 일어날 수 있는 원시별 중심부의 온도는?

① 100만 K
② 500만 K
③ 1000만 K
④ 1억 K

21 그림은 해수의 층상 구조를 나타낸 것이다. 바람의 세기에 따라 두께가 변하는 층의 기호와 이름을 바르게 짝지은 것은?

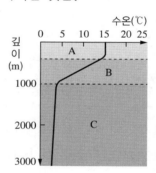

① A – 혼합층
② A – 수온 약층
③ B – 수온 약층
④ C – 심해층

22 두 판이 서로 가까워지는 경계에서 생성되는 지형만을 〈보기〉에서 모두 고른 것은?

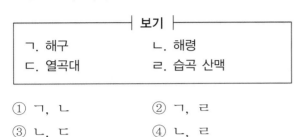

보기
ㄱ. 해구   ㄴ. 해령
ㄷ. 열곡대   ㄹ. 습곡 산맥

① ㄱ, ㄴ   ② ㄱ, ㄹ
③ ㄴ, ㄷ   ④ ㄴ, ㄹ

23 그림은 물의 순환을 나타낸 것이다. 이에 대한 설명으로 옳지 <u>않은</u> 것은?

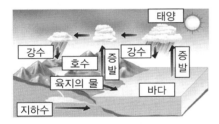

① 물은 각 권 사이를 순환한다.
② 각 권에서 물의 유입량과 유출량은 같다.
③ 물의 양은 일정하게 유지되어 평형을 이룬다.
④ 물 순환의 주된 에너지원은 조력 에너지이다.

24 그림은 높이에 따른 기권의 기온 분포를 나타낸 것이다. A~D 중 수증기가 존재하고 대류가 일어나 비, 눈 등의 기상 현상이 나타나는 층은?

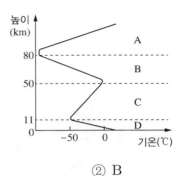

① A   ② B
③ C   ④ D

25 다음 설명에 해당하는 표준 화석은?

○ 신생대에 번성하였다.
○ 과거 바다에서 살았던 생물이다.

① 매머드
② 삼엽충
③ 화폐석
④ 암모나이트

2일차　한국사

제한 시간: 30분
문항 수: 25문항
배점: 1문제당 4점

정답 CHECK!
자동 채점 서비스

01 다음 유물이 제작된 시대의 생활 모습에 대한 설명으로 옳은 것은?

① 철제 농기구로 농사를 지었다.
② 가락바퀴를 사용하여 옷을 지었다.
③ 주로 동굴이나 막집에서 거주하였다.
④ 거푸집으로 비파형 동검을 제작하였다.

02 빈칸 ㉠에 들어갈 말로 알맞은 것은?

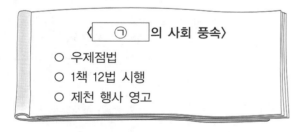

〈　㉠　의 사회 풍속〉

○ 우제점법
○ 1책 12법 시행
○ 제천 행사 영고

① 삼한　　　　　② 부여
③ 동예　　　　　④ 옥저

03 다음 설명에 해당하는 고구려의 왕은?

○ 불교 공인
○ 태학 설립, 율령 반포

① 미천왕
② 장수왕
③ 소수림왕
④ 광개토 대왕

04 고조선에 대한 설명으로 옳은 것만을 〈보기〉에서 모두 고른 것은?

┤ 보기 ├

ㄱ. 8조법으로 사회 질서를 유지하였다.
ㄴ. 청동기 문화를 바탕으로 발전하였다.
ㄷ. 소도라고 불리는 신성 구역이 있었다.
ㄹ. 단궁, 과하마, 반어피 등의 특산물이 있었다.

① ㄱ, ㄴ　　　　② ㄱ, ㄷ
③ ㄴ, ㄷ　　　　④ ㄷ, ㄹ

05 다음 설명에 해당하는 고려의 기구는?

이 기구는 관리의 비리를 감찰하고 풍속 교정을 담당하였지?

그렇지. 이 기구의 관원은 중서문하성의 낭사와 함께 대간으로 불렸어.

① 어사대
② 의정부
③ 중추원
④ 도병마사

06 다음 설명에 해당하는 문화유산은?

○ 고려의 독창적인 기술을 적용하여 만든 비취색의 자기이다.
○ 국보 제68호로 지정되어 있다.

①
호우명 그릇

②
청자 상감
운학문 매병

③
빗살무늬 토기

④
비파형 동검

07 빈칸 ㉠에 들어갈 말로 알맞은 것은?

〈수행 평가 계획서〉

주제: ┌──────㉠──────┐

○ 1 모둠: 서희의 외교 담판에 대해 조사하기
○ 2 모둠: 윤관의 별무반 편성에 대해 조사하기

① 고려의 토지 제도
② 고려의 대외 관계
③ 조선의 대외 관계
④ 조선의 신분 제도

08 다음 설명에 해당하는 서적은?

○ 승려 일연이 저술하였다.
○ 단군을 우리 민족의 시조로 기록하였다.

①『발해고』
②『삼국사기』
③『제왕운기』
④『삼국유사』

09 다음 설명에 해당하는 조선의 왕은?

○ 홍문관을 설치하였다.
○ 조선 왕조의 기본 법전인 『경국대전』을 완성하였다.

① 태조　　　　② 성종
③ 세종　　　　④ 태종

10 빈칸 ㉠에 들어갈 말로 알맞은 것은?

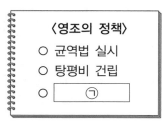

〈영조의 정책〉
○ 균역법 실시
○ 탕평비 건립
○ ㉠

① 유향소 폐지
② 위화도 회군
③ 양전 사업 실시
④ 신문고 제도 부활

11 다음 설명에 해당하는 사건은?

○ 배경: 인조와 서인 정권의 친명배금 정책
○ 전개: 후금의 침략 → 인조의 강화도 피신 →
　　　정봉수, 이립의 활약
○ 결과: 후금과 형제 관계를 맺고 강화 체결

① 중립외교　　　② 병자호란
③ 정묘호란　　　④ 임진왜란

12 빈칸 ㉠에 들어갈 말로 알맞은 것은?

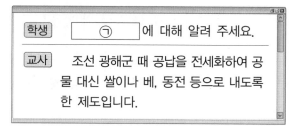

학생 　㉠　에 대해 알려 주세요.

교사　조선 광해군 때 공납을 전세화하여 공
　　물 대신 쌀이나 베, 동전 등으로 내도록
　　한 제도입니다.

① 대동법　　　② 균역법
③ 직전법　　　④ 영정법

13 다음 설명에 해당하는 사건은?

○ 성격
　• 반봉건: 신분제 개혁 등 정치·사회적 개혁
　　요구
　• 반외세: 일본의 침략과 내정 간섭에 저항
○ 한계: 근대 국가를 건설하기 위한 구체적인 방
　　안을 제시하지 못함

① 갑신정변　　　② 임오군란
③ 기묘사화　　　④ 동학 농민 운동

14 흥선 대원군의 정책에 대한 설명으로 옳지 <u>않은</u>
것은?

① 서원을 정리하였다.
② 의정부를 축소하였다.
③ 호포제를 실시하였다.
④ 『대전회통』을 편찬하였다.

15 다음 설명에 해당하는 제도는?

〈한국사 퀴즈〉
문제: 다음 힌트를 듣고 정답을 말해 주세요.
○ 힌트 1: 함경도 관찰사 조병식이 흉년으로
　　　곡식이 부족해지자 일본으로 곡식
　　　이 유출되는 것을 막기 위해 선포한
　　　것입니다.
○ 힌트 2: 일본이 반발하자 조선이 배상금을
　　　지불하였습니다.

① 단발령　　　② 회사령
③ 방곡령　　　④ 삼림령

16 다음 설명에 해당하는 민족 운동은?

> 일제 강점기 때 조만식이 평양에서 민족 자본 육성을 통한 경제 자립을 위해 자급자족, 국산품 애용, 소비 절약 등을 내세운 운동은 무엇일까요?

> ……

교사

학생

① 물산 장려 운동입니다.
② 문자 보급 운동입니다.
③ 국채 보상 운동입니다.
④ 민립 대학 설립 운동입니다.

17 독립 협회의 활동에 대한 설명으로 옳지 <u>않은</u> 것은?

① 독립문 건립
② 헌의 6조 채택
③ 대성 학교 설립
④ 만민 공동회 개최

18 대한민국 임시 정부의 활동으로 옳은 것만을 〈보기〉에서 모두 고른 것은?

┌─────── 보기 ───────┐
ㄱ. 집강소 설치
ㄴ. 연통제 조직
ㄷ. 한국 광복군 결성
ㄹ. 통리기무아문 설치
└──────────────────┘

① ㄱ, ㄴ
② ㄴ, ㄷ
③ ㄴ, ㄹ
④ ㄷ, ㄹ

19 다음 설명에 해당하는 인물은?

■ 이달의 역사 인물 ■
○ 생몰 연도: 1889년~1930년
○ 활동: 북로 군정서를 이끌고 청산리 전투에서 큰 승리를 거두었다.

① 전봉준
② 안중근
③ 김좌진
④ 김원봉

20 1910년대 일제의 식민지 지배 정책에 대한 설명으로 옳은 것은?

① 회사령 실시
② 보통 경찰제
③ 신사 참배 강요
④ 국가 총동원법 시행

21 다음 설명에 해당하는 인물은?

○ 『독사신론』을 통해 민족주의 사학의 연구 방향을 제시하였다.
○ 고대사 연구에 주력하여 『조선상고사』 등을 저술하였다.

① 서재필
② 신채호
③ 박은식
④ 장지연

22 다음 정책을 실시한 정부에 대한 설명으로 옳은 것은?

> ○ 지방 자치제 전면 실시
> ○ 금융 실명제 시행

① 북방 외교
② 베트남 파병
③ 6월 민주 항쟁
④ IMF의 구제 금융 지원

23 빈칸 ㉠에 들어갈 말로 알맞은 것은?

> 1920년대 후반부터 농촌 계몽의 일환으로 언론 기관이 중심이 되어 한글을 보급하였다. 조선일보는 문자 보급 운동을, 동아일보는 ㉠ 을 전개하였다.

① 형평 운동
② 브나로드 운동
③ 애국 계몽 운동
④ 좌·우 합작 운동

24 6월 민주 항쟁에 대한 설명으로 옳지 않은 것은?

① 6·29 민주화 선언을 이끌어냈다.
② 4·13 호헌 조치의 철폐를 요구하였다.
③ 직선제 개헌이 이루어지는 계기가 되었다.
④ 이승만 대통령이 하야하는 결과를 가져왔다.

25 빈칸 ㉠에 들어갈 말로 가장 적절한 것은?

> 〈다큐멘터리 기획안〉
> ○ 주제: 남북 관계의 변화와 진전
> ○ 기획 의도: 남북 관계의 변화를 위해 노력한 정부의 활동을 조명한다.
> ○ 내용:
> 1부 노태우 정부, 남북한 유엔 동시 가입을 이루어내다.
> 2부 김대중 정부, ㉠

① 햇볕 정책을 추진하다.
② 금강산 관광이 중단되다.
③ 남북 조절 위원회를 설치하다.
④ 7·4 남북 공동 성명을 발표하다.

2일차 도덕

제한 시간: 30분
문항 수: 25문항
배점: 1문제당 4점

정답 CHECK!
자동 채점 서비스

01 다음 쟁점들을 다루는 실천 윤리 분야로 가장 적절한 것은?

> ○ 사형제 존폐 여부
> ○ 공정한 분배와 처벌
> ○ 우대 정책과 역차별
> ○ 직업 윤리

① 정보 윤리
② 사회 윤리
③ 문화 윤리
④ 평화 윤리

02 다음 설명에 해당하는 개념은?

> ○ 사랑과 성을 결혼과 결부시키지 않으며, 사랑을 동반한 성적 관계는 허용된다.
> ○ 사랑을 동반한 성적 관계는 인간의 육체적·정신적 교감이 이루어지게 한다.

① 중도주의
② 보수주의
③ 자유주의
④ 쾌락주의

03 다음 설명에 해당하는 윤리 사상은?

> ○ 생활 속에서 자신의 마음가짐, 행동 또는 가치관과 정체성에 대해 윤리적 관점에서 깊이 반성하고 살피는 태도를 말한다.
> ○ 가치 있는 삶을 살기 위해 필요한 태도로, 올바른 가치관 형성에 도움을 준다.

① 실천 윤리
② 가치 전도
③ 윤리적 성찰
④ 논리적 사고

04 덕 윤리에 대한 설명으로 옳지 <u>않은</u> 것은?

① 행위자의 품성을 중요시한다.
② 기본적으로 유용성을 추구한다.
③ 도덕적 실천력을 높이는 데 기여하였다.
④ 개인보다 공동체의 전통과 역사를 중시한다.

05 (가), (나)에 들어갈 말로 적절하지 <u>않은</u> 것은?

> **주제: 인간 개체 복제의 윤리적 쟁점**
>
> 찬성 논거   반대 논거
> (가)   (나)
> ⋮   ⋮

① (가): 자연스러운 출산 과정에 위배된다.
② (가): 불임 부부가 유전적 연관이 있는 자녀를 가질 수 있다.
③ (나): 복제된 인간은 자신만의 고유성을 갖기 어려울 수 있다.
④ (나): 복제 인간을 도구로 이용하며 인간의 존엄성이 훼손될 수 있다.

06 다음 내용을 주장한 윤리 사상가는?

> 사형 제도가 범죄를 예방하여 보다 많은 사람들에게 더 행복한 삶을 살게 한다면 정당하고, 그렇지 않다면 정당하지 않다.

① 칸트
② 루소
③ 베카리아
④ 공리주의자

07 롤스(Rawls, J.)가 주장한 내용으로 옳은 것은?

① 모든 사람의 기본적 자유가 동등한 것은 아니다.
② 기본권은 재산에 따라 차등적으로 주어져야 한다.
③ 사회구조상 사회적·경제적 불평등은 일부 감수해야 한다.
④ 지위는 공정한 기회균등의 원칙에 따라 모든 사람에게 개방되어야 한다.

08 다음 설명에 해당하는 윤리 사상은?

> ○ 맹자가 주장한 내용으로 누구에게나 주어져 있다는 선한 마음을 말한다.
> ○ 측은지심, 수오지심, 사양지심, 시비지심 등이 있다.

① 충서(忠恕)   ② 사단(四端)
③ 자비(慈悲)   ④ 오륜(五倫)

09 다음 설명에 해당하는 개념은?

> ○ 여성과 남성의 평등을 추구하는 것이다.
> ○ 남녀의 차이를 인정하여 차별 및 편견을 가지지 않는다.
> ○ 남녀의 다양성과 개성을 존중하는 것이다.

① 성차별
② 양성평등
③ 성 도구화
④ 성의 자기 결정권

10 다음 설명에 해당하는 개념은?

> ○ 위법 행위에 대한 처벌을 받아들인다.
> ○ 이를 통해 기본적인 법을 존중하고 정당한 법 체계를 세우기 위한 노력임을 분명히 한다.

① 공개성
② 비폭력성
③ 처벌의 감수
④ 최후의 수단

11 빈칸 (가)에 들어갈 말로 알맞은 것은?

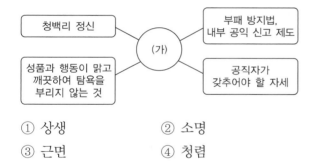

① 상생
② 소명
③ 근면
④ 청렴

12 다음 설명에 해당하는 윤리 사상가는?

> ○ '너 자신을 알라'고 하였다.
> ○ 반성하지 않는 삶은 살 가치가 없다고 하였다.
> ○ 자신의 무지를 자각하고 성찰할 수 있는 방법인 산파술을 제시하였다.

① 홉스
② 플라톤
③ 베이컨
④ 소크라테스

13 과학 기술자가 지켜야 할 윤리적 책임으로 옳지 않은 것은?

① 실험 대상을 윤리적으로 대우해야 한다.
② 위대한 연구에 있어 인간의 존엄성은 고려 대상이 아니다.
③ 자신의 연구가 참 또는 거짓인지 확실하게 검증해야 한다.
④ 연구 결과가 사회에 미칠 영향에 대한 책임을 질 수 있어야 한다.

14 다음 중 동물 중심주의 관점에만 '✔'를 표시한 학생은?

관점＼학생	A	B	C	D
(가) 동물의 복지와 권리를 향상해야 한다.	✔			✔
(나) 인간은 대지의 한 구성원일 뿐이다.		✔		
(다) 동물은 인간과 마찬가지로 쾌락과 고통을 느낀다.		✔	✔	✔
(라) 생명은 그 자체로 선이고 생명을 파괴하고 억압하는 것은 악이다.	✔		✔	

① A
② B
③ C
④ D

15 빈칸 안에 들어갈 말로 알맞은 것은?

> ○ (   )은/는 지역, 소득, 교육 수준, 성별 등의 차이로 인해 정보에 대한 접근 및 이용에 차별이 발생하여 사회·경제적 불평등이 초래되는 현상을 말한다.
> ○ (   )(으)로 인한 소득 격차는 사회 격차를 불러일으켜 사회를 양분할 수 있어 새로운 사회 문제로 등장하고 있다.

① 정보 격차
② 사이버 불링
③ 사생활 침해
④ 미디어 리터러시

16 다음 설명에 해당하는 윤리 사상은?

> ○ 연기적 세계관을 강조하였다.
> ○ 이상적 인간상으로 '보살'을 제시하였다.
> ○ 내면 성찰 방법으로 참선이 있다.

① 유교   ② 도가
③ 불교   ④ 묵가

17 예술의 상업화에 대해 찬성하는 입장으로 옳은 것은?

① 대중의 도덕성을 저하시킨다.
② 예술가에게 경제적 기반을 마련해 준다.
③ 예술 작품이 투기 수단으로 사용될 수 있다.
④ 예술을 오락물로 전락시켜 창조성을 경시할 수 있다.

18 뉴 미디어(new media)의 특징에 맞는 내용만을 〈보기〉에서 모두 고른 것은?

> ┤ 보기 ├
> ㄱ. 매체들이 점점 세분화되고 개별화된다.
> ㄴ. 송수신자 간에 쌍방향 정보 교환이 가능해진다.
> ㄷ. 이용자가 정보를 직접 생산, 유통, 소비하는 동시에 감시한다.
> ㄹ. 대규모 집단에 획일적인 메시지를 전달하는 방식으로 진보하였다.

① ㄱ, ㄴ   ② ㄱ, ㄹ
③ ㄴ, ㄷ   ④ ㄷ, ㄹ

19 다음 설명에 해당하는 윤리 사상가는?

> ◆ 도덕 인물 카드 ◆
>
>
>
> ○ 의무 의식에서 나온 행위만이 도덕적 가치를 지닌다고 보았다.
> ○ 도덕성의 판단에 있어 행위의 동기를 결과보다 중시하였다.
> ○ '네 의지의 준칙이 언제나 동시에 보편적 입법의 원리가 되도록 행위하라.'

① 칸트   ② 벤담
③ 베이컨   ④ 아리스토텔레스

20 다음 설명에 해당하는 개념은?

> ○ 상품이나 서비스를 만들고 유통하는 전체 과정을 윤리적인 가치 판단에 따라 구매하여 사용하는 것을 말한다.
> ○ 합리적 소비의 한계를 인식하고 이에 대한 대안으로 등장하였다.

① 의무적 소비　　② 충동적 소비
③ 경제적 소비　　④ 윤리적 소비

21 다음 설명에 해당하는 윤리 사상은?

> ○ 서로 이해하며 합의해 나가는 과정을 중시하였다.
> ○ 시민은 누구나 자유롭게 소통에 참여할 자격이 있다고 주장하였다.
> ○ 소통을 위해 상호 간 논증적인 토론 과정을 거쳐 보편적 합의에 도달하는 '의사소통의 합리성'을 실현해야 한다고 하였다.

① 존중 윤리　　② 공정 윤리
③ 통합 윤리　　④ 담론 윤리

22 빈칸 ㉠과 ㉡에 들어갈 말로 알맞은 것은?

> ○ (㉠) 이론: 주류 문화는 면과 국물처럼 중심적인 역할을 하고, 이주민의 문화는 고명처럼 부수적 역할을 하며 공존하는 정책이다.
> ○ (㉡) 이론: 다양한 채소와 과일이 그릇 안에서 조화를 이루듯, 국가 안에서 여러 문화가 조화롭게 공존하는 정책이다.

	㉠	㉡
①	국수 대접	동화주의
②	국수 대접	샐러드 볼
③	모자이크	동화주의
④	모자이크	샐러드 볼

23 빈칸 안에 들어갈 말로 알맞은 것은?

> ○ 인간은 유한성의 불완전한 존재로, (　　)적 체험을 통한 영원한 삶을 동경하고 마음의 평화를 추구한다.
> ○ 엘리아데는 인간을 (　　)적 인간으로 규정하고, (　　)을/를 지향하는 것이 인간의 근본적인 성향이라고 보았다.

① 종교　　② 감각
③ 도덕　　④ 이성

24 다음 내용을 주장한 윤리 사상가는?

> ○ 원조의 목적은 인류 전체의 고통을 감소시키고 쾌락을 증진시키는 것이다.
> ○ 굶주림과 죽음을 방치하는 것은 인류 전체의 고통을 증가시키는 것이므로 해외 원조는 인류에게 주어진 의무이다.
> ○ 세계 시민주의 관점에서 지구촌 전체를 대상으로 원조해야 하며, 누구나 차별 없이 도움을 받아야 한다.

① 칸트　　② 롤스
③ 싱어　　④ 노직

25 남북통일 실현을 위한 올바른 자세로 적절하지 않은 것은?

① 언제나 경계하는 마음으로 대해야 한다.
② 열린 마음으로 소통과 배려를 실천한다.
③ 남북한의 차이를 인정하면서도 서로 이해하도록 노력한다.
④ 통일은 언제든지 현실로 다가올 수 있는 일이라는 인식이 필요하다.

아이들이 답이 있는 질문을 하기 시작하면 그들이 성장하고 있음을 알 수 있다.

– 존 J. 플롬프 –

3일차
제3회 실전 모의고사

3일차　국어

제한 시간: 40분
문항 수: 25문항
배점: 1문제당 4점

정답 CHECK!
자동 채점 서비스

01 빈칸 ㉠에 들어갈 말로 가장 적절한 것은?

> ○ 부모님께 사정을 말씀드렸는데도 혼났어.
> ○ 친구: (　　　　　　㉠　　　　　　)

① (등을 돌리며) 네 몫이야.
② (곁눈질하며) 나는 너보다 더 혼났어.
③ (고개를 끄덕이며) 그래, 네 맘을 몰라주셔서 속상하겠다.
④ (다른 곳을 바라보며) 네가 말을 제대로 했을 리가 없지.

02 다음 설명에 해당하는 사례로 가장 적절한 것은?

> 상대방의 의견과 불일치하는 표현은 최소화하고, 상대방의 의견과 일치하는 표현은 최대화하는 말하기

① 옷이 조금 비싸지만, 네 말대로 화사하고 잘 어울린다.
② 내가 상을 받은 것은 너희들이 모두 도와주었기 때문이야.
③ 이번 발표 자료는 내가 준비했어야 했는데, 내가 깜박했어.
④ 네가 이것을 모두 혼자서 만든 거야? 네가 만든 것 중 최고야.

03 다음 문장과 동일한 오류가 드러난 것은?

> 손님, 주문하신 커피가 나오셨습니다.

① 할아버지는 귀가 밝으세요.
② 교장 선생님께서도 댁에 계십니다.
③ 고객님께서 문의하신 상품은 현재 품절이십니다.
④ 외삼촌께서는 회사가 가까우셔서 걸어 다니십니다.

04 다음 한글 맞춤법 규정을 적용한 것 중 적절하지 않은 것은?

> [제30항] 사이시옷은 다음과 같은 경우에 받치어 적는다.
> 1. 순우리말로 된 합성어로서 앞말이 모음으로 끝난 경우
>   (1) 뒷말의 첫소리가 된소리로 나는 것
>   (2) 뒷말의 첫소리 'ㄴ, ㅁ' 앞에서 'ㄴ' 소리가 덧나는 것
>   (3) 뒷말의 첫소리 모음 앞에서 'ㄴㄴ' 소리가 덧나는 것

① 나뭇잎이 하나도 남지 않았다.
② 지붕에 빗물이 새어 대야를 받쳐놓았다.
③ 아침에 바닷가를 산책하니 기분이 좋아졌다.
④ 공사 현장에서 쇳조각을 밟아 신발에 구멍이 났다.

05 빈칸 ㉠에 들어갈 음운 현상으로 알맞은 것은?

> (㉠): 'ㄴ'은 'ㄹ' 앞에서 [ㄹ]로 발음한다.
> 예 난로[날로], 천리[철리], 대관령[대괄령]

① 유음화   ② 비음화

③ 구개음화   ④ 된소리되기

06 ㉠~㉢ 중 음차를 이용한 표기법에 해당하지 <u>않는</u> 것은?

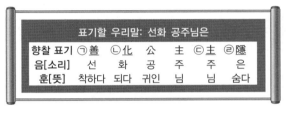

표기할 우리말: 선화 공주님은					
향찰 표기	㉠善	㉡化 公	主	㉢主	㉣隱
음[소리]	선	화 공	주	주	은
훈[뜻]	착하다	되다 귀인	님	님	숨다

① ㉠   ② ㉡

③ ㉢   ④ ㉣

[07~08] 다음 글을 읽고 물음에 답하시오.

> 운영 개요: [㉠]
>
> 1. 기간: 겨울 방학 2024. 1. 1.(월)~2024. 1. 12.(금) (총 2주)
>   오전반(10:00~12:00), 오후반(13:30~15:30) 중 선택 (※ 중복 수강 가능)
> 2. 장소: 제1 서울 창의 예술 교육 센터
> 3. 참가 대상: 서울특별시 초·중·고 학생(초등 4학년 ~고등 1학년)
> 4. 내용
>   ○ 예술 강사 2~4명 콜라보 수업(총 6개의 예술 융합 과목 운영)
>   ○ 2023.1.14.(토) 10:00~12:00 수업 결과물 공연· 전시 발표

> 5. 신청
>   ○ 신청 기간: 2022. 12. 19.(월) 09:00~12. 27.(화) 17:00
>   ○ 신청 방법: 제1 서울 창의 예술 교육 센터 홈페이지를 통해 개별 신청
> 6. 비고
>   ○ 참가비 및 재료비 전액 무료·과목별 10명 내외 수강
>   ○ 프로그램 참여 시 개인 정보 활용 및 초상권 동의 필수
>   ○ 수업 결과물 공연·전시 발표는 방역 단계에 따라 온라인 전환 운영 가능
> 7. 세부 프로그램 안내
>   (1) 드림 퍼포먼스(뮤지컬, 난타, 비보이 댄스 등)
>   (2) Paper man과 빛 드로잉(조형 아트 등)
>   (3) 빛과 모래(샌드 아트 등)

07 빈칸 ㉠에 들어갈 말로 가장 적절한 것은?

① 어린이 예술 학교 체험 활동

② 겨울 방학 예술 교실 「아트 플레이」

③ 창의 예술 교육 센터 예술 프로그램(유료)

④ 겨울 방학 예술 학교 진학 상담 프로그램

08 다음 중 〈보기〉의 내용이 들어갈 곳으로 가장 적절한 곳은?

> ┤ 보기 ├
>
> ※ 정해진 날짜 내에 신청하지 못하였을 경우 추후 추가 모집 공지 참고

① 운영 개요

② 참가 대상

③ 신청 기간

④ 세부 프로그램 안내

1일차 2일차 3일차 4일차 5일차 6일차 7일차

[09~11] 다음 글을 읽고 물음에 답하시오.

> (가) <u>나는 이제 너에게도 슬픔을 주겠다.</u>
> <u>사랑보다 소중한 슬픔을 주겠다.</u>
> 겨울밤 거리에서 귤 몇 개 놓고
> ㉠ <u>살아온 추위</u>와 떨고 있는 할머니에게
> 귤값을 깎으면서 기뻐하던 너를 위하여
> 나는 슬픔의 평등한 얼굴을 보여 주겠다.
> 내가 ㉡ <u>어둠</u> 속에서 너를 부를 때
> 단 한 번도 평등하게 웃어 주질 않은
> 가마니에 덮인 동사자가 다시 얼어 죽을 때
> 가마니 한 장조차 덮어 주지 않은
> 무관심한 너의 사랑을 위해
> 흘릴 줄 모르는 너의 눈물을 위해
> 나는 이제 너에게도 기다림을 주겠다.
> 이 세상에 내리던 ㉢ <u>함박눈</u>을 멈추겠다.
> 보리밭에 내리던 ㉣ <u>봄눈들</u>을 데리고
> 추위 떠는 사람들의 슬픔에게 다녀와서
> 눈 그친 눈길을 너와 함께 걷겠다.
> 슬픔의 힘에 대한 이야기를 하며
> 기다림의 슬픔까지 걸어가겠다.
>
> — 정호승, 「슬픔이 기쁨에게」

09 (가)에서 사용된 표현 방법으로 가장 적절한 것은?

① 역설법, 강조법
② 반어법, 은유법
③ 의인법, 강조법
④ 설의법, 의인법

10 윗글의 성격으로 적절하지 <u>않은</u> 것은?

① 교훈적
② 비판적
③ 의지적
④ 객관적

11 ㉠~㉣ 중 다음 내용에 해당하는 시어로 가장 적절한 것은?

> 사회적 약자를 위한 존재, 소외된 이들을 감싸는 존재

① ㉠
② ㉡
③ ㉢
④ ㉣

[12~14] 다음 글을 읽고 물음에 답하시오.

> (가)
> 컷 투(cut to). 습관처럼 전자 우편함의 '새로 고침'을 딸깍하던 아름이. 드디어 전자 우편 수신을 알리는 소리.
> 아름이, 벌떡 일어난다. 서하의 편지다. 떨리는 손으로 편지를 열어 본다.
>
> 서하(소리): 답장이 늦어 미안해. 사실 많이 고민했어, 사진. / 하지만 나만 네 얼굴을 아는 건 불공평하겠다 싶어. / 난 네 부모님 얼굴까지 알고 있으니까. / 맘에 안 들지도 모르지만 한 장을 보내.
>
> (나)
> **[중간 부분의 줄거리]** 어느 날 연출자와 미라의 대화를 우연히 듣게 된 아름이는, 서하가 사실은 영화감독 지망생이고 시나리오를 쓰기 위해 열여섯 살 소녀를 가장하여 전자 우편을 보낸 것을 알게 되어 큰 충격을 받는다.
>
> 대수: 아빠 말 안 들려!
> 아름: (대수가 게임기를 뺏으려 하자) 왜 그래요, 진짜! 좀 내버려 두세요! (뿌리치며) 낫지도 않는 걸 왜 자꾸 먹으래! 어차피 죽을 거!
> 대수, 미라: (놀라 아무 말도 못 한 채) …….
> 아름: (㉠) 내가 지금까지 엄마, 아빠 말 안 들은 적 있어요? 그냥 죽기 전에 내가 하고 싶은 거 좀 하겠다는데, (게임기 흔들며) 내가 지금 하고 싶은 게 이거라고요. 왜 이까짓 것도 못 하게 해요? 네? 내가 살면 얼마나 산다고!

(다)

대수: 어, 어어! 저기 떨어졌다, 떨어졌어.

아름: 봤어?

대수: 어! 우아, 아빠 별똥별 진짜 오랜만에 본다. 그러고 보니까 별은 똥도 별이네. (웃음)

아름: (웃음) 아빠 소원 빌었어요?

대수: 아, 깜빡했다.

아름: 또 떨어질 거예요. 그럼 그때 소원 빌어요.

대수: 그래, 너는? 빌었어?

아름: 전 벌써 빌었죠. / 대수: 뭔데?

아름: 으음, 비밀이에요. / 대수: 치.

아름: 아빠랑 둘이서 이렇게 별을 보고 있으니까 갑자기 행복해졌어요. 그리고 아빠가 우리 아빠라는 게 너무너무 좋아요.

대수: 나도 아름이 네가 내 아들이라는 게 너무 좋다. (한숨) 아름이 너같이 괜찮은 애는 진짜 아프면 안 되는데……

- 김애란 원작, 최민석 외 각본, 「두근두근 내 인생」

12 빈칸 ㉠에 들어갈 말로 가장 적절한 것은?

① 냉소적으로 차분하게

② 봇물 터지듯이 말하며

③ 흥미 없다는 듯 나른하게 말하며

④ 절망감에 빠진 나지막한 목소리로

13 윗글을 읽고 나눈 대화로 적절하지 않은 것은?

① 대수와 미라는 화를 내는 아름이에게 실망했을 거야.

② 아름이는 서하가 한동안 답장을 보내지 않아 불안했을 거야.

③ 서하가 가짜 인물임을 알았을 때 아름이는 상처를 많이 받았을 거야.

④ 아름이가 대수에게 화낸 이유도 서하에게 받은 상처 때문이었을 거야.

14 윗글의 주제로 가장 적절한 것은?

① 가족 간 의사소통과 공감의 가치

② 소외된 이웃에 대한 연민과 배려

③ 평화로운 일상적 삶이 지니는 가치

④ 서로 사랑하며 배려하는 가족의 소중함

[15~16] 다음 글을 읽고 물음에 답하시오.

(가)

동짓달 기나긴 밤을 한 허리를 베어 내어
춘풍(春風) 이블 아래 서리서리 넣었다가
어론 님 오신 날 밤이어든 굽이굽이 펴리라

- 황진이, 「동짓달 기나긴 밤을」

(나)

개를 여라믄이나 기르되 요 개같이 얄미우랴.
미운 님 오며는 꼬리를 홰홰 치며 치뛰락 나리뛰락
반겨서 내닫고, 고운 님 오며는 뒷발을 바둥바둥 므르락
나오락 캉캉 짖는 요 도리암캐
쉰밥이 그릇그릇 난들 너 머길 줄이 이시랴

- 작자 미상, 「개를 여라믄이나 기르되」

15 (가)와 (나)의 공통점으로 가장 적절한 것은?

① 임에 대한 그리움을 해학적으로 드러내고 있다.

② 극한의 상황을 설정하여 긴장감을 높이고 있다.

③ 절제된 언어를 통해 시상을 전개하고 있다.

④ 음성 상징어를 사용하여 생동감을 부여하고 있다.

16 (가)의 표현상 특징으로 적절하지 <u>않은</u> 것은?

① 우리말의 묘미를 잘 살려 표현하고 있다.

② 도치법을 사용하여 시적 의미를 강조하고 있다.

③ 계절적 특징을 활용하여 주제를 드러내고 있다.

④ 비유적 표현을 통해 화자의 정서를 드러내고 있다.

[17~19] 다음 글을 읽고 물음에 답하시오.

(가)

허생은 묵적골[墨積洞]에 살았다. 곧장 남산(南山) 밑에 닿으면, 우물 위에 오래된 은행나무가 서 있고, 은행나무를 향하여 사립문이 열렸는데, 두어 칸 초가는 비바람을 막지 못할 정도였다. 그러나 허생은 글 읽기만 좋아하고, 그의 처가 남의 바느질품을 팔아서 입에 풀칠을 했다. / 하루는 그 처가 몹시 배가 고파서 울음 섞인 소리로 말했다.

"당신은 평생 과거(科擧)를 보지 않으니, 글을 읽어 무엇합니까?" / 허생은 웃으며 대답했다.

"나는 아직 독서를 익숙히 하지 못하였소."

"그럼 장인바치 일이라도 못 하시나요?"

"장인바치 일은 본래 배우지 않은 걸 어떻게 하겠소?"

"그럼 장사는 못 하시나요?"

"장사는 밑천이 없는 걸 어떻게 하겠소?"

처는 왈칵 성을 내며 소리쳤다.

"밤낮으로 글을 읽더니 기껏 '어떻게 하겠소?' 소리만 배웠단 말씀이오? 장인바치 일도 못 한다, 장사도 못 한다면, 도둑질이라도 못 하시나요?"

허생은 읽던 책을 덮어 놓고 일어나면서,

"아깝다. 내가 당초 글 읽기로 십 년을 기약했는데, 인제 칠 년인걸……." 하고 휙 문밖으로 나가 버렸다.

(나)

"누가 서울 성중(城中)에서 제일 부자요?"

변 씨(卞氏)를 말해 주는 이가 있어서, 허생이 곧 변 씨의 집을 찾아갔다. 허생은 변 씨를 대하여 길게 읍(揖)하고 말했다.

"내가 집이 가난해서 무얼 좀 해 보려고 하니, 만 냥(兩)을 꾸어 주시기 바랍니다."

변 씨는 / "그러시오." / 하고 당장 만 냥을 내주었다. 허생은 감사하다는 인사도 없이 가 버렸다. 변 씨 집의 자제와 손들이 허생을 보니 거지였다. ㉠ 실띠의 술이 빠져 너덜너덜하고, 갓신의 뒷굽이 자빠졌으며, 쭈그러진 갓에 허름한 도포를 걸치고, 코에서 맑은 콧물이 흘렀다. 허생이 나가자, 모두들 어리둥절해서 물었다.

"저이를 아시나요?" / "모르지."

"아니, 이제 하루아침에, 평생 누군지도 알지 못하는 사람에게 만 냥을 그냥 내던져 버리고 성명도 묻지 않으시다니, 대체 무슨 영문인가요?"

변 씨가 말하는 것이었다.

"이건 너희들이 알 바 아니다. 대체로 남에게 무엇을 빌리러 오는 사람은 으레 자기 뜻을 대단히 선전하고, 신용을 자랑하면서도 비굴한 빛이 얼굴에 나타나고, 말을 중언부언하게 마련이다. 그런데 저 객은 형색은 허술하지만, 말이 간단하고, 눈을 오만하게 뜨며, 얼굴에 부끄러운 기색이 없는 것으로 보아, 재물이 없어도 스스로 만족할 수 있는 사람이다. 그 사람이 해 보겠다는 일이 작은 일이 아닐 것이매, 나 또한 그를 시험해 보려는 것이다. 안 주면 모르되, 이왕 만 냥을 주는 바에 성명은 물어 무엇을 하겠느냐?"

(다)

허생은 만 냥을 입수하자, 다시 자기 집에 들르지도 않고 바로 안성(安城)으로 내려갔다. 안성은 경기도, 충청도 사람들이 마주치는 곳이요, 삼남(三南)의 길목이기 때문이다. 거기서 대추, 밤, 감, 배며 석류, 귤, 유자 등속의 과일을 모조리 두 배의 값으로 사들였다. 허생이 과일을 몽땅 쓸었기 때문에 온 나라가 잔치나 제사를 못 지낼 형편에 이르렀다. 얼마 안 가서, 허생에게 두 배의 값으로 과일을 팔았던 상인들이 도리어 열 배의 값을 주고 사 가게 되었다. 허생은 길게 한숨을 내쉬었다.

"만 냥으로 온갖 과일의 값을 좌우했으니, 우리나라의 형편을 알 만하구나."

그는 다시 칼, 호미, 포목 따위를 가지고 제주도(濟州島)에 건너가서 말총을 죄다 사들이면서 말했다.

"몇 해 지나면 나라 안의 사람들이 머리를 싸매지 못할 것이다."

허생이 이렇게 말하고 얼마 안 가서 과연 망건값이 열 배로 뛰어올랐다.

– 박지원, 「허생전」

17 윗글에서 '허생의 처'의 역할로 적절하지 <u>않은</u> 것은?

① 서술자의 입장을 대변한다.
② 허생의 비범한 면모를 부각한다.
③ 당대의 실사구시 정신을 반영한다.
④ 허생의 현실 참여 계기를 마련한다.

18 ㉠을 통해 작가가 나타내고자 한 것으로 가장 적절한 것은?

① 경제적으로 몰락한 사대부의 초라한 모습 풍자
② 겉모습에 전혀 신경 쓰지 않는 선비 정신 예찬
③ 궁핍한 상황에서도 허례허식에 물든 양반 계층 비판
④ 백성들의 의식주를 돌보지 않는 당시 위정자들에 대한 비판

19 (다)에서 '허생'의 상행위를 통해 작가가 비판하고자 한 것으로 가장 적절한 것은?

① 중농주의의 문제점
② 경제 구조의 취약성
③ 수요에 비해 부족한 생산량
④ 변칙적으로 운영하는 유통 구조

[20~22] 다음 글을 읽고 물음에 답하시오.

(가)

어제 입었던 옷이 오늘 입은 옷에 밀려나고, 오늘 입은 옷은 다시 내일 입을 옷에 밀려난다. 우리가 유행이라고 부르는 이와 같은 연속된 과정은 지금도 끊임없이 이어지고 있다. 요즘은 유행의 속도가 점점 더 빨라져 거의 매일 새로운 옷이 쏟아져 나오고, 온갖 광고는 소비자에게 새로운 유행을 따르라고 유혹한다. 하지만 새 옷을 입는 즐거움도 잠시, 유행은 어느새 바뀌고 몇 번 입지도 않은 옷은 더 이상 입지 못할 옷이 되어 버려진다. 미국에서 발간한 한 잡지의 보도에 따르면, 2010년대에 들어 미국인이 구입한 옷은 1980년대와 비교하였을 때 다섯 배나 더 많다고 한다. 우리나라도 이와 다르지 않게 옷 구매 횟수와 구매량이 빠르게 증가하였다. 소비자가 이렇게 많은 옷을 쉽게 소비할 수 있게 된 이유는 무엇일까?

(나)

옷 소비가 증가하는 현상의 원인은 여러 가지가 있지만, 가장 주요한 원인은 의류 업체 간의 치열한 가격 경쟁으로 점점 내려가는 옷 가격이다. A 기업이 청바지 한 벌을 5만 원에 시장에 내놓았는데, B 기업이 같은 품질의 청바지를 4만 5천 원에 판다면 소비자는 A 기업보다는 B 기업의 청바지를 살 것이다. 의류 업체 입장에서는 '어떻게 가격을 낮출 것인가'에 사업의 성패가 달려 있다고 할 수 있다. 그런데 여기에서 주목해야 할 점은 의류 산업이 대표적인 노동 집약 산업이라는 것이다. 의류 산업은 제품을 만드는 데 노동력이 많이 필요하므로 전체 생산 비용에서 노동 비용이 차지하는 비중이 높다. 따라서 제품 가격을 낮추려면 노동 비용을 줄이는 것이 가장 효과적이다. 많은 의류 업체가 캄보디아, 방글라데시 등 임금이 낮은 나라에서 제품을 생산하는 이유가 여기에 있다. 우리가 입은 옷의 원산지 표시를 살펴보면 많은 옷이 이들 나라에서 생산되었다는 것을 쉽게 확인할 수 있다.

(다)

가격이 싼데도 최신 유행에 뒤처지지 않는 옷을 우리가 살 수 있는 또 다른 이유는 의류 업체 간의 속도 경쟁 때문이다. 얼마 전까지만 해도 새로운 유행을 반영한 옷을 만들어 가게에 전시하기까지는 6개월가량 걸리는 것이 일반적이었다. 그런데 최신 유행을 반영한 제품을 시장에 빨리 내놓을수록 경쟁에서 유리하다는 것을 알게 된 몇몇 의류 업체는 그 기간을 줄일 방안을 모색하였

다. 그리하여 제품을 만드는 과정에서 중요도가 낮은 부분을 축소하거나 없애 제작 기간을 줄이고, 가능한 온갖 운송 방법을 사용하여 운송 시간도 단축하였다. 그 결과, 현재는 단 2주 만에 제품을 생산해서 매장에 선보이는 의류 업체까지 등장하였다.

(라)

신상품을 최대한 빨리 만들어서 싼 가격으로 파는 것은 이제 하나의 사업 전략으로 자리 잡았고, 이 전략을 선택한 많은 의류 업체가 승승장구하고 있다. 이런 놀랄 만한 성장의 원동력은 무엇보다도 소비자의 열렬한 호응이다. 최신 유행을 반영한 옷을 싼 가격에 살 수 있게 된 소비자는 이러한 옷을 마다할 이유가 없고, 더 많은 제품을 판매하여 이익을 얻게 된 의류 업체도 함박웃음을 짓는다. ㉠ 그런데 좀 더 깊이 살펴보면 이러한 변화가 과연 반가워만 할 일인가라는 의문이 든다.
– 이민정, 「옷 한 벌로 세상 보기」

20 윗글에 대한 설명으로 적절하지 <u>않은</u> 것은?

① 독자를 설득하는 글이다.
② 뒷받침하는 논거가 구체적이고 타당해야 한다.
③ 함축적 용어보다는 지시적 용어를 주로 사용한다.
④ 글쓴이의 생각에 대해 수용적으로 받아들이는 자세가 필요하다.

21 윗글의 내용과 일치하지 <u>않는</u> 것은?

① 유행이 지나면 기존의 옷은 버려진다.
② 옷을 쉽게 소비하는 현상은 우리나라만의 일이 아니다.
③ 의류 산업은 노동 집약적인 산업이기 때문에 인건비가 비싸다.
④ 의류 업체들은 제작 공정을 축소하거나 없애 제작 기간을 줄인다.

22 ㉠ 다음에 이어질 내용으로 가장 적절한 것은?

① 옷 소비 증가로 인한 문제점
② 옷 소비의 증가에 따른 장점과 단점
③ 과도한 옷 소비 현상에 대한 다양한 관점
④ 옷이 지나치게 소비되는 현상의 발생 배경

[23~25] 다음 글을 읽고 물음에 답하시오.

(가)

첫째, 일상생활 중에 무의식적으로 스마트폰을 자주 사용한다면, 현재의 상태가 심각한지 아닌지를 확인하기 위해서라도 전문적인 진단을 받아 보는 것이 좋다. 중독자들은 대체로 자신이 중독되었다는 사실을 인정하지 않으며, 혹시 인정하더라도 치료받기를 꺼리는 경향이 있다. 그러나 이러한 상태가 오래가면 치료가 매우 어려워질 수 있다는 것을 명심해야 한다.

(나)

둘째, 스마트폰 사용 행동을 스스로 기록해 보기를 권한다. 예를 들어 스마트폰을 하루에 몇 시간 사용하는지, 어떤 응용 프로그램을 많이 사용하는지 등을 스스로 기록해 보는 것이다. 그리고 이때 불필요한 응용 프로그램이 있다면 삭제하는 것도 좋다. 책상 서랍이 물건으로 복잡하게 가득 차 있으면 서랍 활용이 어려워지는 것처럼, 응용 프로그램이 많으면 스마트폰을 효율적으로 활용하는 데에 방해가 된다. 가능하면 필수적인 응용 프로그램도 몇 개로 한정하여 사용하는 것이 바람직하다.

(다)

셋째, 스스로 스마트폰 금지 시간과 공간을 정하고 그것을 준수하려는 생활 태도를 갖추어야 한다. 특히 수업 시간, 자습 시간, 식사 시간, 가족과의 대화 시간, 잠자리에 들기 전후에는 스마트폰을 사용하지 않는 것이 좋다. 또한, 차량이 많은 곳, 건널목, 계단 등과 같이 위험 요소가 있는 공간에서는 스마트폰을 사용하지 않도록 스스로 약속하는 것이 좋다. 혼자서 실천하기보다는 친구들끼리 혹은 한 학급이 약속을 정하여 이를 공동으로 실천하는 것이 더 효과적이다.

(라)

  넷째, (　　　　　　　　　⊙　　　　　　　　　) 물론 학교 과제를 하거나 공부를 할 때, 정보를 수집하고 편집할 때에는 디지털 기술만큼 유용한 것도 없다. 그러나 손 닿을 거리에 있는 친구들과의 대화를 군이 스마트폰으로 할 필요는 없다. 스마트폰의 누리소통망(SNS)이 사람들과의 공간적 거리감을 해소해 주었지만, 이것이 직접 만나서 대화하는 것보다 더 깊고 풍요로운 인간관계를 만들어 주지는 못할 것이다.

– 고영삼, 「스마트폰 중독, 어떻게 해결할까?」

23 윗글에 대한 설명으로 가장 적절한 것은?

① 문제의 원인을 분석하고 있다.
② 문제 상황의 심각성을 강조하고 있다.
③ 문제점의 대처 방안을 제시하고 있다.
④ 새로운 관점에서 문제 상황을 조명하고 있다.

24 글쓴이가 (가)~(라)에 앞서 제시하였을 문제점의 내용으로 적절하지 <u>않은</u> 것은?

① 스마트폰에 중독된 청소년들의 증가
② 스마트폰 일상화에 따른 정보 격차 현상 심화
③ 스마트폰으로 인해 학업에 소홀한 청소년들의 증가
④ 스마트폰의 기술 발달에 따른 인간 소외 현상 발생

25 빈칸 ⊙에 들어갈 내용으로 가장 적절한 것은?

① 스마트폰을 사용 시간을 정해 놓는 것이 좋다.
② 사용하고 있는 스마트폰을 없애는 것이 좋다.
③ 가능하다면 스마트폰을 이용하지 않는 것이 좋다.
④ 폭넓은 인간관계를 맺기 위해 스마트폰을 사용하는 것이 좋다.

1일차
2일차
3일차
4일차
5일차
6일차
7일차

3일차   수학

제한 시간: **40분**
문항 수: **20문항**
배점: 1문제당 5점

정답 CHECK!
자동 채점 서비스

01 두 다항식 $A = x^2 + x - 3y$, $B = x^2 + 5x - y$에 대하여 $2A - B$는?

① $x^2 - 3x - 5y$

② $2x^2 - 20x - y$

③ $3x^2 + 20x - 2y$

④ $4x^2 + 20x - 2y$

02 등식 $x^2 - 2x + 4 = (x+1)^2 + ax + 3$이 x에 대한 항등식일 때, 상수 a의 값은?

① -8 ② -4

③ -3 ④ -2

03 다항식 $2x^3 + 3x^2 + 4$를 이차식 $x^2 + 2x + 1$로 나누어 몫과 나머지를 구하는 과정이다. (가)에 들어갈 알맞은 식은?

$$
\begin{array}{r}
2x - 1 \\
x^2 + 2x + 1 \enclose{longdiv}{2x^3 + 3x^2 + 4} \\
\underline{2x^3 + 4x^2 + 2x } \\
\boxed{(가)} \\
\underline{-x^2 - 2x - 1} \\
5
\end{array}
$$

① $-x^2 - 3x - 5$ ② $-x^2 - 2x - 4$

③ $-x^2 - 2x + 4$ ④ $-x^2 - 3x + 5$

04 다항식 $x^3 + px^2 - x - 2$를 인수분해하면 $(x-1)(x+1)(x+q)$이다. 두 상수 p, q에 대하여 pq의 값은?

① -4 ② -1

③ 1 ④ 4

05 $(3+2i) - (1-3i) = 2 - ai$일 때, 실수 a의 값은? (단, $i = \sqrt{-1}$)

① -5 ② -1

③ 1 ④ 5

06 이차방정식 $2x^2 - 7x + 3 = 0$의 두 근을 α, β라 할 때, $\alpha + \beta$의 값은?

① -2 ② $\dfrac{5}{2}$

③ 3 ④ $\dfrac{7}{2}$

07 이차함수 $y = x^2 - 3x + k$의 그래프가 x축과 한 점에서 만날 때, 실수 k의 값은?

① $\dfrac{5}{4}$ ② $\dfrac{7}{4}$

③ $\dfrac{9}{4}$ ④ $\dfrac{11}{4}$

08 x에 대한 삼차방정식 $x^3 + ax^2 + bx + 6 = 0$의 두 근이 1, 2일 때, 두 실수 a, b의 값은?

① $a = -1$, $b = -5$

② $a = 0$, $b = -7$

③ $a = 1$, $b = 5$

④ $a = 1$, $b = 7$

09 연립부등식 $\begin{cases} 2x < x + 4 \\ 4x > -5x - 1 \end{cases}$ 의 해가 $a < x < 4$일 때, 상수 a의 값은?

① $-\dfrac{1}{6}$ ② $-\dfrac{1}{7}$

③ $-\dfrac{1}{8}$ ④ $-\dfrac{1}{9}$

10 부등식 $|x - 3| < 2$를 만족시키는 모든 정수 x의 값의 합은?

① 5 ② 7

③ 9 ④ 11

11 좌표평면 위의 두 점 A$(-1, -4)$, B$(2, -6)$ 사이의 거리는?

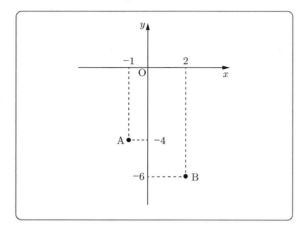

① $\sqrt{11}$ ② $\sqrt{13}$

③ $\sqrt{19}$ ④ $\sqrt{23}$

12 직선 $x-3y+1=0$에 평행하고, 점 $(0, -1)$을 지나는 직선의 방정식은?

① $y = \dfrac{1}{3}x - 1$

② $y = \dfrac{1}{3}x + 1$

③ $y = 3x - 1$

④ $y = 3x + 1$

13 두 점 A$(-2, -1)$, B$(0, 3)$을 지름의 양 끝점으로 하는 원의 방정식은?

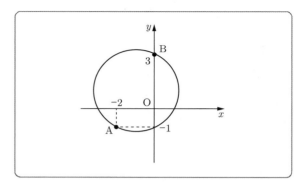

① $(x+1)^2 + (y+1)^2 = 5$

② $(x+1)^2 + (y-1)^2 = 5$

③ $(x-1)^2 + (y+1)^2 = 5$

④ $(x-1)^2 + (y-1)^2 = 5$

14 점 $(3, a)$를 원점에 대하여 대칭이동한 점의 좌표가 $(b, -4)$일 때, 두 상수 a, b에 대하여 $a+b$의 값은?

① -3 ② -1

③ 1 ④ 3

15 전체집합 $U = \{1,\ 2,\ 3,\ 4,\ 5,\ 6,\ 7,\ 8\}$의 두 부분집합 $A = \{x \mid x$는 8의 약수$\}$, $B = \{1,\ 4,\ 6\}$에 대하여 $A - B$는?

① $\{1,\ 4,\ 6\}$ ② $\{1,\ 4\}$

③ $\{2,\ 8\}$ ④ $\{2,\ 4,\ 8\}$

16 다음 중 참인 명제는?

① $2x - 4 = 0$

② 하늘은 파랗다.

③ 15는 소수이다.

④ 정삼각형은 이등변삼각형이다.

17 무리함수 $y = \sqrt{x-2} + 1$의 그래프는 함수 $y = \sqrt{x}$ 의 그래프를 x축 방향으로 a만큼, y축 방향으로 b만큼 평행이동한 것이다. 두 상수 a, b에 대하여 $a - b$의 값은?

① 1　　　　　　　② 3

③ 5　　　　　　　④ 7

18 집합 $X = \{1, 2, 3, 4\}$, $Y = \{a, b, c, d\}$, $Z = \{5, 6, 7, 8\}$에 대하여 함수 $f : X \rightarrow Y$, $g : Y \rightarrow Z$가 그림과 같을 때, $(g \circ f)(1)$의 값은?

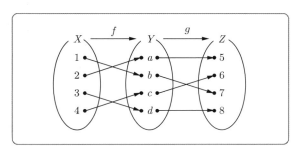

① 8　　　　　　　② 7

③ 6　　　　　　　④ 5

19 a, b, c, d 중에서 2개를 뽑아 일렬로 나열하는 경우의 수를 기호로 바르게 나타낸 것은?

① $_2\mathrm{C}_4$　　　　　② $_4\mathrm{C}_2$

③ $_2\mathrm{P}_4$　　　　　④ $_4\mathrm{P}_2$

20 학생 6명 중에서 청소를 할 2명을 뽑는 방법의 수는?

① 12　　　　　　② 15

③ 18　　　　　　④ 21

3일차　영어

제한 시간: **40분**
문항 수: **25문항**
배점: **1문제당 4점**

정답 CHECK!
자동 채점 서비스

[01~03] 다음 밑줄 친 부분의 뜻으로 가장 적절한 것을 고르시오.

01

> She also fought for women's rights, democracy, and peace.

① 평등주의　　② 평화주의
③ 공화주의　　④ 민주주의

02

> I used to go hiking on Saturdays.

① ~하려 하다
② ~하고는 했다
③ ~할 수밖에 없다
④ ~하지 않기로 하다

03

> At first, they are full of hope and try to achieve goals.

① 처음부터　　② 처음에는
③ 일등으로　　④ 앞장서서

04 다음 중 두 단어의 의미 관계가 나머지 셋과 <u>다른</u> 것은?

① heavy — light
② wide — narrow
③ smart — clever
④ benefit — harm

05 다음 국립 중앙 박물관의 안내문에서 언급되지 <u>않은</u> 것은?

> **'The Glory of Korea' at the National Museum**
> ○ Opening Hours
> 　• Monday, Tuesday, Thursday to Sunday 10:00~18:00 (The last entrance: 17:30)
> 　• Wednesday, Saturday 10:00~21:00 (The last entrance: 20:30)
> ○ Reservation
> 　• Book on our website. (www.museum.go.k)
> ○ Entrance Fee
> 　• adult: ₩8,000
> 　• children & young: ₩4,000

① 입장료　　② 휴관일
③ 관람 시간　　④ 예약 방법

[06~08] 다음 빈칸에 공통으로 들어갈 말로 가장 적절한 것을 고르시오.

06

○ I can't _____ up with her impolite behavior.

○ Don't _____ off till tomorrow what you can do today.

① put
② take
③ make
④ carry

07

○ Jina will _____ on the TV.
○ Please _____ down the volume.

① do
② run
③ turn
④ have

08

○ _____ don't you take a rest tonight?
○ _____ do you think people enjoy watching movies?

① Why
② What
③ When
④ Where

09 다음 중 밑줄 친 표현의 의미로 가장 적절한 것은?

A: You've already written an introduction.
B: Yes, I stayed up all night.
A: You must be really tired.
B: No pain, no gain.
A: What does that mean?
A: It means you should work hard to achieve your goal.

① 뜻이 있는 곳에 길이 있다
② 몸에 좋은 약은 입에 쓰다
③ 고통 없이는 얻는 것도 없다
④ 하루아침에 이루어지는 일은 없다

10 다음 대화에서 알 수 있는 B의 심정으로 가장 적절한 것은?

A: What's wrong?
B: I'm worried about my relationship with my boyfriend. It isn't going well.
A: That's too bad. You must be having a hard time.
B: I am. I'm afraid we might break up soon.

① 기쁘다
② 섭섭하다
③ 당황스럽다
④ 걱정스럽다

11 다음 대화가 이루어지는 장소로 가장 적절한 것은?

> A: My son has strange red spots on his back.
> B: Let me check him. Oh, it looks like he has a skin problem.
> A: Is it serious?
> B: Don't worry. Give him this medicine twice a day, and come back here in three days.

① 병원 　　　　② 학교
③ 회사 　　　　④ 은행

12 다음 글에서 밑줄 친 It(it)이 가리키는 것으로 가장 적절한 것은?

> It is a thing inside your head that controls your body. You use it to think. It also helps us feel things such as heat and pain. Without it, you can't control your movement.

① eye 　　　　② hand
③ brain 　　　　④ hormone

[13~14] 다음 대화의 빈칸에 들어갈 말로 가장 적절한 것을 고르시오.

13

> A: Hye - su, our train will be delayed because of an accident.
> B: Oh, no! _____?
> A: Good idea. Let's meet at the bus stop at nine a.m.
> B: Okay. See you then.

① How far is the bus stop
② What are you doing there
③ Why don't we take a bus instead
④ What does your luggage look like

14

> A: What time does the next train depart?
> B: Let me see. The next train leaves in ten minutes. _____.

① I'm on a business trip
② I like travelling by train
③ What are you going to do next year
④ If you want to take that one, you should hurry

15 다음 글을 쓴 목적으로 가장 적절한 것은?

> Developing your listening skills is an important part of your English course. Here in the Listening Center you can develop many different skills. There are hundreds of videotapes for you. You will find it very helpful to use these materials.

① 축하하기 　　　　② 광고하기
③ 거절하기 　　　　④ 항의하기

16 주어진 말에 이어질 대화를 〈보기〉에서 찾아 순서대로 배열한 것은?

> Hello. I'd like to check out these books.

┤ 보기 ├

(A) No problem.
(B) Well, now that I think about it, I only need these two.
(C) Okay. Are you going to borrow all three of them?

① (A) − (B) − (C)
② (B) − (C) − (A)
③ (C) − (A) − (B)
④ (C) − (B) − (A)

17 다음 학교 테니스장 이용 안내문의 내용과 일치하지 않는 것은?

> **School tennis court**
> ○ Open to all students and teachers.
> ○ Open hours: 9:00 a.m. to 4:00 p.m.
> ○ Shower rooms and lockers available.
> ○ Drinks are allowed.

① 음료수를 반입할 수 있다.
② 샤워실과 사물함을 사용할 수 없다.
③ 모든 학생과 교사가 사용할 수 있다.
④ 오전 9시부터 오후 4시까지 사용할 수 있다.

18 다음 글에서 사막 여행에 관한 설명으로 언급되지 않은 것은?

> One interesting experience on our trip was riding camels in the desert. The sun was so hot and the air was so dry that I had to drink a lot of water. There were no trees around us. All we could see was an endless line of sand hills.

① 우리는 물을 많이 마셔야 했다.
② 우리는 주변에서 식물을 보지 못하였다.
③ 우리는 끝없는 모래 언덕의 선을 보았다.
④ 우리는 낙타에서 내려 사막을 걷기도 하였다.

19 다음 글의 주제로 가장 적절한 것은?

> Nowadays, glaciers are melting and sea levels are rising, threatening environments. These are known to be results of global warming. Global warming is the rise of world temperatures caused by the increased production of carbon dioxide around the world. It is clear that we are facing noticeable changes to the Earth's climate.

① 지구 온난화의 원인과 결과
② 이산화 탄소로 인한 환경 오염
③ 빙하 용해로 인한 해수면 상승
④ 지구 위기를 극복하고자 하는 노력

[20~21] 다음 글의 빈칸에 들어갈 말로 가장 적절한 것을 고르시오.

20

The Lascaux cave is located in southwestern France. It contains ancient paintings of large animals. No one knew about the cave until 1940. Four teenagers accidentally discovered it while running after their dog. In 1963, in order to _____ the paintings, the cave was closed to the public.

① judge　　　　　② prohibit
③ preserve　　　 ④ persuade

21

We are wasting too much food. There are solutions to this problem. When you go shopping for groceries, make a list and buy exactly what you need. When you order food, only order what you will eat. We should not throw away a fruit or vegetable simply because its _____ is not good enough.

① art　　　　　　② market
③ selection　　　 ④ appearance

22 다음 글의 바로 뒤에 이어질 내용으로 가장 적절한 것은?

Have you ever seen someone cook using solar power? This kind of energy is called 'green energy'. Green energy doesn't harm the environment. Here are various types of green energy that can be used in our daily lives.

① 태양열을 이용하여 요리하는 요리사
② 태양열로 요리할 수 있는 또 다른 음식
③ 일상생활에 쓰이는 다양한 친환경 에너지
④ 환경에 해를 가하는 일상생활에서의 습관

23 글의 흐름으로 보아 다음 문장이 들어가기에 가장 적절한 곳은?

Also, both players hit a ball back and forth across a net.

When comparing tennis with table tennis, there are some similarities and differences. (①) First, they are both racket sports. (②) However, there are differences, too. (③) While tennis is played on a court, table tennis is played on a table. (④) Another difference is that a much bigger racket is used in tennis compared to table tennis.

[24~25] 다음 글을 읽고 물음에 답하시오.

The International Mango Festival, which started in 1987, celebrates everything about mangoes. It Is _____ in India in summer every year. It has many events such as a mango eating competition and a quiz show. The festival provides an opportunity to taste more than 550 kinds of mangoes for free.

24 윗글의 빈칸에 들어갈 말로 가장 적절한 것은?

① held　　　　　② took
③ turned　　　　④ brought

25 윗글의 주제로 가장 적절한 것은?

① 인도의 축제
② 망고의 종류
③ 망고 무료 시식
④ 국제 망고 축제

3일차 사회

제한 시간: 30분
문항 수: 25문항
배점: 1문제당 4점

정답 CHECK!
자동 채점 서비스

01 빈칸 ㉠과 ㉡에 들어갈 말로 알맞은 것은?

> 인권에 대한 요구는 보편적 법인 ┌㉠┐ 을 근거로 시작되었으며, 이후 많은 시민의 노력으로 확장되어 왔다. 인권이 국가 권력이나 타인에 의해 침해되는 것을 막기 위해 현대 민주주의 국가에서는 국가의 최고법인 헌법에 ┌㉡┐ 을 규정하여 국민의 권리를 보장하고 있다.

	㉠	㉡
①	실정법	자유권
②	관습법	청구권
③	성문법	사회권
④	자연법	기본권

02 자문화 중심주의와 유사한 의미의 용어만을 〈보기〉에서 모두 고른 것은?

> ┤ 보기 ├
> ㄱ. 국수주의
> ㄴ. 문화 사대주의
> ㄷ. 문화 상대주의
> ㄹ. 문화 제국주의

① ㄱ   ② ㄱ, ㄴ
③ ㄱ, ㄹ   ④ ㄴ, ㄹ

03 빈칸 ㉠에 들어갈 말로 알맞은 것은?

> ┌㉠┐ 은/는 경제 수준이나 사회적 지위 등에서 열악한 위치에 있어 사회적으로 배려와 보호의 대상이 되는 개인 또는 집단이다. 주로 여성, 어린이, 노인, 장애인, 빈곤층, 이주 노동자, 북한 이탈 주민 등이 여기에 해당한다.

① 저소득층
② 고령인구
③ 사회적 약자
④ 외국인 근로자

04 다음 설명에 해당하는 개념은?

> 국민에게 발생하는 사회적 위험을 공적 보험의 방식으로 대처하는 사회 복지 제도이다.

① 사회 보험
② 공공 부조
③ 장애인 의무 고용제
④ 국민 기초 생활 보장 제도

05 빈칸 ㉠에 들어갈 말로 알맞은 것은?

> ㉠ 은 최저 근로 조건을 정하여 근로자를 보호하기 위한 법으로, 근로 조건의 최저 기준을 정하여 근로 조건이 이보다 악화되지 않도록 규제하고 있다.

① 헌법
② 근로기준법
③ 청소년 보호법
④ 청소년 복지 지원법

06 다음 설명에 해당하는 금융 자산 유형은?

> 정부, 공공 기관, 기업 등이 필요한 돈을 빌리면서 원금과 이자, 지급 시기 등을 표시하여 발행하는 증서를 말합니다.

> 가격이 상승할 경우 매매 차익을 얻을 수 있으며, 정기적인 이자를 받을 수 있습니다.

① 주식
② 채권
③ 예금
④ 적금

07 다음 설명에 해당하는 개념은?

> 1832년 선거법 개정으로 도시 상공업자까지 참정권이 확대되었으나, 여전히 선거권을 보장받지 못한 노동자들이 인민헌장을 발표하고 참정권 확대 운동을 전개하였다. 그 결과 지속적인 선거법 개정을 통해 노동자 계층까지 선거권이 확대되었다.

① 프랑스 혁명
② 미국 독립 혁명
③ 영국 차티스트 운동
④ 독일 바이마르 헌법

08 세계 인구 분포에 대한 설명으로 옳은 것만을 〈보기〉에서 모두 고른 것은?

> ┤ 보기 ├
> ㄱ. 고위도로 갈수록 인구 밀도가 높아진다.
> ㄴ. 북반구보다 남반구에 더 많은 인구가 분포한다.
> ㄷ. 내륙보다는 해안 지역에 더 많은 인구가 분포한다.
> ㄹ. 인간 거주에 적합한 온대 기후 지역에 인구가 집중되어 있다.

① ㄱ, ㄴ   ② ㄱ, ㄹ
③ ㄴ, ㄷ   ④ ㄷ, ㄹ

09 저출산 현상이 우리나라에 가져올 변화에 대한 설명으로 옳지 <u>않은</u> 것은?

① 경제 활동 인구가 감소할 것이다.
② 유소년층의 비율이 높아질 것이다.
③ 실버산업의 비중이 증가할 것이다.
④ 노년 부양비 증가로 세수 부담이 커질 것이다.

10 다음 지도에 표시된 ㉠ 지역에서 발생하는 환경 문제를 해결하기 위한 국제 협약은?

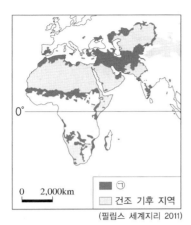

0   2,000km

■ ㉠
□ 건조 기후 지역

(필립스 세계지리 2011)

① 런던 협약
② 제네바 협약
③ 몬트리올 의정서
④ 사막화 방지 협약

11 빈칸 ㉠에 들어갈 말로 알맞은 것은?

> ┌─㉠─┐ 의 발달로 생활권이 확대되고, 국토 이용의 효율성이 증대되었다. 이에 따라 지역 간의 교류도 활발해져 지역 경제가 활성화되었다.

① 교통   ② 주택
③ 의료   ④ 교육

12 다음 설명에 해당하는 국제 사회의 행위 주체는?

> 국제적으로 공통된 목적이나 활동을 위해 두 국가 이상이 모여 구성된 조직체이다. 주로 평화 유지와 경제 · 사회 협력 등을 목표로 한다.

① 국가
② 국제기구
③ 다국적 기업
④ 국제 비정부 기구

13 온대 기후에 대한 설명으로 옳은 것은?

① 연 강수량이 적다.
② 겨울이 특히 길고 춥다.
③ 계절의 변화가 뚜렷하다.
④ 사람이 거주하기에 불리하다.

14 다음 설명에 해당하는 국제기구는?

> ○ 환경 보호 운동가들이 모여 결성한 국제적인 환경 보호 단체이다.
> ○ 한 지역에 머무르지 않고 전 세계에 걸쳐서 환경 보호 활동을 전개한다.

① 그린피스
② 국제 연합
③ 세계 무역 기구
④ 경제 협력 개발 기구

1일차 2일차 3일차 4일차 5일차 6일차 7일차

15 인간, 사회, 환경을 보는 여러 관점 중 윤리적 관점에 대한 설명으로 옳은 것은?

① 공간 정보를 바탕으로 사회 현상을 이해한다.
② 제도나 정책 등을 탐색하는 것에 중점을 둔다.
③ 시대적 배경·맥락 등으로 사회 현상을 이해한다.
④ 사회가 나아가야 할 바람직한 방향을 모색한다.

16 질 높은 정주 환경에 대한 설명으로 옳지 <u>않은</u> 것은?

① 쾌적한 환경
② 정치적 경쟁 상태
③ 교육 서비스 구축
④ 생활 편의 시설 확충

17 도시의 공간 변화가 가져온 문제점에 대한 설명으로 옳지 <u>않은</u> 것은?

① 노동력의 부족으로 경제가 침체된다.
② 도시화로 인해 공동체 의식이 약화된다.
③ 인구가 밀집되어 각종 시설이 부족해진다.
④ 해결 방안으로 기반 시설 확충 사업을 추진할 수 있다.

18 빈칸 ㉠에 들어갈 말로 알맞은 것은?

> ㉠ 은 인간으로서의 존엄을 유지하기 위해 필요한 기본적인 권리로, 상호 간의 권리 충돌, 통치자나 국가 기관의 권력 남용 등으로 침해되기도 한다.

① 인권
② 자유권
③ 사회권
④ 평등권

19 다음 설명에 해당하는 사회 현상을 바라보는 관점은?

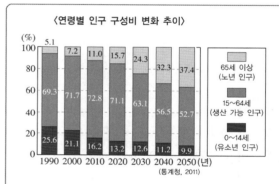

연령별 인구 구성비 변화 추이를 보면, 우리나라는 저출산과 평균 수명의 증가로 고령화 사회로 변화하고 있다. 이에 따라 노년 부양비의 부담이 증가하고, 노인 복지 제도에 대한 중요성이 커질 것이다.

① 공간적 관점
② 사회적 관점
③ 시간적 관점
④ 윤리적 관점

20 빈칸 ⊙에 들어갈 말로 알맞은 것은?

> ⊙ 는 국민이 주권을 가지고 국가를 스스로 다스려야 한다는 이념이다. 즉, 주권이 국민에게 있고 국민을 위한 정치가 이루어지는 정치 제도를 말한다.

① 공산주의
② 이상주의
③ 민주주의
④ 사회주의

21 다음 설명에 해당하는 문화권은?

> 전통적으로 유목과 오아시스 농업을 해 왔으며, 대부분 이슬람교를 믿어 일상생활에서도 엄격한 계율이 적용된다.

① 건조 문화권
② 유럽 문화권
③ 동아시아 문화권
④ 아프리카 문화권

22 지역 문제 해결을 위한 지역 조사의 절차를 순서대로 바르게 나열한 것은?

> ⊙ 조사 항목별로 자료의 수집 분석에 대한 모둠 구성원의 역할을 분담한다.
> ⓒ 수집한 자료를 분석·종합하여 지역의 문제점을 해결할 수 있는 방안을 찾아본다.
> ⓒ 지리 정보를 조사 항목별로 구분하고, 사용 목적에 따라 그래프와 통계표로 표현한다.
> ⓒ 해당 지역의 도서관, 관청 등을 방문해 지도, 문헌, 통계 자료 등의 정보를 수집한다.

① ⊙ - ⓒ - ⓒ - ⓒ
② ⓒ - ⓒ - ⊙ - ⓒ
③ ⓒ - ⓒ - ⊙ - ⓒ
④ ⓒ - ⓒ - ⊙ - ⓒ

23 다음 설명에 해당하는 환경 문제는?

> 지구의 평균 기온이 점점 상승하면서 극지방의 빙하 면적이 감소하고 있다. 이에 따라 해수면이 상승하여 일부 해안 저지대나 섬 지역은 침수 피해를 겪고, 각종 이상 기후의 발생으로 자연재해가 증가하고 있다.

① 산성비
② 사막화
③ 지구 온난화
④ 오존층 파괴

24 빈칸 ⊙에 들어갈 말로 알맞은 것은?

> 교통·통신의 발달에 따라 지역 간 상호 의존성이 높아지고, 전 세계가 단일한 생활권을 형성해 나가는 범세계적 흐름과 추세를 ⊙ 라고 한다.

① 도시화
② 산업화
③ 정보화
④ 세계화

25 빈칸 ⊙에 들어갈 말로 알맞은 것은?

> 문화는 끊임없이 변화의 과정을 거친다. 그 속에서도 오늘날까지 변하지 않고 오랜 시간 이어 온 생활양식을 ⊙ 라고 한다.

① 전통문화
② 문화 전파
③ 극단적 문화
④ 다문화 사회

3일차　과학

제한 시간: 30분
문항 수: 25문항
배점: 1문제당 4점

정답 CHECK!
자동 채점 서비스

01 관성에 대한 설명으로 옳지 <u>않은</u> 것은?

① 물체의 질량이 클수록 관성은 크다.
② 정지하고 있는 물체는 관성이 없다.
③ 물체가 현재 운동 상태를 유지하려는 성질이다.
④ 버스가 갑자기 출발할 때, 승객이 뒤로 넘어지는 것은 관성에 의한 현상이다.

02 그림과 같이 질량 m, $2\,m$, $3\,m$인 물체 A, B, C를 같은 높이에서 동시에 놓았다. 2초 후 A, B, C의 속력의 비는? (단, 공기 저항은 무시한다.)

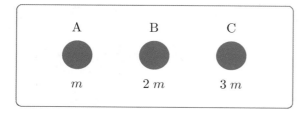

A　　B　　C
m　　$2\,m$　　$3\,m$

① 1 : 1 : 1
② 1 : 2 : 3
③ 2 : 3 : 6
④ 3 : 2 : 1

03 질량이 100 g인 공이 20 m/s의 속도로 운동하고 있을 때, 이 공의 운동량의 크기는?

① 1 kg · m/s
② 2 kg · m/s
③ 10 kg · m/s
④ 20 kg · m/s

04 다음과 같은 발전 방식에서 에너지 전환 순서를 옳게 나타낸 것은?

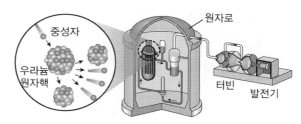

중성자
우라늄 원자핵
원자로
터빈　발전기

① 위치 에너지 → 열에너지 → 운동 에너지 → 전기 에너지
② 핵에너지 → 운동 에너지 → 열에너지 → 전기 에너지
③ 핵에너지 → 열에너지 → 운동 에너지 → 전기 에너지
④ 화학 에너지 → 열에너지 → 운동 에너지 → 전기 에너지

05 반도체의 전기적 성질을 이용한 것으로 옳은 것은?

① 네오디뮴 자석
② 형상 기억 합금
③ 자기 부상 열차
④ 컴퓨터의 중앙 처리 장치

06 일정한 전력을 송전할 때, 전압을 10배 높여 송전하면 송전선에서의 손실 전력은 몇 배가 되는가?

① $\frac{1}{10}$ 배

② $\frac{1}{100}$ 배

③ 10배

④ 100배

07 그림은 산소 분자(O_2)의 전자 배치를 나타낸 것이다. 이에 대한 설명으로 옳은 것은?

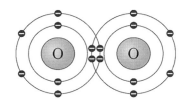

① 2원자 분자이다.

② 이온 결합을 형성한다.

③ 1개의 전자쌍을 공유한다.

④ 산소 원자(O)는 각각 헬륨(He)과 같은 전자 배치를 이룬다.

08 그림은 몇 가지 원자의 전자 배치를 나타낸 것이다. (가)~(라)에서 2주기 원소끼리 바르게 짝지은 것은?

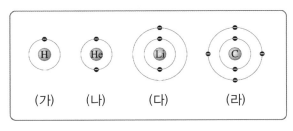

① (가), (나)

② (가), (다)

③ (나), (라)

④ (다), (라)

09 다음 화학 반응식에서 산화되는 물질과 환원되는 물질을 바르게 나열한 것은?

2CuO	+	C	→	2Cu	+	CO_2
산화 구리(Ⅱ)		탄소		구리		이산화 탄소

	산화	환원
①	C	CuO
②	CuO	C
③	Cu	CO_2
④	CO_2	Cu

10 산에 대한 설명으로 옳은 것은?

① 손에 묻으면 미끈거린다.

② 물에 녹아 OH^-를 내놓는다.

③ 대부분의 금속과 반응하지 않는다.

④ 페놀프탈레인 용액에 떨어뜨려도 색 변화가 없다.

11 그림은 주기율표의 일부를 나타낸 것이다. (가)~(라)에 해당하는 원소를 바르게 나타낸 것은?

주기 \ 족	1	2	3~12	13	14	15	16	17	18
1	(가)								(다)
2	(나)							(라)	
3									

① (가) - He(헬륨)

② (나) - Li(리튬)

③ (다) - Ne(네온)

④ (라) - Cl(염소)

12 생물 다양성 보전을 위한 노력으로 옳지 <u>않은</u> 것은?

① 국립 공원 지정
② 서식지의 단편화
③ 멸종 위기종 복원 사업 실시
④ 생물 다양성에 관한 국제 협약 체결

13 그림은 (가)와 (나) 지역의 먹이 관계를 나타낸 것이다. 이에 대한 설명으로 옳은 것만을 〈보기〉에서 모두 고른 것은?

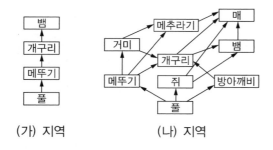

(가) 지역   (나) 지역

| 보기 |
ㄱ. 종 다양성이 높은 지역은 (가)이다.
ㄴ. 생태계 평형 유지가 유리한 지역은 (나)이다.
ㄷ. 풀은 (가)와 (나) 지역 모두에서 생산자에 해당한다.

① ㄱ
② ㄷ
③ ㄱ, ㄴ
④ ㄴ, ㄷ

14 다음 설명 (가)와 (나)에 해당하는 세포 소기관을 바르게 나열한 것은?

(가): 작은 알갱이 모양이며, 단백질을 합성한다.
(나): 세포를 둘러싸는 막으로, 세포 안팎으로 물질의 출입을 조절한다.

	(가)	(나)
①	핵	세포막
②	핵	세포벽
③	리보솜	세포막
④	리보솜	세포벽

15 다음 설명에 해당하는 효소의 특성은?

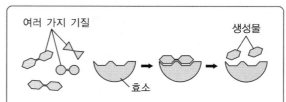

효소는 입체 구조가 들어맞는 특정한 반응물(기질)하고만 결합하여 활성화 에너지를 낮춘다.

① 종 다양성
② 막 투과성
③ 기질 특이성
④ 선택적 투과성

16 생명 중심 원리의 과정 중 다음 설명에 해당하는 것은?

> ○ RNA의 유전 정보에 따라 단백질이 합성되는 과정이다.
> ○ RNA의 코돈이 지정하는 아미노산이 펩타이드 결합에 의해 순서대로 연결된다.

① 복제
② 전사
③ 번역
④ 유전자 이상

17 다음 설명에 해당하는 생명 시스템의 구성 단계는?

> 생명 시스템을 구성하는 구조적·기능적 단위이다.

① 세포   ② 조직
③ 기관   ④ 개체

18 단위체가 연결되어 형성되는 생명체 구성 물질이 <u>아닌</u> 것은?

① 핵산
② 지질
③ 단백질
④ 탄수화물

19 지구형 행성만을 〈보기〉에서 모두 고른 것은?

> ┤ 보기 ├
> ㄱ. 금성   ㄴ. 화성
> ㄷ. 목성   ㄹ. 토성

① ㄱ, ㄴ   ② ㄱ, ㄷ
③ ㄴ, ㄷ   ④ ㄷ, ㄹ

20 사막화의 원인이 <u>아닌</u> 것은?

① 숲의 조성
② 과도한 가축 방목
③ 무분별한 삼림 벌채
④ 대기 대순환의 변화

21 지진, 화산 활동 등의 지각 변동을 일으키는 에너지원으로 옳은 것은?

① 태양 에너지
② 풍력 에너지
③ 바이오 에너지
④ 지구 내부 에너지

22 그림은 빅뱅 우주론을 나타낸 것이다. 이에 대한 설명으로 옳지 <u>않은</u> 것은?

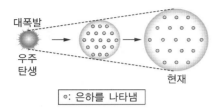

○: 은하를 나타냄

① 우주의 크기가 팽창한다.
② 우주의 질량은 일정하다.
③ 우주의 온도는 일정하다.
④ 우주의 밀도는 감소한다.

23 다음 설명에서 상호 작용하는 지구 시스템의 구성 요소는?

화산 폭발

화산 활동으로 화산재와 화산 가스가 분출하여 지구의 기온이 변한다.

① 지권과 기권
② 기권과 외권
③ 지권과 생물권
④ 외권과 생물권

24 그림은 우리나라 어느 퇴적층에서 발견된 공룡 발자국 화석을 나타낸 것이다. 다음 설명으로 옳은 것만을 〈보기〉에서 모두 고른 것은?

┤ 보기 ├

ㄱ. 고생대에 형성된 퇴적층이다.
ㄴ. 암모나이트도 같은 시대의 화석이다.
ㄷ. 지질 시대 중 상대적으로 가장 긴 시대의 화석이다.

① ㄱ
② ㄴ
③ ㄱ, ㄴ
④ ㄴ, ㄷ

25 다음 설명에 해당하는 개념은?

○ 대기 중 온실 기체의 양이 증가하여 지구의 평균 기온이 상승하는 현상이다.
○ 해수면 상승, 기상 이변 등을 일으킨다.

① 사막화
② 엘리뇨
③ 라니냐
④ 지구 온난화

3일차　한국사

제한 시간: 30분
문항 수: 25문항
배점: 1문제당 4점

정답 CHECK!
자동 채점 서비스

01 신석기 시대에 대한 설명으로 옳은 것은?

① 빗살무늬 토기가 처음 제작되었다.
② 슴베찌르개 등으로 사냥을 하였다.
③ 반달 돌칼 등 농기구를 사용하였다.
④ 벼농사 보급으로 생산력이 발전하였다.

02 다음 설명에 해당하는 국가는?

○ 8조법이 있었다.
○ 한 무제의 침략으로 멸망하였다.

① 동예　　　　② 부여
③ 고조선　　　④ 고구려

03 다음 설명에 해당하는 백제의 왕은?

○ 마한을 정복하였다.
○ 고구려의 평양성을 공격하였다.
○ 요서, 산둥, 규슈 등으로 진출하였다.

① 성왕　　　　② 고이왕
③ 무령왕　　　④ 근초고왕

04 빈칸 ㉠에 들어갈 말로 알맞은 것은?

통일 신라 원성왕은 국학의 학생들을 대상으로 ㉠ 을/를 실시하여 유교 경전의 이해 수준에 따라 관리로 채용하였다.

① 음서제
② 진대법
③ 골품제
④ 독서삼품과

05 발해에 대한 설명으로 옳은 것만을 〈보기〉에서 모두 고른 것은?

┤ 보기 ├
ㄱ. 대조영이 지린성 동모산에 건국하였다.
ㄴ. 전성기에 해동성국이라 불렸다.
ㄷ. 낙랑과 왜에 철을 수출하였다.
ㄹ. 노비안검법을 시행하였다.

① ㄱ, ㄴ　　　② ㄱ, ㄷ
③ ㄴ, ㄹ　　　④ ㄷ, ㄹ

1일차
2일차
3일차
4일차
5일차
6일차
7일차

06 빈칸 ㉠에 들어갈 말로 알맞은 것은?

> **한국사 신문** ○○○○년 ○월 ○일
>
> ■ **고려의 대몽 항쟁 흔적을 찾다** ■
>
> 고려 때 무신 정권이 해체되고 강화도에 있던 고려 조정이 개경으로 돌아가면서 몽골과의 강화가 성립되었다. 이에 반발한 ☐㉠☐ 은/는 배중손, 김통정의 지휘에 따라 진도와 제주도로 이동하며 대몽 항쟁을 전개하였다.

① 장용영
② 삼별초
③ 별무반
④ 훈련도감

07 빈칸 ㉠에 들어갈 말로 알맞은 것은?

 삼전도비에 대해 자세히 말해 줄래?

☐㉠☐ 때 남한산성으로 피신하였던 인조가 결국 청나라 태종에게 굴욕적으로 항복하였는데, 그때 청의 강요에 의해 세워진 비석이야.

① 갑신정변
② 신미양요
③ 병자호란
④ 병인양요

08 다음 설명에 해당하는 고려 시대 대표 유물은?

> ○ 국보 제32호로 해인사에 보관되어 있다.
> ○ 고려 고종 때 부처의 힘으로 몽골을 물리치려는 염원에서 만들어졌다.
> ○ 2007년에 유네스코 세계 기록 유산으로 등재되었다.

① 칠지도
② 삼강행실도
③ 팔만대장경
④ 직지심체요절

09 빈칸 ㉠에 들어갈 말로 알맞은 것은?

> ☐㉠☐ 는 과거를 치르지 않고도 관직에 나아갈 수 있는 제도로, 고려에서는 왕실과 공신의 후손 및 5품 이상 고위 관리의 자손을 대상으로 하였다.

① 음서
② 천거
③ 잡과
④ 전시과

10 빈칸 ㉠에 들어갈 말로 알맞은 것은?

조선 세조 때 편찬되기 시작하였고, 성종 때 완성되어 반포된 조선의 기본 법전은 무엇인지 말해 보세요.

㉠

① 『속대전』입니다.
② 『경국대전』입니다.
③ 『대전회통』입니다.
④ 『대전통편』입니다.

11 다음 설명에 해당하는 민족 운동은?

> ○ 서상돈, 김광제 등의 주도로 대구에서 시작되었다.
> ○ 일본에서 도입한 차관을 갚아 주권을 회복하자는 내용으로 전개되었다.

① 형평 운동
② 서경 천도 운동
③ 물산 장려 운동
④ 국채 보상 운동

12 빈칸 ㉠에 들어갈 말로 알맞은 것은?

> **〈수행 평가 계획서〉**
> 주제: 정조의 업적
> ○ 1 모둠: 초계문신제 시행
> ○ 2 모둠: [㉠]

① 집현전 설치
② 장용영 설치
③ 균역법 시행
④ 신문고 부활

13 김대중 정부 시기에 대한 설명으로 옳은 것은?

① 유신 헌법이 만들어졌다.
② 6월 민주 항쟁이 전개되었다.
③ 남북한이 유엔에 동시 가입하였다.
④ 6·15 남북 공동 선언이 발표되었다.

14 빈칸 ㉠에 들어갈 말로 알맞은 것은?

> **〈탐구 활동〉**
> ○ 탐구 주제: [㉠]
> ○ 조사 내용
> • 조선이 외국과 맺은 최초의 근대적 조약
> • 치외 법권과 해안 측량권을 허용한 불평등 조약

① 을사늑약
② 한성 조약
③ 강화도 조약
④ 제물포 조약

15 신민회에 대한 설명으로 옳은 것만을 〈보기〉에서 모두 고른 것은?

> **┤ 보기 ├**
> ㄱ. 일진회 규탄
> ㄴ. 105인 사건으로 해체
> ㄷ. 대성 학교·오산 학교 설립
> ㄹ. 황무지 개간권 반대 운동

① ㄱ, ㄴ
② ㄴ, ㄷ
③ ㄴ, ㄹ
④ ㄷ, ㄹ

16 빈칸 ㉠에 들어갈 말로 알맞은 것은?

> 정부와 전주 화약을 체결하고 해산한 동학 농민군은 전라도 각지에 자치 기구인 [㉠]을/를 설치하여 지역의 치안을 유지하고 개혁을 추진하였다.

① 집강소
② 삼별초
③ 별기군
④ 화랑도

17 빈칸 ㉠에 들어갈 말로 알맞은 것은?

이 그림은 조선 후기 서민들의 정서가 잘 반영된 ㉠ 의 작품입니다.

① 정선　　　　② 안견
③ 김홍도　　　④ 신윤복

18 빈칸 ㉠에 들어갈 말로 알맞은 것은?

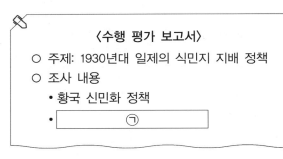

〈수행 평가 보고서〉
○ 주제: 1930년대 일제의 식민지 지배 정책
○ 조사 내용
　• 황국 신민화 정책
　•　　　㉠

① 헌병 경찰제
② 토지 조사 사업
③ 신사 참배 강요
④ 산미 증식 계획 시행

19 빈칸 ㉠에 들어갈 말로 가장 적절한 것은?

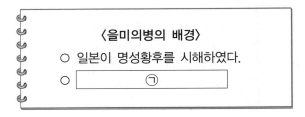

〈을미의병의 배경〉
○ 일본이 명성황후를 시해하였다.
○　　　　㉠

① 군대를 강제로 해산하였다.
② 단발령을 강제로 시행하였다.
③ 고종 황제를 강제로 퇴위시켰다.
④ 일본이 경복궁을 기습 점령하였다.

20 이승만 정부 시기 경제 상황에 대한 설명으로 옳은 것은?

① 3저 호황
② 삼백 산업 발달
③ 금융 실명제 실시
④ 제1·2차 석유 파동

21 일제 강점기 경제 수탈에 대한 설명으로 옳지 않은 것은?

① 미곡 공출제 시행
② 토지 조사령 공포
③ 산미 증식 계획 시행
④ 조선 물산 장려회 조직

22 다음 설명에 해당하는 인물은?

■ 이달의 역사 인물 ■

○ 생몰 연도: 1876년~1949년
○ 활동
 • 대한민국 임시 정부 주석 역임
 • 한인 애국단 조직
 • 남북 협상 추진

① 김구   ② 안창호
③ 윤봉길   ④ 안중근

23 빈칸 ㉠에 들어갈 말로 알맞은 것은?

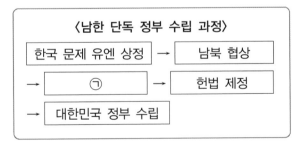

〈남한 단독 정부 수립 과정〉

한국 문제 유엔 상정	→	남북 협상
→	㉠	→ 헌법 제정
→	대한민국 정부 수립	

① 4 · 19 혁명
② 5 · 10 총선거
③ 3 · 15 부정 선거
④ 모스크바 3국 외상 회의

24 6 · 25 전쟁 과정에 대한 설명으로 옳은 것은?

① 인천 상륙 작전을 전개하였다.
② 남북 기본 합의서가 채택되었다.
③ 조선 건국 준비 위원회가 조직되었다.
④ 남북한 유엔 동시 가입이 이루어졌다.

25 빈칸 ㉠에 들어갈 말로 알맞은 것은?

백정은 갑오개혁 이후 법적으로 해방되었지만, 사회적으로는 여전히 차별받았다. 이에 백정들은 1923년에 전주에서 단체를 조직하고, 차별 대우에 항거하여 ㉠ 을 전개하였다.

① 신원 운동
② 북벌 운동
③ 형평 운동
④ 새마을 운동

3일차 도덕

제한 시간: 30분
문항 수: 25문항
배점: 1문제당 4점

정답 CHECK!
자동 채점 서비스

01 다음 쟁점들을 다루는 실천 윤리 분야로 가장 적절한 것은?

> ○ 지구촌 시대에 민족 정체성은 어떤 의미인가?
> ○ 왜 통일을 해야 하는가?
> ○ 원조는 의무인가, 자선인가?

① 문화 윤리
② 평화 윤리
③ 사회 윤리
④ 환경 윤리

02 빈칸에 들어갈 말로 알맞은 것은?

> (   )은/는 사회 전체의 행복을 증진하는 것, 즉 최대 다수의 최대 행복을 도덕 원리로 제시하며 올바른 행위는 쾌락의 양을 늘리는 것이라 하였다. (   )은/는 쾌락은 양적 차이만 있어 쾌락을 계산할 수 있다고 보았는데, 쾌락 계산의 기준으로는 생산성, 근접성, 순수성, 강도, 확실성, 지속성, 파급 범위 등이 있다.

① 밀
② 벤담
③ 스토아학파
④ 토마스 아퀴나스

03 칸트에 대한 설명으로 옳지 않은 것은?

① 인간 존엄성을 중시하였다.
② 보편적인 도덕 윤리의 중요성을 강조하였다.
③ 칸트의 도덕 법칙은 가언 명령의 형식을 띠고 있다.
④ 의무 의식에서 나온 행위만이 도덕적 가치를 지닌다고 하였다.

04 프롬이 제시한 사랑의 기본 요소가 아닌 것은?

① 구속
② 책임
③ 존경
④ 이해

05 다음 설명에 해당하는 윤리 사상가는?

> ○ 과학 기술 시대에 맞는 책임 윤리의 확립을 주장하였다.
> ○ 인류 존속에 대한 현 세대의 책임을 강조한다.
> ○ 윤리적 책임의 범위를 인간뿐만 아니라 자연, 미래 세대에 대한 책임까지 고려해야 한다고 주장하였다.

① 길리언
② 요나스
③ 니부어
④ 슈바이처

06 정의로운 사회 구현을 위한 조건으로 옳지 <u>않은</u> 것은?

① 개인의 기본권 보장
② 사회적 재화의 차별적 분배
③ 소수자와 사회적 약자 배려
④ 구성원 간 이해 갈등의 공정한 중재

07 다음 두 사람의 예술에 대한 공통된 입장으로 옳은 것은?

> 공자: 예(禮)에서 사람이 서고, 악(樂)에서 사람이 완성된다.
> 톨스토이: 선을 추구하는 예술이 참된 예술이다.

① 심미주의
② 쾌락주의
③ 도덕주의
④ 상업주의

08 민족에 대한 태도로 가장 바람직한 것은?

① 열린 민족주의
② 닫힌 민족주의
③ 극단적 세계주의
④ 배타적 민족주의

09 다음 설명에 해당하는 자연관은?

> ○ 모든 생명체는 생명이라는 점에서 내재적 가치를 지닌다.
> ○ 슈바이처는 모든 생명은 살고자 하는 의지를 지니고 있으며, 그 자체로 신성하다는 생명 외경 사상을 제시하였다.

① 생명 중심주의
② 생태 중심주의
③ 동물 중심주의
④ 인간 중심주의

10 불교(佛敎)의 자연관에 대한 설명으로 옳지 <u>않은</u> 것은?

① 연기설에 따라 생명을 소중히 여기며 자비를 베풀어야 한다.
② 살아 있는 것을 죽이지 않는다는 불살생(不殺生)을 추구한다.
③ 남을 내 몸과 같이 느끼고 생각하는 자타불이(自他不二)를 실천한다.
④ 인위적 욕망을 버리고 자연의 순리에 따르는 무위자연(無爲自然)의 삶을 추구한다.

1일차
2일차
3일차
4일차
5일차
6일차
7일차

11 다음 설명에 해당하는 개념은?

> ○ 보편적인 윤리 규범으로 다양한 종교들이 지닌 공통점
> ○ 네가 대접받고자 하는 대로 남을 대접하라.
> 　　　　　　　　　　　　　　　　　　 – 그리스도교 –

① 정명　　　　　　② 화쟁
③ 황금률　　　　　④ 천명사상

12 빈칸 ㉠에 들어갈 말로 알맞은 것은?

> 칼뱅은 직업은 신의 거룩한 부름, 즉 (㉠)이므로 근면하고 성실하게 직업에 임해야 한다고 주장하였다.

① 봉사　　　　　　② 청렴
③ 연대　　　　　　④ 소명

13 다음 설명에 해당하는 자연관과 가장 관련 없는 윤리 사상가는?

> ○ 이성을 지닌 인간만이 윤리적 동물이다.
> ○ 자연은 인간의 필요에 따라 도구로 사용될 때 가치 있다.
> ○ 자연은 인과 법칙에 따라 작동되는 기계와 같으며, 정신이 없는 물질에 불과하다.

① 칸트　　　　　　② 베이컨
③ 테일러　　　　　④ 데카르트

14 사이버 폭력 예방을 위한 노력으로 옳지 <u>않은</u> 것은?

① 개인 정보를 더욱 자유롭게 공개한다.
② 사이버 폭력이 범죄라는 것을 분명히 인식한다.
③ 협조를 구할 수 있는 기관이나 전문가를 확보해둔다.
④ 법적·제도적으로 처벌을 강화하는 장치를 마련한다.

15 윤리적 소비를 실천하기 위한 방법으로 옳지 <u>않은</u> 것은?

① 친환경 상품을 소비한다.
② 패스트푸드를 즐겨 먹는다.
③ 공정 무역 상품을 구매한다.
④ 애니멀 프리 상품을 사용한다.

16 빈칸 ㉠과 ㉡에 들어갈 말로 알맞은 것은?

> ○ (㉠): 전쟁, 테러와 같이 사람의 목숨과 신체에 위협을 가하는 폭력이 없는 상태이다.
> ○ (㉡): 빈곤, 정치적 억압, 인종 차별과 같은 폭력까지 모두 없는 상태이다.

	㉠	㉡
①	적극적 원조	소극적 원조
②	적극적 평화	소극적 평화
③	소극적 원조	적극적 원조
④	소극적 평화	적극적 평화

17 인권에 대한 설명 중 옳은 것만을 〈보기〉에서 모두 고른 것은?

| 보기 |

ㄱ. 영구히 보장될 필요는 없다.
ㄴ. 국가가 보장할 수 없는 권리이다.
ㄷ. 누구나 인간답게 살 권리를 말한다.
ㄹ. 인간이 선천적으로 타고난 권리이다.
---

① ㄱ, ㄴ   ② ㄱ, ㄷ
③ ㄴ, ㄹ   ④ ㄷ, ㄹ

18 다음 중 사형 제도의 찬성 논거에만 '✔'를 표시한 학생은?

논거＼학생	A	B	C	D
○ 범죄 예방 효과가 있다.	✔	✔		
○ 인간의 존엄성과 가치를 훼손한다.		✔	✔	
○ 사회 안전을 지키는 방어 수단이 된다.	✔			✔
○ 판결의 오류 가능성이 있을 수도 있다.			✔	✔

① A   ② B
③ C   ④ D

19 다음 주장과 가장 관련 없는 것은?

아무리 개인이 도덕적으로 살려고 해도 그가 살고 있는 사회의 도덕성이나 사회 구조가 잘못되어 있다면 개인의 그러한 노력이 무슨 소용이 있겠는가?

– 니부어(Niebuhr, R.) –
---

① 사회 구조 개선을 통해 윤리 문제를 해결해야 한다.
② 개인의 도덕성은 집단의 도덕성을 결정하지 못한다.
③ 개인 윤리를 강조하는 전통 관점의 한계를 지적하였다.
④ 현대의 윤리 문제는 개인의 양심과 덕목 실천으로 해결할 수 있다.

20 다음 설명에 해당하는 행위를 방지하기 위해 필요한 덕목으로 가장 적절한 것은?

○ 거래 업체로부터 개별적으로 금품을 수수함
○ 친분 때문에 외부의 청탁을 사사로이 받음
○ 가족의 이익을 위해 직위를 남용하여 업무를 빨리 진행시킴
---

① 상생 의식
② 청렴 의식
③ 평등 의식
④ 자율 의식

21 다음 설명에 해당하는 개념은?

> ○ 통일에 따라 한시적으로 발생하게 되는 투자
>   비용이다.
> ○ 통일 후 남북 간 격차를 해소하고 이질적인 요
>   소를 통합하는 데 소요되는 비용이다.
> ○ 북한 경제 재건 비용, 통일 후 위기관리 유지
>   비용 등이 있다.

① 분단 비용   ② 평화 비용
③ 통일 비용   ④ 경제 비용

22 부부간에 지켜야 할 덕목으로 옳지 <u>않은</u> 것은?

① 정조(貞操)
② 자애(慈愛)
③ 부부상경(夫婦相敬)
④ 부부유별(夫婦有別)

23 빈칸 ㉠과 ㉡에 들어갈 말로 알맞은 것은?

> ○ (㉠): 도덕적 지위를 갖는 기준이 생명이
>   라고 보고 모든 생명체를 고려 대상으로 삼
>   았다.
> ○ (㉡): 무생물을 포함한 생태계 전체를 고
>   려 대상으로 삼았다.

	㉠	㉡
①	동물 중심주의	생태 중심주의
②	인간 중심주의	생명 중심주의
③	동물 중심주의	인간 중심주의
④	생명 중심주의	생태 중심주의

24 다음 설명에 해당하는 개념은?

> 취득과 이전의 과정에서 부당한 절차가 생길
> 시, 이를 바로잡아야 한다.

① 교정의 원칙
② 이전의 원칙
③ 취득의 원칙
④ 소유의 원칙

25 다음 설명에 해당하는 개념은?

> ○ 향촌 자치 규약으로, 권선징악과 상부상조를
>   목적으로 만들었다.
> ○ 유교적 도덕과 예절을 확립하였다.

① 계
② 두레
③ 향약
④ 품앗이

4일차
제4회 실전 모의고사

4일차 국어

제한 시간: 40분
문항 수: 25문항
배점: 1문제당 4점

정답 CHECK!
자동 채점 서비스

01 다음 중 화자의 궁극적인 의도로 가장 적절한 것은?

> 말하기 좋다 하고 남의 말을 말 것이
> 남의 말 내 하면 남도 내 말 하는 것이
> 말로써 말이 많으니 말 모름이 좋아라

① 말보다 행동이 앞서는 사람이 되어야 한다.
② 남에게 함부로 말하지 말고 신중하게 말해야 한다.
③ 생각 없이 남의 말을 그대로 따라 해서는 안 된다.
④ 말하기를 좋아하면 다른 사람에게 가볍게 보일 수 있다.

03 다음 표준 발음법 규정을 적용한 예로 옳은 것은?

> [제18항] 받침 'ㄱ(ㄲ, ㅋ, ㄳ, ㄺ), ㄷ(ㅅ, ㅆ, ㅈ, ㅊ, ㅌ, ㅎ), ㅂ(ㅍ, ㄼ, ㄿ, ㅄ)'은 'ㄴ, ㅁ' 앞에서 [ㅇ, ㄴ, ㅁ]으로 발음한다.

① 놓고[노코]   ② 굳이[구지]
③ 쫓는[쫀는]   ④ 천리[철리]

02 다음 대화에서 알 수 있는 '나'의 말하기 방식으로 가장 적절한 것은?

> 친구 영주와 신발을 사러 갔다. 영주가 마음에 드는 신발을 신어보고 나에게 잘 어울리는지 물어봤을 때, 나는 색상이 마음에 들지 않았지만 "그런 대로 괜찮아."라고 에둘러 대답했다. 이렇게 말하면 다른 신발을 고를 줄 알았는데, 영주는 내 말을 곧이곧대로 듣고 신발을 샀다. 그러나 집에 돌아왔을 때, 영주로부터 전화가 왔다. "집에서 아까 산 신발을 다시 신어 봤는데, 나한테 너무 안 어울려. 그냥 솔직하게 말해 주지 그랬어. 사지 말라고." 친구의 기분을 배려해서 말한 것도 모르고 영주는 내 탓을 해서 서운했다.

① 방언을 사용하여 상대방에게 친밀감을 전하였다.
② 상대방의 기분을 배려하여 간접적인 표현을 활용하였다.
③ 의사소통이 어려웠던 상대방에게 빠르게 소통할 수 있도록 하였다.
④ 놀람이나 느낌 등을 나타내는 감탄사를 사용하여 상대방을 설득하였다.

04 ㉠의 예로 적절하지 <u>않은</u> 것은?

> [제20항] 명사 뒤에 '-이'가 붙어서 된 말은 그 명사의 원형을 밝히어 적는다.
> [붙임] ㉠ <u>'-이' 이외의 모음으로 시작된 접미사가 붙어서 된 말은 그 명사의 원형을 밝히어 적지 아니한다.</u>

① 바둑이   ② 바가지
③ 싸라기   ④ 지푸라기

05 **다음 중 주체 높임 표현과 관련하여 적절한 문장이 아닌 것은?**

> 주체 높임 표현은 높여야 할 사람을 직접 높여서 표현하기도 하고, 높여야 할 대상의 신체 일부, 소유물, 생각 등과 관련된 말에 '-(으)시-'를 결합하여 간접적으로 실현되기도 한다.

① 엄마는 손이 작으시다.
② 아버지께서 방 안에 계십니다.
③ 선생님께서는 수업이 있으시다.
④ 교감 선생님의 말씀이 계시겠습니다.

06 **㉠~㉣ 중 현대 국어로 오면서 형태와 의미가 바뀐 것은?**

> 世·솅宗종御·엉製·졩訓·훈民민正·졍音음
>
> 나·랏 :말ᄊᆞ·미 中듀ᇰ國·귁·에 ㉠ 달·아 文문字·ᄍᆞᆼ·와·로 서르 ᄉᆞᄆᆞᆺ·디 아·니ᄒᆞᆯ·ᄊᆡ ·이런 젼·ᄎᆞ·로 어·린 百·ᄇᆡᆨ姓·셔ᇰ·이 니르·고·져 ·호ᇙ·배 이·셔·도 ㉡ ᄆᆞ·ᄎᆞᆷ:내 제 ·ᄠᅳ·들 시·러 펴·디 :몯ᄒᆞᇙ ·노·미 하·니·라 ·내 ·이·ᄅᆞᆯ 爲·윙·ᄒᆞ·야 ㉢ :어엿·비 너·겨 ·새·로 ·스·믈여·듧 字·ᄍᆞᆼ·ᄅᆞᆯ ㉣ ᄆᆡᇰ·ᄀᆞ노·니 :사ᄅᆞᆷ:마·다 :ᄒᆡ·ᅇᅧ :수·ᄫᅵ 니·겨 ·날·로 ·ᄡᅮ·메 便뼌安한·킈 ᄒᆞ·고·져 ᄒᆞᇙ ᄯᆞᄅᆞ·미니·라

① ㉠ ② ㉡
③ ㉢ ④ ㉣

07 **㉠~㉣ 중 개요를 수정하기 위한 방안으로 적절하지 않은 것은?**

> **주제문: 청소년 소비문화의 개선**
> Ⅰ. 서론: 청소년들의 비합리적인 소비문화 실태
> Ⅱ. 본론
>   1. 청소년들의 문화 ·························· ㉠
>   가. 지나치게 유행을 좇는 소비
>   나. 남들에게 과시하기 위한 소비
>   다. 충동적이고 즉흥적인 소비 ····· ㉡
>   2. 청소년들의 소비문화 개선의 필요성
>   가. 과대광고나 악덕 상술로 인한 피해 예방
>   나. 불필요한 지출 방지
>   다. 사회적 위화감 조성 ················ ㉢
>   라. 합리적인 소비 습관 형성
> Ⅲ. 결론: 청소년들의 건전한 경제관 ······ ㉣

① ㉠: 하위 항목 내용으로 볼 때 '청소년의 비합리적인 소비문화 경향'으로 수정한다.
② ㉡: 상위 항목과 위계가 맞지 않으므로 삭제한다.
③ ㉢: 상위 항목에 부합하지 않는 내용이므로 삭제한다.
④ ㉣: 글의 주제를 강조하기 위해 '청소년들의 합리적인 소비문화 촉구'로 대체한다.

08 ⊙~㉣에 대한 고쳐쓰기 방안으로 적절하지 <u>않은</u> 것은?

> 독도는 1982년 섬 전체가 천연기념물 제336호로 ⊙ <u>지목되어</u> 보호될 만큼 그 가치가 매우 크다. 천혜의 섬이라 불리는 독도의 기후와 생태를 알아보자. 독도는 해류의 영향으로 기온의 변화가 작고 습도가 높은 해양성 기후를 ⓛ <u>띤다</u>. 독도의 평균 기온은 1년 중 가장 추운 1월에도 영하로 내려가지 않고, 가장 더운 8월에도 24℃를 넘지 않는다. 연평균 기온은 약 12℃로 비슷한 위도의 내륙 지역과 비교하였을 때 ⓒ <u>통</u> 따뜻하다.
> 독도는 염분이 많은 강한 해풍 때문에 식물이 자라기에는 불리한 환경이다. 그래서 육지보다 식물의 종류가 적고 나무의 키도 작은 편이다. 하지만 독도에 사는 괭이밥, 섬장대, 곰솔 등 약 50~60종의 식물들은 육지의 식물과는 다른 독특한 특성을 보여 줌으로써 천연기념물로서의 독도의 가치를 ㉣ <u>높여</u> 준다.

① ⊙: 어휘가 적절하지 않으므로 '지정되어'로 바꾼다.

② ⓛ: '어떤 성질을 가지다.'의 의미이므로 '띤다'로 바꾼다.

③ ⓒ: 성분 간의 호응이 맞지 않으므로 '더'로 바꾼다.

④ ㉣: 피동 표현이 부적절하므로 '높혀'로 고친다.

[09~11] 다음 글을 읽고 물음에 답하시오.

> 넓은 벌 동쪽 끝으로
> 옛이야기 지줄대는 실개천이 휘돌아 나가고,
> ⊙ <u>얼룩백이 황소가</u>
> 해설피 ⓛ <u>금빛 게으른 울음을 우는 곳</u>,
>
> – 그곳이 참하 꿈엔들 잊힐 리야.
>
> 질화로에 재가 식어지면
> 뷔인 밭에 밤바람 소리 말을 달리고,
> 엷은 조름에 겨운 늙으신 아버지가
> 짚벼개를 돋아 고이시는 곳,
>
> – 그곳이 참하 꿈엔들 잊힐 리야.
>
> 흙에서 자란 내 마음
> ⓒ <u>파아란 하늘빛이 그립어</u>
> ⓓ <u>함부로 쏜 활살을 찾으려</u>
> 풀섶 이슬에 함추름 휘적시든 곳,
>
> – 그곳이 참아 꿈엔들 잊힐 리야.
>
> 전설 바다에 춤추는 밤물결 같은
> ㉣ <u>검은 귀밑머리 날리는 어린 누의와</u>
> 아무러치도 않고 여쁠 것도 없는
> 사철 발 벗은 안해가
> 따가운 해ㅅ살을 등에 지고 이삭 줏던 곳,
>
> – 그곳이 참하 꿈엔들 잊힐 리야.
>
> 하늘에는 석근 별
> 알 수도 없는 모래성으로 발을 옮기고,
> 서리 까마귀 우지짖고 지나가는 초라한 집웅,
> 흐릿한 불빛에 돌아 앉어 도란도란거리는 곳,
>
> – 그곳이 참하 꿈엔들 잊힐 리야.
>
> – 정지용, 「향수」

09 윗글의 갈래에 대한 설명으로 적절하지 <u>않은</u> 것은?

① 향토적인 소재와 시어를 사용하였다.

② '노래하기'의 표현 양식이라 할 수 있다.

③ 화자의 주관적인 사상과 정서를 드러낸다.

④ 직접 겪은 일상적인 경험과 깨달음을 다룬다.

10 ⊙~㉣ 중 심상이 <u>다른</u> 하나는?

① ⊙   ② ⓛ

③ ⓒ   ④ ㉣

11 ⓐ에 담긴 함축적 의미로 가장 적절한 것은?

① 아버지에 대한 그리운 마음

② 고단하고 삭막하였던 어릴 적 삶

③ 이상과 소망에 대한 막연한 동경

④ 고향을 떠나고 싶어 모질게 내뱉었던 말들

[12~14] 다음 글을 읽고 물음에 답하시오.

민 씨는 황만근의 말을 이렇게 들었다.

"농사군은 빚을 지마 안 된다 카이."

(한번 빚을 지면 그 빚을 갚으려고 무리하게 일을 벌인다. 동네 곳곳에 텅 빈 우사(牛舍), 마른 똥만 뒹구는 축사, 잡초만 무성한 비닐하우스를 보라. 농어민 복지, 소득 향상, 생활 개선? 다 좋다. 그걸 제 돈으로 해야 한다. 제 돈으로 하지 않으면 그건 노름이나 다를 바 없다. 빚은 만근산의 눈덩이, 처마의 고드름처럼 자꾸 커진다.)

"기계화 영농 카더이마 집집마다 바퀴 달린 기계가 및이나 되나. 깅운기, 트랙터, 콤바인, 이앙기, 거다 탈곡기, 건조기에 …… 다 빚으로 산 기라. 농사지 봐야 그 빚 갚느라고 정신없다."

(한 집에서 일 년에 한 번 쓰는 이앙기를 들여놓으면 그게 일 년 내내 돌아가던가. 놀 때는 다른 집에 빌려주면 된다. 옛날에는 소를 그렇게 썼다. 그런데 지금은 그렇게 하지 않는다. 서로 도와 가면서 농사짓던 건 옛날 말이다. 한 집에서 기계를 놀리면서도 안 빌려주면 옆집에서는 화가 나서라도 산다. 어차피 빚으로 사는데 사기가 어려울까. 기계에 들어가는 기름은 면세유(免稅油)다. 면세유 가지고 기계를 다 돌리기는 힘들다. 옆집에는 경운기가 두 댄데 면세유는 한 대분밖에 나오지 않는다. 경운기가 왜 두 대씩 필요할까. 한 사람이 한꺼번에 두 대를 모는 것도 아닌데.)

"그런 기 다 쌀값에 언차진다(얹어진다). 언차져야 하는데 사실로는 수매하마 먹고살기 간당간당한 돈을 준다. 그 대신에 빚을 준다. 자금을 대 준다 카는데 둘 다 안 했으마 좋겠다. 둘 다 농사군을 바보 멍텅구리로 만든다."

(따라서 제대로 된 농사군이 점점 없어진다.)

"지 입에 들어갈 양석(양식), 곡석을 짓는 사람이 그 고마운 곡석, 양석한테 장난치겠나. 저도 남도 해로운 농약 뿌리고 비싸고 나쁜 비료 쳐서 보기만 좋은 열매를 뺏으마 그마이가?"

(모두 빚을 갚기 위해 그러는 것이다. 그러므로 빚을 제 주머니에서 아들 용돈 주듯이 내주는 사람, 기관은 다 농사군을 나쁘게 만든다. 정책 자금, 선심 자금, 농어촌 구조 개선 자금, 주택 개량 자금, 무슨 무슨 자금 해서 빌려줄 때는 인심 좋게 빌려주는 척하더니 이제 와서 그 자금이 상환 능력도 없는 사람들을 파산 지경으로 몰아넣고 있다. 이제 와서 그 빚을 못 갚겠다고 하는데 거기에는 충분한 이유가 있다.)

– 성석제, 「황만근은 이렇게 말했다」

12 윗글을 읽기 위한 방법으로 가장 적절한 것은?

① 인물 간 갈등 관계를 확인하며 읽는다.

② 사실과 의견을 구분하여 내용을 파악한다.

③ 주장과 근거를 따로 따로 구분하며 읽는다.

④ 글쓴이의 경험이 사실인지 확인하며 읽는다.

13 윗글의 내용으로 적절하지 <u>않은</u> 것은?

① 농약과 비료에 의존하여 농사를 지었다.

② 농촌 현실에서 상부상조의 풍습이 사라졌다.

③ 면세유는 경운기 두 대분의 양이 제공되었다.

④ 농민들은 빚을 져서 불필요하게 많은 농기계를 구입하였다.

14 윗글을 읽고 적절한 의견을 제시한 학생만을 〈보기〉에서 모두 고른 것은?

┤ 보기 ├

ㄱ. 현석: 정부는 농민들에게 인심 쓰듯이 쉽게 돈을 빌려주었어.
ㄴ. 지혜: 빚을 갚기 위해 농민들이 쌀값을 무리하게 올려서 오히려 쌀이 안 팔렸어.
ㄷ. 민수: 사람들은 빚인 줄 몰랐기 때문에 정부가 준 돈을 토대로 물건을 사고 일을 벌였어.
ㄹ. 상연: 파산을 겪은 사람들은 자신의 능력 이상으로 부채를 졌을 거야.

① ㄱ
② ㄴ
③ ㄱ, ㄷ
④ ㄱ, ㄹ

15 윗글에 대한 설명으로 적절하지 <u>않은</u> 것은?

① 화자는 병 때문에 강호에 묻혀 살고 있었다.
② 화자는 관동 지방을 다스리는 관찰사로 부임하였다.
③ 화자는 철원에서 하룻밤을 보내고 북관정에 올랐다.
④ 화자가 들른 지역 중에 급장유가 다스린 지역과 같은 지명이 있다.

16 ㉠~㉣의 의미로 적절하지 <u>않은</u> 것은?

① ㉠: 자연을 깊이 사랑하는 마음
② ㉡: 임금을 상징하는 신표
③ ㉢: 나라에 대한 근심과 시름
④ ㉣: 고사를 떠올리며 느끼는 인생무상

[15~16] 다음 글을 읽고 물음에 답하시오.

㉠ 강호(江湖)애 병(病)이 깁퍼 듁님(竹林)의 누엇더니,
관동(關東) 팔빅(八百) 니(里)에 방면(方面)을 맛디시니,
어와 셩은(聖恩)이야 가디록 망극(罔極)ᄒ다.
연츄문(延秋門) 드리ᄃ라 경회(慶會) 남문(南門) ᄇ라보며,
하직(下直)고 믈너나니 ㉡ 옥졀(玉節)이 알피 셧다.
평구역(平丘驛) 물을 ᄀ라 흑슈(黑水)로 도라드니,
셤강(蟾江)은 어듸메오 티악(雉岳)이 여긔로다.
쇼양강(昭陽江) ᄂ린 믈이 어드러로 든단 말고.
고신(孤臣) 거국(去國)에 ㉢ 빅발(白髮)도 하도 할샤.
동쥐(東洲) 밤 계오 새와 북관명(北寬亭)의 올나ᄒ니,
삼각산(三角山) 뎨일봉(第一峰)이 ᄒ마면 뵈리로다.
㉣ 궁왕(弓王) 대궐(大闕) 터희 오쟉(烏鵲)이 지지괴니,
천고(千古) 흥망(興亡)을 아ᄂ다 몰ᄋᄂ다.
회양(淮陽) 녜 일홈이 마초아 ᄀ틀시고.
급댱유(汲長孺) 풍ᄎᆡ(風彩)를 고텨 아니 볼 게이고.
　　　　　　　　　　　– 정철, 「관동별곡(關東別曲)」

[17~19] 다음 글을 읽고 물음에 답하시오.

초팔일 갑신(甲申), 맑다.
정사 박명원(朴明源)과 같은 가마를 타고 삼류하(三流河)를 건너 냉정(冷井)에서 아침밥을 먹었다. 십여 리 남짓 가서 한 줄기 산기슭을 돌아 나서니 태복(泰卜)이 국궁(鞠躬)을 하고 말 앞으로 달려 나와 땅에 머리를 조아리고 큰 소리로,
㉠ "백탑(白塔)이 현신(現身)함을 아뢰오."
한다.
태복이란 자는 정 진사(鄭進士)의 말을 맡은 하인이다. 산기슭이 아직도 가리어 백탑은 보이지 않았다. 말을 채찍질하여 수십 보를 채 못 가서 겨우 산기슭을 벗어나자 눈앞이 아찔해지며 눈에 헛것이 오르락내리락하여 현란했다. 나는 오늘에서야 비로소 사람이란 본디 어디고 붙어 의지하는 데가 없이 다만 하늘을 이고 땅을 밟은 채 다니는 존재임을 알았다.
말을 멈추고 사방을 돌아보다가 나도 모르게 손을 이마에 대고 말했다.
"좋은 울음터로다. 한바탕 울어 볼 만하구나!"
정 진사가,
"이 천지간에 이런 넓은 안계(眼界)를 만나 홀연 울고 싶다니 그 무슨 말씀이오?"

하기에 나는,

"참 그렇겠네. 그러나 아니거든! 천고의 영웅은 잘 울고 미인은 눈물이 많다지만 불과 두어 줄기 소리 없는 눈물이 그저 옷깃을 적셨을 뿐이요, 아직까지 그 울음소리가 쇠나 돌에서 짜 나온 듯하여 천지에 가득 찼다는 소리를 들어 보진 못했소이다. 사람들은 다만 안다는 것이 희로애락애오욕(喜怒哀樂愛惡欲) 칠정(七情) 중에서 '슬픈 감정[哀]'만이 울음을 자아내는 줄 알았지, 칠정이 모두 울음을 자아내는 줄은 모를 겝니다. 기쁨[喜]이 극에 달하면 울게 되고, 노여움[怒]이 사무치면 울게 되고, 즐거움[樂]이 극에 달하면 울게 되고, 사랑[愛]이 사무치면 울게 되고, 미움[惡]이 극에 달하여도 울게 되고, 욕심[欲]이 사무치면 울게 되니 답답하고 울적한 감정을 확 풀어 버리는 것으로 소리쳐 우는 것보다 더 빠른 방법은 없소이다. 울음이란 천지간에 있어서 뇌성벽력에 비할 수 있는 게요. 복받쳐 나오는 감정이 이치에 맞아 터지는 것이 웃음과 뭐 다르리오?"

– 박지원, 「통곡할 만한 자리」

17 윗글에 대한 설명으로 적절하지 <u>않은</u> 것은?

① 만주 지역을 여행한 기행문이다.
② 묻고 답하는 문답식 구성을 이룬다.
③ 교훈적이고 회고적인 성격을 띠고 있다.
④ 기존의 관념을 뒤엎는 발상의 전환을 이루고 있다.

18 기행문의 요소 중 윗글에서 특히 중점을 둔 것은?

① 여정   ② 견문
③ 감상   ④ 객수

19 ㉠에 대한 설명으로 적절하지 <u>않은</u> 것은?

① 백탑을 의인화하여 표현하였다.
② 행동의 주체를 바꾸어 표현하였다.
③ 추상적인 개념을 구체적인 사물로 표현하였다.
④ 아직 백탑이 모습을 드러내기 전에 한 말이다.

[20~22] 다음 글을 읽고 물음에 답하시오.

르네 마그리트의 주된 창작 기법인 데페이즈망은 우리말로 흔히 '전치(轉置)'로 번역된다. 특정한 대상을 ㉠ 상식의 맥락에서 떼어 내 이질적인 상황에 배치함으로써 기이하고 낯선 장면을 연출하는 것을 말한다. 초현실주의 문학의 선구자 로트레아몽의 시에 "재봉틀과 양산이 해부대에서 만나듯이 아름다운"이라는 표현이 있는데, 바로 이것이 전형적인 데페이즈망의 표현법이다. 해부대 위에 재봉틀과 양산이 놓여 있다는 게 ㉡ 통념에 맞지 않지만, 바로 그 기이함이 시적·예술적 상상을 낳아 논리와 ㉢ 합리 너머의 세계에 대한 심층적 인식을 일깨운다.

르네 마그리트의 「골콘다」는 푸른 하늘과 집들을 배경으로 검은 옷과 모자를 쓴 남자들이 부유(浮遊)하는 모습을 그린 것이다. 보기에 따라서는 남자들이 비처럼 하늘에서 쏟아진다는 느낌을 주기도 한다. 어느 쪽이든 간에 이는 현실에서는 불가능한 상황이다.

일단 화가는 이 그림에서 중력을 제거해 버렸다. 거리를 걷고 있어야 할 사람들이 공중에 떠 있다. 그리고 그들은 자로 잰 듯 일정한 간격으로 포진(布陳)해 있다. 기계적인 배치다. 빗방울이 떨어져도 이렇듯 기하학적으로 떨어질 수는 없다. 이처럼 현실의 법칙을 벗어나 있지만, 그 비상식적 조합이 볼수록 매력적이다. 기이하고 낯선 느낌이 보는 이에게 추리의 욕구와 신비로운 환상을 불러일으킨다. 이는 우리의 마음이 동했다는 뜻이고, 우리의 마음을 움직인 이상 이 허구의 이미지는 세상을 움직이는 하나의 힘이 되어 버린다.

데페이즈망은 우리로 하여금 현실로부터 쉽게 일탈해 무한한 자유와 상상의 공간으로 넘어가게 한다. 그런 점에서 데페이즈망은 현실에 대한 일종의 파괴라고 할 수 있다. ㉣ 현실의 법칙과 논리를 간단히 무장해제(武裝解除)해 버리는 파괴의 형식이다. 이와 관련해 우리가 주목할 필요가 있는 부분이 데페이즈망 형식의 다양성이다.

- 이주헌, 「지식의 미술관」

20 윗글을 읽기 위한 방법으로 적절하지 <u>않은</u> 것은?

① 견문과 감상을 구분하며 읽는다.
② 글과 관련된 배경지식을 활용하며 읽는다.
③ 글의 중심 내용이 무엇인지 파악하며 읽는다.
④ 자료의 출처가 믿을 만한 것인지 파악하며 읽는다.

21 윗글의 내용과 일치하지 <u>않는</u> 것은?

① 데페이즈망은 르네 마그리트가 주로 사용하는 창작 기법이다.
② '전치(轉置)'는 대상을 이질적인 상황에 배치하여 낯선 장면을 연출하는 것이다.
③ 해부대 위에 놓인 재봉틀과 양산을 그린 그림 「골콘다」는 데페이즈망 기법을 사용하였다.
④ 현실의 법칙에서 벗어나는 표현은 숨겨진 미스터리와 신비에 대한 환상을 불러일으키기도 한다.

22 ㉠~㉣ 중 문맥적 의미가 <u>다른</u> 것은?

① ㉠
② ㉡
③ ㉢
④ ㉣

[23~25] 다음 글을 읽고 물음에 답하시오.

무주에는 공설 운동장이 있었다. 그러나 그것은 지금 '등나무 운동장'으로 다시 태어났다. 등나무 운동장을 만든 일은 내가 무주에서 10여 년 동안 한 일 중에서 가장 인상 깊고 감동적이며 나를 많이 가르친 프로젝트이다. 한마디로 말해, ㉠ 모더니즘 건축이 놓친 자연과 인간의 '교감'과 '감성'을 내게 일깨워 준 작업이다. 일반적으로 건축은 공간을 만드는 일이라고 알려져 있지만 궁극적으로 시간을 다루는 일이라는 것도 다시 한번 생각게 한 중요한 작업이라 할 수 있다.

그러면 모더니즘 건축에서 우리가 놓쳤다고 하는 자연은 과연 무엇을 뜻하는가? 그 시작에서부터 건축은 자연과 필연적 관계를 맺고 있음에도, 현대 건축은 자연을 본격적으로 대접하지 않고 '조경'이라고 하는 부수적인 측면에서 인공적으로 다루려고 했다. 즉, 모더니즘 건축에서는 건축이 마치 자연 위에 군림하는 듯했다. 우리가 건축에서 자연에 관해 다시 생각해야 하는 것은 모든 건축이 - 설사 도심에 건설된다고 하더라도 - '자연'이라는 큰 환경에서 벗어날 수 없다는 점이다. 그리고 자연은 시시각각 변화하는 시간을 온전히 표현하는 여러 가지 능력을 지니고 있다. 자연은 그 자체가 변화이자 축적이며 지속이고 자라나는 것이다.

이렇게 다소 ㉡ 추상적인 이야기를 섬세하게 이해하려면 무주의 등나무 운동장에 가 보면 된다. 거기에서는 자연과 식물만이 할 수 있는 놀라운 일을 볼 수 있다. 그것은 바로 운동장을 감싸는 등나무들이고 그들이 만들어 내는 그림자 그늘이다. 공설 운동장 관중석을 뒤덮은 등나무 그늘은 그 자리에 앉은 많은 이에게 따가운 볕을 가려 주는 것은 물론 봄에는 보라색 등꽃을 피워 이 세상 어느 곳에서도 체험할 수 없는 빛과 향기를 선사한다. 등나무 그림자와 그늘, 파란 하늘과 초록빛 잔디가 어우러진 풍경은 우리에게 자연의 위대함을 차분히 알려 준다.

여기에서 건축은 등나무의 푸른 풍경이 펼쳐지도록 돕는 역할을 한다. 반복되는 단순한 경량 철골로 구축된 구조물은 그 자체가 거창한 일을 하는 것이 아니라 등나무가 자라려는 의지를 최대한 실현할 수 있게 지지하고 돕는다.

- 정기용, 「등나무 운동장 이야기」

23 윗글에 대한 설명으로 가장 적절한 것은?

① 현대 건축의 장점과 단점을 예를 들어 설명 한다.

② 현대 건축의 비판과 글쓴이의 건축관을 소개 한다.

③ 현대 건축 이론이 형성된 과정과 특징을 설명 한다.

④ 현대 건축 이론을 바탕으로 건축물의 자재를 분석한다.

25 ㉡의 의미로 가장 적절한 것은?

① 자연은 변화의 축적이며 지속적으로 자라난다 는 이야기

② 건축은 시시각각 변화하는 시간을 온전히 표 현한다는 이야기

③ 도심에 건설된 건축은 자연이라는 환경에서 벗어날 수 있다는 이야기

④ 무주의 등나무 운동장에서 건축과 자연이 어 우러지는 것을 볼 수 있다는 이야기

24 ㉠에 해당하는 건축이 <u>아닌</u> 것은?

① 개천을 건널 수 있게 만든 돌다리

② 공원 중앙에 멋있게 설치한 분수대

③ 공연을 위해 건물 1층에 설치한 무대

④ 대형 스크린과 조명을 설치한 빌딩 옥상

4일차　수학

제한 시간: 40분
문항 수: 20문항
배점: 1문제당 5점

정답 CHECK!
자동 채점 서비스

01 두 다항식 $A = x^2 + xy - y$, $B = x^2 - 3y$에 대하여 $3A + 2B$를 계산하면?

① $x^2 + 3y$

② $x^2 - 6xy$

③ $x^2 + 8xy - 5y$

④ $5x^2 + 3xy - 9y$

02 등식 $a(2x+5) - bx = 5(x+2)$가 x에 대한 항등식이다. 이때 두 상수 a, b에 대하여 $a-b$의 값은?

① 3　　　　　　② 1

③ -1　　　　　④ -3

03 다항식 $x^3 + 3x^2 - 2x + 1$을 $x-2$로 나누었을 때, 나머지는?

① 13　　　　　② 15

③ 17　　　　　④ 19

04 다항식 $x^4 + 4x^2 + 16$을 인수분해한 식이 $(x^2 - 2x + k)(x^2 + 2x + k)$일 때, 공통으로 들어가는 상수 k의 값은?

① 3　　　　　　② 4

③ 5　　　　　　④ 6

05 다음 등식을 만족시키는 두 실수 x, y에 대하여 xy의 값은? (단, $i = \sqrt{-1}$)

$$(2 + 5i) - (1 + 2i) = x + yi$$

① 3　　　　　　② 5

③ 7　　　　　　④ 9

06 이차방정식 $x^2-2x+3=0$의 두 근을 α, β라고 할 때, $\dfrac{1}{\alpha}+\dfrac{1}{\beta}$의 값은?

① $-\dfrac{2}{3}$ ② $-\dfrac{1}{3}$

③ $\dfrac{1}{3}$ ④ $\dfrac{2}{3}$

07 $-2\le x\le 1$일 때, 이차함수 $y=-2x^2+3$의 최댓값은?

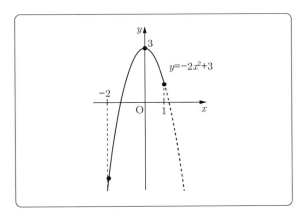

① -3 ② 0

③ 1 ④ 3

08 삼차방정식 $x^3+3x^2-ax-4=0$의 한 근이 1일 때, 상수 a의 값은?

① -1 ② 0

③ 1 ④ 2

09 연립부등식 $2-4x<3x-5<-\dfrac{1}{2}x+2$의 해가 $a<x<b$일 때, $a+b$의 값은?

① 3 ② 5

③ 7 ④ 9

10 부등식 $|x+2|\le 1$의 해를 수직선 위에 나타내면 다음 그림과 같다. 이때 ab의 값은?

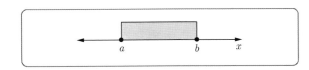

① -6 ② -3

③ 3 ④ 6

11 좌표평면 위의 두 점 A$(0, 1)$, B$(2, a)$ 사이의 거리가 $2\sqrt{5}$ 일 때, 상수 a의 값은? (단, $a > 0$)

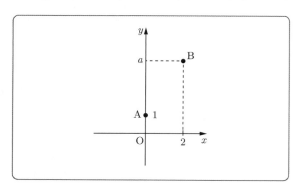

① 2

② 3

③ 4

④ 5

12 두 직선 $x+y+2=0$, $ax+3y-5=0$이 서로 수직일 때, 상수 a의 값은?

① -3

② -1

③ 1

④ 3

13 중심의 좌표가 $(1, 3)$이고 y축에 접하는 원의 방정식은?

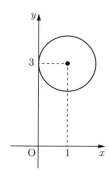

① $(x-3)^2 + (y-1)^2 = 1$

② $(x-3)^2 + (y-1)^2 = 9$

③ $(x-1)^2 + (y-3)^2 = 1$

④ $(x-1)^2 + (y-3)^2 = 9$

14 점 (x, y)를 점 $(x-3, y+4)$로 옮기는 평행이동에 의하여 점 $(6, -5)$를 평행이동한 점의 좌표는?

① $(-2, 1)$

② $(3, -1)$

③ $(4, -1)$

④ $(5, 1)$

15 전체집합 $U = \{1, 2, 3, 4, 5, 6\}$의 두 부분집합 $A = \{2, 3, 4\}$, $B = \{1, 4, 6\}$에 대하여 다음 중 옳은 것은?

① $n(A \cap B) = 3$

② $n(A \cup B) = 4$

③ $n(A^C) = 3$

④ $n(A-B) = 1$

16 명제 '$x \geq 1$이고 $y > 2$이면 $x+y \geq 3$이다.'의 대우는?

① $x+y < 3$이면 $x < 1$이거나 $y \leq 2$이다.
② $x+y < 3$이면 $x < 1$이거나 $y > 2$이다.
③ $x+y < 3$이면 $x \geq 1$이거나 $y \leq 2$이다.
④ $x+y < 3$이고 $x < 1$이면 $y \leq 2$이다.

17 그림과 같은 함수 $f : X \to Y$에 대하여 $f(1)+f^{-1}(8)$의 값은?

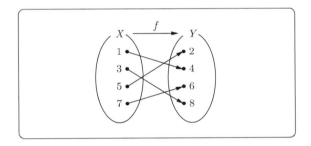

① 3　　　　　　② 5
③ 7　　　　　　④ 9

18 무리함수 $y = \sqrt{ax}$ 의 그래프가 두 점 $(1, 2)$, $(b, 4)$를 지날 때, 두 상수 a, b에 대하여 $a+b$의 값은?

① 6　　　　　　② 7
③ 8　　　　　　④ 9

19 그림과 같은 A, B, C, D 4개의 영역을 서로 다른 4가지 색으로 칠하려고 한다. 같은 색을 여러 번 사용해도 좋으나 인접한 영역은 서로 다른 색으로 칠할 때, 칠하는 방법의 수는?

A	B	C	D

① 84　　　　　② 92
③ 100　　　　④ 108

20 다음 등식을 만족하는 자연수 n의 값을 구하면?

$$_{n}C_2 = 10$$

① 3　　　　　　② 5
③ 7　　　　　　④ 9

4일차 영어

제한 시간: 40분
문항 수: 25문항
배점: 1문제당 4점

정답 CHECK!
자동 채점 서비스

[01~03] 다음 밑줄 친 부분의 뜻으로 가장 적절한 것을 고르시오.

01

> If you <u>squeeze</u> a pimple with your dirty fingers, this may leave some marks on your skin.

① 짜다   ② 생기다
③ 만지다   ④ 그냥 두다

02

> He is <u>majoring in</u> English and wants to be an English teacher.

① ~을 연구하다
② ~을 전공하다
③ ~을 포기하다
④ ~에 다녀오다

03

> <u>In general</u>, men tend to like cooler colors such as blues and greens while women tend to like warmer colors such as reds and pinks.

① 대개   ② 일찍이
③ 정반대로   ④ 우선 먼저

04 다음 중 밑줄 친 두 단어의 의미 관계와 <u>다른</u> 것은?

> According to the <u>weather</u> forecast, it'll <u>rain</u> this afternoon.

① country — Egypt
② feeling — nervous
③ polite — courteous
④ flower — carnation

05 다음 카네이션 무료 배부 안내문에서 언급되지 <u>않</u>은 것은?

Get Free carnation for Parents' Day!

Give your parents lovely carnations on Parents' Day to express your love and thanks!
○ Date: Friday, May 6th,
○ Time: from 9 a.m. to 6 p.m.
○ Place: Auditorium
○ Number of carnation: Two per person

① 주최   ② 가격
③ 일시   ④ 개수

[06~08] 다음 빈칸에 공통으로 들어갈 말로 가장 적절한 것을 고르시오.

06

○ He looks _____ to his brother the most.
○ She didn't give _____ her work even when she was sick.

① in
② of
③ to
④ up

07

○ I'll _____ my fingers crossed for you.
○ You have to _____ in mind that English is important.

① keep
② want
③ allow
④ advise

08

○ Could you _____ me the way to the post office?
○ He didn't _____ up at the school festival.

① hear
② show
③ enjoy
④ change

09 다음 중 밑줄 친 표현의 의미로 가장 적절한 것은?

A: Mom, I don't want to eat cabbages.
B: Eating cabbages is good for your health.
A: But cabbages are not delicious.
B: Come on, a good medicine tastes bitter.

① 정직이 최선의 방책이다
② 몸에 좋은 약은 입에 쓰다
③ 쥐구멍에도 볕 들 날이 있다
④ 한 번에 두 가지 이득을 얻는다

10 다음 대화에서 알 수 있는 B의 심정으로 가장 적절한 것은?

A: Why do you look so angry? What happened?
B: My younger brother broke my favorite robot.
A: That's too bad.
B: It means a lot to me because it was a gift from my grandfather.

① 외롭다
② 즐겁다
③ 화나다
④ 만족하다

11 다음 대화가 이루어지는 장소로 가장 적절한 것은?

A: May I help you?
B: I would like to exchange Korean wons for US dollars.
A: How much do you want?
B: Thirty dollars.

① 약국
② 극장
③ 회사
④ 은행

12 다음 글에서 밑줄 친 <u>It(it)</u>이 가리키는 것으로 가장 적절한 것은?

It causes a lot of damage to man‑made structures, and has an impact on human and animal life, due to the shaking of the earth's surface. In many cases, it starts at the bottom of the ocean.

① 홍수　　　　② 지진
③ 폭우　　　　④ 전쟁

[13~14] 다음 대화의 빈칸에 들어갈 말로 가장 적절한 것을 고르시오.

13

A: Your hair is done! How do you like your haircut?
B: It's okay, but still a bit too long.
A: _____?
B: Yes, can you cut a little more on the sides?
A: Sure.

① How far is it from here
② How would you like your hair
③ Do you want me to make it shorter
④ Can you give me some advice for haircut

14

A: _____?
B: It's a lot of work, but I like it very much.

① When did you go there
② What do you mean by that
③ How do you like your new job
④ How long have you worked there for

15 다음 대화의 주제로 가장 적절한 것은?

A: Do you have any plans for this year?
B: I've decided to learn how to play the electric guitar.
A: Why the electric guitar?
B: Because I've always wanted to join the school band.

① 전기 기타
② 학교 밴드
③ 계획 세우기
④ 올해의 계획

16 다음 글을 쓴 목적으로 가장 적절한 것은?

Hello, my name is Min‑jeong Choi. I would like to be a cook because I really like making food. I feel happy when my family and friends eat the food I make. I'm especially interested in Chinese food. I would like to go to Jin's College in China and learn how to make Chinese food.

① 초대하려고
② 소개하려고
③ 고백하려고
④ 공지하려고

17 다음 광고의 내용과 일치하지 <u>않는</u> 것은?

John's Sandwich

○ The best sandwich shop near your school!
○ Secret sauce makes our sandwich delicious.
○ This week you can also enjoy our amazing salads.
○ We're open 24 hours a day.
○ express delivery services.

---

① John's Sandwich는 24시간 영업한다.
② John's Sandwich는 샐러드를 판매한다.
③ John's Sandwich는 학교 근처에 있다.
④ John's Sandwich는 배달은 하지 않는다.

18 다음 Andy Warhol에 대한 설명과 일치하지 <u>않는</u> 것은?

Andy Warhol was born in Pittsburgh, Pennsylvania. He moved to New York in 1949, where he started his career as a commercial artist. In the early 1960s, he began to paint common things like cans of soup. His works inspired many contemporary artists.

---

① Andy Warhol은 거대한 것을 그렸다.
② Andy Warhol은 펜실베이니아 주에서 태어났다.
③ Andy Warhol은 뉴욕에서 경력을 쌓기 시작하였다.
④ Andy Warhol은 동시대 예술가에게 영감을 주었다.

19 다음 글의 주제로 가장 적절한 것은?

You can have healthy skin without spending a lot of time and money. Here are some helpful tips. First, getting enough sleep every night really makes a difference to your skin. Second, drink enough water. Third, always use sunscreen when you go outside. Last, wash your face every night before going to bed.

---

① 피부 관리에 드는 비용
② 피부 건강을 위협하는 불면
③ 피부를 건강하게 하는 방법
④ 피부에 좋지 않은 세안 습관

[20~21] 다음 글의 빈칸에 들어갈 말로 가장 적절한 것을 고르시오.

20

When training pet dogs, remember these rules. Don't give them anything to eat before training. When you start, tell them loudly to sit, pressing them down. When they do, _____ them with a snack and say, "Good dog."

---

① show
② order
③ attract
④ reward

21

Dear Susan,

Hi, I have a clear goal for the future. It is to be an _____ engineer so that I can save the Earth. To make my dream come true, I will enroll in the environment & recycling course for this semester. Would you like to join me?

James

① playful
② competitive
③ professional
④ environmental

22 글의 흐름으로 보아 다음 문장이 들어가기에 가장 적절한 곳은?

Students will not be allowed to use smartphones at school on that day.

(①) These days, students spend too much time on smartphones. (②) For this reason, we are going to hold a 'No Smartphone Day' at our school on September 24th. (③) Also, a short film about the negative effects of using smartphones too much will be shown in the auditorium at lunchtime. (④)

23 다음 글의 바로 뒤에 이어질 내용으로 가장 적절한 것은?

Do you shop online often? If your answer to this question is yes, why do you like online shopping? Many people say that they like online shopping because it is convenient and it saves time. However, there are problems with online shopping as well. The biggest problems are late deliveries and orders sent to the wrong address.

① 온라인 쇼핑의 또 다른 장점
② 온라인 쇼핑의 또 다른 문제
③ 온라인 쇼핑을 선호하는 연령대
④ 온라인 쇼핑을 할 때 주의할 점

[24~25] 다음 글을 읽고 물음에 답하시오.

Some people argue that science can be dangerous. They say the atomic bomb is the perfect example of the dangers of science. However, I think science does us more good than harm. _____, science helps make better medicine. It definitely improves the quality of our lives. I believe that science will continue to make a better world for us.

24 윗글의 빈칸에 들어갈 말로 가장 적절한 것은?

① Besides
② In contrast
③ Nevertheless
④ For instance

25 윗글의 주제로 가장 적절한 것은?

① 해를 끼치기보다는 도움이 되는 과학
② 해를 줄여나가며 발전시켜야 하는 과학
③ 과학의 발전을 위해 세계가 해야 할 일
④ 신약 개발에 큰 도움이 될 수 있는 과학

4일차 사회

제한 시간: 30분
문항 수: 25문항
배점: 1문제당 4점

정답 CHECK!
자동 채점 서비스

01 빈칸 ㉠에 들어갈 말로 알맞은 것은?

> ㉠ (이)란 사회 구성원들이 질병, 실업, 빈곤, 재해 등 다양한 사회적 위험으로부터 벗어나 행복하고 인간다운 생활을 향유할 수 있도록 사회적·제도적으로 지원하는 것을 말한다.

① 사회 복지 제도
② 지방 자치 제도
③ 자유주의적 정의관
④ 사회 계층 양극화 현상

02 인간의 행복한 삶을 위한 보편적인 조건에 대한 설명으로 옳지 않은 것은?

① 경제적 조건: 기본적인 의식주 제공
② 정치적 조건: 개인의 자유·평등 보장
③ 공동체적 조건: 공동선의 최우선 추구
④ 사회·윤리적 조건: 올바른 가치관 정립

03 다음 설명에 해당하는 자산 관리의 원칙은?

> 보유하고 있는 자산을 필요할 때 쉽게 현금으로 전환할 수 있는 정도를 말한다.

① 유동성
② 수익성
③ 고정성
④ 안전성

04 시장 경제를 위한 시장 참여자 중 다음의 역할을 하는 것으로 옳은 것은?

> ○ 고용을 창출하고 국민 소득의 증가에 기여한다.
> ○ 좋은 재화와 서비스를 생산하여 시장에 공급한다.
> ○ 사회의 일원으로 사익뿐 아니라 공공성을 추구한다.

① 정부
② 기업
③ 노동자
④ 소비자

05 다문화 사회의 갈등 해결을 위한 개인적 노력에 대한 설명으로 옳지 않은 것은?

① 서로의 문화적 차이를 인정하는 관용의 자세가 필요하다.
② 공존을 위해서는 다른 문화를 이해하도록 노력해야 한다.
③ 이주민의 문화를 그 사회의 맥락에서 이해하려는 태도를 지녀야 한다.
④ 이주민들의 권리가 보호받을 수 있도록 법과 제도적 지원을 확대해야 한다.

06 공동체주의적 정의관을 주장한 학자와 그에 대한 설명으로 옳지 <u>않은</u> 것은?

① 노직: 사회적 약자를 보호하기 위해 소득 재분배 정책을 주장하였다.

② 매킨타이어: 공동체의 가치를 존중하고 전통을 수호하는 삶을 강조하였다.

③ 샌델: 구성원들이 연대감, 책임감으로 공동체의 활동에 참여해야 한다고 주장하였다.

④ 왈처: 공동체의 문화적 차이 등을 고려하여 사회적 가치를 배분해야 한다고 주장하였다.

07 국제 갈등으로 옳은 것만을 〈보기〉에서 모두 고른 것은?

┌─────── 보기 ├───────
│ ㄱ. 기후 변화
│ ㄴ. 영토 분쟁
│ ㄷ. 자원 갈등
│ ㄹ. 기아와 빈곤
└────────────────────────

① ㄱ, ㄴ   ② ㄴ, ㄷ

③ ㄴ, ㄹ   ④ ㄷ, ㄹ

08 다음 설명에 해당하는 개념의 사례로 옳지 <u>않은</u> 것은?

> 어떤 집단이나 공동체 안에서 과거로부터 이어져 온 문화 요소 중에 현재까지 그 가치를 인정받고 있는 것을 의미한다.

① 두레   ② 전화

③ 향약   ④ 사물놀이

09 다음 설명에 해당하는 개념은?

> 주식회사가 회사를 운영하면서 얻은 이익금의 일부를 현금이나 주식의 형태로 자본금을 낸 주주들에게 나누어 주는 것이다.

① 시세 차익

② 자산 관리

③ 분산 투자

④ 배당 수익

10 독과점으로 인해 발생할 수 있는 현상에 대한 설명으로 옳지 <u>않은</u> 것은?

① 불공정한 경쟁

② 상품의 질 하락

③ 합리적 선택 가능

④ 자원 배분의 비효율성 발생

11 다음 설명에 해당하는 헌법의 기본권은?

> 국가에 대해 인간다운 생활의 보장을 요구할 수 있는 적극적인 권리로, 현대 복지 국가에서 점차 강조되고 있다.

① 자유권   ② 사회권

③ 평등권   ④ 청구권

12 다음 설명에 해당하는 사상은?

> 시장에서 자유로운 경제 활동을 보장하는 경제 사상을 말해.
>
> 맞아. 이 사상은 사유 재산 제도를 바탕으로 만들어졌어.

① 중상주의
② 방임주의
③ 뉴딜정책
④ 자본주의

13 헌법에 규정된 기본권의 설명으로 옳은 것만을 〈보기〉에서 모두 고른 것은?

| 보기 |

ㄱ. 참정권: 국민이 국가의 정치 과정에 능동적으로 참여할 수 있는 권리
ㄴ. 자유권: 모든 기본권의 출발이자 다른 기본권을 포괄하는 광범위한 권리
ㄷ. 평등권: 성별, 종교, 학력, 사회적 신분 등에 의해 불합리하게 차별받지 않을 권리
ㄹ. 청구권: 교육을 받을 권리, 근로의 권리 등 국가에 대해 인간다운 생활의 보장을 요구할 수 있는 적극적인 권리

① ㄱ, ㄴ
② ㄱ, ㄷ
③ ㄴ, ㄹ
④ ㄷ, ㄹ

14 다음 설명에 해당하는 지역의 기후로 옳은 것은?

○ 육류 및 저장 음식 발달
○ 침엽수를 이용한 임업과 순록 유목 발달
○ 동물의 털·가죽을 이용한 두터운 옷차림

① 고산 기후
② 건조 기후
③ 온대 기후
④ 냉대·한대 기후

15 빈칸 ㉠과 ㉡에 들어갈 말로 알맞은 것은?

○ 산업화가 전개되면서 인간의 거주 공간이 촌락에서 ㉠ (으)로 바뀌었다.
○ ㉡ 현상으로 인해 대도시와 주변 지역이 기능적으로 밀접한 관계를 갖게 되었다.

	㉠	㉡
①	도시	산업화
②	농촌	신도시
③	도시	교외화
④	농촌	이촌 향도

16 다음 설명에 해당하는 우리 전통문화에 대한 태도로 옳은 것은?

○ 조상을 위해 제사를 모시는 것은 우상 숭배라고 생각한다.
○ 천주교 미사나 기독교 예배는 괜찮지만, 굿이나 부적은 미신이라고 생각한다.

① 문화적 사대주의
② 문화적 제국주의
③ 자문화 중심주의
④ 문화적 상대주의

17 다음 설명에 해당하는 현상으로 인한 문제점으로 옳은 것은?

> 산업화의 진행으로 세계 도시의 수와 그 규모가 늘어나고 있다. 최근에는 개발 도상국에서 산업화가 이루어지면서 도시화가 빠르게 진행되고 있다.

① 열섬 현상
② 집값 하락
③ 인구 유입 감소
④ 환경 오염 감소

18 세계화가 확대된 배경으로 옳지 <u>않은</u> 것은?

① 교통 수단 발달
② 다국적 기업의 확대
③ 지역 경제의 활성화
④ 정보·통신 기술 발달

19 다음 지도에 표시된 ㉠에 대한 설명으로 옳은 것은?

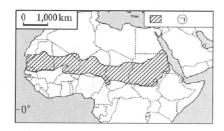

① 사막화가 진행 중인 지역이다.
② 인구 분포율이 가장 높은 지역이다.
③ 넓은 초원이 형성되어 있는 지역이다.
④ 석유와 천연가스가 풍부하게 매장된 지역이다.

20 다음 설명에 해당하는 자연에 대한 관점으로 옳은 것은?

> ○ 인간을 거대한 대지 공동체의 구성원으로 바라보아야 한다는 입장이다.
> ○ 각각의 개체로서의 생명의 가치보다는 생태계 전체의 유기적 관계와 균형이 중요하다.
> – 레오폴드 –

① 대지 윤리
② 도구적 가치관
③ 이분법적 세계관
④ 극단적 생태주의

21 공간적 관점의 탐구 사례로 옳지 <u>않은</u> 것은?

① 내가 살고 있는 이곳은 어떤 특징이 있을까?
② 하수구 처리장을 건설할 만한 최적의 입지 장소는 어디일까?
③ 직장인들이 아침마다 커피를 많이 마시는 사회적 배경은 무엇일까?
④ 우리 선조들은 짚신을 신었는데, 왜 일본에선 나막신을 주로 신었을까?

22 전자 상거래의 발달에 따른 변화에 대한 설명으로 옳지 <u>않은</u> 것은?

① 무인점포가 늘어났다.

② 택배 업체가 증가하였다.

③ 카드 결제나 모바일 결제가 어려워졌다.

④ 구매를 위한 시공간의 제약이 줄어들었다.

23 인간과 자연을 이해하는 데 바람직한 태도에 대한 설명으로 옳은 것은?

① 인간은 자연의 주인이자 소유자이다.

② 인간과 자연은 유기적인 관계에 있다.

③ 인간과 자연은 분리해서 인식해야 한다.

④ 자연은 인간의 풍요로운 삶을 위한 도구이다.

24 다음 그림과 같은 현상이 심화될 때 나타나는 문제점으로 옳은 것만을 〈보기〉에서 모두 고른 것은?

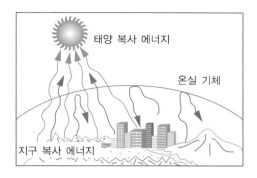

┤ 보기 ├

ㄱ. 빙하가 얼게 될 것이다.

ㄴ. 해수면 온도가 하강할 것이다.

ㄷ. 물 부족 현상이 심화될 것이다.

ㄹ. 전염병의 발병률이 증가할 것이다.

① ㄱ, ㄴ   ② ㄴ, ㄷ

③ ㄴ, ㄹ   ④ ㄷ, ㄹ

25 빈칸 ㉠에 들어갈 말로 알맞은 것은?

세계화의 빠른 진행으로 ㉠ 가 등장하였다. 전쟁, 기아, 환경 문제 등 개인적·지역적·국가적 차원에서 해결하기 어려운 범국가적 문제들에 대해 어떤 자세를 갖고 대처할 것인가에 대한 다각적인 검토와 노력이 필요하다.

① 정보화 사회

② 탈공업화 사회

③ 네트워크 사회

④ 글로벌 위험 사회

4일차　과학

제한 시간: 30분
문항 수: 25문항
배점: 1문제당 4점

정답 CHECK!
자동 채점 서비스

01 자연을 모방한 신소재의 특징과 예를 잘못 나타낸 것은?

① 거미줄을 모방한 신소재: 벨크로 테이프
② 연잎의 표면을 모방한 신소재: 유리 코팅제
③ 상어의 비늘을 모방한 신소재: 전신 수영복
④ 홍합의 접착 단백질을 모방한 신소재: 수중 접착제

02 화력 발전과 핵발전의 공통점으로 옳은 것만을 〈보기〉에서 모두 고른 것은?

---| 보기 |---

ㄱ. 고온, 고압의 수증기로 터빈을 돌린다.
ㄴ. 터빈의 운동 에너지가 전기 에너지로 전환된다.
ㄷ. 화석 연료의 화학 에너지를 에너지원으로 이용한다.

① ㄱ
② ㄴ
③ ㄱ, ㄴ
④ ㄴ, ㄷ

03 운동량이 $10 \, kg \cdot m/s$ 인 물체에 운동 방향으로 $30 \, N \cdot s$ 의 충격량을 주었을 때, 물체의 나중 운동량의 크기는?

① $10 \, kg \cdot m/s$
② $20 \, kg \cdot m/s$
③ $30 \, kg \cdot m/s$
④ $40 \, kg \cdot m/s$

04 그림과 같이 코일에 막대자석의 N극을 가까이하는 순간 코일에 연결된 검류계의 바늘이 오른쪽으로 움직였다. 검류계의 바늘을 왼쪽으로 움직이게 하는 방법으로 옳은 것은?

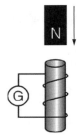

① 막대자석을 그대로 정지시킨다.
② 막대자석의 크기를 큰 것을 바꾼다.
③ 코일에 막대자석의 S극을 멀리한다.
④ 코일에 막대자석의 S극을 가까이한다.

05 그림은 주기율표의 일부를 나타낸 것이다. A~D에 들어갈 원소를 잘못 나타낸 것은?

족 주기	1	2	〜	17	18
1	A				
2		B		C	
3					D

① A – 리튬(Li)

② B – 베릴륨(Be)

③ C – 플루오린(F)

④ D – 아르곤(Ar)

06 생활 속 산화 환원 반응의 예로 옳지 않은 것은?

① 사과를 깎아 두면 갈변 현상이 나타난다.

② 누런 옷을 표백제에 넣으면 옷이 하얗게 된다.

③ 위산 과다 분비로 속이 쓰릴 때 제산제를 먹는다.

④ 철가루가 들어 있는 손난로를 흔들면 열이 발생한다.

07 금속 원소에 해당하는 것만을 〈보기〉에서 모두 고른 것은?

┤ 보기 ├

ㄱ. 수소(H)   ㄴ. 나트륨(Na)
ㄷ. 칼슘(Ca)   ㄹ. 브로민(Br)

① ㄱ, ㄴ   ② ㄴ, ㄷ
③ ㄴ, ㄹ   ④ ㄷ, ㄹ

08 그림은 탄소 원자(C)의 전자 배치를 나타낸 것이다. 다음 설명으로 옳은 것은?

① 2주기 4족 원소이다.

② 원자 번호는 4이다.

③ 전자 껍질의 수는 3개이다.

④ 원자가 전자 수는 4개이다.

09 동일한 농도의 묽은 염산과 수산화 나트륨 수용액을 표와 같이 부피를 다르게 하여 혼합하였다. (가)~(라) 중 용액의 온도가 가장 높은 것은?

구분	(가)	(나)	(다)	(라)
묽은 염산(HCl) 수용액의 부피(mL)	10	20	30	40
수산화 나트륨(NaOH) 수용액의 부피(mL)	50	40	30	20

① (가)   ② (나)
③ (다)   ④ (라)

10 다음 설명에 해당하는 물질은?

> ○ 공기의 약 78 % 를 차지하는 기체이다.
> ○ 같은 원자 2개가 공유 결합을 이루고 있다.

① 산소(O_2)

② 질소(N_2)

③ 암모니아(NH_3)

④ 염화 칼슘($CaCl_2$)

11 생물 다양성에 대한 설명으로 옳지 않은 것은?

① 생물종이 많을수록 종 다양성이 높다.

② 각 종의 분포 비율이 불균등할수록 종 다양성이 높다.

③ 한 형질에 대한 유전자가 다양할수록 유전적 다양성이 높다.

④ 생태계가 다양할수록 종 다양성과 유전적 다양성도 높아진다.

12 그림은 식물 세포의 구조를 나타낸 것이다. A~D 중 세포의 생명 활동에 필요한 에너지를 생산하는 세포 소기관은?

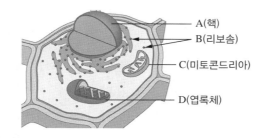

① A

② B

③ C

④ D

13 그림은 어느 생태계의 먹이 그물을 나타낸 것이다. 이에 대한 설명으로 옳은 것은?

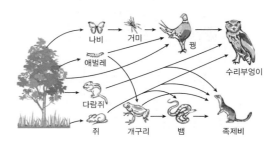

① 애벌레는 생산자이다.

② 뱀은 최종 소비자이다.

③ 족제비는 멸종 위험이 높다.

④ 꿩은 1차 소비자이면서 2차·3차 소비자이기도 하다.

14 그림은 세포막의 구조와 세포막을 통한 물질의 이동을 나타낸 것이다. (나)를 통해 이동하는 물질에 해당하는 것은?

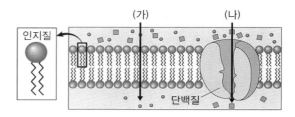

① 산소

② 포도당

③ 지방산

④ 이산화 탄소

15 단백질에 대한 설명으로 옳지 않은 것은?

① 단위체는 아미노산이며, 20종류가 있다.

② 탄소, 수소, 산소, 질소 등으로 구성된다.

③ 단백질 종류에 관계없이 입체 구조가 모두 같다.

④ 몸을 구성하는 주요 물질이며, 생리 작용을 조절한다.

16 그림은 DNA에서 단백질이 만들어지는 과정을 나타낸 것이다. 그림에 대한 설명으로 옳은 것만을 〈보기〉에서 모두 고른 것은?

DNA
(가)
mRNA
(나)
코돈
폴리
펩타이드
(단백질)
아미노산

| 보기 |
ㄱ. (가)는 번역, (나)는 전사이다.
ㄴ. (가)는 핵에서 일어난다.
ㄷ. (나)는 세포질에서 일어난다.
ㄹ. 하나의 아미노산은 하나의 단백질을 구성한다.

① ㄱ, ㄴ   ② ㄴ, ㄷ
③ ㄴ, ㄹ   ④ ㄷ, ㄹ

17 고생대의 표준 화석을 바르게 나열한 것은?

① 공룡, 화폐석
② 삼엽충, 갑주어
③ 삼엽충, 매머드
④ 갑주어, 암모나이트

18 지구 시스템 중 생물권과 기권의 상호 작용에 해당하는 경우는?

① 생물의 호흡으로 인해 대기 조성이 변화한다.
② 파도의 침식 작용으로 자갈을 둥글게 만든다.
③ 해수면 위 바람의 영향으로 해류가 발생한다.
④ 식물이 자라면서 암석 틈을 넓혀 풍화를 일으킨다.

19 다음은 별의 진화 과정에 대한 설명이다. 빈칸 ㉠에 들어갈 말로 알맞은 것은?

중심부에서 수소 핵융합 반응이 일어나 빛을 방출하는 천체로, 별은 일생의 대부분을 ⟨ ㉠ ⟩ 상태로 보낸다.

① 원시별   ② 주계열성
③ 적색 거성   ④ 행성상 성운

20 그림은 지각 변동의 한 형태를 나타낸 것이다. 이에 대한 설명으로 옳은 것은?

① 발산형 경계이다.
② 지진은 거의 일어나지 않는다.
③ 해구, 호상 열도 등이 발달한다.
④ 대륙판보다 해양판의 밀도가 작다.

21 지구 시스템에서 각 권에 존재하는 탄소의 형태로 옳은 것만을 〈보기〉에서 모두 고른 것은?

| 보기 |
ㄱ. 생물권 – 유기물(탄소 화합물)
ㄴ. 지권 – 탄산 칼슘(석회암), 화석 연료
ㄷ. 기권 – 탄산 이온(CO_3^{2-} 또는 HCO_3^-)
ㄹ. 수권 – 이산화 탄소(CO_2), 메테인(CH_4)

① ㄱ, ㄴ   ② ㄴ, ㄷ
③ ㄴ, ㄹ   ④ ㄷ, ㄹ

22 그림은 북반구의 대기 대순환 모형이다. 각 순환 및 바람의 이름이 옳은 것은?

① ㉠: 극동풍
② ㉡: 편서풍
③ ㉢: 해들리 순환
④ ㉣: 페렐 순환

23 다음 설명과 같은 결합 구조를 갖는 규산염 광물을 바르게 나열한 것은?

독립형 구조	단사슬 구조
○ — 산소 ○ — 규소	
하나의 규산염 사면체가 독립적으로 구성되어 있다.	규산염 사면체가 한 방향으로 길게 연결되어 하나의 사슬 모양을 이룬다.

	독립형 구조	단사슬 구조
①	휘석	석영
②	석영	흑운모
③	휘석	감람석
④	감람석	휘석

24 어떤 자동차에서 단위 시간 당 엔진에 공급되는 에너지가 200 kJ이고, 이때 엔진이 하는 일이 40 kJ이다. 이 자동차의 열효율은?

① 10 %   ② 20 %

③ 40 %   ④ 50 %

25 수평 방향으로 던진 물체의 운동을 수평 방향과 연직 방향으로 구분할 때, 수평 방향에 해당하는 속력 – 시간 그래프로 옳은 것은?

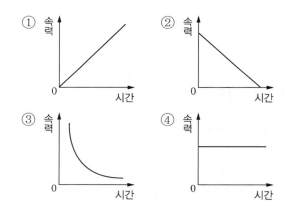

4일차 한국사

제한 시간: 30분
문항 수: 25문항
배점: 1문제당 4점

정답 CHECK!
자동 채점 서비스

01 다음 시대에 대한 설명으로 옳은 것은?

> 벼농사를 지을 때 반달 돌칼과 같은 돌로 만든 농기구를 사용하였으며, 거푸집으로 청동 금속 도구를 만들었다.

① 뼈바늘을 사용하였다.
② 철제 무기를 사용하였다.
③ 주로 동굴이나 막집에 살았다.
④ 지배자의 무덤으로 고인돌을 만들었다.

02 다음 설명에 해당하는 퀴즈의 정답으로 옳은 것은?

> 〈한국사 퀴즈〉
>
> 문제: 다음 힌트를 종합하여 알 수 있는 국가는 어디일까요?
> ○ 힌트 1: 청동기 문화를 바탕으로 단군왕검이 건국하였습니다.
> ○ 힌트 2: 8조법으로 사회 질서를 유지하였습니다.
> ○ 힌트 3: 한 무제의 공격으로 멸망하였습니다.

① 발해   ② 삼한
③ 부여   ④ 고조선

03 빈칸 ㉠에 들어갈 말로 알맞은 것은?

신라의 24대 왕인 ㉠ 에 대해 이야기해 봅시다.

한강 유역을 차지하고 대가야를 정복하였습니다.

북한산 순수비를 건립하였습니다.

① 진흥왕   ② 영류왕
③ 원성왕   ④ 신문왕

04 빈칸 ㉠에 들어갈 말로 가장 적절한 것은?

> 〈조선 세종의 정책〉
> 1. 4군 6진을 개척하였다.
> 2. ㉠
> 3. 훈민정음을 창제하고 반포하였다.

① 『농사직설』을 편찬하였다.
② 『경국대전』을 완성하였다.
③ 「대동여지도」를 제작하였다.
④ 장용영과 규장각을 설치하였다.

05 다음 설명에 해당하는 문화유산은?

> ○ 신라의 승려 혜초가 인도와 중앙아시아 지역을 순례하고 돌아와 저술한 여행기이다.
> ○ 현재 프랑스 국립도서관에 보관되어 있다.

① 『직지심체요절』
② 『왕오천축국전』
③ 『신증동국여지승람』
④ 『무구정광대다라니경』

06 빈칸 ㉠에 들어갈 말로 가장 적절한 것은?

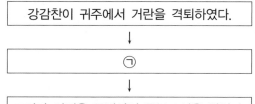

> 강감찬이 귀주에서 거란을 격퇴하였다.
>
> ↓
>
> ㉠
>
> ↓
>
> 고려가 여진을 공격하여 동북 9성을 쌓았다.

① 금의 군신 관계 요구를 수용하였다.
② 세력을 키운 여진이 금을 건국하였다.
③ 윤관이 건의하여 별무반을 편성하였다.
④ 서희의 담판으로 강동 6주를 확보하였다.

07 빈칸 ㉠에 들어갈 말로 알맞은 것은?

> ■ 역사 용어 카드 ■
>
> ㉠
>
> 고려의 중앙 정치 기구로 군사 기밀을 담당하고 왕명을 출납하였다. 고위 관원은 중서문하성의 재신과 함께 도병마사에 참여하여 국방과 군사에 관한 문제를 논의하였다.

① 중추원   ② 집사부
③ 승정원   ④ 정당성

08 빈칸 ㉠에 들어갈 말로 적절하지 <u>않은</u> 것은?

> 〈무신 정변〉
> ○ 배경: 무신에 대한 차별 대우
> ○ 전개: 정중부・이의방 등이 정변 → 중방 중심 정치 운영 → 무신 간의 잦은 권력 다툼과 백성 수탈로 혼란 심화
> ○ 결과: [㉠]

① 천민과 농민의 봉기가 일어났다.
② 중방의 정치적 기능이 확대되었다.
③ 최승로가 시무 28조를 건의하였다.
④ 문신 중심의 정치 조직이 그 기능을 상실하였다.

09 고려 시대 여성의 지위에 대한 설명으로 옳은 것은?

① 여성은 호주가 될 수 없었다.
② 호적에 남녀 간 차별을 두었다.
③ 딸은 아들보다 재산 상속에서 불리하였다.
④ 아들이 없으면 딸이 제사를 모실 수 있었다.

10 빈칸 ㉠에 들어갈 말로 알맞은 것은?

> 〈신라 말 새로운 [㉠] 세력의 성장〉
> ○ 중앙 정부의 통제력 약화
> ○ 지방에서 독립적인 지배권 행사
> ○ 6두품과 함께 새로운 사회 건설 모색

① 호족   ② 권문세족
③ 문벌 귀족   ④ 신진사대부

11 다음 설명에 해당하는 인물은?

> 조선 중종 때 반정 공신들의 위훈 삭제, 소격서 폐지 등을 주장하다가 기묘사화 때 제거되었다.

① 이이　　　　　　② 장영실
③ 주세붕　　　　　④ 조광조

12 빈칸 ㉠에 들어갈 말로 알맞은 것은?

> 1811년 평안 지역 사람들에 대한 차별과 세도 정치로 인한 삼정의 문란으로 분노한 농민들이 몰락 양반 출신인 [㉠]을/를 중심으로 난을 일으켰다.

① 만적　　　　　　② 이자겸
③ 홍경래　　　　　④ 원종과 애노

13 조선 후기 실학에 대한 설명으로 옳은 것만을 〈보기〉에서 모두 고른 것은?

> ┤ 보기 ├
> ㄱ. 결사 운동인 정혜결사를 전개하였다.
> ㄴ. 대표적인 학자로 정약용, 박지원 등이 있다.
> ㄷ. 인내천 사상을 통해 인간 평등을 주장하였다.
> ㄹ. 토지 제도 개혁, 상공업 발달 등을 주장하였다.

① ㄱ, ㄴ　　　　　② ㄱ, ㄷ
③ ㄴ, ㄹ　　　　　④ ㄷ, ㄹ

14 빈칸 ㉠에 들어갈 말로 알맞은 것은?

> 〈서양 열강의 침략 과정〉
> 병인박해 → 제너럴 셔먼호 사건 → [㉠]
> → 오페르트 도굴 사건 → 신미양요 → 척화비 건립

① 병인양요　　　　② 갑자사화
③ 임오군란　　　　④ 갑신정변

15 다음 상황을 배경으로 일어난 사건에 대한 설명으로 옳은 것은?

> 전라도 고부 군수 조병갑의 부정부패와 횡포에 농민들의 불만이 극에 달하였다.

① 일본이 궁으로 난입하여 난을 일으켰다.
② 농민들이 전봉준을 중심으로 봉기하였다.
③ 차별 대우를 받던 구식 군대가 난을 일으켰다.
④ 군국기무처를 설치하고 김홍집이 개혁을 주도하였다.

16 빈칸 ㉠에 들어갈 말로 알맞은 것은?

> **한국사 신문** ○○○○년 ○월 ○일
>
> ㉠ , 드디어 결성되다!
>
> 1919년 만주 지린에서 김원봉의 주도로 ㉠ 이/가 조직되었다. 이 단체는 일제 고위 관리나 친일파를 처단하고, 식민통치 기관을 파괴하는 활동을 전개하였다.

① 의열단
② 신민회
③ 독립 협회
④ 독립 의군부

17 다음 민족 운동에 대한 설명으로 옳은 것은?

> 1919년 3월 1일 시작된 대규모 만세 시위는 모든 계층이 참여한 우리 역사상 최대 규모의 민족 운동으로, 전국적으로 확산되었다. 일제는 헌병 경찰, 군대 등을 동원하여 무력으로 진압하였고, 시위에 참여한 사람을 체포하였다.

① 신간회가 조사단을 파견하였다.
② 대한민국 임시 정부 수립에 영향을 끼쳤다.
③ 집강소를 설치하여 폐정 개혁을 추진하였다.
④ 과도한 수탈에 항거하여 운문·초전에서 발생하였다.

18 빈칸 ㉠에 들어갈 말로 알맞은 것은?

> 1920년대 제1차 세계 대전으로 일본에서 공업화가 진전되었다. 증가하는 도시 인구에 비해 농업 생산력이 부족하자 쌀값이 폭등하였다. 이에 일본은 조선에서 ㉠ 을 실시하여 일본 본토의 식량 부족 문제를 해결하고자 하였다.

① 회사령
② 농지 개혁법
③ 산미 증식 계획
④ 토지 조사 사업

19 (가)에 대한 설명으로 옳은 것은?

> **(가) 광주 학생 항일 운동**
> ○ 배경: 민족 차별, 식민지 교육
> ○ 전개: 한일 학생 충돌 → 일본의 편파적 처벌 → 광주 지역 학생 총궐기 → 전국적인 규모의 항일 운동으로 확산
> ○ 의의: 전국적 규모, 3·1 운동 이후 최대 규모의 민족 운동

① 조선 물산 장려회가 주도하였다.
② 신간회에서 조사단을 파견하였다.
③ 순종의 인산일을 계기로 일어났다.
④ 통감부의 방해와 탄압으로 실패하였다.

20 빈칸 ㉠에 들어갈 말로 알맞은 것은?

> 〈 ⟨ ㉠ ⟩의 강령〉
>
> 1. 우리는 정치적, 경제적 각성을 촉진한다.
> 2. 우리는 단결을 공고히 한다.
> 3. 우리는 기회주의를 일체 부인한다.

① 보안회   ② 신간회
③ 진단 학회   ④ 조선 형평사

21 다음 광고와 관련된 민족 운동에 대한 설명으로 옳은 것은?

① 대한매일신보로부터 비판을 받았다.
② 사회주의자들이 적극적으로 참여하였다.
③ 평양에서 시작하여 전국으로 확산되었다.
④ 경복궁 건립을 위한 모금 활동이 추진되었다.

22 박정희 정부 시기에 대한 설명으로 옳은 것은?

① 6·15 남북 공동 선언을 발표하였다.
② 최초로 남북 이산가족 상봉이 이루어졌다.
③ 미국과 자유 무역 협정(FTA)를 체결하였다.
④ 한일 협정이 체결되어 국교가 정상화되었다.

23 다음 설명에 해당하는 사건은?

> 일제가 봉오동·청산리 전투의 패배에 대한 보복으로 수많은 한국인을 학살한 사건이었지?

> 맞아. 이후 독립군 부대는 연해주의 자유시로 근거지를 이동하였지.

① 간도 참변
② 제암리 사건
③ 거문도 사건
④ 제주 4·3 사건

24 6월 민주 항쟁에 대한 설명으로 옳은 것은?

① 유신 체제가 붕괴되는 계기가 되었다.
② 4·13 호헌 조치의 철폐를 요구하였다.
③ 계엄군이 광주 시민들에게 총격을 가하였다.
④ 이승만 대통령이 하야하는 결과를 가져왔다.

25 다음 설명에 해당하는 정부 시기에 일어난 사실은?

> ○ 금융 실명제 도입
> ○ 경제 협력 개발 기구(OECD) 가입

① 개성 공단 착공식이 진행되었다.
② 외환 위기로 구제 금융을 받았다.
③ 베트남 전쟁에 국군을 파병하였다.
④ 국민 기초 생활 보장법이 제정되었다.

4일차　도덕

제한 시간: 30분
문항 수: 25문항
배점: 1문제당 4점

정답 CHECK!
자동 채점 서비스

01 다음 설명에 해당하는 윤리 사상이 <u>아닌</u> 것은?

> ○ 특정 원리가 윤리적 행위를 위한 근본 원리로
> 성립할 수 있는지 연구하는 학문이다.
> ○ 윤리 이론을 정립하여 행위를 인도하는 도덕
> 판단의 기준을 제공한다.

① 의무론
② 덕 윤리
③ 공리주의
④ 사회 윤리

02 성과 사랑의 관계에 대한 내용 중 자유주의 입장
만을 〈보기〉에서 모두 고른 것은?

┤ 보기 ├
ㄱ. 성에 대한 자유로운 선택이 중요하다.
ㄴ. 성인들의 자발적 동의로 이루어진 성적 관계
　　를 옹호한다.
ㄷ. 성은 부부간의 신뢰와 사랑을 전제로 할 때만
　　도덕적이다.
ㄹ. 결혼과는 별개로 사랑을 동반한 성적 관계는
　　허용될 수 있다.

① ㄱ, ㄴ　　　　② ㄱ, ㄷ
③ ㄴ, ㄹ　　　　④ ㄷ, ㄹ

03 빈칸 ㉠에 들어갈 말로 알맞은 것은?

> **주제: 유교의 윤리적 성찰 방법**
> ○ 일일삼성(一日三省): 하루에 세 번 돌아
> 본다는 뜻으로, 날마다 자신의 행동을 반
> 성하고 개선하라는 의미이다.
> ○ (㉠): 혼자 있어도 도리에 어긋나는
> 행동을 하지 않는 것이다.

① 거경(居敬)
② 신독(愼獨)
③ 참선(參禪)
④ 중용(中庸)

04 윤리의 도덕 과학적 접근에 대한 내용으로 옳지
<u>않은</u> 것은?

① 윤리적 문제를 과학에 근거하여 탐구한다.
② 인간의 도덕성과 윤리적 문제에 대한 과학적
해명에 도움을 주었다.
③ 윤리 문제 해결에 있어 인간의 이성을 가장 중
요시해야 한다고 하였다.
④ 진화 윤리학은 인간의 도덕적 성품이 자연 선
택을 통한 진화의 결과라고 하였다.

05 동물 복제에 대한 입장이 <u>다른</u> 하나는?

① 생태계가 교란될 수 있다.
② 동물의 멸종을 막을 수 있다.
③ 우수한 품종 개발이 가능하다.
④ 생명 복제 기술을 발달시켜 인간에게도 도입할 수 있다.

06 빈칸 ⊙과 ⓒ에 들어갈 말로 알맞은 것은?

> ○ (⊙)는 형벌은 죄에 대한 정당한 보복을 가하는 데 목적이 있다고 보는 사상이다.
> ○ (ⓒ)는 행위의 목적이나 선악 판단의 기준을 인간의 이익과 행복을 증진시키는 데 두는 사상이다.

	⊙	ⓒ
①	실용주의	응보주의
②	사회주의	민본주의
③	응보주의	공리주의
④	사회주의	실용주의

07 다음에서 공통적으로 강조하는 덕목으로 옳은 것은?

> ○ 개인 혹은 사회를 구성하고 유지하는 공정한 도리를 말한다.
> ○ 각자가 자신의 몫을 누릴 수 있게 공정하게 분배하는 것이다.
> ○ 위법과 불공정함을 바로잡고 공정함을 확보하는 것이다.

① 정의　　　　② 평등
③ 합의　　　　④ 존중

08 유교에서 강조하는 기본 윤리인 오륜(五倫)에 속하지 <u>않는</u> 것은?

① 부자유친(父子有親)
② 부부상경(夫婦相敬)
③ 장유유서(長幼有序)
④ 붕우유신(朋友有信)

09 빈칸 ⊙에 들어갈 말로 알맞은 것은?

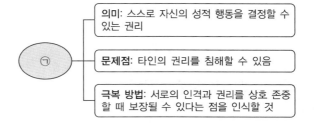

> **의미**: 스스로 자신의 성적 행동을 결정할 수 있는 권리
>
> **문제점**: 타인의 권리를 침해할 수 있음
>
> **극복 방법**: 서로의 인격과 권리를 상호 존중할 때 보장될 수 있다는 점을 인식할 것

① 성차별
② 양성평등
③ 성 상품화
④ 성의 자기 결정권

10 다음 이론과 가장 관련 <u>없는</u> 윤리 사상가는?

> ○ 자연 상태에서의 인간 사회에는 불신과 투쟁이 존재할 뿐 보편타당한 도덕 원리가 존재할 수 없다.
> ○ 이를 보완하고 공공 이익을 달성하기 위해 자발적으로 합의나 계약을 맺고 국가를 수립해야 한다.

① 로크　　　　② 루소
③ 롤스　　　　④ 홉스

11 다음 설명에 해당하는 개념은?

> ○ 사회 고위층이나 고위 공직자 등 높은 사회적 신분을 지닌 사람에게 요구되는 도덕적 의무와 책임을 뜻한다.
> ○ 초기 로마 시대에 왕과 귀족들이 보여 준 도덕 의식과 솔선수범의 정신에서 유래하였다.

① 황금률
② 톨레랑스
③ 빅 브라더
④ 노블레스 오블리주

12 다음 설명에 해당하는 윤리 사상가는?

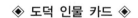

◆ 도덕 인물 카드 ◆

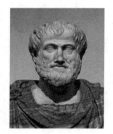

> ○ 윤리학을 실천 학문으로 분류하였다.
> ○ 덕 윤리는 이 사상가의 사상적 전통을 따랐다.
> ○ 중용을 통해 자신의 행위와 태도를 성찰하고, 비도덕적 행위에 대한 반성을 강조하였다.

① 플라톤
② 소크라테스
③ 아르키메데스
④ 아리스토텔레스

13 다음 설명에 해당하는 개념은?

> 벤담이 제안한 원형 감옥으로, 간수는 모든 죄수를 볼 수 있지만 죄수는 간수를 볼 수 없도록 설계되어 있다. 죄수는 늘 감시받는 느낌을 받게 되어 스스로를 감시하는 규율의 내면화가 이루어진다는 것이다.

① 뉴로맨서
② 가상현실
③ 판옵티콘
④ 카피레프트

14 다음 설명에 해당하는 윤리 사상가는?

> ○ '지식은 힘'이라고 하였다.
> ○ 과학적 유토피아 사회인 뉴 아틀란티스에 대해 이야기하였다.
> ○ 자연을 인류의 복지를 위한 수단으로 보았다.

① 칸트
② 싱어
③ 베이컨
④ 데카르트

15 주제에 대한 설명 중 옳지 <u>않은</u> 것만을 모두 고른 것은?

> **주제: 정보 기술 발달에 따른 긍정적 변화와 부정적 변화**
>
> | 긍정적 변화 | 부정적 변화 |
> |---|---|
> | ㉠ 인터넷을 통한 생활의 편리성 향상 | ㉢ 잊힐 권리를 통한 자기 결정권 획득 |
> | ㉡ 타인의 저작물 무단 사용 확대 | ㉣ 사이버 공간에서의 폭력 |
> | ㉢ 쌍방향 의사소통으로 사회 참여 확대 | ㉤ 개인 정보 노출로 인한 사생활 침해 |

① ㉠, ㉢
② ㉡, ㉢
③ ㉢, ㉣
④ ㉢, ㉤

16 빈칸 (가)에 들어갈 말로 알맞은 것은?

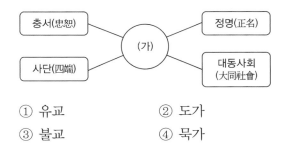

① 유교
② 도가
③ 불교
④ 묵가

17 다음 중 예술의 상업화에 대한 반대 의견에만 '✔'를 표시한 학생은?

의견 \ 학생	A	B	C	D
(가) 예술을 오락물로 전락시킨다.	✔	✔		
(나) 예술 작품이 투기 수단으로 사용될 수 있다.		✔		✔
(다) 일반 대중이 쉽게 접근할 수 있는 계기를 제공한다.	✔		✔	
(라) 대중의 취향을 반영한 다양한 예술 분야가 발전하게 된다.			✔	✔

① A
② B
③ C
④ D

18 뉴 미디어(new media) 시대의 매체 윤리에 대한 설명으로 옳지 <u>않은</u> 것은?

① 매체가 제공하는 정보를 신뢰한다.
② 미디어 리터러시 능력을 함양한다.
③ 규범을 준수하고 시민 의식을 갖춘다.
④ 정보 수용에 대해 비판적이고 능동적인 태도를 지닌다.

19 다음 설명에 해당하는 윤리 사상가는?

> ○ 쾌락의 양뿐만 아니라 질적인 차이도 고려해야 한다고 보았다.
> ○ 감각적 쾌락보다 정신적 쾌락이 우위에 있다고 주장하였다.

① 밀
② 벤담
③ 매킨타이어
④ 토마스 아퀴나스

20 주제에 대한 설명 중 옳지 <u>않은</u> 것만을 모두 고른 것은?

> **주제: 합리적 소비와 윤리적 소비의 차이**
>
> | 합리적 소비 | 윤리적 소비 |
> |---|---|
> | ㉠ 최소 비용으로 최대 만족 추구 | ㉣ 윤리적인 가치 판단에 따라 구매 |
> | ㉡ 환경, 인권, 복지, 경제 정의 등 중시 | ㉤ 합리성과 효율성이 상품 선택의 기준 |
> | ㉢ 개인의 경제적 이익이나 만족감 중시 | ㉥ 인류의 보편적 가치를 실천하는 소비 |

① ㉠, ㉣
② ㉡, ㉣
③ ㉡, ㉤
④ ㉢, ㉥

21 빈칸 ㉠과 ㉡에 들어갈 말로 알맞은 것은?

> ○ (㉠)은 막히지 않고 잘 통한다는 뜻으로, 상대방과 내가 서로 의견을 주고받는 공유의 과정을 말한다.
> ○ (㉡)은 갈등이나 문제를 해결하기 위한 이성적 의사소통 행위로 주로 토론의 형태로 이루어진다.

	㉠	㉡
①	소통	논증
②	담론	소통
③	갈등	논증
④	소통	담론

22 다음 설명에 해당하는 개념은?

> ○ 모든 것을 녹이는 용광로처럼 다양한 이주민의 문화를 주류 사회에 융합시키는 정책
> ○ 사회를 통합하고 질서를 유지하는 데 유리함
> ○ 문화의 획일화로 인해 문화적 역동성이 저하될 수 있음

① 사대주의　　　② 동화주의
③ 다문화주의　　④ 문화 다원주의

23 종교의 본질과 기능에 대한 설명으로 옳지 <u>않은</u> 것은?

① 보편적 가치 추구로 사회 분열의 계기가 된다.
② 인간은 종교를 통해 마음의 평화와 행복을 추구한다.
③ 인간은 종교를 통해 인생의 궁극적인 의미를 발견한다.
④ 인간은 '종교적 인간'으로, 종교를 지향하는 것은 인간의 근본적인 성향이다.

24 빈칸 ㉠에 들어갈 말로 알맞은 것은?

> 공리주의 사상가인 롤스는 해외 원조는 정의 실현을 위한 의무로 고통받는 사회가 (㉠)가 되도록 돕는 것이라고 하였다.

① 고통 없는 사회
② 질서 정연한 사회
③ 세계 시민주의 사회
④ 차등의 원칙이 적용되는 사회

25 빈칸 ㉠에 들어갈 말로 알맞지 <u>않은</u> 것은?

> 주제: 통일 한국이 지향해야 할 가치
> 1. 통일이란?: 남한과 북한이 하나로 합쳐 공동체를 형성하고 더불어 살아가는 것을 말한다.
> 2. 지향해야 할 가치: (㉠)

① 자주적인 민족국가
② 정의로운 복지국가
③ 자유로운 민주국가
④ 배타적인 민족주의

5일차
제5회 실전 모의고사

5일차   국어

제한 시간: **40분**
문항 수: **25문항**
배점: 1문제당 **4점**

정답 CHECK!
자동 채점 서비스

[01~02] 다음 글을 읽고 물음에 답하시오.

(가)

대화의 원리 가운데 순서 교대의 원리와 공손성의 원리를 이해하면 의사소통을 원활하게 하는 데 도움이 된다. 순서 교대의 원리란 의사소통 상황에 맞게 청자와 화자의 역할이 원활하게 바뀌는 것을 의미한다. 공손성의 원리란 대화를 하는 사람들끼리 서로 공손하고 예절바르게 말을 주고받는 것을 의미한다. 공손하다는 것은 어느 정도의 심리적 거리감을 포함하는 것이기 때문에 가까운 사이일수록 공손성의 원리를 지키기가 어렵다. 가깝고 친하다는 이유로 함부로 말하면 인간관계가 악화될 수 있으므로 공손성의 원리를 지켜 말하는 태도가 필요하다.

(나)

엄마: (서준의 방에 들어오며) 서준아.
서준: (휴대 전화를 들여다보며) 저녁 먹으라고요?
엄마: 아니, 엄마가 지금 저녁 준비하느라 바빠서 그러는데, 동생 데리고 치과 좀 다녀오면 안 될까? 너도 정기 검진 받아야 하고…….
서준: (엄마의 말을 끊으며) 저 지금 바빠요.
엄마: 그래? 오늘밤에 예약이 안 된다고 해서 오후 시간으로 예약했거든.
서준: 그냥 다음 주에 가면 안 돼요?
엄마: 안 돼. 저녁 먹기 전에 얼른 다녀와.
서준: (들릴 듯 말 듯하게) 동생 혼자 다녀와도 되잖아요.
엄마: ㉠ 응? 엄마가 잘 못 들어서 그러는데, 다시 한번 말해 줄래?
서준: 아니에요. 다녀올게요.

01 (가)의 내용과 일치하지 <u>않는</u> 것은?

① 가까운 사람일수록 공손성의 원리가 잘 지켜진다.
② 원활한 의사소통을 위해서는 대화의 원리를 이해해야 한다.
③ 가깝고 친하다는 이유로 함부로 말하면 인간관계가 악화될 수 있다.
④ 순서 교대의 원리란 의사소통 상황에 맞게 청자와 화자의 역할이 바뀌는 것이다.

02 ㉠에 대한 설명으로 가장 적절한 것은?

① 필요 없는 말을 혼자 하고 있는 중이다.
② 심리적 거리감을 느끼게 하는 말하기이다.
③ 의사소통이 잘되지 않은 이유를 자기 탓으로 돌리고 있다.
④ 상대방의 말을 잘 들리지 않는 이유를 상대 탓으로 돌리고 있다.

[03~04] 다음 글을 읽고 물음에 답하시오.

> **[제19항]** 어간에 '-이'나 '-음/-ㅁ'이 붙어서 명사로 된 것과 ⊙ '-이'나 '-히'가 붙어서 부사로 된 것은 그 어간의 원형을 밝히어 적는다.
>
> **[붙임]** ⓛ 어간에 '-이'나 '-음' 이외의 모음으로 시작된 접미사가 붙어서 다른 품사로 바뀐 것은 그 어간의 원형을 밝히어 적지 아니한다.

03 ⊙의 예로 적절하지 **않은** 것은?

① 같이   ② 높이
③ 익히   ④ 쇠붙이

04 ⓛ의 예로 적절하지 **않은** 것은?

① 마중   ② 도로
③ 다듬이   ④ 거뭇거뭇

05 미래 시제를 사용한 것만을 〈보기〉에서 모두 고른 것은?

> ┤ 보기 ├
> ㄱ. 공이 테이블에서 떨어지겠다.
> ㄴ. 친구가 지금 읽는 책은 시집이다.
> ㄷ. 동생은 어제 교실 창문을 닦았다.
> ㄹ. 내일부터는 비가 많이 내리겠습니다.

① ㄱ, ㄴ   ② ㄱ, ㄹ
③ ㄴ, ㄷ   ④ ㄷ, ㄹ

06 다음 밑줄 친 부분의 예로 적절하지 **않은** 것은?

> 중세 국어에서는 조사나 어미가 결합할 때 모음 조화 현상이 잘 지켜졌어요. 체언이나 용언 어간의 끝음절 모음이 양성 모음(ㆍ, ㅗ, ㅏ)이냐, 음성 모음(ㅡ, ㅜ, ㅓ)이냐에 따라 조사나 어미가 선택된 거죠. 이를테면, 'ㆍ쁘ㆍ들(뜻을)'처럼 음성 모음 다음에는 음성 모음을 가진 조사가, 'ㆍ쫑ㆍ를'처럼 양성 모음 다음에는 양성 모음을 가진 조사가 결합되었어요. 반면에 현대 국어에서는 '자를'과 같이 양성 모음 다음에 음성 모음을 가진 조사가 결합되는 경우가 흔합니다. 이를 통해 현대 국어에서는 모음 조화 현상이 약해졌음을 알 수 있죠.

① 붉은   ② 하늘을
③ 소리를   ④ 모새

07 다음 글의 주제로 가장 적절한 것은?

> 과정에 따른 독서는 '훑어보기, 질문하기, 읽기, 확인하기, 재검토하기' 등과 같은 순서로 읽는 방법을 말한다. 훑어보기 단계에서는 제목이나 목차, 서론, 결론, 삽화 등을 보고 내용을 예측하면서 대략적으로 훑어본다. 질문하기 단계에서는 훑어보기를 바탕으로 궁금하거나 알고 싶은 내용들을 스스로 질문한다. 질문은 육하원칙(누가, 무엇을, 언제, 어디서, 왜, 어떻게)을 활용하고, 메모해 두는 것이 좋다. 읽기 단계에서는 훑어보기와 질문하기 내용을 염두에 두고 실제로 글을 읽어 나간다. 확인하기 단계에서는 앞의 질문하기 단계에서 제기한 질문들에 대한 내용을 확인하거나 메모한다. 재검토하기 단계에서는 지금까지 진행한 모든 단계들을 종합하여 주요 내용들을 재검토하여 정리하고 확인한다.

① 독서의 개념과 원리
② 과정에 따른 독서 방법
③ 읽기의 계획과 검토 방법
④ 육하원칙의 활용과 메모하기

08 ○~②에 대한 고쳐쓰기 방안으로 적절하지 <u>않은</u> 것은?

> 요즘 방송을 보면 다양한 분야에서 활동하는 아나운서들의 모습을 볼 수 있습니다. 저는 ① <u>초등학생에서</u> 아나운서가 되고 싶었습니다. 혹시 저와 같이 아나운서를 ⓒ <u>꿈꾸고</u> 분 있으신가요? 오늘은 저의 꿈, 아나운서에게 중요한 자질을 소개하려고 합니다.
>
> 아나운서의 가장 중요한 자질은 정확한 발음과 올바른 언어 사용입니다. 아나운서의 말을 듣다 보면 억양이나 발음이 우리가 일상에서 쓰는 것과 조금 다르게 느껴지고는 합니다. 예를 들어, '교과서'라는 말을 우리는 흔히 [교꽈서]로 발음하지만, 아나운서는 [교:과서]로 발음합니다. 사실 아나운서가 발음하는 것이 올바른 발음입니다. ⓒ <u>개인적으로 [교꽈서]와 같이 사람들이 흔히 발음하는 것도 표준 발음으로 인정해야 한다고 생각합니다.</u>
>
> 다음으로 중요한 자질은 성실하고 책임감 있는 태도입니다. 아나운서는 프로그램을 이끌어 가는 주체입니다. 그래서 자신이 맡은 프로그램을 보는 많은 시청자를 위해 성실하게 방송을 준비하고, 방송 내용에 책임감을 느껴야 합니다.
>
> 마지막으로 중요한 자질은 카메라 앞에서 침착함을 유지할 수 있는 태도입니다. 이것은 어느 정도 타고나는 부분도 있습니다. ② <u>그러나</u> 연습을 통해 충분히 기를 수 있는 자질이라고 생각합니다.

① ○은 '초등학생 때부터'로 고쳐 쓴다.
② ⓒ은 '꿈꾸고 있는'으로 고쳐 쓴다.
③ ⓒ은 내용상 불필요하므로 삭제한다.
④ ②은 문맥상 '그리고'로 고쳐 쓴다.

[09~11] 다음 글을 읽고 물음에 답하시오.

> 흔들리는 나뭇가지에 꽃 한 번 피우려고
> 눈은 얼마나 많은 도전을 멈추지 않았으랴
>
> 싸그락 싸그락 두드려 보았겠지
> 난분분 난분분 춤추었겠지
> 미끄러지고 미끄러지길 수백 번,
>
> 바람 한 자락 불면 휙 날아갈 사랑을 위하여
> 햇솜 같은 마음을 다 퍼부어 준 다음에야
> ⊙ <u>마침내 피워 낸 저 황홀 보아라</u>
>
> 봄이면 가지는 그 한 번 덴 자리에
> ⓐ <u>세상에서 가장 아름다운 상처를 터뜨린다</u>
>
> – 고재종, 「첫사랑」

09 윗글의 표현상 특징으로 적절하지 <u>않은</u> 것은?

① 공감각적 심상이 사용되었다.
② 시간의 흐름에 따라 시상을 전개하고 있다.
③ 설의법을 활용하여 시적 의미를 강조하고 있다.
④ 동일한 시어를 반복하여 리듬감을 형성하고 있다.

10 ⓐ와 유사한 표현 방식이 쓰인 것은?

① 돌담에 속삭이는 햇발같이 / 풀 아래 웃음 짓는 샘물같이
② 나보기가 역겨워 / 가실 때에는 / 죽어도 아니 눈물 흘리우리다.
③ 분분한 낙화…… / 결별이 이룩하는 축복에 싸여 / 지금은 가야 할 때
④ 참 오래오래, 노인의 자리맡에 밭은기침 소리도 없을 양이면 벽 속에서 겨울 귀뚜라미는 울지요. 떼를 지어 웁니다. 벽이 무너지라고 웁니다.

11 ㉠에 나타난 화자의 태도로 가장 적절한 것은?

① 달관적 태도

② 예찬적 태도

③ 의지적 태도

④ 방관적 태도

[12~14] 다음 글을 읽고 물음에 답하시오.

(가)

　최전방에서는 중공군의 춘계 대공세가 한창이었다. 국군 또는 유엔군 몇 사단이 무슨 고지 전투에서 북괴군 몇 개 연대를 섬멸했고, 무슨 고지 전투에서 중공군 몇 개 사단을 궤멸하였다는 등등의 내용을 담은 벽보들이 게시판에 어지럽게 나붙어 있었다. 1.4 후퇴를 거쳐 전쟁은 처음 시작되었던 그 자리로 얼추 되돌아와 삼팔선을 사이에 두고 오랫동안 교착 상태에 빠져 있었다. 빼앗아 새로 차지한 땅은 거의 없는 셈인데 국군과 유엔군은 날마다 승승장구하는 반면 북괴군과 중공군은 날마다 무더기로 죽어 나자빠진다는 내용만 벽보에 적히는 그 속내를 나는 당최 이해할 수 없었다.

(나)

　관사 철책에 나뭇개비를 막 갖다 대려다 말고 나는 갑자기 손놀림을 멈칫했다. 며칠 전까지만 해도 나무 몇 그루와 잔디밭만 휑하니 드러내 보이던 정원에서 인기척이 났다. 나하고 동갑 또래로 보이는 ㉠ 계집애였다. 화사한 꽃무늬 원피스 차림에 정갈하게 단발머리를 한 계집애가 한 손에 하얀 고무공을 쥔 채 양팔을 앞으로 나란히 뻗은 괴상야릇한 자세로 도로 쪽을 향해 소리 없이 다가오는 중이었다.

(다)

　"거기 누구?"

　내가 처음 서 있던 그 자리에 아직도 눈길을 고정한 채 계집애는 날카로운 목소리로 다시 물었다. 나는 손에 든 나뭇개비를 아무렇게나 땅바닥에 팽개치면서 담박질을 놓기 시작했다. 당달봉사다! 집 쪽을 향해 정신없이 뛰면서 나는 속으로 부르짖었다. 계집애가 눈뜬장님이란 사실을 최초로 알아차리던 순간의 놀라움이 나로 하여금 만세 주장 지에밥을 훔쳐 먹으려던 애초의 계획을

깜빡 잊도록 만들었다. 그날 밤이 깊도록 서울 계집애의 그 희고도 곱상한 얼굴이, 그 화사한 옷맵시가, 어딘지 모르게 굼뜨고 어설퍼 보이던 그 행동거지 하나하나가 내 머릿속에서 줄곧 떠나지 않았다.

- 윤흥길, 「종탑 아래에서」

12 윗글에 대한 설명으로 가장 적절한 것은?

① 등장인물 간의 갈등을 중심으로 사건이 전개된다.

② 환상 속 인물을 등장시켜 비현실적 이야기로 제시된다.

③ 작가의 실제 경험과 체험을 바탕으로 자유롭게 서술한 글이다.

④ 서술자의 중개 없이 등장인물의 대사와 행동을 통해 이야기가 전달된다.

13 (가)~(다)에 대한 이해로 적절하지 <u>않은</u> 것은?

① (가): 작품의 시대적 배경을 알 수 있다.

② (나): 1인칭 서술 시점임을 알 수 있다.

③ (다): 등장인물의 외양과 특징을 드러낸다.

④ (나), (다): '나'와 등장인물의 심리가 모두 전달된다.

14 ㉠에 대한 설명으로 적절하지 <u>않은</u> 것은?

① 나이는 '나'와 비슷한 또래이다.

② 희고도 곱상한 얼굴을 하고 있다.

③ 눈을 뜨고 있지만 보지는 못한다.

④ 눈치가 빠르고 행동거지가 민첩하였다.

1일차 2일차 3일차 4일차 5일차 6일차 7일차

[15~16] 다음 글을 읽고 물음에 답하시오.

> (가)
>
> 이 몸이 죽어 가서 무엇이 될꼬 하니
> 봉래산(蓬萊山) 제일봉에 낙락장송(落落長松) 되어 있어
> 백설이 만건곤(滿乾坤)할 제 독야청청(獨也靑靑)하리라
>
> — 성삼문, 「이 몸이 죽어 가서」
>
> (나)
>
> 십 년(十年)을 경영하여 초려삼간(草廬三間) 지어 내니
> 나 한 간 달 한 간에 청풍(淸風) 한 간 맡겨 두고
> 강산(江山)은 들일 데 없으니 둘러 두고 보리라.
>
> — 송순, 「십 년(十年)을 경영하여」

15 (가)에 대한 설명으로 적절하지 <u>않은</u> 것은?

① 이별한 임에 대한 사랑과 절개를 강조하고 있다.

② 극한적 상황을 가정하여 주제를 효과적으로 드러내고 있다.

③ '백설'은 온 세상에 가득 차는 시련과 고난을 상징하는 시어이다.

④ '낙락장송(落落長松)'은 화자의 굳은 절개와 지조를 상징하는 시어이다.

16 (가)와 (나)의 갈래에 대한 설명으로 적절하지 <u>않</u>은 것은?

① 해학과 풍자를 담은 작품이 대부분이다.

② 45자 내외의 4음보 율격을 기본으로 한다.

③ 초장, 중장, 종장의 3장 형식으로 되어 있다.

④ 주로 사대부 작자가 많았으나, 기녀들도 창작에 참여하였다.

[17~19] 다음 글을 읽고 물음에 답하시오.

"시아버님은 무슨 연유로 이 수챗구멍에 몸을 감추고 있사오며 소부의 부모와 시모님은 어디로 피난했는지 아시나이까?"

여공이 원수 손을 붙들고 울며 말했다.

"뜻밖에도 도적이 들어와 대궐에 불을 지르고 노략하더구나. 그래서 장안 백성들이 도망하여 갔는데 나는 갈 길을 몰라 이 구멍에 들어와 피난하였으니 사돈 두 분과 네 시모가 간 곳은 알지 못하겠구나."

이렇게 말하고 통곡하니, ㉠원수가 위로했다.

"설마 만나 뵈올 날이 없겠나이까?"

또 물었다.

"황상께서는 어디에 가 계시나이까?"

여공이 대답했다.

"여기에 숨어서 보니 한 신하가 천자를 업고 북문으로 도망해 천태령을 넘어갔는데 그 뒤에 도적이 따라갔으니 천자께서 반드시 위급하실 것이다."

원수가 크게 놀라 말했다.

"천자를 구하러 가오니 아버님은 제가 돌아오기를 기다리소서."

그러고서 말에 올라 천태령을 넘어갔다. 순식간에 한수 북편에 다다라서 보니 십 리 모래사장에 적병이 가득하고 항복하라고 하는 소리가 산천에 진동하고 있었다. 원수가 이 소리를 듣자 투구를 고쳐 쓰고 우레같이 소리치며 말을 채쳐 달려들어 크게 호령했다.

"적장은 나의 황상을 해치지 말라, 평국이 여기 왔노라."

이에 맹길이 두려워해 말을 돌려 도망하니 원수가 크게 호령하며 말했다.

"네가 가면 어디로 가겠느냐? 도망가지 말고 내 칼을 받으라."

이와 같이 말하며 철통같이 달려가니 원수의 준총마가 주홍 같은 입을 벌리고 순식간에 맹길의 말꼬리를 물고 늘어졌다. 맹길이 매우 놀라 몸을 돌려 긴 창을 높이 들고 원수를 찌르려고 하자 원수가 크게 성을 내 칼을 들어 맹길을 치니 맹길의 두 팔이 땅에 떨어졌다. 원수가 또 좌충우돌해 적졸을 모조리 죽이니 피가 흘러 내를 이루고 적졸의 주검이 산처럼 쌓였다.

이때 천자와 신하들이 넋을 잃고 어찌할 줄을 모르고 천자께서는 손가락을 깨물려 하고 있었다. 원수가 급히 말에서 내려 엎드려 통곡하며 여쭈었다.

"폐하께서는 옥체를 보중하옵소서. 평국이 왔나이다."

천자께서 혼미한 가운데 평국이라는 말을 듣고 한편으로는 반기며 한편으로는 슬퍼하며 원수의 손을 잡고 눈물을 흘리며 말씀을 못 하셨다. 원수가 옥체를 구호하니 이윽고 천자께서 정신을 차리고 원수에게 치하하셨다.

"짐이 모래사장의 외로운 넋이 될 것을 원수의 덕으로 사직을 안보(安保)하게 되었도다. 원수의 은혜를 무엇으로 갚으리오?"

이렇게 말씀하시고,

"원수는 만 리 변방에서 어찌 알고 와 짐을 구했는고?"

하시니, 원수가 엎드려 아뢰었다.

"천기를 살펴보고 군사를 중군장에게 부탁하고 즉시 황성에 왔사옵니다. 장안이 비어 있고 폐하의 거처를 모르고 주저하던 차에 시아버지 여공이 수챗구멍에서 나오므로 물어서 급히 와 적장 맹길을 사로잡은 것이옵니다."

말씀을 대강 아뢰고 나와서 살아남은 적들을 낱낱이 결박해 앞세우고 황성으로 향했다. 원수의 말은 천자를 모시고 맹길이 탔던 말은 원수가 탔으며 행군 북은 맹길의 등에 지우고, 모시는 신하를 시켜 북을 울리게 하며 궁으로 돌아갔다. 천자께서 말 위에서 용포 소매를 들어 춤을 추며 즐거워하시니 신하들과 원수도 모두 팔을 들어 춤추며 즐거워했다.

– 작자 미상, 「홍계월전」

17 윗글에 대한 설명으로 적절하지 <u>않은</u> 것은?

① 시간의 흐름에 따라 사건이 진행되고 있다.
② 남성보다 우월한 여성이 영웅으로 등장한다.
③ 실존 인물의 이야기를 사실로 표현하고 있다.
④ 인물의 영웅적 행동을 중심으로 서술하고 있다.

18 윗글에 나타난 당대 사회상에 대한 설명으로 가장 적절한 것은?

① 신분 질서가 흔들렸다.
② 탐관오리의 횡포가 극심하였다.
③ 여성도 능력 여하에 따라 장수가 될 수 있었다.
④ 충군 사상과 같은 유교적 이념이 사회를 지배하였다.

19 윗글에서 ㉠과 같은 여성 영웅을 등장시킨 이유로 가장 적절한 것은?

① 가난한 백성의 불만을 해소하기 위해
② 남자로서의 삶에 대한 회한의 심정을 드러내기 위해
③ 신분 차별이 없는 세상에 대한 소망을 드러내기 위해
④ 가부장적 봉건 사회로부터 벗어나려는 여성의 마음을 반영하기 위해

[20~22] 다음 글을 읽고 물음에 답하시오.

(가)

2002년 미국의 한 뉴스 채널에서 충격적인 장면이 보도되었다. 사람들은 메릴 랜드주 세실톤에 있는, 미국에서 가장 큰 양계장의 실태에 경악을 감추지 못했다. 80만 마리가 축구장 두개만 한 크기의 불결한 환경에서 사육되는 이곳에서, 닭들은 부리가 잘린 채 털이 한 움큼씩 빠져 있거나, 피부 질환으로 괴로워하고 있었다. ㉠ 철망에 끼어 옴짝달싹 못한 채 죽어가는 닭이 있는가 하면, 심지어 이미 죽어서 썩어가는 닭도 있었다. 당시 화면은 워싱턴에 있는 한 동물 권익 단체인 COK(Compassion Over Killing: 도살에도 자비를) 소속 활동가들이 비밀리에 잠입하여 찍은 것으로, 이 영상은 워싱턴 포스트, 뉴욕 타임스 등을 통해 알려지며 많은 사람들을 뒤흔들었다. 이들의 활동이 주목 받은 이유는 우리가 별 생각 없이 먹는 음식들의 상당 부분이 동물에 대한 지독한 잔혹 행위 끝에 나온다는 사실을 깨닫게 했기 때문이었다. 대부분의 사람들은 동물을 학대하는 행위에 반대한다. 이러한 생각의 바탕에는 동물도 도덕적 중요성을 가지고 있다는 믿음이 깔려 있다. 그런 까닭에 앞에서 예로 든 동물 권리 운동가들의 시도가 때때로 성공을 거두기도 한다. 밀폐되고 좁은 공간에서 사료를 끊임없이 주며 닭을 사육하는, 잔인한 방식으로 악명 높은 이른바 '배터리식 닭장'이 2012년부터 유럽 연맹(EU)에서 사라지게 된 것이 한 예가 될 것이다. 하지만 이러한 변화는 우리가 지녀 온 동물에 대한 전통적인 견해, 즉 인간은 어떠한 제한도 받지 않고 동물을 이용할 수 있다는 생각과 충돌을 일으킨다. 과연 우리는 인간과 마주하고 있는 상대인 동물의 도덕적 지위를 어떻게 이해해야 할까?

(나)

서구에서는 오랜 기간 동안 동물을 이성적 영혼이 없는 존재로 여기는 철학적 관념이 우세했다. 근세에 이르기까지도 동물 복지와 같은 것은 사실상 없었다고도 할 수 있다. 17세기 철학자인 르네 데카르트는 동물을 마치 시계와 같이 어떤 것도 전혀 느끼지 못하는 기계처럼 여겼다. 그래서 그 시대에는 완전히 의식이 있는 상태의 동물들을 마치나 진통제 처치도 하지 않고 생체 해부를 하는 일도 있었다. 그러한 경향이 오늘날까지 영향을 미쳐 동물을 마치 기계인 양 취급하는 ㉡ 공장식 농장의 출현을 가져왔다고 할 수 있다.

(다)

사실 우리는 데카르트의 주장처럼, 동물이 쾌락이나 고통을 느낀다는 것을 명백하게 입증하지 못한다. 그러나 따지고 보면 우리는 이웃이 어떤 느낌을 느끼며 사는지 역시 정확히 알지 못한다. 설령 그들이 어떤 상황에서 기쁨이나 고통을 나타내는 소리나 언어를 사용하는 등의 행동을 하더라도 그것이 우리가 느끼는 종류의 기쁨과 고통과 동일한 것인지, 혹은 꾸며서 그러는 것인지 어떻게 확신할 수 있는가?

– 김진석, 「동물의 복지를 생각한다」

20 윗글의 갈래에 대한 설명으로 가장 적절한 것은?

① 정보 전달을 목적으로 하는 글이다.
② 다른 사람을 설득하기 위한 글이다.
③ 새로운 사건을 사실적으로 전달하는 글이다.
④ 인물의 말과 행동으로 이야기를 전개하는 글이다.

21 ㉠에 대한 사람들의 반응을 추측하여 표현한 사자성어로 가장 적절한 것은?

① 결초보은(結草報恩)
② 구사일생(九死一生)
③ 측은지심(惻隱之心)
④ 금상첨화(錦上添花)

22 ㉡의 출현을 가져온 관점으로 가장 적절한 것은?

① 동물은 이성적 영혼을 지니고 있다.
② 동물은 쾌락이나 고통을 느끼지 못한다.
③ 동물은 인간과 동일한 감각을 가지고 있다.
④ 동물은 인간과 동반자적 관계를 맺고 있다.

[23~25] 다음 글을 읽고 물음에 답하시오.

윤동주는 당시 두 가지의 큰 목표를 앞에 두고 있었다. 첫째, 문학 수업, 둘째, 상급 학교 진학.

그가 문학 수업을 얼마나 성실히 했는가는, 그의 문학 관계 유품들이 오늘도 생생한 모습으로 증언하고 있다. 그중에서 무엇보다도 압권인 것이 백석(白石)의 시집 "사슴"의 친필 필사본. 1936년 1월 20일에 출간된 "사슴"이 단지 200부 한정판이었기에 구할 수 없자, 그는 ㉠ 학교 도서관에서 일일이 손수 베껴 필사본을 만들어 가졌던 것이다. 물론 직접 사들인 문학 관계 서적도 많다.

중학 시절 그의 서가에 꽂혔던 책 중에서 기억에 남는 것은 "정지용 시집"(1936. 3. 10. 평양에서 구입), 변영로 "조선의 마음", 주요한 "아름다운 새벽", 김동환 "국경의 밤", 한용운 "님의 침묵", 이광수·주요한·김동환 "3인 시가집", 양주동 "조선의 맥박", 이은상 "노산 시조집", 윤석중 동요집 "잃어버린 댕기", 황순원 "방가(放歌)", 김영랑 "영랑(永郎) 시집", "을해(乙亥) 명시 선집" 등으로서, ㉡ 그중에서 그가 계속 갖고 와서 서울에 두었기에 지금 나에게 보관되어 있는 것으로는 백석 시집 "사슴"(사본), "정지용 시집", "영랑 시집", "을해 명시 선집" 등이다. 그것은 특히 애착을 갖고 있었다는 뜻이 되겠다.

이것은 친동생 윤일주 교수의 증언이다. 윤동주가 그 시절에 이렇게 책을 사 모은 과정의 뒷이야기로서, 다음과 같은 윤혜원 씨의 증언도 재미있다.

㉢ 동주 오빠가 중학생 때 아버지께 야단맞던 걸 본 일이 있어요. 용정은 추운 곳이라서 학생들은 겨울이 되면 으레 양복점에 가서 학생복의 안에 따로 천을 대어 입었지요. 그런데 오빠가 교복에 안감 대라고 준 돈으로 안감을 대지 않고 달리 써 버려서 야단치신 거예요. 나중에 오빠가 어머니께 "그 돈으로 책을 샀다."라고 고백하더군요.

당시 집안 형편이 안감값으로 책을 사야 할 정도로 궁하지는 않았는데 동주 오빠가 왜 그랬는지 모르겠더라고 윤혜원 씨는 덧붙였다. ㉣ 윤동주는 중학 시절에도 무서운 독서가였다고 한다. 자기 공부방을 따로 갖고 있었는데, 늘 새벽 2~3시까지 책을 읽곤 했다는 것. 어떤 때 자다가 한밤중에 일어나 보면 동주는 아직도 불을 켜 놓고 책을 보고 있더라고 한다.

　　　　　　　　　　　　　　- 송우혜, 「학창시절의 윤동주」

23 윗글의 갈래로 알맞은 것은?

① 평전　　　　　② 수필
③ 자서전　　　　④ 기사문

24 윗글의 내용과 일치하지 **않는** 것은?

① 윤동주는 200부 한정판이라 구할 수 없었던 『사슴』을 겨우 구해 소장하였다.
② 윤동주는 중학생 시절에도 늘 새벽 2~3시까지 책을 읽은 무서운 독서가였다.
③ 윤동주의 친동생 윤일주 교수는 『정지용 시집』, 『영랑 시집』을 소장하고 있다.
④ 윤동주는 추위를 대비하여 학생복에 안감을 대라고 준 돈으로 책을 샀다.

25 ㉠~㉣에 대한 이해로 적절하지 **않은** 것은?

① ㉠: 책을 쉽게 구할 수 없었던 시대적 상황을 잘 보여 주고 있다.
② ㉡: 먼 곳에서 가져올 만큼 애착을 갖고 있었던 책들임을 보여 준다.
③ ㉢: 동주는 교복 안감 대신 책을 산 것을 어머니에게는 미리 말하였다.
④ ㉣: 늦은 시간까지 책을 손에서 놓지 않았다는 것을 증거로 볼 수 있다.

5일차　수학

제한 시간: 40분
문항 수: 20문항
배점: 1문제당 5점

정답 CHECK!
자동 채점 서비스

01 두 다항식 $A=2x^2-3y$, $B=x^2+5x-2y$에 대하여 $3A-4B$는?

① $x^2-20x-y$

② $2x^2-20x-y$

③ $3x^2+20x-2y$

④ $4x^2+20x-2y$

02 등식 $2x^2-6x+b=2(x^2+ax+3)$이 x에 대한 항등식이다. 이때 두 상수 a, b에 대하여 ab의 값은?

① -24

② -18

③ -12

④ -6

03 x에 대한 다항식 $a^2x^3-2ax^2+2ax-3$이 $x-1$로 나누어떨어지도록 하는 모든 실수 a에 대하여 a^2의 값은?

① 1

② 2

③ 3

④ 4

04 다항식 x^3-2x^2-x+a를 인수분해하면 $(x+1)(x+b)(x+c)$이다. 세 상수 a, b, c에 대하여 $a+bc$의 값은? (단, $b<c$)

① 4

② 2

③ -2

④ -4

05 등식 $3x+2y-(2x+y)i=1-3i$를 만족하는 두 실수 x, y대하여 $x-y$의 값은? (단, $i=\sqrt{-1}$)

① 9

② 10

③ 11

④ 12

06 이차방정식 $x^2 - 5x + 1 = 0$의 두 근을 α, β라 할 때, $\alpha^2 + \beta^2$의 값은?

① 17 ② 19

③ 21 ④ 23

07 $-2 \le x \le 2$일 때, 이차함수 $y = -2(x+1)^2 + 3$의 최댓값과 최솟값의 합은?

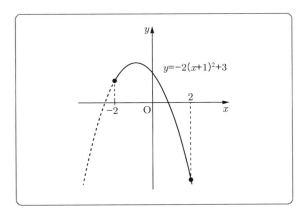

① -10 ② -11

③ -12 ④ -13

08 삼차방정식 $2x^3 + ax^2 - bx + 1 = 0$의 두 근이 -1과 1일 때, 두 상수 a, b에 대하여 $2ab$의 값은?

① -5 ② -4

③ -3 ④ -2

09 연립부등식 $\begin{cases} x \ge 2x - 4 \\ 4x \le 5x + 6 \end{cases}$ 의 해가 $a \le x \le b$일 때, ab의 값은?

① -24 ② -23

③ -22 ④ -21

10 부등식 $|x+3| \ge 4$의 해가 $x \le a$ 또는 $x \ge b$일 때, $a+b$의 값은?

① -4 ② -5

③ -6 ④ -7

11 좌표평면 위의 두 점 A(2, 1), B(5, 4)에 대하여 선분 AB를 1 : 2로 내분하는 점 P의 좌표는?

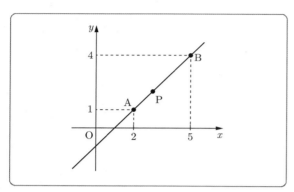

① P(3, 2) ② P(3, 3)
③ P(4, 2) ④ P(4, 3)

12 두 점 (−1, 1), (3, 5)를 지나는 직선의 방정식은?

① $y = x + 2$

② $y = \dfrac{3}{2}x - 2$

③ $y = 2x - 1$

④ $y = \dfrac{5}{2}x + 3$

13 지름의 양 끝점의 좌표가 각각 (−1, 2), (3, 4)인 원의 방정식을 $x^2 + y^2 + Ax + By + C = 0$이라 하자, 세 상수 A, B, C에 대하여 $A + B + C$의 값은?

① −1 ② −2
③ −3 ④ −4

14 직선 $y = ax + b$와 직선 $2x + 3y - 8 = 0$이 x축에 대하여 대칭이다. 이때 두 상수 a, b에 대하여 $a + b$의 값은?

① −5 ② −4
③ −3 ④ −2

15 전체집합 U의 두 부분집합 A, B에 대하여 $n(U) = 22$, $n(A) = 7$, $n(B) = 11$, $n(A \cap B) = 4$일 때, 다음 중 가장 큰 값은?

① $n(A - B)$ ② $n(B - A)$
③ $n(A^C)$ ④ $n(A \cup B)$

16 두 조건 p, q가 다음과 같을 때, p는 q이기 위한 무슨 조건인가?

> p: x는 4의 약수이다.
> q: x는 8의 약수이다.

① 충분조건
② 필요조건
③ 필요충분조건
④ 어떤 조건도 성립하지 않는다.

17 유리함수 $y = \dfrac{ax+b}{x+c}$ 의 그래프의 점근선의 방정식이 $x=1$, $y=2$이고 점 $(0, 3)$을 지날 때, $a+b+c$의 값은? (단, a, b, c는 상수이다.)

① -1 ② -2
③ -5 ④ -7

18 두 함수 $f(x)=x+1$, $g(x)=\dfrac{2}{x}-3$에 대하여 $(g \circ f)(1)$의 값은?

① -1 ② -2
③ -3 ④ -4

19 0, 1, 2, 3, 4가 각각 하나씩 적혀 있는 5장의 숫자 카드가 있다. 이 중에서 세 장의 카드를 택하여 만들 수 있는 세 자리의 자연수의 개수는?

① 18   ② 28
③ 38   ④ 48

20 서로 다른 연필 5개와 서로 다른 지우개 4개가 들어 있는 필통이 있다. 이 필통에서 연필 3개와 지우개 2개를 고르는 방법의 수는?

① 60   ② 70
③ 80   ④ 90

5일차 영어

제한 시간: 40분
문항 수: 25문항
배점: 1문제당 4점

정답 CHECK!
자동 채점 서비스

[01~03] 다음 밑줄 친 부분의 뜻으로 가장 적절한 것을 고르시오.

01

> If an oil <u>spill</u> happens in the sea, it can hurt many living things.

① 사건   ② 유출
③ 피해   ④ 추출

02

> I am <u>looking forward to</u> hearing from you soon.

① ~을 바라보다
② ~을 조사하다
③ ~을 문의하다
④ ~을 고대하다

03

> <u>In other words</u>, you should refresh yourself regularly for your better life.

① 결국은
② 적어도
③ 요약하자면
④ 다시 말해서

04 다음 중 밑줄 친 두 단어의 의미 관계와 <u>다른</u> 것은?

> Most of these colors are not <u>natural</u> but <u>artificial</u>.

① lazy − quick
② smart − clever
③ danger − safety
④ expensive − cheap

05 다음 국립 과학관 이용 안내문에서 언급되지 <u>않은</u> 것은?

> **National Science Museum**
>
> ○ Opening Hours
>   • 9:30 a.m. to 5:30 p.m.
>   (the last ticket: 4:30 p.m.)
> ○ Main exhibition hall
>   • Scientific research hall
>   • Natural history hall
>   • Astronomic and Space hall
> ○ Closed: Every Monday, New Year's Day, Seollal, Chuseok

① 관람 시간   ② 주의 사항
③ 주요 전시관   ④ 발권 마감 시간

[06~08] 다음 빈칸에 공통으로 들어갈 말로 가장 적절한 것을 고르시오.

06

> ○ _____ upon a time, there lived a pretty princess.
> ○ _____ you form a habit, it is difficult to break it.

① If   ② As
③ Once   ④ When

07

> ○ _____ the sun, the Earth would be too cold to live on.
> ○ _____ your help, I couldn't have done the work.

① Like   ② Mind
③ Without   ④ Whoever

08

> ○ Can you explain _____ to use this exercise equipment?
> ○ I can't understand _____ she solved the math problem.

① how   ② that
③ what   ④ which

09 다음 중 밑줄 친 표현의 의미로 가장 적절한 것은?

> A: Thanks for helping me. I really appreciate it.
> B: Don't mention it. I'm glad I could help out.
> A: You never left me alone whenever I needed your help.
> B: A friend in need is a friend indeed.

① 시작이 반이다
② 훈련이 완벽을 만든다
③ 어려울 때 친구가 진정한 친구다
④ 하지 않는 것보다는 늦더라도 하는 것이 낫다

10 다음 대화에서 알 수 있는 B의 심정으로 가장 적절한 것은?

> A: You look upset. What's up?
> B: So - min borrowed my notebook computer and broke it.
> A: I feel sorry for you. Why don't you call a repairman?
> B: I already did. But he said it would take at least 3 days to fix it. And I need to use it tomorrow.
> A: That's a problem.

① 속상하다
② 비참하다
③ 어색하다
④ 느긋하다

11 다음 대화가 이루어지는 장소로 가장 적절한 것은?

> A: Excuse me, can you show me a sweater?
> B: Okay. How about this red one?
> A: It's pretty. Is it on sale?
> B: I'm afraid not. The sale is only for pants.

① 호텔   ② 가구점
③ 옷 가게   ④ 버스 정류장

12 다음 글에서 밑줄 친 it이 가리키는 것으로 가장 적절한 것은?

> Here are some useful tips for people who easily forget what they have to do. First, write a list of what you have to do. Second, post <u>it</u> on your notice board. Third, follow the items on your list.

① list   ② tips
③ items   ④ board

[13~14] 다음 대화의 빈칸에 들어갈 말로 가장 적절한 것을 고르시오.

13

> A: _____?
> B: Here you are. Do you have swimming caps?
> A: Yes, we do.
> B: Please make sure you take a shower before you go into the swimming pool.

① When did you arrive here
② Can I have tickets for two adults
③ How far is it from here to your house
④ What would you like to do in the future

14

> A: _____?
> B: I failed to pass the test.

① Where have you been
② Will you teach me how
③ Why do you have a long face
④ Where are you planning to go

15 다음 대화의 주제로 가장 적절한 것은?

> A: Did you know that today is Parents' Day?
> B: Yeah. I can't believe that it's May already.
> A: It seems like just yesterday that we celebrated New Year's Day.
> B: I know. My dad says to value every moment because time flies like an arrow.

① 새해 최고의 덕담
② 5월에 열리는 축제
③ 어버이날 선물 준비
④ 빠르게 흐르는 시간

16 다음 글을 쓴 목적으로 가장 적절한 것은?

> There is nothing I like more than computers. That's why I'd like to join your computer club. I am interested in website design. We can share some information about it. Please let me join your club.

① 항의하려고   ② 추천하려고
③ 칭찬하려고   ④ 요청하려고

17 다음 아트 갤러리 안내문의 내용과 일치하지 <u>않는</u> 것은?

Insa Art Gallery

○ Location: Insa - dong
○ What to see: Old paintings, crafts, etc.
○ Open: 10 a.m.~9 p.m.
○ Admission fee: Free

① Insa Art Gallery에는 옛 그림만 있다.
② Insa Art Gallery의 입장료는 무료이다.
③ Insa Art Gallery는 오전 10시에 문을 연다.
④ Insa Art Gallery는 오후 9시에 문을 닫는다.

18 다음 Apple에 대한 설명과 일치하지 <u>않는</u> 것은?

In order to sell personal computers, Steve Jobs made a special team in 1976. The team put together computers in a garage. Steve Jobs needed a name for his company. So he came up with the name, 'Apple' while he was looking at an apple tree. This name matched his dream to make computers that felt friendly and familiar.

① 스티브 잡스의 꿈은 개인용 컴퓨터 판매였다.
② 스티브 잡스는 1976년에 특별한 팀을 꾸렸다.
③ 스티브 잡스 팀은 차고에서 컴퓨터를 조립하였다.
④ 스티브 잡스는 사과나무에서 회사명을 착안하였다.

19 다음 글의 주제로 가장 적절한 것은?

The same gesture can have different meanings from culture to culture. For example, the 'thumbs - up' sign, raising your thumb in the air, is commonly used to mean 'good job.' However, be sure that you don't use it in Nigeria because it is considered a very rude gesture.

① 나이지리아 문화의 특성
② 세계 공통의 무례한 동작
③ 문화마다 다른 동작의 의미
④ 엄지 올리기 손동작의 의미

[20~21] 다음 글의 빈칸에 들어갈 말로 가장 적절한 것을 고르시오.

20

I'm writing this email to say sorry to you because of what I did the last couple of days. I thought you and Julia were _____ me on purpose, so I treated you unkindly. Now I know I have misunderstood you. I want to say I'm really sorry.

① ignoring
② escaping
③ imagining
④ transferring

21

Su - ji had forgotten to turn off the headlights of her car last night. This morning Su - ji found that the battery was dead, and she needed some help. Then, one of her neighbors, Jae - min, was passing by. She asked him for help. After hearing about the _____, he helped her start the car with his jumper cables.

① factor
② situation
③ difficulty
④ efficiency

22 글의 흐름으로 보아 다음 문장이 들어가기에 가장 적절한 곳은?

There are some safety rules to keep.

Welcome to K - Park Zoo. (①) We are open daily from 10 a.m. to 6 p.m. Children under the age of 7 can enjoy the 'Kids Play Zone' next to the ticket booth. (②) First, don't get too close to the animals because you may get hurt. (③) Second, don't feed the animals because they can get sick. (④) We hope you have a pleasant time here. Thank you.

23 다음 글의 바로 뒤에 이어질 내용으로 가장 적절한 것은?

A cold is one of the most common illnesses. If you catch a cold, you usually have a runny nose, and sometimes a fever. The best way to prevent a cold is keeping your body strong and healthy. Here are some tips to protect yourself against it.

① 감기에 좋은 음식
② 감기 다음으로 흔한 질병
③ 감기에 걸렸을 때의 적절한 대처 방법
④ 감기에 걸리지 않게 하기 위한 생활 습관

[24~25] 다음 글을 읽고 물음에 답하시오.

In Guatemala, parents give their children 'worry dolls,' and the children tell their problems or worries to their dolls. The children put the dolls under their pillows before going to bed. While they are asleep, a parent comes in and takes the doll away. The next day, when the doll is gone, the children think it has _____ their worries away, and they feel happy again.

24 윗글의 빈칸에 들어갈 말로 가장 적절한 것은?

① got   ② put
③ taken   ④ brought

25 윗글의 주제로 가장 적절한 것은?

① 인형의 유래
② 과테말라의 다양한 풍습
③ 아이들이 가장 좋아하는 선물
④ 아이들의 행복을 지켜주는 걱정 인형

5일차 사회

제한 시간: 30분
문항 수: 25문항
배점: 1문제당 4점

정답 CHECK!
자동 채점 서비스

01 행복을 정의한 사상가와 그에 대한 설명으로 옳지 않은 것은?

① 석가모니: 괴로움을 벗어난 상태이다.
② 디오게네스: 자족하고 평정심을 잃지 않는 것이다.
③ 아리스토텔레스: 인간 존재의 목적이고 이유이다.
④ 노자: 욕심을 버리고 불(火)의 이치를 따르는 무위자연의 삶이다.

02 빈칸 ㉠과 ㉡에 들어갈 말로 알맞은 것은?

○ ㅤ㉠ㅤ은 국가에 대해 인간다운 생활의 보장을 요구할 수 있는 적극적인 권리이다.
○ ㅤ㉡ㅤ은 성별, 종교, 학력, 사회적 신분 등에 의해 불합리하게 차별받지 않을 권리이다.

	㉠	㉡
①	자유권	참정권
②	평등권	사회권
③	사회권	평등권
④	청구권	자유권

03 다음에서 설명하는 기관은?

우리나라 정부 기관 중 하나로, 기업 간 자유로운 경쟁을 보장하고 독점 및 불공정 거래에 관한 사안을 심의·의결하기 위해 설립되었다.

① 고용 노동부
② 국가 정보원
③ 보건 복지부
④ 공정 거래 위원회

04 다음 합리적 의사 결정의 단계에서 빈칸 ㉠에 들어갈 말로 알맞은 것은?

문제의 인식 → 자료 및 정보 수집 → ㅤ㉠ㅤ → 대안의 평가 → 대안의 선택 → 평가 및 보완

① 담합
② 자료 조사
③ 대안의 탐색
④ 효율성 추구

05 다음 그래프에 대한 설명으로 옳은 것만을 〈보기〉에서 모두 고른 것은?

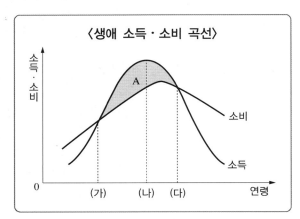

〈생애 소득·소비 곡선〉

| 보기 |

ㄱ. A 영역은 저축 구간을 나타낸다.
ㄴ. (가) 시기부터는 저축이 평생 지속적으로 발생한다.
ㄷ. (나) 시기는 생애 동안 저축액이 가장 많이 누적된 시기이다.
ㄹ. (다) 시기 이후에는 수입이 지출보다 적다.

① ㄱ, ㄴ   ② ㄱ, ㄹ
③ ㄴ, ㄷ   ④ ㄷ, ㄹ

06 인권에 대한 설명으로 옳지 <u>않은</u> 것은?

① 국가 권력의 유지를 위한 것이다.
② 모든 인간이 가지는 보편적 권리이다.
③ 근대 시민 혁명 이후 인권 의식이 신장되었다.
④ 대부분의 현대 국가는 인권을 법으로 보장하고 있다.

07 다음 설명에 해당하는 개념은?

교통수단의 발달로 인해 도시 간의 이동 시간이 단축되면서 중소 도시의 인구와 자본이 대도시로 흡수되는 현상이다.

① 빨대 효과
② 열섬 현상
③ 외부 효과
④ 교외화 현상

08 문화 접변의 양상에 대한 설명으로 옳지 <u>않은</u> 것은?

① 문화 병존은 전통문화 요소와 외래문화 요소가 공존하는 현상이다.
② 문화 병존의 사례로 젓가락과 포크를 같이 사용하는 경우를 들 수 있다.
③ 문화 융합은 전통문화와 외래문화가 결합하여 새로운 문화가 만들어지는 현상이다.
④ 문화 동질화는 전통문화 요소가 새로운 외래문화 요소에 흡수·통합되어 소멸되는 현상이다.

09 다음 자료에 나타난 현상의 배경으로 옳은 것만을 〈보기〉에서 모두 고른 것은?

〈연도별 다문화 학생 현황〉

(단위: 명)

연도	학생 수
2014	67,806
2015	82,536
2016	99,186
2017	109,387
2018	122,212
2019	137,225
2020	147,378

(자료: 교육부)

┤ 보기 ├

ㄱ. 출산률 감소
ㄴ. 실버 산업 성장
ㄷ. 외국인 근로자 유입
ㄹ. 국제결혼 이민자 증가

① ㄱ, ㄴ
② ㄱ, ㄹ
③ ㄴ, ㄷ
④ ㄷ, ㄹ

10 다음 밑줄 친 법에 포함되지 <u>않는</u> 것은?

우리나라의 노동자는 사용자와 대등한 위치에서 임금이나 노동 조건의 개선을 추진할 수 있는 노동 3권을 가지며, 이를 <u>법</u>으로 규정하고 있다.

① 단결권
② 사회적 책임
③ 단체 행동권
④ 단체 교섭권

11 다문화 사회의 부정적 측면에 대한 설명으로 옳지 <u>않은</u> 것은?

① 외국인 범죄가 증가하였다.
② 다양한 언어 사용으로 우리나라의 국제 경쟁력이 향상되었다.
③ 국내 노동자와 외국인 근로자 사이의 일자리 경쟁이 심화되었다.
④ 다문화 가정의 자녀나 북한 이탈 주민의 사회 부적응 문제가 발생하였다.

12 다음 설명에 해당하는 기후를 가진 지역의 특징으로 옳은 것은?

○ 최한월 평균 기온이 −3℃ 미만이다.
○ 여름은 짧고 더우며, 겨울은 길고 추워 기온의 연교차가 크다.

① 울창한 침엽수림
② 바나나 재배 농장
③ 개방적인 전통 가옥
④ 신기루가 보이는 사막

13 다음 설명에 해당하는 개념은?

> ○ 개인의 이익보다 공동의 이익을 중시한다.
> ○ 공동체의 가치와 전통에 따라 구성원의 자아 실현과 인격 완성을 추구한다.

① 인권 ② 공동선
③ 양극화 ④ 개인선

14 다음 그래프의 A와 B에 대한 설명으로 옳지 <u>않은</u> 것은?

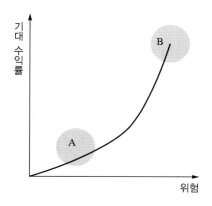

① A는 원금 손실이 없다.
② A에는 정기 예금이나 적금 등이 있다.
③ B보다 A가 더 많은 수익을 얻을 수 있다.
④ B에는 예금보다 수익성이 큰 펀드와 주식 등이 있다.

15 세계 인권 침해의 실태에 대한 설명으로 옳지 <u>않은</u> 것은?

① 여성이 고용, 승진, 교육 등 전반적인 부문에서 차별을 받는다.
② 전쟁이나 내전으로 난민이 발생하고 이들의 기본권이 유린되고 있다.
③ 독재 국가에서 체제, 종교, 관습 등의 이유로 국민의 기본권을 탄압한다.
④ 거의 모든 국가의 아동들이 교육의 기회를 갖지 못한 채 노동력을 착취당하고 있다.

16 다음 설명에 해당하는 현상의 배경으로 옳은 것은?

> ○ 포도, 올리브 등의 수목 농업 발달
> ○ 태양광·태양열 발전 등의 신·재생 에너지 산업 발달

① 큰 일교차
② 높은 습도
③ 추운 겨울
④ 풍부한 일조량

17 환경 보전을 위한 국제적 노력으로 옳지 <u>않은</u> 것은?

① 가채 연수
② 몬트리올 의정서
③ 생물 다양성 협약
④ 사막화 방지 협약

18 다음 자료에 대한 설명으로 옳은 것은?

우리나라 노인(만 65세 이상) 인구 비율

	1990년	2000년	2010년
전국	5.0%	7.3%	11.3%
농촌	9.0%	14.7%	20.9%
도시	3.6%	3.6%	9.2%

* 고령화의 단계

구분	노인 인구 비율
고령화 사회	7~14%
고령 사회	14~20%
초고령 사회	20% 이상

(통계청, 인구 주택 총조사, 각 연도)

① 도시의 노인 인구 비율은 감소하고 있다.
② 우리나라는 1990년 고령화 사회에 진입하였다.
③ 2000년의 노인 인구 비율은 도시가 농촌보다 높다.
④ 도시와 농촌의 노인 인구 비율 격차는 점점 커졌다.

19 다음 설명에 해당하는 다문화 사회 이론으로 옳은 것은?

여러 민족의 다양한 문화를 하나로 녹여 그 사회의 주류 문화 속에 동화시키고자 하는 관점의 이론이다.

① 문화 융합
② 용광로 이론
③ 모자이크 이론
④ 샐러드 볼 이론

20 다음 설명에 해당하는 문화권은?

○ 라마단 기간에는 금식한다.
○ 첨탑, 모스크, 할랄 산업이 있다.
○ 돼지고기는 부정하다고 생각해서 먹지 않는다.

① 불교 문화권
② 힌두교 문화권
③ 이슬람교 문화권
④ 크리스트교 문화권

21 다음 설명에 해당하는 개념은?

도시화 단계 중 하나로, 산업화에 따른 이촌 향도 현상이 발생하고, 도시 인구 비율이 빠르게 증가한다.

① 세계화
② 가속화
③ 분업화
④ 기계화

22 다음 설명에 해당하는 환경 문제는?

○ 빙하 면적 축소
○ 기상 이변과 자연재해 증가
○ 해수면 상승에 의한 해안 저지대 침수
○ 동식물의 서식 환경 변화로 인한 생태계 혼란

① 산성비
② 사막화
③ 지구 온난화
④ 열대림 파괴

23 평화와 폭력의 의미에 대한 설명으로 옳지 <u>않은</u> 것은?

① 소극적 평화란 직접적인 폭력이 발생하지 않는 상태이다.

② 적극적 평화란 직접적인 폭력뿐 아니라 구조적 폭력도 사라진 상태이다.

③ 구조적 폭력이란 전쟁, 테러와 같이 물리적으로 가해지는 폭력을 가리킨다.

④ 문화적 폭력이란 문화적 영역이 폭력을 정당화하는 기능을 수행하는 것이다.

24 다음 설명에 해당하는 인구 변천 단계는?

○ 시기: 산업 혁명 이전
○ 양상: 출생률과 사망률이 모두 높아 인구 증가가 거의 없음

① 다산 다사형
② 다산 소사형
③ 감산 소사형
④ 소산 소사형

25 국가의 역할에 대한 설명으로 옳지 <u>않은</u> 것은?

① 외교를 통한 타국의 이익을 최우선적으로 수행한다.

② 국제 사회를 구성하는 가장 기본적인 행위 주체이다.

③ 제3자 조정, 협약, 정상회담 등으로 국가 간의 갈등을 해결한다.

④ 빈곤 국가의 원조, 재난 구호 활동, 환경 문제 해결을 위한 협력 등의 역할을 수행한다.

5일차 과학

제한 시간: 30분
문항 수: 25문항
배점: 1문제당 4점

정답 CHECK!
자동 채점 서비스

01 다음 중 중력에 대한 설명으로 옳지 <u>않은</u> 것은?

① 물체의 질량이 클수록 크다.

② 물체 사이의 거리가 가까울수록 크다.

③ 지구 중력의 방향은 지구 중심 방향이다.

④ 물체가 서로 접촉해 있으면 작용하지 않는다.

02 다음 중 발전 방식과 그에 해당하는 에너지원을 바르게 짝지은 것은?

① 핵발전 – 물의 위치 에너지

② 풍력 발전 – 우라늄의 핵에너지

③ 수력 발전 – 바람의 운동 에너지

④ 화력 발전 – 화석 연료의 화학 에너지

03 그림은 같은 종류의 두 물체를 각각 같은 높이에서 떨어뜨려 단단한 바닥(A)과 푹신한 방석(B)에 충돌시켰을 때, 물체가 받는 힘을 시간에 따라 나타낸 것이다. 이에 대한 설명으로 옳지 <u>않은</u> 것은?

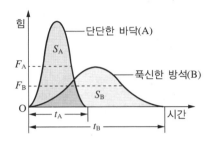

① 운동량의 변화량은 다르다.

② 힘을 받는 시간은 A보다 B가 크다.

③ 그래프 아랫부분의 넓이 S_A와 S_B는 같다.

④ 물체가 받는 힘의 크기는 A보다 B가 작다.

04 다음 중 전자기 유도를 이용한 장치로 옳은 것만을 〈보기〉에서 모두 고른 것은?

┤ 보기 ├

ㄱ. 세탁기

ㄴ. 발전기

ㄷ. 선풍기

ㄹ. 교통카드 판독기

① ㄱ, ㄴ   ② ㄱ, ㄷ

③ ㄴ, ㄷ   ④ ㄴ, ㄹ

1일차
2일차
3일차
4일차
5일차
6일차
7일차

05 그림은 변압기의 구조를 나타낸 것이다. 1차 코일과 2차 코일의 감은 수가 각각 5번과 10번일 때, 1차 코일의 전압(V_1)이 110 V라면 2차 코일의 전압(V_2)은? (단, 도선과 변압기에서 에너지 손실은 무시한다.)

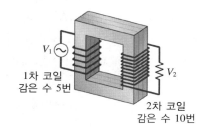

1차 코일
감은 수 5번

2차 코일
감은 수 10번

① 55 V
② 110 V
③ 220 V
④ 440 V

06 지표면에서 질량 1 kg인 물체에 작용하는 중력의 크기는? (단, 중력 가속도의 크기는 9.8 m/s^2이다.)

① 1 N
② 9.8 N
③ 19.6 N
④ 98 N

07 빈칸 ㉠과 ㉡에 들어갈 수를 바르게 나열한 것은?

구분	수소 (H)	헬륨 (He)	탄소 (C)	산소 (O)
원자 번호	1	2	6	8
전자 껍질 수	1	1	㉠	2
원자가 전자 수	1	2	4	㉡

	㉠	㉡
①	1	4
②	2	4
③	2	6
④	2	8

08 원자의 구조에 대한 설명 중 옳은 것만을 〈보기〉에서 모두 고른 것은?

┤ 보기 ├
ㄱ. 원자는 원자핵과 전자로 이루어져 있다.
ㄴ. 원자는 양성자 수와 중성자 수가 같아 전기적으로 중성이다.
ㄷ. 양성자 수는 원소의 종류마다 다르므로 양성자 수로 원자 번호를 정한다.

① ㄱ
② ㄱ, ㄴ
③ ㄱ, ㄷ
④ ㄴ, ㄷ

09 다음과 같은 성질을 지닌 물질이 <u>아닌</u> 것은?

○ 물에 잘 녹고, 물에 녹으면 양이온과 음이온으로 나누어져 자유롭게 이동할 수 있다.
○ 고체 상태에서는 전기 전도성이 없으나, 액체나 수용액 상태에서는 전기 전도성이 있다.

① 메테인(CH_4)
② 염화 칼슘($CaCl_2$)
③ 탄산 칼슘($CaCO_3$)
④ 염화 나트륨($NaCl$)

10 어떤 신소재에 대한 다음 설명 중 빈칸 ㉠에 들어갈 말로 알맞은 것은?

> ㉠ 현상은 임계 온도 이하에서 전기 저항이 0이 되는 현상이다. 전력 손실 없는 송전선, 자기 공명 장치(MRI)는 이러한 현상을 이용한 예이다.

① 대류
② 확산
③ 초전도
④ 반도체

11 산의 공통적인 특징이 아닌 것은?

① 신맛이 난다.
② 수용액에서 전류가 흐른다.
③ 금속과 반응하여 수소 기체를 발생시킨다.
④ 붉은색 리트머스 종이를 푸르게 변화시킨다.

12 H^+의 수가 100인 산성 용액과 OH^-의 수가 200인 염기성 용액을 혼합하였다. 혼합 용액의 액성으로 옳은 것은?

① 산성
② 중성
③ 염기성
④ 알 수 없다.

13 다음 설명에 해당하는 물질은?

> ○ 기본 단위체가 뉴클레오타이드이다.
> ○ 유전 정보를 저장하고 전달하는 물질로, DNA와 RNA가 있다.

① 핵산
② 단백질
③ 지방산
④ 셀룰로스

14 세포막에 대한 설명 중 빈칸 ㉠에 들어갈 말로 알맞은 것은?

> 세포막은 물질의 종류에 따라 물질을 선택적으로 통과시키는 특성이 있는데, 이를 ㉠ 이라고 한다. 물질은 분자의 크기, 지질에 대한 용해도, 전하를 띠는지 여부 등에 따라 인지질 2중층과 막단백질을 통해 각각 다른 방식으로 세포막을 통과한다.

① 내성
② 주기성
③ 종 다양성
④ 선택적 투과성

15 다음 그림 (가)와 (나)에 해당하는 반응의 예를 바르게 나열한 것은?

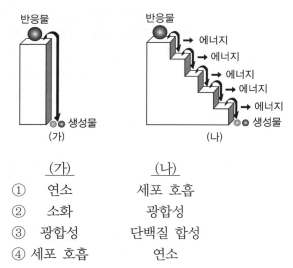

	(가)	(나)
①	연소	세포 호흡
②	소화	광합성
③	광합성	단백질 합성
④	세포 호흡	연소

16 그림은 세포 내 유전 정보의 흐름을 나타낸 것이다. 빈칸 ㉠, ㉡, ㉢에 들어갈 말을 바르게 나열한 것은?

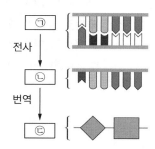

	㉠	㉡	㉢
①	RNA	DNA	단백질
②	DNA	RNA	단백질
③	RNA	단백질	DNA
④	DNA	단백질	RNA

17 동물체와 식물체의 공통 구성 단계로 옳은 것은?

① 세포 → 조직 → 기관 → 개체
② 세포 → 조직 → 개체 → 기관
③ 조직 → 세포 → 기관 → 개체
④ 개체 → 기관 → 조직 → 세포

18 생태계 평형이 잘 유지될 수 있는 조건으로 옳은 것은?

① 먹이 그물이 복잡하다.
② 급격한 환경 변화가 일어난다.
③ 천적이 없는 외래종이 유입된다.
④ 지진, 홍수 등 자연재해가 자주 일어난다.

19 다음 설명에 해당하는 생태계의 생물적 요인은?

○ 죽은 생물이나 배설물을 분해하여 양분을 얻는 생물이다.
○ 세균, 버섯, 곰팡이 등이다.

① 빛
② 생산자
③ 소비자
④ 분해자

20 다음 중 별의 진화에 대한 설명으로 옳은 것은?

① 주계열성의 중심부에서는 수소가 생성된다.
② 철보다 무거운 원소는 별의 탄생 때 생성된다.
③ 질량이 태양 정도인 별 중심부에서는 헬륨까지 생성된다.
④ 질량이 태양의 10배 이상인 별은 별 내부의 핵융합 반응으로 철까지 생성된다.

21 수권 중 가장 많은 양을 차지하는 성분으로 옳은 것은?

① 해수
② 빙하
③ 호수
④ 지하수

22 그림은 두 판의 이동 방향을 화살표로 나타낸 것이다. A와 같이 두 판이 서로 어긋나는 방향으로 스쳐 지나가는 경계에 나타나는 지형은?

① 해구
② 해령
③ 변환 단층
④ 습곡 산맥

23 다음과 같은 순환 과정이 일어나는 지구 시스템의 물질은?

○ 대기에서 토양 속 세균을 통해 질산 이온으로 바뀌어 식물로 흡수되고, 동물의 단백질 구성 성분이 된다.
○ 동식물의 배설물이나 사체가 분해자를 통해 분해되면서 다시 기권으로 이동한다.

① 물
② 질소
③ 탄소
④ 산소

24 다음 중 기권을 대류권, 성층권, 중간권, 열권으로 구분하는 기준으로 옳은 것은?

① 높이에 따른 수증기량
② 높이에 따른 기온 분포
③ 높이에 따른 기압 변화
④ 높이에 따른 자외선 차단율

25 (가)와 (나)의 화석이 번성한 지질 시대를 바르게 나열한 것은?

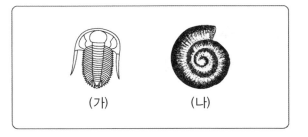

	(가)	(나)
①	고생대	중생대
②	고생대	신생대
③	중생대	신생대
④	신생대	고생대

5일차 한국사

제한 시간: 30분
문항 수: 25문항
배점: 1문제당 4점

정답 CHECK!
자동 채점 서비스

01 빈칸 ㉠에 들어갈 말로 가장 적절한 것은?

> ■ 답사 계획 ■
> 주제: 구석기 시대의 생활
> ○ 장소: 전곡 선사 박물관, 연천 전곡리 유적
> ○ 대표 유물: 주먹도끼, 슴베찌르개 등
> ○ 사회 모습: [㉠]

① 철제 농기구로 농사를 지었다.
② 토기를 만들어 식량을 저장하였다.
③ 주로 동굴이나 막집에서 거주하였다.
④ 거푸집을 사용하여 청동기를 제작하였다.

02 다음 설명에 해당하는 나라는?

> 군왕과 가축의 이름으로 정한 마가, 우가, 저가, 구가라는 관리를 두었다. 각 관리들은 사출도를 주관하였다.

① 삼한   ② 부여
③ 동예   ④ 옥저

03 빈칸 ㉠에 들어갈 말로 알맞은 것은?

> 주제: [㉠]
> ○ 고구려:『유기』100권 편찬, 이문진의『신집』 5권 편찬
> ○ 백제: 박사 고흥의『서기』저술
> ○ 신라: 거칠부의『국사』편찬

① 토착 신앙의 발달
② 예언 사상의 유행
③ 도교의 영향을 받은 서적
④ 삼국 시대의 역사서 편찬

04 발해의 통치 제도에 대한 설명으로 옳은 것은?

① 기인 제도를 실시하였다.
② 국왕의 비서 기관으로 승정원을 두었다.
③ 화랑도를 국가적인 조직으로 운영하였다.
④ 지방을 5경 15부 62주로 나누어 운영하였다.

05 다음 설명에 해당하는 사건 이후 고려의 상황은?

> 고려 성종 때 거란의 소손녕이 80만 대군을 이끌고 고려에 침입하자 서희는 소손녕과 외교 담판을 벌였다.

① 4군 6진을 개척하였다.
② 강동 6주를 획득하였다.
③ 송과 관계를 단절하였다.
④ 거란의 지배를 받게 되었다.

06 밑줄 친 고려의 신분 계층에 대한 설명으로 옳은 것은?

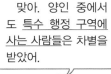

고려의 양인은 양반, 중간 계층, 양민으로 나누어졌어.

맞아. 양인 중에서도 특수 행정 구역에 사는 사람들은 차별을 받았어.

① 문벌을 형성하였다.
② 거주 이전의 자유가 없었다.
③ 서리, 향리 등이 해당되었다.
④ 매매, 증여, 상속의 대상이었다.

07 빈칸 ㉠에 들어갈 말로 알맞은 것은?

> ㉠ 은 고려의 국립 교육 기관으로, 유학부와 기술학부가 있었다. 유학부에서는 『논어』와 『효경』 등 유교 경전을 공부하고, 기술학부에서는 율학, 서학, 산학 등의 과목을 공부하였다.

① 경당
② 서당
③ 국자감
④ 4부 학당

08 다음 설명에 해당하는 인물이 시행한 정책은?

> 고려 무신 정권기에 최충헌은 권력을 장악하고 있던 이의민을 몰아내고 정권을 잡았다. 명종에게 사회 개혁안인 봉사 10조를 제시하기도 하였다.

① 교정도감을 설치하였다.
② 서경 천도 운동을 전개하였다.
③ 정방을 두어 인사권을 장악하였다.
④ 야별초를 조직하여 치안을 안정시켰다.

09 조선 성종에 대한 설명으로 옳은 것은?

① 영정법을 시행하였다.
② 한양으로 천도하였다.
③ 훈민정음을 창제하였다.
④ 『경국대전』을 완성하였다.

10 빈칸 ㉠에 들어갈 말로 알맞은 것은?

> 고구려와 백제가 멸망한 후 남쪽에 신라, 북쪽에 _____㉠_____ 가 있으니 이를 남북국이라 하였다. 여기에는 마땅히 남북국 사가 있어야 하는데, 고려가 편찬하지 않은 것은 잘못이다.

① 백제 　　　　　　② 신라
③ 발해 　　　　　　④ 고구려

11 임진왜란에 대한 설명으로 옳지 <u>않은</u> 것은?

① 전국 각지에서 의병이 활약하였다.
② 권율이 행주대첩을 승리로 이끌었다.
③ 박규수의 건의로 삼정이정청을 설치하였다.
④ 이순신이 한산도에서 학익진 전법으로 승리하였다.

12 빈칸 ㉠에 들어갈 말로 알맞은 것은?

> **주제: 조선 시대 사화의 배경**
> 1. 무오사화: 김일손이 스승 김종직의 조의제문을 사초에 기록
> 2. 갑자사화: 폐비 윤씨 사사 사건
> 3. ___㉠___ : 조광조의 개혁 정치
> 4. 을사사화: 인종의 외척 윤임(대윤파)과 명종의 외척 윤원형(소윤파)의 대립

① 병자사화 　　　② 기묘사화
③ 을미사화 　　　④ 갑오사화

13 다음 설명에 해당하는 시기에 볼 수 있는 모습은?

> 제○○호　　**한국사 신문**　　○○○○년 ○월 ○일
>
> **미군, 강화도 공격!**
> 현재 로저스 제독이 이끄는 미군이 제너럴 셔먼호 사건의 보복을 내세우며 군함과 병력을 동원하여 강화도를 공격하고 있다.

① 외규장각을 약탈하는 프랑스군
② 삼랑성에서 항전하는 양헌수 부대
③ 광성보에서 항전하는 어재연 부대
④ 문수산성에서 항전하는 한성근 부대

14 급진 개화파에 대한 설명으로 옳은 것만을 〈보기〉에서 모두 고른 것은?

> ┤ 보기 ├
> ㄱ. 갑신정변을 일으켰다.
> ㄴ. 일본의 메이지 유신을 모델로 삼았다.
> ㄷ. 청과 우호 관계를 유지하려 하였다.
> ㄹ. 동도서기론을 주장하였다.

① ㄱ, ㄴ 　　　　　② ㄱ, ㄷ
③ ㄴ, ㄹ 　　　　　④ ㄷ, ㄹ

15 위정척사 운동의 전개를 순서대로 바르게 나열한 것은?

> ㉠ 이항로 등은 흥선 대원군의 통상 수교 거부 정책을 지지하였다.
> ㉡ 최익현이 일본과 서양은 같다는 왜양일체론을 주장하였다.
> ㉢ 이만손을 중심으로 한 영남 지역 유생들은 만인소를 올렸다.

① ㉠ – ㉡ – ㉢
② ㉠ – ㉢ – ㉡
③ ㉡ – ㉠ – ㉢
④ ㉢ – ㉠ – ㉡

16 빈칸 ㉠에 들어갈 말로 알맞은 것은?

> 질문   ㉠ 에 대해 알려 주세요.
>
> 답변   갑오개혁의 시행을 위해 설치된 기구로, 김홍집이 총재관을 맡아 정치, 군사에 관한 일체의 사무를 담당하였어요.

① 비변사
② 군국기무처
③ 통리기무아문
④ 전민변정도감

17 빈칸 ㉠에 들어갈 말로 알맞은 것은?

> ㉠ 은/는 1885년에 건립된 최초의 근대식 병원으로, 처음에는 왕실 병원이었으나 제중원으로 이름을 변경한 뒤 일반 백성들까지 치료하였다.

① 영선사
② 박문국
③ 기기창
④ 광혜원

18 다음 정책이 실시된 시기에 대한 설명으로 옳은 것은?

> 3·1 운동 이후 무단 통치의 한계를 인식한 일제는 한국인 회유의 필요성을 느끼고 통치 방식을 이른바 문화 통치로 전환하였다.

① 회사령이 실시되었다.
② 조선 태형령이 제정되었다.
③ 산미 증식 계획을 실시하였다.
④ 임시 토지 조사국이 설치되었다.

19 빈칸 ㉠에 들어갈 말로 알맞은 것은?

> ㉠ 은 을사늑약 체결을 주도하고 초대 통감을 지낸 이토 히로부미를 만주 하얼빈에서 사살하고(1909), 뤼순 감옥에서 순국하였다.

① 안중근
② 윤봉길
③ 김원봉
④ 이상설

20 1930년대 이후 일제의 식민 정책에 대한 설명으로 옳지 <u>않은</u> 것은?

① 헌병 경찰을 배치하였다.
② 국가총동원법을 제정하였다.
③ 일본군 '위안부'를 동원하였다.
④ 황국 신민 서사 암송을 강요하였다.

21 빈칸 ㉠에 들어갈 말로 알맞은 것은?

> 〈대한민국 임시 정부의 활동〉
> ○ 연통제와 교통국 조직
> ○ 독립 공채 발행
> ○ [㉠   ]

① 진단 학회 조직
② 한국 광복군 창설
③ 청산리 전투 승리
④ 태극 서관·자기 회사 설립

22 3·1 운동에 대한 설명으로 옳은 것은?

① 조선 혁명 선언을 작성하였다.
② 단발령에 대한 반발로 일어났다.
③ 중국의 5·4 운동에 영향을 주었다.
④ 신간회가 진상 조사단을 파견하였다.

23 빈칸 ㉠에 들어갈 말로 알맞은 것은?

> 이승만 정부는 일제의 잔재를 청산하고 민족정기를 바로잡기 위해 [㉠]을 제정하였다. 그러나 이승만의 소극적이고 부정적인 태도와 친일 잔재 세력의 방해 공작에 성과를 거두지 못하였다.

① 창씨개명
② 치안 유지법
③ 국가 총동원법
④ 반민족 행위 처벌법

24 농지 개혁에 대한 설명으로 옳은 것은?

① 서재필, 이상재 등이 주도하였다.
② 자작농이 증가하는 계기가 되었다.
③ 농광 회사가 설립되는 배경이 되었다.
④ 조선 물산 장려회를 중심으로 전개되었다.

25 다음 설명에 해당하는 정책은?

> 박정희 정부가 농촌의 생활 환경 개선을 위해 추진한 것으로, 주택 개량, 도로와 전기 시설 확충 등의 활동을 하였다. 점차 도시와 직장으로 확대되면서 근면·자조·협동을 강조하는 국민 의식 개혁으로까지 이어졌다.

① 새마을 운동
② 미곡 공출제
③ 산미 증식 계획
④ 토지 조사 사업

5일차   도덕

제한 시간: 30분
문항 수: 25문항
배점: 1문제당 4점

정답 CHECK!
자동 채점 서비스

01 다음 설명에 해당하는 실천 윤리학의 분야는?

> 예술 작품을 대량으로 생산하고 소비할 수 있는 대중 매체의 발전 및 자본주의의 확산으로 예술 작품에 가치를 매겨 거래하는 등 예술에서도 경제적 가치를 중시하게 되면서 예술의 상업화에 대한 찬반 논란이 대두되었다.

① 문화 윤리
② 환경 윤리
③ 사회 윤리
④ 정보 윤리

02 공리주의에 대한 설명으로 옳지 <u>않은</u> 것은?

① 근대 민주주의 성립에 기여하였다.
② 기본적 관심은 보편적 도덕 법칙의 추구이다.
③ 쾌락을 삶의 목적으로 설정하여 내면적 동기에 소홀하였다.
④ 행위의 선악은 그 결과에 의해 판단할 수 있다고 보았다.

03 칸트 윤리의 문제점 중 옳은 것만을 〈보기〉에서 모두 고른 것은?

┤ 보기 ├
ㄱ. 보편 윤리의 중요성을 인식시켰다.
ㄴ. 행위의 구체적인 지침을 제공하지 못한다.
ㄷ. 의무가 충돌할 경우 도덕적 판단이 힘들다.
ㄹ. 인간 존엄성에 부합하는 도덕 법칙 준수를 강조하였다.

① ㄱ, ㄴ
② ㄱ, ㄹ
③ ㄴ, ㄷ
④ ㄷ, ㄹ

04 빈칸 ㉠에 들어갈 말로 알맞은 것은?

> ○ (㉠)은/는 인간의 근원적인 정서로, 어떤 사람이나 존재를 아끼고 소중히 여기는 마음이다.
> ○ (㉠)은/는 인간이 지향하는 최고 단계의 정서로, 인간을 도덕적인 생활로 이끈다.

① 욕망
② 신뢰
③ 책임
④ 사랑

1일차
2일차
3일차
4일차
5일차
6일차
7일차

05 과학 윤리의 사회적 책임을 실현하기 위한 노력으로 옳지 <u>않은</u> 것은?

① 현 세대의 이익을 최대한 고려한다.
② 인류의 당면 과제 해결을 위한 새로운 과학 기술을 개발한다.
③ 과학 기술의 사회적 책임 실현을 위한 제도적 장치를 마련한다.
④ 과학 기술의 개발 과정과 결과물의 위험에 대한 예방적 조치를 취한다.

06 다음 설명에 해당하는 정의관으로 옳은 것은?

○ 롤스는 사회 제도가 공정한 조건에서 합의된 정의 원칙에 의해 규제되어야 공정한 분배가 가능하다고 주장하였다.
○ 공정한 절차를 통해 발생한 결과는 정당하다고 본다.

① 공정으로서의 정의
② 소유권으로서의 정의
③ 복합 평등으로서의 정의
④ 이익 총량 최대화의 정의

07 주제에 대한 설명으로 옳지 <u>않은</u> 것은?

주제: 예술과 윤리의 관계 – 심미주의
ㄱ. 의미: 미적 가치와 도덕적 가치는 무관하므로 윤리가 예술에 관여해서는 안 된다.
ㄴ. 윤리적 규제에 대한 입장: 예술의 사회성을 옹호하는 참여 예술론을 지지한다.
ㄷ. 대표 사상가: 오스카 와일드, 스핑건
ㄹ. 문제점: 예술의 사회적 영향과 책임을 간과할 수 있다.

① ㄱ
② ㄴ
③ ㄷ
④ ㄹ

08 다음 설명에 해당하는 개념은?

관용을 무제한으로 허용하여 관용 자체를 부정하는 사상이나 태도까지 허용하는 것으로, 오히려 인권을 침해하고 사회 질서가 무너져 아무도 관용을 보장받을 수 없게 된다.

① 불관용
② 관용의 편견
③ 관용의 역설
④ 관용의 한계

09 다음 설명에 해당하는 윤리 사상은?

○ 모든 생명체는 의식의 유무에 상관없이 자신의 생존, 성장, 발전, 번식이라는 목적을 지향하는 '목적론적 삶의 중심'이다.
○ 모든 생명체는 인간의 필요와 관계없이 고유한 가치를 지닌다.
– 테일러 –

① 생명 중심주의
② 인간 중심주의
③ 생태 중심주의
④ 동물 중심주의

10 다음 중 도가(道家)의 자연관에 대해서만 '✔'를 표시한 학생은?

자연관 \ 학생	A	B	C	D
○ 만물이 나와 하나라는 물아일체 (物我一體) 강조	✔	✔		
○ 인간과 자연이 조화하는 천인합일(天人合一)의 경지 추구	✔		✔	
○ 자연의 순리에 따르는 무위자연 (無爲自然)의 삶을 살아야 함			✔	✔
○ 모든 생명을 소중히 여기며 자비를 베풀어야 한다는 연기설(緣起說) 강조			✔	✔

① A
② B
③ C
④ D

11 다음 중 종교에서 강조하는 보편 윤리에 해당하지 않는 것은?

① 자비
② 인(仁)
③ 황금률
④ 무위(無爲)

12 다음 중 직업인이 지녀야 할 윤리적 자세로 옳지 않은 것은?

① 전문성
② 특권 의식
③ 소명 의식
④ 공동체 의식

13 다음 내용을 주장한 윤리 사상가는?

> 생명은 그 자체로 선이며, 생명을 파괴하고 억압하는 것은 악이므로 불가피하게 생명을 해쳐야 하는 경우에는 도덕적 책임을 느껴야 한다.

① 칸트
② 싱어
③ 슈바이처
④ 아리스토텔레스

14 사이버 폭력의 문제점으로 옳지 않은 것은?

① 시공간 제약 없는 가해
② 공개적으로 자행되는 폭력 방식
③ 빠른 전파성으로 인한 피해 확대
④ 가해자가 폭력의 심각성을 인지하지 못함

15 음식과 관련된 윤리적 문제로 옳은 것만을 〈보기〉에서 모두 고른 것은?

┤ 보기 ├
ㄱ. 채식주의자의 증가로 인한 농경지 확대
ㄴ. 해로운 첨가제를 넣은 부정 식품의 유해성 논란
ㄷ. 저소득 국가의 식량 과잉 공급으로 인한 환경 문제
ㄹ. 식품의 원거리 이동으로 인한 탄소 배출량 증가 문제

① ㄱ, ㄴ
② ㄱ, ㄷ
③ ㄴ, ㄹ
④ ㄷ, ㄹ

16 빈칸 ㉠에 들어갈 말로 알맞은 것은?

주제: (㉠   )의 의미
국제 사회의 상호 의존성이 증가하고 세계 전체가 긴밀하게 연결된 사회 체계로 통합되어 가는 현상을 말한다.

① 세계화　　　　② 공동화
③ 도시화　　　　④ 지역화

17 다음 중 인권의 특징에 해당하지 <u>않는</u> 것은?

① 천부성　　　　② 항구성
③ 차등성　　　　④ 불가침성

18 주제에 대한 설명 중 옳지 <u>않은</u> 것만을 모두 고른 것은?

○ 주제: 처벌에 대한 관점의 비교

응보주의 관점	공리주의 관점
㉠ 범죄 행위에 상응하는 처벌을 해야 한다.	㉣ 처벌은 사회의 이익을 증진하기 위한 수단이다.
㉡ 이성적 존재는 자신의 행동에 책임을 져야 한다.	㉤ 처벌은 범죄자를 교화시킬 수 있다.
㉢ 비용이 적게 든다는 장점이 있다.	㉥ 인간의 존엄성을 중요시한다.

① ㉠, ㉣　　　　② ㉠, ㉥
③ ㉡, ㉤　　　　④ ㉢, ㉥

19 빈칸 ㉠에 들어갈 말로 알맞은 것은?

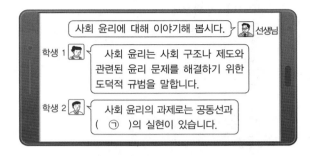

사회 윤리에 대해 이야기해 봅시다. 선생님

학생 1 사회 윤리는 사회 구조나 제도와 관련된 윤리 문제를 해결하기 위한 도덕적 규범을 말합니다.

학생 2 사회 윤리의 과제로는 공동선과 (㉠   )의 실현이 있습니다.

① 애정
② 사회 정의
③ 연대 의식
④ 개인의 도덕성 회복

20 직업의 중요성에 대한 설명으로 옳지 <u>않은</u> 것은?

① 성취감과 보람을 느낄 수 있다.
② 생계유지를 위한 필수적인 수단이다.
③ 사회 구성원으로서 사회 발전에 기여한다.
④ 부와 명예를 얻고 개인적 이득을 취할 수 있다.

21 (가), (나)에 들어갈 내용으로 적절하지 <u>않은</u> 것은?

〈통일에 대한 찬반 논쟁〉

찬성 논거	반대 논거
(가)	(나)
⋮	⋮

① (가): 이산가족의 고통 해소
② (가): 긴장 완화를 통한 세계 평화 기여
③ (나): 남북한 사이의 사회적 갈등 발생 우려
④ (나): 단일 경제권 형성을 통한 경제 규모 확장

22 부모와 자식 사이에 지켜야 할 윤리에 대한 설명으로 옳은 것은?

① 부자유친(父子有親)
② 부부유별(夫婦有別)
③ 장유유서(長幼有序)
④ 붕우유신(朋友有信)

23 다음 내용을 주장한 윤리 사상가는?

○ 의무론에 근거하여 내재적 가치를 지닌 존재는 수단이 아닌 목적으로 대해야 한다고 주장하였다.
○ 동물도 삶의 주체로 자신의 고유한 삶을 영위할 권리가 있는 내재적 가치를 지니고 있으므로 도덕적으로 존중받아야 한다는 동물 권리론을 주장하였다.

① 칸트   ② 싱어
③ 레건   ④ 네스

24 빈칸 ㉠에 들어갈 말로 가장 적절한 것은?

〈롤스의 정의론〉

1. 제1원칙
   평등한 자유의 원칙: 모든 사람은 기본적 자유에 대하여 평등한 권리를 가져야 한다.
2. 제2원칙
   (1) 차등의 원칙: 최소 수혜자에게 최대의 이익을 보장한다.
   (2) 기회균등의 원칙: (㉠   )

① 지위는 능력 순으로 개방되어야 한다.
② 지위는 모든 사람에게 개방되어야 한다.
③ 지위는 약자에게 우선 개방되어야 한다.
④ 지위는 필요한 사람에게 우선적으로 개방되어야 한다.

25 가족 윤리에 해당하지 <u>않는</u> 것은?

① 자애(慈愛)
② 양지(養志)
③ 우애(友愛)
④ 연기(緣起)

작은 기회로부터 종종 위대한 업적이 시작된다.

– 데모스테네스 –

6일차
제6회 실전 모의고사

6일차　국어

제한 시간: 40분
문항 수: 25문항
배점: 1문제당 4점

정답 CHECK!
자동 채점 서비스

01 다음 대화에서 사과할 때 쓰는 말로 가장 적절한 것은?

> 어제 급한 일이 생겨서 같이 가지 못했어.

> 미리 연락하지 그랬니? 한 시간 넘게 기다렸는데!

① 누가 기다리래?
② 파스타 먹으러 갈래?
③ 오늘 만났으니 됐잖아.
④ 미안해. 미리 연락하지 못해서 널 많이 기다리게 했구나.

02 다음 대화에서 학생의 말하기의 문제점으로 가장 적절한 것은?

> 학생: 선생님, 12일에 시험 본다면서요? 헐~ 시험 극혐! 핵노잼[1]!
> 선생님: '핵노잼'이 무슨 뜻이니?
>
> 1) 핵노잼: '아주 재미없다.'라는 의미로 쓰임

① 사투리를 사용하였다.
② 존댓말을 사용하지 않았다.
③ 구체적인 대답을 하지 않았다.
④ 상대방이 이해하기 어려운 말을 사용하였다.

03 다음 중 〈보기〉의 오류와 <u>다른</u> 것은?

> ┤ 보기 ├
> ○ 어제 아버지에게 전화가 오셨다.
> ○ 택배가 도착하셔서 문 앞에 두고 갑니다.

① 책이 많으셔서 방이 좁네요.
② 이 옷은 할인이 가능하십니다.
③ 찾으시는 물건이 나오셨습니다.
④ 궁금하신 것은 저에게 여쭤보세요.

04 ㉠의 예로 적절하지 <u>않은</u> 것은?

> [제7항] 'ㄷ' 소리로 나는 받침 중에서 'ㄷ'으로 적을 근거가 없는 것은 'ㅅ'으로 적는다.
> ㉠ 'ㄷ' 소리로 나는 받침: 음절 종성에서 [ㄷ]으로 소리 나는 'ㄷ, ㅅ, ㅆ, ㅈ, ㅊ, ㅌ, ㅎ' 등
> ㉡ 'ㄷ'으로 적을 뚜렷한 근거가 있는 경우에는 'ㄷ'으로 적는다.

① 웃어른
② 돗자리
③ 산뜻하다
④ 덧저고리

05 빈칸 ㉠에 들어갈 말로 알맞은 것은?

> (㉠)은/는 끝소리가 'ㄷ, ㅌ'인 형태소가 모음 'ㅣ'나 반모음 'ㅣ'로 시작되는 형식 형태소와 만날 때, 'ㄷ, ㅌ'이 'ㅈ, ㅊ'으로 바뀌어 소리 나는 현상이다. 그 예로, 굳이[구지], 같이[가치], 미닫이[미다지], 해돋이[해도지]가 있다.

① 구개음화
② 두음법칙
③ 모음 탈락
④ 반모음 첨가

06 향찰 표기 중 해독 방식이 나머지와 <u>다른</u> 것만을 <보기>에서 고른 것은?

> ┤ 보기 ├
>
> 善化公主主隱　　　선화 공주님은
> 他密只嫁良置古　　남 몰래 결혼하고
> 薯童房乙　　　　　맛둥서방을
> 夜矣卯乙抱遣去如　밤에 몰래 안고 가다.
> 　　　　　　　　－ 작자 미상, 「서동요(薯童謠)」

① 隱
② 嫁
③ 乙
④ 矣

[07~08] 다음 글을 읽고 물음에 답하시오.

　여러분은 화장품의 다양한 향과 색을 만들어 내기 위해 과일이나 꽃을 넣었다고 생각하신 적이 있나요? 설마 화장품에 과일이나 꽃을 넣는다면 제조, 유통, 보관 과정이 그리 쉽진 않겠죠? 여러 가지 이유로 화장품에는 각종 성분이 첨가되는데요. 그중 화학 성분이 인체에 미치는 영향에 대해 살펴보겠습니다.

　화장품에 사용되는 화학 성분은 자외선을 차단하고 변색을 방지하며 부패를 막거나 절대 섞일 수 없는 물과 기름을 하나로 모아 주는 역할을 합니다. 또한 향기를 오래 지속시켜 주기도 하고 화장품이 부드럽게 발리게 하며 피부를 윤기 있고 촉촉하게 보이게 해 줍니다.

　하지만 화장품의 화학 성분 중에는 유해 물질이 포함된 것도 있습니다. 이것이 몸속으로 스며들어 여러 가지 질병을 일으키기도 합니다. 또한 피부에 맞지 않는 화장품을 사용하게 될 경우 피부 트러블 등의 부작용이 발생할 수도 있습니다. 화장품의 부패를 막기 위해 사용하는 파라벤은 피부의 알레르기 반응을 유발하는 것으로 알려져 있고, 그 외에도 일부 화학 물질은 내분비계 장애를 일으키는 것으로 의심되어 사용이 허용되기도 하였습니다.

　화장품은 피부를 보호해 주고 아름답게 가꾸어 줍니다. ⓐ 이런 화장품에 어떤 화학 성분이 첨가되어 있는지를 잘 파악하고 올바르게 사용함으로써 피부의 아름다움뿐만 아니라 건강도 지키시길 바랍니다.

07 빈칸 ㉠에 들어갈 말로 가장 적절한 것은?

> 제목: 화장품을 제대로 알고 사용하자.
> 주제: 화장품의 화학 성분을 잘 파악하고 사용하자.
> 1) 처음: (　　　　㉠　　　　)
> 2) 중간: • 화장품에 사용되는 화학 성분의 역할
> 　　　　 • 화장품에 사용되는 화학 성분의 유해성
> 3) 끝: 화장품에 대한 이해와 올바른 사용 당부

① 화장품의 역사적 발달 과정
② 화장품의 화학 성분에 대한 호기심 유발
③ 화장품 사용으로 얻게 되는 심리적 효과
④ 화장품의 다양한 향과 색을 만들어 내는 과정

08 〈보기〉의 조건을 충족하는 ⓐ에 대한 반응으로 가장 적절한 것은?

┤ 보기 ├
'제품을 올바르게 사용하는 태도'를 부각할 것

① 엄마 화장대에 있던 거니 써도 될 거야.
② 뷰티 유튜버가 써보고 추천해 준 화장품을 쓰면 돼.
③ 사람마다 피부 상태가 다르니까 화장품을 사용하기 전에 설명서를 읽어봐야 해.
④ 화장을 많이 하면 피부가 나빠질 수 있으니 되도록 화장품은 사용하지 않는 게 좋아.

[09~11] 다음 글을 읽고 물음에 답하시오.

> ┌─ 매운 계절(季節)의 채찍에 갈겨
> │   ㉠ 마침내 북방(北方)으로 휩쓸려 오다
> [A]
> │   하늘도 그만 지쳐 끝난 고원(高原)
> └─ ㉡ 서릿발 칼날진 그 위에 서다
>
> 어데다 무릎을 꿇어야 하나
> ㉢ 한 발 재겨 디딜 곳조차 없다
>
> 이러매 눈 감아 생각해 볼밖에
> ㉣ 겨울은 강철로 된 무지갠가 보다
>   – 이육사, 「절정」

09 ㉠~㉣ 중 역설법이 쓰인 것은?

① ㉠
② ㉡
③ ㉢
④ ㉣

10 윗글에 대한 설명으로 가장 적절한 것은?

① 강렬한 상징어를 사용하였다.
② 화자가 처한 상황이 드러나지 않는다.
③ 낙관적이고 희망적인 신념이 드러난다.
④ 과거형 시제를 사용해 긴박한 분위기를 조성한다.

11 [A]에 드러난 화자의 상황을 나타내는 사자성어로 가장 적절한 것은?

① 역지사지(易地思之)
② 타산지석(他山之石)
③ 백척간두(百尺竿頭)
④ 외유내강(外柔內剛)

[12~14] 다음 글을 읽고 물음에 답하시오.

[앞부분의 줄거리] 의사가 된 아들은 병원을 확장하기 위해 시골에 있는 농토를 팔려는 생각으로 고향에 내려온다. 아버지는 나무다리가 새로 놓인 뒤 동네 사람들에게 잊혀가던 돌다리를 고치기 위해 애를 쓰고 있다.

아들은, 의사인 아들은, 마치 환자에게 치료 방법을 이르듯이, 냉정히 채견채견히 이야기를 시작하였다. 외아들인 자기가 부모님을 진작 모시지 못한 것이 잘못인 것, 한집에 모이려면 자기가 병원을 버리기보다는 부모님이 농토를 버리시고 서울로 오시는 것이 순리인 것, 병원은 나날이 환자가 늘어 가나 입원실이 부족하여 오는 환자의 삼분지 일밖에 수용 못 하는 것, 지금 시국에 큰 건물을 새로 짓기란 거의 불가능의 일인 것, 마침 교통 편한 자리에 삼층 양옥이 하나 난 것, 인쇄소였던 집인데 전체가 콘크리트여서 방화 방공으로 가치가 충분한 것, 삼층은 살림집과 직공들의 합숙실로 꾸미었던 것이라 입원실로 변장하기에 용이한 것, 각층에 수도, 가스가 다 들어온 것, 그러면서도 가격은 염한 것, 염하기는 하나 삼만 이천 원이라, 지금의 병원을 팔면 일만 오천 원쯤은 받겠지만 그것은 새 집을 고치는 데와, 수술실의 기계를 완비하는 데 다 들어갈 것이니 집값 삼만 이천 원은 따로 있어야 할 것, 시골에 땅을 둔대야 일 년에 고작 삼천 원의 실리가 떨어질지 말지 하지만 땅을 팔아다 병원만 확장해 놓으면, 적어도 일 년에 만 원 하나씩은 이익을 뽑을 자신이 있는 것, 돈만 있으면 땅은 이담에라도, 서울 가까이라도 얼마든지 좋은 것으로 살 수 있는 것……. 아버지는 아들의 의견을 끝까지 잠잠히 들었다. 그리고,

"점심이나 먹어라. 나두 좀 생각해 봐야 대답허겠다."

하고는 다시 개울로 나갔고, 떨어졌던 다릿돌을 올려놓고야 들어와 그도 점심상을 받았다.

점심을 자시면서였다.

"원, 요즘 사람들은 힘두 줄었나 봐! 그 다리 첨 놀 제 내가 어려서 봤는데 불과 여남은 이서 거들던 돌인데 장정 수십 명이 한나절을 씨름을 허다니!"

"나무다리가 있는데 건 왜 고치시나요?"

"너두 그런 소릴 허는구나. 나무가 돌만 허다든? 넌 그 다리서 고기 잡던 생각두 안 나니? 서울루 공부 갈 때 그 다리 건너서 떠나던 생각 안 나니? 시체 사람들은 모두 인정이란 게 사람헌테만 쓰는 건 줄 알드라! 내 할아버니 산소에 상돌을 그 다리로 건네다 모셨구, 내가 천잘 끼구 그 다리루 글 읽으러 댕겼다. 네 어미두 그 다리루 가말 타구 내 집에 왔어. 나 죽건 그 다리루 건네다 묻어라……. 난 서울 갈 생각 없다."

– 이태준, 「돌다리」

12 윗글에 대한 설명으로 가장 적절한 것은?

① 대화를 통해 인물의 가치관이 드러난다.
② 물질 만능주의에 대한 긍정적 시각이 나타난다.
③ 방언을 사용하여 해학적인 분위기를 조성하고 있다.
④ 작가가 관찰자적 시점에서 사건을 서술하고 있다.

13 윗글에서 아버지의 가치관을 나타내는 사자성어로 가장 적절한 것은?

① 면종복배(面從腹背)
② 좌고우면(左雇右眄)
③ 아전인수(我田引水)
④ 안분지족(安分知足)

14 윗글에서 '돌다리'와 '나무다리'가 상징하는 것으로 가장 적절한 것은?

① 돌다리는 불변하는 것, 나무다리는 편리함을 상징한다.
② 돌다리는 비가 오면 떠내려가고, 나무다리는 비가 와도 떠내려가지 않는다.
③ 돌다리로 건너는 사람은 인정이 많고, 나무다리로 건너는 사람은 인정이 없다.
④ 어머니가 아버지에게 시집올 때 돌다리를 건넜기 때문에, 아버지는 나무다리보다 돌다리를 좋아한다.

[15~16] 다음 글을 읽고 물음에 답하시오.

> 紅홍塵진에 뭇친 분네 이내 生생涯애 엇더흔고
> 넷사룸 風풍流류룰 미출가 뭇 미출가
> 天쳔地지間간 男남子자 몸이 날만 흔 이 하건마는
> 山산林림에 뭇쳐 이셔 至지樂락을 무룰 것가
> 數수間간茅모屋옥을 碧벽溪계水수 앏픠 두고
> 松송竹죽 鬱울鬱울裏리에 風풍月월主주人인 되여 셔라
> 엇그제 겨을 지나 새봄이 도라오니
> 桃도花화 杏행花화는 夕석陽양裏리예 퓌여 잇고
> 綠녹楊양芳방草초는 細세雨우 中중에 프르도다
> 칼로 몰아 낸가 붓으로 그려 낸가
> 造조化화神신功공이 物물物물마다 헌수룹다
> 수풀에 우는 새는 春춘氣기룰 뭇내 계워
> 소리마다 嬌교態태로다
>
> ― 정극인, 「상춘곡(賞春曲)」

15 윗글에 대한 설명으로 적절하지 <u>않은</u> 것은?

① 자연의 아름다운 풍경을 예찬하였다.
② 계절의 변화에 따라 시상이 전개되고 있다.
③ 삶에 대한 화자의 만족감이 드러나 있다.
④ 강호한정(江湖閑情)의 태도가 드러나 있다.

16 윗글에 나타난 화자의 모습으로 가장 적절한 것은?

① 푸른 시냇물이 보이는 기와집에서 사는 모습
② 아침 일찍 복숭아꽃과 살구꽃을 살피는 모습
③ 새 소리를 들으며 봄날의 경치를 즐기는 모습
④ 자연의 아름다운 풍경을 붓으로 그려내는 모습

[17~19] 다음 글을 읽고 물음에 답하시오.

(가)

[앞부분의 줄거리] 남장을 한 정수정은 장원 급제한 뒤 북적을 물리친다. 이후 황제에게 자신이 여성임을 밝히고 정혼자인 장연과 혼인한다. 호왕이 침공하자 정수정은 대원수, 장연은 중군장으로 출전한다.

대원수 호왕에 승리하여 황성으로 향할새 강서 지경에 이르러 한복더러 묻기를,
"진량의 귀양지가 여기서 얼마나 되는가?"
"수십 리는 되나이다."
대원수 분부하되 철기를 거느려 결박하여 오라 하니 한복 등이 듣고 나는 듯이 가 바로 내실로 들어갈새 진량이 대경하여 ⊙ 연고를 묻거늘 한복이 칼을 들어 시종을 베고 군사를 호령하여 진량을 결박하여 본진으로 돌아와 대원수께 고하되, 대원수 이에 진량을 잡아들여 장하에 꿇리고 노기 대발하여 부친 모해하던 죄상을 문초하니 진량이 다만 살려 달라 빌거늘, 대원수 무사를 호령하여 빨리 베라 하니 이윽고 무사 진량의 머리를 드리거늘, 대원수 제상을 차려 부친께 제사 지내더라.
황제께 첩서를 올려 승전을 알리고, 중군장 장연을 기주로 보내고 대군을 지휘하여 경사로 향하여 여러 날 만에 궐하에 이르니, 황제 백관을 거느려 대원수를 맞아 치하하시고 좌각로 평북후를 봉하시니 대원수 사은하고 청주로 가니라.
차설. 장연이 기주에 이르러 모친 태부인 뵈옵고 전후사연을 고하되 태부인이 듣고 통분 왈,
"너를 길러 벼슬이 공후에 이르니 기쁨이 측량없던 차에 전쟁터에서 부인에게 욕을 보고 돌아올 줄 어찌 알았으리오."
장연의 다른 부인들인 원 부인과 공주가 아뢰기를,
"정수정 벼슬이 높으니 능히 제어치 못할 것이요, 저 사람 또한 대의를 알아 삼가 화목할 것이니 이제는 노하지 마소서."
태부인이 그렇게 여겨 이에 시녀를 정하여 서찰을 주어 청주로 보내니라. 이때 정수정은 전쟁에서 장연 징계한 일로 심사 답답하더니 시비 문득 아뢰되 기주 시녀 왔다 하거늘 불러들여 서찰을 본즉 태부인의 서찰이라. 기뻐 즉시 ⓒ 회답하여 보내고 익일에 행장 차려 갈새, 홍군 취삼으로 봉관 적의에 명월패 차고 수십 시녀를 거느려 성 밖에 나오니, 한복이 정수정을 호위하여 기주에 이르러 태부인께 예하고 두 부인으로 더불어 예필 좌정

함에, 태부인이 지난 일에 조금도 거리낌이 없으니, 정수정 또한 태부인을 지성으로 섬기더라.

– 작자 미상, 「정수정전」

(나)

척은 다시 낙심하여 금교 옆에 주저앉았다. 며칠 동안 아무것도 먹지도 못한 채 미친 사람처럼 사방을 헤매고 다녔기에 그는 금방이라도 기절할 것만 같았다. 이때 명나라 장수 한 명이 10여 명의 기병을 이끌고 성에서 나와 금교 밑에서 말을 씻기고 있었다. 척은 의병으로 출전했을 때 명나라 장수를 대접하느라 중국어를 조금 익혔던 터라 명나라 장수와 중국어로 이야기를 나누다가 자신의 사정을 말하게 되었다. 왜적들에게 온 가족이 변을 당했으며, 자신은 이제 어디 ⓒ 의탁할 곳도 없음을 호소하던 척은 허락만 해 준다면 장수를 따라 중국에 들어가 ⓒ 은둔하고 싶다고 말하였다. 명나라 장수는 이야기를 다 듣고는 슬퍼하였고, 또 척의 뜻을 불쌍히 여겨 말했다.

"나는 오 총병 밑에 있는 천총 여유문이라는 사람이오. 우리 집은 절강성 소흥부에 있소. 집안 살림이 그렇게 넉넉하지는 않지만 먹고살 만은 하오. 사람이 살면서 서로 마음 맞는 사람 만나는 것만큼 귀한 일이 어디에 있겠소. 그 사람과 함께 멀든 가깝든 마음 가는 대로 어디든 다닐 수 있다면 그 즐거움은 이루 말할 수 없을 것이오. 더구나 당신은 이미 집안일에 매여 있지 않으니 어찌 한곳에 매여 답답하게 살 필요가 있겠소?"

말을 마친 여유문은 척에게 말 한 필을 주더니 자기 부대로 함께 가자고 하였다.

척은 잘생기고 생각이 깊은 데다가 활쏘기와 말타기에 능하며 한문도 잘하였다. 이를 안 ⓐ 여유문은 척을 매우 아껴 한 막사에서 식사와 잠을 같이 하였다.

– 조위한, 「최척전」

17 (가)와 (나)의 공통점으로 적절하지 <u>않은</u> 것은?

① 여성 영웅 소설이다.

② 전지적 작가 시점이다.

③ 고전 소설이자 군담 소설이다.

④ 작가가 만들어낸 가공의 인물이 등장한다.

18 ㉠~㉣의 사전적 의미로 적절하지 <u>않은</u> 것은?

① ㉠: 일의 까닭이나 사유.

② ㉡: 안부, 소식, 용무 따위를 적어 보내는 글이나 편지.

③ ㉢: 몹시 언짢거나 못마땅하여서 내는 성.

④ ㉣: 세상일을 피하여 숨음.

19 ⓐ에 숨겨진 여유문의 의도로 가장 적절한 것은?

① 척을 데리고 갈 생각이다.

② 척을 놓고 도망갈 생각이다.

③ 척에게 자신을 구해달라고 할 생각이다.

④ 척의 부탁을 들어주는 시늉만 할 생각이다.

[20~22] 다음 글을 읽고 물음에 답하시오.

> 그런데 정작 내 관심을 끈 것은 소설보다 책 뒷부분에 실린 「모닥불과 개미」라는 수필이었다. 반 쪽짜리 그 짧은 수필이 내 머릿속에 이토록 강렬한 ⊙인상을 남길 줄은 미처 몰랐다.
>
> > 활활 타오르는 모닥불 속에 썩은 통나무 한 개비를 집어 던졌다. 그러나 미처 그 통나무 속에 개미집이 있었다는 것을 나는 몰랐다. 통나무가 우지직, 소리를 내며 타오르자 별안간 개미들이 떼를 지어 쏟아져 나오며 안간힘을 다해 도망치기 시작한다. 그들은 통나무 뒤로 달리더니 넘실거리는 불길에 휩싸여 경련을 일으키며 타 죽어 갔다. 나는 황급히 통나무를 낚아채서 모닥불 밖으로 내던졌다. 다행히 많은 개미들이 생명을 건질 수 있었다. 어떤 놈은 모래 위로 달려가기도 하고 어떤 놈은 솔가지 위로 기어오르기도 했다. 그러나 이상한 일이다. 개미들은 좀처럼 불길을 피해 달아나려고 하지 않는다. 가까스로 공포를 이겨낸 개미들은 방향을 바꾸어 통나무 둘레를 빙글빙글 돌기 시작했다.
> > 무엇이 그들로 하여금 자기 집으로 다시 돌아가게 만드는 것일까?
> > 개미들은 통나무 주위에 모여들이 시작했다. 그러곤 그 많은 개미가 통나무를 붙잡고 바동거리며 그대로 죽어가는 것이었다.
>
> 동물학자가 된 이후에야 비로소 이해하게 되었지만, 당시에는 나도 솔제니친과 마찬가지로 개미들이 왜 그렇게 행동하는지 정말 궁금했다. 생물학자가 아니라 문학가인 솔제니친은 그 상황을 과학적으로 설명하지 못하고 철학적으로 받아들인 듯하다. 당시의 나 역시 개미의 행동을 설명할 길이 없었으나 그 작품은 묘하게도 머릿속에 깊이 박혔다.
> 그러다가 훗날 미국 유학을 가서 꽂혀 버린 학문, 사회 생물학을 접했을 때 순간적으로 솔제니친의 그 수필이 생각났다. 그간 수많은 문학 작품을 읽고 고독을 즐기는 속에서 점점 더 많은 삶의 수수께끼들을 껴안고 살았는데, 사회 생물학이라는 학문이 그것들을 가지런히 정리해서 대답해 주었다. 「모닥불과 개미」 속의 개미도 내가 안고 있던 수수께끼 중 하나였다. 그 개미들을 이해하게 된 순간, 나는 이 학문을 평생 공부하겠다고 결정했다.
>
> — 최재천, 「과학자의 서재」

20 윗글에 대한 설명으로 가장 적절한 것은?

① 자신이 읽은 글에 대해 논평하고 있다.
② 인물, 사건, 배경 등을 갖춘 이야기의 형식을 지닌다.
③ 글쓴이의 개성이 잘 드러나며 누구나 쓸 수 있는 비전문적인 글이다.
④ 기업이나 단체, 개인이 상품이나 정보, 사업 내용 등을 매체를 통해 알리는 글이다.

21 윗글의 내용과 일치하지 <u>않는</u> 것은?

① '나'는 「모닥불과 개미」를 읽을 당시에는 개미의 행동을 이해하지 못하였다.
② 사회 생물학이라는 학문은 많은 삶의 수수께끼들에 대한 답을 알려 주었다.
③ 「모닥불과 개미」 속 개미를 이해하게 되자 사회 생물학을 공부하기로 결심하였다.
④ 사회 생물학을 접하였을 때 순간적으로 미국 유학을 와서 읽었던 문학 작품이 떠올랐다.

22 밑줄 친 부분이 ⊙과 가장 유사한 의미로 쓰인 것은?

① 내일부터 라면값이 <u>인상</u>된다.
② 그 사람은 <u>인상</u>을 찡그리고 있어.
③ 그 사람은 건방지다는 <u>인상</u>을 남겼다.
④ 장미란 선수는 <u>인상</u>에서 세계 신기록을 세웠다.

[23~25] 다음 글을 읽고 물음에 답하시오.

빅뱅 이론을 세운 조지 가모프 교수는 뜨거운 초기 우주에서 작은 ㉠ 입자(粒子)들이 고속으로 만나 어떻게 수소와 헬륨 원자핵을 최초로 만들었는지 알아냈다. 우리 몸의 핵심 요소이자 기구를 띄우기 위해 종종 집어넣는 기체이고, 미래 자동차 원료로 주목을 받으며, 우주 전체 물질 질량의 70%를 차지하는 수소는 우주 초기 처음 3분간 만들어지고, 온 우주에 고루 뿌려진 뒤 오늘날 우리 몸속에 자리 잡았다는 것이 현대 우주론적 이해다.

그러면 수소와 헬륨보다 무거운 원소들은 어디에서 만들어졌을까? 탄소, 질소, 산소는 태양과 같은 작은 별 안에서 만들어졌다. 우리 은하 내에는 태양과 같은 작은 별이 약 1,000억 개 존재하고, 보이는 우주 내에는 우리 은하와 같은 은하가 또 1,000억 개 이상 존재한다. 작은 별들은 뜨거운 중심부에서 수소를 연료로 핵융합 발전을 해 빛을 만들고 그 과정에서 헬륨을 생산한다. 수소가 ㉡ 고갈(枯渇)되면 헬륨을 핵융합하여 탄소를, 다시 탄소를 이용하여 산소 등을 만든다. 이렇게 만들어진 원소들의 일부는 우주 공간에 퍼져 나가고, 일부는 수명을 다하는 별의 핵을 이루며 최후를 장식한다. 작은 별의 최후는 주로 단단한 탄소 덩어리일 것이라고 생각된다.

산소보다 더 무거운 황, 인, 마그네슘, 철 등은 태양보다 대략 10배 이상 무거운 별에서 만들어졌다. 무거운 별은 작은 별보다 짧고 굵은 삶을 산다. 작은 별들이 약 100억 년 안팎으로 살 수 있는 것에 비해 큰 별들은 1,000만 년 정도로 짧게 산다. 하지만 내부가 워낙 고온으로 올라가기 때문에, 산소보다 무거운 원소들을 만든다. 철까지 만든 후 무거운 별들은 초신성 폭발을 한다. 철보다 무거운 원소는 초신성 폭발에서 만들어진다. 큰 별이 초신성 폭발과 함께 일생을 마감할 때, 일부 물질은 그 폭발의 ㉢ 잔해(殘骸)인 블랙홀이나 중성자별 안에 갇히지만, 대부분은 우주 공간으로 ㉣ 환원(還元)된다. 만일 초신성이 자기가 만든 귀한 원소들을 우주에 나누어 주지 않는다면 어떤 일이 일어날까? 그 후에 태어난 젊은 별은 초기 우주가 만든 수소와 헬륨 등 극히 단순한 원소 외에는 갖지 못한 채 태어날 것이다.

– 이석영, 「초신성의 후예」

23 윗글의 서술상 특징으로 적절하지 <u>않은</u> 것은?

① 질문하고 답하는 형식을 취한다.
② 권위자의 이론을 인용하고 있다.
③ 작가의 일화를 인용하여 설명하고 있다.
④ 각 원소들이 어떻게 만들어졌는지 질량의 크기 순서로 설명하고 있다.

24 윗글의 내용과 일치하는 것은?

① 수소는 우주 전체 물질 질량의 70%를 차지한다.
② 탄소, 질소, 산소는 목성과 같은 큰 별 안에서 만들어졌다.
③ 우리 은하 내에는 태양과 같은 작은 별이 존재하지 않는다.
④ 산소보다 더 무거운 황, 인, 마그네슘, 철 등은 태양보다 가벼운 별에서 만들어졌다.

25 ㉠~㉣의 사전적 의미로 적절하지 <u>않은</u> 것은?

① ㉠: 물질을 구성하는 미세한 크기의 물체.
② ㉡: 어떤 일에 온 정신을 다 기울여 열중함.
③ ㉢: 부서지거나 못 쓰게 되어 남아 있는 물체.
④ ㉣: 본디의 상태로 다시 돌아감. 또는 그렇게 되게 함.

6일차 **수학**

01 세 다항식 A, B, C에 대하여 $A = 6x^2 - 5x + 4$, $B = 2x^3 - 3x^2 + 1$, $C = -x^2 + x - 1$일 때, $A + 2B - C$를 구하면?

① $-x^3 + 4x^2 - 2x - 6$

② $2x^3 - x^2 - 2x - 4$

③ $3x^3 + 4x^2 - 2x - 2$

④ $4x^3 + x^2 - 6x + 7$

02 등식 $x^2 - 3x + 4 = (x+1)^2 + ax + b$가 x에 대한 항등식일 때, 두 상수 a, b에 대하여 $a - b$의 값은?

① -8 ② -4

③ -3 ④ -2

03 다항식 $2x^3 - 3x^2 + 4$를 이차식 $x^2 + 2x - 3$으로 나누었을 때의 몫을 $Q(x)$, 나머지를 $R(x)$라 할 때, $Q(2) + R(1)$의 값은?

$$
\begin{array}{r}
\;\boxed{Q(x)} \\
x^2 + 2x - 3\,\overline{)\,2x^3 - 3x^2 + 4} \\
\underline{2x^3 + 4x^2 - 6x} \\
-7x^2 + 6x\;\; + 4 \\
\underline{-7x^2 - 14x + 21} \\
\boxed{R(x)}
\end{array}
$$

① -1 ② 0

③ 1 ④ 2

04 다항식 $x^3 - 6x^2 - ax - 6$이 $x - 2$를 인수로 가질 때, 다음 중 이 다항식의 인수인 것은?
(단, a는 상수이다.)

① $x - 1$ ② $x + 1$

③ $x + 2$ ④ $x + 3$

05 두 실수 p, q에 대하여 $\dfrac{1+pi}{2-i}=qi$일 때, $p+q$의 값은? (단, $i=\sqrt{-1}$)

① -3 ② -1

③ 1 ④ 3

06 이차방정식 $x^2-2x+3=0$의 두 근을 α, β라 할 때, $(\alpha+\beta)^2$의 값은?

① 2 ② 4

③ 6 ④ 8

07 정의역이 $\{x\,|\,-1\leq x \leq 3\}$일 때, 이차함수 $y=x^2-4x+3$의 최댓값을 M, 최솟값을 m이라고 하자. $M+m$의 값은?

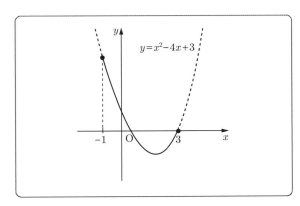

① 10 ② 7

③ 4 ④ 1

08 삼차방정식 $x^3+ax-b=0$과 이차방정식 $x^2-4x+3=0$이 공통인 두 근을 가질 때, 두 상수 a, b에 대하여 $a-b$의 값은?

① -7 ② -4

③ -1 ④ 2

09 연립부등식 $\begin{cases} 3(x-1) < 2 \\ 2(x-5) > x-12 \end{cases}$를 만족하는 정수 x의 개수는?

① 3 ② 4

③ 5 ④ 6

10 두 점 $A(-1, -a)$, $B(-1, 2)$ 사이의 거리가 12일 때, 자연수 a의 값은?

① 2　　　　　　② 6

③ 10　　　　　④ 14

11 직선 $y = 2x + 1$을 x축의 방향으로 -3만큼, y축의 방향으로 k만큼 평행이동하였더니 처음 직선과 일치하였다. 이때 실수 k의 값은?

① -14　　　　② -10

③ -8　　　　④ -6

12 방정식 $x^2 + y^2 + 2x - 4y - 4 = 0$이 나타내는 원의 중심의 좌표를 (a, b), 반지름의 길이를 r라 할 때, $a + b + r$의 값은?

① 4　　　　　　② 5

③ 6　　　　　　④ 7

13 좌표평면 위의 점 $(2, 1)$을 직선 $y = x$에 대하여 대칭이동한 점의 좌표는 (a, b), y축에 대하여 대칭이동한 점의 좌표는 (c, d)라 할 때, $ac + bd$의 값은?

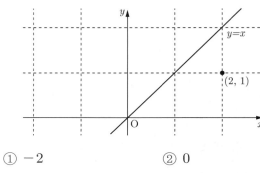

① -2　　　　　② 0

③ 1　　　　　　④ 2

14 두 집합 $A = \{2, 3, 6, a+1\}$, $B = \{1, 4, 8, a-1\}$에 대하여 $(A-B) \cup (B-A) = \{1, 2, 3, 4\}$일 때, 실수 a의 값은?

① 7　　　　　　② 5

③ 3　　　　　　④ 1

15 다음 명제 중 참인 것은?

① x가 소수이면 x는 홀수이다.

② $x-2=0$이면 $x^2-2x=0$이다.

③ x가 3의 배수이면 x는 9의 배수이다.

④ x가 12의 약수이면 x는 4의 약수이다.

16 〈보기〉의 대응 중 함수인 것만을 모두 고른 것은?

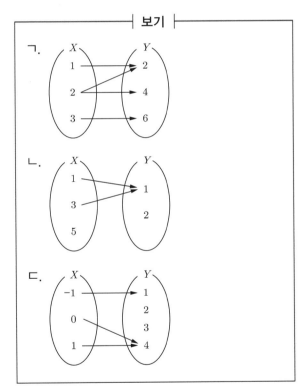

① ㄱ

② ㄷ

③ ㄱ, ㄴ

④ ㄱ, ㄷ

17 무리함수 $y=\sqrt{4x+8}-3$의 그래프는 함수 $y=2\sqrt{x}$의 그래프를 x축의 방향으로 a, y축의 방향으로 b만큼 평행이동한 것이다. 이때 두 상수 a, b에 대하여 $2a+b$의 값은?

① -1

② -4

③ -7

④ -10

18 다음은 함수 $y=2x+4$의 역함수를 구하는 과정이다. ㉠, ㉡에 들어갈 알맞은 식을 바르게 나열한 것은?

주어진 함수는 일대일대응이므로 역함수가 존재한다.

$y=2x+4$를 x에 대하여 풀면

$x=$ [㉠]

㉠에서 x와 y를 서로 바꾸면 구하는 역함수는

$y=$ [㉡]

	㉠	㉡
①	$\frac{1}{2}y-4$	$\frac{1}{2}x-4$
②	$\frac{1}{2}y-2$	$\frac{1}{2}x-2$
③	$y-2$	$x-2$
④	$y-4$	$x-4$

19 다음 등식을 만족하는 자연수 n의 값을 구하면?
(단, $n \geq 2$)

$$_n\mathrm{P}_2 = 110$$

① 11   ② 12

③ 13   ④ 14

20 다음과 같이 가로로 나열된 5개의 평행선과 세로로 나열된 3개의 평행선이 서로 만날 때, 이 평행선들로 만들어지는 평행사변형의 개수는?

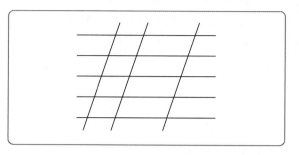

① 24   ② 26

③ 28   ④ 30

6일차 영어

제한 시간: 40분
문항 수: 25문항
배점: 1문제당 4점

정답 CHECK!
자동 채점 서비스

[01~03] 다음 밑줄 친 부분의 뜻으로 가장 적절한 것을 고르시오.

01

> Teens who cannot stop using computers by themselves show various <u>symptoms</u>.

① 습관
② 학습
③ 질병
④ 증상

02

> I can't <u>figure out</u> how to start the machine.

① 제작하다
② 소개하다
③ 이해하다
④ 운반하다

03

> <u>According to</u> research, students who do volunteer actually work better than those who don't volunteer.

① ~하므로
② ~에 따르면
③ ~을 제외하고
④ ~에도 불구하고

04 다음 중 두 단어의 의미 관계가 나머지 셋과 <u>다른</u> 것은?

① job － technician
② subject － history
③ positive － negative
④ emotion － delighted

05 다음 댄스 페스티벌 포스터에서 언급되지 <u>않은</u> 것은?

Summer Dance Festival

○ When
  August 27th, 2024, at 6:00 p.m
○ Where
  outdoor stage in our school
○ Invited Dancers
  Michael Lee, Dance group 'Genie'
○ No Food or Drink Allowed
  (You can only bring in water.)

① 경품 추첨
② 초대 댄서
③ 개최 시간
④ 주의 사항

06

> ○ Would you like to _____ any baggage?
> ○ You'll have to _____ the oil before you start driving.

① finish   ② erase

③ break   ④ check

07

> ○ It is not easy _____ her to pass the exam.
> ○ I have lived there _____ five years.

① for   ② into

③ with   ④ about

08

> ○ _____ I had a few hours to spend until then, I decided to watch a movie.
> ○ When in Rome, do _____ the Romans do.

① of   ② as

③ by   ④ on

09 다음 중 밑줄 친 표현의 의미로 가장 적절한 것은?

> A: What sports do you like best?
> B: My favorite sport is baseball. How about you?
> A: I like fencing very much. I hope to learn how to play fencing.
> B: Why don't you try that?
> A: I think it's a little late for that.
> B: Well, it's never too late to learn.

① 배움에 늦은 때는 없다

② 집보다 좋은 곳은 없다

③ 겉만 보고 판단해서는 안 된다

④ 낮말은 새가 듣고 밤말은 쥐가 듣는다

10 다음 대화에서 알 수 있는 B의 심정으로 가장 적절한 것은?

> A: Hey, what's wrong?
> B: I shouldn't have bought a cap.
> A: Do you mean you don't like the cap?
> B: I don't need it. I should have been more careful when spending money.

① 기뻐하는   ② 공감하는

③ 후회하는   ④ 망설이는

11 다음 대화가 이루어지는 장소로 가장 적절한 것은?

> A: Can I take these three books home?
> B: Sure. Are you a student here?
> A: Yes.
> B: Then show me your student ID card.
> A: Here it is.
> B: There you go. Please return the books in two weeks.

① 경비실   ② 도서관
③ 소방서   ④ 양호실

12 다음 중 밑줄 친 It(it)이 가리키는 것으로 가장 적절한 것은?

> It gives you new pleasures such as the wonderful shock of experiencing new world. However, it might not always be pleasurable unless you prepare for it. Therefore, you should make plans for it and check all the problems you may meet.

① 여행   ② 유머
③ 공기   ④ 소문

[13~14] 다음 대화의 빈칸에 들어갈 말로 가장 적절한 것을 고르시오.

13

> A: May I help you?
> B: Yes, please. I want to send a few boxes.
> A: _____?
> B: One is for China, and the other two for Korea.

① How far is it
② How much is it
③ Where are you from
④ What country are they for

14

> A: Excuse me, _____?
> B: Take the subway line 3 and get off at Gyeongbokgung Station.

① how do I get to Gyeongbokgung Palace
② how often do you get to Gyeongbokgung Palace
③ how about going to Gyeongbokgung Palace with me
④ how long does it take to get to Gyeongbokgung Palace

15 다음 글을 쓴 목적으로 가장 적절한 것은?

> **Get a new jacket for half price!**
> I have a jacket for sale. I won it as a quiz prize, but I already have a similar one. It is a small-sized black jacket with many pockets. I haven't even opened the wrapping. If you're interested, please contact me.

① 신청하기   ② 판매하기
③ 요청하기   ④ 취소하기

16 주어진 말에 이어질 대화를 〈보기〉에서 찾아 순서 대로 배열한 것은?

> What's the matter, Yoon-sun? You don't look well.

┤ 보기 ├
(A) Are you feeling sick?
(B) Yes, I'm concerned I might have food poisoning.
(C) I'm worried about the fish I had for lunch. It smelled strange.

① (A) − (C) − (B)
② (B) − (A) − (C)
③ (B) − (C) − (A)
④ (C) − (A) − (B)

17 다음 뮤지컬 안내문의 내용과 일치하지 <u>않는</u> 것은?

The musical 'Notre Dame de Paris'

○ The musical 'Notre Dame de Paris' opens at the Blue Square soon.
○ 'Notre Dame de Paris' is one of the most popular musicals all over the world.
○ It runs from February 25 to March 18, and starts at 7:00 p.m. each night.
○ Tickets can be reserved online at www.notredamedeparis.com.

① 뮤지컬은 전 세계에서 인기가 있다.
② 뮤지컬은 여름까지 공연이 이어진다.
③ 뮤지컬은 Blue Square에서 공연한다.
④ 뮤지컬의 티켓은 온라인에서 예매한다.

18 다음 발명에 대한 설명과 일치하지 <u>않는</u> 것은?

> Do you know how to invent new things? A good method is inventing by addition. This means inventing something by adding a new element to something that already exists. For example, Hyman Lipman became a great U.S. inventor by attaching an eraser to the top of a pencil. Now that you know how to invent something, try to make an invention.

① 이미 있는 것에 추가하여 발명할 수 있다.
② 연필 윗부분에 지우개를 붙인 것도 발명이다.
③ Hyman Lipman은 미국의 위대한 발명가이다.
④ Hyman Lipman의 발명품은 불티나게 팔렸다.

19 다음 글의 주제로 가장 적절한 것은?

> Choosing the best job for oneself can take a long time, but for me, it was very quick. While I was traveling in London, I happened to see the fashion show at London Fashion Week. I saw an amazing clothes and accessories that I just couldn't stop looking at. Then, I realized I wanted to make such beautiful things. As soon as I returned to my country, I registered for an famous fashion academy. After working at several fashion firm as fashion designer, I now have my own fashion firm.

① 신중해야 하는 직업 선택
② 직업을 선택하게 된 계기
③ 런던의 유명한 패션 잡지
④ 패션 디자이너에게 필요한 강의

[20~21] 다음 글의 빈칸에 들어갈 말로 가장 적절한 것을 고르시오.

20

> Do you love ice cream? Like most people, I love ice cream very much. According to a newspaper article, your favorite ice cream flavor could show what kind of person you are. For example, if your favorite flavor is chocolate, it means that you are very creative and _____. What if your favorite flavor is strawberry? It means you are logical and thoughtful.

① stubborn
② depressed
③ impractical
④ enthusiastic

21

> The increasing amount of food trash is becoming a serious environmental problem. Here are some easy ways to _____ the amount of food trash. First, make a list of the food you need before shopping. Second, make sure not to prepare too much food for each meal. Third, save the food that is left for later use.

① expand
② produce
③ increase
④ decrease

22 다음 글의 바로 뒤에 이어질 내용으로 가장 적절한 것은?

> You need stress in your life! Does that surprise you? Maybe it does, but it is quite true. Without stress, life would be dull. Stress adds flavor, challenge, and opportunity to life. Too much stress, however, can seriously hurt you. So it is important to learn how to manage stress. Let's learn how to manage stress effectively and try to apply it into real life.

① 현대 사회와 스트레스의 관계
② 스트레스로 인한 심적 고통 해소법
③ 실생활에서 스트레스를 관리하는 방법
④ 실생활에서 발생하는 몇 가지 스트레스 유형

23 글의 흐름으로 보아 다음 문장이 들어가기에 가장 적절한 곳은?

> However, with our busy lives, this is sometimes difficult.

> It's important to stay healthy. (①) To have a healthy life, we should eat right and exercise. (②) Here are some easy tips for staying healthy. First, try to take the stairs instead of the elevator. (③) Second, you should drink at least eight glasses of water a day. (④) Finally, you should get more than six hours of sleep every night.

[24~25] 다음 글을 읽고 물음에 답하시오.

Good afternoon, ladies and gentlemen. Thank you for choosing Arirang Air. This is your captain speaking. Today, we will be flying from Incheon to Beijing. The flight is expected to take 2 hours. _____, the weather is clear in Beijing and we expect to arrive on time. If you need anything, please call our flight attendants. We will be happy to assist you. Please enjoy the flight. Thank you.

24 윗글의 빈칸에 들어갈 말로 가장 적절한 것은?

① Finally
② Similarly
③ Currently
④ Unfortunately

25 윗글의 주제로 가장 적절한 것은?

① 인천 발 베이징 행 비행 안내
② 비행기 기장과 승무원의 역할
③ 베이징으로 가는 비행기의 연착
④ 여행객이 가장 많이 이용하는 비행기

6일차 사회

제한 시간: 30분
문항 수: 25문항
배점: 1문제당 4점

정답 CHECK!
자동 채점 서비스

01 빈칸 ㉠에 들어갈 말로 알맞은 것은?

> ㉠ 는 국가 권력을 서로 다른 국가 기관들이 나누어 행사하게 하여 상호 견제와 균형을 유지하고 국가 권력의 남용을 방지한다.

① 법치주의
② 선거 제도
③ 헌법 재판 제도
④ 권력 분립 제도

02 문화 상대주의의 필요성에 대한 설명으로 옳지 않은 것은?

① 다른 문화를 객관적으로 이해할 수 있다.
② 자신의 문화에 대해 겸손한 태도를 가질 수 있다.
③ 여러 문화권의 관습과 규범을 수용하여 갈등을 예방한다.
④ 인류의 보편적 가치를 무시하는 문화까지도 인정해야 한다.

03 공간 불평등을 완화하는 정책으로 옳지 않은 것은?

① 지역 간 단절
② 지역 발전 사업
③ 공공 기관 이전
④ 도시 정비 사업

04 정의관에 대해 논한 사상가와 그 주장이 잘못 연결된 것은?

① 매킨타이어: 공동체의 가치를 존중하고 전통을 수호해야 한다.
② 노직: 과정이 정당하다면 현재의 소유권에 대해 정당한 권리를 가진다.
③ 왈처: 공동체의 문화적 차이 등을 고려하여 사회적 가치를 배분해야 한다.
④ 롤스: 소득 재분배로 개인의 기본적 권리가 침해당할 수 있으므로 반대한다.

05 경제 활동 시 합리적 선택의 한계 상황으로 옳지 않은 것은?

① 이익의 충돌
② 사회 규범의 미준수
③ 편익과 비용 파악의 한계
④ 사회 전체적 효용의 증가

06 빈칸 ㉠에 들어갈 말로 알맞은 것은?

> 은행 예금은 언제든지 현금으로 찾을 수 있기 때문에 ㉠ 이 높고, 부동산은 매매하는 데 많은 시간이 소요되고 가격이 높아 매매가 쉽지 않으므로 ㉠ 이 낮다.

① 수익성
② 유동성
③ 안전성
④ 한계성

07 다음 설명에 해당하는 참정권 운동 전개 과정의 결과로 옳은 것은?

> ○ 노동자: 영국 노동자들이 인민헌장을 통해 참정권, 비밀 투표 등을 요구하였다.
> ○ 여성: 영국 여성들이 남성과 동등한 참정권 보장을 요구하였다.
> ○ 흑인: 미국 흑인들이 인종 차별에 맞서 선거권 확대 운동을 전개하였다.

① 상공업 발달로 시민 계층이 성장하여 계몽사상이 확산되었다.
② 시민 혁명 이후에도 직업, 성별, 재산 등에 따라 선거권이 제한되었다.
③ 정치권력으로부터 간섭받지 않고 자유권과 평등권 등을 획득하게 되었다.
④ 보통 선거 제도가 확립되어 대부분의 사람들이 참정권을 행사하게 되었다.

08 다음 설명에 해당하는 퀴즈의 정답은?

> 우리 사회는 저출산, 유소년 인구 감소, 의료 기술의 발달 등으로 인해 고령화 사회가 되었습니다. 이 현상이 가져온 다양한 변화에는 어떤 것이 있을까요?

① 실버산업 성장
② 출산·육아 장려 정책 축소
③ 청·장년층 조세 부담 감소
④ 노인들의 정치적 영향력 감소

09 인구 이동의 흡인 요인으로 옳은 것만을 〈보기〉에서 모두 고른 것은?

┤ 보기 ├
ㄱ. 편리한 교통
ㄴ. 풍부한 일자리
ㄷ. 낮은 임금 수준
ㄹ. 생활 시설의 부재

① ㄱ, ㄴ   ② ㄱ, ㄷ
③ ㄴ, ㄷ   ④ ㄷ, ㄹ

10 인간과 자연이 공존하기 위한 사회적 차원의 노력으로 옳지 <u>않은</u> 것은?

① 슬로 시티를 만든다.
② 생태 도시를 건설한다.
③ 자연 휴식년제를 만든다.
④ 일상생활에서 자연 보호를 위해 노력한다.

11 교통·통신의 발달로 인한 생활의 변화로 옳은 것만을 〈보기〉에서 모두 고른 것은?

┤ 보기 ├
ㄱ. 중소 도시의 인구와 자본이 대도시로 흡수되었다.
ㄴ. 대도시는 공업, 관광 등의 도시별로 특화된 전문 기능이 발달하였다.
ㄷ. 교통 조건이 유리해진 지역의 경제는 점차 쇠퇴하였다.
ㄹ. 노동력의 국제적 이동이 가속화되어 세계화가 촉진되었다.

① ㄱ, ㄹ   ② ㄴ, ㄷ
③ ㄴ, ㄹ   ④ ㄷ, ㄹ

12 다음 중 영토 분쟁이 일어나지 <u>않는</u> 지역은?

① 시사 군도
② 센카쿠 열도
③ 세이셸 군도
④ 스프래틀리 군도

13 빈칸 ㉠에 들어갈 말로 알맞은 것은?

〈이동식 화전 농법의 과정〉

| ㉠ | → 불을 질러 경작지 조성 → 농작
물 수확 → 토양 황폐 → 다른 곳으로 이동

① 씨를 뿌림
② 물을 길어 옴
③ 나무를 베어 냄
④ 열매를 수확 후 건조함

14 다음 설명에 해당하는 국제기구는?

○ 국제 무역과 관련된 규범 제정 및 운영
○ 회원들 간에 발생하는 무역 마찰 문제 해결 및 중재

① 국제 연합(UN)
② 세계 무역 기구(WTO)
③ 북미 자유 무역 협정(NAFTA)
④ 동남아시아 국가 연합(ASEAN)

15 다음 설명에 해당하는 관점은?

○ 사회 현상을 사회 제도나 사회 구조와 연관 지어 이해한다.
○ 사회 구조와 법, 제도 등이 사회 현상에 미치는 영향을 파악하고 사회 문제를 해결하기 위한 정책 대안을 마련하는 데 도움을 준다.

① 시간적 관점   ② 사회적 관점
③ 윤리적 관점   ④ 공간적 관점

16 다음 중 삶의 만족도를 저하하는 요인으로 옳지 <u>않는</u> 것은?

① 역지사지의 마음가짐
② 고용 불안에 따른 실업의 위험성
③ 경제적 양극화로 인한 사회적 박탈감
④ 급속한 경제 성장과 과도한 경쟁으로 인한 스트레스

17 다음 설명에 해당하는 지역 조사 단계는?

(가) 주민 면담, 설문 조사, 촬영 등으로 새로운 정보를 입수한다.
(나) 쉽게 이해할 수 있도록 그래프, 표 등의 시각적인 방법으로 표현한다.

	(가)	(나)
①	주제 및 지역 선정	지역 정보 수집
②	지역 정보 수집	지역 정보 정리 및 분석
③	지역 정보 정리 및 분석	보고서 작성
④	보고서 작성	주제 및 지역 선정

18 다음 설명에 해당하는 인간, 사회, 환경을 보는 관점은?

> 〈인간, 사회, 환경을 보는 관점의 사례〉
> ○ 성소수자를 대하는 사회적 인식의 기준은 무엇일까?
> ○ 일상생활에서 도덕적 행위의 판단 기준은 무엇일까?
> ○ 곡물 메이저의 식량 분배 과정에는 어떤 문제점이 있을까?

① 공간적 관점
② 시간적 관점
③ 사회적 관점
④ 윤리적 관점

19 다음 설명에 해당하는 권리는?

이번에 투표할 거지?

당연히 해야지! 지금은 우리도 정치에 참여할 수 있는 권리가 있잖아.

① 인권
② 연대권
③ 참정권
④ 사회권

20 최근의 정주 환경 조성 방향으로 옳은 것은?

① 자연환경에 순응하는 생활
② 자연과 인간이 공존하는 생태 환경 조성
③ 자연을 배제한 인간 위주의 인공적인 환경 조성
④ 삶의 질을 향상시키기 위한 자연의 개발과 이용

21 다음 그림과 같은 전통 가옥이 분포하는 기후 지역은?

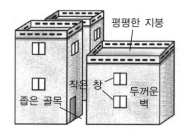
평평한 지붕
작은 창
두꺼운 벽
좁은 골목

① 열대 기후
② 온대 기후
③ 한대 기후
④ 건조 기후

22 다음 설명에 해당하는 현상은?

> ○ 제주도에서 주로 재배하던 감귤 농사가 북쪽으로 확대되고 있다.
> ○ 우리나라 해수면 온도가 점차 상승하여 아열대성 어족의 개체 수가 늘어나고 있다.

① 사막화
② 열대림 파괴
③ 지구 온난화
④ 생물종 감소

23 다음 지도와 같은 현상에 대한 대책으로 가장 적절한 것은?

〈봄철 황사 이동 경로〉

① 인접 국가 간에 상호 협력을 도모한다.
② 국제 연합을 통해 손해 배상을 청구한다.
③ 피해를 발생시킨 국가에게 무역 관세를 물린다.
④ 생존권을 위협받고 있다며 유해 폐기물을 전가한다.

24 다음 설명에 해당하는 사회 현상으로 인해 일어난 변화는?

> 국가 간 상호 의존성이 높아지고 국제 사회가 하나의 지구촌으로 통합되는 과정이다.

① 외국산 제품의 구입이 어려워졌다.
② 한류 문화를 즐기는 세계인이 증가하였다.
③ 우리나라를 찾는 외국인의 수가 감소하였다.
④ 교통수단의 발달로 국가 간 상호 의존성이 감소하였다.

25 다음 그래프에 나타난 우리 사회의 변화에 대한 설명으로 옳은 것은?

〈한국인과 외국인의 혼인 추이〉

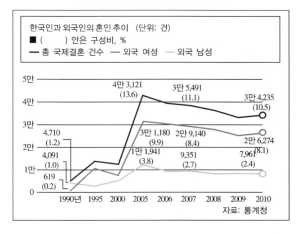

① 국수주의 정책 강화에 대한 목소리가 높아졌다.
② 인종이나 국적에 따라 차별적인 대우가 필요하다.
③ 다른 문화를 존중하고 인정하는 태도를 가져야 한다.
④ 체계적인 다문화 교육 프로그램을 만드는 것은 불필요하다.

6일차 과학

제한 시간: 30분
문항 수: 25문항
배점: 1문제당 4점

정답 CHECK!
자동 채점 서비스

01 그림은 공을 가만히 놓아 자유 낙하 시킨 것이다. 이 공의 운동에 대한 설명으로 옳지 <u>않은</u> 것은? (단, 공기 저항은 무시한다.)

지면

① 공은 속도가 일정하게 증가한다.
② 공이 지면에 닿는 순간 중력은 0이다.
③ 공이 무거울수록 작용하는 중력은 크다.
④ 공에 작용하는 중력은 지구 중심 방향이다.

02 운동하고 있는 물체에 작용하는 알짜힘이 0일 때, 물체의 운동 상태로 옳은 것은?

① 물체가 그대로 멈춘다.
② 등속 직선 운동을 한다.
③ 물체의 속력이 점점 빨라진다.
④ 속력이 일정한 원운동을 한다.

03 운동량과 충격량에 대한 설명으로 옳은 것만을 〈보기〉에서 모두 고른 것은?

┤ 보기 ├
ㄱ. 충격량의 크기만큼 운동량이 변한다.
ㄴ. 운동량의 방향은 속도의 방향과 같다.
ㄷ. 속도가 같을 때 질량이 클수록 운동량이 작다.

① ㄱ, ㄴ
② ㄱ, ㄷ
③ ㄴ, ㄷ
④ ㄱ, ㄴ, ㄷ

04 그림은 열기관의 1회 순환 과정을 나타낸 것이다. 이에 대한 설명으로 옳지 <u>않은</u> 것은? (단, Q_1은 공급된 열에너지, Q_2는 방출된 열에너지, W는 한 일이다.)

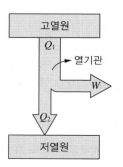

고열원

Q_1

열기관

W

Q_2

저열원

① $W = Q_1 - Q_2$이다.
② Q_1은 Q_2보다 크다.
③ 열효율이 높을수록 Q_2가 작다.
④ Q_2가 0인 열기관을 만들 수 있다.

05 다음 중 반도체를 이용한 장치가 <u>아닌</u> 것은?

① LED   ② 풀러렌

③ 다이오드   ④ 트랜지스터

06 그림은 변압기의 구조를 나타낸 것이다. 이에 대한 설명으로 옳은 것은?

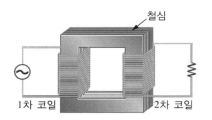

① 송전 과정에서 전압을 유지시킨다.

② 1차 코일은 교류 전원이 방출되는 부분이다.

③ 1차 코일과 2차 코일의 감은 수는 조절할 수 없다.

④ 전압을 낮추려면 1차 코일보다 2차 코일을 더 적게 감아야 한다.

07 그림은 물(H_2O) 분자의 결합 모형을 나타낸 것이다. 이에 대한 설명으로 옳은 것만을 〈보기〉에서 모두 고른 것은?

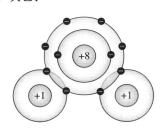

┤ 보기 ├

ㄱ. 산소 원자는 수소 원자와 전자쌍을 공유한다.

ㄴ. 수소와 산소는 각각 2중 결합을 2개 형성한다.

ㄷ. 수소 원자는 각각 헬륨(He)과 같은 전자 배치를 이룬다.

① ㄱ   ② ㄷ

③ ㄱ, ㄷ   ④ ㄱ, ㄴ, ㄷ

08 그림은 원자 (가)와 (나)의 전자 배치를 모형으로 나타낸 것이다. 이에 대한 설명으로 옳은 것만을 〈보기〉에서 모두 고른 것은?

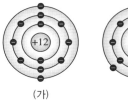

(가)   (나)

┤ 보기 ├

ㄱ. (가)는 Mg, (나)는 S이다.

ㄴ. (가)와 (나) 모두 3주기에 해당한다.

ㄷ. (가)와 (나) 모두 2족 원소에 해당한다.

① ㄱ   ② ㄱ, ㄴ

③ ㄴ, ㄷ   ④ ㄱ, ㄴ, ㄷ

09 다음 화학 반응식에서 산화되는 물질 (가)와 환원되는 물질 (나)를 바르게 나열한 것은?

$$Mg + Cu^{2+} \rightarrow Mg^{2+} + Cu$$
마그네슘   구리 이온   마그네슘 이온   구리

    (가)   (나)

① Mg Cu^{2+}

② Cu^{2+} Mg

③ Mg^{2+} Cu

④ Cu Mg^{2+}

10 우리 주변에서 볼 수 있는 염기성 물질로 옳은 것은?

① 치약
② 식초
③ 레몬즙
④ 탄산음료

11 다음 원소들의 공통점이 <u>아닌</u> 것은?

리튬(Li), 나트륨(Na), 칼륨(K), 루비듐(Rb)

① 비금속 원소이다.
② 은백색 광택을 띤다.
③ 실온에서 고체 상태이다.
④ 산소나 물과 빠르게 반응한다.

12 빈칸 ㉠에 들어갈 말로 알맞은 것은?

같은 생물종이라도 서로 다른 유전자를 가지고 있어 다양한 형질이 나타나는 것을 의미하는 것으로, ㉠ 이 높을수록 급격한 환경 변화에도 적응하여 살아남는 개체가 존재할 가능성이 높다.

① 외래종
② 종 다양성
③ 생태계 다양성
④ 유전적 다양성

13 그림은 생태계 구성 요소 사이의 관계를 나타낸 것이다. ㉠의 예로 옳지 <u>않은</u> 것은?

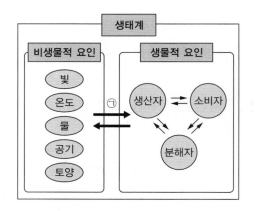

① 지렁이가 토양의 통기성을 높인다.
② 토양에 양분이 풍부하면 식물이 잘 자란다.
③ 추운 겨울이 오면 개구리는 겨울잠을 잔다.
④ 기온이 낮아지면 은행나무 잎이 노랗게 변한다.

14 그림은 식물 세포의 구조를 나타낸 것이다. A~D의 명칭을 바르게 나타낸 것은?

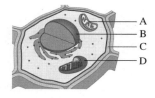

① A – 엽록체
② B – 액포
③ C – 세포벽
④ D – 미토콘드리아

15 빈칸 ㉠에 공통적으로 들어갈 말로 알맞은 것은?

> ○ ⬚㉠⬚ 은/는 생명체 내에서 일어나는 모든 화학 반응을 말하며, 효소가 관여한다.
> ○ ⬚㉠⬚ 은/는 물질을 합성하는 동화 작용과 물질을 분해하는 이화 작용으로 구분된다.

① 연소
② 광합성
③ 물질대사
④ 생체 촉매

16 세포 내에서 이루어지는 유전 정보의 전달 과정 중 RNA에서 하나의 아미노산을 지정하는 연속된 3개의 염기를 의미하는 것은?

① 발현
② 번역
③ 전사
④ 코돈

17 그림은 녹색식물의 광합성 과정을 나타낸 것이다. 이에 대한 설명으로 옳은 것만을 〈보기〉에서 모두 고른 것은?

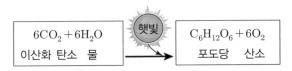

$6CO_2 + 6H_2O$ 이산화 탄소 물 —(햇빛)→ $C_6H_{12}O_6 + 6O_2$ 포도당 산소

> ┤ 보기 ├
> ㄱ. 엽록체에서 일어난다.
> ㄴ. 이화 작용에 해당한다.
> ㄷ. 빛에너지가 화학 에너지로 전환된다.

① ㄱ
② ㄷ
③ ㄱ, ㄴ
④ ㄱ, ㄷ

18 DNA 이중 나선에서 아데닌(A)의 비율이 70 % 일 때, 타이민(T)의 비율은?

① 65 %
② 70 %
③ 75 %
④ 80 %

19 지구 시스템의 구성 요소에 대한 설명으로 옳은 것은?

① 지권은 지구의 겉 부분과 내부를 모두 포함한다.
② 기권은 지표로부터 높이 약 1200 km까지 분포한다.
③ 수권은 깊이에 따른 염분 분포를 기준으로 구분한다.
④ 지구의 기권 바깥 영역은 지구 시스템의 구성 요소에 포함되지 않는다.

20 그림은 지구 대기 대순환을 나타낸 것이다. 이에 대한 설명으로 옳지 않은 것은?

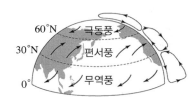

① 지구 자전의 영향을 받는다.
② 3개의 순환 세포가 형성된다.
③ 우리나라는 무역풍의 영향을 받는다.
④ 30°N 부근에는 하강 기류가 발달한다.

1일차 2일차 3일차 4일차 5일차 6일차 7일차

21 그림은 성운설에 의한 태양계의 형성 과정을 나타낸 것이다. A~D 과정을 바르게 나타낸 것은?

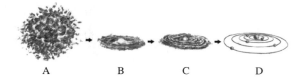

A   B   C   D

① A – 태양계 성운의 형성
② B – 고리와 미행성체의 형성
③ C – 원시 행성과 태양계 형성
④ D – 원시 태양과 원시 원반의 형성

22 다음 설명에 해당하는 개념은?

○ 여러 조각으로 갈라져 있다.
○ 지각과 상부 맨틀의 일부를 포함한다.
○ 지표에서부터 깊이 약 100 km 까지의 단단한 부분이다.

① 연약권　　　　② 암석권(판)
③ 대륙 지각　　　④ 해양 지각

23 그림은 지권의 층상 구조를 나타낸 것이다. A~D 중 지권 전체 부분의 약 80 %를 차지하며, 고체 상태이지만 일부는 유동성이 있어 대류가 일어나는 곳은?

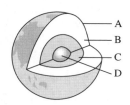

① A　　　　　　② B
③ C　　　　　　④ D

24 표준 화석에 대한 설명으로 옳은 것만을 〈보기〉에서 모두 고른 것은?

┤ 보기 ├
ㄱ. 지층의 생성 환경을 알려준다.
ㄴ. 생존 기간이 짧고, 분포 면적이 넓다.
ㄷ. 고사리, 산호, 조개 화석 등이 해당한다.

① ㄴ　　　　　　② ㄱ, ㄴ
③ ㄱ, ㄷ　　　　④ ㄴ, ㄷ

25 다음 중 대기 중 탄소를 증가시키는 요인으로 옳지 <u>않은</u> 것은?

① 호흡
② 광합성
③ 화산 활동
④ 화석 연료의 연소

6일차 한국사

제한 시간: 30분
문항 수: 25문항
배점: 1문제당 4점

정답 CHECK!
자동 채점 서비스

01 다음 설명에 해당하는 시대에 제작된 유물로 옳은 것은?

> ○ 농경과 목축을 시작하였다.
> ○ 빗살무늬 토기를 사용하였다.

①

주먹도끼

②
가락바퀴

③
비파형 동검

④
고인돌

02 다음 설명에 해당하는 국가는?

> ○ 책화라는 풍습이 있었다.
> ○ 10월에 무천이라는 제천 행사를 열었다.
> ○ 특산물로 단궁, 과하마, 반어피가 있었다.

① 삼한
② 동예
③ 신라
④ 고구려

03 다음 설명에 해당하는 고구려의 왕은?

> ○ 평양으로 수도를 옮기고 남진 정책을 실시하였다.
> ○ 백제의 한성을 함락하고 한강 유역을 장악하였다.

① 장수왕
② 진흥왕
③ 근초고왕
④ 광개토 대왕

04 발해에 대한 설명으로 옳은 것은?

① 상수리 제도를 실시하였다.
② 한의 침략을 받아 멸망하였다.
③ 골품제라는 신분 제도가 있었다.
④ 교육 기관으로 주자감을 두었다.

05 신라의 삼국 통일 과정을 순서대로 바르게 나열한 것은?

> ㉠ 황산벌에서 신라의 군대가 백제 결사대와 전투를 벌였다.
> ㉡ 나당 연합군이 고구려의 평양성을 함락하였다.
> ㉢ 매소성과 기벌포에서 신라의 군대가 당의 군대를 격퇴하였다.

① ㉠－㉡－㉢
② ㉠－㉢－㉡
③ ㉡－㉠－㉢
④ ㉢－㉠－㉡

06 고려의 특수 행정 구역민에 대한 설명으로 옳은 것은?

① 재산으로 취급되었다.
② 과거에 응시할 수 있었다.
③ 자유롭게 거주지를 옮길 수 없었다.
④ 솔거 노비와 외거 노비로 구분되었다.

07 빈칸 ㉠에 들어갈 말로 적절하지 <u>않은</u> 것은?

〈학습 주제: 병자호란〉
○ 원인: 청의 군신 관계 요구 거절
○ 전개: 청의 침략 → 인조의 남한산성 피신 · 항전
○ 결과: ㉠

① 북벌론과 북학론이 대두되었다.
② 새로운 동아시아 질서가 수립되었다.
③ 청의 강요에 의해 삼전도비가 세워졌다.
④ 실리적 외교 정책으로 중립 외교를 추구하였다.

08 빈칸 ㉠에 들어갈 말로 알맞은 것은?

㉠ 은/는 11세기 말에 활동한 승려로, 해동 천태종을 창시하고, 교종을 중심으로 선종을 포섭하려 하였다. 이에 따라 교리 연구와 실천적 수행을 겸해야 한다는 교관겸수를 주장하였다.

① 일연   ② 의천
③ 지눌   ④ 요세

09 빈칸 ㉠에 들어갈 말로 알맞은 것은?

〈고려 성종의 정책〉
○ 최승로의 시무 28조 수용
○ 2성 6부로 중앙 통치 조직 정비
○ ㉠

① 12목 설치
② 관료전 지급
③ 대마도 정벌
④ 청해진 설치

10 척화비에 대한 설명으로 옳은 것만을 〈보기〉에서 모두 고른 것은?

척화비에는 "서양 오랑캐가 침범해 오는데 싸우지 않으면 화친을 하는 것이요, 화친을 주장하는 것은 나라를 팔아먹는 것이다."라는 글이 새겨져 있습니다.

┤ 보기 ├
ㄱ. 외세의 침입을 경계하였다.
ㄴ. 통상 수교 거부의 의지를 나타냈다.
ㄷ. 당백전을 발행하여 비용을 마련하였다.
ㄹ. 신미양요 때 프랑스군에게 약탈을 당하였다.

① ㄱ, ㄴ   ② ㄱ, ㄷ
③ ㄴ, ㄷ   ④ ㄷ, ㄹ

11 대한민국 임시 정부의 활동에 대한 설명으로 옳지 않은 것은?

① 독립신문을 발행하였다.
② 만민 공동회를 개최하였다.
③ 연통제와 교통국을 운영하였다.
④ 미국에 구미 위원부를 설치하였다.

12 빈칸 ㉠에 들어갈 말로 알맞은 것은?

고려 시대에 불교 신앙을 바탕으로 조직되었으며, 후에 상호 부조를 위한 공동체로 변화한 조직은 무엇인가요?

㉠ 입니다.

① 소도
② 향도
③ 유향소
④ 집강소

13 다음 설명에 해당하는 정부가 시행한 정책은?

2000년 3월 베를린 자유대학 연설에서 흡수 통일을 추구하지 않고 남북이 화해와 협력을 통해 냉전을 종식해야 한다는 햇볕 정책의 핵심적 내용을 발표하였다.

① 개성 공단 조성에 합의하였다.
② 남북 기본 합의서를 채택하였다.
③ 남북한이 유엔에 동시 가입하였다.
④ 7·4 남북 공동 성명을 발표하였다.

14 다음 사건에 대한 설명으로 옳은 것은?

흥선 대원군은 천주교 탄압에 나서 9명의 프랑스 신부를 비롯하여 많은 천주교도를 처형하였다.

① 통리기무아문이 설치되었다.
② 한성 조약이 체결되는 계기가 되었다.
③ 프랑스가 군대를 파견하여 강화도를 공격하였다.
④ 사태 수습을 위해 박규수가 안핵사로 파견되었다.

15 다음 영토를 개척한 왕에 대한 설명으로 옳은 것은?

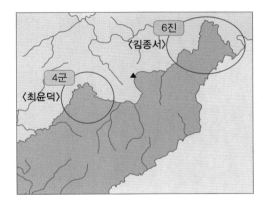

① 호패법을 시행하였다.
② 직전법을 시행하였다.
③ 훈민정음을 창제하였다.
④ 5군영 체제를 완성하였다.

16 을사늑약 체결 당시 고종의 대응에 대한 설명으로 옳은 것은?

① 호포제를 실시하였다.
② 광무개혁을 추진하였다.
③ 남한산성으로 피신하였다.
④ 헤이그로 특사를 파견하였다.

17 다음 작품들이 제작된 시기에 대한 설명으로 옳은 것은?

김홍도, 「서당」   신윤복, 「단오풍정」

① 화통도감이 설치되었다.
② 사심관 제도가 시행되었다.
③ 모내기법이 전국적으로 확산되었다.
④ 활구라고 불린 은병이 화폐로 사용되었다.

18 독립 의군부에 대한 설명으로 옳은 것은?

① 국채 보상 운동을 후원하였다.
② 조선 혁명 선언을 활동 지침으로 삼았다.
③ 고종 강제 퇴위 반대 운동을 전개하였다.
④ 조선 총독부에 국권 반환 요구서를 발송하였다.

19 빈칸 ㉠에 들어갈 말로 알맞은 것은?

> ㉠ 은/는 남한만의 단독 정부 수립에 반대한 남로당 제주도당의 무장 봉기와 이에 대한 미군정과 경찰의 강경 진압이 원인이 되어 발생하였다.

① 간도 참변
② 6 · 3 시위
③ 제주 4 · 3 사건
④ 제암리 학살 사건

20 다음 법령이 적용되던 시기에 대한 설명으로 옳은 것은?

> 〈조선 태형령〉
> ○ 제1조 3개월 이하의 징역 또는 구류에 처하여야 할 자는 태형에 처할 수 있다.
> ○ 제11조 태형은 감옥 또는 즉결 관서에서 비밀리에 행한다.
> ○ 제13조 본령은 조선인에 한하여 적용한다.

① 헌병 경찰제가 시행되었다.
② 미곡 공출제가 추진되었다.
③ 경성 제국 대학이 설립되었다.
④ 암태도 소작 쟁의가 일어났다.

21 빈칸 ㉠에 들어갈 말로 알맞은 것은?

> 일제의 한글 말살 정책에 대항하여 1921년에 조선어 연구회가 만들어졌다. 이후 1931년 이윤재, 이극로, 최현배 등의 학자들에 의해 조선어 연구회가 ㉠ 로 발전하였다.

① 보안회
② 진단학회
③ 만민 공동회
④ 조선어 학회

22 다음 설명에 해당하는 인물은?

■ 이달의 독립운동가 ■

○ 생몰 연도: 1898~1958
○ 활동
  • 1919년 의열단 창설
  • 1923년 조선 혁명 선언 발표
  • 1938년 조선 의용대 결성
  • 1942년 한국 광복군에 합류

① 김구　　　　② 김원봉
③ 윤봉길　　　④ 김좌진

23 다음 사건들을 순서대로 바르게 나열한 것은?

> ㉠ 5・10 총선거 실시
> ㉡ 대한민국 정부 수립
> ㉢ 이승만의 정읍 발언
> ㉣ 제주 4・3 사건 발생

① ㉠ - ㉢ - ㉡ - ㉣
② ㉡ - ㉢ - ㉣ - ㉠
③ ㉡ - ㉣ - ㉠ - ㉢
④ ㉢ - ㉣ - ㉠ - ㉡

24 빈칸 ㉠에 들어갈 말로 알맞은 것은?

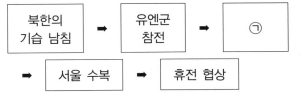

① 흥남 철수
② 중국군 참전
③ 인천 상륙 작전
④ 38도선 부근 전선 교착

25 다음 설명에 해당하는 사건은?

> 고종과 명성 황후가 러시아 세력을 끌어들여 일본을 견제하려 하자, 일본은 경복궁에 자객을 침입시켜 명성 황후를 살해하였다.

① 갑신정변　　　② 을미사변
③ 임오군란　　　④ 아관 파천

6일차 도덕

제한 시간: 30분
문항 수: 25문항
배점: 1문제당 4점

정답 CHECK!
자동 채점 서비스

01 실천 윤리 분야에 대한 설명으로 적절하지 <u>않은</u> 것은?

① 생명 윤리: 미래 세대에 대한 책임, 생태계 지속 가능성
② 사회 윤리: 직업 윤리, 공정한 분배와 처벌, 사형제 존폐
③ 정보 윤리: 사이버 따돌림, 사이버 공간에서의 자아 정체성
④ 성과 가족 윤리: 사랑과 성의 관계, 가족 해체 현상, 노인 소외

02 다음 설명에 해당하는 윤리 사상은?

> ○ 윤리적으로 옳고 선한 결정을 하려면 먼저 유덕한 품성을 길러야 한다.
> ○ 공동체와 분리된 개인이 아닌, 공동체 구성원으로서의 인간의 삶에 관심을 갖는다.

① 덕 윤리
② 공리주의
③ 배려 윤리
④ 공직자 윤리

03 다음 대화에서 싱어의 견해로 옳은 것은?

> 싱어 선생님, 해외 원조에 대해 어떻게 생각하시나요?

> 고통을 감소시키고 쾌락을 증진하는 것은 인류의 의무이므로 굶주림과 죽음을 방치하는 것은 인류 전체의 고통을 증가시키는 것입니다. 따라서 해외 원조는 인류에게 주어진 의무이고 누구나 차별 없이 도움을 받아야 합니다.

① 이상주의   ② 공리주의
③ 구성주의   ④ 담론 윤리

04 다음 설명에 해당하는 윤리 사상가나 학파는?

> ○ 자연법 윤리의 기초를 제시하였다.
> ○ '로고스'를 우주와 자연, 인간을 관통하는 하나의 원리로 보았다.

① 밀
② 칸트
③ 스토아학파
④ 토마스 아퀴나스

05 빈칸 ㉠에 들어갈 말로 알맞은 것은?

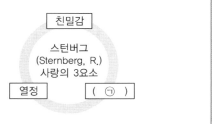

스턴버그(Sternberg. R.)는 사랑을 다음과 같이 세 가지 구성요소로 이루어진 삼각형으로 보았다.

친밀감

스턴버그
(Sternberg, R.)
사랑의 3요소

열정   (㉠)

① 낭만   ② 책임감
③ 애착심   ④ 감각적 욕망

06 부정부패의 문제점에 해당하지 <u>않는</u> 것은?

① 개인의 권리를 부당하게 침해한다.
② 업무 처리가 효율적으로 진행된다.
③ 올바른 시민 의식 성장을 방해한다.
④ 국민 간 위화감과 상대적 박탈감을 조성한다.

07 사상과 그 내용의 연결이 옳지 <u>않은</u> 것만을 〈보기〉에서 모두 고른 것은?

┤ 보기 ├

주제: 자연관에 대한 관점

ㄱ. 유교: 인간과 자연이 조화를 이루는 천인합일(天人合一)의 경지를 추구하였다.
ㄴ. 불교: 만물이 나와 하나라는 물아일체(物我一體)를 강조하였다.
ㄷ. 도가: 자연의 순리에 따르는 무위자연(無爲自然)의 삶을 추구하였다.
ㄹ. 묵가: 우주 만물이 생기는 원리인 연기설(緣起說) 주장하였다.

① ㄱ, ㄴ   ② ㄱ, ㄷ
③ ㄱ, ㄹ   ④ ㄴ, ㄹ

08 대중문화의 특징에 대한 설명으로 옳지 <u>않은</u> 것은?

① 저렴한 비용으로 향유할 수 있다.
② 다수의 사람들이 소비하고 향유한다.
③ 도덕적 교훈이나 모델 제공을 중시한다.
④ 대중 매체에 의한 대량 생산이 이루어진다.

09 다음 설명에 해당하는 개념은?

○ 기여한 정도에 따라 분배하는 것이다.
○ 객관적 평가와 측정이 용이하며, 생산성을 높이는 동기를 부여한다는 장점이 있다.
○ 사회적 약자를 배려할 수 없다는 단점이 있다.

① 절대적 평등
② 필요에 따른 분배
③ 능력에 따른 분배
④ 업적에 따른 분배

10 빈칸 ㉠에 들어갈 말로 알맞은 것은?

(㉠)
○ 의미: 세계적으로 한민족 구성원 간의 교류와 협력을 활성화하기 위한 연결망이다.
○ 역할: 민족의 역량 강화에 따른 국가 경쟁력 제고, 재외 동포의 권익 신장 등이 있다.
○ 구축 방안: 재외 동포들에게 한국 언어·역사 교육 기회 확대, 재외 동포 참정권 확대, 국적 취득 자격 완화 등이 있다.

① 민족 통합
② 민족 공동체
③ 재외동포 연합
④ 한민족 네트워크

1일차 2일차 3일차 4일차 5일차 6일차 7일차

11 빈칸 ㉠과 ㉡에 들어갈 말로 알맞은 것은?

> ○ (㉠) 관용: 타 문화에 대해 배타적인 태도
> 나 간섭하는 행위를 하지 않는다.
> ○ (㉡) 관용: 받아들일 수 없는 상대의 주장
> 이나 가치관을 이해하려고 노력한다.

	㉠	㉡
①	소극적	적극적
②	수용적	능동적
③	적극적	소극적
④	능동적	수용적

12 정보 소비 과정에서 필요한 윤리로 옳은 것만을 〈보기〉에서 모두 고른 것은?

> ┤ 보기 ├
> ㄱ. 매체의 내용을 무비판적으로 수용한다.
> ㄴ. 정보를 바탕으로 대화·협력하는 자세가 필요
> 하다.
> ㄷ. 매체가 제공하는 정보에 대한 진실성, 공정성
> 을 전적으로 믿는다.
> ㄹ. 존중, 책임, 정의, 해악 금지와 같은 정보 윤리
> 를 준수한다.

① ㄱ, ㄴ   ② ㄱ, ㄷ
③ ㄴ, ㄹ   ④ ㄷ, ㄹ

13 다음과 같은 주장을 한 윤리 사상가는?

> 모든 재화를 공정하게 분배할
> 수 있는 단 하나의 정의 원칙은
> 존재하지 않는다. 따라서 다양한
> 삶의 영역에서 각각 다른 공정한
> 기준에 따라 사회적 가치가 분배
> 되어야 사회 정의가 실현된다.

① 밀   ② 롤스
③ 왈처   ④ 나딩스

14 빈칸 ㉠에 들어갈 말로 알맞은 것은?

> ○ (㉠)은/는 기후 변화 협약의 강제적 구속
> 력 부족으로 실천이 미비한 점을 해결하기 위
> 해 채택되었다.
> ○ 선진국의 온실가스 감축 목표를 설정하고, 온
> 실가스 배출권을 거래할 수 있는 탄소 배출권
> 거래 제도를 도입하였다.

① 람사르 협약
② 교토 의정서
③ 파리 기후 협약
④ 몬트리올 의정서

15 빈칸 ㉠에 들어갈 말로 알맞은 것은?

> 주제: (㉠)에 대한 찬반 토론
> 찬성 측: 유전적 질병을 치료하고 다음 세대의 유전 질환을 예방할 수 있습니다.
> 반대 측: 우생학을 부추기고 인간의 유전자 변형 및 유전적 다양성이 상실될 수 있습니다.

① 뇌사
② 안락사
③ 생명 복제
④ 유전자 치료

16 빈칸 ㉠에 들어갈 말로 알맞은 것은?

> (㉠)은 통일을 통해 얻을 수 있는 편리함과 이익으로, 통일 이후 지속적으로 발생할 경제적·비경제적 보상과 혜택을 말한다.

① 분단 비용
② 평화 비용
③ 통일 비용
④ 통일 편익

17 고령화 사회의 노인 문제 극복 방안으로 옳지 <u>않은</u> 것은?

① 국민연금 개선
② 고령자 고용 제도
③ 핵가족 형태의 가족 증가
④ 노인과의 정서적 유대 관계 유지

18 근로자가 지켜야 할 윤리로 옳지 <u>않은</u> 것은?

① 성실한 업무 수행
② 노동 생산성 향상
③ 동료 근로자와 유대감 형성
④ 기업가와 적대적인 관계 형성

19 시민 불복종의 한계에 대한 설명으로 옳지 <u>않은</u> 것은?

① 전체 시민 의사를 대변하기 힘들다.
② 무고한 시민에게 피해를 줄 수 있다.
③ 과도하면 국가 존립을 위협할 수 있다.
④ 법을 위반하지 않는 범위 내에서 행해야 한다.

20 소통과 담론에 대해 주장한 사상가에 대한 설명으로 옳지 <u>않은</u> 것은?

① 원효: 포용과 존중을 강조한 화쟁(和諍) 사상을 제시하였다.
② 공자: 조화의 중요성을 강조한 화이부동(和而不同)을 제시하였다.
③ 장자: 소통을 방해하는 언사로 피사, 음사, 사사, 둔사를 제시하였다.
④ 아펠: 진정한 소통을 위한 기본 전제로 '인격의 상호 인정'을 제시하였다.

21 다음 설명에 해당하는 윤리 사상가는?

◆ 도덕 인물 카드 ◆

○ 인간은 자기의 죽음을 알면서 죽어가는 존재라고 하였다.
○ 죽음을 통해 인간이 유한한 존재임을 깨닫고 삶을 의미 있게 살 수 있다고 말하였다.
○ 실존주의를 대표하는 사상가이다.

① 칸트
② 플라톤
③ 하이데거
④ 에피쿠로스

22 다음 설명에 해당하는 개념은?

○ 공정한 절차를 통해 합당한 몫을 결정하는 것이다.
○ 사회적 합의 과정의 투명성과 공정성에 초점을 둔다.

① 절차적 정의
② 도구적 정의
③ 차등적 정의
④ 분배적 정의

23 빈칸 ㉠과 ㉡에 들어갈 사상가로 알맞은 것은?

○ (㉠): 대지 윤리를 내세워 도덕 공동체의 범위를 동식물과 물, 흙을 비롯하여 대지까지 확대하였다.
○ (㉡): 세계관과 생활 양식 자체를 생태 중심적으로 바꾸어야 한다는 심층 생태주의를 주장하였다.

　　㉠　　　　　㉡
① 테일러　　　네스
② 레오폴드　　네스
③ 테일러　　　슈바이처
④ 레오폴드　　슈바이처

24 전문직 윤리에 대한 설명으로 옳지 <u>않은</u> 것은?

① 자신의 기술은 개인 이익을 위해 사용한다.
② 사회에 대한 책임 의식을 가지도록 노력한다.
③ 직무를 통해 부당한 이득을 취하지 않도록 노력한다.
④ 자체적으로 윤리 헌장을 만들고 준수하도록 노력한다.

25 자연을 바라보는 관점이 <u>다른</u> 하나는?

① 도구적 자연관
② 전일론적 자연관
③ 기계론적 자연관
④ 이분법적 세계관

7일차
제7회 실전 모의고사

7일차　국어

제한 시간: 40분
문항 수: 25문항
배점: 1문제당 4점

정답 CHECK!
자동 채점 서비스

01 다음 대화에서 '윤지'의 말하기에 나타난 문제점으로 가장 적절한 것은?

> 나은: 윤지야, 우리 이번 주 토요일에 영화 볼래?
> 윤지: 글쎄, 나 집에서 좀 쉬려고 했는데. 숙제도 많고, 좀 피곤하기도 하고……. 근데 영화는 보고 싶긴 해…….

① 혼자 너무 길게 말을 많이 하고 있다.
② 대화 맥락에 맞지 않는 정보를 제공하고 있다.
③ 모호하거나 중의적인 표현으로 대화가 명료하지 않다.
④ 아직 일어나지 않은 일을 사실인 것처럼 전달하고 있다.

02 밑줄 친 단어의 사용이 적절하지 <u>않은</u> 것은?

> ○ 다르다: 비교가 되는 두 대상이 서로 같지 않다.
> ○ 틀리다: 셈이나 사실 따위가 잘못되거나 어긋나다.

① 나와 언니의 의견이 서로 <u>달라서</u> 많이 싸웠다.
② 실험 결과를 보니 처음에 세운 가설이 <u>틀렸다</u>.
③ 두 사람은 쌍둥이인데도 얼굴이 <u>다르게</u> 생겼네.
④ 압력에 따라 기체의 용해도는 어떻게 <u>틀려질까</u>?

03 다음 중 한글 맞춤법 규정의 예로 적절하지 <u>않은</u> 것은?

> **[한글 맞춤법]**
> [제7항] 'ㄷ' 소리로 나는 받침 중에서 'ㄷ'으로 적을 근거가 없는 것은 'ㅅ'으로 적는다.

① <u>얼핏</u> 보기에는 크지 않았다.
② <u>돗자리</u>를 펴고 도시락도 꺼냈다.
③ 이번 쌀은 <u>낟알</u>이 크고 찰기가 돌았다.
④ <u>웃어른</u>과 대화할 때는 항상 주의해야 한다.

04 빈칸 ㉠에 들어갈 말로 가장 적절한 것은?

> ■ 논제: (　　　　　㉠　　　　　)
> 찬성: 현재 우리 농촌의 큰 문제 중 하나는 노동 가능 인구가 줄고 고령화되고 있다는 점입니다. 일손 부족으로 생산성이 떨어지고 소득도 줄면서, 남은 사람들마저 도시로 떠나고 있습니다. 이를 해결할 방법이 바로 유전자 변형 작물을 재배하는 것입니다. 유전자 변형 작물이란 유전자 변형 기술을 통해 자연에 없는 새로운 성질을 부여한 작물로, 비바람이나 병해충에 강하고 제초제에 잘 견디기 때문에 재배가 쉽고 경제성이 높아 농가 소득을 높이는 데 도움을 줄 수 있습니다.
> 반대: 유전자 변형 작물이 과학적으로 안전한지는 아직 정확하게 밝혀진 연구 자료가 없습니다. 또한, …

① 유전자 변형 작물 수입 허용
② 유전자 변형 작물 재배 허용
③ 농가 소득을 높이기 위한 정책 실시
④ 농촌의 고령화 문제 해결 위한 정책 실시

05 다음 설명에 해당하는 음운 변동 현상으로 가장 적절한 것은?

> 어간 끝에 모음 '—'를 가진 용언 어간이 '-아서 / -어서'처럼 모음으로 시작되는 어미와 결합할 때 모음 '—'가 탈락한다.

① 약이 써서 삼킬 수 없었다.
② 정전이 되어 양초에 불을 켰다.
③ 나는 어제 꿈도 꾸지 않고 푹 잤다.
④ 이 다리를 건너서 곧바로 가면 그 학교가 나온다.

06 다음 문장에 대한 설명으로 적절하지 않은 것은?

> ㉠ 고양이가 쥐를 잡았다. → ㉡ 쥐가 고양이에게 잡혔다.

① ㉠과 ㉡은 주어가 다르다.
② ㉡은 ㉠을 능동문으로 바꾼 것이다.
③ ㉡에는 ㉠에 없는 문장 성분이 있다.
④ ㉡은 ㉠과 달리 접미사 '-히-'가 쓰였다.

07 빈칸 ㉠에 들어갈 말로 가장 적절한 것은?

> Ⅰ. 서론: 저출산 문제의 심각성
> Ⅱ. 본론:
> 　1. (　　　　　　㉠　　　　　　)
> 　　가. 출산과 양육에 대한 부담 증가
> 　　나. 직장 일과 육아 병행의 어려움
> 　2. 저출산 문제의 해결 방안
> 　　가. 출산과 양육에 대한 사회적 책임 강화
> 　　나. 가정을 배려하는 직장 문화 조성
> Ⅲ. 결론: 해결 방안의 적극적 실천 당부

① 저출산 문제의 원인
② 저출산 문제의 결과
③ 우리나라 출산율 감소 실태
④ 출산율을 늘리기 위한 정책의 필요성

08 ㉠~㉢에 대한 고쳐쓰기 방안으로 가장 적절한 것은?

> ㉠ '떡볶이, 만두국'
> ㉡ '바르면 우윳빛 피부가 되어요.'
> ㉢ '남여노소 누구나 배우는 피아노!'
> ㉣ '곱쓸곱쓸한 갈색 털, 민밋하고 긴 꼬리.'

① ㉠ : '떡볶이'는 된소리 표기를 반영하여 '떡뽁이'로 적는다.
② ㉡ : '우윳빛'은 사이시옷을 빼고 '우유빛'으로 적는다.
③ ㉢ : '남여노소'는 본음대로 밝혀 '남녀노소'로 적는다.
④ ㉣ : '곱쓸곱쓸한'은 된소리 표기를 반영하여 '꼽쓸꼽쓸한'으로, '민밋하고'는 같은 음절이 겹치게 '밋밋하고'로 적는다.

[09~11] 다음 글을 읽고 물음에 답하시오.

> 네가 오기로 한 그 자리에
> 내가 미리 가 너를 기다리는 동안
> 다가오는 모든 발자국은
> 내 가슴에 쿵쿵거린다
> 바스락거리는 나뭇잎 하나도 다 내게 온다
> 기다려본 적이 있는 사람은 안다
> 세상에서 기다리는 일처럼 가슴 애리는 일 있을까
> 네가 오기로 한 그 자리, 내가 미리 와 있는 이곳에서
> 문을 열고 들어오는 모든 사람이
> 너였다가
> 너였다가, 너일 것이었다가
> 다시 문이 닫힌다
> 사랑하는 이여
> 오지 않는 너를 기다리며
> 마침내 나는 너에게 간다
> 아주 먼 데서 나는 너에게 가고
> 아주 오랜 세월을 다하여 너는 지금 오고 있다
> 아주 먼 데서 지금도 천천히 오고 있는 너를
> 너를 기다리는 동안 나도 가고 있다
> 남들이 열고 들어오는 문을 통해
> 내 가슴에 쿵쿵거리는 모든 발자국 따라
> ⓐ 너를 기다리는 동안 나는 너에게 가고 있다.
>
> — 황지우, 「너를 기다리는 동안」

09 윗글의 표현상 특징으로 가장 적절한 것은?

① 과제 시제를 사용하고 있다.
② 시각적 심상을 사용하고 있다.
③ 서글프면서도 설득적인 어조가 드러나 있다.
④ 시적 화자의 태도가 점점 적극적으로 변화한다.

10 윗글을 읽고 감상문을 쓰고자 할 때, 제목으로 가장 적절한 것은?

① 이별의 아픔
② 사랑과 기다림
③ 삶의 근원적 외로움
④ 젊은 날의 사랑과 방황

11 ⓐ에서 사용된 표현 방법으로 가장 적절한 것은?

① 역설법
② 의인법
③ 대구법
④ 반어법

[12~14] 다음 글을 읽고 물음에 답하시오.

(가)
　어머니는 다람쥐 어미를 정성스럽게 보살폈다. 보고 들은 경험으로 다람쥐의 먹이를 구하고, 밥도 주었다. 묵은 밤도 구해다 주었다. 열매라고 생겼으면 무엇이든지 따다 주었다. 사실 지난봄부터 다람쥐는 스스로 먹이를 구하지 않았다. 애써서 먹이를 구할 필요가 없었다. 어머니가 다 구해다 주었기 때문이다. 어머니는 다람쥐의 식성을 잘 알았다. 곤충도 먹고, 생선도 먹는다. 가끔씩 풀도 먹고 물도 마셔야 한다. 새끼들은 무럭무럭 자랐다. 수컷 다람쥐는 서너 번 보이더니 사라졌다. 다른 동물들에게 당한 모양이다. 그래서 암컷 다람쥐는 더욱 먹이를 어머니에게 의존했는지 모른다. 어머니는 암컷 다람쥐가 얼마만큼 게을러져 있는지 몰랐다. 다람쥐는 먹이를 구하려는 노력을 전혀 하지 않았다. 야생 동물이 먹이 구하는 본능을 잃어 간다는 사실이 얼마나 ㉠ 큰 불행을 가져오는지 어머니는 미처 생각하지 못했다. 다람쥐도 마찬가지였다.

(나)

그해 늦여름.

어머니는 오랜만에 서울 나들이를 하였다. 처음에는 큰아들, 작은아들네 집에서 하룻밤씩 자고 오려고 했다. 하지만 뜻대로 되지 않았다. 자식들이 며칠만 더 쉬고 가라고 물고 늘어졌다. 게다가 서울에 있는 친척들마저 어머니를 붙들고 여기저기 구경 다녔다. 그러다 보니 열흘이 지났다. 그제야 퍼뜩 다람쥐를 떠올린 어머니가 시골집으로 내려왔을 때는 끔찍한 비극이 기다리고 있었다. 갓 눈을 뜬 다람쥐 새끼들이 애타게 어미를 찾고 있었다. 새끼들은 몸을 가누지도 못했다. 겨우 숨만 쉬고 있는 놈도 있었다. 적어도 사흘 이상은 굶었을 것 같았다. 순간 어머니는 눈앞이 캄캄했다.

'죽었구나. 아, 내 실수야. 내가 먹을 것을 충분히 주고 갔어야 하는데……'

어머니는 자신의 책임이라고 가슴을 쳤다. 배가 고픈 어미 다람쥐는 애타게 어머니를 기다렸으리라. 그러나 어머니는 하루 이틀이 지나도 돌아오지 않았다. 젖조차 말라붙은 어미 다람쥐는 어쩔 수 없이 밖으로 나갔다. 하도 오랜만에 밖으로 나와서 먹이를 구하려고 하니 쉽지 않았다. 야생의 세계에서 살려면 반드시 지켜야 할 규칙들도 다 잊어버렸다. 그러니 다른 동물들에게 잡아먹히는 건 시간 문제였으리라.

(다)

어머니는 감나무 밑에 한 무더기 떨어진 부엉이 똥을 발견했다. 그 속에는 커다란 다람쥐 머리뼈가 들어 있었다. 어머니는 신을 원망했다.

"죽은 어미야 어쩔 수 없다고 쳐도, 새끼들은 어떻게 합니까? 신은 공평하다고 했습니다. 강한 동물에게는 약한 새끼를 주시고, 약한 동물에게는 강한 새끼를 주신다고 했지요. 그래서 사람이나 사자, 호랑이 새끼들은 아주 약하고, 자라는 데 시간이 오래 걸리지요. 반대로 노루같이 약한 동물은 태어나자마자 뛰어다닐 정도로 강하고, 자라는 속도도 빠릅니다. 그런데 노루나 토끼보다 약한 다람쥐에게는 왜 불공평합니까? 당연히 다람쥐 새끼도 태어나자마자 눈을 뜨고, 어미처럼 뛰어다닐 수 있도록 하셔야지요……"

– 이상권, 「고양이가 기른 다람쥐」

12 윗글에 대한 설명으로 적절하지 <u>않은</u> 것은?

① 풍자와 교훈을 드러내는 우화 소설이다.
② 대상에 대한 인물의 따뜻한 애정을 제시한다.
③ 어머니의 자식인 '나'를 서술자로 하여 이야기가 전개된다.
④ 작가의 허구적 상상력을 바탕으로 하여 창작된 이야기이다.

13 (가)~(다)에 대한 설명으로 적절하지 <u>않은</u> 것은?

① (가)에서는 앞으로 일어날 사건을 암시하고 있다.
② (나)에는 어머니를 기다리는 다람쥐의 심정이 서술되어 있다.
③ (다)에서는 등장인물이 한 말을 직접 인용하여 서술하고 있다.
④ (다)에서는 과거의 일을 회상하는 방식을 통해 사건이 전개되고 있다.

14 ㉠이 암시하는 사건으로 가장 적절한 것은?

① 어머니가 서울로 이사하게 됨
② 다람쥐가 다시 야생으로 되돌아감
③ 새끼 다람쥐가 어미의 곁을 떠나감
④ 어미 다람쥐가 야생성을 잃고 죽게 됨

[15~16] 다음 글을 읽고 물음에 답하시오.

살어리 살어리랏다 청산(靑山)애 살어리랏다.
㉠ 멀위랑 드래랑 먹고 청산(靑山)애 살어리랏다.
얄리얄리 얄랑셩 얄라리 얄라

우러라 우러라 새여 자고 니러 우러라 새여.
㉡ 널라와 시름 한 나도 자고 니러 우니노라.
얄리얄리 얄라셩 얄라리 얄라

가던 새 가던 새 본다 믈 아래 가던 새 본다.
㉢ 잉무든 장글란 가지고 믈 아래 가던 새 본다.
얄리얄리 얄라셩 얄라리 얄라

이링공 뎌링공 ᄒᆞ야 나즈란 ㉣ 디내와숀뎌.
오리도 가리도 업슨 바므란 또 엇디 호리라.
얄리얄리 얄라셩 얄라리 얄라

– 작자 미상, 「청산별곡」

15 윗글의 형식적 특징으로 적절하지 <u>않은</u> 것은?

① 4음보의 율격을 가지고 있다.
② 'A – A – B – A' 구조가 나타난다.
③ 후렴구를 반복하여 운율을 형성한다.
④ '가시리 가시리잇고'와 동일한 음수율을 가지고 있다.

16 ㉠~㉣의 사전적 의미로 적절하지 <u>않은</u> 것은?

① ㉠: 머루와 다래
② ㉡: 너와 함께
③ ㉢: 녹슨 쟁기
④ ㉣: 지내 왔지만

[17~19] 다음 글을 읽고 물음에 답하시오.

"여보 마누라, 슬퍼 마오. 가난 구제는 나라에서도 못한다 하니 형님인들 어찌하시겠소? 우리 부부가 품이나 팔아 살아갑시다."

흥부 아내 이 말에 순종하여 서로 나가서 품을 팔기로 하였다. 흥부 아내는 방아 찧기, 술집의 술 거르기, 초상난 집 제복 짓기, 대사 치르는 집 그릇 닦기, 굿하는 집의 떡 만들기, 얼음이 풀릴 때면 나물 캐기, 봄보리 갈아 보리 놓기. 흥부는 이월 동풍에 가래질하기, 삼사월에 부침질하기, 일등 전답의 무논 갈기, 이 집 저 집 돌아가며 이엉 엮기 등 이렇게 내외가 온갖 품을 다 팔았다. 그러나 역시 살기는 막연하였다.

[중략 부분의 줄거리] 마음씨 착한 흥부와 아내는 구렁이에게 습격당해 다리를 다친 제비 새끼를 치료해 준다. 이를 감사히 여긴 제비는 은혜를 갚기 위해 제비왕을 찾아가 자초지종을 설명하고 금은보화가 담긴 박씨를 물고 흥부에게 찾아간다.

그 제비 허공 중천에 높이 떠서 박씨를 입에 물고 너울너울 자주자주 바삐 날아 흥부네 집 동네를 찾아들어 너울너울 넘노는 거동은 마치 북해 흑룡이 여의주를 물고 오색구름 사이로 넘는 듯, 단산의 어린 봉이 대씨를 물고 오동나무에서 노니는 듯, 황금 같은 꾀꼬리가 봄빛을 띠고 수양버들 사이를 오가는 듯하였다. 이리 기웃 저리 기웃 넘노는 거동을 흥부 아내가 먼저 보고 반긴다.

"여보, 아이 아버지, 작년에 왔던 제비가 입에 무엇을 물고 와서 저토록 넘놀고 있으니 어서 나와 구경하오."

흥부가 나와 보고 이상히 여기고 있으려니 그 제비가 머리 위를 날아들며 입에 물었던 것을 앞에다 떨어뜨린다. 집어 보니 한가운데 '보은(報恩)박'이란 글 석 자가 쓰인 박씨였다.

그것을 울타리 밑에 터를 닦고 심었더니 이삼일에 싹이 나고, 사오일에 순이 뻗어 마디마디 잎이 나고, 줄기마다 꽃이 피어 박 네 통이 열린 것이다. 추석날 아침이었다. 배가 고파 죽겠으니 영근 박 한 통을 따서 박속이나 지져 먹자하고 박을 따서 먹줄을 반듯하게 긋고서 흥부 내외는 톱을 마주 잡고 켰다. 이렇게 밀거니 당기거니 켜서 툭 타 놓으니 오색 채운이 서리며 청의동자 한 쌍이 나오는 것이었다.

왼손에 약병을 들고 오른손에 쟁반을 눈 위로 높이 받쳐 들고 나온 그 동자들은,

"이것을 값으로 따지면 억만 냥이 넘으니 팔아서 쓰십시오."라고 말하며 홀연히 사라져 버렸다.

박 한 통을 또 따놓고 슬근슬근 톱질이다. 쓱삭 쿵칵 툭 타 놓으니 속에서 온갖 세간붙이가 나왔다.

또 한 통을 따서 먹줄 쳐서 톱을 걸고 툭 타 놓으니 순금 궤가 하나 나왔다. 금거북 자물쇠를 채웠는데 열어 보니 황금, 백금, 밀화, 호박, 산호, 진주, 주사, 사향 등이 가득 차 있었다. 그런데 쏟으면 또 가득 차고 또 가득 차고 해서 밤낮 쏟고 나니 큰 부자가 된 것이다.

다시 한 통을 툭 타 놓으니 일등 목수들과 각종 곡식이 나왔다. 그 목수들은 우선 명당을 가려 터를 잡고 집을 지었다. 그다음 또 사내종, 계집종, 아이종이 나오며 온갖 것을 여기저기 다 쌓고 법석이니 흥부 내외는 좋아하고 춤을 추며 돌아다녔다.

이리하여 흥부는 좋은 집에서 즐거움으로 세월을 보내게 되었다.

이런 소문이 [놀부] 귀에 들어가니,

"이놈이 도둑질을 했나? 내가 가서 욱대기면[1] 반재산을 뺏어낼 것이다."

벼락같이 건너가 닥치는 대로 살림살이를 쳐부수는 것이었다.

한참 이렇게 소란을 피우고 있을 때 마침 출타 중이던 흥부가 들어왔다.

"네 이놈, 도둑질을 얼마나 했느냐?"

"형님 그 말씀이 웬 말씀이오?"

흥부가 앞뒷일을 자세히 말하자, 그럼 네 집 구경을 자세히 하자고 놀부가 나섰다. 흥부는 형을 데리고 돌아다니며 집 구경을 시키는데 놀부가 재물이 나오는 화초장[2]을 달라고 했다. 그러고는 흥부가 화초장을 하인을 시켜 보내주겠다는 것도 마다하고 스스로 짊어지고 가서 집에 이르니 놀부 아내는 눈이 휘둥그레진다. 그리고 그 출처와 흥부가 부자가 된 연유를 알게 되자,

"우리도 다리 부러진 제비 하나 만났으면 그 아니 좋겠소?"라며, 그해 동지섣달부터 제비를 기다렸다.

– 작자 미상, 「흥부전」

1) 욱대기면: 난폭하게 윽박질러 협박하면.
2) 화초장: 문짝에 유리를 붙이고 화초 무늬를 채색한 옷장.

17 윗글에 대한 설명으로 가장 적절한 것은?

① 편집자적 논평을 통해 인물의 부정적인 면을 풍자하고 있다.

② 우연한 사건이 빈번히 발생하며 극적 긴장감을 높이고 있다.

③ 서술자가 관찰자의 입장에서 사건을 객관적으로 전달하고 있다.

④ 인물 간의 대화와 행동 묘사를 통해 인물의 내면을 생생하게 드러낸다.

18 윗글에 대한 이해로 적절하지 <u>않은</u> 것은?

① 흥부 부부는 먹고 살기 위해 온갖 노력을 다하였다.

② 박에서 나온 목수들은 흥부에게 좋은 집을 지어주었다.

③ 흥부는 자신이 치료해 준 제비가 박씨를 물고 온 사실을 알아채고 매우 반겼다.

④ 놀부는 흥부의 집을 방문하기 전까지 흥부가 부자가 된 정확한 방법을 알지 못하였다.

19 윗글의 [놀부]를 표현하는 속담으로 가장 적절한 것은?

① 가는 날이 장날이다.

② 호랑이도 제 말하면 온다.

③ 까마귀 날자 배 떨어진다.

④ 사촌이 땅을 사면 배가 아프다.

(가)

아르바이트 하는 애들은 문제가 있는 애들이다?

청소년 노동자를 바라보는 시각에는 양극단이 존재한다. ㉮ '경제적으로 어려운 아이들'이라는 시각과 ㉯ '지나치게 돈을 좋아하는 아이들'이라는 시각이 그것이다. 전자는 청소년이 노동을 선택하는 이유를 '생계비 마련' 하나만으로 축소해 버리고 피해자로만 바라본다는 점에서 문제가 있다. 그러다 보니 생활비 마련뿐만 아니라 의미 있는 시간 활용, 부모의 눈치를 보지 않는 독립적인 생활, 진로 탐색 등 노동을 선택하는 복합적인 이유가 삭제돼 버린다. 후자의 시각은 청소년 노동을 학생의 본분을 저버린 그릇된 행위로 만들어 버림으로써, 문제의 원인을 노동 현장의 구조적 문제가 아니라 '청소년이 노동하고 있다는 사실' 자체로 돌려 버린다. 이처럼 청소년 노동이 '동정'의 대상이 되거나 '비행'을 떠올리게 하다 보니 청소년들 스스로 노동하고 있다는 사실을 부끄러워하거나 숨기곤 한다.

두 시각 모두 도달하게 되는 결론은 청소년을 노동에서 빨리 구원해야 한다는 것이다. 그런데 그 구원의 방식은 주로 '금지'이다. 청소년이 노동을 선택하지 않아도 되는 조건을 만들기보다 부모 동의서를 받도록 요구하거나 학교가 아르바이트를 금지하는 규칙을 도입한다. 과연 노동을 금지한다고 청소년의 삶을 나아지게 할 수 있을까? 아르바이트를 하지 않으면 당장 생활이 어려운 청소년은 어찌할 것인가? 부모 동의서를 받기 힘든 가정의 청소년들은 비공식 노동에만 접근할 수 있다. 학교가 노동을 규정 위반으로 삼다 보니 청소년들은 학교의 도움도 기대하기 힘들다. ㉠ 금지는 쉽다. 그러나 바람직한 것은 청소년이 노동을 선택하지 않아도 되는 조건을 만들거나 노동 환경을 개선하는 것이다.

(나)

애들에게 노동법을 가르쳐야 한다?

청소년 노동 문제가 알려지면서, 청소년에게 최저 임금, 근로 기준 등 노동법 교육을 강화해야 한다고 흔히 얘기한다. 물론 최저 임금, 사업주의 근로 계약서 작성 교부 의무, 쉬는 시간, 주휴 수당 등 노동법을 아는 것은 중요하다. 그러나 청소년 노동자들은 근로 감독의 손길이 미치지 않거나 근로 기준법의 일부 조항이 아예 적용조차 되지 않는 영세 사업장에 주로 몰려 있다. 정부 근로 감독의 손길은 프랜차이즈업계에 주로 몰려 있지만,

청소년들은 점점 더 영세한 업체로, 불안정 고용 업체로 밀려나고 있다. 노동법을 안다고 해도 써먹을 수 없는 이유이다. 노동법이 전면 적용되는 사업장이라고 해도 갑을 관계에 종속된, 게다가 나이 어린 청소년이 사업주를 상대로 직접 권리 보장을 요구하기는 힘들다. 법적인 차원의 노력을 넘어서야 해결은 시작된다. 청소년들의 자력화를 지원하고, 청소년의 사회적 지위를 높이기 위한 운동을 함께 전개해야 하는 이유이다.

– 배경내, 「청소년 노동자를 바라보는 수상한 관점」

20 윗글에 대한 설명으로 가장 적절한 것은?

① 청소년들은 주로 경제적 어려움 때문에 노동하게 된다.

② 노동법 교육을 통해 청소년 노동 문제를 완전히 해결할 수 있다.

③ 정부 근로 감독은 영세하고 불안정한 고용 업체까지 모두 관리한다.

④ 법적인 차원의 노력만으로는 청소년 노동 문제의 근본적 해결이 어렵다.

21 ㉮와 ㉯에 대한 글쓴이의 생각으로 적절하지 <u>않은</u> 것은?

① ㉮는 청소년 노동자를 '동정'의 대상으로 만든다.

② ㉯는 청소년 노동자를 '비행'의 행위자로 만든다.

③ ㉮와 ㉯ 모두 청소년을 바라보는 바람직한 시선이다.

④ ㉮와 ㉯로 인해 청소년들은 노동을 한다는 사실을 부끄러워하고 숨긴다.

22 ㉠에 담긴 의미로 가장 적절한 것은?

① '금지'는 청소년 노동자가 꼭 지켜야 할 사회적 약속이다.

② '금지'는 청소년 노동 문제 해결의 근본적인 대책은 아니다.

③ '금지'는 청소년 노동 문제를 더욱 확산시키는 계기가 된다.

④ '금지'는 시행하기는 어렵지만 시행하면 청소년 노동 문제를 없앨 수 있다.

[23~25] 다음 글을 읽고 물음에 답하시오.

(가)

　근교로 놀러 가자는 친구의 말에 "여유가 없어."라고 쏘아붙이고 전화를 끊었다. 머리를 굴려 보면 나들이를 갈 수도 있을 듯했지만, 단칼에 거절하고 나니 정말로 여유가 없는 것 같았다. 달력을 넘겨 보고 휴대 전화 메모를 들여다보았다. 해야 할 일들이 있었지만, 오늘 하루 놀러 가지 못할 정도는 아니었다. 문득 여유가 없다고 말할 때의 여유는 단순히 시간적 여유가 아니란 생각이 들었다. 기꺼이 무리를 하겠다는 마음, 굳이 그렇게까지 하고 싶은 의지와 더 가까운 것 같았다. 그날 나는 해야 할 일이 많이 있었지만 아무것도 하지 않았다. 나들이를 가지 않은 아쉬움과 일을 하지 않았다는 죄책감 때문에 종일 마음이 무거웠다. 하루를 ⓐ<u>공쳤기</u> 때문에 다음 날부터는 정말로 여유가 없어지고 말았다.

(나)

　여유는 크게 두 가지로 이야기할 수 있다. 먼저 물질적 여유, 공간적 여유, 시간적 여유처럼 내가 현재 처해 있는 상황으로 ⓑ<u>규정</u>되는 여유가 있다. 통장 잔액을 확인할 때, 식당에서 자리를 잡을 때, 나도 모르게 자꾸 시계를 볼 때 우리가 하루에도 몇 번씩 살피는 여유 말이다. 이때는 여유의 기준이, 넉넉함을 측정할 수 있는 척도가 비교적 객관적인 편이다. 물질적 여유가 없어서 초밥 대신 김밥을 사 먹고 커피숍이 아닌 자판기 앞에 가야 할 때도 있다. 공간적 여유가 없어서 커다란 냉장고를 사는 것을 포기할 수도, 책상 대신 조그만 상을 들일 수도 있을 것이다. 시간적 여유가 없어서 택시를 타거나 기다려 왔던 약속을 뒤로 미룰 수밖에 없을지도 모른다.

(다)

　여유는 마음의 상태를 얘기하는 데 사용되기도 한다. 마음의 상태라고 ⓒ<u>지칭하긴</u> 했지만 그 마음이 드러나는 표정, 태도, 행동 등을 통해 여유를 가늠할 수 있다. 마음에 여유가 없으면 어떤 일도 손에 잡히지 않는다. 사람을 만나는 것도, 어디에 놀러 가는 것도 특별한 이유 없이 다 싫어진다. 반면, 여유가 있는 사람은 그 사람을 둘러싼 분위기에서부터 여유로움을 감지할 수 있다. 비단 물질적인 여유를 말하는 것이 아니다. 여유 있음은 낯선 사람에게 얼마나 열려 있는지, 상대의 말을 얼마나 열심히 귀담아듣는지, 출퇴근길 지하철에서 주위를 살피고 걷는지 등 대부분 태도에서 드러나게 마련이다. 음식을 내온 사람에게 건네는 미소나 상대방을 배려하는 말투에서도 여유는 묻어난다.

(라)

　두 가지 종류의 여유는 ⓓ<u>상호</u> 간에 영향을 끼치기도 한다. 돈이 없으면 아무리 가까운 사람이라 할지라도 선뜻 만나기 꺼려진다. 처리할 일이 산더미처럼 쌓여있을 때 공짜로 얻은 해외여행 비행기 표가 다 무슨 소용이란 말인가. 여유 간의 불일치로 힘들어하는 사람들도 많다. 빡빡한 생활을 하다 갑작스럽게 여유가 찾아왔을 때 반가우면서도 그 여유를 어찌 활용할지 막막한 것이다. 평생 일만 해 왔던 아버지들이 퇴직 후에 어떻게 시간을 보내야 할지 몰라 당황한다는 이야기가 그리 멀지 않게 느껴지는 것도 다 이 때문이다.

　　　　　　　　　　　　　　– 오은, 「이유 있는 여유」

23 (가)~(라)에 대한 설명으로 적절하지 <u>않은</u> 것은?

① (가): 실제 경험을 언급하며 독자와 거리를 좁히고 있다.

② (나): 설명 대상의 발전 과정을 단계적으로 보여주고 있다.

③ (다): 설명 대상과 관련된 구체적 예를 들어 독자의 이해를 돕고 있다.

④ (라): 의문의 형식을 사용하여 자신의 생각을 효과적으로 드러내고 있다.

24 ⓐ~ⓓ의 사전적 의미로 적절하지 <u>않은</u> 것은?

① ⓐ: 무슨 일을 하려다가 목적을 이루지 못하고 허탕 치다.

② ⓑ: 내용이나 성격, 의미 따위가 밝혀져 정해지다.

③ ⓒ: 가리켜 보게 하다.

④ ⓓ: 상대가 되는 이쪽과 저쪽 모두.

25 문맥상 다음 글이 들어갈 위치로 가장 적절한 것은?

> 이처럼 시공간적 여유는 있는데 마음의 여유가 없을 때 우리는 초조함을 느낀다. 반대로 마음의 여유는 있지만, 경제적 여유가 없다는 이유만으로 대책 없이 느긋하다고 주변에서 손가락질을 받기도 한다.

① (가) 뒤 ② (나) 뒤
③ (다) 뒤 ④ (라) 뒤

7일차 수학

제한 시간: **40분**
문항 수: **20문항**
배점: **1문제당 5점**

정답 CHECK!
자동 채점 서비스

01 두 다항식 $A = x^2 + x$, $B = x^2 - 5$에 대하여 $3A + B$는?

① $x^2 - 3x - 5$ ② $2x^2 - 20x$

③ $3x^2 - 2x - 5$ ④ $4x^2 + 3x - 5$

02 다음 등식 중 x에 대한 항등식은?

① $x = -8$

② $x - 7 = 0$

③ $(x-3)^2 = x - 3$

④ $x^2 - 4 = (x+2)(x-2)$

03 다음은 조립제법을 이용하여 다항식 $x^3 + 2x^2 + 4$ 를 일차식 $x - 1$로 나누어 몫과 나머지를 구하는 과정이다. 이때 몫은?

1	1	2	0	4
		1	3	3
	1	3	3	7

① $x^2 + 3x + 3$ ② $2x^2 - 3x + 3$

③ $3x^2 - 3x - 3$ ④ $4x^2 + 3x - 3$

04 $27x^3 - ky^3$을 인수분해한 식이 $(3x - 2y)(9x^2 + 6xy + 4y^2)$일 때, 상수 k의 값은?

① 2   ② 4

③ 8   ④ 12

05 다음 등식을 만족시키는 두 실수 x, y의 값은?
(단, $i = \sqrt{-1}$)

$$(x - 3) + (y + 2)i = 5 + 6i$$

① $x = 1$, $y = 1$

② $x = 4$, $y = 3$

③ $x = 8$, $y = 4$

④ $x = 12$, $y = 4$

06 다음 이차방정식 중에서 서로 다른 두 실근을 갖는 것은?

① $x^2 + 2 = 0$

② $x^2 - 2x - 3 = 0$

③ $x^2 - 2x + 1 = 0$

④ $x^2 - 3x + 5 = 0$

07 $-1 \leq x \leq 2$일 때, 이차함수 $y = (x-1)^2 + 2$의 최댓값은?

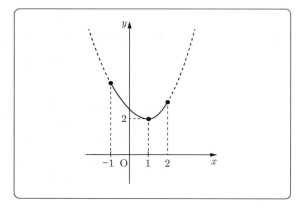

① 6

② 7

③ 8

④ 9

08 사차방정식 $x^4 - x^3 + kx^2 + x + 6 = 0$의 한 근이 1일 때, 상수 k의 값은?

① -3

② -5

③ -7

④ -9

09 이차부등식 $x^2 - 3x - 4 \leq 0$의 해가 $-1 \leq x \leq a$일 때, 상수 a의 값은?

① 2

② 4

③ 6

④ 8

10 부등식 $|x-1| \leq 1$의 해를 수직선 위에 나타내면 다음 그림과 같다. 이때 상수 a의 값은?

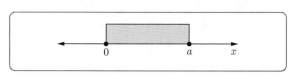

① 2

② 4

③ 6

④ 8

11 좌표평면 위의 두 점 A$(-1, -1)$, B$(3, 5)$의 중점을 M이라 할 때, 두 점 A, M 사이의 거리는?

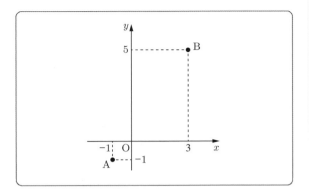

① 3 ② $\sqrt{11}$
③ $\sqrt{13}$ ④ 4

12 직선 $y = \frac{1}{4}x - 3$에 수직이고, 점 $(0, 1)$을 지나는 직선의 방정식은?

① $y = -4x + 1$
② $y = -2x + 6$
③ $y = 2x + 1$
④ $y = 4x + 6$

13 중심이 원점이고 점 $(1, -3)$을 지나는 원의 방정식은?

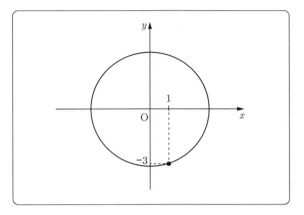

① $x^2 + y^2 = \sqrt{10}$
② $x^2 + y^2 = 10$
③ $(x-1)^2 + (y-2)^2 = \sqrt{10}$
④ $(x-1)^2 + (y+2)^2 = 10$

14 좌표평면 위의 점 $(1, 2)$를 x축의 방향으로 4만큼, y축의 방향으로 -3만큼 평행이동한 점의 좌표는?

① $(-1, -1)$ ② $(1, 0)$
③ $(5, -1)$ ④ $(6, 1)$

15 다음 〈보기〉에서 집합인 것의 개수는?

┤ 보기 ├

ㄱ. 공부를 잘하는 학생들의 모임
ㄴ. -1에 가까운 수들의 모임
ㄷ. 5보다 작은 음이 아닌 정수의 모임
ㄹ. 큰 수들의 모임

① 1 ② 2
③ 3 ④ 4

16 명제 '$x=4$이면 $x^2=16$이다.'의 대우는?

① $x=4$이면 $x^2\neq16$이다.

② $x\neq4$이면 $x^2\neq16$이다.

③ $x^2\neq16$이면 $x=4$이다.

④ $x^2\neq16$이면 $x\neq4$이다.

17 그림과 같은 함수 $f:X\to Y$에 대한 설명으로 옳지 <u>않은</u> 것은?

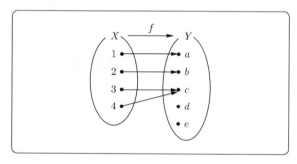

① 정의역은 $\{1,\ 2,\ 3,\ 4\}$이다.

② 공역은 $\{a,\ b,\ c,\ d,\ e\}$이다.

③ 치역은 $\{a,\ b,\ c\}$이다.

④ $f(4)=d$이다.

18 유리함수 $y=\dfrac{1}{x+1}+q$의 그래프가 그림과 같을 때, 상수 q의 값은?

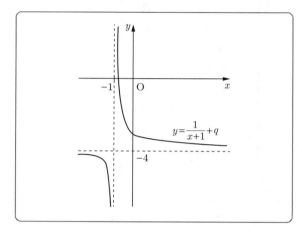

① -6 ② -5

③ -4 ④ -3

19 5명의 후보 중에서 반장, 부반장을 각각 1명씩 선출하는 모든 경우의 수는?

① 10   ② 20

③ 30   ④ 40

20 남학생 5명과 여학생 3명 중에서 달리기 대회에 출전할 3명을 뽑는 모든 방법의 수는?

① 44   ② 48

③ 52   ④ 56

7일차 영어

제한 시간: 40분
문항 수: 25문항
배점: 1문제당 4점

정답 CHECK!
자동 채점 서비스

[01~03] 다음 밑줄 친 부분의 뜻으로 가장 적절한 것을 고르시오.

01

> Practice gives you <u>confidence</u> which will reduce your nervousness.

① 행복감   ② 의지력
③ 숙련도   ④ 자신감

02

> Your password should <u>consist of</u> more than eight letters.

① 변경하다   ② 필요하다
③ 보고하다   ④ 구성되다

03

> You should make a reservation <u>in advance</u>.

① 나중에   ② 언제나
③ 사전에   ④ 대신에

04 다음 중 두 단어의 의미 관계가 나머지 셋과 <u>다른</u> 것은?

① near — far
② front — back
③ fast — speedy
④ right — wrong

05 다음 발레 교실 광고문에서 언급되지 <u>않은</u> 것은?

Ballet Class

How do you like learning ballet?
You can join an elegant ballet class.
○ When: September 12th, 2:00 p.m.~4:00 p.m.
○ Where: School dancing room
○ How to join: Register at www.ballet.org

① 강사   ② 장소
③ 주제   ④ 시간

06

○ The long drought had caused serious _____ to the village.
○ Don't _____ the top of your desk with your pen.

① matter   ② damage

③ comfort   ④ institute

07

○ Thanks _____ his mother, he succeeded.
○ He was frozen _____ death.

① to   ② at

③ on   ④ of

08

○ I heard the _____ of crying from the other room.
○ That doesn't _____ good. I cannot agree with that idea.

① vow   ② kind

③ sound   ④ source

09 다음 중 밑줄 친 표현의 의미로 가장 적절한 것은?

A: Good morning! You've come to work first again.
B: Good morning! You're also early.
A: Yes. The early bird catches the worm.
B: I know. We'll try hard today.

① 무소식이 희소식이다
② 부지런해야 성공한다
③ 많으면 많을수록 좋다
④ 선무당이 사람 잡는다

10 다음 대화에서 알 수 있는 B의 심정으로 가장 적절한 것은?

A: Jun - ho, are you ready for the English Speech Contest?
B: Eun - ah, I don't think I can go on the stage. I'm so nervous.
A: Take it easy! You've been practicing for months. You are going to be great.
B: I don't know. I can think of nothing else.

① 긴장한   ② 지루한

③ 실망한   ④ 감탄스러운

11 다음 중 대화가 이루어지는 장소로 가장 적절한 것은?

A: Are these books on sale?
B: Yes, all of these are four dollars each.
A: Do you have books of travel?
B: Yes, they are on the second floor.

① 학원   ② 서점

③ 우체국   ④ 옷가게

12 다음 중 밑줄 친 It이 가리키는 것으로 가장 적절한 것은?

> It is one of the most popular team sports in the world. It is played on a field, and two teams of eleven players try to kick a round ball into a goal without using their hands or arms.

① soccer ② volleyball

③ basketball ④ ice hockey

[13~14] 다음 대화의 빈칸에 들어갈 말로 가장 적절한 것을 고르시오.

13

> A: _____?
> B: I like classical music.
> A: So do I. Let's go to a classical music concert together.
> B: Great! I'd love to go.

① Can you do me a favor

② What do you do for a living

③ What kind of music do you like

④ When was the best moment of your life

14

> A: Can you pick up some sausages from the supermarket?
> B: _____.

① Thanks. I will do my best

② That sounds like a good idea

③ You can take a taxi to get there

④ Okay, I'll stop by on my way home

15 다음 글을 쓴 목적으로 가장 적절한 것은?

> This notice is written for all students who want to use the school library during the summer vacation. The library is open from 9 a.m. to 1 p.m. You can borrow up to four books, but you must return them within ten days.

① 알려주기

② 사과하기

③ 감사하기

④ 소개하기

16 주어진 말에 이어질 대화를 〈보기〉에서 찾아 순서대로 배열한 것은?

> What can we do to save electricity?

보기
(A) I see. Anything else?
(B) We can switch off the lights when we leave rooms.
(C) It's also a good idea to use the stairs instead of the elevator.

① (A) − (C) − (B)

② (B) − (A) − (C)

③ (B) − (C) − (A)

④ (C) − (A) − (B)

17 다음 방과 후 학교 안내문의 내용과 일치하지 <u>않</u>는 것은?

After - School Class

O When:
  • March 11th to July 10th, 2024
O course:
  • English, History, Mathematics, Biology, Physics
O register:
  • Our school homepage by March 4th.
O Refreshments will be available.

① 방과 후 학교는 약 4개월간 운영된다.
② 방과 후 학교의 과목은 총 5과목이다.
③ 방과 후 학교 등록은 홈페이지에서 한다.
④ 방과 후 학교는 간식을 제공하지 않는다.

18 다음 글에서 금연하는 방법에 관한 설명으로 언급되지 <u>않은</u> 것은?

If you want to quit smoking, you can. A good way to quit smoking is to exercise, drink more water and eat food with vitamins. Remember, the longer you wait to quit, the harder it will be.

① 운동을 해야 한다.
② 물을 많이 마셔야 한다.
③ 사람들을 많이 만나야 한다.
④ 비타민 함유 음식을 먹어야 한다.

19 다음 글의 주제로 가장 적절한 것은?

I prefer online shopping for several reasons. First, I don't even have to leave my house. All I need is my computer or smartphone. Second, I can save money by comparing prices from various online stores. Lastly, I can get anything I want delivered to my front door. How easy and convenient!

① 다양한 온라인 상점
② 온라인 쇼핑의 장점
③ 오프라인 쇼핑의 단점
④ 컴퓨터와 스마트폰의 장점

[20~21] 다음 글의 빈칸에 들어갈 말로 가장 적절한 것을 고르시오.

20

Our family took a trip to Korean last winter. We tried a famous Korean dish, bulgogi. Later, we could not forget its delicious taste. So, my mom cooked it for us. Unfortunately, her cooking was not as good as the _____.

① dish   ② skill
③ special   ④ original

21

Your hair can be damaged in many ways, such as by coloring or heat from hair dryers. To keep your hair healthy, you can try some of the following tips. First, get a haircut once a month. This will _____ damaged hair. Second, use a low heat on your hair dryer. Third, find a shampoo that is good for your hair.

① depend   ② remove
③ interest   ④ decorate

22 다음 글의 바로 뒤에 이어질 내용으로 가장 적절한 것은?

> A recent study showed that humor is useful in relieving tension between people. That is because humor decreases anxiety. Here are some cases of how humor eased tension between people.

① 유머에 관해 연구한 학자

② 긴장을 완화하는 또 다른 방법

③ 유머를 사용해서는 안 되는 상황

④ 유머가 사람들 간의 긴장을 완화한 사례

23 글의 흐름으로 보아 다음 문장이 들어가기에 가장 적절한 곳은?

> I wanted to do something new and creative, so I quit the job.

> Three years ago I was a government employee. (①) The job was really boring because I had to read hundreds of documents every day. (②) Now I run my own business. (③) It's not easy, but I'm happy because now I'm doing what I really want. (④) I love my new life!

[24~25] 다음 글을 읽고 물음에 답하시오.

> When I was living on Jeju Island, I spent a lot of time just watching the ocean beat against the cliffs. The rocks and water, together with Jeju's traditional houses, formed a very beautiful scene. I could even see a group of Korean women in diving suits standing on the rocks. These women are called Haenyeo, professional female divers on Jeju Island. They were diving into the sea without using oxygen tanks and coming back with _____.

24 윗글의 빈칸에 들어갈 말로 가장 적절한 것은?

① meat

② gravel

③ seafood

④ vegetable

25 윗글에서 해녀에 관한 설명으로 언급되지 <u>않은</u> 것은?

① 매우 아름다웠다.

② 잠수복을 입고 있었다.

③ 산소 탱크를 쓰지 않았다.

④ 바위에 무리지어 서 있었다.

7일차   사회

제한 시간: 30분
문항 수: 25문항
배점: 1문제당 4점

정답 CHECK!
자동 채점 서비스

01 빈칸 ㉠에 들어갈 말로 알맞은 것은?

> ┌─────────────────────────────┐
> │ [㉠]은/는 모든 인간은 인간이라는 이
> │ 유만으로 존중받아 마땅하며, 어떤 목적을 위한
> │ 수단으로 취급될 수 없는 존재임을 설명한다.
> └─────────────────────────────┘

① 인권 침해
② 적극적 우대
③ 인간의 존엄성
④ 사회 복지 제도

02 다음 설명에 해당하는 관점은?

> ┌─────────────────────────────┐
> │   여러 지역 간의 유사점과 차이점을 밝히고, 각
> │ 지역이 어떻게 네트워크를 형성하여 상호 작용하
> │ 는지 살펴보는 데 유용한 관점이다.
> └─────────────────────────────┘

① 공간적 관점
② 시간적 관점
③ 사회적 관점
④ 윤리적 관점

03 다음 설명에 해당하는 경제 개념은?

 어제 은행에서 금융 상품 가입하고 왔어. 1년 동안 한 달에 10만 원씩 납입할 거야.

잘했네. 1년이 지나면 원금과 이자를 받으니 부자된 기분이 들겠구나!

① 예금   ② 적금
③ 채권   ④ 신용

04 빈칸 ㉠에 들어갈 말로 알맞은 것은?

> ┌─────────────────────────────┐
> │ [㉠]은/는 나이, 성별, 장애, 인종, 국적,
> │ 종교, 사상 등의 측면에서 자신들이 살고 있는 국
> │ 가나 사회의 지배적 가치와 기준을 달리한다는
> │ 이유로 차별의 대상이 되거나 불평등한 대우를
> │ 받는 사람들을 일컫는다.
> └─────────────────────────────┘

① 준거 집단
② 사회 조직
③ 비영리 단체
④ 사회적 소수자

05 다음 설명에 해당하는 개념은?

○ 우리들의 삶을 보다 풍부하게 만들어 주고, 현재 세대와 미래 세대의 더 나은 삶을 위한 태도이다.
○ 지역의 환경이나 시대의 흐름에 따라 의식주, 관습과 법, 종교와 도덕에 대한 생각 등이 다양하게 나타난다.

① 보편 윤리　　　　② 문화 다양성
③ 문화 사대주의　　④ 문화 제국주의

06 다음 설명에 해당하는 헌법상의 기본권은?

○ '기본권 보장을 위한 기본권'으로 수단적 권리이다.
○ 국가에 대해 일정한 행위를 신청할 수 있는 권리이다.

① 사회권　　　　② 자유권
③ 청구권　　　　④ 참정권

07 빈칸 ㉠에 들어갈 말로 알맞은 것은?

국가 권력의 남용을 방지하기 위해 권력을 서로 다른 국가 기관이 담당하도록 하는 제도를 ㉠ (이)라고 한다. 입법권(국회), 행정권(정부), 사법권(법원)에 권력을 분리하여 국민의 인권 침해를 최소화하고자 한다.

① 권력 분립 제도
② 기본권 제한 규정
③ 위헌 법률 심판 제도
④ 헌법 소원 심판 제도

08 시장 참여자의 역할로 옳은 것만을 〈보기〉에서 모두 고른 것은?

┤ 보기 ├

ㄱ. 정부는 소비자가 원하는 서비스를 생산하여 만족감을 주어야 한다.
ㄴ. 생산물의 종류와 수량을 결정하는 최종적인 권한은 생산자에게 있다.
ㄷ. 소비자는 기업의 사회적 책임, 환경친화적 제품 등을 고려하여 소비해야 한다.
ㄹ. 소비자는 상품 정보를 분석하는 등 합리적인 소비로 올바른 생산을 유도해야 한다.

① ㄱ, ㄴ　　　　② ㄱ, ㄹ
③ ㄴ, ㄹ　　　　④ ㄷ, ㄹ

09 행복에 대한 설명으로 옳지 않은 것은?

① 진정한 행복은 삶의 궁극적인 목적이다.
② 상황과 여건에 따라 행복의 기준은 다양하다.
③ 일시적이고 감각적일 때 보다 큰 행복감을 느낀다.
④ 의미 있는 목표를 설정하고 달성하는 과정에서 행복을 느낄 수 있다.

10 정보화에 따라 변화된 생활 양식으로 옳지 <u>않은</u> 것은?

① 원격 수업과 원격 진료 등을 실시한다.
② 서류 발급 시 대면 발급 신청이 증가한다.
③ 전자 상거래, 인터넷 쇼핑 등을 통해 물건을 구매한다.
④ 선거 유세 및 의견 표출이 가상 공간을 통해 이루어진다.

11 다음 설명에 해당하는 자원은?

> ○ 특징: 주로 가정에서 사용하며, 냉동 액화 기술의 발달로 수요가 증가하였다.
> ○ 분포: 신생대 제3기의 배사 구조에 주로 매장되어 있다.
> ○ 이동: 육지는 파이프라인을, 해상은 액화 수송선을 이용하여 수송한다.

① 석탄
② 석유
③ 나무
④ 천연가스

12 빈칸 ㉠에 공통으로 들어갈 말로 알맞은 것은?

> ○ ㉠ 은/는 한 나라가 가지고 있는 생산에 필요한 모든 요소를 말한다.
> ○ ㉠ 은/는 지하자원, 기후와 같은 천연자원, 노동력을 제공하는 인적 자원, 지식, 사회 제도 등과 같은 사회·문화적 자원이 있다.

① 부존자원
② 자연환경
③ 생산 기술
④ 국제 통화

13 연금에 대한 설명으로 옳은 것만을 〈보기〉에서 모두 고른 것은?

> ┤ 보기 ├
> ㄱ. 국민연금과 퇴직 연금은 국가가 보장하는 공적 연금이다.
> ㄴ. 개인연금은 본인의 선택에 따라 가입할 수 있는 사적 연금이다.
> ㄷ. 국민연금은 의무 가입, 퇴직 연금은 임의 가입을 원칙으로 한다.
> ㄹ. 국민연금은 노후 생활 등을 위해 일정 금액을 적립한 후 은퇴하고 받는 돈이다.

① ㄱ, ㄴ
② ㄱ, ㄷ
③ ㄴ, ㄹ
④ ㄷ, ㄹ

14 다음 설명에 해당하는 지형은?

> ○ 지형이 평탄해서 농경지 개간이 가능하고, 교통로와 도시가 발달하였다.
> ○ 아시아 지역은 벼농사, 유럽과 아메리카 지역은 밀농사 경작이 가능하다.

① 산지 지형
② 평야 지형
③ 해안 지형
④ 초원 지형

15 다음 설명에 해당하는 개념은?

> ○ 근로자의 성취감을 높여주고, 근로 의욕을 북돋아 준다.
> ○ 스스로 만족을 얻기 위한 여행이나 영화 관람 등의 자유로운 시간을 의미한다.

① 회사
② 여가
③ 직업
④ 월급

16 지리정보시스템(GIS)의 활용 분야로 옳지 <u>않은</u> 것은?

① 교통망 가설
② 도시 계획 수립
③ 시설 만족도 조사
④ 공공시설의 입지 선정

17 다음 설명에 해당하는 환경 문제에 대한 국제 협약은?

빙하가 녹아 북극곰이 먹을 게 줄어들고, 개체 수도 감소하고 있대.

맞아. 투발루 사람들은 자기네 영토를 포기하고 뉴질랜드로 이민가고 있대.

① 바젤 협약
② 람사르 협약
③ 기후 변화 협약
④ 생물 다양성 협약

18 교통 · 통신의 발달로 인해 발생할 수 있는 문제점으로 옳지 <u>않은</u> 것은?

① 시간 거리 증가
② 생태 환경 악화
③ 녹지 공간 감소
④ 환경 문제 유발

19 다음 설명에 해당하는 인간과 자연의 관계를 바라보는 관점은?

○ 도로를 건설할 때 동물의 이동 통로를 만들어야 한다.
○ 인간과 자연은 서로 영향을 주고받는 관계로서 조화와 균형의 유지가 중요하다.

① 환경 가능론
② 환경 결정론
③ 문화 결정론
④ 생태 중심주의

20 다음 지도에 표시된 지역의 분쟁 원인이 된 종교로 옳은 것만을 〈보기〉에서 모두 고른 것은?

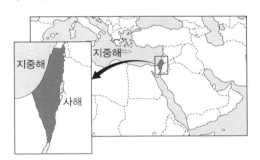

─┤ 보기 ├─
ㄱ. 불교   ㄴ. 유대교
ㄷ. 힌두교   ㄹ. 이슬람교

① ㄱ, ㄴ   ② ㄱ, ㄹ
③ ㄴ, ㄹ   ④ ㄷ, ㄹ

21 우리나라와 일본의 갈등 원인으로 옳지 <u>않은</u> 것은?

① 동북 공정
② 위안부 문제
③ 역사 교과서 왜곡
④ 야스쿠니 신사 참배

22 다음 설명에 해당하는 개념은?

○ 다양한 인종, 종교, 문화 등 서로 다른 문화 집단들이 공존한다.
○ 사회 구성원들의 문화 선택 기회가 확대될 수 있다.
○ 이주민에 대한 편견과 차별이 발생할 수 있다.

① 소수 문화
② 다문화 사회
③ 고령화 사회
④ 세계 시민 사회

23 빈칸 ㉠에 들어갈 말로 알맞은 것은?

〈   ㉠   기술 발전에 따른 변화〉
○ 전자 상거래가 확대되었다.
○ 온라인 교육과 재택근무가 가능해졌다.
○ 자율 주행 자동차와 드론 등이 발달하였다.

① 과학
② 사회
③ 예술
④ 의학

24 과학 기술 발전의 문제점으로 옳은 것만을 〈보기〉에서 모두 고른 것은?

┤ 보기 ├
ㄱ. 출산율 감소
ㄴ. 자원 민족주의
ㄷ. 생명 윤리 문제
ㄹ. 지적 재산권 침해

① ㄱ, ㄴ
② ㄴ, ㄷ
③ ㄴ, ㄹ
④ ㄷ, ㄹ

25 자연재해 발생 시 국가에서 취해야 하는 노력으로 옳지 <u>않은</u> 것은?

① 풍수해 보험
② 재난지원금 모금
③ 특별재난지역 지정
④ 스마트 재난상황관리시스템 가동

7일차　과학

제한 시간: 30분
문항 수: 25문항
배점: 1문제당 4점

정답 CHECK!
자동 채점 서비스

01 물체의 관성과 관련이 있는 예가 <u>아닌</u> 것은?

① 로켓이 가스를 분사하며 위로 올라간다.
② 달려가던 사람이 돌부리에 걸려 넘어진다.
③ 버스가 갑자기 출발하면 승객이 뒤로 넘어진다.
④ 달리기할 때 선수가 결승전에서 바로 멈추기가 어렵다.

02 그림은 물체에 작용한 힘의 변화를 시간에 따라 나타낸 그래프이다. 그래프 아랫부분의 넓이에 해당하는 것은?

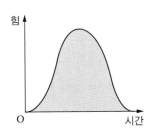

① 속도
② 가속도
③ 운동량
④ 충격량

03 우리 주변에서 충돌 시간을 길게 하여 충돌할 때 받는 힘의 크기를 줄인 장치만을 〈보기〉에서 모두 고른 것은?

──────── 보기 ────────
ㄱ. 병따개
ㄴ. 자동차 범퍼
ㄷ. 자동차 에어백
ㄹ. 대포의 긴 포신

① ㄱ, ㄴ
② ㄱ, ㄷ
③ ㄴ, ㄷ
④ ㄴ, ㄹ

04 110 V의 전압에서 2 A의 전류가 흐를 때 공급되는 전력은?

① 110 W
② 220 W
③ 440 W
④ 880 W

05 다음은 자연에서 일어나는 에너지 전환 과정을 나타낸 것이다. ㉠에 공통으로 들어갈 에너지는?

> ○ 광합성: (㉠) → 화학 에너지
> ○ 반딧불이: 화학 에너지 → (㉠)

① 열에너지
② 빛에너지
③ 운동 에너지
④ 전기 에너지

06 다음 설명에 해당하는 재생 에너지는?

> ○ 바람의 운동 에너지로부터 에너지를 얻는다.
> ○ 바람의 방향이나 세기가 일정하지 않아 에너지 생성량을 정확히 예측하기 어렵다.

① 풍력 에너지
② 수력 에너지
③ 지열 에너지
④ 폐기물 에너지

07 그래프는 초전도 현상을 나타낸 것이다. 이러한 성질을 이용한 예로 옳은 것은?

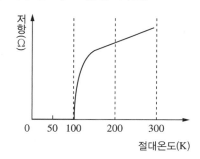

① 그래핀
② 초전도 케이블
③ 네오디뮴 자석
④ 탄소 나노 튜브

08 그림 (가)와 (나)는 각각 수소(H_2)와 물(H_2O)의 전자 배치를 나타낸 것이다. 이에 대한 설명으로 옳지 <u>않은</u> 것은?

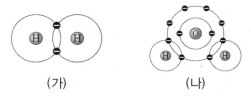

(가)   (나)

① (가)는 2원자 분자이다.
② (나)에서 공유 전자쌍은 총 2쌍이다.
③ (가)와 (나) 모두 공유 결합을 형성한다.
④ (나)의 구성 원자 모두 He과 같은 전자 배치를 갖는다.

09 다음은 이온 반응식 (가)와 (나)를 나타낸 것이다. 이에 대한 설명으로 옳은 것만을 〈보기〉에서 모두 고른 것은?

> (가) HCl → (㉠) + Cl^-
> (나) CH_3COOH → (㉡) + CH_3COO^-

┤ 보기 ├
ㄱ. ㉠은 H^+이다.
ㄴ. ㉡은 OH^-이다.
ㄷ. (가)와 (나) 모두 페놀프탈레인 용액을 붉게 변화시킨다.

① ㄱ
② ㄴ
③ ㄱ, ㄷ
④ ㄴ, ㄷ

10 다음 화학 반응식에서 전자를 잃고 산화되는 물질은?

$$Mg + Cu^{2+} \rightarrow Mg^{2+} + Cu$$

① Mg
② Cu^{2+}
③ Mg^{2+}
④ Cu

11 그림은 두 원소 (가)와 (나)의 전자 배치를 나타낸 것이다. 이에 해당하는 설명으로 옳은 것만을 〈보기〉에서 모두 고른 것은?

(가)   (나)

┤ 보기 ├

ㄱ. (가)는 Li, (나)는 Na이다.
ㄴ. (가)와 (나)는 같은 주기에 속한다.
ㄷ. (가)와 (나)는 화학적 성질이 비슷하다.

① ㄱ, ㄴ
② ㄱ, ㄷ
③ ㄴ, ㄷ
④ ㄱ, ㄴ, ㄷ

12 다음 화학 반응식은 중화 반응을 나타낸 것이다. ㉠에 해당하는 것은?

$$HCl + NaOH \rightarrow (\ ㉠ \ ) + NaCl$$

① Na
② H_2
③ Cl_2
④ H_2O

13 다음의 생명체 구성 물질에 대한 설명으로 옳은 것은?

○ 탄수화물
○ 단백질
○ 핵산

① 규소 화합물이다.
② 단위체가 연결되어 형성된다.
③ 저장 에너지원으로 이용된다.
④ 생명체 구성 물질에서 가장 큰 비율을 차지한다.

14 DNA 이중 나선에서 한쪽 가닥의 염기 서열 일부가 다음과 같을 때, 다른 쪽 가닥의 염기 서열은?

$$-C \ A \ T \ G \ T \ G \ C \ A-$$

① -G T A C A C G T-
② -G C A T A T G C-
③ -A T G C G C A T-
④ -T G C A C A T G-

15 다음 설명의 ㉠과 ㉡에 들어갈 말을 바르게 나열한 것은?

> 식물 세포를 세포 안보다 농도가 높은 설탕 용액에 넣었을 때, 세포 밖으로 빠져나가는 물의 양이 세포 안으로 들어오는 물의 양보다 (㉠). 따라서 세포질의 부피가 처음보다 (㉡). 그 결과 세포막이 세포벽에서 떨어지게 된다.

	㉠	㉡
①	많다	줄어든다
②	많다	늘어난다
③	적다	줄어든다
④	적다	늘어난다

16 생물이 다른 생물 및 환경과 밀접한 관계를 맺으며 영향을 주고받는 하나의 시스템을 의미하는 것은?

① 개체   ② 개체군
③ 생태계   ④ 생산자

17 DNA와 RNA에 대한 설명으로 옳은 것은?

① DNA는 유전 정보를 전달한다.
② RNA는 2중 나선 구조를 가지고 있다.
③ DNA와 RNA 모두 인산, 당, 염기로 이루어진다.
④ RNA의 염기는 아데닌(A), 사이토신(C), 구아닌(G), 타이민(T)이 있다.

18 다음과 같은 화학 반응이 일어나는 세포 소기관은?

$$6CO_2 + 6H_2O \xrightarrow{\text{빛에너지}} C_6H_{12}O_6 + 6O_2$$
이산화 탄소 물   포도당   산소

① 액포   ② 엽록체
③ 리보솜   ④ 미토콘드리아

19 다음 중 신생대의 표준 화석에 해당하는 것은?

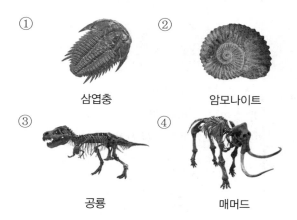

① 삼엽충   ② 암모나이트
③ 공룡   ④ 매머드

20 그림은 단층에 존재하는 판의 경계를 모식적으로 나타낸 것이다. 이와 관련 있는 지형 및 특징이 <u>아닌</u> 것은?

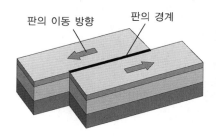

① 변환 단층
② 천발 지진
③ 화산 활동
④ 보존형 경계

21 지구 시스템의 에너지원으로 볼 수 없는 것은?

① 수소 에너지
② 태양 에너지
③ 조력 에너지
④ 지구 내부 에너지

24 화석 연료에 대한 설명으로 옳은 것은?

① 매장량이 무한하다.
② 석탄, 석유, 천연가스가 대표적이다.
③ 지구 온난화에 영향을 미치지 않는다.
④ 연소할 때 산소 기체가 주로 발생한다.

22 그림은 질량이 태양의 15배인 별의 진화 단계 중 일부(Ⅰ~Ⅲ)를 나타낸 것이다. Ⅲ 단계에서 생성될 수 있는 원소로 옳은 것은?

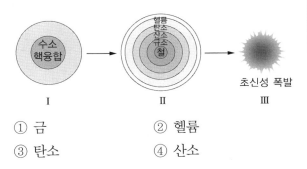

① 금
② 헬륨
③ 탄소
④ 산소

25 다음 설명에 해당하는 현상은?

○ 적도 부근 동태평양 해역의 표층 수온이 평년보다 낮은 상태로 지속되는 현상이다.
○ 무역풍이 평상시보다 강해질 때로, 동태평양 부근은 강수량 감소로 가뭄과 산불이 발생한다.

① 장마
② 엘니뇨
③ 라니냐
④ 사막화

23 우주 초기 입자들의 생성 순서를 바르게 나열한 것은?

> ㉠ 원자
> ㉡ 헬륨 원자핵
> ㉢ 쿼크와 전자
> ㉣ 양성자와 중성자

① ㉡－㉠－㉢－㉣
② ㉡－㉠－㉣－㉢
③ ㉢－㉡－㉣－㉠
④ ㉢－㉣－㉡－㉠

7일차 한국사

제한 시간: **30분**
문항 수: **25문항**
배점: 1문제당 4점

정답 CHECK!
자동 채점 서비스

01 다음 설명에 해당하는 시대의 대표적인 유물은?

> 벼농사가 시작되면서 곡식을 수확하기 위해 사용하였다.

① 주먹도끼
② 반달 돌칼
③ 슴베찌르개
④ 빗살무늬 토기

02 다음 설명에 해당하는 지역은?

> 삼한의 천군이 다스리는 신성 지역으로, 정치적 군장의 힘이 미치지 못하여 죄인이 도망쳐 와도 붙잡아 갈 수 없었다.

① 소도
② 5소경
③ 사출도
④ 22담로

03 빈칸 ㉠에 들어갈 말로 알맞은 것은?

> 〈   ㉠   의 정책〉
> ○ 과거 제도를 실시하였다.
> ○ 노비안검법을 실시하였다.
> ○ 독자적인 연호를 사용하였다.

① 태조
② 성종
③ 광종
④ 숙종

04 다음 설명에 해당하는 신라의 제도는?

> ○ 진흥왕 때 국가적 조직으로 개편하였다.
> ○ 교육적·군사적·사교적 기능을 가지고 있었다.

① 책화
② 서옥제
③ 골품제
④ 화랑도

05 빈칸 ㉠에 들어갈 말로 알맞은 것은?

> ■ 역사 유물 카드 ■
> ○ 명칭: ㉠
> ○ 소재지: 경상북도 경주
> ○ 소개: 석가탑이라고도 부르며, 해체·수리 과정에서 무구정광대다라니경이 발견되었다.

① 미륵사지 석탑
② 분황사 모전 석탑
③ 불국사 삼층 석탑
④ 정림사지 오층 석탑

06 다음 설명에 해당하는 고려의 군대는?

> 무신 정권 해체 이후 몽골과 강화가 성립되자 이에 반발하여 강화도에서 진도, 제주도로 이동하며 항전하였다.

① 별기군 ② 장용영
③ 삼별초 ④ 별무반

07 빈칸 ㉠에 들어갈 말로 알맞은 것은?

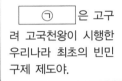
㉠ 은 고구려 고국천왕이 시행한 우리나라 최초의 빈민 구제 제도야.

그래, 흉년·춘궁기에 국가가 농민에게 곡식을 대여해 주고 수확기에 갚게 했대.

① 의창 ② 균역법
③ 영정법 ④ 진대법

08 고려 공민왕의 업적으로 옳은 것만을 〈보기〉에서 모두 고른 것은?

┌──── 보기 ────┐
ㄱ. 쌍성총관부 공격
ㄴ. 전민변정도감 설치
ㄷ. 훈련도감 설치
ㄹ. 수원 화성 축조
└──────────┘

① ㄱ, ㄴ ② ㄴ, ㄷ
③ ㄴ, ㄹ ④ ㄷ, ㄹ

09 조선 전기에 볼 수 있는 모습에 대한 설명으로 옳은 것은?

① 집현전에서 연구하는 관리
② 청해진에서 교역하는 상인
③ 상품 작물을 재배하는 농민
④ 초조대장경을 제작하는 장인

10 다음 설명에 해당하는 고려의 사건은?

> ○ 서경 세력이 서경 천도, 금 정벌 등을 주장하였다.
> ○ 김부식의 관군에게 진압되었다.

① 무신 정변
② 묘청의 난
③ 만적의 난
④ 동학 농민 운동

11 빈칸 ㉠에 들어갈 말로 알맞은 것은?

> ⟨ ㉠ ⟩
>
> ○ 배경: 고종의 인산일
> ○ 내용: 모든 계층이 참여한 우리 역사상 최대 규모의 민족 운동
> ○ 의의: 대한민국 임시 정부가 수립되는 계기, 중국의 5·4 운동에 영향

① 3·1 운동
② 애국 계몽 운동
③ 6·10 만세 운동
④ 광주 학생 항일 운동

12 다음 설명에 해당하는 신분 계층은?

> ○ 통일 신라 말 새로운 정치 이념과 사회상을 제시하였다.
> ○ 대표적 인물로 강수, 설총, 최치원 등이 있다.

① 백정
② 호족
③ 6두품
④ 신진 사대부

13 빈칸 ㉠에 들어갈 말로 알맞은 것은?

> 〈   ㉠   의 결과〉
>
> ○ 왕권이 약화되고, 비변사의 기능이 강화되었다.
> ○ 양안과 호적이 소실되어 국가 재정이 궁핍해졌다.
> ○ 공명첩이 발행되고, 신분 질서가 동요하였다.

① 임진왜란
② 병자호란
③ 귀주 대첩
④ 안시성 전투

14 정약용에 대한 설명으로 옳지 <u>않은</u> 것은?

① 여전론을 주장하였다.
② 거중기를 제작하였다.
③ 대동여지도를 제작하였다.
④ 『목민심서』를 저술하였다.

15 다음 설명에 해당하는 조선의 개혁은?

> ○ 군국기무처 설치
> ○ 김홍집 내각 성립
> ○ 과거제와 신분제 폐지

① 갑오개혁
② 갑신정변
③ 아관 파천
④ 폐정 개혁

16 빈칸 ㉠에 들어갈 말로 알맞은 것은?

> 미국이 제너럴 셔먼호를 이끌고 평양 대동강에 들어와 교역을 요구하자 평양 관민들은 이에 저항하여 배를 불태워버렸다. 이후 1871년 미국이 이를 구실로 강화도에 침입하여 ㉠ 이/가 발생하였다.

① 병인박해   ② 신미양요
③ 임오군란   ④ 을미사변

17 다음 설명에 해당하는 신문은?

> ○ 1896년 서재필 등이 창간하였다.
> ○ 우리나라 최초의 민간 신문이다.
> ○ 한글판과 영문판으로 발행되었다.

① 독립신문
② 제국신문
③ 황성신문
④ 대한매일신보

18 빈칸 ㉠에 들어갈 말로 알맞은 것은?

제○○호 　　**한국사 신문**　　 ○○○○년 ○월 ○일

봉오동 전투 승리하다!

1920년 　㉠　 이/가 이끄는 대한 독립군은
다른 독립군과 연합하여 봉오동 전투에서 일본군
을 상대로 승리를 거두었다.

---

① 이봉창　　　　② 홍범도

③ 김좌진　　　　④ 최익현

19 ㉠~㉢을 일어난 순서대로 바르게 나열한 것은?

㉠ 강화도 조약 체결
㉡ 조선 총독부 설치
㉢ 을사늑약 체결

---

① ㉠ - ㉡ - ㉢
② ㉠ - ㉢ - ㉡
③ ㉡ - ㉢ - ㉠
④ ㉢ - ㉡ - ㉠

20 김구에 대한 설명으로 옳지 않은 것은?

① 남북 협상에 참여하였다.
② 한인 애국단을 조직하였다.
③ 헤이그로 특사를 파견하였다.
④ 대한민국 임시 정부의 주석을 역임하였다.

21 빈칸 ㉠에 들어갈 말로 알맞은 것은?

〈주제: 애국 계몽 운동〉

○ 목적: 실력 양성을 통한 국권 수호
○ 주요 단체 활동
　• 보안회: 　　㉠　　
　• 헌정 연구회: 근대적 입헌 정치 추구
　• 대한 자강회: 고종 강제 퇴위 반대 운동
　　전개

---

① 형평 운동 전개
② 브나로드 운동 전개
③ 대성 학교와 오산 학교 설립
④ 일제의 황무지 개간권 요구 저지

22 광무개혁에 대한 설명으로 옳지 않은 것은?

① 원수부를 설치하였다.
② 홍범 14조를 반포하였다.
③ 양전 사업을 실시하였다.
④ 구본신참을 바탕으로 하였다.

23 다음 설명에 해당하는 민주화 운동은?

역사 퀴즈

1980년 광주에서 시민들은 민주주의의 회복과 계엄령 철폐를 요구하며 신군부에 저항하였습니다. 2011년에는 관련 기록물이 유네스코 세계 기록 유산으로 등재되었는데요. 이 사건은 무엇일까요?

① 4·19 혁명
② 6월 민주 항쟁
③ 부마 민주 항쟁
④ 5·18 민주화 운동

24 다음 설명에 해당하는 지역은?

○ 조선 숙종 때 청과 국경 분쟁이 발생하자 국경을 확정하여 백두산정계비를 세웠다.
○ 일제가 봉오동·청산리 전투 패배에 대한 보복으로 많은 한국인을 학살하였다.

① 간도
② 독도
③ 강화도
④ 거문도

25 다음 설명에 해당하는 정부는?

○ 1988년 서울 올림픽이 개최되었다.
○ 남북한이 유엔에 동시에 가입하였다.

① 이승만 정부
② 김영삼 정부
③ 김대중 정부
④ 노태우 정부

7일차 도덕

제한 시간: 30분
문항 수: 25문항
배점: 1문제당 4점

정답 CHECK!
자동 채점 서비스

01 다음 쟁점들을 다루는 실천 윤리학의 분야로 가장 적절한 것은?

○ 뇌사
○ 안락사
○ 인공 임신 중절

① 생명 윤리
② 문화 윤리
③ 과학 윤리
④ 사회 윤리

02 다음 내용과 관련 있는 윤리 사상은?

○ 의미: 인간의 본성에 근거하는 절대적인 법으로, 모든 인간에게 주어진 보편적인 법을 말한다.
○ 핵심 명제: '선은 행하고 악은 피하라'
○ 대표 사상가: 스토아학파, 토마스 아퀴나스

① 덕 윤리
② 자연법 윤리
③ 공리주의 윤리
④ 의무론적 윤리

03 사상가와 그 주장을 바르게 짝지은 것만을 〈보기〉에서 모두 고른 것은?

┤ 보기 ├
ㄱ. 공자: 임금은 임금다워야 하고 신하는 신하다워야 한다.
ㄴ. 노자: 사단(四端)을 바탕으로 수양하면 성인(聖人)과 군자(君子)가 된다.
ㄷ. 벤담: 최대 다수의 최대 행복을 추구해야 한다.
ㄹ. 아리스토텔레스: 반성하지 않는 삶은 살 가치가 없다.

① ㄱ, ㄴ
② ㄱ, ㄷ
③ ㄴ, ㄹ
④ ㄷ, ㄹ

04 남북한 통일이 필요한 이유로 옳지 <u>않은</u> 것은?

① 전쟁 위협을 소멸시킬 수 있다.
② 이산가족의 고통을 해소시킬 수 있다.
③ 민족 간 정치·사회·경제 이질화를 심화시킨다.
④ 동북아시아와 세계의 평화 및 안정에 기여한다.

05 빈칸 ㉠에 들어갈 말로 알맞은 것은?

(㉠)에 대해 의견을 발표해 봅시다.

심장 자체는 뇌의 명령 없이도 자발적으로 박동됩니다.

판정 과정에서 오류 가능성이 있고, 악용될 수도 있습니다.

① 뇌사   ② 안락사
③ 생식 보조술   ④ 인공 임신 중절

06 다음 설명에 해당하는 윤리 사상은?

○ 노자는 인위적 욕망을 버리고 자연의 순리에 따르는 무위자연(無爲自然)의 삶을 살아야 한다고 주장하였다.
○ 장자는 만물이 나와 하나라는 물아일체(物我一體)를 강조하였다.

① 유교   ② 불교
③ 도가   ④ 묵가

07 빈칸 ㉠에 들어갈 말로 알맞은 것은?

○ 생물학적 성: 생식 작용을 중심으로 육체적인 특성에 따라 남자와 여자를 구분한다.
○ (㉠): 사회적 · 문화적으로 만들어지는 여성다움과 남성다움을 통칭한다.

① 쾌락적 성
② 보편적 성
③ 사회 문화적 성
④ 욕망으로서의 성

08 민주 시민의 권리와 의무를 행사하는 방법으로 옳지 않은 것은?

① 국가의 정당한 권위를 존중한다.
② 시민 활동에 적극적으로 참여한다.
③ 의무보다는 권리를 더욱 중요시한다.
④ 국가가 시민을 위한 역할을 잘 수행하는지 살핀다.

09 빈칸 ㉠과 ㉡에 들어갈 말로 알맞은 것은?

○ (㉠)은/는 부모의 뜻을 헤아려 실천함으로써 부모를 기쁘게 해 드리는 것이다.
○ (㉡)은/는 형은 동생을 벗처럼 사랑하고 보살피고, 동생은 부모를 사랑하는 마음처럼 형을 공경하는 것이다.

	㉠	㉡
①	양지(養志)	형우제공(兄友弟恭)
②	우애(友愛)	부자유친(父子有親)
③	형우제공(兄友弟恭)	양지(養志)
④	정조(貞操)	교우이신(交友以信)

10 다음 설명에 해당하는 윤리 사상은?

○ 맹자가 말한, 누구에게나 주어져 있다는 선한 마음인 사단(四端) 중 하나이다.
○ 남을 불쌍히 여기는 마음을 말한다.

① 수오지심(羞惡之心)
② 사양지심(辭讓之心)
③ 시비지심(是非之心)
④ 측은지심(惻隱之心)

11 다음 중 사상가와 그 주장의 연결이 옳지 <u>않은</u> 것은?

① 톨스토이: 예술 작품의 가치는 도덕적인 가치에 의해 결정된다.

② 스핑건: 예술은 도덕적 선을 지향해야 하므로 윤리적 규제가 필요하다.

③ 플라톤: 예술의 목적은 올바른 행동을 권장하고 덕성을 장려하는 데 있다.

④ 와일드: 예술가는 도덕적 기준과 관습에 상관없이 자율성과 독창성을 지녀야 한다.

12 (가)의 관점에서 (나)에 나타난 문제점을 해결하기 위한 방안으로 옳은 것은?

(가)	현대 사회에서는 개인 윤리만으로는 해결할 수 없는 복잡하고 어려운 윤리 문제가 발생한다고 주장하며, 개인보다는 사회 구조와 제도의 부조리에 윤리 문제의 원인이 있다고 본다.
(나)	사이버상에서 소프트웨어 무단 복제, 불법 다운로드, 저작물 표절 등의 저작권 침해가 점점 증가하는 추세로, 사회적인 논란이 되고 있다.

① 개인의 양심과 도덕성 회복에 호소한다.

② 개인적으로 늘 창작자의 노력에 대해 감사하는 마음을 갖는다.

③ 저작권자는 자신의 창작물이 유통되지 않도록 다양한 감시 방법을 찾는다.

④ 불법 소프트웨어 유통, 저작물 표절 등 저작권 침해에 대한 처벌을 강화한다.

13 빈칸 ㉠에 들어갈 내용으로 알맞은 것은?

> 주제: (㉠   )에 대한 찬반 의견
> 찬성 측: 부의 재분배를 통해 불평등을 해소할 수 있다.
> 반대 측: 개인의 재산권을 과도하게 침해한다.

① 부유세

② 여성 할당제

③ 지역 균형 선발

④ 저소득자 공공 근로 사업

14 다음 내용을 '도덕 원리 – 사실 판단 – 도덕 판단' 순으로 바르게 나열한 것은?

> ㉠ 법을 준수해야 한다.
> ㉡ 무단횡단을 해서는 안 된다.
> ㉢ 무단횡단은 법을 어기는 행동이다.

① ㉠ – ㉡ – ㉢

② ㉠ – ㉢ – ㉡

③ ㉡ – ㉠ – ㉢

④ ㉡ – ㉢ – ㉠

15 다음 설명에 해당하는 개념은?

> ○ 사이버 공간에서 특정인을 집단적으로 따돌리거나 욕설, 험담 따위로 집요하게 괴롭히는 행위를 뜻하는 말이다.
> ○ 신속성, 익명성, 광범위한 확산 등으로 사회 문제를 일으키고 있다.

① 정보 격차
② 사생활 침해
③ 사이버 불링
④ 인터넷 실명제

16 대중문화에 대한 소비자의 바람직한 태도로 옳은 것은?

① 맹목적으로 받아들인다.
② 비판적으로 수용해야 한다.
③ 자본이 많이 투입된 작품을 소비한다.
④ 불법이라도 무료 콘텐츠를 찾아 즐긴다.

17 과학 기술 지상주의 관점에 대한 설명으로 옳은 것만을 〈보기〉에서 모두 고른 것은?

> ┤ 보기 ├
> ㄱ. 과학 기술은 비인간적이다.
> ㄴ. 과학은 모든 문제를 해결한다.
> ㄷ. 인간 소외 사회를 불러올 수 있다.
> ㄹ. 과학 기술은 인간에게 많은 혜택을 준다.

① ㄱ, ㄴ
② ㄱ, ㄷ
③ ㄴ, ㄹ
④ ㄷ, ㄹ

18 공직자가 지켜야 할 윤리로 옳은 것은?

① 직무는 공정하게 처리한다.
② 사익도 공익만큼 중요하다.
③ 위임받은 권한은 최대한 이용한다.
④ 직무를 통해 취한 이득은 모두 정당하다.

19 다음 중 환경 보전에 대한 입장이 <u>다른</u> 하나는?

① 자연은 본래적 가치를 지닌다.
② 인간의 정신적 안식처 역할을 한다.
③ 자연을 도움이 되는 도구로 생각한다.
④ 경제 성장을 둔화시키는 문제가 발생한다.

20 빈칸 ㉠에 들어갈 윤리 사상가는?

> (㉠)는 동물 해방론을 주장하며, 동물이 인간과 마찬가지로 쾌락과 고통을 느끼므로 동물을 고통에서 해방시키자고 하였다.

① 칸트
② 싱어
③ 네스
④ 테일러

21 다음 중 노직의 해외 원조에 대한 관점으로 옳은 것은?

① 해외 원조는 의무가 아닌 선의를 베푸는 자선이다.

② 타인의 곤경에 무심한 태도는 보편적인 윤리로 통용될 수 없다.

③ 굶주림과 죽음을 방치하는 것은 인류 전체의 고통을 증가시키는 것이다.

④ 해외 원조는 고통 받는 사회가 '질서 정연한 사회'가 되도록 돕는 것이다.

22 다음 중 종교와 윤리의 공통점으로 옳은 것만을 〈보기〉에서 모두 고른 것은?

┤ 보기 ├

ㄱ. 초월적인 세계를 상정한다.

ㄴ. 궁극적 존재에 대한 신념을 따른다.

ㄷ. 개인의 도덕성과 성품을 중요시한다.

ㄹ. 대부분의 종교는 보편 윤리를 포함하고 있다.

① ㄱ, ㄴ ② ㄱ, ㄷ

③ ㄴ, ㄹ ④ ㄷ, ㄹ

23 다음 중 윤리적 소비에 대해 모두 '✔'를 표시한 학생은?

소비 형태 \ 학생	A	B	C	D
(가) 모피, 털, 가죽 상품 구매	✔			✔
(나) 친환경적인 제품의 구매	✔	✔		
(다) 로컬 푸드, 슬로푸드 이용		✔	✔	
(라) 최신 유행의 패스트 패션 의류 구매			✔	✔

① A ② B

③ C ④ D

24 빈칸 ㉠에 들어갈 말로 적절하지 <u>않은</u> 것은?

다문화 사회에 필요한 윤리적 자세에는 어떤 것이 있을까요?

다양성을 수용하면서도 보편적 규범을 준수해야 합니다.

(㉠)

사회자 / 학생 1 / 학생 2

① 문화적 편견을 극복해야 합니다.

② 문화 상대주의적 태도가 필요합니다.

③ 화이부동(和而不同)의 자세가 요구됩니다.

④ 모든 문화에 대한 무조건적인 관용을 실천합니다.

25 다음의 갈등 문제를 예방하기 위한 방법으로 적절하지 <u>않은</u> 것은?

나이 든 기성세대들은 젊은이들에 대해 '요즘 것들'이라 칭하며 비난하고, 젊은이들은 기성세대를 '꼰대'라고 비아냥거리는 등, 두 세대의 서로에 대한 비난과 반목이 점점 심해지고 있다.

① 역지사지의 자세가 필요하다.

② 세대 간의 만남과 교류를 확대한다.

③ 보편적인 갈등이므로 신경 쓰지 않는다.

④ 상호 존중과 신뢰의 자세로 소통해야 한다.

많이 보고 많이 겪고 많이 공부하는 것은 배움의 세 기둥이다.

– 벤자민 디즈라엘리 –

새 교육과정 완벽 반영!

시대에듀 검정고시 시리즈

한 권 합격 시리즈

[핵심 이론 + 예상 문제 + 실전 문제]가 수록된 단 한 권으로 검정고시 끝장내기!

초졸 검정고시 한 권 합격　　　중졸 검정고시 한 권 합격　　　고졸 검정고시 한 권 합격

기출이 답이다 시리즈

[3년간 / 5년간 기출문제 + 기출문제 해설 무료 특강] 구성으로 문제 풀이 훈련 최적화!

기출이 답이다　　　　　　기출이 답이다　　　　　　기출이 답이다
초졸 검정고시 5년간 기출문제　　중졸 검정고시 5년간 기출문제　　고졸 검정고시 3년간 / 5년간 기출문제

7일 완성 실전 모의고사 시리즈

[단계별 실전 모의고사 + 자동 채점 서비스]로 검정고시 고득점 합격!

중졸 검정고시 7일 완성 실전 모의고사　　　　고졸 검정고시 7일 완성 실전 모의고사

※ 도서의 구성과 이미지는 변경될 수 있습니다.

나에게 딱 맞는 한능검 교재를 선택하고 합격하자!

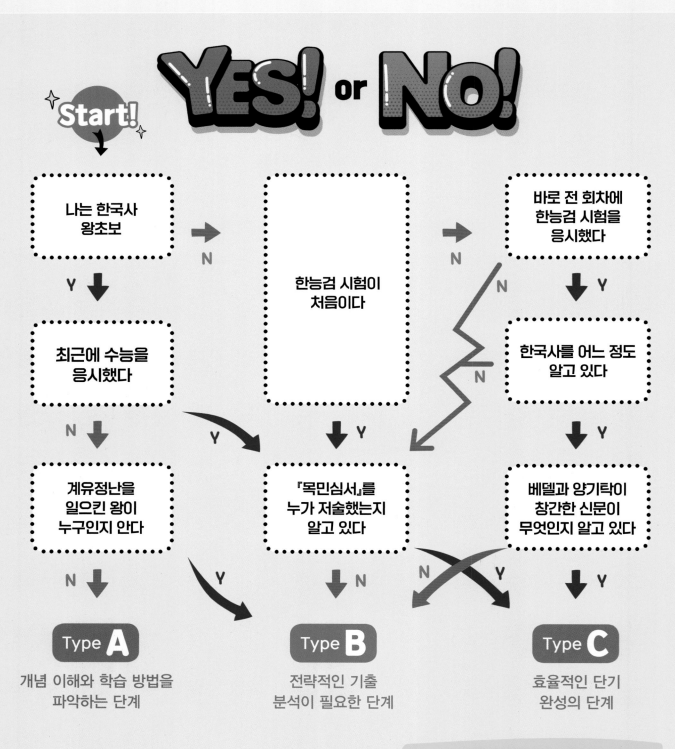

Start! **YES! or NO!**

나는 한국사 왕초보

N →

한능검 시험이 처음이다

N →

바로 전 회차에 한능검 시험을 응시했다

Y ↓

최근에 수능을 응시했다

N ↓　　Y →

Y ↓ (목민심서 방향)

N ↓ / **N**

한국사를 어느 정도 알고 있다

Y ↓

계유정난을 일으킨 왕이 누구인지 안다

N ↓　　Y →

『목민심서』를 누가 저술했는지 알고 있다

N ↓

베델과 양기탁이 창간한 신문이 무엇인지 알고 있다

Y ↓

N / Y (교차 화살표)

Type A

개념 이해와 학습 방법을 파악하는 단계

Type B

전략적인 기출 분석이 필요한 단계

Type C

효율적인 단기 완성의 단계

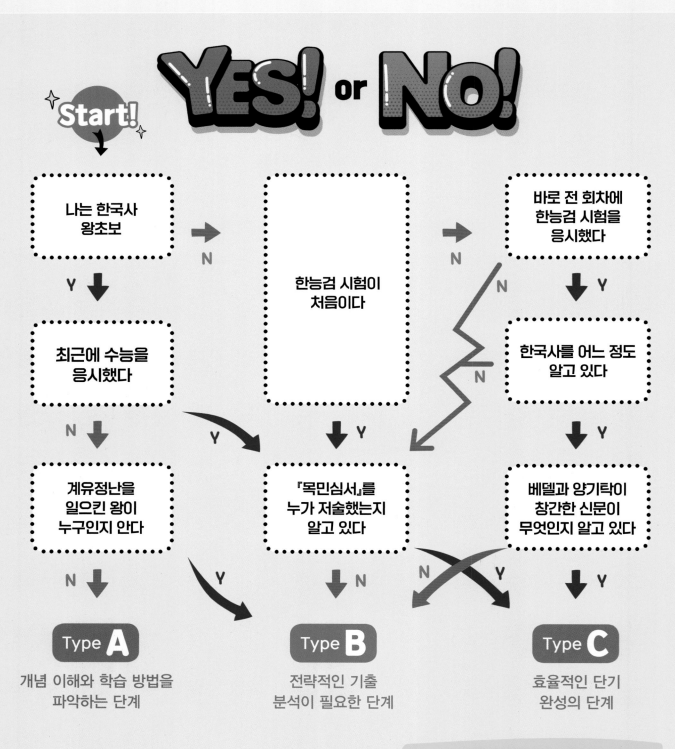

옆 페이지로 커리큘럼 계획하러 가기

새 교육과정 완벽 반영!

시대에듀 검정고시 시리즈

한 권 합격 시리즈

[핵심 이론 + 예상 문제 + 실전 문제]가 수록된 단 한 권으로 검정고시 끝장내기!

초졸 검정고시 한 권 합격　　　중졸 검정고시 한 권 합격　　　고졸 검정고시 한 권 합격

기출이 답이다 시리즈

[3년간 / 5년간 기출문제 + 기출문제 해설 무료 특강] 구성으로 문제 풀이 훈련 최적화!

기출이 답이다　　　　　　　　기출이 답이다　　　　　　　　기출이 답이다
초졸 검정고시 5년간 기출문제　중졸 검정고시 5년간 기출문제　고졸 검정고시 3년간 / 5년간 기출문제

7일 완성 실전 모의고사 시리즈

[단계별 실전 모의고사 + 자동 채점 서비스]로 검정고시 고득점 합격!

중졸 검정고시 7일 완성 실전 모의고사　　　고졸 검정고시 7일 완성 실전 모의고사

※ 도서의 구성과 이미지는 변경될 수 있습니다.

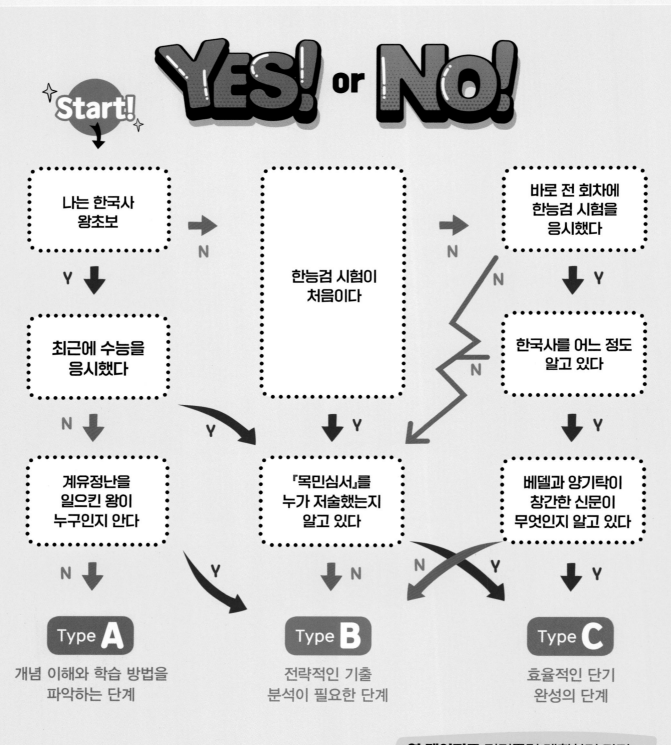

국어 | 수학 | 영어 | 사회 | 과학 | 한국사 | 도덕

편집기획실 편저

STRONG

빛나는 당신의 내일을 위해 ───────── 시대에듀가 함께합니다.

2025
고졸 검정고시
실전 모의고사

7일 완성

정답 및 해설

시대에듀

정답 및 해설

정답 및 해설

1일차 실전 모의고사 정답 및 해설

01	02	03	04	05	06	07	08	09	10
①	②	③	④	①	④	④	③	②	③
11	12	13	14	15	16	17	18	19	20
③	④	④	②	①	②	③	①	④	②
21	22	23	24	25					
④	①	③	②	①					

01   정답 ①

📖 **핵심체크**

표준어는 한 나라에서 공용어로 쓰는 규범에 대한 언어이다. 공식적인 자리에서 발표를 하거나 강의를 할 때에는 표준어를 사용하는 것이 옳다.

02   정답 ②

📖 **핵심체크**

격식을 갖추어 대화하기 위해 화자는 적절한 높임 표현과 어휘를 선택해야 한다. 화자는 자신과 청자의 관계, 청자의 나이, 대화 상황 등을 고려해야 한다.

03   정답 ③

📖 **핵심체크**

'쐐어야'의 옳은 맞춤법은 '쐐야' 또는 '쐬어야'이다. '쐐'는 어간 '쐬-'에 어미 '-어'가 결합한 것으로, '쐬어야'를 줄여서 표기할 경우에는 '쐐야'로 적어야 한다.

🔍 **오답체크**

① '더드미'의 옳은 맞춤법은 '더듬이'이다. '더듬이'는 어근 '더듬-'에 접사 '-이'가 결합한 것으로, 어간의 원형을 밝혀 적어야 한다.

② '빈물'의 옳은 맞춤법은 '빗물'이다. '빗물'은 '비'와 '물'이 결합한 순우리말로 된 합성어이다. 앞말이 모음으로

끝난 경우 뒷말의 첫소리 'ㄴ, ㅁ' 앞에서 'ㄴ' 소리가 덧나게 되면 사이시옷을 받쳐 적어야 한다.

④ '훑텄다'의 옳은 맞춤법은 '훑었다'이다. '훑었다'는 어간 '훑-'에 선어말어미 '-었-'과 종결 어미 '-다'가 결합한 것으로, 어간의 원형을 밝혀 적어야 한다.

04   정답 ④

📖 **핵심체크**

'업었다'는 주어인 '철수'가 행위를 하는 주체이므로 능동 표현에 해당한다.

🔍 **오답체크**

① '-게 되다'라는 피동 접미사가 쓰인 피동 표현이다.

②·③ 피동 접사 '-리-'가 쓰인 피동 표현이다.

➕ **PLUS CHECK 더 알아보기**

피동 표현

• 능동과 피동

능동	주어가 동작을 제 힘으로 하는 것
피동	주어가 다른 주체에 의해서 동작을 당하는 것

• 피동의 종류

단형피동	• 피동 접미사 '-이-, -하-, -리-, -기-' • 접미사 '되다, 받다, 당하다'
장형피동	보조 용언 '-어지다'

05   정답 ①

📖 **핵심체크**

오는 주체는 '너'이고, 그 말을 한 주체는 '선생님'으로, 높임의 대상은 '너'가 아닌 '선생님'이다. 따라서 바른 문장은 '선생님께서 너 교실로 오라고 하셔.'이다.

FINAL CHECK 작품 해설

훈민정음 언해본
- 갈래: 번역문(언해문)
- 성격: 설명적, 교시적
- 제제: 한글의 창제 원리
- 주제: 훈민정음의 창제 동기와 목적
- 특징
  - 한자로 된 해례본을 한글로 풀이함
  - 한글 창제 당시 국어의 모습을 생생하게 보여줌

현대어 풀이

우리나라 말이 중국과 달라 한자와는 서로 통하지 아니하여서 이런 까닭으로 어리석은 백성이 말하고자 하는 바가 있어도 마침내 제 뜻을 능히 펴지 못하는 사람이 많다. 내가 이것을 가엾게 생각하여 새로 스물여덟 자를 만드니, 모든 사람으로 하여금 쉽게 익혀서 날마다 쓰는 데 편하게 하고자 할 따름이다.

06 ＜정답＞ ④

핵심체크

제시된 글은 훈민정음의 창제 원리를 담고 있다. 우리말이 중국의 말과 달라 문자 생활에 어려움을 겪는 백성들을 위하는 세종의 애민 정신을 읽을 수 있다. 훈민정음은 중국과의 소통을 목적으로 하고 있지 않다.

오답체크

① '우리나라 말이 중국과 달라'라는 뜻으로, 우리말과 중국의 말이 다름을 나타낸다.
② '어리석은 백성이 말하고자 하는 바가 있어도 마침내 제 뜻을 능히 펴지 못하는 사람이 많다.'라는 뜻으로, 당시 문자 생활에 어려움을 겪는 사람이 많았음을 나타낸다.
③ '새로 스물여덟 자를 만드니'라는 뜻으로, 새로 만든 훈민정음의 문자 수가 28자임을 나타낸다.

07 ＜정답＞ ④

핵심체크

찬성 측에서는 동네 골목길에 CCTV를 설치해야 하는 이유를 논거로 제시해야 한다. 따라서 ㉠에는 CCTV가 범죄 예방에 효과가 있다는 내용이 들어가는 것이 가장 적절하다.

08 ＜정답＞ ③

핵심체크

'그것 말고는', '그것 이외에는'의 뜻을 나타내는 조사 '밖에'는 앞말과 붙여 쓰므로 '수 밖에'가 아니라 '수밖에'로 써야 한다.

FINAL CHECK 작품 해설

천양희, 「그 사람의 손을 보면」
- 갈래: 자유시, 서정시
- 성격: 교훈적, 사색적
- 제제: 다양한 사람들의 손
- 주제: 자신이 맡은 일을 성실하게 수행하는 삶의 가치
- 특징
  - 대조적 의미의 시구를 제시하여 주제를 부각함
  - 동일한 시어·시구와 유사한 문장 구조를 반복하여 운율을 형성함

09 ＜정답＞ ②

핵심체크

영탄적 어조는 감탄사, 감탄형 어미를 통해 기쁨, 슬픔, 놀라움 등의 감정을 강하게 나타낸다. 제시된 글에서 영탄적 어조는 드러나지 않았다.

오답체크

① '사람을 보면', '빛이 난다.'와 같이 동일한 시어·시구, 유사한 문장 구조를 반복하여 운율을 형성하였다.
③ 화자는 구두나 창문을 닦거나 청소하는 일과 같이 작은 일에도 최선을 다하는 삶의 아름다움을 노래하고 있다.
④ '검은 것, 비누 거품, 쓰레기, 보이지 않는 것'과 '흰 것, 맑은 것, 깨끗한 것, 보이는 빛'을 대립적으로 제시하여 대상의 가치를 부각하고 있다.

10 ＜정답＞ ③

핵심체크

'청소하는 사람'은 사소해 보이는 자신의 일을 성실하게 하는 빛나고 훌륭하며 가치가 있는 사람을 의미한다.

1일차 2일차 3일차 4일차 5일차 6일차 7일차

FINAL CHECK 작품 해설

정호승, 「봄 길」
- 갈래: 자유시, 서정시
- 성격: 긍정적, 의지적
- 제재: 봄 길
- 주제: 시련을 극복하고 사랑을 개척해 나가는 삶의 태도, 사랑과 희망에 대한 믿음과 의지
- 특징
  - 추상적인 관념을 구체적인 이미지로 형상화함
  - 동일한 시어나 유사한 문장 구조를 반복하여 운율을 형성함
  - 연을 구분하지 않고 몇 개의 문장을 반복하는 형태로 진술함

11
정답 ③

핵심체크

제시된 글은 사랑이 끝난 절망적인 상황 속에서도 스스로 사랑이 되어 절망을 극복하려는 희망과 의지를 드러내고 있다.

FINAL CHECK 작품 해설

황석영, 「삼포 가는 길」
- 갈래: 단편 소설, 사실주의 소설, 여로형 소설
- 성격: 사실적, 현실 비판적
- 제재: 산업화 과정에서 소외된 인간 군상
- 주제: 산업화 과정에서 소외된 하층민들의 애환과 연대 의식
- 특징
  - 대화를 중심으로 내용을 요약적으로 제시함
  - 결말 부분을 여운을 남기는 방식으로 구성함

12
정답 ④

핵심체크

제시된 글은 산업화 과정에서 소외된 하층민들의 애환과 연대 의식을 주제로 한 소설이다. 인물 간의 갈등이 고조되는 내용은 나타나 있지 않다.

오답체크

① 서술자가 인물의 내면 심리, 성격, 행동을 모두 알고 서술하는 전지적 작가 시점의 소설이다.
② 기차역에서 세 사람의 대화로 삼포라는 고향을 잃게 된 정 씨의 상황을 나타내고 있다.
③ '기차가 눈발이 날리는 어두운 들판을 향해서 달려갔다.'와 같은 여운이 남는 결말을 통해 정 씨와 영달의 앞날을 암시적으로 드러내고 있음을 확인할 수 있다.

13
정답 ④

핵심체크

'기차'는 떠돌이 인생을 사는 정 씨와 영달이 이곳저곳을 다니는 교통수단일 뿐, 변해 버린 삼포의 모습을 의미하는 다른 소재들과는 관련이 없다.

오답체크

① · ② · ③ 모두 개발되어 버린 정씨의 고향 '삼포'를 상징적으로 드러낸다.

14
정답 ②

핵심체크

'어두운 들판'을 향하는 기차는 정씨와 영달이 앞으로 맞게 될 어두운 상황을 암시한다.

PLUS CHECK 더 알아보기

소설의 소재
- 개념: 작품에서 작가가 말하고자 하는 바를 나타내기 위해 선택하는 재료이다.
- 기능
  - 소재는 대개 상징적 의미를 지니고 있으며, 앞으로 전개될 사건을 암시하는 복선 기능을 한다.

> 복선: 소설이나 희곡 등에서 앞으로 일어날 사건이나 상황을 미리 암시하는 서사적 장치를 말한다. 일반적으로 복선은 주변 사건이나 상황을 활용하여 서사의 윤곽과 방향을 제시하며, 독자들은 복선을 통해 다가올 사건이 우연적이거나 우발적인 것이 아니라고 생각하게 된다.

  - 소재의 기능, 역할, 의미를 바르게 이해하려면 소재 자체에 얽매이기보다 소설 전체의 흐름과 주제와의 연관 속에서 파악해야 한다.

FINAL CHECK 작품 해설

(가) 월명사, 「제망매가(祭亡妹歌)」

- 갈래: 10구체 향가
- 성격: 애상적, 추모적, 종교적
- 제재: 누이의 죽음
- 주제: 누이에 대한 추모, 슬픔의 종교적 승화
- 특징
  - 불교적 내세관을 통해 슬픔을 승화함
  - 다른 향가에 비해 문학성과 서정성이 두드러짐

(나) 원천석, 「눈 마ᄌ 휘여진 딕를」

- 갈래: 평시조
- 성격: 회고적, 절의적
- 제재: 대나무
- 주제: 고려 왕조에 대한 충절 다짐
- 특징
  - '흰 눈'과 '푸른 대나무'가 색채의 대비를 보임
  - 상징법, 설의법, 의인법을 사용하여 주제를 강조함

현대어 풀이
눈을 맞아서 휘어진 대나무를 누가 굽었다고 했던가?
굽을 절개라면 눈 속에서 푸르겠는가?
아마도 한겨울의 추위에 굴하지 않는 절개는 너(대나무)
뿐인가 하노라.

15
정답 ①

📋 **핵심체크**

(가)는 죽은 누이에 대한 안타까움과 슬픔을 종교적 믿음으로 이겨내고자 하는 10구체 향가로, (가)에서 명령형 어미는 사용되지 않았다.

16
정답 ②

📋 **핵심체크**

'세한 고절'은 한겨울 추위도 이겨내는 절개로, '딕(대나무)'를 예찬한 표현이다. 이는 어떠한 시련 속에서도 지조와 절개를 지키는 충신을 의미한다.

🔍 **오답체크**

① '딕(대나무)'를 휘게 하는 존재로, 충신에게 찾아오는 시련을 의미한다.

FINAL CHECK 작품 해설

정약용, 「수오재기」

- 갈래: 한문 수필, 기(記)
- 성격: 회고적, 교훈적, 성찰적
- 제재: 수오재라는 나의 집 당호
- 주제: 참된 자아를 지키는 것의 중요성
- 특징
  - 자신의 경험을 통해 진정한 삶의 의미에 대한 깨달음을 드러냄
  - 관념적 자아를 객관화하고, 그 자아와 대화하는 방식을 통해 주제 의식을 드러냄

17
정답 ③

📋 **핵심체크**

제시된 글은 고전 수필 양식 중 '기(記)'로, 어떤 사건이나 경험에 대한 자초지종을 기록하는 형식을 말한다. 글쓴이가 자신의 실제 경험과 이야기를 바탕으로 독자에게 교훈을 전달하며, 다른 문학에 비해 형식이 자유로운 것이 특징이다.

18
정답 ①

📋 **핵심체크**

제시된 글에서 글쓴이는 자신의 삶을 성찰하며, 참된 자아를 지키는 일의 중요성을 강조하고 있다. '나'를 지키지 못해 경험한 어려움과, 큰형님으로부터 '나'를 지키는 일의 중요성을 깨닫게 된 과정을 중심 내용으로 제시하였다.

19
정답 ④

📋 **핵심체크**

㉠은 맹자의 말을 인용하여 '참된 자아, 본질적 자아'를 지키는 것을 강조하였다. 지식을 함양하는 것은 언급되지 않았다.

김정수, 「바닷속 미세 플라스틱의 위협」
- 갈래: 기사문
- 성격: 비판적, 성찰적
- 제재: 바닷속 미세 플라스틱
- 주제: 미세 플라스틱의 문제점과 그 해결 방안
- 특징
  - 미세 플라스틱 문제에 관한 관심 및 예방적 차원에서의 대책을 촉구함
  - 미세 플라스틱이 생성되는 과정과 현황, 그리고 문제점을 사실적으로 서술함

20 정답 ②

📋 **핵심**체크

(가)에서 미세 플라스틱은 바다에서 다른 오염 물질을 끌어당겨 다른 유해 물질과 결합하는 성질이 있다는 것을 알 수 있다.

🔍 **오답**체크

① (가)에서 미세 플라스틱은 먹이 사슬을 따라 상위 포식자 생물에게 농축된다는 것을 알 수 있다.

③ (가)에서 '미세 플라스틱의 독성 물질은 해양 생물의 생식력을 떨어뜨린다는 것을 알 수 있다.

④ (다)에서 미세 플라스틱을 줄이기 위한 움직임이 계속 있기는 하지만 완전히 금지된 것은 아니라는 것을 알 수 있다.

21 정답 ④

📋 **핵심**체크

'호두 껍데기나 코코넛 껍질'과 같은 유기 물질은 미세 플라스틱의 대체품으로 소개되고 있기 때문에 긍정적인 의미를 나타낸다.

🔍 **오답**체크

①·②·③ 모두 해양 오염 물질을 의미하며, 부정적 의미를 나타낸다.

22 정답 ①

📋 **핵심**체크

(가)는 미세 플라스틱이 생태계에 축적되는 과정을 설명하면서 생태계의 먹이 사슬을 언급하고 있다. 먹이 사슬을 더 구체적으로 설명하기 위해 시각적 자료인 도표를 제시하는 것이 좋다.

문화재청 엮음, 「조선의 얼, 광화문」
- 갈래: 설명문
- 성격: 객관적
- 제재: 광화문
- 주제: 광화문이 겪은 수난의 역사와 복원 과정
- 특징
  - 소제목에 따라 내용을 서술함
  - 신문 기사, 역사 자료 등을 인용하여 내용에 대한 신뢰성을 높임

23 정답 ③

📋 **핵심**체크

(다)에서는 근현대사의 비극을 담고 있는 광화문에 대해 서술하고 있다.

24 정답 ②

📋 **핵심**체크

광화문은 '왕의 큰 덕이 온 나라를 비춘다[光化].'라는 뜻을 간직한 경복궁의 남쪽 문이자 정문이다. '광화'라는 명칭은 집현전 학사들이 나라의 위엄과 문화를 널리 만방에 보여 준다는 뜻으로 새로이 붙인 것이다.

🔍 **오답**체크

ㄴ. 이름과 달리 광화문은 일제 강점기 조선 수난의 역사를 담고 있다.

ㄹ. 원래 경복궁은 광화문 – 근정전 – 사정전 – 강녕전 – 교태전이 남북으로 일직선상에 놓여 관악산을 바라보고 있었다.

25

정답 ①

핵심체크

일제는 조선 총독부를 근정전 바로 앞에 세우고 광화문을 삐딱하게 비틀어 남산을 바라보게 하였다. 또한, 남산에 있는 국사당을 허물고 일본의 신사를 건립하였다. 이는 조선 민족의 정통성과 정기를 훼손하여, 조선 백성을 일왕의 백성으로 만들기 위함이었다.

제2교시	수학							12~15쪽	
01	02	03	04	05	06	07	08	09	10
②	③	②	④	④	①	③	①	②	③
11	12	13	14	15	16	17	18	19	20
②	②	④	①	③	④	③	②	④	①

01

정답 ②

핵심체크

$$A + B = 2x^2 - 3x + x^2 + 5x$$
$$= (2x^2 + x^2) + (-3x + 5x)$$
$$= 3x^2 + 2x$$

02

정답 ③

핵심체크

$x^2 + ax - 4 = x^2 + 7x - b$가 x에 대한 항등식이므로 계수비교법에 의하여

$a = 7, \ b = 4$

$\therefore \ a - b = 7 - 4 = 3$

03

정답 ②

핵심체크

$f(x) = 3x^2 - 2x + 1$이라 하자. 나머지정리에 의하여 다항식 $f(x)$를 $x - 3$으로 나누었을 때의 나머지는 $f(3)$이므로

$f(3) = 3 \times 3^2 - 2 \times 3 + 1 = 27 - 6 + 1 = 22$

따라서 다항식 $3x^2 - 2x + 1$을 $x - 3$으로 나누었을 때 나머지는 22이다.

04

정답 ④

핵심체크

인수분해 정리에 의하여

$$a^3 + b^3 = (a + b)(a^2 - ab + b^2)$$

따라서 $x^3 + 3^3 = (x + 3)(x^2 - 3x + 9)$이므로

$k = 3$

05

정답 ④

핵심체크

복소수가 서로 같을 조건에 의하여

$x - 3 = 5, \ y + 1 = 7$이므로

$x = 8, \ y = 6$

$\therefore \ x - y = 8 - 6 = 2$

06

정답 ①

핵심체크

이차방정식 $x^2 + 4x - 3 = 0$의 두 근을 α, β라 할 때 이차방정식의 근과 계수의 관계에 의하여

$\alpha + \beta = -4$

➕ PLUS CHECK 더 알아보기

이차방정식의 근과 계수의 관계

이차방정식 $ax^2 + bx + c = 0 \ (a \neq 0)$의 두 근을 α, β라 할 때

① 두 근의 합: $\alpha + \beta = -\dfrac{b}{a}$

② 두 근의 곱: $\alpha\beta = \dfrac{c}{a}$

07

📋 핵심체크

$f(x) = x^2 - 3$이라 하면
$f(-2) = 1$, $f(0) = -3$, $f(3) = 6$
따라서 $-2 \leq x \leq 3$일 때, 이차함수 $y = x^2 - 3$의 최솟값은 -3이다.

08
정답 ①

📋 핵심체크

삼차방정식 $x^3 - 3x^2 - ax + 6 = 0$의 한 근이 3이므로
$x = 3$을 대입하면
$3^3 - 3 \times 3^2 - 3a + 6 = 0$에서
$27 - 27 - 3a + 6 = 0$, $3a = 6$
$\therefore a = 2$

09
정답 ②

📋 핵심체크

$3x > 9$에서 $x > 3$
$x < 12 - x$에서 $2x < 12$
$\therefore x < 6$
따라서 연립부등식 $\begin{cases} 3x > 9 \\ x < 12 - x \end{cases}$의 해는
$3 < x < 6$이므로
$a = 6$

10
정답 ③

📋 핵심체크

부등식 $|x - 1| \leq 3$에서
$-3 \leq x - 1 \leq 3$, $-3 + 1 \leq x \leq 3 + 1$
$\therefore -2 \leq x \leq 4$
따라서 주어진 수직선이 나타내는 해의 범위는
$-2 \leq x \leq a$이므로
$a = 4$

11
정답 ②

📋 핵심체크

좌표평면 위의 두 점 $A(-2, 1)$, $B(2, 5)$ 사이의 거리는
$$\sqrt{\{2 - (-2)\}^2 + (5 - 1)^2} = \sqrt{4^2 + 4^2}$$
$$= \sqrt{16 \times 2}$$
$$= 4\sqrt{2}$$

➕ PLUS CHECK 더 알아보기

좌표평면 위의 두 점 사이의 거리

두 점 $A(x_1, y_1)$, $B(x_2, y_2)$ 사이의 거리 $\overline{AB}$는
$\overline{AB} = \sqrt{(x_2 - x_1)^2 + (y_2 - y_1)^2}$

12
정답 ②

📋 핵심체크

직선 $y = x - 1$에 수직인 직선의 방정식을 $y = ax + b$라 하자.
$1 \times a = -1$이므로 $a = -1$
직선 $y = ax + b$는 점 $(0, 1)$을 지나므로
$1 = -1 \times 0 + b$ $\therefore b = 1$
따라서 구하는 직선의 방정식은
$y = -x + 1$

13
정답 ④

📋 핵심체크

중심이 $(1, -2)$이고 반지름의 길이가 r인 원의 방정식은
$(x - 1)^2 + (y + 2)^2 = r^2$ ...... ㉠
이 원이 원점을 지나므로 $x = 0$, $y = 0$을 ㉠에 대입하면
$(0 - 1)^2 + (0 + 2)^2 = r^2$
$1 + 4 = r^2$
$\therefore r^2 = 5$
따라서 구하는 원의 방정식은
$(x - 1)^2 + (y + 2)^2 = 5$

PLUS CHECK 더 알아보기

원의 방정식의 표준형

중심이 $(a,\ b)$이고 반지름의 길이가 r인 원의 방정식은

$(x-a)^2 + (y-b)^2 = r^2$

14
정답 ①

핵심체크

좌표평면 위의 점 $(1,\ 2)$를 x축의 방향으로 -1만큼, y축의 방향으로 3만큼 평행이동한 점의 좌표를 $(a,\ b)$라 하면

$a = 1 + (-1) = 0$

$b = 2 + 3 = 5$

따라서 구하는 점의 좌표는 $(0,\ 5)$이다.

15
정답 ③

핵심체크

두 집합 $A = \{1,\ 2,\ 3,\ 4\}$, $B = \{2,\ 3,\ 4,\ 5\}$에 대하여 $A \cap B = \{2,\ 3,\ 4\}$이므로

$n(A \cap B) = 3$

16
정답 ④

핵심체크

명제 '$x^2 \neq 9$이면 $x \neq 3$이다.'의 대우는 가정과 결론을 각각 부정하고 서로 바꾼 '$x = 3$이면 $x^2 = 9$이다.'이다.

17
정답 ③

핵심체크

$\begin{aligned}(g \circ f)(1) &= g(f(1)) \\ &= g(b) \\ &= 6\end{aligned}$

18
정답 ②

핵심체크

무리함수 $y = \sqrt{x-3} + a$의 그래프가 점 $(7,\ 0)$을 지나므로 $0 = \sqrt{7-3} + a$에서

$\sqrt{4} + a = 0$, $2 + a = 0$

$\therefore\ a = -2$

19
정답 ④

핵심체크

서로 다른 카드 4장에서 2장을 택하여 일렬로 나열하는 순열의 수이므로

$_4\mathrm{P}_2 = 4 \times 3 = 12$

PLUS CHECK 더 알아보기

순열

서로 다른 n개에서 r개를 택하여 일렬로 나열하는 것으로

$_n\mathrm{P}_r = \dfrac{n!}{(n-r)!}$ (단, $0 \le r \le n$)

$_n\mathrm{P}_0 = 1$, $_n\mathrm{P}_n = n!$, $0! = 1$

20
정답 ①

핵심체크

6개의 점 중에서 3개의 점을 순서를 고려하지 않고 선택하는 조합의 수이므로

$_6\mathrm{C}_3 = \dfrac{6 \times 5 \times 4}{3 \times 2 \times 1} = 20$

PLUS CHECK 더 알아보기

조합

서로 다른 n개에서 순서에 상관없이 r개를 택하는 것으로

$_n\mathrm{C}_r = \dfrac{n!}{r!(n-r)!}$

$_n\mathrm{C}_0 = 1 = {_n\mathrm{C}_n}$, $_n\mathrm{C}_r = {_n\mathrm{C}_{n-r}}$ (단, $0 \le r \le n$)

01	02	03	04	05	06	07	08	09	10
③	①	②	①	④	②	④	①	③	④
11	**12**	**13**	**14**	**15**	**16**	**17**	**18**	**19**	**20**
②	①	④	③	②	③	④	②	③	①
21	**22**	**23**	**24**	**25**					
②	①	③	③	④					

01 　　　　　　　　　　　　　　　정답 ③

📖 **단어**체크

• need to: ~해야 한다

📑 **핵심**체크

밑줄 친 'concentrate'는 '집중하다'라는 의미이다.

🔍 **오답체크**

① refute

② familiar

④ understand

┌─ 해석 **CHECK** ●─────────┐
사람들이 하는 말에 <u>집중해야</u> 한다.
└──────────────────────┘

02 　　　　　　　　　　　　　　　정답 ①

📖 **단어**체크

• result: 결과.

📑 **핵심**체크

밑줄 친 'be concerned about'은 '~을 걱정하다, 염려하다'라는 의미이다.

🔍 **오답체크**

② regret

③ be satisfied

④ investigate

┌─ 해석 **CHECK** ●─────────┐
나는 오늘 시험 결과가 정말 <u>걱정된다</u>.
└──────────────────────┘

03 　　　　　　　　　　　　　　　정답 ②

📖 **단어**체크

• have to: ~해야 한다

• on time: 시간을 어기지 않고, 정각에

📑 **핵심**체크

밑줄 친 'first of all'은 '우선, 다른 무엇보다 먼저'라는 의미이다.

🔍 **오답체크**

① generally

③ finally

④ in sequence

┌─ 해석 **CHECK** ●─────────┐
<u>우선</u>, 너는 정각에 수업 시간에 와야 한다.
└──────────────────────┘

04 　　　　　　　　　　　　　　　정답 ①

📖 **단어**체크

• better: 더 좋은, 더 나은

📑 **핵심**체크

밑줄 친 'fruit(과일)'과 'bananas(바나나)'는 포함 관계인데, 'giver(주는 사람)'와 'taker(받는 사람)'는 반의 관계로, 의미 관계가 다르다.

🔍 **오답체크**

② 지구 – 대양

③ 가구 – 책상

④ 채소 – 양파

┌─ 해석 **CHECK** ●─────────┐
<u>바나나와 포도</u> 중 어떤 <u>과일</u>을 더 좋아하나요?
└──────────────────────┘

05 　　　　　　　　　　　　　　　정답 ④

📖 **단어**체크

• traditional: 전통의

• folk: 민속, 민속의

- culture: 문화
- October: 10월
- performance: 공연
- admission: 입장, 입장료

📖 **핵심체크**

제시된 축제 포스터에서 공연 기간(October 11~October 20), 공연 장소(Andong Culture & Arts Center), 공연 내용(Korean folk dance performances)은 언급되어 있으나, 공연 시간은 언급되어 있지 않다.

> **해석 CHECK**
>
> **안동 전통 민속 축제**
> ○ 어디에서: 안동 문화 예술 센터
> ○ 언제: 2024년 10월 11일~10월 20일
> ○ 무엇을: 한국 민속 춤 공연
> ○ 입장료는 무료입니다.

06 정답 ②

📖 **단어체크**

- play: 연극
- impressive: 감동적인, 인상적인
- picture: 사진
- last: 지난, 마지막의
- month: 달

📖 **핵심체크**

첫 번째 문장의 주절에 'so'가 있으므로 빈칸에는 이와 호응하는 종속 접속사(so ~ that)가 들어가야 한다. 두 번째 문장의 빈칸에는 사물(the picture)을 선행사로 할 수 있는 관계 대명사가 들어가야 한다. 이러한 두 조건을 모두 만족하는 말은 'that'이다.

> **해석 CHECK**
>
> ○ 그 연극이 너무 감동적이어서 나는 그것을 세 번이나 보았다.
> ○ 이것은 내가 지난달에 찍었던 사진이다.

07 정답 ④

📖 **단어체크**

- should: ~해야 한다

📖 **핵심체크**

첫 번째 문장의 주절에 시간을 표현하는 단어(a long time)가 있고, 시제가 현재 완료(has been)이므로 빈칸에는 '시간'을 나타내면서 주절의 시제가 현재 완료일 경우 쓸 수 있는 종속 접속사(since)가 들어가야 한다. 두 번째 문장의 빈칸에는 후행하는 'it is cold'로 미루어 문맥상 '이유'를 나타내는 종속 접속사가 들어가야 한다. 이러한 두 조건을 모두 만족하는 말은 'since'이다.

> **해석 CHECK**
>
> ○ 지난번에 만난 이후로 오랜 시간이 지났군요.
> ○ 날씨가 추우니까 재킷을 입어야 한다.

08 정답 ①

📖 **단어체크**

- free time: 여가
- for free: 무료로, 공짜로
- get: 얻다, 입수하다
- spend: (돈을) 쓰다, 들이다; (시간을) 보내다, 들이다
- repair: 수리하다, 보수·수선하다

📖 **핵심체크**

첫 번째 문장의 빈칸에는 명사(time) 앞에 쓰여 전치사 구(in your ~ time)를 형성할 수 있는 형용사가 들어가야 한다. 두 번째 문장의 빈칸에는 전치사 'for'와 짝을 이루어 문맥상 '무료로'라는 의미를 나타낼 수 있는 단어가 들어가야 한다. 이러한 두 조건을 모두 만족하는 말은 'free'이다.

> **해석 CHECK**
>
> ○ 여가 시간에는 무엇을 하니?
> ○ 무료로 그것을 얻을 수 있어.

09

📖 단어체크

• promise: 약속하다

• louder: loud(소리가 큰)의 비교급

📑 핵심체크

대화에서 B가 언급한 'Actions speak louder than words'는 '말보다는 행동이 더 중요하다'라는 의미이다. B는 A에게 약속을 지키겠다는 말보다는 행동으로 보일 것을 요구하고 있다.

🔍 오답체크

① It's no use crying over spilt milk

② Haste makes waste

④ A friend in need is a friend indeed

┌─ 해석 CHECK ─

A: 늦어서 죄송해요. 아침에 늦게 일어났어요.

B: 이번 달 들어 세 번째구나.

A: 선생님, 다시는 늦지 않겠다고 약속할게요.

B: 알겠는데, 말보다는 행동이 더 중요한 거란다.

└─

10

📖 단어체크

• the fall field day: 가을 운동회

• a lot of: 많은

• perfect: 완벽한

📑 핵심체크

대화에서 B가 'I'm so happy(너무 행복해요).'와 같이 말한 것을 통해 B의 심정은 '행복하다'라는 것을 알 수 있다.

┌─ 해석 CHECK ─

A: 오늘 가을 운동회 어땠니?

B: 아주 좋았어요! 너무 재미있었어요.

A: 날씨도 완벽했잖아.

B: 네. 그래서 너무 행복해요.

└─

11

📖 단어체크

• have a seat: 자리에 앉다

• come with: ~이 딸려 있다

📑 핵심체크

대화에서 B가 음식을 주문하기 전에 'What's today's special(오늘의 특선 요리는 무엇인가요)?'이라고 묻고 있으므로 대화가 이루어지는 장소로 가장 적절한 것은 '식당'이다.

┌─ 해석 CHECK ─

A: Hong's Steak House에 오신 것을 환영합니다. 앉으세요.

B: 고맙습니다. 오늘의 특선 요리는 무엇인가요?

A: 햄버거 스테이크입니다, 손님. 구운 감자와 샐러드도 같이 나옵니다.

B: 좋네요. 그걸로 할게요.

└─

12

📖 단어체크

• receive: 받다

• exchange: 교환하다

• correct: 맞는, 정확한

📑 핵심체크

제시된 글의 첫 번째 문장에서 'I ordered a skirt(저는 치마를 주문하였습니다)'라고 하였고, 'I'd like to exchange it for the correct color(저는 그것을 올바른 색상으로 교환하고 싶습니다).'라고 한 것을 통해 밑줄 친 'It(it)'이 가리키는 것은 'skirt(치마)'임을 알 수 있다.

┌─ 해석 CHECK ─

담당자님께

저는 귀사의 웹 사이트를 통해 화요일에 치마를 하나 주문하였습니다. 그것은 어제 도착하였습니다. 저는 빨간색 치마를 주문하였는데, 파란색 치마를 받았습니다. 저는 그것을 올바른 색상으로 교환하고 싶습니다.

└─

13   정답 ④

📖 단어체크

- movie theater: 영화관
- what about ~?: (제안을 나타낼 때) ~하는 게 어때?
- instead: 대신에

📋 핵심체크

대화에서 B가 영화 보자는 A의 제안을 거절하였지만, 빈칸속 A의 다른 제안은 좋다고 답하였다. 이후 A가 'Let's go to the park(공원에 가자)'라고 하였으므로 문맥상 빈칸에는 'what about going to the park and riding bicycles instead(대신에 공원에 가서 자전거를 타는 건 어때)'가 들어가는 것이 가장 적절하다.

🔍 오답체크

① 무슨 일 있니
② 공원까지 가는 데 얼마나 걸려
③ 영화관에 가는 길을 알려 줄래

> #### 해석 CHECK
> A: 오늘 오후에 영화 보러 가자.
> B: 오, 나 오늘은 영화를 보고 싶지 않은데.
> A: 그럼, 대신에 공원에 가서 자전거를 타는 건 어때?
> B: 좋아. 우리는 약간의 운동과 맑은 공기가 필요해. 그럼, 공원에 가자.

14   정답 ③

📖 단어체크

- purpose: 목적
- go on vacation: 휴가를 가다
- Why don't we ~?: ~하는 게 어때?

📋 핵심체크

'I'm here on vacation(저는 여기에 휴가로 왔습니다).'이라고 하였으므로 A가 방문 목적이 무엇인지 물었다는 것을 알 수 있다. 따라서 문맥상 빈칸에는 'What's the purpose of your visit(당신의 방문 목적이 무엇입니까)'가 들어가는 것이 가장 적절하다.

🔍 오답체크

① 얼마입니까
② 주문하시겠습니까
④ 이번 여름에 휴가를 떠나는 게 어때요

> #### 해석 CHECK
> A: 당신의 방문 목적이 무엇입니까?
> B: 저는 여기에 휴가로 왔습니다.

15   정답 ②

📖 단어체크

- work: (기계 장치 등이) 작동되다, 기능하다
- out of order: 고장 난

📋 핵심체크

대화에서 B가 스마트폰을 샀는데 'it doesn't work(작동이 잘 되지 않는다)'라고 말하였으므로 대화의 주제로 가장 적절한 것은 '스마트폰 고장'이다.

> #### 해석 CHECK
> A: 무엇을 도와 드릴까요?
> B: 지난달에 이 스마트폰을 샀습니다. 그런데 작동이 잘 되지 않아요.
> A: 그 문제에 대해 말씀해 주시겠습니까?
> B: 제 생각에는 버튼이 고장 난 것 같아요.

16   정답 ③

📖 단어체크

- seem to ~: ~인 것 같다, ~인 듯하다
- Should I ~: (충고를 하거나 구할 때) ~해야 할까요?

📋 핵심체크

제시된 글에서 'Should I tell him how I feel about him(그에게 저의 감정을 말해야 할까요)?'이라는 고민과 'Please tell me what should I do(제가 어떻게 해야 할지 말해 주세요).'와 같이 조언을 구하는 내용을 통해 글쓴이가 '고민 상담'을 위해 글을 썼다는 것을 알 수 있다.

Han 선생님께

우리 반에 제가 좋아하는 남자아이가 있습니다. 저는 그 친구의 여자 친구가 되고 싶지만, 그 아이는 다른 여자 아이를 좋아하는 것 같아요. 그에게 저의 감정을 말해야 할까요? 제가 어떻게 해야 할지 말해 주세요.

17

정답 ④

단어체크
• contest: 대회, 시합
• conference room: 회의실
• limited to: ~으로 제한된, 한정된
• apply: 신청하다, 지원하다

핵심체크
제시된 안내문의 'Who(대상)'에 'limited to teenagers(십대로 한정)'라고 되어 있으므로 일치하지 않는 것은 '참가 대상은 고등학교 재학생이다.'이다.

해석 CHECK

Ace Herald의 2024년 영작 대회

○ 일시
• 2024년 8월 12일, 오후 2시~오후 4시
○ 장소
• Ace Herald 건물 안의 회의실
○ 대상
• 십 대 청소년으로 한정
○ 지원 방법
• www.aceherald.co.kr에서 등록하세요.

18

정답 ②

단어체크
• consider: (~을 ~로) 여기다, 생각하다
• modern: 현대의
• ancient: 고대의
• a kind of: 일종의
• frozen: 냉동된

핵심체크
제시된 글의 두 번째 문장에 'people in China would create a dish of rice mixed with frozen milk(중국 사람들은 밥과 냉동된 우유를 섞은 요리를 만들고는 하였다)'라고 하였지만, 그것만으로는 중국이 맨 처음 아이스크림을 만들었는지는 알 수 없다.

해석 CHECK

아이스크림은 현대 음식으로 여겨지지만, 고대 사람들도 일종의 아이스크림을 먹었다. 예를 들어, 2,000년도 훨씬 전에, 중국 사람들은 겨울철에 밥과 냉동된 우유를 섞은 요리를 만들고는 하였다. 마찬가지로, 알렉산더 대왕은 꿀로 맛을 낸 눈을 즐겨 먹었다고 전해진다.

19

정답 ③

단어체크
• toxic: 유독성의
• chemical: 화학 물질
• would: ~일 것이다, 할 것이다(상상하는 일의 결과에 대해 말할 때 씀)
• indicate: (조짐·가능성을) 나타내다, 보여 주다
• ultra - violet(UV radiation): 자외선 복사

핵심체크
제시된 글의 첫 번째 문장의 'found toxic chemicals on the surface of Mars(화성 표면에서 독성의 화학 물질을 발견하였다).'와 마지막 문장의 'it might be impossible for anything to grow on Mars(화성에서 자라는 것이 불가능할지도 모른다).'를 통해 제시된 글의 주제가 '화성의 생명체'라는 것을 알 수 있다.

해석 CHECK

Edinburgh 대학의 과학자들이 화성 표면에서 유독성 화학 물질을 발견하였다. 이것은 화성에서는 생명체를 발견하기가 어려울 것이라는 뜻이다. 화성에는 오존층이 없으며, 그것은 자외선 복사가 높은 수준임을 나타낸다. 자외선 복사와 화학 물질의 혼합은 어떤 것도 화성에서 자라는 것이 불가능할지도 모른다는 것을 의미한다.

20
정답 ①

📖 단어체크
- allow: 허용하다
- must: ~해야 한다
- store: 보관하다, 저장하다
- properly: 제대로, 적절히
- leave: (어떠한 상태로) 두다, 남기다
- in the open: 야외에
- attract: 끌어들이다, 끌어 모으다
- develop: 성장·발달하다, 성장·발달시키다
- confuse: 혼란시키다
- increase: 증가하다

📋 핵심체크

제시된 글의 네 번째 문장에서 'Next, food must be stored properly(그다음, 음식물은 적절하게 보관되어야 한다).'라는 당위(must)를 표현하고 있으므로 빈칸이 있는 문장에는 그 이유가 나오는 것이 자연스럽다. 따라서 문맥상 빈칸에는 '(동물을) 끌어들이는'을 의미하는 동사 'attracts'가 들어가는 것이 가장 적절하다.

> **해석 CHECK**
> Woodland 공원에 갈 때는, 다음 규칙들을 기억하라. 첫째, 불은, 요리를 위한 것이라도, 허용되지 않는다. 왜냐하면 불은 매우 위험하기 때문이다. 그다음, 음식물은 적절하게 보관되어야 한다. 음식물을 야외에 버려두고 가는 것은 야생 동물들을 끌어들인다.

21
정답 ②

📖 단어체크
- asleep: 잠이 든, 자고 있는
- show: (~을 분명히) 보여 주다, 증명하다
- sort: 분류하다, 정리하다
- store: 보관하다, 저장하다
- knowledge: 지식
- proper: 적절한, 제대로 된
- function: 기능

📋 핵심체크

제시된 글의 첫 번째 문장에서 'You may think your brain does not do anything while you are sleeping (당신은 잠들어 있는 동안 뇌가 아무 일도 하지 않는다고 생각할지 모른다).'이라고 말하였고, 두 번째 문장에서 'However(그러나)'로 시작하여 앞의 내용에 대해 반박하고 있다. 따라서 문맥상 빈칸에는 'asleep(잠들어 있는)'가 들어가는 것이 가장 적절하다.

> **해석 CHECK**
> 당신은 잠들어 있는 동안 뇌가 아무 일도 하지 않는다고 생각할지 모른다. 하지만, 뇌는 사실 당신이 잠들어 있을 때조차도 열심히 일하고 있다. 연구를 통해, 잠들어 있는 동안, 당신의 뇌가 당신이 낮에 얻은 지식을 검토하고, 분류하고, 보관한다는 사실을 증명하였다. 그러므로, 수면은 적절한 뇌 기능에 매우 중요하다.

22
정답 ①

📖 단어체크
- common: 평범한, 보통의
- lead to: ~로 이어지다
- consumer: 소비자

📋 핵심체크

주어진 문장에서 가장 흔한 광고 기법 중 하나가 'to repeat the product name(상품명을 반복하는 것)'이라고 하였고, 첫 번째 문장에서 'Repeating the product name(상품명을 반복하는 것)'이 판매를 증가시킨다고 하였으므로 문맥상 주어진 문장이 들어가기에 가장 적절한 곳은 ①이다.

> **해석 CHECK**
> 흔한 광고 기법 중 하나는 상품명을 반복하는 것이다. 상품명을 반복하는 것이 매출을 올릴 수도 있다. 예를 들어, 샴푸를 사러 갔지만 어떤 것을 살지 결정하지 못한다고 상상해 보라. 당신의 마음속에 맨 먼저 떠오르는 샴푸는 당신이 최근에 많이 들었던 이름의 샴푸이다. 그러므로, 이름을 반복하는 것은 소비자들이 상품을 구매하는 것으로 이어질 수 있다.

23

📖 단어체크

- various: 여러 가지의, 다양한
- recipe: 조리・요리법

📋 핵심체크

제시된 글에서 마지막 문장이 'Here are some various recipes for potatoes(여기 다양한 감자 요리법이 있다).' 로 끝났으므로 뒤에 이어질 내용으로 가장 적절한 것은 '감자 요리법'이다.

> ── 해석 CHECK ──
>
> 오늘날, 감자는 세계에서 가장 흔한 음식 중 하나이다. 감자는 단독으로 제공되기도 하고 피자와 샐러드 같이 당신이 가장 좋아하는 음식과 함께 제공되기도 한다. 여기 다양한 감자 요리법이 있다.

[24~25]

📖 단어체크

- not only ~ but also: ~뿐만 아니라 ~도
- breathe in(out): 숨을 들여 마시다(내쉬다)
- oxygen: 산소
- carbon dioxide: 이산화 탄소
- opposite: 반대(되는 사람・것)
- in this way: 이렇게 하여
- soak up: ~을 빨아들이다, 흡수하다
- prevent: 막다, 예방・방지하다

> ── 해석 CHECK ──
>
> 나무는 생명을 가능하게 할 뿐만 아니라, 공기를 깨끗하게 하기도 한다. 인간과 동물은 산소를 들이마시고 이산화 탄소를 내쉰다. 나무는 정반대이다. 이렇게 하여 나무는 공기를 깨끗하고 신선하게 한다. 게다가, 나무는 토양에서 물을 흡수하는데, 이것이 큰비가 쏟아질 때 홍수를 막아준다.

24

📋 핵심체크

제시된 글의 빈칸 앞 문장과 빈칸 뒷 문장에 쓰인 동사 (help)가 같고, 내용이 대등한 것으로 미루어, 문맥상 빈칸에는 'In addition(게다가)'이 들어가는 것이 가장 적절하다.

🔍 오답체크

① 사실상
② 결국
③ 비록 ~일지라도, 설사 ~이라고 할지라도

25

📋 핵심체크

제시된 글에 나온 'make life possible(생명을 가능하게 하고)', 'make the air clean(공기를 깨끗하게 한다)', 'help to keep the air clean and fresh(공기를 깨끗하고 신선하게 한다)', 'helps to prevent floods(홍수를 막아준다)' 등의 내용을 통해 주제가 '나무가 주는 혜택'임을 알 수 있다.

제4교시 사회
22~26쪽

01	02	03	04	05	06	07	08	09	10
①	④	③	①	③	②	④	③	④	①
11	12	13	14	15	16	17	18	19	20
②	②	①	④	②	②	④	②	③	④
21	22	23	24	25					
③	④	①	②	③					

01
정답 ①

📋 **핵심체크**

정의는 공정한 분배를 추구하는 중요한 기준으로, 동서양을 막론하고 보편적 가치로 추구된다. 플라톤은 국가가 지녀야 할 가장 필수적인 덕목이라 하였으며, 아리스토텔레스는 각자에게 합당한 몫을 주는 것이라 표현하였다.

02
정답 ④

📋 **핵심체크**

행복은 물질적인 조건과 정신적인 가치가 조화를 이룰 때 삶에서 느끼는 만족감과 즐거움의 상태를 말한다. 인간이 행복하기 위해서는 보편적으로 기본적인 의식주와 안전한 삶의 공간을 통해 인간다운 삶을 보장받는 경제적 조건, 법치주의 원리 및 민주적 절차와 참여를 통해 자유와 평등을 보장받는 정치적 조건, 올바른 가치관 공유를 통해 이기주의와 갈등을 극복하는 사회·윤리적 조건 등이 필요하다.

03
정답 ③

📋 **핵심체크**

생애 주기는 시간의 흐름에 따라 개인의 삶이 전개되는 양상을 일정한 단계로 나타낸 것을 말한다. 아동기, 청년기, 중·장년기, 노년기의 4단계로 나눌 수 있으며, 각 단계별로 발달 과업을 수행하고, 소득과 지출을 고려한 금융 생활을 설계해야 한다.

04
정답 ①

📋 **핵심체크**

독과점은 시장에서 하나 또는 소수의 공급자가 가격이나 생산량을 조절하는 행위이다. 이 경우 소비자는 시장 가격보다 높은 가격을 지불하게 되어 피해를 입을 수 있다. 독과점을 유지하기 위해 새로운 경쟁자의 시장 진입을 방해하므로 불공정한 경쟁을 초래하기도 한다.

05
정답 ③

📋 **핵심체크**

다문화 사회는 한 국가나 사회 안에 인종, 종교, 문화 등이 서로 다른 집단들과 함께 어우러져 공존하는 사회를 말한다. 다양한 문화의 접촉으로 삶이 더욱 풍성해질 수 있는 반면에 외국인 근로자의 유입으로 국내 노동자와의 일자리 경쟁이 심화될 수 있다.

06
정답 ②

📋 **핵심체크**

사회 보험은 우리나라의 대표적인 사회 복지 제도 중 하나로, 국민에게 발생하는 사회적 위험을 공적 보험의 방식이다. 부담 능력이 있는 모든 국민을 대상으로 수혜자와 국가, 기업이 보험료를 분담한다. 국민연금, 국민 건강 보험, 고용 보험, 산업 재해 보상 보험 등이 속하며, 강제로 가입해야 하는 것이 특징이다.

🔍 **오답체크**

① 생활 유지 능력이 없거나 생활이 어려운 국민의 최저 생활을 보장하고 자립을 지원하는 사회 복지 제도로, 생계 급여, 주거 급여, 교육 급여, 의료 급여 등이 속한다.

③ 여성, 어린이, 노인, 장애인 등 도움이 필요한 국민에게 다양한 서비스를 제공하는 사회 복지 제도로, 상담, 재활, 돌봄, 복지 시설 이용, 사회 참여 지원 등이 속한다.

③ 정치, 경제, 교육 등 각 부문의 직원을 채용할 때 일정 비율을 여성에게 할당하는 제도이다.

07

📘 **핵심체크**

국제 비정부 기구(Non – Governmental Organization)는 국가나 자본으로부터 독립해서 활동하는 비영리 단체로, 시민 사회 단체로도 불린다. 공동선과 공공의 이익을 위해 봉사나 구호 활동을 펼치며, 국제적 연대를 통해 범세계적 문제를 제기하여 공동의 노력을 이끌어 내는 역할을 한다.

08

정답 ③

📘 **핵심체크**

문화 전파는 한 지역의 문화가 다른 지역으로 옮겨가는 현상을 말한다. 문화 전파의 종류에는 두 문화 간 직접적 접촉으로 이루어지는 '직접 전파', 책, 인터넷 등과 같은 매체를 통해 이루어지는 '간접 전파', 다른 사회의 문화 요소에서 아이디어를 얻어 새로운 문화 요소가 발명되는 '자극 전파'가 있다.

🔍 **오답체크**

① 새로운 문화 요소를 만들어 내는 것이다.
② 이미 존재하고 있지만, 잘 알려지지 않은 것을 찾아내는 것이다.
④ 두 문화 체계가 장기간에 걸쳐 전면적인 접촉을 함으로써 변동이 나타나는 것이다.

09

정답 ④

📘 **핵심체크**

생애 주기 중 중·장년기는 가족을 부양하거나 노후를 준비하는 등의 과업을 준비하는 단계이다. 자녀의 교육이나 결혼 자금을 마련하고, 은퇴 후 노후 생활을 준비한다. 일반적으로 소득의 크기가 가장 크지만 그만큼 지출의 규모도 큰 시기이므로 신중한 금융 설계가 필요하다.

🔍 **오답체크**

② 학교 교육을 통해 지식·규범을 습득하는 것과 자아 정체성을 형성하고 자신의 진로를 탐색하는 과업을 가지며, 부모의 소득에 의존한 소비 생활을 한다.
③ 적성과 소질 탐색, 경제적 독립을 위한 취업 및 직업 능력 계발, 결혼 및 가족생활을 위한 준비 등의 과업을 가지며, 결혼 자금 마련을 위한 금융 생활을 한다.

10

정답 ①

📘 **핵심체크**

어떤 경제 주체의 행동이 제3자에게 의도하지 않은 혜택이나 손해를 준 경우 이에 대한 보상이나 처벌이 이루어지지 않을 때 외부 효과가 발생한다. 예를 들어, 양봉업자가 키우는 꿀벌 덕에 과수원의 과실이 열매를 맺는 것은 긍정적 외부 효과이고, 공장에서 발생한 대기 오염으로 관계없는 일반 사람들이 피해를 입는 것은 부정적 외부 효과이다. 긍정적 외부 효과는 사회적 필요보다 적게 생산되며, 부정적 외부 효과는 많이 생산되는 것이 특징이다. 이러한 외부 효과는 자원의 비효율적인 배분을 초래한다.

🔍 **오답체크**

ㄷ. 긍정적 외부 효과는 경제적 대가나 보상을 받지 못하기 때문에 사회적 필요보다 과소 생산된다는 문제점이 있다. 이를 해결하기 위해서 보조금 지급, 세금 감면 등의 경제적 유인을 제공한다.
ㄹ. 부정적 외부 효과는 피해에 대한 경제적 대가를 치르지 않기 때문에 사회적 필요보다 과다 생산된다. 이에 벌금이나 세금 등을 부과하여 문제를 해결할 수 있다.

11

정답 ②

📘 **핵심체크**

헌법은 모든 국가의 법의 체계적 기초로서 다른 법률이나 명령으로써 변경할 수 없는 한 국가의 최고 법규이다. 국가의 조직, 구성 및 작용에 관한 근본법이며, 인간으로서의 존엄과 가치 및 행복 추구권을 바탕으로 자유권, 평등권, 참정권, 사회권, 청구권 등을 기본권으로 보장하고 있다.

🔍 **오답체크**

① 범죄의 종류와 형벌에 대해 규정한 법이다.
③ 행정 기관의 조직과 작용 및 구제에 대해 규정한 법이다.
④ 재판의 소송 절차를 규정해 놓은 절차법이다.

12

정답 ②

📑 핵심체크

신자유주의는 1970년대 이후 석유 파동으로 인해 극심한 경기 침체와 스태그플레이션이 발생하고, 정부의 시장 조절 실패가 배경이 되어 등장하였다. 정부의 시장 개입 없이 시장의 조절 기능과 자유로운 경제 활동을 강조하였다.

🔍 오답체크

① 상업 자본주의라고도 하며, 국가적으로 상업을 중시하고 보호해야 한다는 경제 사상이다. 16~18세기 유럽의 절대 왕정이 신항로를 개척하고 교역을 확대하는 과정에서 나타났다.

③ 자유방임주의라고도 하며, 18세기 중반~19세기 초반 산업혁명으로 산업 자본가가 자본주의를 주도하게 되면서 등장하였다. 정부의 시장 개입을 비판하고, 개인의 자유로운 시장 경제 활동을 최대한 보장해야 한다고 주장하였다.

④ 1930~70년대 자본주의 폐해와 미국 경제 대공황을 배경으로 등장하였다. 정부가 경기 조절 정책과 복지 정책 등을 통해 적극적으로 시장에 개입하여 경제 문제를 해결해야 한다고 주장하였다.

13

정답 ①

📑 핵심체크

국제 연합은 제1차・제2차 세계대전 후 전 인류에 대한 인권 보장의 필요성이 확대됨에 따라 인권 보장의 국제 기준을 제시하는 세계 인권 선언을 채택하였다(1948). 이는 근대 시민 혁명 이후에 발생한 사건이다.

🔍 오답체크

② 영국 명예혁명은 국왕의 전제 정치에 저항하여 입헌주의를 확립한 혁명이다. 피를 흘리지 않고 이루어진 혁명이라는 의의가 있다(1689).

③ 프랑스 혁명은 부르봉 왕조의 절대주의적인 구제도를 타파하여 근대 시민 사회를 이룩한 시민 혁명이다. 시민들의 재산권 보장, 자유권, 평등권 보장을 명시한 인권 선언을 발표하였다(1789).

④ 미국 독립혁명은 초대 대통령 조지 워싱턴을 중심으로 프랑스의 원조를 받아 영국으로부터 독립하여 미국을 수립한 혁명이다. 근대 민주주의의 기본 원리를 포함한 독립 선언서를 발표하였다(1776).

14

정답 ④

📑 핵심체크

일본은 태평양 주변에 지진과 화산 활동이 자주 일어나는 지역을 가리키는 환태평양 조산대에 포함된 나라이다. 이 영향으로 일본은 지형적 재해인 지진이 빈번하게 일어난다.

🔍 오답체크

①・②・③ 기후적 요인으로 일어나는 기상 재해에 속한다. 홍수는 일시에 많은 비가 내려 시가지・농경지가 침수되는 현상, 가뭄은 오랫동안 비가 내리지 않아 식수・농업용수가 부족해지는 현상이다. 폭설은 단기간 많은 눈이 내려 시설물 붕괴 및 교통 단절이 발생하는 현상이다.

15

정답 ②

📑 핵심체크

산업화는 농업 중심의 사회에서 공업 중심의 사회로 변화하는 현상을 말한다. 산업화로 인한 여러 기술의 발달로 대량 생산이 가능해지고, 생활 수준이 향상되었으며 노동 시간이 단축되어 여가 시간이 확대되는 등 긍정적인 변화가 생겼다. 반면에 빈부 격차가 나타나고, 자원의 고갈과 환경 오염 문제가 대두되었다.

16

정답 ②

📑 핵심체크

문화 다양성이란 지역 환경이나 시대적 상황에 따라 서로 다른 문화적 차이가 나타나는 현상을 말한다. 문화는 각 사회의 구성원이 공유하는 생활 방식으로, 이는 주어진 자연 환경과 상황에 적응하는 과정에서 서로 다른 모습으로 나타난다. 문화는 한 사회만의 물질적・정신적 소산이므로 그 특수성과 고유성을 보호해야 하며, 현 세대와 미래 세대의 더 나은 삶을 위해 다양성을 보장해야 한다.

17 정답 ④

핵심체크

도시화의 단계

초기 단계	도시화율이 낮은 수준에서 비교적 완만한 속도로 증가한다.
가속화 단계	산업화에 따른 이촌 향도 현상이 발생하고 도시 인구 비율이 빠르게 증가한다.
종착 단계	도시화 속도가 둔화되고, 도시 인구가 촌락으로 이동하는 역도시화 현상이 발생하며 인구 증가율도 감소된다.

18 정답 ②

핵심체크

세계화는 전 세계의 인적 자원과 물자, 기술, 문화 등이 자유롭게 교류되면서 경제, 사회, 문화 등 각 분야에 대한 장벽이 없어지는 현상이다. 시장 경제의 확대와 교통·정보 통신 기술의 발달로 그 범위가 점차 넓어지고 있다.

19 정답 ③

핵심체크

• 석탄: 산업 혁명 시기에 증기 기관의 주된 연료로 많이 사용되었으며, 석유에 비해 비교적 고르게 매장되어 있다.
• 석유: 에너지 자원 중 소비 비중이 가장 높으며, 수송용 연료, 산업용 연료, 화학 공업의 원료 등에 쓰인다.

20 정답 ④

핵심체크

아프리카 문화권은 사하라 사막 이남의 아프리카 지역에 해당한다. 열대 기후 지역으로 토속 종교와 부족 단위의 공동체 생활을 하는 것이 특징이다. 원시 농업과 수렵·채집 생활을 하며 플랜테이션이 발달하였다.

오답체크

① 북극해 연안 지역으로 한대 기후가 나타난다. 순록 유목과 이동 생활을 하며, 최근에는 점차 유럽 문화에 흡수되고 있다.

② 산업 혁명의 발상지이자 세계 경제의 중심지이다. 북서 유럽·남부 유럽·동부 유럽으로 구분한다.
③ 북부 아프리카, 서남아시아, 중앙아시아 일대가 해당된다. 건조 기후 지역이며, 오아시스 농업과 유목이 발달하였다. 최근에는 석유 개발로 지역 분쟁이 빈번하게 발생하고 있다.

21 정답 ③

핵심체크

시간적 관점은 사회 현상을 시대적 배경과 맥락을 통해 살펴보는 관점이다. 과거의 사건이 일어나게 된 원인과 결과를 추론하여 현재 사회 현상을 이해하는 데 도움을 주며, 앞으로의 사회 변화 방향도 짐작할 수 있다.

오답체크

ㄱ. 윤리적 관점은 사회 현상을 도덕적이고 규범적인 측면에서 살펴보는 것으로, 사회가 나아가야 할 바람직한 방향을 제시하는 것에 도움을 준다.
ㄷ. 사회적 관점은 사회 현상을 사회 구조·제도의 측면에서 살펴보는 것으로, 사회 문제를 해결하기 위해 마련해야 할 정책 대안을 모색하는 데 도움을 준다.

22 정답 ④

핵심체크

교통·통신의 발달로 지역 간 접근성의 차이가 발생하게 되어 지역 격차가 심화되었다. 접근성이 향상된 지역은 인구와 기능의 집중으로 점차 발전한 반면에 접근성이 불리한 지역은 인구의 유출로 성장 잠재력이 약화되고, 경제 활동이 위축되었다.

23 정답 ①

핵심체크

인간 중심주의는 인간을 가장 가치 있는 존재로 여기는 관점으로, 자연보다는 인간의 이익이나 행복을 먼저 고려한다. 도구적 자연관을 바탕으로 자연을 인간의 이익과 필요에 따라 평가한다.

24

정답 ②

핵심체크

1992년 지구의 온난화를 막기 위해 세계 각국이 이산화 탄소 등의 인위적 가스 방출을 규제하는 국제 협약인 기후 변화 협약을 체결하였다.

오답체크

① 1971년 습지 보호를 위해 맺은 국제 협약이다.

③ 1994년 사막화를 겪고 있는 개발 도상국에 대해 재정적·기술적 지원을 약속하기 위해 맺은 국제 협약이다.

④ 1992년 다양한 생물종과 희귀 유전자를 보호하기 위해 맺은 국제 협약이다.

25

정답 ③

핵심체크

세계 시민 의식은 세계화로 인한 문제를 시민의 자세로 해결하려는 태도로, 지구촌에서 발생하는 문제에 관심을 갖고 더불어 사는 공동체 구성을 위해 노력하는 마음가짐을 의미한다.

오답체크

① 생산자에게 정당한 가격을 지급하는 제품을 소비자가 구매하도록 하는 윤리적 소비 운동이다. 세계화에 따른 선진국과 개발 도상국 간 불공정한 무역 구조로 발생하는 공정 무역 문제를 해결하기 위해 시행되고 있다.

② 국가 간의 교류가 활발해지고 서로에게 미치는 영향력이 증대하면서 전 세계의 문화가 비슷해져 가는 현상이다.

④ 자신의 문화가 우수하다고 생각하여 자기 문화를 기준으로 다른 문화를 부정적으로 평가하는 관점이다.

제5교시 과학

27~31쪽

01	02	03	04	05	06	07	08	09	10
④	④	③	③	①	①	②	③	②	④
11	12	13	14	15	16	17	18	19	20
④	④	①	①	②	②	③	①	④	①
21	22	23	24	25					
③	②	③	①	②					

01

정답 ④

핵심체크

형상 기억 합금은 실온이나 실온보다 낮은 저온에서 모양이나 형태를 변형시켜도 가열하면 즉시 변형 전 형태로 되돌아가는 성질이 있는 합금이다. 의료 기기, 우주 개발 기기, 전자 기기 등에 이용된다.

오답체크

① 60개의 탄소 원자가 그물 모양으로 결합하여 공 모양을 이루고 있으며, 강도가 높고 초전도성이 있어 마이크로 로봇이나 의약 성분의 체내 운반체 등에 이용되는 신소재이다.

② 특정 온도(임계 온도) 이하에서 전기 저항이 0이 되는 물질로, 초전도 케이블, 자기 부상 열차 등에 이용되는 신소재이다.

③ 자기적 성질을 이용한 신소재로, 철 원자 사이에 네오디뮴과 붕소를 첨가하여 만든 강한 자석이다. 컴퓨터의 하드 디스크의 헤드를 움직이는 장치, 고출력 소형 스피커, 강력 모터 등에 이용된다.

02

정답 ④

핵심체크

발전기는 전자기 유도를 이용하여 전기 에너지를 생산하는 장치로, 자석 사이에서 코일을 회전시키면 코일에 유도 전류가 흐르면서 전기 에너지가 생산된다. 즉, 코일의 운동 에너지가 전기 에너지로 전환된다.

03

정답 ③

핵심체크

힘 – 시간 그래프에서 그래프의 아랫부분의 넓이가 충격량을 나타낸다. 따라서 0~6초까지 물체가 받은 충격량의 크기는 $30 \times 6 \times \dfrac{1}{2} = 90(N \cdot s)$ 이다.

PLUS CHECK 더 알아보기

충격량(I)

충격량은 물체가 받은 충격의 정도를 나타내는 물리량으로, 물체에 작용한 힘(F)과 힘이 작용한 시간(Δt)의 곱으로 나타낸다.

충격량= 힘×시간, $I = F\Delta t$ [단위: $N \cdot s$]

04

정답 ③

핵심체크

유도 전류의 세기는 자석의 세기가 셀수록, 코일의 감은 수가 많을수록, 자석을 빠르게 움직일수록 세다. 즉, 자석의 세기(ㄱ), 코일의 감은 수(ㄴ), 자석이 움직이는 속도(ㄹ)가 유도 전류의 세기에 영향을 준다.

오답체크

ㄷ. 코일을 감은 방향은 유도 전류의 세기에 영향을 주지 않는다.

05

정답 ①

핵심체크

수소(H)는 주기율표의 1족에 속하지만, 알칼리 금속에는 해당하지 않는다.

PLUS CHECK 더 알아보기

알칼리 금속

• 주기율표의 1족에서 수소를 제외한 금속 원소이다.
  예 리튬(Li), 나트륨(Na), 칼륨(K), 루비듐(Rb) 등
• 칼로 쉽게 잘릴 정도로 무르다.
• 반응성이 커서 산소나 물과 잘 반응한다.
• 실온에서 고체 상태이고, 은백색 광택을 띤다.

06

정답 ①

핵심체크

산화는 물질이 산소를 얻는 반응이고, 환원은 물질이 산소를 잃는 반응이다. 어떤 물질이 산소를 얻거나 전자를 잃고 산화되면 다른 물질은 산소를 잃거나 전자를 얻어 환원된다. 즉, 산화와 환원은 항상 동시에 일어난다.

제시된 화학 반응식에서 산소를 잃고 환원되는 물질은 산화 구리(CuO)이다.

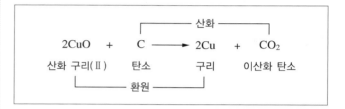

07

정답 ②

핵심체크

헬륨(He)은 1주기 18족 원소로 비활성 기체에 해당하며, 비금속 원소이다. 비금속 원소는 주기율표에서 주로 오른쪽에 있는 원소로, 금속과 달리 광택이 없으며 대부분 열 전도성과 전기 전도성이 없다.

오답체크

①·③·④ 구리(Cu), 나트륨(Na), 마그네슘(Mg)은 모두 금속 원소로, 주기율표에서 왼쪽과 가운데에 위치하며 열 전도성과 전기 전도성이 있다.

08

정답 ③

핵심체크

산소 원자(O)는 전자 껍질이 2개이며, 가장 바깥 전자 껍질에 들어 있는 전자의 개수(원자가 전자 수)는 6개이다.

PLUS CHECK 더 알아보기

원자가 전자

• 원자를 구성하는 전자 중 가장 바깥 전자 껍질에 있다.
• 화학 반응에 참여하는 전자로, 원자의 화학적 성질을 결정한다.
• 같은 족 원소들은 원자가 전자 수가 같다.

09
정답 ②

📋 핵심체크

중화 반응은 산과 염기가 반응하여 물이 생성되는 반응으로, 산의 수소 이온(H^+)과 염기의 수산화 이온(OH^-)은 $1:1$의 개수비로 반응하여 물(H_2O)을 생성한다($H^+ + OH^- \rightarrow H_2O$).

수산화 나트륨($NaOH$) 분자 1개에서는 수산화 이온(OH^-) 1개가 생성되므로 수소 이온(H^+) 100개가 들어 있는 묽은 염산(HCl) 수용액을 완전 중화시키려 할 때 필요한 수산화 나트륨($NaOH$)의 분자 수는 100개이다.

➕ PLUS CHECK 더 알아보기

묽은 염산과 수산화 나트륨 수용액의 중화 반응 화학식

$$HCl \rightarrow H^+ + Cl^-$$
$$NaOH \rightarrow Na^+ + OH^-$$
$$\overline{HCl + NaOH \rightarrow H_2O + NaCl}$$

10
정답 ④

📋 핵심체크

염화 나트륨($NaCl$)은 이온 결합 물질이다.

🔍 오답체크

①·②·③ 공유 결합 물질에 해당한다.

➕ PLUS CHECK 더 알아보기

공유 결합과 이온 결합

공유 결합	• 비금속 원소의 원자들이 서로 전자를 내놓아 전자쌍을 이루고 공유하는 결합이다. • 두 원자 사이의 공유 전자쌍 수에 따라 단일 결합, 2중 결합, 3중 결합 등으로 구분한다. • 예 O_2, N_2, CO_2, H_2O, C_2H_6O 등
이온 결합	• 금속 원소의 원자와 비금속 원소의 원자가 서로 전자를 주고받아 양이온과 음이온을 생성하며, 이 이온들 사이의 정전기적 인력으로 결합이 형성된다. • 예 $NaCl$, $NaOH$, $CaCO_3$, $CaCl_2$ 등

11
정답 ④

📋 핵심체크

같은 생물종이라도 서로 다른 유전자를 가지고 있어 다양한 형질이 나타나는 것을 의미하는 것은 유전적 다양성이다.

➕ PLUS CHECK 더 알아보기

생물 다양성

유전적 다양성	• 같은 생물종이라도 서로 다른 유전자를 가지고 있어 다양한 형질이 나타나는 것을 의미한다. • 하나의 형질을 결정하는 유전자가 다양할수록 유전적 다양성이 높아 변이가 다양하다.
종 다양성	• 일정한 지역에 얼마나 많은 생물종이 고르게 분포하며 살고 있는지를 의미한다. • 생물종이 많을수록, 각 생물종의 분포 비율이 균등할수록 종 다양성이 높다.
생태계 다양성	• 생물 서식지의 다양한 정도를 의미한다. • 지구에는 대륙과 해양의 분포, 위도, 기온, 강수량, 계절 등 환경의 차이로 인해 열대 우림, 갯벌, 습지, 삼림, 초원, 사막, 해양 등 다양한 생태계가 존재한다. • 생태계의 종류에 따라 환경이 다르므로 서식하는 생물종과 개체 수가 다르다.

12
정답 ④

📋 핵심체크

A~D 중 식물 세포에만 존재하는 세포 소기관은 D(엽록체)이다. 엽록체는 광합성이 일어나는 장소로, 이산화 탄소와 물을 원료로 포도당을 합성한다.

🔍 오답체크

① 세포에서 가장 큰 세포 소기관이다. 핵막으로 둘러싸여 있으며, 유전 정보를 저장하고 있는 DNA가 있어 세포의 생명 활동을 조절한다.

② 작은 알갱이 모양이며, DNA의 유전 정보에 따라 단백질이 합성되는 장소이다.

③ 세포 호흡이 일어나는 장소로, 산소를 이용해 포도당을 분해하여 세포가 생명 활동을 하는 데 필요한 에너지를 생성한다.

13 정답 ①

핵심체크

생태 통로는 도로나 댐 건설 등으로 나뉜 생물의 서식지를 연결해 주는 것으로, 생물 다양성을 보전하고 생태계 평형을 유지하기 위한 노력에 해당한다.

➕ **PLUS CHECK 더 알아보기**

생태계 평형을 깨뜨리는 요인

자연재해	홍수, 지진, 산사태, 화산 폭발 등으로 생물의 서식지가 사라지고, 먹이 그물에 변화가 생겨 생태계 평형이 깨진다.
인간의 활동	인구의 증가와 도시화 등으로 인한 무분별한 개발이나 환경 오염은 환경을 급격하게 변화시켜 생태계 평형을 깨뜨린다.

14 정답 ①

핵심체크

세포막의 주성분은 인지질(㉠)과 막단백질(㉡)이다. 세포막은 인지질 2중층에 막단백질이 파묻혀 있거나 관통하고 있는 구조이며, 인지질이 유동성이 있어 인지질의 움직임에 따라 막단백질이 고정되어 있지 않고 위치가 바뀐다. 인지질은 인지질의 머리 부분인 인산과 꼬리 부분인 지방산으로 구분되며, 인지질은 친수성, 지방산은 소수성이다. 친수성인 머리 부분이 물과 접한 바깥쪽을 향하고, 소수성인 꼬리 부분이 서로 마주 보며 배열하여 인지질 2중층을 형성한다. 막단백질은 외부 신호를 받아들이거나 물질을 선택적으로 투과시키는 선택적 투과성의 성질이 있다.

15 정답 ②

핵심체크

핵산과 단백질이 탄소 화합물에 해당한다. 생명체는 물, 단백질, 지질, 핵산, 무기염류, 탄수화물 등으로 구성되는데, 이 중 탄수화물, 단백질, 지질, 핵산이 탄소 화합물에 속한다.

🔍 **오답체크**

ㄱ·ㄹ. 물과 무기염류는 비탄소 화합물에 해당한다.

16 정답 ②

핵심체크

DNA는 두 개의 폴리뉴클레오타이드 가닥으로 구성되며, 당·인산 골격이 바깥쪽에, 염기가 안쪽에 위치한다. DNA의 두 가닥은 방향이 서로 반대이며, 두 가닥의 염기는 수소 결합으로 연결된다. 이때 염기쌍의 결합을 상보 결합이라고 하는데, 상보 결합으로 DNA에서 한쪽 가닥의 염기 서열을 알면 다른 쪽 가닥의 염기 서열도 알 수 있다. DNA 이중 나선을 형성할 때 아데닌(A)은 타이민(T)과 상보적 결합을 한다.

🔍 **오답체크**

①·④ 구아닌(G)은 사이토신(C)과 상보적 결합을 한다.
③ 유라실(U)은 RNA에 있는 염기이다.

17 정답 ③

핵심체크

중생대는 빙하기 없이 전반적으로 온난한 기후였으며, 암모나이트, 공룡 등이 번성한 지질 시대이다.

➕ **PLUS CHECK 더 알아보기**

중생대의 특징
• 빙하기 없이 전반적으로 온난한 기후였다.
• 판게아가 분리되면서 대서양과 인도양이 형성되기 시작하였다.
• 전 세계적으로 지각 변동이 활발하였고, 로키산맥과 안데스산맥이 형성되었다.
• 바다에서는 암모나이트가 번성하였으며, 육지에서는 파충류(공룡), 겉씨식물이 번성하였고 시조새가 출현하였다.
• 말기에 공룡, 암모나이트 등 생물의 대멸종이 있었다.

18 정답 ①

핵심체크

지하수가 석회암 지대를 용해하여 석회동굴이 형성되는 것은 수권(지하수)과 지권(석회암 지대)의 상호 작용 결과이다.

PLUS CHECK 더 알아보기

지구 시스템 구성 요소의 상호 작용
• 지구 시스템의 각 권은 서로 영향을 주고받으면서 균형을 이룬다.
• 상호 작용은 같은 권 내에서도 일어나고, 서로 다른 권 사이에서도 일어난다.
• 상호 작용의 예

영향 \ 근원	지권	기권	수권	생물권
지권	판의 운동, 암석의 순환	화산 기체 방출, 황사	지진 해일 발생, 염류 공급	생물의 서식처 변화, 영양분 공급
기권	풍화 · 침식 작용, 버섯바위 형성	대기 대순환, 일기 변화, 전선 형성	해류 발생, 강수 현상	산소와 이산화 탄소의 공급
수권	석회 동굴 형성, 물의 침식 작용	태풍 발생, 물의 증발	해수의 혼합	수중 생물의 서식처 제공
생물권	화석 연료 생성, 생물에 의한 풍화 · 침식	광합성과 호흡으로 대기 조성 변화	해수에 용해된 물질 흡수	먹이 사슬 유지

19

정답 ④

📖 핵심체크

우주의 주요 구성 원소는 수소와 헬륨이다. 우주 초기에 빅뱅으로 생성된 수소와 헬륨이 전체 원소의 약 98 %를 차지한다.

20

정답 ①

📖 핵심체크

발산형 경계 중 해양판과 해양판의 경계에서 나타나는 지형은 해령으로, 거대한 해저 산맥을 이룬다. 해령의 예로는 동태평양 해령, 대서양 중앙 해령이 있다.

🔍 오답체크

② 섭입형 경계에서 나타나는 깊은 해저 골짜기로, 주로 태평양의 가장자리를 따라 발달한다.
③ 섭입형 경계에서 나타나며, 섬들이 해구와 나란하게 활 모양으로 길게 배열되어 있는 화산섬이다.
④ 해령과 해령 사이에 판의 이동 속도 차이로 지층이 어긋나 끊어진 지형이다.

21

정답 ③

📖 핵심체크

태양 에너지는 지구 시스템의 에너지원 중 가장 많은 에너지양을 차지하며, 지구 시스템에서 자연 현상을 일으키는 근본적인 에너지이다.

🔍 오답체크

① 달과 태양의 인력으로 발생하며, 밀물과 썰물을 일으켜 해안 생태계와 지형 변화에 영향을 준다.
④ 지구 내부의 방사성 원소의 붕괴열로 발생하며, 맨틀 대류를 일으켜 판을 움직여 화산 활동을 일으킨다.

22

정답 ②

📖 핵심체크

엘니뇨는 무역풍이 평상시보다 약화되어 적도 부근의 따뜻한 해수가 동쪽으로 이동하게 되어 나타난다. 이때 적도 부근 동태평양은 해수의 증발이 활발하고 강수량이 증가하여 홍수와 폭우가 발생한다. 반면에 적도 부근 서태평양은 평상시보다 표층 수온이 낮아지고 강수량이 감소하여 날씨가 건조해져 가뭄 및 산불이 발생한다.

🔍 오답체크

③ 엘니뇨와 반대로, 적도 부근 동태평양 해역의 표층 수온이 평년보다 낮은 상태로 지속되는 현상이다. 적도 부근 동태평양은 수온이 하강하고, 강수량이 감소하여 가뭄이 발생한다. 반면에 적도 부근 서태평양은 표층 수온이 상승하고 강수량이 증가하여 홍수가 발생한다.
④ 사막 주변 지역의 토지가 황폐해져 사막이 점점 넓어지는 현상으로, 황사 발생 빈도가 증가하고, 작물 수확량 감소로 인한 식량 부족의 피해가 발생한다.

23

정답 ③

핵심체크

규산염 사면체는 규소(Si) 1개를 중심으로 산소(O) 4개가 공유 결합하여 정사면체 모양을 이룬다. 따라서 ㉠은 규소(Si), ㉡은 산소(O)이다.

24

정답 ①

핵심체크

번개는 공중의 전기가 방전되면서 만들어지는 불꽃으로, 전기 에너지가 빛에너지로 전환되는 예에 해당한다.

오답체크

② 위치 에너지가 운동 에너지로 전환되는 예이다.
③ 빛에너지가 화학 에너지로 전환되는 예이다.
④ 지구 내부 에너지가 역학적 에너지로 전환되는 예이다.

25

정답 ②

핵심체크

공기 저항을 무시할 때 공은 중력만 받아 연직 낙하하는 자유 낙하 운동을 한다.

오답체크

① · ③ 공에는 일정한 크기의 중력이 계속 작용한다. 따라서 공은 중력을 받아 속도가 일정하게 증가하는 등가속도 운동을 한다.
④ 공의 속도는 일정하게 증가하므로 1초마다 공이 이동한 거리는 점점 증가한다.

제6교시 한국사

32~36쪽

01	02	03	04	05	06	07	08	09	10
①	②	③	①	③	②	④	①	④	②
11	12	13	14	15	16	17	18	19	20
③	③	②	④	③	①	②	①	①	③
21	22	23	24	25					
②	④	③	④	①					

01

정답 ①

핵심체크

구석기 시대에는 동굴이나 바위 그늘에서 거주하는 이동 생활을 하였고, 주먹도끼, 찍개, 슴베찌르개 등의 뗀석기를 이용하여 사냥과 채집을 하였다.

오답체크

② 신석기 시대에는 간석기를 사용하였다. 빗살무늬 토기에 식량을 저장하였고, 가락바퀴와 뼈바늘로 옷을 지어 입었다.
③ 청동기 시대에는 벼농사가 시작되어 생산력이 발전하였고, 반달 돌칼 등의 농기구와 민무늬 토기를 사용하였다. 청동을 재료로 비파형 동검, 거친무늬 거울 등을 제작하였다.
④ 철기 시대에는 철제 농기구가 사용되면서 농업 생산량이 증가하였다.

02

정답 ②

핵심체크

동예는 읍군, 삼로가 나라를 지배하는 군장 국가로, 강원도 북부 동해안 지역에서 형성되었다. 족외혼을 엄격하게 지켰으며, 각 부족의 영역을 중요시하여 다른 부족의 생활권을 침범할 경우 노비와 소·말로 변상하게 하는 책화 제도를 두었다.

오답체크

① 왕 아래 마가, 우가, 저가, 구가가 사출도를 다스렸으며, 1책 12법을 두었다.
③ 동예와 같이 읍군, 삼로가 나라를 다스렸다. 가족 공동 무덤과 민며느리제라는 풍습이 있었다.

④ 5부 연맹 국가로, 지배층인 왕과 여러 가(加)들은 사자, 조의, 선인 등의 관리를 거느렸다. 혼인 풍습으로는 형사취수제와 서옥제가 있었다.

03 정답 ③

📋 핵심체크

신라는 귀족 회의 기구인 화백 회의에서 국가의 중대사를 논하였다. 만장일치제로 운영되었으며, 이후에는 진골 이상의 귀족 회의로 변화하였다.

🔍 오답체크

① 신라는 청소년 수련 조직이자 인재 등용 제도인 화랑도를 두었다. 화랑도는 원광의 세속 5계를 행동 규범으로 삼았으며, 신라 진흥왕 때 국가적 조직으로 정비되었다.

② 고구려는 귀족 회의 기구인 제가 회의에서 5부의 수장인 가(加)들이 모여 국정을 논의하고 결정하였다.

④ 백제는 수도 사비 근처 호암사의 정사암이라는 바위 위에 귀족들이 의견을 적은 종이를 올려 두는 방식으로 국가의 중대사를 결정하였는데, 이 바위의 이름을 따서 정사암 회의라고 불렀다.

04 정답 ①

📋 핵심체크

조선 태종은 왕권을 강화하고자 6조 직계제를 시행하고, 언관으로서 관리 감찰 등의 역할을 하는 사간원을 독립시켰다. 국가 경제 기반 안정책으로는 양전 사업을 시행하고, 호구 파악을 위한 호패법을 실시하였다.

🔍 오답체크

ㄷ. 조선 세종 때 집현전을 설치하여 학문 연구에 힘썼다.

ㄹ. 조선 성종 때 집현전을 계승한 홍문관을 설치하였다. 홍문관은 사간원, 사헌부와 함께 삼사를 구성하였으며, 왕의 자문 역할과 경연 등을 담당하였다.

05 정답 ③

📋 핵심체크

금동 대향로는 백제의 수도였던 부여(사비) 능산리 절터에서 발견된 유물로, 국보 제287호로 지정되어 있다. 백제의 창의성과 뛰어난 조형성을 바탕으로 당시 공예 기술과 미술 문화를 종합적으로 보여준다. 활짝 피어난 연꽃 밑으로 불사조, 물고기, 사슴, 학 등 26마리의 동물이 배치되어 있는데, 이를 통해 불교와 도교 사상을 혼합하여 표현하였음을 알 수 있다.

🔍 오답체크

① 고구려의 대표적인 돌무지무덤이다.

② 백제 무령왕의 무덤으로, 중국 남조의 영향을 받은 벽돌무덤이다. 묘지석이 함께 출토되어 유일하게 무덤에 묻혀 있는 사람과 축조 연대를 확인할 수 있다.

④ 충남 부여의 옛 절터에서 출토된 백제의 불교 건축용 벽돌이다.

06 정답 ②

📋 핵심체크

고려 성종 때 거란의 소손녕이 80만 대군을 이끌고 고려를 침략하였다. 서희는 싸움을 하는 대신 소손녕과 외교 담판을 통해 거란과 교류할 것을 약속하고, 고려가 고구려를 계승하였음을 인정받았다. 이 결과로 고려는 압록강 동쪽의 강동 6주를 획득하였다.

🔍 오답체크

① 조선 세종은 여진을 몰아내고 4군과 6진을 설치하여 압록강과 두만강 일대를 개척하였다.

③ 고려 예종 때 윤관은 별무반을 이끌고 여진을 몰아내어 동북 9성을 축조하였다.

④ 조선 세종 때 이종무는 왜구를 몰아내고 쓰시마섬을 정벌하였다.

07　　　　　　　　　　　정답 ④

핵심체크

고려 광종 때 기금을 모았다가 백성에게 빌려주고 그 이자로 빈민을 구제하는 제위보를 설치하였다.

08　　　　　　　　　　　정답 ①

핵심체크

고려 승려 혜심은 유불 일치설을 주장하고, 심성의 도야를 강조하였다. 혜심의 사상은 성리학 수용의 토대를 마련하는 계기가 되었다.

오답체크

② 고려 승려 의천은 해동 천태종을 창시하고, 화엄종 중심의 교종 통합 운동을 전개하였다.

③ 고려 승려 지눌은 송광사에서 수선사 결사를 조직하고, 참선과 지혜를 함께 수행하는 돈오점수와 정혜쌍수를 제창하였다.

④ 고려 승려 요세는 천태종 신앙 결사체인 백련사를 조직하고, 참회를 중심으로 하는 법화 신앙을 강조하였다.

09　　　　　　　　　　　정답 ④

핵심체크

통일 신라 말 뛰어난 학문 실력을 바탕으로 새롭게 등장한 6두품 세력은 신분 제도인 골품제를 비판하고, 새로운 정치 이념과 사회상을 제시하였다.

오답체크

① 조선 성종 때 훈구 세력의 견제를 위해 신진 세력으로 등용된 사림은 도덕성과 근본주의적 성리학 이념을 강조하였으며, 훈구 대신들의 부정부패를 비판하였다.

② 통일 신라 말 지방에서 성주·장군을 자처하며 형성된 호족 세력은 중앙 정부의 통제에서 벗어나 지방의 행정권과 군사권을 장악하였다.

③ 조선 전기 수양대군이 계유정난을 거쳐 세조로 즉위하는 과정에서 공을 세운 인물들이 공신(功臣)과 고위 관직에 임명되면서 훈구 세력을 형성하였다.

10　　　　　　　　　　　정답 ②

핵심체크

고려는 임시 회의 기구로 중서문하성의 재신과 중추원의 추밀로 구성된 도병마사를 두었다. 주로 국방 및 군사 문제를 논의하였는데, 점차 그 기능이 강화되어 원 간섭기에는 최고 정무 기구인 도평의사사로 개편되었다.

오답체크

① 고려 시대에 관리의 비리를 감찰하고 풍속을 교정하는 기구인 어사대를 설치하였다. 어사대는 중서문하성의 낭사와 함께 대간으로 불렸다.

③ 고려 무신 정권기 최충헌은 교정도감을 설치하였다. 초기에는 임시 기구였으나, 후에 국정을 총괄하는 중심 기관이 되었다.

④ 대한 제국 시기 양전 사업을 담당하는 관청인 지계아문을 설치하여 토지 소유 문서인 지계를 발급하고, 근대적 토지 소유권을 확립하고자 하였다.

11　　　　　　　　　　　정답 ③

핵심체크

조선 숙종 때 일본 어부들이 울릉도와 독도에 불법으로 왕래하자 동래에 살던 안용복이 이들을 쫓아내고, 일본에 건너가 울릉도와 독도가 우리나라의 영토임을 확인시켰다. 그 이후에도 일본 어민들이 울릉도 부근에서 불법으로 고기를 잡아가자 조선 정부는 울릉도에 관청을 두고, 독도를 관할하였다.

오답체크

① 통일 신라 때 장보고는 완도에 청해진을 설치하였다. 이를 통해 해적을 소탕하고, 당, 신라, 일본을 잇는 해상 무역권을 장악하였다.

② 조선 임진왜란 때 이순신은 한산도에서 학익진 전법으로 일본 수군을 물리쳤다. 명량 해전에서는 울돌목의 좁은 수로를 활용하여 일본 수군에 큰 승리를 거두었다.

④ 조선 임진왜란 때 유성룡은 군제 개편의 필요성을 느끼고, 포수, 사수, 살수의 삼수병으로 편성된 훈련도감 창설을 건의하였다.

12 정답 ③

📑 핵심체크

조선 시대 지방의 유력 양반들이 향촌의 풍속을 규찰하고, 향리들의 권력 남용을 막기 위해 자발적으로 유향소를 조직하였다. 향회에서 선출된 좌수와 별감 등의 향임이 회의를 주도하였으며, 수령을 보좌하고 향리를 감찰하는 역할을 하였다.

🔍 오답체크

① 고려 시대 불교 신앙을 바탕으로 시작된 향촌 조직 향도는 상호부조를 위한 공동체로 발전하였다.
② 조선 시대 지방의 유력 양반들이 향촌의 풍속 교화를 위해 자치 규약인 향약을 결성하였다.
④ 조선 전기에 중앙의 고위 관리를 통해 지방에 있던 유향소를 통제하고자 경재소를 설치하였다. 현직의 고위 관리들은 경재소를 관장하면서 해당 지역의 유향소를 감독하였다.

13 정답 ②

📑 핵심체크

흥선 대원군은 왕실의 권위 회복을 위해 경복궁을 중건하고, 부족한 재정은 당백전을 발행하여 확보하였다. 또한, 국가의 재정을 확충하기 위해 양반에게도 군포를 부과하는 호포제를 실시하고, 환곡의 폐단을 해결하고자 사창제를 시행하였다. 왕권 강화 정책의 일환으로 비변사를 폐지하고 의정부와 삼군부를 부활시켰으며, 47개를 제외한 전국의 서원을 철폐시켰다. 대외적으로는 전국에 척화비를 세워 외세 열강과의 통상 수교 거부 정책을 확고히 하였다.

🔍 오답체크

① 조선 광해군 때 경기도에 대동법이 처음 시행되었다. 이후 효종 때 양반들의 반대에도 불구하고 충청도와 전라도에서도 시행되었고, 숙종 때 전국으로 확대되었다.
③ 조선 영조는 붕당 정치의 폐해를 막고 능력에 따른 인재 등용을 위해 탕평책을 실시하였다. 이를 알리기 위해 성균관에 탕평비를 건립하였다.
④ 조선 세종 때 중국의 수시력과 아라비아의 회회력을 참고로 하여 역법서 『칠정산』을 편찬하였다.

14 정답 ④

📑 핵심체크

조선 정부는 임진왜란 이후 재정 악화를 해결하기 위해 돈이나 곡식을 받고 명예직 임명장인 공명첩을 팔았다. 이로 인해 부유한 상민들이 신분 상승의 기회를 얻게 되었다. 그 결과 양반의 수는 증가하고 상민의 수는 감소하여 조선의 신분제가 동요되었다.

🔍 오답체크

① 조선 태종은 정확한 인구 파악과 이에 따른 조세·역 부과를 위해 호패법을 실시하고, 16세 이상의 남자들에게 일종의 신분증명서인 호패를 발급하였다.
② 조선 시대에 지배 계층 내 유력 가문에서 같은 성씨(姓氏)의 구성원을 차례대로 도식화하여 기록한 계보인 족보를 제작하였다.
③ 국왕의 명령이나 의중을 담은 문서인 교지는 국왕이 신하에게 관직 및 과거 합격 증서, 토지나 노비 및 기타 특권을 내리는 문서 등을 통칭하였다.

15 정답 ③

📑 핵심체크

1894년 일본의 강요로 설치된 군국기무처에서 제1차 갑오개혁을 주도하였다. 영의정 김홍집이 총재관을 맡아 정치, 군사에 관한 모든 사무를 담당하였다.

🔍 오답체크

① 고려 무신 정권기에 최우는 자신의 집에 정방을 설치하여 모든 관직에 대한 인사권을 장악하였다.
② 조선 중종 때 외적의 침입에 대비하기 위한 임시 기구로 설치된 비변사는 명종 때 을묘왜변을 계기로 상설 기구화되었다.
④ 조선 고종은 국내외의 정치·군사 사무를 총괄하기 위한 관청으로 통리기무아문을 설치하고, 그 아래 12사(司)를 두어 행정 업무를 맡게 하였다.

16
정답 ①

핵심체크

안창호와 양기탁을 중심으로 결성된 신민회는 국권 회복과 공화정 체제에 바탕을 둔 근대 국가 건설을 목표로 하였다. 문화·경제적 실력 양성 운동을 전개하고, 국외에 독립운동 기지를 건설하여 무장 투쟁을 준비하였다. 이에 대해 일제는 총독 암살 사건을 날조하여 105인 사건을 일으켰고, 이로 인해 신민회는 해체되었다.

오답체크

② 일제의 황무지 개간권 요구에 대한 반대 운동을 전개한 항일 단체이다.
③ 교육과 산업 진흥을 통한 국권의 회복과 입헌 군주제 수립을 목표로 한 애국 계몽 운동 단체이다. 국권을 회복하고자 고종의 강제 퇴위 반대 운동을 전개하였으나, 일제의 탄압으로 해산되었다.
④ 민족의 정치의식 고취와 입헌 군주제 수립을 위해 설립된 애국 계몽 운동 단체이다.

17
정답 ②

핵심체크

프랑스가 병인박해를 구실로 강화도를 공격하여 병인양요가 발생하였다. 이에 문수산성의 한성근 부대와 정족산성의 양헌수 부대가 항전하여 프랑스군에게 승리하였으나, 프랑스군이 퇴각하면서 외규장각을 불태우고 의궤 등을 약탈하였다.

오답체크

① 미국이 제너럴 셔먼호 사건을 구실로 강화도를 공격하여 신미양요가 발생하였다. 어재연이 이끄는 부대가 광성보에서 미군에 맞서 항전하였다.
③ 신식 군대인 별기군과 차별 대우를 받던 구식 군대가 선혜청과 일본 공사관을 습격하면서 임오군란이 발생하였다.
④ 김옥균, 박영효를 중심으로 한 급진 개화파는 일본의 군사적 지원을 약속받고 우정총국 개국 축하연 자리에서 갑신정변을 일으켰다.

18
정답 ①

핵심체크

의열단은 만주에서 김원봉이 신채호의 '조선 혁명 선언'을 활동 지침으로 삼아 조직한 항일 무장 투쟁 단체이다. 식민 통치 기관 파괴, 요인 암살, 테러 등 직접적인 방법으로 항일 투쟁을 전개하였다.

오답체크

② 신간회의 자매단체로, 강연회를 개최하는 등 여성 계몽 활동과 여성 지위 향상 운동을 전개하였다.
③ 남만주 지역에서 양세봉을 중심으로 하여 결성된 독립 운동 단체로, 흥경성 전투에서 중국 의용군과 연합하여 일본군을 상대로 승리를 거두었다.
④ 충칭에서 대한민국 임시 정부의 직할 부대로 결성된 국군으로, 미군과 협조하여 국내 진공 작전을 추진하였다.

19
정답 ①

핵심체크

1910년대 무단 통치기에 일제는 강압적 통치 제도를 시행하였다. 헌병 경찰 제도를 실시하고, 교사들도 제복을 입고 칼을 차고 다니게 하였다. 또한, 조선 태형령의 제정으로 헌병 경찰이 조선인에게 태형을 통한 형벌을 가하도록 하였으며, 조선 기업의 설립을 억제하기 위해 회사령을 공포하여 기업을 설립 시 조선 총독의 허가를 받게 하였다. 이후 1920년대 문화 통치기에 일제는 회사령을 폐지하고, 회사 설립 방식을 허가제에서 신고제로 변경하였다.

➕ PLUS CHECK 더 알아보기

일제 강점기 식민 통치

구분	통치 내용	경제 침탈
무단 통치 (1910~1919)	• 조선 총독부 설치 • 헌병 경찰제 • 조선 태형령	• 토지 조사 사업 • 회사령 실시
문화 통치 (1919~1931)	• 3·1 운동 이후 통치 체제의 변화 → 보통 경찰제 • 민족 신문 발행 • 경성 제국 대학 설립	• 산미 증식 계획 시행 → 일본 본토로 식량 반출 • 회사령 폐지 → 일본 자본의 유입 • 관세 철폐

민족 말살
통치
(1931~1945)
	• 황국 신민화 정책
	• 신사 참배 강요
	• 창씨개명 강요
	• 황국 신민 서사 암송
	• 조선어, 역사 과목
	  등 폐지
		• 국가 총동원령
		  시행
		• 병참 기지화 정책

20

정답 ③

핵심체크

1926년 순종의 서거를 계기로 조선 공산당, 천도교 세력, 학생 단체가 만세 운동을 계획하였다. 계획이 사전에 일제에게 발각되어 시위 당일에는 학생들을 중심으로 6・10 만세 운동이 전개되었다. 시위 과정에서 군중들도 합세하여 대규모 항일 운동으로 확대되었으나, 일제가 군대까지 동원하여 이를 저지하였다.

오답체크

① 1919년 학생과 시민 등 각계각층의 사람들이 일제의 무단 통치에 저항하여 대규모 만세 운동인 3・1 운동을 전개하였다.

② 1931년부터 문맹 퇴치 운동의 일환으로 동아일보가 '배우자, 가르치자 다함께 브나로드'라는 구호 아래 브나로드 운동을 주도하였다.

④ 1929년 한일 학생 간의 충돌로 광주 학생 항일 운동이 발생하였다. 이는 일제의 식민지 차별 교육에 반발하여 전국적으로 확산되었다.

21

정답 ②

핵심체크

4・19 혁명의 전개 과정

3・15 부정 선거, 각 지역에서 부정 선거 규탄 시위(3.15.) → 마산에서 김주열 학생의 시신 발견(4.11.) → 전국으로 시위 확산, 학생・시민 대규모 시위 전개, 정부의 계엄령 선포(4.19.) → 대학교수단 시국 선언(4.25.) → 이승만 대통령 하야 성명 발표(4.26.)

22

정답 ④

핵심체크

윤봉길은 김구가 적극적인 항일 투쟁을 목적으로 조직한 한인 애국단의 단원이다. 1932년 4월 상하이 홍커우 공원에서 열린 일왕 생일 및 일본군 전승 축하 기념식에 폭탄을 던져 일제에게 큰 타격을 주었다.

오답체크

① 중국 관내에서 결성된 최초의 한인 무장 조직인 의열단을 결성한 인물이다. 암살, 파괴, 테러 등의 직접적 투쟁 방법을 통해 독립운동을 전개하였다.

② 간도의 연해주에서 의병으로 활약하다 만주 하얼빈 역에서 을사늑약을 주도한 초대 통감 이토 히로부미를 사살한 인물이다.

③ 한인 애국단의 단원으로 도쿄에서 일본 국왕의 마차 행렬에 폭탄을 투척한 인물이다.

23

정답 ③

핵심체크

박종철 고문치사 사건과 전두환 신군부의 대통령 직선제 논의를 금지하는 4・13 호헌 조치가 원인이 되어 6월 민주 항쟁이 전국적으로 확산되었다. 시민들은 '호헌 철폐'와 '독재 타도' 등의 구호를 내세워 민주적인 헌법 개정을 요구하였다. 이 결과 정부는 대통령 직선 개헌을 약속하는 6・29 민주화 선언을 발표하였다.

오답체크

① 이승만의 독재와 3・15 부정 선거에 저항하여 4・19 혁명이 발발하였다.

② 박정희 정부는 공업화로 인해 상대적으로 낙후된 농어촌의 근대화를 목표로 새마을 운동을 추진하였다.

④ 신군부의 비상계엄 확대에 반대하여 광주에서 5・18 민주화 운동이 발생하자 신군부는 무력으로 시민군을 진압하였다.

24
정답 ④

핵심체크

국권 회복과 공화정 체제에 바탕을 둔 근대 국가 건설을 목표로 한 단체는 신민회이다. 안창호와 양기탁 등이 주도하여 결성하였다.

PLUS CHECK 더 알아보기

신간회

창립	• 비타협적 민족주의 세력과 사회주의 계열이 연대하여 창립(1927) • 전국에 140여 개의 지회 조직(국내 최대 항일 운동 단체)
활동	• 강령: 민족 단결, 정치적 · 경제적 각성 촉구, 기회주의자 배격 • 순회 강연 등을 통한 민중 계몽 활동 • 농민 · 노동 · 여성 · 형평 운동 지원 • 광주 학생 항일 운동 지원(조사단 파견, 대규모 민중 대회 계획)
해소	• 일제의 탄압 • 지도부 내에서 타협주의 대두 • 코민테른의 노선 변화로 사회주의 계열 이탈 → 신간회 해소(1931)

25
정답 ①

핵심체크

박정희 정부는 장기 집권을 위해 대통령 3회 연임을 허용하는 3선 개헌을 추진하였다. 야당 의원과 학생들이 3선 개헌 반대 운동을 벌였으나, 개헌을 단행하여 제7대 대통령 선거에서 박정희가 당선되었다.

오답체크

② 김영삼 정부의 정책이다.
③ 노태우 정부의 정책이다.
④ 김대중 정부의 정책이다.

제7교시	도덕							37~41쪽

01	02	03	04	05	06	07	08	09	10
④	②	②	③	②	③	③	①	①	④
11	12	13	14	15	16	17	18	19	20
②	④	④	③	②	①	③	①	③	②
21	22	23	24	25					
①	④	②	④	③					

01
정답 ④

핵심체크

과학 기술과 정보 윤리

핵심 문제	과학자의 사회적 책임, 과학 기술의 가치 중립성에 대한 논쟁, 사이버 공간에서의 표현의 자유 허용 범위, 사이버 따돌림, 사이버 공간에서의 자아 정체성 등에 대한 문제를 다룬다.
사례	'과학 기술은 가치 중립적인가?', '사이버 공간에서의 자아 정체성은 현실 공간에서와 동일한가?' 등이 있다.

오답체크

① 평화 윤리 영역의 윤리적 쟁점에 해당한다.
② 생명 윤리 영역의 윤리적 쟁점에 해당한다.
③ 문화 윤리 영역의 윤리적 쟁점에 해당한다.

02
정답 ②

핵심체크

제시된 글은 칸트의 정언 명령에 대한 설명이다. 칸트는 이성적이고 자율적인 인간은 보편적인 도덕 법칙을 의식할 수 있다고 보았으며, 도덕 법칙은 정언 명령의 형식을 띠고 있다고 하였다. 또한, 칸트는 보편화 가능성과 인간 존엄성을 중시하였다. 어떤 준칙이 도덕 법칙이 될 수 있는지 검토하기 위해 먼저 해당 준칙을 보편 진술로 바꾼 후, 그 진술을 보편화 가능성과 인간 존엄성의 관점에서 검토하였다.

➕ PLUS CHECK 더 알아보기

칸트의 윤리 사상

• 칸트는 윤리의 의무론적 접근에 있어 대표적인 사상가이다.
• 도덕성의 판단에 있어 행위의 결과보다 동기를 중시하였다.
• 오로지 의무 의식에서 나온 행위만이 도덕적 가치를 지닌다고 보았다.

➕ PLUS CHECK 더 알아보기

동물 실험에 대한 입장

찬성	• 인간과 동물의 지위는 근본적으로 다르기 때문에 인간은 동물을 이용할 수 있다. • 인간의 생명과 건강을 보호할 수 있다. • 동물은 인간과 생물학적으로 유사하여 실험의 결과를 인간에게 적용 가능하다. • 동물 실험 외에 다른 대안이 없다.
반대	• 인간과 동물 모두 같은 지위를 가지고 있다. • 인간과 동물은 생물학적으로 차이가 있으므로 동물 실험을 통해 얻은 결과를 인간에게 그대로 적용시킬 수는 없다. • 인간의 편리를 위해 고통을 느끼는 생명체를 희생시켜서는 안 된다. • 인간 세포와 조직 배양을 이용하거나 컴퓨터 모의실험 등 대체 가능한 방법이 있다.

03 　　　　　　　　　정답 ②

📋 핵심체크

공리주의는 행위의 결과가 가져다주는 쾌락과 행복을 중시한다. 또한, 공리주의는 개인 내면의 도덕성보다는 사회 전체의 이익을 추구한다.

🔍 오답체크

ㄱ. 공리주의의 기본적 관심은 유용성의 추구이다.
ㄹ. 사회는 개인의 집합체이므로 개인의 행복과 사회 전체의 행복은 연결되어 있다고 보는 공리주의는 더 많은 사람이 행복을 누리는 것이 바람직하다고 주장한다.

04 　　　　　　　　　정답 ③

📋 핵심체크

인류가 지향하는 보편적 가치에는 인권, 사랑, 평화, 자유, 정의 등이 있다.

05 　　　　　　　　　정답 ②

📋 핵심체크

인간과 동물의 지위는 근본적으로 같다고 보기 때문에 동물 실험이 옳지 못하다고 보는 것은 반대 논거에 대한 입장이다. 동물 실험에 대한 찬성 논거는 인간과 동물의 지위는 근본적으로 다르기 때문에 인간은 동물을 이용할 수 있다는 것이다.

06 　　　　　　　　　정답 ③

📋 핵심체크

유교 윤리의 특징

• 현실에서 나타나는 삶의 문제를 중요시한다.
• 지속적인 수양을 통한 도덕적 인격 완성과 도덕적 이상 사회의 실현을 추구한다.
• 공자: 인(仁)을 타고난 내면적 도덕성으로 보았다.
• 맹자: 도덕적으로 완성된 인간으로 성인(聖人)과 군자(君子)를 제시하였다.
• 정명(正名): 공자는 사회 구성원 각자가 자신의 역할과 신분에 맞는 덕을 실현해야 한다고 강조하였다.
• 천인합일(天人合一) 사상: 하늘과 사람은 하나라고 보는 사상이다.

07 　　　　　　　　　정답 ③

📋 핵심체크

㉠은 생식적 가치, ㉡은 인격적 가치에 대한 설명이다. 성의 가치에는 생식적 가치, 쾌락적 가치, 인격적 가치가 있다.

08
정답 ①

핵심체크

시민 불복종은 법률이나 정부의 권력, 명령 등이 기본권을 침해하거나 부당하다고 판단될 때 법이나 정책을 변화시키기 위해 의도적으로 법을 위반하여 저항하는 행위를 말한다. '이스라엘의 점령에 대한 팔레스타인의 저항 운동'은 점령에 대해 무력으로 대응한 것으로, 시민 불복종에 해당하지 않는다.

09
정답 ①

핵심체크

부부는 각자의 주체성과 자유를 존중하고 삶의 동반자로서 상호 발전할 수 있도록 도와주어야 한다. 또한, 양성평등의 관점에서 가정 속 부부의 역할을 고정적으로 구분하는 것을 지양해야 한다.

10
정답 ④

핵심체크

대동사회란 모두가 더불어 잘 사는 사회로, 유교에서 제시한 이상 사회이다.

오답체크

① 플라톤이 생각한 가장 이상적인 국가로, 덕을 갖추고 정의를 위해 봉사하는 철인왕이 통치하는 국가를 말한다.
② 부처나 보살이 사는 깨끗한 세상을 말하며, 불교 전체에 깊이 흐르고 있는 사상이다.
③ 도가에서 제시한 이상 사회로, 우주 만물의 근원인 도(道)에 따라 인위적으로 강제하지 않고 무위(無爲)의 다스림이 이루어지는 사회를 말한다.

11
정답 ②

핵심체크

예술에 대한 심미주의 입장은 미적 가치와 도덕적 가치는 무관하므로 윤리가 예술에 관여해서는 안 된다고 본다. 예술의 자율성을 옹호하는 순수 예술론을 지지한다.

오답체크

①·③·④ 도덕적 가치가 미적 가치보다 우위에 있다고 보는 예술에 대한 도덕주의의 입장이다.

12
정답 ④

핵심체크

제시된 글은 니부어가 사회 윤리에 대해 주장한 내용이다. 니부어는 개인적으로 도덕적인 사람도 자신이 속한 집단의 이익을 위해 비도덕적으로 행동할 수 있기 때문에, 현대 사회의 복잡한 윤리 문제를 개인의 양심과 덕목의 실천만으로 해결하기 어렵다고 보았다. 또한, 정의로운 사회가 되려면 개인의 도덕성뿐 아니라 사회의 도덕성을 고양해야 한다고 말하였다. 사회 구조와 제도 개선을 통해 윤리 문제를 해결해야 한다고 하였으며, 이를 위해 사회적인 강제력이 동원되어야 한다고 주장하였다.

13
정답 ④

핵심체크

제시된 글은 롤스(Rawls, J.)의 정의의 원칙 중 차등의 원칙에 대한 설명이다. 차등의 원칙은 천부적·사회적으로 가장 혜택 받지 못한 계층을 비롯한 모든 사람에게 인간다운 생활을 위한 최소한의 조건이 보장되어야 한다는 것이다. 일단 그 조건이 충족된 다음에 각자의 능력이나 업적에 따른 차등 분배가 이루어져야 한다고 말한다.
롤스는 차등의 원칙에 따라 사회적 최소 수혜자 집단의 이익을 우선적으로 배려하는 사회 정책의 시행을 강조하였다. 저소득층에게 생활비 보조금을 지급하거나, 공공시설에 장애인 전용 엘리베이터를 설치하는 것, 빈곤 무주택자에게 임대 아파트를 우선적으로 공급하는 것 등이 대표적인 예이다. 반면에 양심적 병역 거부자는 사회적 최소 수혜자 집단에 속하지 않는다.

14
정답 ③

핵심체크

제시된 글은 중용에 대한 설명이다. 아리스토텔레스는 중용을 통해 자신의 행위와 태도를 성찰하고, 비도덕적 행위에 대한 반성을 강조하였다.

오답체크

① 유학에서 강조하는 성찰의 방법으로, 혼자 있어도 도리에 어긋나는 행동을 하지 않는다는 뜻이다.
② 유학에서 강조하는 학문 수양 방법이자 내적 수양법으로, 항상 몸과 마음을 삼가서 바르게 가지는 일을 뜻한다.
④ 증자가 주장한 내용 중 하루에 세 번 돌아본다는 의미이다. 날마다 자신의 행동을 반성하고 개선하라는 말이다.

15 정답 ②

핵심체크

책임의 원칙은 자신의 행동이 가져올 결과를 신중하게 생각하고 행동하는 것을 말한다. 정보의 진실성·공정성을 추구하는 것은 정의의 원칙이다.

16 정답 ①

핵심체크

대중문화에 대한 윤리적 규제를 찬성하는 입장은 대중문화의 상업성으로 인한 선정성·폭력성 문제에 주목한다. 성을 상품으로 대상화하면 성의 인격적 가치가 훼손될 수 있으므로 윤리적 규제에 찬성한다.

오답체크

②·③·④ 대중문화에 대한 윤리적 규제를 반대하는 입장이다. 규제의 기준이 모호하며, 자율성, 표현의 자유 및 대중의 권리를 침해하고 강자를 대변하거나 특정 정치 의도 전달 등 악용의 소지가 있기 때문에 부정적으로 본다.

17 정답 ③

핵심체크

과학 기술 혐오주의는 과학 기술의 비인간적·비윤리적인 측면을 부각하며 부정적 측면을 강조하는 입장으로, 과학 기술의 혜택과 성과를 전면 부정한다는 점에서 현실을 반영하지 못한다.

오답체크

①·②·④ 과학 기술 지상주의의 관점이다. 과학 기술 지상주의는 과학 기술이 사회의 모든 문제를 해결할 수 있다고 보는 입장으로, 과학 기술의 부정적 측면을 간과하여 인간의 반성적 사고 능력을 훼손하는 문제가 있다.

18 정답 ①

핵심체크

부패란 자신의 지위를 이용하여 불법적인 방법으로 이득을 취하는 행위로, 공직자가 지양해야 할 덕목이다. 공직자는 자신의 양심과 사회 정의에 따라 부당한 이익을 취하지 않고 청렴해야 한다.

오답체크

② 공직자가 국민에게 봉사하는 자세를 갖추어야 한다는 태도이다.
③ 공직자가 직무 수행 시 민주적이고 공정하게 처리해야 한다는 태도이다.
④ 공직자가 공사를 구분하고 공익을 실현하기 위해 노력해야 한다는 태도이다.

19 정답 ③

핵심체크

건전하고 지속 가능한 환경 발전을 위한 국가적 실천 방안은 온실가스 등 환경 오염 물질 배출을 규제하는 법을 제정하는 것과 신·재생 에너지, 친환경 에너지 개발 및 제도와 법을 마련하는 것이 있다.

오답체크

① 일회용품 사용을 자제하고 재활용을 권장한다.
② 온실가스 배출이 심한 화석 연료 사용을 줄이고 친환경 에너지 개발을 지향한다.
④ 친환경적 소비 생활을 하고 불필요한 소비를 줄이도록 독려한다.

20

핵심체크

인간 중심주의는 인간만이 윤리적 동물이며 자연은 인간의 도구라고 여기는 입장이다. 자연적 존재보다 우월하고 귀한 존재인 인간을 위해 자연을 도구화하여 자연에 대한 정복을 정당화한다.

오답체크

① 생태 중심주의는 전체를 하나로 여기는 전일론적 입장으로, 인간을 포함한 생태계 전체를 고려 대상으로 삼는다.

③ 싱어가 주장한 내용이다. 레건은 의무론에 근거하여 내재적 가치를 지닌 존재는 수단이 아닌 목적으로 대해야 하며 동물은 내재적 가치를 지니고 있으므로 도덕적으로 존중받아야 한다고 주장하였다.

④ 테일러가 주장한 내용이다. 슈바이처는 모든 생명은 살고자 하는 의지를 지니고 있으며, 그 자체로 신성하다는 생명 외경(畏敬) 사상을 제시하였다.

21 정답 ①

핵심체크

현대의 공리주의자 싱어는 이익 평등 고려의 원칙을 통해 동물을 도덕적으로 고려할 것과 기아와 빈곤에 시달리는 모든 인류에 대한 적극적 의무를 질 것을 주장하였다.

오답체크

② 롤스는 해외 원조를 정의 실현을 위한 의무로 보았다. 고통 받는 사회가 '질서 정연한 사회'가 되도록 도와야 하지만, 차등의 원칙이 국제 사회에 적용되는 것은 반대하였다. 질서 정연한 사회로 진입한 후에는 상대적으로 빈곤하더라도 더 이상 원조할 필요가 없다고 주장하였다.

③ 칸트는 타인의 곤경에 무심한 태도는 보편적인 윤리로 통용될 수 없으므로 선행의 실천이 도덕적인 의무라고 하였다.

④ 노직은 해외 원조를 의무가 아닌 선의를 베푸는 자선이며, 자신의 부를 어떻게 이용할지는 개인의 자유라고 하였다.

22 정답 ④

핵심체크

종교를 타인에게 맹목적으로 강요해서는 안 된다. 종교의 자유를 인정하고 다른 종교를 존중할 수 있어야 종교 갈등을 해결할 수 있다.

23 정답 ②

핵심체크

합리적 소비는 자신의 경제력 안에서 최소한의 비용으로 최대의 만족을 추구하는 소비로, 합리성과 효율성을 중시하여 가격 대비 만족도가 큰 상품을 구매하는 것이다.

오답체크

ㄱ・ㄹ. 윤리적 소비는 상품이나 서비스를 만들고 유통하는 전체 과정을 윤리적인 가치에 따라 판단하여 구매하고 사용하는 것을 말한다.

24 정답 ④

핵심체크

문화 상대주의는 각 사회의 문화를 그 사회의 특수한 환경과 역사적 상황 및 사회적 맥락 속에서 이해하려는 태도이다.

오답체크

① 자국 문화를 비하하고 다른 사회의 문화를 맹목적으로 추종하는 태도이다.

② 자국 문화만 인정하고 타 문화에 대한 지배와 종속을 강요하는 것을 말한다.

③ 도덕적 옳음과 그름의 기준이 사회에 따라 다양하여 보편적 도덕 기준은 존재하지 않는다는 태도이다.

25 정답 ③

핵심체크

이상적 담화 조건은 보편적 합의에 도달하기 위해 상대의 주장을 배척하지 않고 열린 마음으로 상대의 의견을 존중하는 것이다.

2일차 실전 모의고사 정답 및 해설

1일차
2일차
3일차
4일차
5일차
6일차
7일차

제1교시 국어   44~50쪽

01	02	03	04	05	06	07	08	09	10
④	④	①	②	③	①	①	③	③	④
11	12	13	14	15	16	17	18	19	20
③	④	③	①	②	③	④	③	②	③
21	22	23	24	25					
①	②	②	④	①					

01
정답 ④

핵심체크

제시된 상황에서는 위로와 격려의 대답인 '중요한 국어 시험인데 실수해서 속상하겠구나.'라고 하는 것이 가장 적절하다. 위로를 할 때는 따뜻한 말이나 행동으로 괴로움을 덜어 주거나 슬픔을 달래 주고, 신중한 태도로, 희망적인 내용이 들어가도록 말하는 것이 좋다.

02
정답 ④

핵심체크

제시된 글은 대화 참여자가 적절하게 역할을 교대해 가면서 말을 주고받아 원활하게 정보가 순환되도록 하는 순서 교대의 원리와 관련이 있다. 대화할 때는 말을 너무 길게 하거나 대화를 독점하지 않도록 하며, 상황을 살피며 대화에 참여해야 한다.

오답체크

① 대화의 목적을 달성할 수 있도록 대화 참여자가 서로 협력하는 원리이다.
② 말하는 사람의 입장에서 자신을 칭찬하는 표현은 최소화하고, 자신을 낮추는 표현은 최대화하는 원리이다.
③ 상대방을 존중하고 배려하는 마음을 갖고 예절 바르게 대화하는 원리이다.

03
정답 ①

핵심체크

앞 음절의 받침에 모음으로 시작되는 형식 형태소가 이어지면 앞의 받침이 뒤 음절의 첫소리로 발음되는 것을 연음 법칙이라 한다. 'ㅎ' 탈락, 구개음화, 불규칙 활용 등의 경우에는 연음 법칙에서 제외된다.

오답체크

② 모음으로 시작하는 목적격 조사 '을'과 결합해 앞의 받침이 제 음가대로 연음되어 '[꼬츨]'로 발음해야 한다.
③ 모음으로 시작하는 주격 조사 '이'와 결합해 앞의 받침이 제 음가대로 연음되어 '[나지]'로 발음해야 한다.
④ 모음으로 시작하는 종결 어미 '-아'와 결합해 앞의 받침이 제 음가대로 연음되어 '[까까]'로 발음해야 한다.

> **➕ PLUS CHECK 더 알아보기**
>
> 연음 법칙
> 자음으로 끝나는 음절에 모음으로 시작되는 형식 형태소가 이어질 때 앞 음절의 끝소리가 뒤 음절의 첫소리가 되는 음운 현상
> 예 밭에[바테] (+조사), 깎아[까까] (+어미),
> 　 깊이[기피] (+접미사)

04
정답 ②

핵심체크

'법석'은 '소란스럽게 떠드는 모양'이라는 의미로, 한글 맞춤법에 맞는 표기이다.

오답체크

① '쓸쓸한'이 맞는 표기이다.
③ '박수'가 맞는 표기이다.
④ '붙였다'는 '맞닿아 떨어지지 않게 하다.'라는 의미로, 제시된 문장에 적절하지 않다. '편지나 물건 따위를 일정한 수단이나 방법을 써서 상대에게로 보내다.'라는 의미의 '부쳤다'로 대체해야 한다.

05

📋 **핵심체크**

'갔다'는 동사 '가다'에 선어말 어미 '-았-'을 사용한 과거 시제이며, '올렸다'는 동사 '올리다'에 선어말 어미 '-었-' 을 사용한 과거 시제이다. 따라서 밑줄 친 부분의 시제가 동일함을 알 수 있다.

🔍 **오답체크**

ㄴ. '자- + -ㄴ- + -다'의 구성으로, 기본형은 '자다'이 고 '-ㄴ-'은 현재 시제 선어말 어미이다. 동사는 현재 시제 선어말 어미 '-ㄴ- / -는-'을 통해 현재 시제를 나타낸다.

ㄷ. '달리- + -ㄴ- + -다'의 구성으로, 기본형은 '달리다' 이고 '-ㄴ-'은 현재 시제 선어말 어미이다.

✅ **FINAL CHECK 작품 해설**

정인지 외, 「용비어천가」

• 갈래: 악장, 서사시
• 성격: 예찬적, 송축적, 서사적
• 제재: 조선 왕조의 창업
• 주제: 조선 건국의 정당성과 나라의 무궁한 발전 기원
• 특징
  – 한글로 기록된 최초의 작품에 해당함
  – 조선 시대에 궁중에서 연주되었던 악장 문학의 대 표작으로 꼽힘
  – 총 125장으로, '서사 – 본사 – 결사'의 3단 구성을 취하며 대부분 대구법을 사용함
  – 목적성이 강한 작품으로, 새 왕조의 창업을 송축하 고 왕권을 공고히 하려는 의도로 창작됨

현대어 풀이
뿌리가 깊은 나무는 바람에 아니 움직이므로 꽃 좋고 열 매 많으니
샘이 깊은 물은 가뭄에 아니 그치므로 내가 이루어져 바 다에 가느니

06

📋 **핵심체크**

종성부용초성이란 훈민정음에서 종성의 글자를 별도로 만 들지 아니하고 초성으로 쓰는 글자를 다시 사용한다는 종 성의 제자 원리이다. '곶'에는 초성에서 쓰이는 자음인 'ㅈ' 이 받침에서도 쓰였기 때문에 종성부용초성에 의한 표기로 볼 수 있다.

🔍 **오답체크**

② '샘'의 15세기 형태 '쉼'이 주격조사 '이'를 만나 연음되 어 '시미'가 된 것이다.
③ '바다[海]'의 15세기 형태 '바ᄅᆞᆯ'이 '에'를 뜻하는 부사격 조사 '애'와 만나 연음되어 '바ᄅᆞ래'가 된 것이다.
④ '물[水]'의 15세기 형태 '믈'이 보조사 '은'과 만나 연음 되어 '므른'이 된 것이다.

07

📋 **핵심체크**

'가, 나, 다'는 공정 여행을 하기 위한 구체적인 실천 방법 에 대해 제시하고 있으므로 ㉠에 들어갈 말로 가장 적절한 것은 '공정 여행의 실천 방법'이다.

08

📋 **핵심체크**

선별한 정보를 바탕으로 내용을 체계적으로 조직하는 과정 은 '내용 조직하기'이다.

➕ **PLUS CHECK 더 알아보기**

쓰기 과정

계획하기	쓰기 맥락을 파악하고 전체적인 글의 방향 을 결정한다.
내용 생성하기	중심 내용과 세부 내용을 구상한 후 자료를 수집한다.
내용 조직하기	선별한 정보를 바탕으로 내용을 체계적으로 조직한다.
초고 쓰기	쓰기 맥락을 고려하며 적절한 표현 방법과 문체로 어법에 맞게 글을 쓴다.
고쳐쓰기	쓰기 맥락을 고려하며 글을 수정·보완한다.

✅ FINAL CHECK 작품 해설

이육사, 「광야」
- 갈래: 자유시, 서정시
- 성격: 의지적, 상징적, 저항적, 미래 지향적
- 제재: 광야
- 주제: 조국 광복에의 신념과 의지
- 특징
  - 상징적 시어와 속죄양 모티프로 주제를 형상화함
  - '과거 – 현재 – 미래'의 시간적 순서로 시상을 전개함
  - 웅장한 상상력과 의지적이고 남성적인 어조로 강렬한 인상을 줌

09
정답 ③

📋 핵심체크
제시된 글은 웅장하고 강건한 남성적 어조를 통해 광활한 상상력을 표현하고 있다.

🔍 오답체크
① '광야, 눈, 매화 향기' 등의 상징적 시어를 활용하여 화자의 정서를 드러내고 있다.
② '과거 – 현재 – 미래'라는 시간의 흐름에 따라 시상을 전개하고 있다.
④ 독백적 어조를 사용하여 시적 화자의 내적 신념을 강하게 드러내고 있다.

10
정답 ④

📋 핵심체크
'눈'은 '겨울, 추위' 등의 이미지로, 가혹하고 암담한 현실을 상징한다. 반면에 '매화 향기'는 시련 속에서도 굽히지 않는 지조와 절개, 화자의 강인한 의지를 상징한다.

🔍 오답체크
① '처음 열리고'와 함께 쓰여 '천지개벽(天地開闢)'의 상황을 의미한다.
② '부지런한 계절이 피어선 지고'와 함께 쓰여 '시간, 세월'을 의미한다.
③ '비로소 길을 열었다'와 함께 쓰여 '인간의 역사와 문명의 흐름'을 의미한다.

11
정답 ③

📋 핵심체크
'가난한 노래의 씨'는 미래의 싹(조국 광복)을 틔우기 위한 자기희생의 자세를 의미한다.

🔍 오답체크
① '하늘이 처음 열리고'에 대한 설명이다.
② '어데 닭 우는 소리 들렸으랴.'에 대한 설명이다.
④ '초인(超人)'에 대한 설명이다.

✅ FINAL CHECK 작품 해설

채만식, 「레디메이드 인생」
- 갈래: 현대 소설, 단편 소설, 풍자 소설
- 성격: 사실적, 풍자적, 현실 비판적
- 제재: 일제 강점기 지식인의 삶
- 주제: 식민지 현실을 살아가는 지식인의 비애
- 특징
  - 일제 강점기에 과잉 생산된 조선 지식인 계급의 비참한 현실을 사실적으로 드러냄
  - 인물의 행동을 통해 당대 무기력한 지식인을 풍자하고, 냉소적 어조로 현실을 비판함

12
정답 ④

📋 핵심체크
제시된 글은 식민지 현실을 살아가는 지식인의 좌절과 고통을 그린 소설로, 농민의 삶을 사실적으로 그린 것과는 거리가 멀다.

🔍 오답체크
① · ③ 제시된 글은 냉소적인 어조로 식민지 시대의 구조적 병폐를 비판하고, 식민지 지식인들을 공장에서 만들어진 기성품에 빗대어 풍자하였다.
② '배[梨] 주고 속 얻어먹다', '개밥의 도토리'와 같이 속담과 관용적인 표현을 활용하였다.

1일차
2일차
3일차
4일차
5일차
6일차
7일차

13
정답 ③

핵심체크

제시된 글은 일제의 문화 정책과 사회적 요구로 조성된 교육열로 인해 지식인들이 양산되었던 당대 현실을 묘사하고 있다. 일자리에 비해 지식인들이 과잉 공급되는 현상으로 인해 실업자가 늘게 되고, 생활고에 시달리게 되었다.

14
정답 ①

핵심체크

'레디메이드 인생'은 고등 교육을 받았으나 무직 상태로 방황하며 생활에 어려움을 겪는 지식인들을 표현한 말이다. 이를 나타낸 말로 가장 적절한 것은 '무리에서 떨어져 나오거나 홀로 소외되어 처량하게 된 신세를 비유적으로 이르는 말.'인 '낙동강 오리알'이다. 제시된 글에서는 '개밥에 도토리', '초상집의 주인 없는 개'와 같은 속담으로 표현되었다.

오답체크

② '내 사정이 급하고 어려워서 남을 돌볼 여유가 없음을 비유적으로 이르는 말.'이다.

③ '남이 제 말을 한다고 느끼다.'라는 의미이다.

④ '몹시 안타깝게 기다리다.'라는 의미이다.

✔ **FINAL CHECK 작품 해설**

작자 미상, 「가시리」

- 갈래: 고려 가요
- 성격: 서정적, 애상적, 여성적
- 제재: 임과의 이별
- 주제: 이별의 정한
- 특징
  - '기 – 승 – 전 – 결' 구조에 따른 화자의 정서 변화가 나타남
  - 후렴구는 민간의 노래가 궁중 음악으로 채택되면서 후대에 추가되었을 것으로 추측됨

15
정답 ②

핵심체크

제시된 글은 고려 가요로, '가시리 / 가시리잇고 / 나는'과 같이 3음보의 음보율을 갖는 것이 특징이다.

오답체크

① 마지막 연에서 '가시는 듯 돌아서서 다시 오소서'라는 내용을 통해 화자가 임과의 재회를 간절히 바라고 있음을 알 수 있다.

③·④ 제시된 글은 간결한 형식과 함축성 있는 시어로 소박한 정조를 표현하였으며, 우리 민요풍 시가의 전통적인 주제를 다루었다. 이후 김소월의 「진달래꽃」으로 전통이 이어졌다.

16
정답 ③

핵심체크

ⓒ은 '착하면'이 아닌 '서운하면'이라는 뜻이다.

✔ **FINAL CHECK 작품 해설**

작자 미상, 「춘향전」

- 갈래: 고전 소설, 판소리계 소설
- 성격: 풍자적, 해학적, 서민적
- 제재: 춘향의 정절
- 주제: 신분을 초월한 지고지순한 사랑, 탐관오리의 횡포에 대한 풍자
- 특징
  - 풍자와 해학에 의한 골계미가 드러남
  - 서민층·양반층의 언어가 혼재되어 나타남
  - 서술자의 개입에 의한 편집자적 논평이 나타남

17
정답 ④

핵심체크

'전기(傳奇)적'은 '기이하여 세상에 전할 만한 것.'이라는 뜻이다. 제시된 글에서 사람의 힘으로 할 수 없는 기이한 일은 일어나지 않는다.

🔍 오답체크

① 양반에 대한 풍자와 해학이 나타나 있는 소설이다.

② 열녀 설화는 여자가 고난과 역경을 극복하고 정절을 지킨 이야기로, 이 작품의 근원 설화이다.

③ '서리, 중방 거동 보소.'와 같이 서술자가 독자에게 말을 거는 서술자의 개입이 나타나 있다.

18 　　　　정답 ③

📑 핵심체크

암행어사의 출도는 본관 사또의 생일잔치 분위기가 무르익을 순간 갑작스럽게 발생하여 탐관오리를 징계하는 분위기로 전환하는 극적 반전의 기능을 한다.

19 　　　　정답 ②

📑 핵심체크

'혼비백산(魂飛魄散)'은 '넋을 잃거나 정신이 나갈 정도로 몹시 놀라거나 두려워함.'을 의미한다. [A]는 암행어사의 등장으로 인해 당황한 수령들이 정신없이 도망치는 상황이므로 '혼비백산'이 가장 적절하다.

🔍 오답체크

① '두 사람이 다투고 있는 사이에 이 일과 아무 관계도 없는 제삼자가 이익을 보게 됨.'을 이르는 말이다.

③ '학문이나 실력이 날로달로 발전함.'을 이르는 말이다.

④ '제자가 스승보다 나음.'을 비유적으로 이르는 말이다.

✅ FINAL CHECK 작품 해설

이준구, 「슈퍼마켓 백 배 즐기기」

• 갈래: 설명문
• 성격: 객관적, 사실적
• 제재: 소비 행태와 인간 심리
• 주제: 소비자 심리를 교묘하게 이용하는 방식이 숨어 있는 슈퍼마켓의 마케팅 전략
• 특징
　– 다양한 예시의 방법이 사용됨
　– 어려운 경제 용어를 알기 쉽게 설명하고 있음

20 　　　　정답 ③

📑 핵심체크

제시된 글은 정보를 전달하는 글인 설명문이다. 타당한 근거를 들어 독자가 글쓴이의 주장을 신뢰할 수 있도록 하는 글은 설득하는 글인 논설문에 해당한다.

🔍 오답체크

①·②·④ 설명문은 유용하고 객관적인 정보를 활용하고, 사실 관계를 확인하여 독자에게 내용을 정확하게 전달한다.

21 　　　　정답 ①

📑 핵심체크

미끼 상품의 역할을 하는 광고 문구는 "폭탄 세일! 하야니 치약 4천 원, 단 고객당 5통 이내"이다. 마지막 문단을 통해 미끼 상품은 한정 수량임을 강조하여 교묘하게 고객들로 하여금 구매 욕구를 높이는 판매 방식임을 추론할 수 있다.

🔍 오답체크

②·③·④ ㉠은 치약 5통을 2만 원에 묶어서 판매하는 묶음 판매 방식과 관련된 광고 문구이다. 이러한 광고 방식은 치약 1통을 사러 갔던 사람이 4통을 추가로 충동구매하게 만드는 효과를 낼 수 있어 소비자가 사려고 했던 것보다 더 많이 사게 하여 충동구매를 유도한다.

22 　　　　정답 ②

📑 핵심체크

㉡은 소비자의 충동구매를 부추길 수 있는 상품으로, 유통기한이 길거나 꾸준히 사용해야 하는 생활용품이 적절하다. 채소는 보관 기간이 짧은 상품이므로 제시된 글에서 소개한 판매 방식과 어울리지 않는다.

🔍 오답체크

①·③·④ 유통기한이 길거나 꾸준히 사용해야 하는 생활용품으로, ㉡에 해당한다.

1일차 2일차 3일차 4일차 5일차 6일차 7일차

23 정답 ②

핵심체크

제시된 글은 보령 머드 축제를 소개하는 기사문으로, 보령시와 뉴질랜드의 협약 내용과 보령 머드 축제에 관한 내용을 소개하고 있다. 따라서 보령 머드 축제와 관련된 객관적 정보를 제공하는 글로 볼 수 있다.

24 정답 ④

핵심체크

보령시의 머드 축제는 스페인 토마토 축제장에서 처음 소개되었고, 뉴질랜드로 수출의 폭을 넓혔다. 따라서 뉴질랜드로 수출된 후 스페인에 수출되었다는 내용은 제시된 글과 일치하지 않는다.

25 정답 ①

핵심체크

제시된 기사문에서 ⊙은 기사의 제목인 표제에 해당한다. 표제는 기사의 전체적 내용을 미리 예측하거나 파악할 수 있도록 한다.

오답체크

② 표제보다 구체적 정보를 담은 기사문의 부수적 제목인 부제에 해당한다.
③ 기사문의 본문을 미리 요약해서 육하원칙에 따라 작성한 전문에 해당한다.
④ 기사문에서 전달하고자 하는 정보를 구체적이고 자세하게 기술한 본문에 해당한다.

제2교시	수학							51~54쪽	
01	**02**	**03**	**04**	**05**	**06**	**07**	**08**	**09**	**10**
③	①	③	①	①	②	④	②	①	③
11	**12**	**13**	**14**	**15**	**16**	**17**	**18**	**19**	**20**
③	①	④	②	①	④	③	④	②	①

01 정답 ③

핵심체크

$$A - B = x^2 - 6 - (3x + 1)$$
$$= x^2 - 6 - 3x - 1$$
$$= x^2 - 3x - 7$$

02 정답 ①

핵심체크

등식 $x^2 - 3x + 5 = x^2 + ax + b$가 x에 대한 항등식이므로 계수비교법에 의하여
$a = -3$, $b = 5$
$\therefore ab = (-3) \times 5 = -15$

03 정답 ③

핵심체크

다항식 $x^3 + 2x - a$가 $x - 2$로 나누어떨어지므로
$f(x) = x^3 + 2x - a$라 하면 인수정리에 의하여
$f(2) = 0$이다.
따라서 $f(2) = 2^3 + 2 \times 2 - a = 0$에서
$8 + 4 - a = 0$
$\therefore a = 12$

04 정답 ①

핵심체크

인수분해 정리에 의하여
$a^3 - b^3 = (a - b)(a^2 + ab + b^2)$
따라서 $x^3 - 2^3 = (x - 2)(x^2 + 2x + 4)$이므로
$k = 4$

05

정답 ①

핵심체크

$i(1+3i)=a+i$에서 좌변의 식을 계산하면

$-3+i=a+i$

따라서 복소수가 서로 같을 조건에 의하여

$a=-3$

06

정답 ②

핵심체크

이차방정식 $2x^2-5x+6=0$의 두 근을 α, β라 하면
이차방정식의 근과 계수의 관계에 의하여

$\alpha+\beta=\dfrac{5}{2}$, $\alpha\beta=\dfrac{6}{2}=3$

$\therefore\ 2(\alpha+\beta)-\alpha\beta=2\times\dfrac{5}{2}-3=2$

07

정답 ④

핵심체크

$f(x)=-2x^2+1$이라 하면 이차함수 $y=f(x)$의 그래프
는 위로 볼록하다.

$f(-2)=-2\times(-2)^2+1=-7$,

$f(0)=1$,

$f(1)=-2\times1^2+1=-1$

따라서 $-2\le x\le1$일 때, 이차함수 $y=-2x^2+1$의 최
솟값은 -7이다.

08

정답 ②

핵심체크

삼차방정식 $2x^3+ax^2+(a+1)x+5=0$의 한 근이 1이
므로 $x=1$을 대입하면

$2\times1^3+a\times1^2+(a+1)\times1+5=0$에서

$2+a+a+1+5=0$, $2a=-8$

$\therefore\ a=-4$

09

정답 ①

핵심체크

$x>2x-3$에서 $-x>-3$

$\therefore\ x<3$

$4x<5x+1$에서 $-x<1$

$\therefore\ x>-1$

따라서 연립부등식 $\begin{cases}x>2x-3\\4x<5x+1\end{cases}$의 해는 $-1<x<3$이

므로 구하는 정수 x의 개수는 0, 1, 2의 3이다.

10

정답 ③

핵심체크

부등식 $|x-2|\le3$에서

$-3\le x-2\le3$, $-3+2\le x\le3+2$

$\therefore\ -1\le x\le5$

따라서 $a=-1$, $b=5$이므로

$a+b=-1+5=4$

11

정답 ③

핵심체크

두 점 $A(-1,\ 1)$, $B(3,\ 5)$의 중점의 좌표는

$\left(\dfrac{-1+3}{2},\ \dfrac{1+5}{2}\right)=(1,\ 3)$

12

정답 ①

핵심체크

직선 $y=\dfrac{1}{2}x-3$에 평행하는 직선의 방정식을

$y=ax+b$라 하면 $a=\dfrac{1}{2}$

직선 $y=\dfrac{1}{2}x+b$가 점 $(0,\ 1)$을 지나므로

$x=0$, $y=1$을 각각 대입하면

$b=1$

따라서 구하는 직선의 방정식은

$y=\dfrac{1}{2}x+1$

13
정답 ④

핵심체크

두 점 A$(-2, -2)$, B$(4, 4)$를 지름의 양 끝점으로 하는 원의 중심의 좌표를 (a, b)라 하면

$$a = \frac{-2+4}{2} = 1, \ b = \frac{-2+4}{2} = 1$$

한편, 이 원의 지름의 길이는

$$\overline{\text{AB}} = \sqrt{\{4-(-2)\}^2 + \{4-(-2)\}^2}$$
$$= \sqrt{36+36} = 6\sqrt{2}$$

이므로 반지름의 길이는 $\dfrac{6\sqrt{2}}{2} = 3\sqrt{2}$ 이다.

따라서 구하는 원의 방정식은

$(x-1)^2 + (y-1)^2 = (3\sqrt{2})^2$,

즉 $(x-1)^2 + (y-1)^2 = 18$

14
정답 ②

핵심체크

좌표평면 위의 점 (a, b)를 x축에 대하여 대칭이동한 점의 좌표는 $(a, -b)$이다.

따라서 좌표평면 위의 점 $(-2, -5)$를 x축에 대하여 대칭이동한 점의 좌표는 $(-2, 5)$이다.

15
정답 ①

핵심체크

두 집합 $A = \{1, 2, 3, 6, 8\}$, $B = \{1, 2, 5, 8\}$에 대하여 $A-B = \{3, 6\}$이다.

$\therefore \ n(A-B) = 2$

16
정답 ④

핵심체크

명제 '$x \neq 1$이면 $x^3 \neq 1$이다.'의 역은 가정과 결론을 바꾼 명제 '$x^3 \neq 1$이면 $x \neq 1$이다.'이다.

17
정답 ③

핵심체크

$(f \circ f)(1) = f(f(1))$
$\qquad\qquad = f(2)$
$\qquad\qquad = 3$

18
정답 ④

핵심체크

점근선이 두 직선 $x=1$, $y=2$인 유리함수의 식은

$$y = \frac{1}{x-1} + 2$$이다.

따라서 $a=1$, $b=2$이므로

$a-b = 1-2 = -1$

19
정답 ②

핵심체크

A 지점에서 B 지점까지 가는 방법의 수는 3이고
B 지점에서 C 지점까지 가는 방법의 수는 2이므로
A 지점에서 C 지점까지 가는 방법의 수는
$3 \times 2 = 6$

20
정답 ①

핵심체크

구하는 방법의 수는 서로 다른 5명 중에서 3명을 택하여 일렬로 나열하는 순열의 수와 같으므로

$_5\text{P}_3 = 5 \times 4 \times 3 = 60$

제3교시 영어

55~59쪽

01	02	03	04	05	06	07	08	09	10
③	④	②	①	②	①	③	③	①	②
11	**12**	**13**	**14**	**15**	**16**	**17**	**18**	**19**	**20**
②	③	④	④	①	②	④	③	③	④
21	**22**	**23**	**24**	**25**					
②	④	②	①	③					

01
정답 ③

📖 **단어체크**

• express: 나타내다, 표현하다

• recommendation letter: 추천서

📋 **핵심체크**

밑줄 친 'recommendation'은 '추천'이라는 의미이다.

💬 **해석 CHECK**

저를 위해 <u>추천서</u>를 써주셔서 감사합니다.

02
정답 ④

📖 **단어체크**

• event: (특히 중요한) 사건, 일; 행사

📋 **핵심체크**

밑줄 친 'take place'는 '(특히 미리 준비되거나 계획된 일이) 개최되다, 일어나다'라는 의미이다.

💬 **해석 CHECK**

그 행사는 2024년 5월 10일에 <u>개최될</u> 것이다.

03
정답 ②

📖 **단어체크**

• protect: 보호하다

📋 **핵심체크**

밑줄 친 'in many ways'는 '여러 모로'라는 의미이다.

💬 **해석 CHECK**

안전벨트는 <u>여러 모로</u> 당신을 보호한다.

04
정답 ①

📖 **단어체크**

• favorite: 마음에 드는, 매우 좋아하는

📋 **핵심체크**

밑줄 친 'ask(물어보다)'와 'answer(대답하다)'는 반의 관계인데, 'pain(고통)'과 'ache(아픔)'는 유의 관계로, 의미 관계가 다르다.

🔍 **오답체크**

② 맨 아래 – 맨 위

③ 홍수 – 가뭄

④ 기억하다 – 잊다

💬 **해석 CHECK**

사람들이 내게 가장 좋아하는 음식에 대해서 <u>물으면</u>, 나는 항상 스파게티라고 <u>대답한다</u>.

05
정답 ②

📖 **단어체크**

• Lost and Found Center: 분실물 취급소

📋 **핵심체크**

제시된 분실물 안내문에서 분실 물품(soccer ball), 방문 가능 시간(10:00 a.m.~4:00 p.m.), 물품 보관 장소(Lost and Found Center)는 언급되어 있으나, 학생증 지참에 관한 내용은 언급되어 있지 않다.

💬 **해석 CHECK**

축구공

교문 바로 옆에 있는 분실물 취급소에서 찾아가시오.

○ 근무 시간: 오전 10시~오후 4시

○ 전화번호: 031 – 222 – 2453

06

📖 단어체크

• take part in: ~에 참여·참가하다

• festival: 축제, 기념제

• have in mind: ~을 염두에 두다, 생각하다

📋 핵심체크

첫 번째 문장의 빈칸에는 문맥상 'take part'와 짝을 이루어 '~에 참가하다'라는 의미를 나타낼 수 있는 전치사가 들어가야 한다. 두 번째 문장의 빈칸에는 문맥상 'have', 'mind'와 짝을 이루어 '~을 염두에 두다, 생각하다'라는 의미를 나타낼 수 있는 전치사가 들어가야 한다. 이러한 두 조건을 모두 만족하는 말은 'in'이다.

> ● 해석 CHECK ●
> ○ 우리는 5월 15일에서 20일까지 열리는 꽃 축제에 참가할 예정이다.
> ○ 어떤 신발을 염두에 두고 있니?

07

📖 단어체크

• (the) most: 제일

• health: 건강

• money: 돈

📋 핵심체크

첫 번째 문장의 빈칸에는 문맥상 'kind of'와 짝을 이루어 '어떤 종류의'라는 의미를 나타낼 수 있는 의문사가 들어가야 한다. 두 번째 문장에는 빈칸부터 'I want'까지 주어 자리이므로 빈칸에는 선행사를 포함하는 주격 관계 대명사가 들어가야 한다. 이러한 두 조건을 모두 만족하는 말은 'What'이다.

> ● 해석 CHECK ●
> ○ 넌 어떤 종류의 음료를 가장 좋아하니?
> ○ 내가 원하는 것은 돈이 아니라, 건강이다.

08

📖 단어체크

• give me a hand: 도와주다

• wash the dishes: 설거지를 하다

• hand in: 제출하다, 내다

• on time: 정각에, 제시간에

📋 핵심체크

첫 번째 문장의 빈칸에는 문맥상 'give me a'와 짝을 이루어 '도와주다'라는 의미를 나타낼 수 있는 단어가 들어가야 한다. 두 번째 문장의 빈칸에는 문맥상 'in'과 짝을 이루어 '제출하다'라는 의미를 나타낼 수 있는 단어가 들어가야 한다. 이러한 두 조건을 모두 만족하는 말은 'hand'이다.

> ● 해석 CHECK ●
> ○ 설거지 좀 도와주시겠어요?
> ○ 숙제를 제시간에 제출해 주세요.

09

📖 단어체크

• mean: ~라는 의미이다, ~을 뜻하다

• rolling: 구르는, 회전하는

• gather: 모이다, 모으다

• moss: 이끼

📋 핵심체크

대화에서 B는 연 만들기에 대해 'It's a piece of cake'라고 말하였는데, 이는 '식은 죽 먹기이다'라는 의미이다.

🔍 오답체크

② Time flies like an arrow

③ All's well that ends well

④ A rolling stone gathers no moss

> ● 해석 CHECK ●
> A: 나 연 만드는 거 걱정돼.
> B: 걱정 마. 식은 죽 먹기야.
> A: 그게 무슨 뜻이야?
> B: 아주 쉽다는 뜻이야.

10
정답 ②

🔲 단어체크

- look well: 건강해 보이다, 안색이 좋다
- feel good: 기분이 좋다
- win the prize: 상을 타다
- disappointed: 실망한, 낙담한

📋 핵심체크

대화에서 'don't look well(안 좋아 보이다)', 'don't feel good(기분이 좋지 않다)', 'disappointed(실망하다)' 등의 표현을 통해 B의 심정은 '실망하다'라는 것을 알 수 있다.

> **해석 CHECK**
> A: 기분이 안 좋아 보여. 무슨 일 있어?
> B: 그림 대회에서 상을 못 받아서 기분이 좋지 않아.
> A: 괜찮아. 다음번에는 상을 탈 수 있을 거야.
> B: 음, 그렇지만 난 여전히 너무 실망스러워.

11
정답 ②

🔲 단어체크

- check in: 투숙·탑승 수속을 하다, 체크인하다
- passport: 여권
- no problem: (부탁·질문에 대해) 그럼요, 전혀 문제 되지 않아요

📋 핵심체크

대화에서 B가 A에게 'Can I see your passport(여권을 보여 주시겠어요)?', 'Have a nice flight(즐거운 비행 되세요)!'라고 말하였으므로 대화가 이루어지는 장소로 가장 적절한 것은 '공항'이다.

> **해석 CHECK**
> A: 안녕하세요. 탑승 수속을 하려고 합니다.
> B: 여권을 보여 주시겠어요?
> A: 네. 여기 있습니다. 창가 좌석으로 선택할 수 있을까요?
> B: 그럼요. 여기 티켓이 있습니다. 즐거운 비행 되세요!

12
정답 ③

🔲 단어체크

- beneficial: 유익한
- intense: 극심한, 강렬한
- physical: 육체, 신체의
- benefit: 혜택, 이득
- reduce: 줄이다, 축소하다
- fat: 지방, 비계, 뚱뚱한, 살찐

📋 핵심체크

밑줄 친 'It'이 나온 문장에 'also'가 있으므로 'It'이 가리키는 것은 바로 앞 문장의 주어부 'A physical benefit of walking(걷기의 신체적 이점)'에서 찾을 수 있다. 이 주어부의 'physical benefit'은 'It'이 나온 문장의 'mental health benefit(정신 건강상의 이점)'과 호응하므로 밑줄 친 'It'이 가리키는 것은 'walking(걷기)'임을 알 수 있다.

> **해석 CHECK**
> 걷기는 더 격렬한 운동만큼이나 여러분의 건강에 유익할 수 있다. 걷기의 신체적 이점은 체지방을 줄일 수 있다는 것이다. 그것은 또한 스트레스를 줄이는 데 도움이 될 수 있기 때문에 정신 건강상의 이점도 있다. 그러므로 일어나서 걸어라!

13
정답 ④

🔲 단어체크

- on the top of the world: 온 세상이 자기 발아래 있는 듯한, 천하를 얻은 기분인
- just: 막, 방금
- in person: 직접, 몸소

📋 핵심체크

대화에서 B가 '행복한 기분'을 표현하는 'happy', 'feel on top of the world' 등의 어휘를 사용하여 대답하였으므로 문맥상 빈칸에는 B의 기분을 물어보는 'How are you feeling today(오늘 기분 어때)'가 들어가는 것이 가장 적절하다.

① 무슨 뜻이야

②·③ 무슨 일 있어

┌─ 해석 **CHECK** ────────────┐

A: 오늘 기분이 어때?

B: 너무 행복해. 기분이 최고야!

A: 잘 됐네. 무슨 일이야?

B: 지금 막 내가 가장 좋아하는 가수를 직접 봤어!

└──────────────────────────┘

14 [정답] ④

📖 **단어체크**

• take a trip: 여행하다

📋 **핵심체크**

대화에서 A가 B에게 'I heard you're taking a family trip(가족 여행 갈 거라는 소식을 들었어)'이라고 하였으며, B의 대답은 자신이 앞으로 할 여행과 관련된 것이어야 한다. 따라서 문맥상 빈칸에는 'Yes, I'm very excited to see the Tower Bridge(응, 나 Tower Bridge를 볼 생각하면 정말 신이 나)'가 들어가는 것이 가장 적절하다.

🔍 **오답체크**

① 나는 아주 즐거운 여행을 다녀왔어

② 그렇게 이야기해 줘서 고마워

③ 아니, 난 숙제가 너무 많아

┌─ 해석 **CHECK** ────────────┐

A: Yu-na, 네가 올 여름에 런던으로 가족 여행 갈 거라는 소식을 들었어.

B: 응, 나 Tower Bridge를 볼 생각하면 정말 신이 나.

└──────────────────────────┘

15 [정답] ①

📖 **단어체크**

• environment: 환경

• recycling: 재활용, 재생 이용

• reduce: 줄이다

• garbage: (음식물, 휴지 등의) 쓰레기

• electricity: 전기, 전력

• in detail: 상세하게

📋 **핵심체크**

대화에서 A가 'We learned about ways we can protect the environment(우리가 환경을 보호할 수 있는 몇 가지 방법을 배웠다)'라고 하였으므로 이 대화의 주제로 가장 적절한 것은 '환경 보호 방법'이다.

🔍 **오답체크**

②·③·④ 대화에서 언급되기는 하였지만, 주제로서는 적절하지 않다.

┌─ 해석 **CHECK** ────────────┐

A: 우리는 오늘 수업 시간에 우리가 환경을 보호할 수 있는 몇 가지 방법을 배웠어.

B: 오, 정말? 어떤 방법인데?

A: 우리는 재활용, 쓰레기 줄이기, 그리고 전기 아껴 쓰기에 대해 이야기했어.

B: 좀 더 자세히 설명해 줄래?

└──────────────────────────┘

16 [정답] ②

📖 **단어체크**

• serious: 심각한

• solve: 해결하다

• as soon as possible: 가능한 한 빨리

📋 **핵심체크**

제시된 글의 'to tell you about serious problems(심각한 문제를 말씀드리기 위해)'와 'Please solve these problems(이 문제를 해결해 달라)'를 통해 글쓴이가 항의하고자 글을 썼다는 것을 알 수 있다.

┌─ 해석 **CHECK** ────────────┐

학교 도서관 관리자님께

우리 학교 도서관의 심각한 문제를 말씀드리기 위해 이 글을 씁니다. 신선한 식수를 마실 곳이 없고 의자도 충분하지 않습니다. 가능한 한 빨리 이 문제를 해결해 주시기를 부탁드립니다.

└──────────────────────────┘

17

정답 ④

📖 단어체크

- convenience store: 편의점
- experience: 경험, 경력
- be willing to ~: 기꺼이 ~하다

📋 핵심체크

제시된 광고문에서 'Must have experience(경력이 있어야 합니다).'라고 안내하였으므로 이 일자리는 경력자만 지원할 수 있다. 따라서 일치하지 않는 것은 '경력이 없어도 지원할 수 있다.'이다.

```
┌─── 해석 CHECK ───┐
        편의점
○ 경력이 있어야 합니다.
○ 주말 근무를 할 의향이 있어야 합니다.
○ 근무 시간: 오후 7시~오후 11시
○ 출근 날짜: 2024년 5월 1일
○ 지원 방법: parttime@kch.com으로 이메일을 발송
  하세요.
```

18

정답 ③

📖 단어체크

- be located: 위치해 있다
- power station: 발전소
- government: 정부, 정권
- transform into: ~로 변형시키다, 완전히 바꿔 놓다
- destroy: 파괴하다, 말살하다
- hold: 소유·보유하다
- national: 국립의, 국영의
- collection: 수집품, 소장품
- artwork: (특히 박물관의) 미술품

📋 핵심체크

제시된 글의 세 번째 문장 끝부분에서 'transform it into a museum instead of destroying it(그것을 파괴하는 대신 박물관으로 바꾸었다.)'이라고 하였으므로 Tate Modern에 대한 설명과 일치하지 않는 것은 'Tate Modern은 발전소를 파괴한 후 지어졌다.'이다.

```
┌─── 해석 CHECK ───┐
Tate Modern은 런던에 있는 박물관이다. 그곳은 예전
에는 발전소였다. 1981년 발전소가 문을 닫은 후에, 영
국 정부는 그것을 파괴하는 대신 박물관으로 바꾸기로
결정하였다. 현재 이 박물관은 영국의 현대 미술품의 국
가적인 소장품을 소장하고 있다.
```

19

정답 ③

📖 단어체크

- aging: 나이 먹음, 노화
- include: 포함하다
- thinner: 형용사 thin(얇은, 가는)의 비교급
- wrinkle: (특히 얼굴의) 주름
- increase: 증가하다, 늘다
- further: 뿐만 아니라, 게다가
- blood pressure: 혈압
- tend to ~: (~하는) 경향이 있다
- internal: 내부의, 체내의
- organ: (인체 내의) 장기, 기관
- eyesight: 시력

📋 핵심체크

제시된 글의 'The process of aging includes ~(노화 과정은 ~를 포함한다)'와 'hair(머리카락)', 'blood pressure (혈압)', 'hearing and eyesight(청력과 시력)'에 대한 설명을 통해 제시된 글의 주제가 '노화 과정 중에 나타나는 현상'이라는 것을 알 수 있다.

```
┌─── 해석 CHECK ───┐
노화 과정은 우리 몸의 몇 가지 변화를 포함한다. 머리
카락은 더 가늘어지고 피부에서 주름이 늘어난다. 뿐만
아니라, 혈압은 상승하는 경향이 있고, 뇌 세포는 감소
하며 내장도 더디게 작동하는 경향이 있다. 결국, 청력
과 시력도 점차 약해진다.
```

20
정답 ④

단어체크

- historical: 역사적인
- such as ~: ~와 같은
- fantastic: 환상적인, 엄청난
- actually: 실제로
- effective: 효과적인
- embarrassed: 쑥스러운, 어색한, 당황스러운
- unforgettable: 잊지 못할, 잊을 수 없는

핵심체크

제시된 글에서 빈칸이 있는 문장은 'and'로 연결되어 있으므로 문맥상 빈칸 앞의 'exciting'과 호응하는 긍정의 감정 표현 형용사가 들어가야 한다. 따라서 문맥상 빈칸에 들어갈 말로 가장 적절한 것은 'unforgettable(잊지 못할)'이다.

해석 CHECK

나는 지난 가을 가족과 함께 프랑스에 갔다. 우리는 일주일 동안 호텔에 묵었다. 그곳에 머무는 동안, 우리는 루브르 박물관과 베르사유 궁전 같은 역사적인 장소를 방문하였다. 그것들을 실제로 보는 것은 환상적이었다. 그 여행은 매우 흥미진진하였고 나에게는 <u>잊지 못할</u> 일이었다.

21
정답 ②

단어체크

- positive: (낙관적인) 긍정적인
- negative: 부정적인, 나쁜
- effect: 영향; 결과, 효과
- easily: 손쉽게
- on the other hand: 다른 한편으로는, 반면에
- end up + ~ ing: 결국 ~하는 것에 이르게 되다
- explore: 답사하다, 탐사·탐험하다
- establish: 설립하다, 설정하다
- communicate: 의사소통을 하다; (정보 등을) 전달하다
- provide + A (with B): A에게 (B를) 제공하다

핵심체크

제시된 글의 첫 문장에서 인터넷이 'positive and negative effects(긍정적인 영향과 부정적인 영향)'를 모두 갖고 있다고 하였고, 네 번째 문장에서 'On the other hand(반면에)'라고 시작하면서 인터넷의 부정적인 영향을 서술하고 있다. 따라서 문맥상 빈칸에는 긍정적인 영향을 서술하는 동사가 와야 하는데, 빈칸 다음에 'people with'가 있으므로 문맥상 빈칸에 들어갈 말로 가장 적절한 것은 'provides(제공하다)'이다.

해석 CHECK

인터넷은 사람들의 삶에 긍정적인 영향과 부정적인 영향을 모두 가지고 있다. 인터넷은 사람들에게 그들이 필요로 하는 정보를 <u>제공한다</u>. 사람들이 새로운 것을 손쉽게 배울 수 있게도 해 준다. 반면에, 온라인에서 너무 많은 시간을 보내면, 그들은 결국 그들의 가족과 친구들과 보내는 시간이 점점 줄어들게 될지도 모른다.

22
정답 ④

단어체크

- Tomorrow: 내일
- car – free day: 차 없는 날
- downtown: 시내에(로)
- public transportation: 대중교통
- street: 거리, 도로
- various: 다양한
- be held: 열리다

핵심체크

주어진 문장은 춤과 음악 공연 같은 다양한 무료 행사가 열릴 것이라는 내용이다. 제시된 글의 마지막 문장에서 'On the car – free streets, you can walk or ride bikes (차 없는 거리에서, 당신은 걷거나 자전거를 탈 수 있다).'와 같이 차 없는 거리에서 할 수 있는 활동을 말하였으므로 문맥상 주어진 문장이 들어가기에 가장 적절한 곳은 ④이다.

해석 CHECK

내일은 시내에 차가 없는 날이 될 것이다. 오전 7시부터 오후 9시까지 모든 거리의 차량 통행이 금지된다. 시내에 갈 계획이 있다면, 차는 집에 두고 대중교통을 이용해 주기 바란다. 차 없는 거리에서, 당신은 걷거나 자전거를 탈 수 있다. 춤과 음악 공연과 같은 다양한 무료 행사가, 열릴 것이다.

23   정답 ②

📖 단어체크

- family member: 가족 구성원
- custom: 관습, 풍습

📑 핵심체크

제시된 글의 마지막 문장이 'not the real meaning of Valentine's Day(밸런타인데이의 진정한 의미가 아니다).'로 끝났으므로 뒤에 이어질 내용으로 가장 적절한 것은 '밸런타인데이의 진정한 의미'이다.

해석 CHECK

밸런타인데이가 어떤 날인지 아는가? 당신은 하트, 꽃, 초콜릿, 혹은 연인을 떠올릴 것이다. 사람들이 밸런타인데이 카드와 편지를 연인, 친구, 그리고 가족 구성원에게 보내는 날이라고 말할 지도 모른다. 이러한 것은 그저 밸런타인데이의 관습일 뿐, 밸런타인데이의 진정한 의미는 아니다.

[24~25]

📖 단어체크

- endure: 견디다, 참다
- impact: 영향, 충격
- receive: (부상 등을) 입다, 당하다
- crash into: ~와 충돌하다
- design: 디자인하다, 설계·도안하다
- absorb: 흡수하다, 빨아들이다
- in case of: ~이 발생할 시
- In addition: 게다가
- in contrast: 그에 반해서

해석 CHECK

자동차는 또 다른 자동차 또는 물체와 충돌할 때 받는 강한 충격을 견딜 수 있어야 한다. 따라서, 차체는 심한 충격을 흡수하도록 설계된다. 목표는 심각한 자동차 사고가 발생하였을 때 운전자와 승객을 보호하는 것이다.

24   정답 ①

📑 핵심체크

제시된 글의 빈칸 앞 문장에는 'endure the strong impact (강한 충격을 견딘다)', 빈칸의 뒤 문장에는 'designed to absorb heavy shocks(심한 충격을 흡수하도록 설계된다)'가 나와 있다. 따라서 문맥상 빈칸에는 둘 사이의 인과 관계를 나타내는 부사 'Thus(따라서)'가 들어가는 것이 가장 적절하다.

25   정답 ③

📑 핵심체크

제시된 글의 첫 번째 문장에서 'Cars should be able to endure the strong impact that they receive when they crash into another car or object(자동차는 또 다른 자동차 또는 물체와 충돌할 때 받는 강한 충격을 견딜 수 있어야 한다).'라고 하였고, 'the bodies of cars are designed to absorb heavy shocks(차체는 심한 충격을 흡수하도록 설계된다).'라고 하였으므로 주제로 가장 적절한 것은 '충격을 견디도록 한 자동차 설계'이다.

01	02	03	04	05	06	07	08	09	10
①	④	④	①	③	④	②	③	②	②
11	12	13	14	15	16	17	18	19	20
③	③	①	①	③	④	②	④	③	②
21	22	23	24	25					
①	②	①	③	②					

01

정답 ①

📋 핵심체크

행복은 삶에서 느끼는 충분한 만족이나 즐거움의 상태를 말한다. 행복의 기준은 상황에 따라 달라질 수 있으며, 인간은 살아가면서 하는 모든 활동의 궁극적인 목적을 행복에 둔다. 아리스토텔레스는 행복을 인간이 존재하는 목적으로 정의하고, 단순히 편안히 누리는 것이 아닌 열심히 노력해서 도달해야 할 가치라고 보았다.

02

정답 ④

📋 핵심체크

국가의 운영 원리와 국민의 기본권을 규정한 최고 규범은 헌법이다. 헌법은 제10조에 규정되어 있는 인간의 존엄과 가치 및 행복 추구권을 바탕으로 자유권, 평등권, 참정권, 사회권, 청구권 등의 기본권을 보장하고 있다.

🔍 오답체크

① · ② · ③ 인간의 존엄성은 모든 인간은 성별, 인종, 신분 등에 상관없이 가장 소중하고 존엄한 존재로 대우받아야 한다는 것을 말하며, 인권은 인간의 존엄성을 실현하고 인간다운 삶을 살기 위해 인간이 가지는 가장 기본적이며 자연적인 권리이다. 인권은 국가 기관의 권력 남용 등으로 부당하게 침해당할 수 있는데, 이를 방지하기 위해 헌법에 기본권을 규정하여 국가의 인권 보장 의무를 명시하였다.

03

정답 ④

📋 핵심체크

경제적 불평등은 개인의 능력이나 사회적 · 경제적 조건의 차이에 따라 빈부 격차 등이 생기는 것을 말한다. 사회 계층 간 위화감을 조성하여 사회 불안을 야기하고, 경제 활동의 원활한 순환을 막아 경제적 위기를 초래할 수 있다.

🔍 오답체크

① 공중(公衆)이 공동으로 사용하는 물건이나 시설로, 도로, 항만, 교량, 공원 따위를 말한다.
② 기업이 이윤 추구 과정에서 지켜야 할 윤리이다.
③ 기업가의 고유한 가치관이나 기업가적 태도이다.

04

정답 ①

📋 핵심체크

자유방임주의는 18세기 중반에서 1920년대에 등장한 경제 사상으로, 개인의 자유로운 경제 활동을 최대한 보장하는 것을 강조한다. 애덤 스미스는 『국부론』에서 '보이지 않는 손'에 의해 수요와 공급이 조절되어 시장의 가격이 형성된다고 주장하였다. 이는 자본주의 경제 체제 확립의 사상적 기초가 되었다.

05

정답 ③

📋 핵심체크

주식은 주식회사가 자본금 마련을 위해 투자자로부터 돈을 받고 증표로 발행하는 증서이다. 투자자는 배당금과 시세 차익을 얻을 수 있으나, 자산 변동이 심해 안정성이 낮다.

🔍 오답체크

① 투자자들로부터 모은 자금을 전문 운용 기관이 운용하여 그 결과를 투자자에게 돌려주는 간접 투자 상품이다.
② 경제 활동 기간 동안 일정 금액을 적립하였다가 소득이 없어지는 시기에 일정 금액을 정기적으로 지급받는 돈이다.
④ 미래의 위험에 대비하기 위해 보험사에 보험료를 납부하고 실제 사고가 발생할 경우 보험금을 지급받는 것이다.

06

📘 핵심체크

국회(입법부)는 국민의 대표 기관으로서 법률을 제정하고, 권력 분립 원칙에 의해 정책 집행 과정에서 발생하는 권력 남용을 견제·감시하는 역할을 한다.

🔍 오답체크

① 제정된 법률을 집행하고, 정책을 마련하여 시행하는 국가 기관이다.
② 범죄 수사 및 공소 제기, 재판 집행 등을 담당하는 국가의 중앙 행정 기관이다.
③ 법을 해석·적용하여 법적 분쟁을 해결하는 역할을 하는 국가 기관이다.

07

📘 핵심체크

생애 주기란 아동기, 청년기, 중·장년기, 노년기로 이어지는 인생의 긴 과정을 말한다. 금융 설계는 이러한 생애 주기 전체를 고려해야 하고, 생애 주기별 과업을 바탕으로 재무 목표를 설정해야 한다.

🔍 오답체크

ㄴ. 자녀 교육기인 중·장년기에는 지출의 규모가 크지만 소득도 큰 시기이므로 어느 한쪽을 우선시하기보다는 자녀 결혼·은퇴 자금 마련 등 미래를 대비하는 금융 설계가 필요하다.
ㄹ. 대출이나 지출 등도 포함해야 정확한 금융 생활 설계를 할 수 있다.

08

📘 핵심체크

유리 천장은 자격과 능력을 갖추었음에도 여성이라는 이유만으로 고위직 승진을 가로막는 조직 내의 보이지 않는 장벽이다.

🔍 오답체크

④ 가상 공간 내에서 타인의 명예나 권익을 침해하는 범죄 행위이다. 익명성을 이용한 사이버 폭력, 해킹, 복제, 지적 재산권 침해, 유해 사이트 운영 등이 있다.

09

📘 핵심체크

전통문화는 한 사회에서 오랜 세월 동안 지속되어 현재까지 고유한 가치를 인정받고 있는 문화이다. 사회 유지와 통합에 기여하며, 문화의 고유성과 정체성을 유지하는 데 도움을 주기 때문에 지속적인 관심을 갖는 것이 중요하다. 동시에 객관적인 시각으로 전통문화를 분석하여 우리만의 우수성과 독창성을 찾기 위해 노력해야 한다. 전통문화의 창조적 계승의 예로는 판소리 수궁가를 팝 장르와 결합시켜 재해석해 폭발적 반응을 얻은 이날치 밴드의 '범 내려온다' 등이 있다.

🔍 오답체크

① 외래문화를 비판적·주체적으로 수용해야 전통문화의 세계화와 민족 정체성 보존이 동시에 실현될 수 있다.
③ 전통문화의 가치를 현대적인 흐름과 변화에 맞게 재창조하여 새로운 문화 콘텐츠를 개발해야 한다.
④ 세계 각국의 전통문화와 적극적으로 교류하며 상호 공존하는 것은 우리 사회의 문화를 더 풍요롭게 만들어 준다.

10

📘 핵심체크

문화 사대주의는 자신의 문화는 부정적으로 평가하고, 다른 특정 사회의 문화를 가치 있고 우수한 것으로 여기는 태도이다.

🔍 오답체크

① 한 나라의 문화가 다른 나라의 문화에 지배적인 영향을 미쳐 문화적으로 식민지를 만드는 현상이나 이론을 말한다.
③ 한 사회의 문화를 그 사회의 환경과 역사적 맥락 속에서 이해하고 존중하는 태도이다.
④ 자신의 문화만이 우수하다고 여겨 그것을 기준으로 다른 문화를 부정적으로 평가하고 우열을 가리는 태도이다.

11

📋 핵심체크

외부 효과는 어떤 경제 주체의 경제 활동이 제3자에게 의도하지 않은 혜택이나 손해를 주는데도 이에 대한 보상이나 처벌이 이루어지지 않을 때를 말하는 경제 현상이다. 제3자에게 혜택을 주었다면 긍정적 외부 효과가 되고, 반대로 손해를 주었다면 부정적 외부 효과가 된다.

🔍 오답체크

① 시장에서 독과점 기업들이 사전에 협의하여 생산량이나 가격을 조절하는 방식으로 부당하게 이익을 챙기는 행위이다.
② 선택으로 얻어지는 경제적 이득이나 심리적 만족감을 의미한다.
④ 어떤 선택으로 인해 포기된 기회들 중 가장 큰 가치를 갖는 기회 자체 또는 그러한 기회가 갖는 가치를 말한다.

12

📋 핵심체크

다문화 사회는 다양한 인종·민족·종교·문화를 가진 사람들이 모여 함께 어우러져 살아가는 사회이다. 사회의 문화가 풍부해지고, 서로 다른 문화의 상호 작용으로 새로운 문화가 창조될 수 있다는 장점이 있다. 반면에 문화의 차이로 갈등이 발생하는 경우도 있으므로 개인뿐만 아니라 사회적으로도 지속적인 노력이 필요하다.
유효 수요 이론은 국가가 정책적으로 시장의 고용을 창출하여 유효 수요를 늘려야 한다고 주장하는 수정 자본주의 이론이므로 제시된 설명과 관련이 없다.

🔍 오답체크

① 여러 민족의 고유한 문화들이 그 사회의 지배적인 문화 안에서 변화를 일으키고, 서로에게 영향을 주어 새로운 문화를 만들어가는 다문화 정책이다.
② 여러 색의 모자이크 조각이 조화를 이루어 하나의 작품이 만들어지듯이 다양한 문화의 공존을 목표로 하는 다문화 정책이다.
④ 국가라는 큰 그릇 안에서 여러 민족의 문화가 샐러드같이 섞여 하나의 새로운 문화를 만들어가는 다문화 정책이다.

13

📋 핵심체크

자유주의적 정의관은 개인의 자유와 권리를 최대로 보장하여 개인선을 실현하는 것이 정의라는 관점이다. 자유주의와 개인주의를 사상적 기반으로 두고 있으며, 지나친 사익 추구로 공동체의 이익을 침해하여 사회적 갈등을 유발할 수 있다는 단점이 있다.

🔍 오답체크

④ 개인이 자신이 속한 공동체에 소속감과 유대감을 가지고 공동선을 실현하는 것이 정의라는 관점으로, 공동체주의를 사상적 기반으로 둔다. 개인의 이익보다 공동의 이익을 중시한다. 특정 집단의 이념과 이익을 구성원에게 지나치게 강요할 경우 개인의 자유와 권리의 희생을 정당화하는 집단주의의 문제가 발생할 수 있다는 한계가 있다.

14

📋 핵심체크

한대 기후 지역은 큰 연교차와 길고 추운 겨울, 적은 강수량을 특징으로 한다. 통나무집과 이글루 등의 폐쇄적 가옥 형태가 발달하였으며, 식품으로는 열량이 높은 육류를 많이 소비한다.

🔍 오답체크

② 일사량이 많아 연중 기온이 높은 지역이다. 기름과 향신료를 많이 사용한 음식을 먹고, 사람들의 옷차림은 가볍고 얇으며, 고상 가옥과 수상 가옥 형태가 발달하였다.
③ 계절이 뚜렷하고 인간 생활에 적합한 온난한 기온으로 인구 밀도가 높은 지역이다. 온대 계절풍 지역은 벼농사가 발달하였으며, 지중해 지역은 올리브·포도 농업이 발달하였다.
④ 강수량이 적고 일교차가 크기 때문에 온몸을 감싸는 헐렁한 옷을 많이 입는 지역이다. 흙벽돌집이나 이동식 가옥 형태가 발달하였으며, 오아시스 농업과 관개 농업을 주로 한다.

15

정답 ③

핵심체크

가뭄은 기후적 요인에 의한 기상 재해 중 하나로, 오랫동안 비가 내리지 않아 식수와 농업용수 등이 부족해지는 현상을 말한다. 다른 재해에 비해 진행 속도가 느린 편이지만, 장기간 지속되면 지구가 점차 건조해지는 사막화 현상을 야기할 수 있다.

16

정답 ④

핵심체크

도시화가 진행되는 과정에서 한정된 지역에 많은 인구가 집중되면 주택의 수요가 증가하여 공급이 부족해지기 때문에 집값은 상승하게 된다.

17

정답 ②

핵심체크

석유는 세계적으로 사용 비중이 가장 높은 에너지 자원이다. 신생대 제3기 배사 구조의 지층에 많이 매장되어 있으며, 세계 매장량의 절반이 서남아시아에 분포하고 있다. 자원의 편재성이 커서 국제 이동량이 많다.

18

정답 ④

핵심체크

정보화 사회에서는 매체의 발달과 동시에 정보와 지식의 생산과 유통이 용이해졌다. 이에 따라 공간적 제약이 없어져 의사소통이 원활해지고, 전자 상거래가 확산되어 재화나 서비스를 시공간의 제약 없이 편리하게 이용할 수 있게 되었다.

19

정답 ③

핵심체크

교외화는 대도시와 주변 지역이 기능적으로 밀접한 관계를 갖게 되는 현상을 말한다. 이로 인해 대도시권이 확대되고, 대도시 주변의 농촌으로 도시의 공장과 주거 지역이 이전하면서 도시적 경관이 확대된다.

20

정답 ②

핵심체크

지역 조사의 과정

- 주제 및 지역 선정(조사 목적에 맞는 주제, 지역 등 선정)
- 지역 정보 수집(문헌, 통계, 영상 자료 등을 수집하는 실내 조사와 주민 면담 및 설문, 관찰, 실측, 촬영 등으로 정보를 입수하는 야외 조사로 구분)
- 지역 정보 정리 및 분석(수집한 정보를 항목별로 분류, 중요 정보 선별 및 분석, 그래프나 표 등 시각적 방법으로 표현)
- 보고서 작성(조사 목적 · 방법 · 결론 · 참고 자료 정리, 문제점 및 해결 방안 정리)

21

정답 ①

핵심체크

다문화 사회의 단점

- 국내 노동자와 외국인 근로자 사이의 일자리 경쟁이 심화된다.
- 외국인 이주민에 대한 편견과 차별로 인한 인권 침해 문제와 문화 간의 갈등이 발생한다.
- 출신국에 따른 외국인에 대한 편견과 차별이 발생한다.
- 다문화 가정의 자녀나 북한 이탈 주민의 사회 부적응 문제가 나타난다.
- 외국인 범죄가 증가된다.

22

정답 ②

핵심체크

국제 평화는 소극적으로는 전쟁 · 테러 등의 직접적 · 물리적 폭력이 발생하지 않는 상태이고, 적극적으로는 억압, 착취 등의 구조적인 폭력도 사라진 상태를 말한다. 생존의 위협, 고통, 공포 등에서 벗어나 인류의 생존을 보장하며 인류의 번영을 지속적으로 추구하고, 국제 정의를 실현하기 위해 국제 평화는 중요한 의미를 가진다.

23

정답 ①

핵심체크

선진국에서는 평균 수명이 연장되고, 출산율이 감소하면서 노년층 비율이 증가하여 고령화 현상이 심화되고 있다. 이에 따라 실버산업을 확충하고, 연금 제도와 정년 연장 등 사회 보장 제도를 강화하는 방안을 마련하고 있다.

24

정답 ③

핵심체크

문화는 인간과 환경이 상호 작용하는 과정에서 형성된 언어, 종교, 의식주 등 모든 행동 양식이나 생활 양식의 총체이다. 문화권은 그중 문화적 특성이 유사하게 나타나는 공간적인 범위를 말한다. 지역마다 자연과 인문적인 환경이 다르므로 문화는 다양하게 형성된다. 따라서 문화권 역시 환경의 영향을 받아 끊임없이 변화한다.

오답체크

① 문화권에 영향을 주는 요인은 크게 기후, 식생, 토양 등의 자연 환경과 종교, 언어, 산업 등의 인문 환경으로 나눌 수 있다.

② 세계는 자연 환경과 인문 환경의 문화적 요소를 종합적으로 고려하여 다양한 문화권으로 구분된다.

④ 문화권은 공통된 특징을 가지는 문화가 분포하는 공간적인 범위를 말한다.

25

정답 ②

핵심체크

국제 연합(UN)은 제2차 세계 대전 이후 국제 평화와 안전 유지, 국제 협력의 달성을 위해 창설된 국제 평화 기구이다.

오답체크

① 지구 환경을 보존하고 세계 평화를 위한 활동을 벌이는 국제 환경 보호 단체이자 대표적인 비정부 기구이다.

③ 나라별 노동 조건과 노동자의 지위 개선을 위해 활동하는 국제기구이다.

④ 세계 경제 발전과 무역 촉진을 위해 만들어진 국제기구로, 회원국의 경제 성장과 생활수준의 향상을 위해 노력한다.

제5교시 과학								65~69쪽	
01	02	03	04	05	06	07	08	09	10
②	③	①	③	④	④	②	④	①	③
11	12	13	14	15	16	17	18	19	20
③	①	①	③	①	②	②	④	②	③
21	22	23	24	25					
①	②	④	④	③					

01

정답 ②

핵심체크

물체가 현재의 운동 상태를 그대로 유지하려는 성질을 관성이라고 한다.

오답체크

① 질량이 있는 모든 물체 사이에 상호 작용하는 힘이다.

③ 운동하는 물체의 운동 효과를 나타내는 물리량으로, 질량과 속도의 곱으로 나타낸다.

④ 물체가 받은 충격의 정도를 나타내는 물리량으로, 물체에 작용한 힘과 힘이 작용한 시간의 곱으로 나타낸다.

➕ PLUS CHECK 더 알아보기

관성

• 관성의 크기: 물체의 질량이 클수록 관성이 크다.

• 관성의 법칙: 물체에 힘이 작용하지 않으면 정지해 있던 물체는 계속 정지해 있고, 운동하던 물체는 계속 등속 직선 운동을 한다.

• 관성에 의한 현상
 − 버스가 급정지하면 승객이 앞으로 쏠린다.
 − 버스가 갑자기 출발하면 승객이 뒤로 쏠린다.

02

정답 ③

핵심체크

물의 위치 에너지를 이용하여 전기 에너지를 얻는 발전 방식은 수력 발전이다. 수력 발전은 발전 비용이 적게 드는 장점이 있는 대신, 건설비가 많이 들고 설치 장소가 제한적이며 댐 건설로 생태계가 파괴될 수 있는 단점이 있다.

오답체크

① 우라늄 원자핵이 핵분열할 때 발생하는 에너지를 이용하여 전기 에너지를 생산하는 발전 방식이다. 연료비가 저렴하고 에너지 효율이 높아 대용량 발전이 가능한 장점이 있지만 방사능이 유출될 경우 막대한 피해가 발생하고, 핵발전 과정에서 발생하는 방사능 폐기기물 처리에 어려움이 있는 단점이 있다.

② 바람을 이용하여 전기 에너지를 생산하는 발전 방식이다. 전력 생산 단가가 저렴하고, 설비가 간단하며 설치 기간이 짧은 장점이 있지만 바람의 방향과 세기가 일정하지 않아 발전량을 예측하기 어렵고 설치 과정에서 삼림이나 자연 경관을 훼손하기도 하는 단점이 있다.

④ 반도체로 만든 태양 전지를 이용하여 태양광을 직접 전기 에너지로 전환하는 발전 방식이다. 자연에서 쉽게 얻을 수 있어 자연 고갈의 염려가 없으며 유지·보수가 간편한 장점이 있지만 계절과 일조량의 영향을 받아 발전 시간이 제한적인 단점이 있다.

03
정답 ①

핵심체크

운동량은 운동하는 물체의 운동 효과를 나타내는 물리량으로, 질량과 속도의 곱으로 나타낸다.
각각의 운동량을 구하면, A : 10, B : 20, C : 40, D : 80 이므로 운동량이 가장 작은 것은 A 이다.

➕ PLUS CHECK 더 알아보기

운동량
- 개념: 운동하는 물체의 운동 효과를 나타내는 물리량이다.
- 식: 질량(m)과 속도(v)의 곱으로 나타낸다.

$$p = mv \text{ [단위: kg · m/s]}$$

- 방향: 물체의 운동 방향과 같다.

04
정답 ③

핵심체크

자석의 운동 방향을 반대로 하거나 자석의 극을 바꾸면 유도 전류의 방향이 반대가 된다. 따라서 자석의 N 극을 멀리 하거나 자석의 S 극을 가까이하면 검류계의 바늘이 처음과 반대로 왼쪽으로 움직이게 된다.

오답체크

ㄷ. 코일의 감은 수를 많게 하거나 자석을 빠르게 움직이는 것은 유도 전류의 세기를 크게 하는 방법이다.

05
정답 ④

핵심체크

전력은 단위 시간 동안 생산 또는 사용하는 전기 에너지로, 전압과 전류의 곱과 같다. 따라서 220 V 의 전압에서 4 A 의 전류가 흐를 때 공급되는 전력은 $220 \times 4 = 880 (\text{W})$ 이다.

➕ PLUS CHECK 더 알아보기

전력

$$전력 = \frac{전기\ 에너지}{시간} = 전압 \times 전류$$

$$P = \frac{E}{t} = VI \text{ (단위: W(와트), J/s)}$$

06
정답 ④

핵심체크

수평 방향으로 던진 물체의 경우 수평 방향으로는 힘이 작용하지 않으므로 등속 직선 운동을 하고, 연직 방향으로는 중력이 작용하므로 속도가 일정하게 증가하는 등가속도 운동을 한다.

1일차 2일차 3일차 4일차 5일차 6일차 7일차

07 정답 ②

핵심체크

원자 번호가 6인 원소는 탄소(C)이다. 탄소는 첫 번째 전자 껍질에 2개의 전자, 두 번째 전자 껍질에 4개의 전자가 채워지므로 원자가 전자의 수는 4이다.

오답체크

① 원자 번호는 1이고, 원자가 전자의 수는 1이다.
③ 원자 번호는 7이고, 원자가 전자의 수는 5이다.
④ 원자 번호는 8이고, 원자가 전자의 수는 6이다.

08 정답 ④

핵심체크

비활성 기체들은 주기율표의 18족에 속하는 원소이며, 헬륨(He), 네온(Ne), 아르곤(Ar) 등이다. 이들은 가장 바깥쪽 전자 껍질에 채워질 수 있는 전자 수 만큼 모두 채워져 있으므로 안정한 전자 배치를 이룬다.

09 정답 ①

핵심체크

원자 번호 8인 산소 원자 1개와 원자 번호 1인 수소 원자 2개가 공유 결합을 통해 물 분자(H_2O)를 생성한다.

10 정답 ③

핵심체크

6개의 탄소가 육각형 모양으로 결합하여 원통 모양을 이루고 있는 것은 탄소 나노 튜브이다. 탄소 나노 튜브는 그래핀, 풀러렌 등과 함께 탄소로 이루어진 신소재로 나노 기술을 이용한 것이다.

오답체크

① 그래핀
② 풀러렌
④ 규산염 사면체

11 정답 ③

핵심체크

암모니아(NH_3)는 물에 녹아 OH^-을 생성하므로 염기에 해당한다.

($NH_3 + H_2O \rightarrow NH_4^+ + OH^-$)

수산화 칼륨(KOH)은 물에 녹아 OH^-을 생성하므로 염기에 해당한다.

($KOH \rightarrow K^+ + OH^-$)

오답체크

ㄱ. 염산(HCl)은 물에 녹아 H^+을 생성하므로 산에 해당한다.

($HCl \rightarrow H^+ + Cl^-$)

ㄹ. 아세트산(CH_3COOH)은 물에 녹아 H^+을 생성하므로 산에 해당한다.

($CH_3COOH \rightarrow H^+ + CH_3COO^-$)

12 정답 ①

핵심체크

$2HCl + Mg(OH)_2 \rightarrow 2H_2O + MgCl_2$

$HNO_3 + NaOH \rightarrow H_2O + NaNO_3$

즉, 중화반응에서 생성되는 물질은 물(H_2O)이다.

13 정답 ①

핵심체크

무기염류는 비탄소 화합물에 해당한다.
탄소 화합물은 생명체를 구성하고, 에너지원으로도 사용되므로 생명 활동을 하는 데 중요하다. 탄소 화합물에는 탄수화물, 단백질, 지질, 핵산이 있다.

오답체크

② 탄수화물은 우리 몸의 주된 에너지원이며, 종류로는 포도당, 녹말, 글리코젠 등이 있다.
③ 단백질의 단위체는 아미노산이며, 아미노산의 배열 순서에 따라 단백질의 입체 구조가 결정되고, 단백질의 기능이 결정된다.
④ 물은 비탄소 화합물로, 생명체의 구성 물질 중 가장 많으며, 체온 유지 및 물질 운반에 관여한다.

14
정답 ③

핵심체크

세포막의 주성분은 인지질과 단백질이다. 인지질은 2중층 구조를 형성하고 있는데, 친수성인 머리 부분이 물과 접한 바깥쪽을 향하고, 소수성인 꼬리 부분이 서로 마주 보며 배열되어 있다.

15
정답 ①

핵심체크

효소는 생체 촉매로, 생명체에서 합성되어 물질대사를 촉진하는 물질이다. 효소는 활성화 에너지를 낮추어 화학 반응의 반응 속도를 증가시킨다. 또한, 한 종류의 효소는 한 종류의 반응물(기질)에만 작용하는 기질 특이성을 지니며, 효소는 반응 전후에 변하지 않고 재사용된다.

16
정답 ②

핵심체크

㉠은 전사, ㉡은 번역에 해당한다.
세포에서 유전 정보는 DNA에서 RNA를 거쳐 단백질로 전달된다.
• 전사: DNA의 유전 정보가 RNA로 전달되는 과정으로, DNA가 있는 핵 속에서 일어난다.
• 번역: 전사된 RNA의 유전 정보에 따라 단백질이 합성되는 과정으로, 세포질의 리보솜에서 일어난다.

17
정답 ②

핵심체크

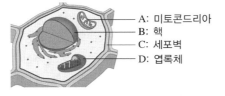

- A: 미토콘드리아
- B: 핵
- C: 세포벽
- D: 엽록체

세포 소기관 중 유전 정보를 저장하고 있는 DNA가 있어 세포의 생명 활동을 조절하는 것은 핵이다. 핵은 세포에서 가장 큰 세포 소기관이며, 핵막으로 둘러싸여 있다.

오답체크

① 미토콘드리아는 세포 호흡이 일어나는 장소로, 유기물을 산화시켜 세포가 생명 활동을 하는 데 필요한 에너지를 생산한다.
③ 세포벽은 식물 세포의 세포막 바깥에 있는 단단한 구조물로, 세포를 보호하고 모양을 유지한다.
④ 엽록체는 광합성이 일어나는 장소로, 이산화 탄소와 물을 원료로 포도당을 합성한다.

18
정답 ④

핵심체크

생태 피라미드에 대한 설명이다. 안정된 생태계에서는 에너지양, 생물량, 개체 수 등이 하위 영양 단계에서 상위 영양 단계로 갈수록 줄어드는 피라미드 형태로 나타난다.

PLUS CHECK 더 알아보기

생태계에서의 먹이 관계
• 먹이 사슬: 생산자부터 최종 소비자까지 먹고 먹히는 관계를 사슬 모양으로 나타낸 것
• 먹이 그물: 여러 개의 먹이 사슬이 복잡하게 얽혀 그물처럼 나타나는 것

19
정답 ②

핵심체크

개구리와 같은 양서류가 추운 겨울이 오면 겨울잠을 자거나 북극여우가 사막여우보다 몸집이 크고 몸의 말단부가 작은 것은 생물이 온도의 영향을 받아 적응한 현상이다. 생물의 물질대사는 온도에 영향을 많이 받으므로 이에 적응하며 살아간다.

20
정답 ③

핵심체크

원시별이 중력 수축하여 중심부의 온도가 1000만 K 이상이 되면 수소 핵융합 반응이 일어나 별(주계열성)이 된다.

21

정답 ①

핵심체크

A – 혼합층, B – 수온 약층, C – 심해층

혼합층은 바람의 세기에 따라 두께가 변하므로 바람이 강할수록 혼합층의 두께가 두꺼워진다. 또, 혼합층은 태양 복사 에너지를 흡수하여 수온이 높으며 바람의 혼합 작용으로 깊이에 따른 수온 변화가 거의 없다.

> **⊕ PLUS CHECK 더 알아보기**
>
> **해수의 층상 구조**
> 깊이에 따른 수온 분포를 기준으로 혼합층, 수온 약층, 심해층으로 구분된다.
> • 수온 약층: 깊어질수록 수온이 급격하게 낮아지고 혼합층과 심해층 사이의 물질과 에너지 교환을 차단한다.
> • 심해층: 수온이 낮고 깊이에 따른 수온 변화가 거의 없으며, 위도나 계절 변화에도 수온이 거의 일정하다.

22

정답 ②

핵심체크

두 판이 서로 가까워지는 경계인 수렴형 경계에서는 주로 해구, 호상 열도, 습곡 산맥 등이 생성된다.

해구는 밀도가 큰 해양판이 대륙판 아래로 미끄러져 들어가면서 발달한다. 반면에 습곡 산맥은 밀도가 비슷한 두 대륙판이 충돌하면서 발달한다.

오답체크

두 판이 서로 멀어지는 경계인 발산형 경계에서는 주로 해령, 열곡대 등이 생성된다.

ㄴ. 해령은 해양판과 해양판의 경계에서 맨틀 대류가 상승하고 새로운 해양 지각을 생성하면서 발달한다.

ㄷ. 열곡대는 하나의 대륙판이 두 개의 대륙판으로 갈라지면서 V자 모양의 열곡이 길게 이어져 발달한다.

23

정답 ④

핵심체크

물 순환의 주된 에너지원은 태양 에너지이다.

물은 지권, 기권, 수권, 생물권에 영향을 주고, 에너지를 지구 전체에 고르게 분산한다.

24

정답 ④

핵심체크

A – 열권, B – 중간권, C – 성층권, D – 대류권

수증기가 존재하고 대류가 일어나 비, 눈 등의 기상 현상이 나타나는 층은 대류권이다. 대류권에서는 높이 올라갈수록 지표가 방출하는 복사 에너지가 적게 도달하므로 기온이 하강한다.

오답체크

① 열권은 공기가 매우 희박하여 낮과 밤의 온도차가 매우 크며, 고위도의 상공에서 오로라가 관측된다.

② 중간권에서는 대류가 일어나지만 수증기가 거의 없어 기상 현상이 나타나지 않는다.

③ 성층권은 대류가 일어나지 않은 안정한 층이며, 오존층이 존재한다.

25

정답 ③

핵심체크

신생대에 번성하였으며, 바다에서 살았던 생물은 화폐석이다. 화폐석은 매머드와 함께 신생대를 대표하는 표준 화석이다.

> **⊕ PLUS CHECK 더 알아보기**
>
> **표준 화석**
>
> | 특징 | • 생존 기간이 짧고, 분포 면적은 넓다.
• 지층의 생성 시대를 알려 준다. |
> |---|---|
> | 예 | • 고생대: 삼엽충, 방추충, 갑주어
• 중생대: 암모나이트, 공룡
• 신생대: 화폐석, 매머드 |

제6교시 한국사 70~74쪽

01	02	03	04	05	06	07	08	09	10
④	②	③	①	①	②	②	④	②	④
11	12	13	14	15	16	17	18	19	20
③	①	④	②	③	①	③	②	③	①
21	22	23	24	25					
②	④	②	④	①					

01   정답 ④

핵심체크

고인돌은 군장 등 지배층의 무덤으로, 청동기 시대에 등장하였다. 이 시기에는 거푸집으로 비파형 동검을 제작하면서 독자적인 청동기 문화를 형성하였다.

오답체크

① 철기 시대에는 쟁기, 호미, 쇠스랑 등의 철제 농기구를 제작하여 농업에 이용하였다.

② 신석기 시대에는 가락바퀴로 실을 뽑아 뼈바늘로 옷을 지어 입었다.

③ 구석기 시대 사람들은 동굴이나 바위 그늘에 막집을 짓고 살면서 계절에 따라 이동 생활을 하였다.

02   정답 ②

핵심체크

부여의 경제 및 사회 풍속

• 경제: 기후적 요인으로 반농반목, 말, 주옥, 모피 등의 특산물

• 사회 풍속: 순장, 우제점법, 형사취수제, 제천 행사 영고 (12월)

• 법: 살인자는 사형에 처하고 그 가족은 노비로 삼음(연좌제), 절도범은 물건 값의 12배를 배상(1책 12법), 간음한 자와 투기가 심한 부인은 사형에 처함

03   정답 ③

핵심체크

소수림왕은 중앙 집권적 국가의 기틀을 세우기 위해 율령을 반포하고 국가 교육 기관인 태학을 설립하여 인재를 양성하였다. 왕실의 권위를 높이고자 불교를 수용·공인하기도 하였다.

오답체크

① 낙랑군을 축출하여 한의 세력을 몰아낸 왕이다.

② 평양으로 천도하고, 남진 정책을 실시한 왕이다. 백제의 수도 한성을 함락하고 한강 유역을 장악하였다.

④ 영락이라는 연호를 사용하고, 정복 활동을 통해 영토를 크게 확장한 왕이다.

04   정답 ①

핵심체크

고조선은 기원전 2333년에 단군왕검이 건국한 국가로, 청동기 문화를 바탕으로 발전하였다. 사회 질서를 유지하기 위해 8개의 조항으로 이루어진 범금 8조를 만들었으나, 현재는 3개의 조항만 전해진다.

오답체크

ㄷ. 삼한은 소도라는 신성 지역을 따로 두어 제사장인 천군이 이를 관리하는 제정 분리 사회였다.

ㄹ. 동예는 단궁, 과하마, 반어피 등의 특산물이 유명하여 이를 낙랑과 왜에 수출하였다.

05   정답 ①

핵심체크

고려 시대 어사대는 관리의 비리를 감찰하고 풍속 교정을 담당한 중앙 정치 기구였다. 어사대의 관원과 중서문하성의 낭사는 대간으로 불렸으며, 서경·간쟁·봉박의 권한을 가지고 있었다.

오답체크

② 조선 시대 의정부는 영의정, 좌의정, 우의정의 3정승 합의 체제로 운영되었으며, 정책을 심의·결정하고 국정을 총괄하였다.

③ 고려 시대 중추원은 왕의 비서 기구로 군사 기밀과 왕명 출납을 담당하였다.
④ 고려 시대 도병마사는 국방 및 군사 문제를 논의하는 기구였다.

06
정답 ②

핵심체크

청자 상감운학문 매병은 고려 시대인 12세기 후반에 제작되었으며, 국보 제68호로 지정되었다.

오답체크

① 호우명 그릇은 경주 호우총에서 출토된 것으로, 당시 고구려와 신라의 관계를 유추할 수 있다.
③ 신석기 시대에는 빗살무늬 토기를 이용하여 음식을 조리하거나 저장하였다.
④ 청동기 시대에 거푸집으로 비파형 동검을 제작하는 등 금속 도구를 처음으로 만들어 사용하였다.

07
정답 ②

핵심체크

고려 성종 때 서희는 거란이 침입해 오자 소손녕과의 외교 담판을 통해 강동 6주를 획득하였다. 고려 숙종 때 윤관은 부족을 통일한 여진이 고려의 국경을 자주 침입하자 왕에게 건의하여 별무반을 편성하였다.

08
정답 ④

핵심체크

『삼국유사』는 고려 충렬왕 때 일연이 저술한 역사서로, 불교사를 중심으로 고대의 민간 설화와 단군 신화 등을 수록하였다.

오답체크

① 조선 정조 때 서얼 출신인 유득공이 저술한 역사서이다.
② 고려 인종 때 김부식이 편찬한 현존하는 최고(最古)의 역사서이다.
③ 고려 때 이승휴가 서사시의 형식으로 저술한 역사서이다.

09
정답 ②

핵심체크

조선 성종은 경연의 활성화를 위해 홍문관을 설치하였으며, 『경국대전』을 완성하여 유교적 통치 체제를 확립하였다.

오답체크

① 조선 태조는 건국 후 한양으로 천도하였으며, 경복궁을 건설하였다.
③ 조선 세종은 의정부 서사제를 실시하고 집현전을 설치하였으며, 훈민정음을 창제하여 반포하였다.
④ 조선 태종은 왕권 강화를 위해 6조 직계제를 실시하고 사간원을 독립시켰으며, 사병을 혁파하였다.

10
정답 ④

핵심체크

조선 영조는 탕평책을 실시하여 능력에 따라 인재를 등용하고자 하였으며, 이를 알리기 위해 성균관에 탕평비를 건립하였다. 백성들의 군포 부담을 줄이려 군포를 2필에서 1필로 경감하는 균역법을 실시하고, 민생 안정을 위해 신문고 제도를 부활시켰다.

오답체크

① 조선 세조의 정책이다.
② 조선 태조 때의 사건이다.
③ 조선 태종의 정책이다.

+ PLUS CHECK 더 알아보기

영조의 탕평 정치
• 탕평 교서 발표(탕평비 건립) → 탕평 정책에 동의하는 인물(탕평파)을 등용하여 정국 운영
• 산림의 존재 부정, 붕당의 근거지인 서원 정리
• 이조 전랑 권한 축소
• 개혁 정치: 균역법 실시, 군영 정비, 신문고 제도 부활, 가혹한 형벌 폐지
• 문물제도 정비: 『속대전』, 『속오례의』, 『동국문헌비고』 등 편찬

11

정답 ③

📑 **핵심체크**

인조반정에서 큰 공을 세웠던 이괄이 일등 공신이 되지 못한 것에 불만을 품고 이괄의 난을 일으켰으나 실패하였다. 이후 후금은 인조의 친명배금 정책과 이괄의 난을 구실로 정묘호란을 일으켰다.

🔍 **오답체크**

① 광해군의 외교 정책이다.
② 1636년 청의 군신 관계 요구를 거절하자 발생한 청나라와의 전쟁이다.
④ 1592년 도요토미 히데요시와 일본군의 침략으로 발생한 일본과의 전쟁이다.

12

정답 ①

📑 **핵심체크**

조선 광해군 때 공납의 폐단을 해결하기 위해 공납을 전세화하여 대동법을 실시하고, 공물 대신 쌀을 납부하도록 하였다. 이에 따라 국가에 필요한 물품을 조달하는 공인이 등장하였으며 상품 화폐 경제가 발달하였다.

🔍 **오답체크**

② 조선 영조 때 군역 부담을 줄여 주기 위해 균역법을 실시하여 1년에 2필이었던 군포를 1필로 경감하였다.
③ 조선 세조 때 과전법의 폐단을 바로 잡기 위해 현직 관리에게만 수조권을 지급하는 직전법을 시행하였다.
④ 조선 인조 때 영정법을 시행하여 풍흉에 관계없이 전세를 토지 1결당 쌀 4두로 고정시켰다.

13

정답 ④

📑 **핵심체크**

고부 군수 조병갑의 횡포에 반발한 농민들이 동학교도인 전봉준을 중심으로 동학 농민 운동을 일으켰다. 농민군은 백산에 집결하여 4대 강령을 발표하고 황토현·황룡촌 전투에서 승리하였다. 농민군이 전주성을 점령하고 전라도 일대를 장악하자 조정에서는 이들을 진압하기 위해 청에 원군을 요청하였고, 톈진 조약에 의해 일본도 군대를 파견하였다. 이에 청과 일본의 군대 개입을 우려한 농민군은 정부와 전주 화약을 맺고 해산하였다.

14

정답 ②

📑 **핵심체크**

흥선 대원군은 국왕 중심 통치 체제 정비를 위한 정책으로 의정부·삼군부를 부활시켰으며, 비변사를 철폐하였고, 경복궁을 중건하였다. 또한, 『대전회통』, 『육전조례』를 편찬하여 통치 질서를 정비하였다.

15

정답 ③

📑 **핵심체크**

방곡령은 조일 통상 장정의 조항 중 하나로 천재, 변란 등에 의한 식량 부족의 우려가 있을 때 외부로 곡식이 유출되는 것을 막기 위한 제도이다. 함경도 관찰사 조병식이 흉년이 들자 이 조항에 따라 방곡령을 선포하였으나, 일본의 반발로 조선은 배상금을 지불하게 되었다.

🔍 **오답체크**

① 성년 남자의 상투를 자르도록 한 명령으로, 을미개혁 때 시행되었다.
② 일제의 무단 통치기에 시행된 법으로, 회사를 설립하거나 해산할 때 총독부의 허가를 받게 하였다.
④ 일제가 식민지 삼림 정책을 수행하기 위해 시행한 법으로, 기한 내에 신고하지 않은 삼림을 국유로 몰수하였다.

16

정답 ①

📑 **핵심체크**

일제 강점기 때 평양에서 조만식, 이상재의 주도로 조선 물산 장려회가 조직되어 '내 살림 내 것으로' 등의 구호를 내세운 물산 장려 운동이 전국으로 확산되었다.

🔍 **오답체크**

② 조선일보가 문맹 퇴치 운동의 일환으로 문자 보급 운동을 전개하였다.
③ 국채 보상 운동은 일본에서 도입한 차관을 갚아 경제 주권을 회복하고자 김광제, 서상돈 등의 주도로 대구에서 처음 시작되었다.
④ 한국인을 위한 고등 교육 기관을 설립하고자 민립 대학 설립 운동이 전개되었다.

17 정답 ③

핵심체크

독립 협회는 청의 사신을 맞던 영은문을 헐고 그 자리에 독립문을 세웠으며, 만민 공동회와 관민 공동회를 개최하여 헌의 6조를 채택하고 민중에게 근대적 지식과 국권, 민권 사상을 고취시켰다.

민족 교육을 위한 대성 학교와 오산 학교 설립은 신민회의 활동이다.

18 정답 ②

핵심체크

대한민국 임시 정부는 비밀 행정 조직으로, 연통제와 교통국을 운영하여 국내와의 연락망을 확보하고 독립운동 자금을 모았다. 1940년에는 충칭으로 이동하여 한국 광복군을 결성하였다.

오답체크

ㄱ. 동학 농민 운동 당시 농민군은 정부와 전주 화약을 맺고 집강소를 설치하여 폐정 개혁을 실시하였다.

ㄹ. 고종은 국내외의 군국 기무를 총괄하는 관청인 통리기무아문을 설치하였다.

19 정답 ③

핵심체크

북로 군정서를 이끄는 김좌진은 홍범도가 이끄는 대한 독립군과 연합하여 청산리 전투에서 일본군에 큰 승리를 거두었다.

오답체크

① 동학 농민군을 이끌고 공주 우금치 전투에서 일본군 및 관군에 맞서 전투를 벌였으나 대패한 인물이다.

② 만주 하얼빈에서 을사늑약을 주도한 초대 통감 이토 히로부미를 사살한 인물이다.

④ 의열단을 결성하여 직접적인 투쟁 방법인 암살, 파괴, 테러 등을 통해 독립운동을 전개한 인물이다.

20 정답 ①

핵심체크

1910년대 무단 통치기에 일제는 회사령을 공포하여 회사를 설립하거나 해산할 때 총독부의 허가를 받게 하고, 민족 기업의 설립을 방해하였다.

오답체크

② 1920년대 문화 통치기의 정책이다.

③·④ 1930년대 이후 민족 말살 통치기의 정책이다.

21 정답 ②

핵심체크

신채호는『독사신론』을 저술하여 민족을 역사 서술의 중심에 두었으며, 『조선사연구초』와 『조선상고사』를 통해 우리 고대 문화의 우수성과 독자성을 강조하였다.

오답체크

① 독립신문을 창간하고, 독립 협회를 창립한 인물이다.

③ 독립을 위해 국혼(國魂)을 강조하였으며,『한국통사』, 『한국독립운동지혈사』 등을 저술한 인물이다.

④ 을사늑약이 체결되자 황성신문에 논설「시일야방성대곡」을 게재하여 조약의 부당성을 비판한 인물이다.

22 정답 ④

핵심체크

김영삼 정부는 지방 자치제를 전면 시행하였으며, 부정부패와 탈세를 뿌리 뽑기 위해 대통령 긴급 명령으로 금융 실명제를 실시하였다. 또한, 외환 위기로 인해 국제 통화 기금(IMF)으로부터 구제 금융을 받게 되어 기업 구조 조정, 대규모 실업 등의 사태가 발생하였다.

오답체크

① 노태우 정부에 대한 설명이다.

② 박정희 정부에 대한 설명이다.

③ 전두환 정부에 대한 설명이다.

23

핵심체크

동아일보는 문맹 퇴치 운동의 일환으로 브나로드 운동을 전개하여 학생들을 대상으로 한글을 가르치고 교재를 나누어 주었다.

24
정답 ④

핵심체크

박종철 고문치사 사건과 4·13 호헌 조치에 반발하여 대통령 직선제 개헌과 민주 헌법 제정을 요구하는 6월 민주 항쟁이 발생하였다. 그 결과 정부는 6·29 민주화 선언을 발표하여 5년 단임의 대통령 직선제를 골자로 하는 개헌을 단행하였다.
이승만의 장기 집권과 자유당 정권의 3·15 부정 선거에 저항하여 4·19 혁명이 발발하였고, 이를 계기로 이승만 대통령이 하야하였다.

25
정답 ①

핵심체크

김대중 정부는 북한과의 화해 협력 기조를 유지하며 햇볕 정책을 추진하고, 교류를 확대하였다. 이후 남북 분단 최초로 평양에서 남북 정상 회담을 개최하고, 6·15 남북 공동 선언을 발표하였다.

오답체크

② 이명박 정부에 대한 설명이다.
③·④ 박정희 정부에 대한 설명이다.

제7교시 도덕
75~79쪽

01	02	03	04	05	06	07	08	09	10
②	①	③	②	①	④	④	②	②	③
11	12	13	14	15	16	17	18	19	20
④	④	②	④	①	③	②	③	①	④
21	22	23	24	25					
④	②	①	③	①					

01
정답 ②

핵심체크

사회 윤리는 직업 윤리 문제, 사형제 존폐 여부, 공정한 분배와 처벌, 우대 정책과 역차별, 시민 참여와 시민 불복종 등에 관한 쟁점을 다룬다.

오답체크

① 사이버 공간에서의 표현의 자유 허용 범위, 사이버 따돌림, 사이버 공간에서의 자아 정체성 등을 쟁점으로 다루는 윤리이다.
③ 다문화 사회에서 발생하는 문제, 대중문화의 상업화에 따른 선정성과 폭력성, 의식주와 관련한 윤리 문제 등을 쟁점으로 다루는 윤리이다.
④ 민족의 정체성과 민족 통합, 세계화와 지역화, 국제 분쟁, 해외 원조 등을 쟁점으로 다루는 윤리이다.

02
정답 ①

핵심체크

중도주의는 사랑 중심의 성 윤리를 제시하며, 사랑을 동반한 성적 관계는 허용될 수 있다고 보는 관점이다.

오답체크

② 결혼을 통해 이루어지는 성적 관계만이 정당하며, 혼전·혼외 성적 관계는 부도덕하다는 관점이다.
③ 성에 대한 자유로운 선택이 중요하고, 자발적 동의에 따라 다른 사람에게 피해를 주지 않는 한 성적 관계가 허용될 수 있다는 관점이다.
④ 인간의 행복을 위해 감각적 쾌락이나 만족을 지나치게 강조하는 관점이다.

03

📑 핵심체크

성찰은 자신의 경험, 자아 정체성, 세계관, 삶의 목적 및 이상 등에 대해 스스로 평가하고 반성하는 것을 의미한다. 그중 윤리적 성찰은 생활 속에서 자신의 마음가짐, 행동 또는 가치관과 정체성에 대해 윤리적 관점에서 깊이 반성하고 살피는 태도를 말한다.

🔍 오답체크

① 도덕 원리를 응용하고 실천하는 일을 주로 연구하는 학문이다.
② 가치가 뒤바뀐 것을 말한다. 현 시대적 상황에 적용하면 물질만능주의에 의해 정신적 가치보다 물질적 가치가 우선시되는 것이다.
④ 논리적 형식에 적합한 사고로, 논리적 형식에 부합하는 추리나 판단을 이른다.

04

정답 ②

📑 핵심체크

덕 윤리는 아리스토텔레스의 윤리 사상적 전통을 따른 사상으로, 행위자의 품성과 덕성을 중요시하였다. 윤리학의 논의 범위를 확장하고 도덕적 실천력을 높이는 데 기여하였다. 덕 윤리는 의무론과 공리주의가 행위자 내면의 도덕성·인성의 중요성을 간과하고, 개인의 자유와 권리 강조로 공동체의 전통을 무시한다고 비판하였다.
유용성을 추구하는 것은 공리주의의 행위 기준이다.

05

정답 ①

📑 핵심체크

제시된 내용은 인간 개체 복제 허용에 대한 반대 논거에 해당한다. 반대 논거의 경우, 인간의 존엄성이 훼손될 수 있으며 자연의 고유한 질서 파괴하는 문제 외에도 복제 인간의 가족 관계 혼란, 고유성 및 정체성 문제 등을 제시할 수 있다.

06

정답 ④

📑 핵심체크

공리주의자들의 주장은 예방주의라고도 하며, 사형 제도가 범죄를 예방하여 보다 많은 사람들에게 더 행복한 삶을 보장한다면 정당하다고 보았다.

🔍 오답체크

① 칸트는 다른 사람의 생명을 빼앗는 것은 중범죄이므로 그 당사자에 대한 사형은 정당하다고 보고, 결과적으로 사형은 인간의 존엄성을 존중하는 행위라고 말하였다. 응보주의 관점을 바탕으로 보았을 때, 지은 죄와 동일한 수준의 벌을 받는 평등의 원리에도 부합한다는 입장이다.
② 루소는 계약자의 생명권을 보존하는 사회 계약설의 관점에 따라, 자신의 생명을 보전하기 위해 정당한 사회 구성원이 아닌 살인자에 대한 사형에 동의하였다. 살인자가 된다는 것은 자신도 죽임을 당해도 좋다는 것에 동의한 것이라고 보는 입장이다.
③ 베카리아는 생명권 양도는 계약자의 생명권을 중요시하는 사회 계약의 내용이 아니므로 사형 제도에 반대하였다. 공리주의 관점에서 보았을 때, 범죄 예방을 위해 사형보다 종신 노역형과 같은 지속적 효과를 가진 처벌을 주장하였다.

07

정답 ④

📑 핵심체크

롤스는 국가는 개인의 평등한 기본적 자유를 보장하며, 최소 수혜자에게 최대 이익이 되도록 하고, 불평등의 계기가 되는 지위는 모든 사람에게 균등하게 개방해야 한다고 주장하였다.

🔍 오답체크

① 모든 사람은 기본적 자유에서 평등한 권리를 가진다고 주장하였다.
② 기본권은 모든 사람에게 있어 동일하게 적용된다고 주장하였다.
③ 사회적·경제적 불평등을 타파하기 위해 최소 수혜자에게 최대의 이익을 보장해야 한다고 주장하였다.

PLUS CHECK 더 알아보기

롤스의 정의의 원칙

제1원칙	평등한 자유의 원칙	모든 사람은 다른 사람과 유사한 자유와 양립할 수 있는 가장 광범위한 기본적 자유에서 평등한 권리를 가진다.
제2원칙	차등의 원칙	사회적·경제적 불평등은 최소 수혜자에게 최대의 이익을 보장해야 한다.
	기회균등의 원칙	불평등의 계기가 되는 지위는 공정한 기회균등의 원칙에 따라 모든 사람에게 개방되어야 한다.

08 정답 ②

📋 **핵심체크**

맹자는 누구에게나 주어져 있는 선한 마음인 사단(四端)을 바탕으로 수양하면 도덕적으로 완성된 인간인 성인과 군자가 된다고 주장하였다.

🔍 **오답체크**

① 공자가 말한 내용으로, 다른 사람을 배려하자는 것이다.
③ 불교의 덕목으로, 자기가 소중하듯 남도 소중하다는 마음이다.
④ 인간관계에서 지켜야 할 다섯 가지 의무를 말한다.

09 정답 ②

📋 **핵심체크**

양성평등은 양쪽 성별의 권리, 의무, 자격 등이 차별 없이 고르고 한결같음을 의미하는 용어이다.

🔍 **오답체크**

① 남녀 간의 차이를 잘못 이해하여 행하는 차별로, 여성 혹은 남성이라는 이유로 부당한 대우를 하는 것이다.
③ 성적 이미지를 제품과 연결하여 성을 도구처럼 대하는 것이다.
④ 외부의 강요 없이 스스로 자신의 성적 행동을 결정할 수 있는 권리를 말한다.

10 정답 ③

📋 **핵심체크**

시민 불복종의 정당화 조건

공개성	불복종의 정당성을 알리기 위해 공개적으로 이루어져야 한다.
정당성	개인에게 불리한 법률이나 정책이 아니라 사회 구성원의 권리를 침해하여 사회 정의를 훼손한 법이나 정책에 항의하는 것으로, 공동선을 추구해야 한다.
비폭력성	폭력적인 행동으로 선동하는 것은 정당화될 수 없다.
처벌의 감수	위법 행위에 대한 처벌을 받아들여 기본적인 법을 존중하고 정당한 법체계를 세우기 위한 노력임을 분명히 해야 한다.
최후의 수단	정상적인 방식을 시도하였지만 소용이 없을 때 최후의 상황에서 시도해야 한다.

11 정답 ④

📋 **핵심체크**

(가)는 청렴에 대한 설명이다. 청렴한 사회를 실현하기 위한 방안에는 업무 처리의 투명성을 보장하고 부정부패를 방지하기 위한 제도(부패 방지법, 내부 공익 신고 제도, 부정 청탁 및 금품 수수 금지에 관한 법률 등)를 마련하는 방법 등이 있다.

12 정답 ④

📋 **핵심체크**

소크라테스는 고대 그리스의 철학자로, 윤리적 성찰의 방법으로 끊임없는 질문을 통해 자신의 무지를 자각하고 성찰할 수 있는 대화법인 산파술을 제시하였다. 또한, 반성하지 않는 삶은 살 가치가 없다며 반성적으로 검토하는 삶이 중요하다는 것을 강조하였다.

13 정답 ②

📋 **핵심체크**

과학 기술자는 자신의 연구 활동이 인간의 존엄성을 구현하고 삶의 질 향상을 위한 것인지 항상 고민해야 한다.

14

📋 **핵심체크**

(가), (다)는 도덕적인 고려 범위를 동물로 확대해야 한다는 동물 중심주의 관점이다.

🔍 **오답체크**

(나)는 무생물을 포함한 생태계 전체를 고려의 대상으로 삼은 생태 중심주의 관점이다.
(라)는 도덕적 지위를 갖는 기준이 생명이라고 보고 도덕적 고려 범위를 모든 생명체로 확대한 생명 중심주의 관점이다.

15
정답 ①

📋 **핵심체크**

정보 격차는 새로운 정보 기술에 접근할 수 있는 능력을 보유한 사람과 그렇지 못한 사람 간의 사회와 경제적 격차가 심화되는 현상을 말한다.

🔍 **오답체크**

② 사이버 공간에서 특정인을 집단적으로 따돌리거나 욕설, 험담 따위로 집요하게 괴롭히는 행위를 말한다.
③ 자신의 의사와 무관하게 개인 정보가 다른 사람에게 노출되거나 악용되는 것을 말한다.
④ 매체 이해력이라고도 하며, 매체의 내용을 비판적으로 해석하면서 제대로 사용하고 표현하는 능력을 말한다.

16
정답 ③

📋 **핵심체크**

제시문은 불교에 대한 내용이다. 불교에서는 모든 존재와 현상에는 원인[因]과 조건[緣]이 있어, 이것이 결합하여 상호 의존한다는 연기(緣起)적 세계관을 강조하였다. 연기를 깨달으면 자기가 소중하듯 남도 소중하다는 자비(慈悲)의 마음이 생긴다고 하였다. 깨달음을 얻어 중생을 구제하고자 하는 이상적 인간상으로 '보살(菩薩)'을 제시하였으며, 참선과 같은 수행을 통해 내면을 성찰하고 마음의 평화를 얻을 수 있다고 하였다.

17
정답 ②

📋 **핵심체크**

예술의 상업화에 찬성하는 입장
• 예술가에게 예술 활동을 지속할 수 있도록 경제적 기반을 마련해 준다.
• 일반 대중도 쉽게 접근할 수 있는 계기를 제공하여 예술을 누구나 즐길 수 있게 된다.
• 대중의 취향과 가치를 반영한 예술 작품이 창작되고, 다양한 예술 분야가 발전하게 된다.

🔍 **오답체크**

예술의 상업화에 반대하는 입장
• 대중의 오락적인 요구에 맞춰 선정적인 작품이 생산되어 대중의 도덕성을 저하시킨다.
• 예술 작품을 고유의 가치가 아닌 상업적 가치로만 평가하게 되며, 투기 수단으로 사용될 수 있다.
• 상업화된 예술 활동은 예술을 오락물로 전락시켜 창조성을 경시하고 예술 수준을 저하시킨다.
• 미적 가치를 추구하는 자율성을 잃게 된다.

18
정답 ③

📋 **핵심체크**

뉴 미디어는 기존 매체가 인터넷 등 전자 통신의 새로운 기술과 결합하여 정보를 가공하고 전송, 소비하는 새로운 수단의 전송 매체를 뜻한다. 뉴 미디어는 송수신자 간 정보 교환이 상호 작용화 되어, 활발한 정보 교환이 이루어진다. 또한, 이용자가 더욱 능동적으로 정보에 접근할 수 있으며, 능동적 소비와 감시가 가능하다.

🔍 **오답체크**

ㄱ. 개별적으로 존재하던 매체들이 하나의 정보망으로 통합된다.
ㄹ. 대규모 집단에 획일적 메시지를 전달하는 방식에서 벗어나서 특정 대상과 특정 정보의 상호 교환이 가능하다.

19
정답 ①

📘 핵심체크

칸트는 의무론적 접근의 대표적 사상가로, 도덕성의 판단에 있어 행위의 결과보다 동기를 중시하였다. 칸트는 이성적이고 자율적인 인간은 보편적인 도덕 법칙을 의식할 수 있다고 보았으며, 도덕 법칙은 정언 명령의 형식을 띠고 있다고 주장하였다.

🔍 오답체크

② 공리주의자로, 최대 다수의 최대 행복을 추구하는 것이 바람직하다고 주장하였다.
③ 인간 중심주의 사상가로, 자연을 인류의 복지를 위한 수단으로 보았다.
④ 고대 그리스 철학자로, 중용을 통해 자신의 행위와 태도를 성찰할 것을 강조하였다.

> **➕ PLUS CHECK 더 알아보기**
>
> **칸트의 정언 명령**
> • 네 의지의 준칙이 언제나 동시에 보편적 입법의 원리가 되도록 행위하라.
> • 너 자신에게나 다른 사람에게 있어서 인격을 언제나 동시에 목적으로 대우하고 수단으로 대우하지 말라.

20
정답 ④

📘 핵심체크

윤리적 소비는 상품이나 서비스를 만들고 유통하는 전체 과정을 윤리적인 가치 판단에 따라 구매하여 사용하는 것으로, 합리적 소비에 대한 대안으로 등장하였다. 윤리적 소비는 경제성을 넘어 환경, 인권, 복지, 노동 조건, 경제 정의 등 인류의 보편적 가치를 실천하는 소비를 말한다.

> **➕ PLUS CHECK 더 알아보기**
>
> **합리적 소비**
> • 자신의 경제력 안에서 최소한의 비용으로 최대의 만족을 추구하는 소비를 말한다.
> • 개인의 경제적 이익이나 만족감 등 합리성과 효율성이 상품 선택의 기준이 된다.

21
정답 ④

📘 핵심체크

하버마스는 담론 윤리를 강조하며 서로 이해하고 합의해 나가는 과정을 중시하였다. 시민은 누구나 자유롭게 소통에 참여할 자격이 있다고 말하며, 의사소통의 합리성을 실현하기 위한 이상적 담화 조건을 제시하였다.

22
정답 ②

📘 핵심체크

국수 대접 이론은 주류의 고유문화가 중심적인 역할을 하되, 이주민의 문화는 그 안에서 문화적 정체성을 유지하면서 공존해야 한다고 보는 문화 다원주의 입장에 속한다. 반면, 샐러드 볼 이론은 이민자들의 다양한 문화를 인정하고 존중하며 문화 다양성을 실현하려는 다문화주의 입장에 속한다. 따라서 ㉠에는 국수 대접, ㉡에는 샐러드 볼이 들어가는 것이 가장 적절하다.

🔍 오답체크

• 동화주의: 이민자들의 다양한 문화를 기존의 문화에 융합하고 흡수하는 정책이다. 대표적으로 모든 것을 녹이는 용광로처럼 다양한 이주민의 문화를 주류 사회에 융합시키는 정책인 '용광로 이론'이 있다.
• 모자이크 이론: 여러 색의 모자이크 조각이 조화를 이루어 하나의 작품이 되듯, 다양한 문화의 공존을 목표로 하는 정책이다.

23
정답 ①

📘 핵심체크

인간은 생로병사를 겪는 불완전한 존재이며 능력 또한 제한적이므로 한계 상황을 만나게 된다. 이를 해결하는 과정에서 초월적이고 절대적인 존재와 세계를 향한 믿음으로 종교를 갖고자 한다. 인간은 종교를 통해 인생의 궁극적인 의미를 발견하며 마음의 평화와 행복을 추구한다. 종교학자 엘리아데는 종교를 지향하는 것이 인간의 근본적인 성향이라고 보고 인간을 '종교적 인간'이라고 규정하였다.

24

📑 핵심체크

싱어는 공리주의 사상을 바탕으로 해외 원조를 바라본 윤리 사상가로, 공리주의적 관점에서 해외 원조는 인류에게 주어진 의무이므로 누구나 차별 없이 도움을 받아야 한다고 보았다.

🔍 오답체크

① 선행의 실천은 도덕적인 의무라고 주장한 사상가이다.
② 해외 원조는 정의 실현을 위한 의무로 고통 받는 사회가 질서 정연한 사회가 되도록 돕는 것이지만, 질서 정연한 사회로 진입한 후에는 상대적으로 빈곤하더라도 더 이상 원조할 필요가 없다고 주장한 사상가이다.
④ 해외 원조는 의무가 아닌 선의를 베푸는 자선이라고 주장한 사상가이다.

25

📑 핵심체크

군사와 안보 측면에서 북한은 경계의 대상일 수 있으나, 결과적으로는 통일 한국에서 함께 살아가야 할 동반자라는 인식이 필요하다.

➕ PLUS CHECK 더 알아보기

통일을 위한 노력

개인적 차원	• 열린 마음으로 소통과 배려 실천: 남북한의 차이를 인정하면서도 적극적인 대화를 통해 서로 이해하도록 노력해야 함 • 북한에 대한 올바른 인식: 군사와 안보 측면에서는 경계의 대상이지만 북한 주민은 통일 한국에서 함께 살아가야 할 동포로 결과적으로는 동반자라는 인식이 필요함 • 통일에 대한 관심: 통일은 나와 관계없는 일이 아닌, 언제든지 현실로 다가올 수 있는 일이라는 인식 필요함
사회·국가적 차원	• 점진적으로 사회 통합의 노력을 통해 남북한의 긴장 관계를 해소해야 함 • 내부적 노력: 안보 기반의 구축, 사회·경제·문화 및 인도적 교류의 장을 확대하여 신뢰를 형성하고, 평화적 통일을 위한 체계적인 준비와 그 과정에서 표출되는 각종 갈등을 해결해야 함 • 외부적 노력: 국제 사회와의 긴밀한 협력을 통해 통일에 우호적인 환경을 조성하여 국제적인 통일 기반을 구축해야 함

3일차　실전 모의고사 정답 및 해설

제1교시　국어　82~89쪽

01	02	03	04	05	06	07	08	09	10
③	①	③	④	①	③	②	③	①	④
11	12	13	14	15	16	17	18	19	20
④	②	①	④	④	②	②	①	②	④
21	22	23	24	25					
③	①	③	②	③					

01　　정답 ③

핵심체크

공감적 듣기는 상대방의 관점에서 문제를 바라보고 이해하려고 노력하는 것이다. ③은 상대방의 기분을 공감하고 배려하며 대답한 것이다.

02　　정답 ①

핵심체크

제시된 내용은 '공손성의 원리' 중 '동의의 격률'에 해당한다. ①은 옷의 가격에 대한 불일치 의견은 최소화하고, '너의 말대로 화사하고 잘 어울린다.'라고 말해 상대방의 의견과 일치하는 표현을 최대화하였다.

오답체크

②・④ 다른 사람에 대한 비방을 최소화하고 칭찬을 극대화하는 '찬동의 격률'에 해당한다.

③ 자신에 대한 칭찬은 최소화하고 자신에 대한 비방을 극대화하는 '겸양의 격률'에 해당한다.

03　　정답 ③

핵심체크

제시된 문장은 간접 높임법의 오류이다. 대상과 밀접한 관계를 맺고 있지 않은 사물 및 상황, 특히 상거래 행위에서는 주체 간접 높임의 사용이 적절하지 않다.

04　　정답 ④

핵심체크

'쇠조각'은 순우리말로 된 합성어 중 [쇠쪼각/쉗쪼각]과 같이 뒷말의 첫소리가 된소리로 나는 경우에 해당하므로 사이시옷을 받치어 '쇳조각'으로 적는 것이 옳다.

오답체크

① 순우리말 합성어 중 [나문닙]과 같이 뒷말의 첫소리 모음 앞에서 'ㄴㄴ' 소리가 덧나는 경우이므로 사이시옷을 받치어 적는다.

② 순우리말 합성어 중 [빈물]과 같이 뒷말의 첫소리 'ㄴ, ㅁ' 앞에서 'ㄴ' 소리가 덧나는 경우이므로 사이시옷을 받치어 적는다.

③ 순우리말 합성어 중 [바다까/바닫까]와 같이 뒷말의 첫소리가 된소리로 나는 경우이므로 사이시옷을 받치어 적는다.

05　　정답 ①

핵심체크

제시된 예는 'ㄴ'이 'ㄹ'의 영향을 받아 'ㄹ'로 동화되는 음운 현상인 유음화에 해당한다. 그중 선행하는 'ㄴ'이 후행하는 'ㄹ' 앞에서 [ㄹ]로 발음되므로 유음화 중 역행적 유음화가 일어난 것이다.

➕ PLUS CHECK 더 알아보기

유음화

- 개념: 일정한 음운 환경에서 'ㄴ'이 유음 'ㄹ'의 영향으로 'ㄹ'로 동화되는 음운 현상
- 순행적 유음화: 후행하는 'ㄴ'이 선행하는 'ㄹ' 뒤에서 [ㄹ]로 발음되는 현상
  예 칼날[칼랄], 생일날[생일랄], 줄넘기[줄럼끼]
- 역행적 유음화: 선행하는 'ㄴ'이 후행하는 'ㄹ' 앞에서 [ㄹ]로 발음되는 현상
  예 신라[실라], 권력[궐력], 벽난로[벽날로]

06 정답 ③

핵심체크

ⓒ은 한자의 뜻을 빌려 '님'으로 표기한 것으로, 훈차를 이용한 것이다.

오답체크

①·②·④ '선', '화', '은'은 한자의 음을 빌려 표기한 것으로, 음차를 이용한 것이다.

07 정답 ②

핵심체크

겨울 방학 동안 예술 관련 수업 진행 후 공연 및 전시 발표를 하므로 '겨울 방학 예술 교실 「아트 플레이」'가 가장 적절하다.

오답체크

① 대상이 초·중·고 학생(초등 4학년~고등 1학년)이므로 '어린이'라는 표현은 적절하지 않다.

③ 참가비 및 재료비 전액 무료라고 하였으므로 '유료'는 적절하지 않다.

④ 진학 관련 내용은 본문에서 찾아볼 수 없다.

08 정답 ③

핵심체크

〈보기〉의 내용은 신청 기간 및 추가 모집과 관련된 것이므로 신청 기간의 하위 내용으로 넣는 것이 적절하다.

✓ **FINAL CHECK 작품 해설**

정호승, 「슬픔이 기쁨에게」
• 갈래: 자유시, 서정시
• 성격: 교훈적, 비판적, 의지적
• 제재: 타인의 고통에 무관심한 이기적인 삶
• 주제: 이기적인 삶에 대한 반성, 더불어 사는 삶의 추구
• 특징
  – 종결 어미의 반복으로 운율감을 형성함
  – 역설적 표현을 통해 주제를 효과적으로 드러냄

---

09 정답 ①

핵심체크

(가)에서는 '사랑보다 소중한 슬픔'이라는 슬픔에 대한 일반적인 통념을 뒤집은 역설적 표현을 사용하였고, '–겠다'라는 단정적 종결 어미를 반복 사용하여 화자의 의지를 강조하고 있다. 따라서 '역설법'과 '강조법'이 사용되었다.

오답체크

• 의인법: 사람이 아닌 것을 사람에 비겨 사람이 행동하는 것처럼 표현하는 수사법을 말한다.

• 반어법: 참뜻과는 반대되는 말을 하여 문장의 의미를 강화하는 수사법이다.

• 은유법: 사물의 상태나 움직임을 암시적으로 나타내는 수사법을 말한다.

• 설의법: 쉽게 판단할 수 있는 사실을 의문의 형식으로 표현하여 상대편이 스스로 판단하게 하는 수사법이다.

10 정답 ④

핵심체크

제시된 글의 주제는 이기적으로 살아온 삶을 반성하고 소외된 이웃에게 관심을 가지며 이웃과 더불어 사는 삶을 살자는 것이다. 객관적 사실을 언급한 내용과는 거리가 멀다.

11 정답 ④

핵심체크

'봄눈'을 데리고 '추워 떠는 사람들의 슬픔'에 같이 간다는 부분에서 '봄눈'은 사회적 약자를 위한 존재이자 소외된 이들을 감싸는 존재라는 것을 알 수 있다.

오답체크

①·② '살아온 추위'와 '어둠'은 사회적 약자가 겪는 고난과 시련을 의미한다.

③ '함박눈'은 가진 자들에게는 기쁨과 행복을 주지만, 소외된 사람들에게는 추위와 고통을 주는 부정적인 존재이다.

✔ FINAL CHECK 작품 해설

김애란 원작, 최민석 외 각본, 「두근두근 내 인생」

- 갈래: 시나리오
- 성격: 서정적, 감성적
- 제재: 조로증을 앓고 있는 16세 소년의 삶과 사랑
- 주제: 죽음을 앞둔 소년의 삶에 대한 소망, 힘든 상황 속에서도 서로를 의지하는 부모와 자식 간의 사랑
- 특징
  - 인물이 상상하는 장면을 통해 심리를 묘사함
  - 투병 중인 소년의 삶을 밝게 형상화하여 유쾌한 시각으로 그려냄

12 　　　　정답 ②

아름이는 그동안 드러내지 않았던 속마음을 격정적으로 분출하며 말하고 있으므로 '봇물 터지듯이 말하며'가 가장 적절하다.

13 　　　　정답 ①

핵심체크

'대수'와 '미라'는 화를 내는 '아름'이에게 실망하기보다 놀라고 당혹스러움을 느꼈을 것이다.

오답체크

② (나)에서 '아름'이가 '서하'의 편지가 뜸해지자 걱정에 잠을 못 이루었다는 내용을 통해 '서하'가 한동안 답장을 보내지 않아 불안하였음을 알 수 있다.

③ (나)에서 '아름'이는 '서하'가 가짜 인물이었음을 알게 되고, 큰 충격과 상처를 받게 된다.

④ (나)에서 '아름'이는 '서하'의 진짜 정체를 알게 된 후 충격과 좌절감에 빠져 '대수'에게 화를 내게 된다.

14 　　　　정답 ④

핵심체크

제시된 글은 힘든 상황 속에서도 서로를 사랑하며 배려하고 의지하는 아름이네 가족의 모습을 통해 주제를 나타내고 있다.

✔ FINAL CHECK 작품 해설

(가) 황진이, 「동짓달 기나긴 밤을」

- 갈래: 고시조, 평시조, 단시조
- 성격: 감상적, 낭만적, 연정적
- 제재: 연모의 정
- 주제: 임을 기다리는 애틋한 마음
- 특징
  - 추상적 대상을 구체적 사물로 형상화함
  - 음성 상징어를 통해 순우리말의 묘미를 살림

> **현대어 풀이**
> 동짓달 기나긴 밤의 한 가운데를 베어 내어
> 봄바람처럼 따뜻한 이불 속에 서리서리 넣어 두었다가
> 정든 임이 오시는 날 밤이면 굽이굽이 펴리라

(나) 작자 미상, 「개를 여라믄이나 기르되」

- 갈래: 사설시조
- 성격: 해학적
- 제재: 원망스러운 개
- 주제: 임을 그리워하는 안타까운 마음
- 특징
  - 과장된 표현과 의성어, 의태어를 사용함
  - 임에 대한 그리움을 개에 대한 원망을 통해 해학적으로 표현함

> **현대어 풀이**
> 개를 열 마리 넘게 기르지만 이 개처럼 얄미우랴.
> 미운 임이 오면 꼬리를 홰홰 치며 아래위로 뛰면서 반기고, 사랑하는 임이 오면 뒷발을 버둥거리면서 물러났다 나아갔다 캉캉 짖는 요 암캐야.
> 쉰밥이 그릇그릇 (아무리 많이) 남을지라도 너 먹일 줄 있으랴.

15 　　　　정답 ④

핵심체크

(가)와 (나) 모두 우리말의 묘미를 잘 살린 음성 상징어를 사용하고 있다. (가)에서는 '서리서리', '굽이굽이'를, (나)에서는 '바둥바둥', '캉캉'을 사용하여 생동감을 부여하였다.

16

핵심체크

도치법은 정상적인 언어 배열 순서를 바꾸어 강한 인상을 주려는 표현 기법이다. (가)에서 도치의 방식을 통해 시적 의미를 강조한 부분은 찾을 수 없다.

오답체크

① '서리서리', '굽이굽이'와 같은 음성 상징어를 활용하여 우리말의 묘미를 잘 살렸다.
③ '춘풍(春風) 이불'이라는 시어를 통해 봄이라는 계절적 특징을 활용하여 주제를 드러내었다.
④ '밤의 한 가운데를 베어 내어', '봄바람처럼 따뜻한 이불' 등의 기발하고 비유적인 표현을 통해 화자의 정서를 드러내었다.

✔ **FINAL CHECK 작품 해설**

박지원, 「허생전」
• 갈래: 고전 소설, 한문 소설, 풍자 소설
• 성격: 현실 비판적, 풍자적
• 제재: 허생의 기이한 삶
• 주제: 무능한 지배층에 대한 비판 및 개혁 촉구
• 특징
　– 실학을 바탕으로 당대 현실을 비판함
　– 전형적 고전 소설의 결말에서 벗어난 미완의 결말 구조를 보임

17

핵심체크

'허생의 처'는 경제적으로 무능력한 사대부를 비판하는 인물이며, 허생의 비범한 면모를 부각하지는 않는다.

오답체크

① '허생의 처'는 무능한 지배층을 비판하며 작가이자 서술자의 의식을 대변하는 역할을 한다.
③ '허생의 처'는 조선 시대 실학파의 학문에 큰 영향을 미친 '실사구시 정신'을 반영하는 인물이다.
④ '허생의 처'는 글만 읽고 생계를 잇지 않는 허생을 닦달하여 허생의 현실 참여 계기를 마련한다.

18

핵심체크

작가는 볼품없는 허생의 외양 묘사를 통해, 당시 정치·경제적으로 몰락한 양반 계층의 초라한 모습을 풍자하고 있다.

19

핵심체크

(다)에서 허생은 변 씨에게 빌린 만 냥으로 전국의 과일 값을 좌우하였다. 이는 적은 돈으로도 매점매석이 가능한 조선의 취약한 경제 구조를 비판한 것이다.

✔ **FINAL CHECK 작품 해설**

이민정, 「옷 한 벌로 세상 보기」
• 갈래: 논설문
• 성격: 논리적, 분석적, 비판적
• 제재: 현대 사회의 빠른 옷 소비 현상
• 주제: 공생과 상생의 가치를 바탕으로 한 옷 입기의 필요성
• 특징
　– 구체적인 사례를 제시하여 주장의 신뢰도를 높임
　– 일상생활에서 도출해 낸 문제점을 제시하여 독자들의 흥미를 유발함

20

핵심체크

제시된 글은 어떤 문제에 대해 자신의 생각이나 주장을 논리적으로 증명하고, 독자를 설득하는 논설문이다. 논설문은 글쓴이의 생각을 그대로 수용하기보다는 비판적 관점으로 읽어야 하며, 글쓴이의 생각을 보완하거나 대체할 만한 방안을 찾으며 읽어야 한다.

비판적 독해를 할 때는 주장과 근거가 합리적이고, 제시된 정보가 정확한지를 판단하는 내용의 타당성, 주장이나 의견이 어느 한쪽으로 치우치지 않고 균형을 이루는지를 판단하는 내용의 공정성, 자료가 주장과 근거를 적절히 뒷받침하고 출처가 명확한지를 판단하는 자료의 적절성을 기준으로 평가해야 한다.

21 정답 ③

핵심체크

의류 산업은 전체 생산 비용에서 노동 비용이 차지하는 비중이 높은 노동 집약 산업이다. 제품 가격을 낮추기 위해서는 노동 비용을 줄이는 것이 효과적이지만, 노동 집약 산업이기 때문에 인건비가 비싼 것은 아니다.

오답체크

① (가)에서 유행이 지나고 나면 기존의 옷은 더 이상 입지 못할 옷이 되어 버려짐을 알 수 있다.

② (가)에서 미국에서도 옷을 쉽게 소비하는 현상이 나타나고 있음을 알 수 있다.

④ (다)에서 의류 업체 간의 속도 경쟁으로 인해 몇몇 업체는 제작 공정을 축소하거나 없애 제작 기간을 줄이는 양상을 보이게 되었음을 알 수 있다.

22 정답 ①

핵심체크

㉠에서 글쓴이는 최신 유행을 반영한 옷을 최대한 빨리 만들어 싼 가격에 파는 것이 반가워만 할 일은 아니라는 비판적 태도를 보이고 있다. 따라서 ㉠ 다음에는 '옷 소비 증가로 인한 문제점'이 이어지는 것이 가장 적절하다.

> **✓ FINAL CHECK 작품 해설**
>
> 고영삼, 「스마트폰 중독, 어떻게 해결할까?」
> • 갈래: 논설문
> • 성격: 논리적, 비판적, 설득적
> • 제재: 스마트폰 중독
> • 주제: 스마트폰 중독의 위험성과 극복 방안
> • 특징
>   – 비유, 예시 등 다양한 표현 방법을 사용함
>   – 객관적인 통계 자료를 인용하여 주장을 뒷받침함

23 정답 ③

핵심체크

제시된 글은 스마트폰 중독의 위험성과 그 해결 방안을 제시하고 있으므로 문제점의 대처 방안을 제시하고 있다는 설명은 적절하다.

24 정답 ②

핵심체크

제시된 글은 스마트폰 중독 예방과 중독 위험의 대처 방안에 대해 설명하고 있기 때문에 '정보 격차 현상 심화'를 제시된 글의 문제점으로 보기는 어렵다. 이는 정보 기기의 이용과 접근에서 일반 국민과 정보 소외 계층 간의 차이가 발생하는 것이다. 따라서 정보 소외 계층을 위한 경제적 지원 및 시설 보급, 정보 기기 활용 교육 등으로 해결될 수 있다.

오답체크

①・③・④ 스마트폰 중독 예방과 중독 위험 대처 방안과 관련한 문제점으로 스마트폰에 중독된 청소년 증가, 그로 인한 학업 소홀, 인간 소외 현상 등이 제시될 수 있다.

25 정답 ③

핵심체크

(라)에서 보면 손 닿을 거리에 있는 친구들과의 대화는 굳이 스마트폰으로 할 필요가 없다고 말하고 있다. 이는 스마트폰이 필요 없는 상황에서는 굳이 이용하지 않는 것이 좋다라는 의미이므로 '가능하다면 스마트폰을 이용하지 않는 것이 좋다.'라는 방안이 가장 적절하다.

01	02	03	04	05	06	07	08	09	10
①	②	③	④	①	④	③	②	④	③
11	**12**	**13**	**14**	**15**	**16**	**17**	**18**	**19**	**20**
②	①	②	③	③	④	①	②	④	②

01
정답 ①

핵심체크

$2A - B = 2(x^2 + x - 3y) - (x^2 + 5x - y)$

$\qquad = 2x^2 + 2x - 6y - x^2 - 5x + y$

$\qquad = 2x^2 - x^2 + 2x - 5x - 6y + y$

$\qquad = x^2 - 3x - 5y$

02
정답 ②

핵심체크

등식

$x^2 - 2x + 4 = (x+1)^2 + ax + 3$

$\qquad\qquad\qquad = x^2 + 2x + 1 + ax + 3$

$\qquad\qquad\qquad = x^2 + (2+a)x + 4$

가 x에 대한 항등식이므로

$-2 = 2 + a$

$\therefore \ a = -4$

03
정답 ③

핵심체크

$$
\require{enclose}
\begin{array}{r}
2x - 1 \\
x^2 + 2x + 1 \enclose{longdiv}{2x^3 + 3x^2 \qquad + 4} \\
\underline{2x^3 + 4x^2 + 2x} \\
-x^2 - 2x + 4 \\
\underline{-x^2 - 2x - 1} \\
5
\end{array}
$$

이므로 (가)에 알맞은 식은 $-x^2 - 2x + 4$이다.

04
정답 ④

핵심체크

다항식 $f(x) = x^3 + px^2 - x - 2$라 하자. 다항식 $f(x)$는 $x - 1$을 인수로 가지므로 인수정리에 의하여 $f(1) = 0$이다.

즉, $1 + p - 1 - 2 = 0$에서 $p = 2$

따라서 $f(x) = x^3 + 2x^2 - x - 2$이므로 조립제법을 이용하여 인수분해를 하면

$$
\begin{array}{r|rrrr}
1 & 1 & 2 & -1 & -2 \\
  &   & 1 & 3 & 2 \\
\hline
  & 1 & 3 & 2 & 0 \\
\end{array}
$$

이므로

$f(x) = (x-1)(x^2 + 3x + 2)$

$\qquad = (x-1)(x+1)(x+2)$

$\therefore \ q = 2$

$\therefore \ pq = 4$

05
정답 ①

핵심체크

$(3 + 2i) - (1 - 3i) = 2 - ai$에서

$3 + 2i - 1 + 3i = 2 - ai$

$2 + 5i = 2 - ai$

따라서 복소수가 서로 같을 조건에 의하여

$a = -5$

06
정답 ④

핵심체크

이차방정식 $2x^2 - 7x + 3 = 0$의 두 근을 α, β라 하면 이차방정식의 근과 계수의 관계에 의하여

$\alpha + \beta = \dfrac{7}{2}$

07 정답 ③

핵심체크

x에 대한 이차방정식 $x^2 - 3x + k = 0$의 판별식을 D라

하면 $D = (-3)^2 - 4 \times 1 \times k = 9 - 4k$

주어진 이차함수의 그래프가 x축과 한 점에서 만나려면

$D = 0$이어야 하므로

$9 - 4k = 0$

$\therefore \ k = \dfrac{9}{4}$

08 정답 ②

$x = 1$, $x = 2$를 $x^3 + ax^2 + bx + 6 = 0$에 각각 대입하면

$1 + a + b + 6 = 0$에서

$a + b = -7 \ \cdots\cdots \ \bigcirc$

$8 + 4a + 2b + 6 = 0$에서 $4a + 2b = -14$

$\therefore \ 2a + b = -7 \ \cdots\cdots \ \bigcirc$

$\bigcirc$, $\bigcirc$을 연립하여 풀면

$a = 0$, $b = -7$

09 정답 ④

핵심체크

$2x < x + 4$에서 $x < 4$

$4x > -5x - 1$에서 $9x > -1$ $\therefore \ x > -\dfrac{1}{9}$

따라서 연립부등식 $\begin{cases} 2x < x + 4 \\ 4x > -5x - 1 \end{cases}$의 해는

$-\dfrac{1}{9} < x < 4$이므로

$a = -\dfrac{1}{9}$

10 정답 ③

핵심체크

부등식 $|x - 3| < 2$에서

$-2 < x - 3 < 2$, $-2 + 3 < x < 2 + 3$

$\therefore \ 1 < x < 5$

따라서 주어진 부등식을 만족시키는 정수 x는 2, 3, 4이

므로 그 합은

$2 + 3 + 4 = 9$

11 정답 ②

핵심체크

좌표평면 위의 두 점 A$(-1, \ -4)$, B$(2, \ -6)$ 사이의 거

리는

$\sqrt{\{2 - (-1)\}^2 + \{-6 - (-4)\}^2} = \sqrt{9 + 4}$

$\qquad\qquad\qquad\qquad\qquad\qquad = \sqrt{13}$

12 정답 ①

핵심체크

직선 $x - 3y + 1 = 0$, 즉 직선 $y = \dfrac{1}{3}x + \dfrac{1}{3}$에 평행하는

직선의 방정식을 $y = ax + b$라 하면 $a = \dfrac{1}{3}$

직선 $y = \dfrac{1}{3}x + b$가 점 $(0, \ -1)$을 지나므로

$x = 0$, $y = -1$을 각각 대입하면

$b = -1$

따라서 구하는 직선의 방정식은

$y = \dfrac{1}{3}x - 1$

13 정답 ②

핵심체크

두 점 A$(-2, \ -1)$, B$(0, \ 3)$을 지름의 양 끝점으로 하는

원의 중심의 좌표 $(a, \ b)$는

$a = \dfrac{-2 + 0}{2} = -1$, $b = \dfrac{-1 + 3}{2} = 1$

한편, 이 원의 지름의 길이는

$\overline{AB} = \sqrt{\{0 - (-2)\}^2 + \{3 - (-1)\}^2}$

$\qquad = \sqrt{4 + 16}$

$\qquad = \sqrt{20}$

$\qquad = 2\sqrt{5}$

이므로 반지름의 길이는 $\dfrac{2\sqrt{5}}{2} = \sqrt{5}$이다.

따라서 구하는 원의 방정식은

$(x + 1)^2 + (y - 1)^2 = 5$

14

정답 ③

핵심체크

점 $(3, a)$를 원점에 대하여 대칭이동하면 $(-3, -a)$,
즉 점 $(-3, -a)$가 점 $(b, -4)$와 일치하므로
$-a = -4$, $-3 = b$
$\therefore a = 4$, $b = -3$
$\therefore a + b = 4 + (-3) = 1$

15

정답 ③

핵심체크

$A = \{x \mid x$는 8의 약수$\}$이므로
$A = \{1, \ 2, \ 4, \ 8\}$
따라서 $B = \{1, \ 4, \ 6\}$이므로
$A - B = \{2, \ 8\}$

16

정답 ④

핵심체크

①·② 참, 거짓을 판별할 수 없으므로 명제가 아니다.
③ 15는 합성수이므로 거짓인 명제이다.
④ 참인 명제이다.

> **➕ PLUS CHECK 더 알아보기**
>
> 명제 $p \to q$의 참, 거짓
> 두 조건 p, q의 진리집합을 각각 P, Q라고 할 때
> ㉠ 명제 $p \to q$가 참이면 $P \subset Q$이고,
> $P \subset Q$이면 명제 $p \to q$는 참이다.
> ㉡ 명제 $p \to q$가 거짓이면 $P \not\subset Q$이고,
> $P \not\subset Q$이면 명제 $p \to q$는 거짓이다.

17

정답 ①

핵심체크

무리함수 $y = \sqrt{x-2} + 1$의 그래프는 함수 $y = \sqrt{x}$의
그래프를 x축 방향으로 2만큼, y축 방향으로 1만큼 평행
이동한 것이다.
따라서 $a = 2$, $b = 1$이므로
$a - b = 2 - 1 = 1$

18

정답 ②

핵심체크

$$(g \circ f)(1) = g(f(1))$$
$$= g(b)$$
$$= 7$$

19

정답 ④

핵심체크

서로 다른 4개 중에서 2개를 뽑아 일렬로 나열하는 순열의
수와 같으므로 구하는 경우는 수는 $_4\mathrm{P}_2$이다.

20

정답 ②

핵심체크

구하는 방법의 수는 서로 다른 6명 중에서 순서에 상관없
이 2명을 택하는 조합의 수와 같으므로
$$_6\mathrm{C}_2 = \frac{6 \times 5}{2 \times 1} = 15$$

제3교시 영어

94~98쪽

01	02	03	04	05	06	07	08	09	10
④	②	②	③	②	①	③	①	③	④
11	12	13	14	15	16	17	18	19	20
①	③	③	④	②	④	②	④	①	③
21	22	23	24	25					
④	③	②	①	④					

01
정답 ④

단어체크

• fight for: ~을 (얻기) 위해 싸우다

• right: (법적·도덕적) 권리, 권한

• peace: 평화

핵심체크

밑줄 친 'democracy'는 '민주주의'라는 의미이다.

해석 CHECK

그녀는 또한 여성의 권리, 민주주의, 그리고 평화를 위해 싸웠다.

02
정답 ②

단어체크

• hiking: 도보 여행

핵심체크

밑줄 친 'used to'는 '~하고는 했다; 과거 한때는 ~이었다, 예전에는 ~했다'라는 의미이다.

오답체크

① try to

③ cannot help ~ing

④ draw back from

해석 CHECK

나는 토요일마다 도보 여행을 하고는 했다.

03
정답 ②

단어체크

• full of: ~로 가득 찬

• achieve: 달성하다, 성취하다

• goal: 목표

핵심체크

밑줄 친 'At first'는 '처음에는'이라는 의미이다.

해석 CHECK

처음에는, 그들은 희망에 가득 차서 목표를 달성하려고 노력한다.

04
정답 ③

핵심체크

'smart'와 'clever'는 둘 다 '영리한, 똑똑한'의 의미로, 유의 관계이다.

오답체크

① 무거운 – 가벼운

② 넓은 – 좁은

④ 이익 – 손해

05
정답 ②

단어체크

• glory: 영광

• opening: 개막, 개관

• book: 예약하다

• fee: 요금, 회비, 가입비

• entrance: 입장(할 권리, 기회)

핵심체크

제시된 안내문에 입장료(audult: ₩8000, children & young: ₩4000), 관람 시간(Monday, Tuesday, Thursday to Saturday 10:00~18:00, Wednesday, Saturday 10:00~21:00), 예약 방법(Book on our website)은 언급되어 있으나, 휴관일은 언급되어 있지 않다.

해석 CHECK

국립 중앙 박물관 '한국의 영광'

○ 관람 시간
  • 월요일, 화요일, 목요일에서 일요일
    10:00~18:00 (입장 마감: 17:30)
  • 수요일, 토요일
    10:00~21:00 (입장 마감: 20:30)
○ 예약
  • 우리 웹사이트에서 예약하세요.
    (www.museum.go.k)
○ 입장료
  • 성인: 8,000원
  • 어린이 및 청소년: 4,000원

06 정답 ①

단어체크

• impolite: 무례한, 실례되는
• behavior: 행동, 태도
• put up with: 참다, 받아들이다
• put off: 미루다, 연기하다

핵심체크

첫 번째 문장의 빈칸에는 문맥상 빈칸 뒤의 부사 'up', 전치사 'with'와 짝을 이루어 '참다'의 의미를 나타낼 수 있는 단어가 들어가야 한다. 두 번째 문장의 빈칸에는 문맥상 빈칸 뒤의 부사 'off'와 짝을 이루어 '미루다'의 의미를 나타낼 수 있는 단어가 들어가야 한다. 이러한 두 조건을 모두 만족하는 말은 'put'이다.

해석 CHECK

○ 나는 그녀의 무례한 행동을 참을 수 없다.
○ 오늘 할 수 있는 일을 내일로 미루지 마라.

07 정답 ③

단어체크

• volume: (텔레비전, 라디오 등의) 음량, 볼륨
• turn on: ~을 켜다
• turn down: ~을 줄이다

핵심체크

첫 번째 문장의 빈칸에는 문맥상 빈칸 뒤의 전치사 'on'과 짝을 이루어 '켜다'의 의미를 나타낼 수 있는 단어가 들어가야 한다. 두 번째 문장의 빈칸에는 문맥상 빈칸 뒤의 전치사 'down'과 짝을 이루어 '줄이다'의 의미를 나타낼 수 있는 단어가 들어가야 한다. 이러한 두 조건을 모두 만족하는 말은 'turn'이다.

해석 CHECK

○ Jina는 TV를 켤 것이다.
○ 소리를 줄이세요.

08 정답 ①

단어체크

• why don't you ~?: ~하는 게 어때?

핵심체크

첫 번째 문장의 빈칸에는 빈칸 뒤의 'don't you'와 짝을 이루어 '~하는 게 어때?'의 의미를 나타낼 수 있는 의문 부사가 들어가야 한다. 두 번째 문장의 빈칸에는 문맥상 이유를 나타내는 의문 부사가 들어가야 한다. 이러한 두 조건을 모두 만족하는 말은 'Why'이다.

해석 CHECK

○ 오늘 밤 휴식을 취하는 게 어때?
○ 사람들이 왜 영화 관람을 즐긴다고 생각하니?

09 정답 ③

단어체크

• introduction: 도입부, 서론
• stay up all night: 밤새우다
• achieve: ~을 이루다, 성취하다

핵심체크

대화에서 B가 언급한 'No pain, no gain'은 '고통 없이는 얻는 것도 없다'라는 의미로, 목표를 이루기 위해서는 열심히 해야만 한다는 의미이다.

🔍 오답체크

① Where there's a will, there's a way
② A good medicine tastes bitter
④ Rome was not built in a day

─ **해석 CHECK** ─

A: 너 벌써 도입부를 썼구나.
B: 응, 밤 샜어.
A: 많이 피곤하겠다.
B: <u>고통 없이는 얻는 것도 없잖아.</u>
A: 무슨 뜻이야?
B: 목표를 이루기 위해 열심히 해야만 된다는 뜻이야.

10 　　　　　　　　　　　　　 정답 ④

📖 단어체크

• relationship: 관계
• go (on) well: 잘 되어가다
• have a hard time: 힘든 시간을 보내다
• break up: 헤어지다

📑 핵심체크

대화에서 언급된 'worried', 'afraid' 등의 표현을 통해 B의 심정은 '걱정스럽다'라는 것을 알 수 있다.

─ **해석 CHECK** ─

A: 무슨 일 있니?
B: 내 남자 친구와의 관계가 걱정이 돼. 잘 되어가고 있지 않아.
A: 안 되었구나. 힘든 시간을 보내고 있겠다.
B: 그래. 나는 우리가 곧 헤어질까봐 두려워.

11 　　　　　　　　　　　　　 정답 ①

📖 단어체크

• spot: 점, 반점
• back: 등
• look like: ~인 것처럼 보이다
• medicine: 약
• twice: 두 번

📑 핵심체크

대화에서 B가 A에게 'has a skin problem(피부에 문제가 생겼다)', 'Give him this medicine(그에게 이 약을 먹여라)' 등의 말을 하였으므로 대화가 이루어지는 장소로 가장 적절한 것은 '병원'이다.

─ **해석 CHECK** ─

A: 우리 아들 등에 이상한 붉은 점이 몇 개 생겼어요.
B: 확인해 보겠습니다. 오, 피부에 문제가 생긴 것 같네요.
A: 심각한가요?
B: 걱정하지 마세요. 이 약을 아드님께 하루에 두 번 먹이시고, 3일 후에 다시 오세요.

12 　　　　　　　　　　　　　 정답 ③

📖 단어체크

• control: 통제하다
• heat: 열기, 더위
• pain: 고통
• without: ~없이
• movement: (몸·신체 부위의) 움직임
• hormone: 호르몬

📑 핵심체크

'thing inside your head(머리 안에 있는 것)', 'use ~ to think(생각하기 위해 ~을 사용한다)', 'helps us feel(우리가 느끼도록 돕는다)', 'without ~ can't control(~이 없으면 통제할 수 없다)' 등의 말을 통해 밑줄 친 'It(it)'이 가리키는 것은 'brain(뇌)'임을 알 수 있다.

─ **해석 CHECK** ─

<u>그것은</u> 당신의 머리 안에 있으면서 몸을 통제하는 것이다. 당신은 생각하기 위해 <u>그것을</u> 사용한다. <u>그것은</u> 또한 우리가 더위나 고통과 같은 것들을 느끼도록 돕는다. <u>그것</u> 없이는, 당신은 움직임을 통제할 수 없다.

13

📖 단어체크

- delay: 미루다, 지연시키다
- accident: 사고
- how far: (거리·정도가) 어디까지, 어느 범위까지
- luggage: (여행용) 짐, 수하물

📋 핵심체크

대화에서 A가 'train will be delayed(기차가 지연될 것이다)'라고 하자 B가 대답하였고, 이어서 A가 다시 'Let's meet at the bus stop(버스 정류장에서 만나자)'이라고 말하였다. 따라서 문맥상 빈칸에는 버스와 관련하여 어떤 제안을 하는 'Why don't we take a bus instead(대신에 버스를 타는 거 어때)'가 들어가는 것이 가장 적절하다.

🔍 오답체크

① 버스 정류장까지는 얼마나 걸리니
② 거기서 뭐하니
④ 네 짐은 어떻게 생겼니

> **해석 CHECK**
> A: Hye-su, 우리가 탈 기차가 사고 때문에 지연될 거래.
> B: 오, 안 돼! 대신에 버스를 타는 거 어때?
> A: 좋은 생각이야. 버스 정류장에서 오전 9시에 만나자.
> B: 좋아. 그때 보자.

14

📖 단어체크

- depart: 출발하다
- leave: 출발하다
- business: 출장
- travel: 여행하다, 이동하다

📋 핵심체크

대화에서 B가 'leaves in ten minutes(10분 후에 출발한다).'라고 말하였으므로 문맥상 빈칸에는 'If you want to take that one, you should hurry(그걸 타려면, 서두르셔야 합니다)'가 들어가는 것이 가장 적절하다.

🔍 오답체크

① 나는 출장 중입니다
② 나는 기차 타고 여행하는 것을 좋아합니다
② 내년에는 무엇을 할 예정입니까

> **해석 CHECK**
> A: 다음 기차는 몇 시에 출발하나요?
> B: 어디 봅시다. 다음 기차는 10분 후에 떠납니다. 그걸 타려면, 서두르셔야 합니다.

15

📖 단어체크

- develop: 성장·발달하다, 성장·발달시키다
- find: (시도·경험 등으로) 알게 되다
- material: (특정 활동에 필요한) 자료

📋 핵심체크

두 번째 문장에 나온 'Here in the Listening Center(여기 듣기 센터에서는)'와 마지막 문장에 나온 'You will find it very helpful(그것이 매우 도움이 된다는 사실을 알게 될 것이다)'을 통해 제시된 글의 목적이 '광고하기'라는 것을 알 수 있다.

> **해석 CHECK**
> 듣기 기술을 발전시키는 것은 영어 교육 과정에서 중요한 부분을 차지한다. 여기 듣기 센터에서는 당신이 많은 다른 기술들을 발전시킬 수 있다. 당신에게 필요한 비디오 테이프들이 수백 개 준비되어 있다. 당신은 이러한 자료들을 사용하는 것이 매우 도움이 된다는 사실을 알게 될 것이다.

16

📖 단어체크

- check out: (도서관 등에서) 대출받다
- now that: ~이므로, ~이기 때문에
- borrow: 빌리다
- be going to: ~할 것이다, ~하게 될 것이다

핵심체크

주어진 문장에서 'I'd like to check out these books(이 책들을 대출하고 싶어요).'라고 하였으므로 문맥상 (C)의 'Are you going to borrow all three of them(세 권 모두 빌릴 건가요)?'으로 이어지는 것이 자연스럽다. (C)의 질문에 대해 'now that I think about it, I only need these two(지금 생각해 보니, 이 두 권만 필요해요).'라는 (B)로 연결되어야 한다. 마지막으로 (A)에서 'No problem(그렇게 하세요).'이라고 마무리 짓고 있다. 따라서 주어진 문장에 이어질 대화의 순서는 '(C) – (B) – (A)'가 가장 적절하다.

해석 CHECK

안녕하세요. 이 책들을 대출하고 싶어요.
(C) 알겠어요. 세 권 모두 빌릴 거예요?
(B) 음, 지금 생각해 보니, 이 두 권만 필요해요.
(A) 그렇게 하세요.

17 정답 ②

단어체크

• locker: 개인 물품 보관함
• available: 구할 수 있는, 이용할 수 있는

핵심체크

제시된 안내문의 세 번째 내용에 'Shower rooms and lockers available(샤워실과 사물함을 사용할 수 있습니다).'이라고 나와 있으므로 샤워실과 사물함을 사용할 수 있음을 알 수 있다. 따라서 안내문의 내용과 일치하지 않는 것은 '샤워실과 사물함을 사용할 수 없다.'이다.

해석 CHECK

학교 테니스장
○ 모든 학생들과 교사들에게 개방되어 있습니다.
○ 개방 시간: 오전 9시부터 오후 4시까지
○ 샤워실과 사물함을 사용할 수 있습니다.
○ 음료수를 반입할 수 있습니다.

18 정답 ④

단어체크

• desert: 사막
• camel: 낙타
• endless: 끝없는, 무한한
• line: (사람, 물건들이 옆으로 또는 앞뒤로 늘어서 있는) 줄
• sand hill: 모래 언덕

핵심체크

제시된 글의 첫 문장에 'riding camels in the desert(사막에서 낙타 타기)'라는 말은 나와 있지만, '낙타에서 내려 사막을 걷기도 하였다.'라는 말은 언급되어 있지 않다.

해석 CHECK

우리가 여행하는 동안 한 가지 흥미로웠던 경험은 사막에서 낙타를 탔던 것이다. 태양은 굉장히 뜨거웠고 공기는 너무 건조해서 나는 물을 많이 마셔야 했다. 우리 주변에는 나무가 한 그루도 없었다. 우리가 볼 수 있었던 것은 오직 끝없는 모래 언덕의 선뿐이었다.

19 정답 ①

단어체크

• nowadays: 요즘에는
• glaciers: 빙하
• melt: 녹다
• sea level: 해수면
• temperature: 기온
• production: 생산(량)
• noticeable: 뚜렷한, 현저한
• carbon dioxide: 이산화 탄소

핵심체크

제시된 글의 두 번째 문장에서 'results of global warming(지구 온난화의 결과)'이 나와 있고, 세 번째 문장에서 'caused by ~(~로 인해)'가 나와 있으므로 제시된 글의 주제로 가장 적절한 것은 '지구 온난화의 원인과 결과'임을 알 수 있다.

20

정답 ③

단어체크

- be located in: ~에 위치하다
- southwestern: 남서의, 남서쪽에 있는
- contain: ~이 들어있다, 함유되어 있다
- cave: 동굴
- accidentally: 우연히
- discover: 발견하다
- while: ~하는 동안, ~하는 사이
- in order to: ~을 위해
- preserve: 보존·관리하다
- be closed to the public: 대중에게 공개를 금하다
- judge: 판단하다
- prohibit: 금하다, 금지하다
- persuade: 설득하다

핵심체크

제시된 글의 빈칸 앞에 'in order to(하기 위해)'가 나와 있고, 빈칸 뒤에 'the cave was closed to the public(동굴의 대중 공개를 금하였다).'이라는 결과가 나와 있다. 빈칸에는 그 목적을 설명하는 동사가 나오는 것이 자연스럽다. 따라서 문맥상 빈칸에 들어갈 말로 가장 적절한 것은 'preserve(보존하다)'이다.

해석 CHECK

Lascaux 동굴은 프랑스 남서부에 있다. 그 동굴에는 거대한 동물들을 그린 고대 회화가 있다. 1940년까지 아무도 그 동굴에 대해 알지 못하였다. 십대 청소년 네 명이 개를 쫓아가다가 우연히 그것을 발견하였다. 1963년에, 그 그림들을 보존하기 위해, 동굴의 대중 공개를 금하였다.

21

정답 ④

단어체크

- waste: 낭비하다
- grocery: 식료품
- order: 주문하다
- throw away: 버리다
- appearance: (겉)모습
- selection: 선발, 선정, 선택

핵심체크

제시된 글의 마지막 문장에서 'because' 이하는 이유를 나타내는 종속절이며, 빈칸에는 'not good enough(충분하지 않다)'의 대상이 되는 주어(명사)가 들어가야 한다. 이때 'its'는 앞에 나온 'a fruit or vegetable(과일이나 채소)'를 받는 소유 대명사이므로 문맥상 빈칸에 들어갈 말로 가장 적절한 것은 'appearance(겉모습)'이다.

해석 CHECK

우리는 너무 많은 음식을 낭비하고 있다. 이 문제에 대한 해결책들이 있다. 식료품을 사러 갈 때, 목록을 만들어 꼭 필요한 것만 사라. 음식을 주문할 때, 먹을 것만 주문해라. 단순히 겉모습이 좋지 않다고 해서 과일이나 채소를 버려서는 안 된다.

22

정답 ③

단어체크

- solar power: 태양열 발전
- green energy: 태양, 지열, 풍력, 파력, 조력 등 친환경 에너지
- harm: 해를 끼치다, 손상시키다

핵심체크

제시된 글의 마지막 문장에서 'Here are various types of green energy that can be used in our daily lives(여기 일상생활에서 사용 가능한 다양한 종류의 친환경 에너지가 있다).'라고 하였으므로 뒤에 이어질 내용으로 가장 적절한 것은 '일상생활에 쓰이는 다양한 친환경 에너지'이다.

해석 CHECK

태양열을 이용하여 요리하는 사람을 본 적 있는가? 이러한 종류의 에너지를 '친환경 에너지'라고 한다. 친환경 에너지는 환경에 해를 가하지 않는다. 여기 우리 일상생활에서 사용 가능한 다양한 종류의 친환경 에너지가 있다.

23   정답 ②

단어체크

- compare: 비교하다
- table tennis: 탁구
- similarity: 유사점
- difference: 차이점
- hit: 때리다, 치다
- back and forth: 왔다갔다
- while: ~인 데 반해
- court: (테니스 등을 하는) 코트
- compared to: ~와 비교하여

핵심체크

제시된 글의 첫 번째 문장에서 'there are some similarities and difference(유사점과 차이점이 있다)'를 통해 '테니스와 탁구의 유사점과 차이점'에 관한 글임을 알 수 있다. 주어진 문장은 유사점 중 한 가지를 말하고 있으므로 유사점을 제시한 ①이나 ②에 들어가야 한다. 주어진 문장이 'also(또한)'로 시작하였기 때문에 'First(첫째)'보다 먼저 올 수 없다. 따라서 문맥상 주어진 문장이 들어가기에 가장 적절한 곳은 ②이다.

해석 CHECK

테니스와 탁구를 비교하면 유사점과 차이점이 있다. 첫째, 그것들은 둘 다 라켓을 사용하는 스포츠이다. 또한, 두 명의 선수들이 네트를 가로질러 공을 왔다갔다 친다. 하지만, 차이점도 있다. 테니스는 코트에서 경기하는 반면, 탁구는 테이블 위에서 경기한다. 또 다른 차이점은 테니스가 탁구와 비교하여 훨씬 큰 라켓이 사용된다는 점이다.

[24~25]

단어체크

- celebrate: 기념하다, 축하하다
- be held: 열리다, 개최되다
- such as: ~와 같은
- provide: 제공하다, 공급하다, 주다
- opportunity: 기회
- taste: 맛보다
- for free: 공짜로, 무료로

해석 CHECK

국제 망고 축제, 이 축제는 1987년에 시작되었으며, 망고에 대한 모든 것을 기념한다. 그것은 매년 여름에 인도에서 개최된다. 그것에서는 망고 먹기 대회와 퀴즈쇼와 같은 다양한 행사가 열린다. 그 축제는 550종 이상의 망고를 무료로 맛볼 수 있는 기회를 제공한다.

24   정답 ①

핵심체크

제시된 글에서 빈칸이 있는 문장의 주어가 'It'이고, 빈칸 뒤의 문장은 전치사구(in India)이므로 빈칸에는 동사가 들어가야 한다. 빈칸 앞에 be 동사(is)가 있으므로 이 문장의 동사가 수동태라는 것을 알 수 있다. 문맥상 '열리다, 개최되다'라는 의미가 되어야 하므로 빈칸에 들어갈 말로 가장 적절한 것은 'held'이다.

25   정답 ④

핵심체크

제시된 글에서 첫 번째 문장이 'The International Mango Festival(국제 망고 축제)'로 시작하면서, 그것을 계속해서 대명사 'it'으로 받아서 설명하고 있다. 마지막 문장에서는 'The festival(그 축제)'로 마무리하는 것을 통해 주제가 '국제 망고 축제'임을 알 수 있다.

01	02	03	04	05	06	07	08	09	10
④	③	③	①	②	②	③	④	②	④
11	12	13	14	15	16	17	18	19	20
①	②	③	①	④	②	①	①	②	③
21	22	23	24	25					
①	①	③	④	①					

01

정답 ④

핵심체크

인권은 자연적 성질에 바탕을 둔 보편적이고 항구적인 법 개념인 자연법(㉠)을 근거로 시작되었다. 헌법은 국민의 권리를 보장하기 위해 자유권, 평등권, 참정권, 사회권, 청구권 등의 기본권(㉡)을 규정하고 있다.

02

정답 ③

핵심체크

배타적 민족주의는 자기 민족의 이익만을 추구하여 다른 민족을 배척하는 태도로, 자문화 중심주의, 국수주의, 문화 제국주의 등이 속한다. 자문화 중심주의는 자기 문화만을 우수한 것으로 믿고 다른 문화를 부정적으로 평가하는 태도이며, 국수주의는 자기 문화만을 고수하고 타 문화를 받아들이는 것을 거부하는 태도이다. 문화 제국주의는 자국 문화의 우월성을 증명하기 위해 다른 국가나 세력권을 공격하거나 자국 문화를 강요하는 태도를 말한다.

오답체크

ㄴ. 자신의 문화는 부정적으로 평가하고, 다른 특정 사회의 문화를 가치 있고 우수한 것으로 여기는 태도이다.

ㄷ. 문화를 그 사회의 특수한 환경과 역사적 맥락을 고려하여 그 사회의 입장에서 이해하고 존중하는 태도이다.

03

정답 ③

핵심체크

사회적 약자는 사회적으로 배려와 보호의 대상이 되는 개인 또는 집단을 말한다. 우리 사회에는 다양한 유형의 사회적 약자들이 존재하며, 성별, 나이, 신체적 조건, 경제적 지위 등을 기준으로 불합리하게 차별을 받거나 소외되고 있다.

04

정답 ①

핵심체크

사회 보험은 국민에게 발생하는 사회적 위험(질병, 노령, 실업, 사망, 재해 등)을 공적 보험의 방식으로 대비하는 사회 복지 제도로, 국민연금, 국민 건강 보험, 고용 보험, 산업 재해 보상 보험 등이 속한다.

05

정답 ②

핵심체크

근로기준법에서는 임금과 근로 시간 등의 최저 기준을 정하여 근로자의 최소한의 권리를 보호하고 있다. 근로자와 사용자가 동등한 지위에서 자유의사에 따라 근로 조건을 결정하도록 하며, 사용자가 근로자의 성별, 국적, 신앙, 사회적 신분을 이유로 근로 조건을 차별하지 못하게 규정하고 있다. 근로 시간은 원칙적으로 1일 8시간, 1주 40시간을 초과할 수 없고, 휴일은 1주일에 평균 1회 이상의 유급 휴일을 주어야 한다.

오답체크

① 국가의 운영 원리와 국민의 기본권을 규정한 최고 규범이다.

③ 만 19세가 되는 해의 1월 1일에 도달하지 못한 사람을 각종 유해한 환경으로부터 보호하는 대한민국의 청소년 관련 법률이다.

④ 청소년기본법 규정에 따라 청소년 복지 증진의 사항을 정하는 것으로, 정기적인 실태 조사와 특별 지원 청소년에 대한 지원, 청소년의 삶의 질 향상을 위한 제도 마련 등을 의무 사항으로 정하고 있다.

06 　　　　　　　　　　　정답 ②

📋 핵심체크

채권은 정부나 은행, 기업 등이 미래에 일정한 이자를 지급할 것을 약속하고 돈을 빌린 후 제공하는 증서이다. 채권의 안정성은 예금보다 떨어지나 주식보다 높으며, 수익성은 예금보다 높다.

🔍 오답체크

① 주식회사가 자본금 마련을 위해 투자자로부터 돈을 받고 그 증표로 발행하는 증서이다. 주식의 가격인 주가는 변동성이 매우 높아 투자의 수익성은 큰 반면에 안전성은 낮으므로 투자 원금에 손실이 발생할 가능성을 유의해야 한다.
③ 목돈을 일정 기간 은행에 예치하여 만기일에 원금과 이자를 받는 금융 상품이다.
④ 계약 기간 동안 일정한 금액을 여러 번 납입하여 만기 시에 원금과 이자를 받는 금융 상품이다.

07 　　　　　　　　　　　정답 ③

📋 핵심체크

영국 차티스트 운동은 영국의 노동자들이 보통 선거권 획득을 위해 전개한 참정권 확대 운동이다.

🔍 오답체크

① 부르봉 왕조의 절대주의적인 구제도를 타파하여 근대 시민 사회를 이룩한 시민 혁명이다. 시민들의 재산권 보장, 자유권, 평등권 보장을 명시한 인권 선원을 발표하였다.
② 초대 대통령 조지 워싱턴을 중심으로 프랑스의 원조를 받아 영국으로부터 독립하여 미국을 수립한 혁명이다. 근대 민주주의의 기본 원리를 포함한 독립 선언서를 발표하였다.
④ 1919년에 공포되어 근대 헌법상 처음으로 소유권의 의무성 강조와 인간다운 생존권을 보장하는 현대 헌법의 전형이다. 이는 많은 민주주의 국가 헌법에 영향을 주었다.

08 　　　　　　　　　　　정답 ④

📋 핵심체크

세계 인구 분포의 특징
• 기후가 온화하고 넓은 평야 지역에 분포
• 산업과 도시가 발달한 지역에 분포
• 대부분의 인구가 북반구에 거주
• 고지대에 비해 저지대에 많이 거주
• 내륙보다는 해안 지역에 많이 거주
• 북위 20~40° 지역의 인구 분포가 높으며, 고위도 지역으로 갈수록 하락

09 　　　　　　　　　　　정답 ②

📋 핵심체크

현재 우리나라는 출산율이 감소함에 따라 유소년층의 비중도 낮아지고 있다. 결혼 연령이 상승하고, 가치관의 변화와 사회 경제적 문제 등으로 결혼을 하지 않는 인구 비중이 늘어나는 추세이다. 이에 따라 저출산 현상은 심화될 것으로 볼 수 있다.

10 　　　　　　　　　　　정답 ④

📋 핵심체크

건조 기후 지역에서 무리한 개발과 자원 오남용으로 사막화가 발생함에 따라 1992년 유엔 환경 개발 회의에서 사막화 방지 협약이 체결되었고, 1996년 12월에 발효되었다.

🔍 오답체크

① 비행기나 선박에서 나온 쓰레기 또는 기타 폐기물을 버림으로써 발생하는 해양오염 문제를 방지하기 위해 마련된 국제 협약이다. 1972년 런던에서 체결되어 1975년에 발효되었다.
② 산성비 문제와 국가 간 대기 오염을 감축·통제하기 위한 국제적 협력이 필요하다는 판단에 따라 유럽 지역의 국가들을 중심으로 1979년 체결된 협약이다.
③ 오존층 파괴 물질인 염화 불화 탄소의 생산과 사용을 규제하려는 목적으로 제정한 국제 협약으로 1989년 1월에 발효되었다.

11

🖹 핵심체크

교통의 발달로 인해 생활 공간과 생활 양식이 변화하였다. 지역과 지역 사이의 시간 거리와 비용 거리가 크게 단축되고, 사람들이 자유롭게 이동하면서 생활권이 확대되었다. 이에 지역 간 교류도 활발해져 지역 경제가 활성화되었다.

12
정답 ②

🖹 핵심체크

국제기구는 국제적으로 공통된 목적이나 활동을 위해 두 국가 이상이 모여 구성된 조직체이다. 주로 평화 유지와 경제·사회 협력 등을 목표로 하며, 국가들 사이의 이해관계를 조정하거나 국가 간 분쟁을 중재하는 역할을 한다. 더 나아가 국가의 행위를 규율하는 국제 규범을 정립하기도 한다.

13
정답 ③

🖹 핵심체크

온대 기후 지역은 계절이 뚜렷하고 기온이 온난하여 많은 인구가 분포한다. 그중 여름이 고온 건조한 경우는 지중해성 기후, 여름 기온이 높고 강수량이 많은 경우는 온대 계절풍 기후라고 부른다.

14
정답 ①

🖹 핵심체크

그린피스는 국제 환경 보호 단체로 해양 보호, 플라스틱 제로, 석탄 사용 줄이기, 탈 원전, 생물 다양성, 재생 에너지, IT 캠페인 등에 앞장서는 국제 비정부 기구이다.

🔍 오답체크

② 제2차 세계 대전 이후 국제 평화와 안전 유지, 국제 협력을 달성하기 위해 창설된 국제 평화 기구이다.

③ 세계 무역 질서를 위해 국가 간 경제 분쟁을 조정하는 국제기구이다.

④ 경제 발전과 세계 무역 촉진을 위해 설립된 국제기구이다.

15
정답 ④

🖹 핵심체크

윤리적 관점은 인간, 사회, 환경을 도덕적이고 규범적인 측면에서 살펴본다. 한 사회가 나아가야 할 바람직한 방향을 모색하기 위해 인류의 보편적 가치와 도덕적 행위의 기준을 탐색하고 판단한다.

🔍 오답체크

① 공간적 관점은 장소나 위치, 네트워크 등 공간 정보를 바탕으로 사회 현상을 이해한다.

② 사회적 관점은 사회 구조와 법·제도가 사회 현상에 어떠한 영향을 미치는지 파악한다.

③ 시간적 관점은 현재의 사회 현상을 과거의 사실이나 사건을 통해 이해한다.

16
정답 ②

🖹 핵심체크

정주 환경은 인간이 일정한 장소에서 살아가기에 필요한 환경을 말한다. 질 높은 정주 환경을 위해서는 기본적으로 주거 환경이 편안하고, 교육·의료 시설과 여러 복지 시설이 잘 갖추어져 있어야 한다. 범죄율이 높거나 정치적으로 안정되어 있지 않으면 질 높은 정주 환경이라 할 수 없다.

17
정답 ①

🖹 핵심체크

노동력의 부족으로 지역 경제가 침체되는 현상은 촌락의 공간 변화로 인한 문제점이다. 인구가 대도시로 대거 이동하게 되면서 촌락은 노동 가능 인구가 줄어들고, 교육·의료 서비스 등의 여건이 악화되고 있다.

18
정답 ①

🖹 핵심체크

인권은 인간이 가지는 기본적이고 자연적인 권리로, 모든 인간이 인간다운 삶을 살기 위해 당연히 누려야 할 자유와 권리이다.

🔍 오답체크

② 국가로부터 개인의 자유로운 생활이나 활동을 간섭받지 않을 권리이다.

③ 인간다운 삶을 위한 조건을 국가에 요구할 수 있는 권리이다.

④ 어떠한 조건에 상관없이 모든 국민이 평등할 권리로, 법 앞의 평등과 기회의 균등 등이 있다.

19 　　　　　　　　　　　　정답 ②

📋 핵심체크

고령화 현상을 노인 복지 제도와 같은 사회 제도나 사회 구조의 변화 측면에서 이해하는 사회적 관점에서 설명하고 있다. 사회적 관점은 사회 구조와 법, 제도 등을 통해 사회 현상의 원인 및 배경을 이해하고 그 영향을 파악하여 사회 문제를 해결하기 위한 대안을 마련한다.

20 　　　　　　　　　　　　정답 ③

📋 핵심체크

민주주의는 국민이 국가의 주인으로서 권력을 행사하는 정치 체제이다. 민주주의 국가에서는 국민이 민주적 제도를 통해 정치적 의사를 자유롭게 표현하며, 이것이 국가 정책에 반영될 때 국민들은 자신의 삶에 만족하고 행복감을 느낄 수 있다.

🔍 오답체크

① 사유 재산을 없애고, 생산 수단을 공공으로 소유함으로써 빈부의 차를 없애려는 사상이다.

② 정신, 이성, 이념 따위를 본질적인 것으로 보고, 현실을 벗어나 이상을 지향하는 공상적인 태도나 경향을 말한다.

④ 개인의 자유와 의사보다는 사회 전체의 이익을 중요시하는 사상으로, 자본주의 제도의 사회·경제적 모순을 극복한 사회 제도를 실현하고자 한다.

21 　　　　　　　　　　　　정답 ①

📋 핵심체크

건조 문화권은 북부 아프리카, 서남아시아, 중앙아시아 일대를 가리킨다. 건조 기후를 보이는 것이 특징이며, 대부분 이슬람교를 믿어 일상생활에서도 엄격한 계율이 적용된다. 사막과 초원 지대로 오아시스 농업과 유목이 발달하였고, 석유 개발 이후에는 정착 생활로 변화하였다.

🔍 오답체크

② 북서부·남부·동부 유럽 문화권으로 구성되어 있으며, 산업 혁명의 발상지이자 세계 경제의 중심지이다.

③ 한국·중국·일본 지역을 가리킨다. 계절풍의 영향으로 벼농사가 발달하였으며, 유교, 불교, 한자 사용과 같은 문화적 공통점이 있다.

④ 사하라 사막 이남의 아프리카 지역을 말한다. 열대 기후를 가지고 있으며, 부족 단위의 공동체 생활을 하는 것이 특징이다. 이에 따라 토속 신앙이 발달하였고, 일부 원주민은 원시 농업·수렵·채집 생활을 한다.

22 　　　　　　　　　　　　정답 ①

📋 핵심체크

지역 조사의 과정

주제 및 지역 선정	조사 목적에 맞는 주제와 지역 등을 선정한다.
지역 정보 수집	• 실내 조사: 지역 신문, 인터넷 등으로 문헌 자료, 통계 자료, 지형도, 항공 사진, 인공위성 영상 등을 수집한다. • 야외 조사: 주민 면담, 설문 조사, 관찰, 실측, 촬영 등으로 정보를 파악하고 새로운 정보를 입수한다.
지역 정보 정리 및 분석	• 수집한 정보를 항목별로 분류하고 중요 정보를 선별하여 분석한다. • 사용 목적별로 쉽게 이해할 수 있도록 그래프, 통계 지도, 표 등 시각적인 방법으로 표현한다.
보고서 작성	• 조사 목적, 방법, 결론, 참고 자료 등을 정리한다. • 분석 내용을 토대로 지역 변화의 문제점, 해결 방안을 체계적으로 정리한다.

1일차 2일차 3일차 4일차 5일차 6일차 7일차

23
정답 ③

핵심체크

지구 온난화는 화석 연료의 사용 증가와 무분별한 삼림 벌채로 대기 중의 온실가스 농도가 증가함에 따라 지구의 평균 기온이 상승하는 현상을 말한다. 이로 인해 빙하 감소, 해수면 상승으로 인한 저지대 침수, 기상 이변으로 인한 자연재해 증가 등의 환경 문제가 발생한다.

오답체크

① 공장, 자동차 등에서 배출되는 질소 산화물과 황산화물이 비에 섞여 내리는 현상이다.
② 과도한 방목과 경작, 장기간의 가뭄, 산림의 훼손 등으로 인해 기존의 사막이 확대되는 현상이다.
④ 냉매제로 주로 사용되는 염화플루오린화탄소(CFCs)의 배출 증가로 발생하는 현상이다.

24
정답 ④

핵심체크

교통과 정보·통신 기술이 발달하면서 국가 간의 교류가 활발해지고, 교류 분야도 정치, 경제, 사회, 문화 등으로 매우 다양해졌다. 이로 인해 전 세계가 상호 의존하면서 단일한 세계로 통합되어 가는 현상을 세계화라고 한다.

25
정답 ①

핵심체크

전통문화는 한 사회에서 오랜 세월 동안 지속되어 온 문화 요소 중에서 현재까지 고유한 가치를 인정받고 있는 문화이다.

제5교시	과학							104~108쪽	
01	02	03	04	05	06	07	08	09	10
②	①	②	③	④	②	①	④	①	④
11	12	13	14	15	16	17	18	19	20
②	②	④	③	③	③	①	②	①	①
21	22	23	24	25					
④	③	①	②	④					

01
정답 ②

핵심체크

정지하고 있는 물체에도 관성이 있다. 즉, 물체에 힘이 작용하지 않으면 정지해 있던 물체는 계속 정지해 있고, 운동하던 물체는 계속 등속 직선 운동을 한다.

02
정답 ①

핵심체크

자유 낙하하는 물체는 질량에 관계없이 속력이 1초마다 중력 가속도의 크기만큼 증가한다. 따라서 A~C의 2초 후 속력은 모두 같으므로 속력의 비는 1:1:1이다.

03
정답 ②

핵심체크

운동량은 운동하는 물체의 운동 효과를 나타내는 물리량으로, 질량(m)과 속도(v)의 곱으로 나타낸다.
따라서 100 g은 0.1 kg이므로 공의 운동량의 크기는 $0.1 \text{ kg} \times 20 \text{ m/s} = 2 \text{ kg} \cdot \text{m/s}$ 이다.

04
정답 ③

핵심체크

핵발전의 에너지원은 우라늄의 핵에너지이다. 우라늄의 핵에너지에서 발생하는 열로 물을 끓여 수증기로 터빈을 돌리고, 이 터빈의 회전으로 전기를 생성한다. 따라서 핵발전의 에너지 전환 순서는 핵에너지 → 열에너지 → 운동에너지 → 전기 에너지이다.

05

정답 ④

핵심체크

반도체는 전기적 성질을 이용한 신소재로, 순수한 규소나 저마늄에 약간의 원소를 넣어 전기가 흐르는 성질을 증가시킨 것이다. 컴퓨터의 중앙 처리 장치에는 이러한 반도체가 쓰여 전기 전도성을 증가시킨다.

오답체크

① 자기적 성질을 이용한 신소재로, 철 원자 사이에 네오디뮴과 붕소를 첨가하여 만든 강한 자석이다. 컴퓨터의 하드 디스크, 스피커 등에 이용한다.

② 고온에서 기억시킨 형상을 기억하고 있어 저온에서 심하게 변형되어도 열을 가하면 즉시 본래의 형상으로 복원되는 합금이다. 니켈 – 티탄 합금, 구리 – 아연 합금 등이 있으며, 의료·우주개발 기기 등에 이용한다.

③ 초전도 현상을 이용한 것으로, 외부 자기장을 밀어내어 자석 위에 떠 있는 성질을 이용하여 만든 열차이다.

06

정답 ②

핵심체크

일정한 전력을 송전할 때, 전압을 n배 높이면 전류는 $\frac{1}{n}$배가 되고, 손실 전력은 $\frac{1}{n^2}$배가 된다. 따라서 일정한 전력을 송전할 때, 전압을 10배 높여 송전하면 송전선에서의 손실 전력은 $\frac{1}{100}$배가 된다.

07

정답 ①

핵심체크

산소(O) 원자 2개가 결합하여 산소 분자(O_2)를 이루는 2원자 분자이다.

오답체크

② 산소 분자(O_2)는 공유 결합을 형성한다.

③ 산소(O) 원자 2개가 각각 전자를 2개씩 내놓아 2개의 전자쌍을 공유한다.

④ 산소(O)는 각각 네온(Ne)과 같은 전자 배치를 이루어 안정해진다.

08

정답 ④

핵심체크

같은 주기 원소들은 전자가 들어 있는 전자 껍질 수가 같고, 전자 껍질 수는 주기 번호와 같다. 즉, 2주기 원소의 전자 껍질 수는 2개이므로 (다) Li, (라) C가 2주기 원소이다.

오답체크

(가), (나)는 전자 껍질 수가 1개이므로 1주기 원소이다.

09

정답 ①

핵심체크

산화 구리(Ⅱ)와 탄소의 반응에서 CuO(산화 구리(Ⅱ))는 산소를 잃고 Cu(구리)로 환원되며, C(탄소)는 산소를 얻어 CO_2(이산화 탄소)로 산화된다.

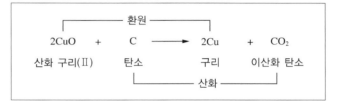

PLUS CHECK 더 알아보기

산화 환원 반응

구분	산소	전자
산화	얻는다.	잃는다.
환원	잃는다.	얻는다.

10

정답 ④

핵심체크

산에서는 페놀프탈레인 용액을 떨어뜨려도 색 변화가 없다. 염기에서는 페놀프탈레인 용액을 떨어뜨리면 붉은색으로 변한다.

오답체크

①·②·③ 모두 염기의 공통적인 성질에 해당한다.

11 정답 ②

📋 **핵심체크**

(나)는 2주기 1족 원소이므로 Li(리튬)이다.

🔍 **오답체크**

① (가)는 1주기 1족 원소이므로 H(수소)이다.

③ (다)는 1주기 18족 원소이므로 He(헬륨)이다.

④ (라)는 2주기 17족 원소이므로 F(플루오린)이다.

12 정답 ②

📋 **핵심체크**

서식지의 단편화는 도로 건설이나 택지 개발 등으로 서식지가 작은 규모로 분할되는 것을 의미한다. 서식지가 분할되면 서식지 면적이 감소하게 되고, 생물의 이동이 제한되므로 생물종을 고립시켜 멸종 위험이 높아진다.

13 정답 ④

📋 **핵심체크**

(가) 지역보다 (나) 지역이 먹이 그물이 복잡하므로 생태계 평형이 잘 유지된다. 따라서 생태계 평형 유지가 유리한 지역은 (나)이다. 그중 풀은 (가)와 (나) 지역 모두에서 생산자에 해당한다. 생산자는 스스로 양분을 만드는 생물로, 생태계의 중요한 생물적 요인이다.

🔍 **오답체크**

ㄱ. 종 다양성이 높은 지역은 (나)이다.

14 정답 ③

📋 **핵심체크**

(가)는 리보솜으로, 작은 알갱이 모양이며, 단백질을 합성한다. (나)는 세포막으로, 세포를 둘러싸는 막이며, 세포 안팎으로 물질의 출입을 조절한다.

🔍 **오답체크**

• 핵은 세포에서 가장 큰 세포 소기관으로, 핵막으로 둘러싸여 있으며 유전 정보를 저장하고 있는 DNA가 있어 세포의 생명 활동을 조절한다.

• 세포벽은 식물 세포의 세포막 바깥에 있는 단단한 구조물로, 세포를 보호하고 모양을 유지한다. 세포 안팎의 물질의 출입을 조절하지는 않는다.

15 정답 ③

📋 **핵심체크**

효소가 입체 구조에 들어맞는 특정한 반응물(기질)하고만 결합하는 것을 기질 특이성이라고 한다.

➕ **PLUS CHECK 더 알아보기**

효소의 특징

• 효소의 주성분은 단백질이다.

• 효소마다 고유한 입체 구조를 가진다.

• 한 종류의 효소는 한 종류의 기질에만 작용한다.

• 효소는 화학 반응 후에도 구조와 성질이 변하지 않으므로 생성물과 분리된 후에도 다시 새로운 반응에 참여할 수 있다.

16 정답 ③

📋 **핵심체크**

RNA의 유전 정보에 따라 단백질이 합성되는 과정은 번역이다. RNA의 코돈이 지정하는 아미노산이 리보솜에 의해 운반되어 오고, 아미노산과 아미노산 사이에 펩타이드 결합이 일어나 폴리펩타이드가 만들어지며, 이것이 구부러지고 접혀 독특한 입체 구조를 갖는 단백질이 된다.

🔍 **오답체크**

① 한 개체와 동일한 유전자 세트를 지닌 새로운 개체를 만드는 것이다.

② 핵 속에 있는 DNA 이중 나선 중 한쪽 가닥의 염기에 상보적인 염기를 가진 RNA 뉴클레오타이드가 결합하여 DNA와 상보적인 염기 서열을 갖는 RNA가 합성되는 것이다.

④ 유전자에 이상이 생기면 효소가 결핍되거나 세포를 구성하는 단백질이 정상적으로 만들어지지 않아 유전 질환이 나타날 수 있다.

17
정답 ①

핵심체크

생명 시스템의 구성 단계

세포 → 조직 → 기관 → 개체

• 세포: 생명 시스템을 구성하는 구조적·기능적 단위이다.
• 조직: 모양과 기능이 비슷한 세포들의 모임이다.
• 기관: 여러 조직이 모여 고유한 형태와 기능을 나타내는 것이다.
• 개체: 독립된 구조와 기능을 가진 하나의 생명체이다.

18
정답 ②

핵심체크

지질은 생명체 구성 물질이지만 단위체가 일정한 규칙에 따라 연결되어 형성된 것은 아니다.

오답체크

① 핵산의 단위체는 뉴클레오타이드이며, DNA와 RNA는 다양한 염기 서열을 가진 폴리뉴클레오타이드로 이루어져 있다.
③ 단백질의 단위체는 아미노산으로, 20종류가 있다. 아미노산의 종류와 수 및 배열 순서에 따라 다양한 종류의 단백질을 형성한다.
④ 탄수화물의 단위체는 포도당이며, 포도당의 중합 반응으로 녹말, 글리코젠, 셀룰로스 등의 중합체를 형성한다.

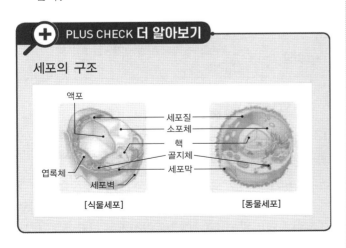

PLUS CHECK **더 알아보기**

세포의 구조

[식물세포]   [동물세포]

19
정답 ①

핵심체크

지구형 행성에는 수성, 금성, 지구, 화성이 있다.

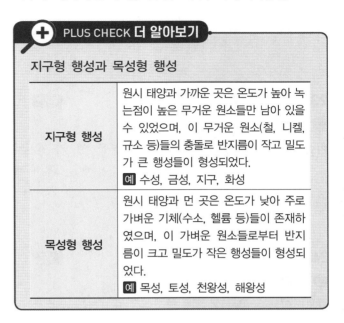

PLUS CHECK **더 알아보기**

지구형 행성과 목성형 행성

지구형 행성	원시 태양과 가까운 곳은 온도가 높아 녹는점이 높은 무거운 원소들만 남아 있을 수 있었으며, 이 무거운 원소(철, 니켈, 규소 등)들의 충돌로 반지름이 작고 밀도가 큰 행성들이 형성되었다. 예 수성, 금성, 지구, 화성
목성형 행성	원시 태양과 먼 곳은 온도가 낮아 주로 가벼운 기체(수소, 헬륨 등)들이 존재하였으며, 이 가벼운 원소들로부터 반지름이 크고 밀도가 작은 행성들이 형성되었다. 예 목성, 토성, 천왕성, 해왕성

20
정답 ①

핵심체크

사막화는 사막 주변 지역의 토지가 황폐해져 사막이 점점 넓어지는 현상이다. 사막화를 막기 위한 대책에는 삼림 벌채 최소화, 숲의 조성 등이 있다.

오답체크

②·③·④ 과도한 가축 방목 및 경작, 무분별한 삼림 벌채, 대기 대순환의 변화에 따른 지속적인 가뭄 등이 사막화의 원인이다.

21
정답 ④

핵심체크

지진, 화산 활동 등의 지각 변동을 일으키는 에너지원은 지구 내부 에너지(지구 내부 방사성 원소의 붕괴열)이다.

1일차 2일차 3일차 4일차 5일차 6일차 7일차

22

정답 ③

핵심체크

빅뱅 우주론은 고온 고밀도의 한 점에서 대폭발이 일어나 우주가 시작된 후 계속 팽창하고 있다는 우주론으로, 우주가 팽창하면서 우주의 평균 온도는 감소한다.

23

정답 ①

핵심체크

화산 활동으로 화산재와 화산 가스가 분출하여 지구의 기온이 변하는 것은 지권과 기권이 상호 작용하는 경우에 해당한다.

24

정답 ②

핵심체크

암모나이트는 공룡과 함께 중생대를 대표하는 표준 화석이다.

오답체크

ㄱ. 공룡 발자국 화석을 통해 중생대에 형성된 퇴적층임을 알 수 있다.

ㄷ. 지질 시대 중 상대적으로 가장 긴 시대는 선캄브리아대이다(선캄브리아대 > 고생대 > 중생대 > 신생대).

25

정답 ④

핵심체크

지구 온난화에 대한 설명으로, 지구 온난화에 가장 큰 영향을 미치는 온실 기체는 이산화 탄소이다. 지구 온난화의 발생 원인은 화석 연료의 사용량 증가(주요 원인), 지나친 삼림 벌채, 가축 사육 등으로 인한 대기 중 온실 기체의 양의 증가이다.

제6교시	한국사							109~113쪽	
01	02	03	04	05	06	07	08	09	10
①	③	④	④	①	②	③	③	①	②
11	12	13	14	15	16	17	18	19	20
④	②	④	③	②	①	③	③	②	②
21	22	23	24	25					
④	①	②	①	③					

01

정답 ①

핵심체크

신석기 시대 때 빗살무늬 토기를 처음 제작하여 음식을 조리하거나 저장하였다.

오답체크

② 구석기 시대에 대한 설명이다.

③·④ 청동기 시대에 대한 설명이다.

02

정답 ③

핵심체크

고조선의 건국과 멸망

건국	• 청동기 문화를 바탕으로 단군왕검이 건국 • 요동 지방과 한반도 서북부에 위치
성장	• 연과 대립 • 부왕, 준왕 등 왕위 세습 • 기원전 2세기경 위만의 집권 → 철기 문화 발달
사회	8조법(계급 사회, 개인의 노동력과 사유 재산 중시)으로 사회 질서 유지
멸망	• 한 무제의 침략으로 멸망(기원전 108년) • 한 군현 설치

03

정답 ④

핵심체크

근초고왕은 마한을 정복하고, 고구려의 평양성을 공격하여 고국원왕을 전사시켰다. 요서, 산동, 규슈 등의 해외로 진출하여 영토를 넓히고 백제의 전성기를 이끌었다. 일본에 많은 학자를 보내 학문과 기술을 가르친 것도 이 때의 일이다.

오답체크

① 웅진(공주)에서 사비(부여)로 수도를 옮기고 국호를 남부여로 고친 왕이다.

② 율령을 반포하고 6좌평제와 16관등제를 정비하여 중앙 집권 국가의 토대를 마련한 왕이다.

③ 지방에 22담로를 설치하고 왕족을 파견하여 지방에 대한 통제를 강화한 왕이다.

04　정답 ④

핵심체크

통일 신라 원성왕 때 유교 경전의 이해 수준을 시험하여 상·중·하로 등급을 나누고 관리 등용에 참고하는 독서삼품과를 마련하였다. 그러나 골품제의 한계와 귀족들의 반발로 그 기능을 제대로 발휘하지 못하였다.

05　정답 ①

핵심체크

고구려의 장군 출신인 대조영은 고구려 유민들을 이끌고 지린성 동모산에서 발해를 건국하였다. 발해의 전성기 때에는 고구려 영토를 대부분 회복하였으며, 주변국들로부터 해동성국이라 불렸다.

오답체크

ㄷ. 금관가야는 해상 교통에 유리한 지역적 특색을 이용하여 풍부하게 생산되는 철을 낙랑과 왜에 수출하였다.

ㄹ. 고려 광종 때 호족 세력을 약화시키고자 노비안검법을 시행하였다.

06　정답 ②

핵심체크

고려 정부가 강화도에서 개경으로 환도하자 배중손, 김통정을 중심으로 한 삼별초가 이에 반발하여 강화도, 진도, 제주도로 이동하며 대몽 항쟁을 전개하였다.

오답체크

① 조선 정조는 왕권 강화를 위해 친위 부대인 장용영을 설치하였다.

③ 고려 숙종 때 윤관의 건의로 신기군, 신보군, 항마군으로 구성된 별무반을 조직하였다. 이후 여진을 물리치고 예종 때 동북 9성을 설치하였다.

④ 조선 임진왜란 때 유성룡의 건의에 따라 포수, 사수, 살수로 구성된 삼수병을 바탕으로 훈련도감을 설치하였다.

07　정답 ③

핵심체크

조선에서 청의 군신 관계 요구를 거절하자 병자호란이 발생하였다. 남한산성에서 항전하던 인조는 삼전도에서 굴욕적인 항복을 하고, 청의 요구에 따라 삼전도비를 세웠다.

오답체크

① 김옥균을 중심으로 한 급진 개화파는 서구식 근대화를 목표로 갑신정변을 일으켰다.

② 미국이 제너럴 셔먼호 사건을 구실로 강화도를 공격하는 신미양요를 일으켰다.

④ 프랑스가 흥선 대원군의 병인박해를 빌미로 강화도를 침략하는 병인양요를 일으켰다.

08　정답 ③

핵심체크

고려 고종 때 몽골이 침입하자 부처의 힘으로 몽골군을 물리치고자 팔만대장경을 제작하였다. 팔만대장경은 합천 해인사에 보관되어 있으며, 2007년 유네스코 세계 기록 유산으로 지정되었다.

오답체크

① 백제 근초고왕이 왜에 하사하였다고 전해지는 유물로, 백제와 왜가 교류하였다는 사실을 알려 준다.

② 조선 세종 때 편찬한 윤리서이다.

④ 고려 우왕 때 충북 청주 흥덕사에서 인쇄된 세계에서 가장 오래된 금속 활자본이다.

09

📋 **핵심**체크

음서는 과거 시험을 보지 않고도 관리가 될 수 있었던 제도로, 양반의 자손들이 혜택을 받았다. 주로 고려 시대 문벌 귀족들의 정치적 특권으로 여겨졌으며, 조선 시대에 이르러서는 그 범위가 축소되었다.

10

정답 ②

📋 **핵심**체크

『경국대전』은 조선 세조 때 국가 행정을 체계화하고 유교 질서를 확립하기 위해 편찬하기 시작하여 성종 때 완성된 조선 최고의 법전이다. 정부 체제를 따라 6전으로 구성되어 있으며, 통치 전반에 걸친 법령을 담고 있다.

🔍 **오답**체크

① 조선 영조 때 『경국대전』 편찬 이후에 시행된 법령을 통합하고, 통치 체제를 정비하기 위해 편찬되었다.
③ 조선 고종 때 흥선 대원군이 통치 체제 정비를 위해 편찬하였다.
④ 조선 정조 때 통치 체제 정비를 위해 편찬되었다.

11

정답 ④

📋 **핵심**체크

서상돈, 김광제 등을 중심으로 대구에서 시작된 국채 보상 운동은 일본에서 도입한 차관을 갚아 경제 주권을 회복하기 위해 추진되었다. 이 운동은 각종 계몽 단체와 언론 기관의 지원을 받아 전국으로 확산되었으나, 통감부의 탄압으로 인해 큰 성과를 거두지는 못하였다.

🔍 **오답**체크

① 일제 강점기에 백정들은 사회적 차별을 철폐하기 위해 조선 형평사를 결성하고 형평 운동을 전개하였다.
② 고려 인종 때 묘청, 정지상 중심의 서경 세력은 서경 천도, 금 정벌을 주장하며 서경에서 반란을 일으켰다.
③ 일제 강점기 조만식, 이상재의 주도로 평양에서 조선 물산 장려회가 발족되었고, '내 살림 내 것으로'라는 구호를 내세운 물산 장려 운동은 전국으로 확산되었다.

12

정답 ②

📋 **핵심**체크

정조의 업적
• 왕권 강화: 초계문신제 시행, 장용영 설치, 규장각 설치, 수원 화성 건립 등
• 문물 제도 정비: 서얼에 대한 차별 완화, 금난전권 폐지 (육의전 제외), 『대전통편』 편찬 등

🔍 **오답**체크

① 조선 세종은 집현전을 통해 유교 정치를 활성화하였다.
③ 조선 영조는 균역법을 시행하여 1년에 2필을 내야 했던 군포를 1필만 부담하게 하였다.
④ 조선 태종은 신문고를 설치하였고, 영조는 신문고를 부활시켰다.

13

정답 ④

📋 **핵심**체크

김대중 정부 시기에는 적극적으로 북한과 교류하였다. 평양에서 최초로 남북 정상 회담이 이루어지고, 6·15 남북 공동 선언이 발표되었다.

🔍 **오답**체크

① 박정희 정부 시기에 대한 설명이다.
② 전두환 정부 시기에 대한 설명이다.
③ 노태우 정부 시기에 대한 설명이다.

14

정답 ③

📋 **핵심**체크

강화도 조약은 조선이 외국과 체결한 최초의 근대적 조약이자 일본에 해안 측량권과 영사 재판권(치외 법권) 등을 허용한 불평등 조약이었다.

🔍 **오답**체크

① 일본이 한국의 외교권을 박탈하기 위해 강제로 체결한 조약이다.
② 갑신정변의 사후 처리를 위해 조선과 일본 사이에 체결된 조약이다.
④ 임오군란으로 인한 일본 측 피해에 대한 배상 문제를 처리하기 위해 우리나라와 일본 사이에 맺은 조약이다.

15
정답 ②

핵심체크

안창호와 양기탁을 중심으로 결성된 신민회는 대성 학교와 오산 학교를 세워 민족 교육을 실시하고, 태극 서관과 자기 회사를 설립하여 민족 산업을 육성하고자 하였다. 이후 일제가 날조한 105인 사건으로 인해 해체되었다.

오답체크

ㄱ. 일진회 규탄은 헌정 연구회의 활동이다.
ㄹ. 황무지 개간권 반대 운동은 보안회의 활동이다.

16
정답 ①

핵심체크

동학 농민 운동 당시 농민군은 정부와 전주에서 화약을 맺고, 자치 개혁 기구인 집강소를 설치하여 폐정 개혁을 실시하였다.

오답체크

② 고려 무신 정권기 최우가 설치한 야별초가 확대되어 좌별초와 우별초로 나뉘고, 몽골의 포로가 되었다가 탈출한 신의군이 합세하여 삼별초를 구성하였다.
③ 고종은 개화 정책의 일환으로 기존 5군영을 2영으로 개편하고, 신식 군대인 별기군을 설치하였다.
④ 신라의 화랑도는 교육적·군사적·사교적 기능을 가지고 있던 청소년 수련 단체로, 진흥왕 때 국가 조직으로 개편·정비하였다.

17
정답 ③

핵심체크

조선 후기에는 서민들의 일상생활 모습을 생동감 있게 표현한 풍속화가 유행하였다. 대표적 풍속화가인 김홍도는 도화서 화원 출신으로, 「서당」, 「자리짜기」, 「씨름도」 등의 작품을 남겼다.

오답체크

① 조선 후기 정선은 진경산수라는 화풍을 개척하고, 「인왕제색도」, 「금강전도」 등을 남겼다.
② 조선 전기 화가 안견은 안평 대군의 꿈 이야기를 듣고 「몽유도원도」를 그렸다.

④ 조선 후기 풍속 화가 신윤복은 주로 양반과 부녀자의 생활과 유흥, 남녀의 애정 등을 감각적이고 해학적으로 묘사하였다.

18
정답 ③

핵심체크

1930년대에 일제는 우리 민족의 정체성을 말살하기 위해 황국 신민화 정책을 시행하였다. 이 정책의 일환으로 내선일체의 구호를 내세워 신사 참배 및 황국 신민 서사 암송, 창씨개명 등을 강요하였다.

오답체크

①·② 1910년대 무단 통치 시기의 내용이다.
④ 1920년대 문화 통치 시기의 내용이다.

19
정답 ②

핵심체크

을미의병
• 배경: 을미사변(명성황후 시해 사건)과 단발령 강제 시행
• 주도: 유인석 등 위정척사 사상을 가진 유생
• 활동: 일본군과 거류민 공격, 친일 관리 처단
• 해산: 아관 파천 이후 단발령 철회와 고종의 해산 권고로 자진 해산

20
정답 ②

핵심체크

이승만 정부 때에는 면화, 설탕, 밀가루를 중심으로 한 삼백 산업이 활성화되었다. 미국의 원조와 정부의 특혜로 외국에서 들어온 원재료를 가공하여 판매하는 방식으로, 삼백 산업은 번창하였지만, 국내 밀 농업과 목화 재배는 쇠퇴하였다.

오답체크

① 전두환 정부 시기에 대한 설명이다.
③ 김영삼 정부 시기에 대한 설명이다.
④ 박정희 정부 시기에 대한 설명이다.

21   정답 ④

핵심체크

조선 물산 장려회는 국산품 장려 운동을 통해 경제 자립 정신을 고취하고자 조직된 민족 운동 단체이다. 평양에서 조만식, 이상재의 주도로 조선 물산 장려회가 발족되었고, '내 살림 내 것으로' 등의 구호를 내세우며 국산품 소비를 장려하는 물산 장려 운동을 전개하였다.

오답체크

① 일제가 군량미 조달을 위해 미곡 공출제를 시행하였다.
② 일제는 토지 조사국을 설치하고 토지 조사령을 공포하여 일정 기간 내 토지를 신고하도록 하였다.
③ 급격한 공업화로 일본 본토의 쌀이 부족하자 일제는 조선에서 쌀을 수탈하기 위해 산미 증식 계획을 시행하였다.

22   정답 ①

핵심체크

김구는 한인 애국단을 조직하여 적극적인 항일 무장 투쟁을 전개하였으며, 대한민국 임시 정부의 주석으로 활동하면서 민족의 자주독립을 위해 노력하였다. 광복 이후 남한만의 단독 선거에 반대하여 남북 협상을 전개하였으나, 큰 성과를 거두지는 못하였다.

23   정답 ②

핵심체크

남한 단독 정부 수립 과정
한국 문제 유엔 상정(1947.11.) → 남북 협상(1948.4.) → 5·10 총선거(1948.5.) → 헌법 제정(1948.7.) → 대한민국 정부 수립(1948.8.)

오답체크

①·③ 1960년 이승만 정부의 독재와 부정부패, 3·15 부정 선거에 반대하여 학생·시민 중심의 대규모 민주주의 혁명인 4·19 혁명이 발발하였다.
④ 1945년 한반도에 임시 민주 정부 수립을 위한 미·소 공동 위원회 설치 및 미·영·소·중 4개국에 의한 5년간의 신탁 통치 결의를 결정하기 위해 열린 외상 회의이다.

24   정답 ①

핵심체크

북한의 불법 남침으로 인해 발발한 6·25 전쟁에서 낙동강 방어선까지 밀렸던 국군은 유엔군 파병과 인천 상륙 작전의 성공으로 서울을 수복하였다.

오답체크

②·④ 노태우 정부 때 적극적인 북방 외교 정책으로 남북한의 유엔 동시 가입이 이루어졌다. 남북한 화해 및 불가침, 교류와 협력을 바탕으로 하는 남북 기본 합의서를 채택하였으며, 한반도 비핵화에 관한 공동 선언이 발표되었다.
③ 해방 직후 여운형은 일본인의 안전한 귀국을 보장하는 조건으로 조선 총독부로부터 행정권의 일부를 넘겨받아 조선 건국 준비 위원회를 결성하였다.

25   정답 ③

핵심체크

갑오개혁 이후 신분제가 폐지되었음에도 불구하고 일제 강점기 때 백정에 대한 차별은 더욱 심해졌다. 이에 백정들은 차별을 철폐하기 위해 조선 형평사를 결성하고 형평 운동을 전개하였다.

오답체크

① 정부의 탄압으로 처형당한 교조 최제우의 누명을 벗기고, 포교의 자유를 보장받으려는 목적으로 열린 운동이다. 공주·삼례 집회, 보은 집회 등을 거치면서 종교 운동의 성격에서 정치·사회 운동으로 발전하였다.
② 병자호란 이후 청에 대한 복수심이 고조되고, 효종이 송시열, 이완 등과 청 정벌 계획을 추진하여 군대를 양성하고 성곽을 수리하며 전개되었다. 이후 효종의 죽음으로 좌절되었다.
④ 정부의 공업화·저곡가 정책으로 도시와 농어촌 간 소득·문화 격차가 심화되어 이를 타개하기 위해 전개된 운동이다. 근면·자조·협동을 바탕으로 농촌 환경 개선에 중점을 둔 정부 주도 운동이라는 특징이 있다.

제7교시 도덕 114~118쪽

01	02	03	04	05	06	07	08	09	10
②	②	③	①	②	②	③	①	①	④
11	12	13	14	15	16	17	18	19	20
③	④	③	①	②	④	④	①	④	②
21	22	23	24	25					
③	②	④	①	③					

01
정답 ②

핵심체크

제시된 글은 평화 윤리에서 다루는 쟁점들이다. 평화 윤리의 핵심 문제로는 민족의 정체성과 민족 통합, 세계화와 지역화, 국제 분쟁, 해외 원조 등이 있다.

02
정답 ②

핵심체크

벤담(Bentham, J.)
• 공리주의자로, 행위의 선악은 그 행위의 결과에 의해 판단할 수 있다고 보았다.
• 최대 다수의 최대 행복: 사회는 개인의 집합체이므로 개인의 행복과 사회 전체의 행복은 연결되어 있으며, 더 많은 사람이 행복을 누리는 것이 바람직하다고 주장하였다.
• 쾌락은 질적으로 동일하며, 양적 차이만 있어서 쾌락을 계산할 수 있다고 보았다.

오답체크

① 벤담과 같은 공리주의자이나, 벤담과 달리 쾌락의 양뿐만 아니라 질적 차이도 고려해야 한다고 주장하였다.

03
정답 ③

핵심체크

칸트의 도덕 법칙은 행위의 결과와 상관없이 행위 자체가 선(善)이므로 무조건 수행해야 하는 정언 명령의 형식을 띠고 있다. 반면에 가언 명령은 어떤 목적을 달성하기 위한 수단으로서 내리는 조건부 명령이다. 칸트에 따르면 가언 명령은 도덕 법칙이 될 수 없다.

04
정답 ①

핵심체크

프롬이 제시한 사랑의 4요소는 보호, 책임, 존경, 이해이다.

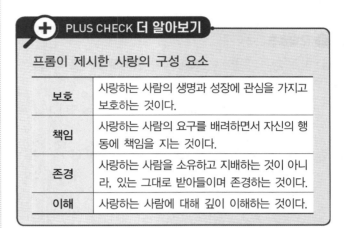

PLUS CHECK 더 알아보기

프롬이 제시한 사랑의 구성 요소

보호	사랑하는 사람의 생명과 성장에 관심을 가지고 보호하는 것이다.
책임	사랑하는 사람의 요구를 배려하면서 자신의 행동에 책임을 지는 것이다.
존경	사랑하는 사람을 소유하고 지배하는 것이 아니라, 있는 그대로 받아들이며 존경하는 것이다.
이해	사랑하는 사람에 대해 깊이 이해하는 것이다.

05
정답 ②

핵심체크

요나스의 책임 윤리
• 인류가 존재해야 한다는 당위적 요청을 근거로 인류 존속에 대한 현 세대의 책임을 강조한다.
• 책임은 일차적으로 미래 세대의 존재를 보장하는 것이고, 이차적으로는 미래 세대의 삶의 질을 배려하는 것이다.
• 예견적 책임은 과학 기술이 미래에 끼치게 될 결과까지 예측하여 인류에 해악을 끼칠 수 있는 과학 기술 연구를 중단하는 등 도덕적인 책임을 져야 한다는 것이다.

06
정답 ②

핵심체크

정의로운 사회 구현을 위해 사회적 재화를 공정하게 분배하여 분배적 정의를 실현해야 한다.

07
정답 ③

핵심체크

예술과 윤리의 관계에서의 도덕주의는 도덕적 가치가 미적 가치보다 우위에 있기 때문에 예술은 윤리의 지도를 받아야 한다는 입장이다. 예술의 목적이 인간의 올바른 품성을 기르고 도덕적 교훈이나 모델을 제공하는 것이라고 본다.

08

핵심체크

열린 민족주의는 다른 민족을 포용하고 공존하는 민족주의를 말한다.

오답체크

② 자기 민족의 발전을 위해 다른 민족의 희생을 당연하게 여기는 폐쇄적 민족주의이다.
③ 세계의 통합을 지나치게 강조하여 다른 국가나 민족의 필요성을 부정하는 사상이다.
④ 자기 민족의 이익만을 추구하여 다른 민족을 배척하는 민족주의로, 자민족 중심주의, 국수주의, 제국주의 등이 속한다.

09
정답 ①

핵심체크

생명 중심주의는 도덕적 지위를 갖는 기준이 생명이라고 보고 도덕적 고려 범위를 모든 생명체로 확대한 자연관으로, 모든 생명체가 생명이라는 점에서 내재적 가치를 지닌다고 보는 입장이다.

오답체크

② 도덕적 고려 범위를 무생물을 포함한 생태계 전체로 보아야 한다는 입장이다.
③ 도덕적인 고려 범위를 동물로 확대해야 한다는 입장이다.
④ 인간만이 윤리적 동물이며 자연을 인간의 도구로 여긴다.

10
정답 ④

핵심체크

무위자연(無爲自然)의 삶을 추구하는 것은 도가의 자연관이다. 도가에서는 자연은 아무런 목적이 없는 무위(無爲)의 체계로 무목적의 질서를 담고 있다고 하였으며, 노자는 인간도 인위적 욕망을 버리고 자연의 순리에 따르는 무위자연(無爲自然)의 삶을 살아야 한다고 주장하였다.

11
정답 ③

핵심체크

모든 종교는 보편적인 윤리 규범의 공통점을 공유하고 있으며, 황금률이 그 대표적인 예이다. 황금률은 '네가 대접받고자 하는 대로 남을 대접하라.'라는 그리스도교의 기본적 윤리관으로, 역지사지(易地思之)의 자세를 담고 있다.

오답체크

① 공자가 제시한 사상으로, 사회 구성원 각자가 자신의 역할과 신분에 맞는 덕을 실현해야 한다는 것이다.
② 원효의 주장으로, 다양한 불교 종파들의 대립을 하나로 통합하여 일심(一心)으로 극복해야 한다는 것이다.
④ 국가의 권위는 민의에 기초하고 있다는 것이다.

12
정답 ④

핵심체크

제시된 글은 서양의 직업관 중 하나인 소명(召命) 의식에 대한 설명이다.

13
정답 ③

핵심체크

제시된 글은 인간 중심주의 자연관에 대한 설명이다. 테일러는 모든 생명체가 고유한 가치를 지닌다는 생명 중심주의를 주장한 사상가이다.

오답체크

① 이성적 존재인 인간만이 도덕적 주체가 될 수 있다고 주장한 인간 중심주의 사상가이다.
② '지식은 힘'이라고 강조하였으며, 자연은 인간에게 순종해야 하고 정복되어야 하는 대상으로 자연에 대한 지식 활용을 추구한 사상가이다.
④ 인간의 정신은 존엄하나 자연은 기계에 불과하다는 이분법적 세계관으로 인간과 자연을 분리한 사상가이다.

14 정답 ①

📋 **핵심체크**

사이버 폭력 예방을 위해 개인 정보를 공개하는 것에 주의해야 한다. 사이버 폭력을 예방하기 위해서는 나와 다른 사람의 개인 정보를 소중히 여기고, 사이버 공간에서 바른 언어 사용과 예절을 지켜야 한다. 또한, 타인의 정보는 동의 없이 사용하지 않으며, 확신할 수 없는 정보는 유포·유통하지 않아야 한다. 마지막으로 사이버 폭력을 목격한 경우, 방관하지 않고 117로 신고하거나 보호자 및 학교 등에 알리며 적극적으로 대처해야 한다.

15 정답 ②

📋 **핵심체크**

건강을 해치는 패스트푸드보다는 자연적으로 천천히 만들어 느긋하게 먹는 슬로푸드나 지역에서 생산된 농산물을 지역에서 소비하는 로컬 푸드를 이용한다.

16 정답 ④

📋 **핵심체크**

갈퉁은 평화의 개념을 국가 안보의 차원인 소극적 평화에서 인간 안보의 차원인 적극적 평화까지 확장하였다. 진정한 평화는 직접적·간접적 폭력이 모두 제거된 적극적인 평화를 의미한다고 보았다.

17 정답 ④

📋 **핵심체크**

인권은 인간이면 마땅히 누려야 할 권리로, 인간 존엄성을 유지하며 자유롭고 평등하게 살아갈 권리를 말한다. 인권은 태어날 때부터 가지는 권리이며, 어떠한 경우에도 절대 침해할 수 없고 영구히 보장되어야 한다.

🔍 **오답체크**

ㄱ. 인권은 어떠한 경우에도 박탈당하지 않고 영구히 보장되어야 한다.

ㄴ. 국가는 국민의 인권이 침해되지 않도록 법으로 보장하는 노력을 기울여야 한다.

18 정답 ①

📋 **핵심체크**

사형 제도에 대한 찬성 논거

• 사형은 범죄 예방 효과가 크며, 범죄자뿐 아니라 일반인에게도 예방 효과가 있다.

• 사형은 선량한 국민의 자유, 재산, 생명, 안전을 지키는 사회 방어 수단이 된다.

• 국민의 안전을 지키기 위해 피해자의 생명을 앗아간 범죄자의 생명권을 제한해야 한다.

• 범죄 비례성의 원칙에 따라 사형 제도는 극악한 범죄에 대한 처벌로 적합하다.

• 형벌의 목적은 근본적으로 인과응보적 응징에 있다.

사형 제도에 대한 반대 논거

• 사형은 근본적으로 인간의 존엄성을 훼손하는 것이다.

• 오판의 가능성이 있으므로 사형 제도는 폐지되어야 한다.

19 정답 ④

📋 **핵심체크**

니부어는 현대의 윤리 문제는 개인의 양심과 덕목의 실천만으로 해결하기 어려우며, 정의로운 사회가 되려면 사회의 도덕성을 고양해야 한다고 주장하였다.

➕ **PLUS CHECK 더 알아보기**

니부어

• 미국의 신학자로 기독교적 사회 윤리학 수립에 노력함

• 집단 이기주의를 폭로하고, 애국심이 집단 이기주의에 빠질 수 있다고 주장함

• 정의를 실현하기 위해서는 불가피하게 폭력을 사용할 수 있다고 주장함

• 대표 저서로 『도덕적 인간과 비도덕적 인간』 등이 있음

20 정답 ②

📋 **핵심체크**

청렴은 성품과 행동이 맑고 깨끗하여 탐욕을 부리지 않는 것으로, 자신의 지위를 이용하여 부당한 이익을 취하지 않고 자신의 양심과 사회 정의에 따라 행동하는 것이다.

21

정답 ③

핵심체크

통일 비용은 통일 이후 남북 간의 격차를 해소하고 이질적인 요소를 통합하기 위해 국가가 부담해야 하는 정치·경제·사회·문화적 비용을 말한다.

오답체크

① 분단으로 인해 소요되는 비용, 즉 남북한 사이의 대결과 갈등으로 발생하고 있는 유·무형의 지출성 비용이다.

② 통일 이전에 평화를 지키고 창출하기 위한 비용이나 한반도 전쟁 위기를 억제하고 안보 불안을 해소하기 위해 직·간접적으로 지출하는 모든 형태의 비용을 말한다.

22

정답 ②

핵심체크

자애(慈愛)는 자식에 대한 부모의 사랑을 말한다.

오답체크

① 부부가 된 이후에는 부부간의 윤리로 배우자에 대한 절개를 지켜야 한다는 것이다.

③ 음양론에 바탕을 둔 윤리로, 부부가 서로 상대방의 인격과 역할을 존중해야 한다는 것이다.

④ 오륜(五倫) 중의 하나로, 남편과 아내의 역할에는 구별이 있다는 의미이며, '차별'이 아닌 '구별'에 초점을 둔 상호 존중의 의미 표현이다.

23

정답 ④

핵심체크

생명 중심주의 관점에서는 인간과 동물뿐만 아니라 식물을 포함한 모든 생명체가 생명이라는 점에서 내재적 가치를 지닌다고 주장하였다.

생태 중심주의 관점에서는 생명 개체에만 초점을 맞춘 환경 윤리를 비판하며 전체를 하나로 여기는 전일론적 입장을 취해 도덕적 고려 범위를 무생물을 포함한 생태계 전체로 보아야 한다고 주장하였다.

24

정답 ①

핵심체크

노직(Nozick, R)의 '소유권으로서의 정의' 원칙

취득의 원칙	과정이 정당하다면 타인의 처지를 악화시키지 않는 한 해당 소유물을 취득할 권한을 가진다.
이전의 원칙	타인이 이전한 것에 대해서도 정당한 소유권을 가진다.
교정의 원칙	취득과 이전의 과정에서 부당한 절차가 생길 시 이를 바로잡아야 한다.

25

정답 ③

핵심체크

향약은 마을의 덕화 및 상호 협조 등을 위해 만든 규약으로, 조선 중엽 이후로 널리 시행되었다.

오답체크

① 친목 도모와 공동의 이익 추구를 목적으로 만들어진 협동 조직이다.

② 성인 남자들이 농사를 짓거나 부녀자들이 길쌈을 하던 공동 노동 조직이다.

④ 노동력이 부족할 때 수시로 이웃 사람끼리 도움을 주고받는 일대일의 노동 교환 방식이다.

4일차 실전 모의고사 정답 및 해설

01 　　　　　　　　　　　정답 ②

핵심체크

제시된 글은 내가 남에 대해 함부로 말하면 남도 똑같이 나에 대해 함부로 말할 수 있기 때문에 함부로 말하지 말고 신중하게 말할 것을 당부하고 있다.

02 　　　　　　　　　　　정답 ③

핵심체크

표준 발음법 제18항에 따르면, '쫓는[쫀는]'의 받침 'ㅊ'은 대표음 [ㄷ]으로 바뀌고, 'ㄷ'은 비음 'ㄴ' 앞에서 [ㄴ]으로 발음한다. 이는 비음 동화의 예에 해당한다.

오답체크

① 표준 발음법 제12항에 따르면, 'ㅎ(ㄶ, ㅀ)' 뒤에 'ㄱ, ㄷ, ㅈ'이 결합되는 경우, 뒤 음절 첫소리와 합쳐서 [ㅋ, ㅌ, ㅊ]으로 발음한다. 이는 자음 축약의 예에 해당한다.
② 표준 발음법 제17항에 따르면, 받침 'ㄷ, ㅌ(ㄾ)'이 조사나 접미사의 모음 'ㅣ'와 결합되는 경우, [ㅈ, ㅊ]으로 바꾸어서 뒤 음절 첫소리로 옮겨 발음한다. 이는 구개음화의 예에 해당한다.
④ 표준 발음법 제20항에 따르면, 'ㄴ'은 'ㄹ'의 앞이나 뒤에서 [ㄹ]로 발음한다. 이는 유음화의 예에 해당한다.

03 　　　　　　　　　　　정답 ②

핵심체크

'나'는 신발이 '영주'에게 어울리지 않는다고 생각하였지만, '영주'의 기분을 생각하고 배려하여 자신의 의견을 간접적으로 표현하였다.

04 　　　　　　　　　　　정답 ①

핵심체크

'바둑이'는 명사 뒤에 접미사 '-이'가 붙어서 된 말이므로 그 명사의 원형을 밝히어 적는다.

오답체크

② '박[瓠]'에 접미사 '-아지'가 결합된 말로, 그 명사의 원형을 밝히어 적지 않는다.
③ '쌀'을 뜻하는 중세의 '쓸'에 접미사 '-아기'가 결합된 말로, 그 명사의 원형을 밝히어 적지 않는다.
④ '짚'에 접미사 '-으라기'가 결합된 말로, 그 명사의 원형을 밝히어 적지 않는다.

05 　　　　　　　　　　　정답 ④

핵심체크

제시된 글은 주체 높임 중 직접 높임과 간접 높임에 대한 설명이다. 주어 '교감 선생님의 말씀'은 간접 높임의 대상이므로 '있다'에 선어말 어미 '-(으)시-'를 결합한 형태인 '있으시다'를 활용하여 '교감 선생님의 말씀이 있으시겠습니다.'로 쓰는 것이 적절하다. '있다'의 특수 어휘인 '계시다'는 직접 높임에만 사용할 수 있다.

오답체크

①·③ 주체 높임 선어말 어미 '-(으)시-'를 활용한 예이다.
② 주체 높임 특수 어휘 '계시다'를 활용한 예이다.

1일차 2일차 3일차 4일차 5일차 6일차 7일차

06

📋 핵심체크

'ː어엿ㆍ비'는 어휘의 형태뿐 아니라 의미도 '가엾게, 불쌍하게'에서 '예쁘게'로 바뀌었다.

🔍 오답체크

①ㆍ②ㆍ④ 현대 국어로 오면서 의미는 변하지 않고 어휘의 형태만 바뀐 경우이다. '달ㆍ아'는 '달라'라는 의미이고, 'ㅁㆍㅊ:내'는 '마침내', '딩ㆍᄀ노ㆍ니'는 '만드니'라는 의미이다.

07

정답 ②

📋 핵심체크

ⓛ은 '가. 지나치게 유행을 좇는 소비', '나. 남들에게 과시하기 위한 소비'와 함께 청소년의 비합리적인 소비문화 경향을 보여주는 내용이므로 적절한 곳에 배치되어 있기에 삭제할 필요가 없다.

08

정답 ④

📋 핵심체크

'높여'는 '높다'의 사동형인 '높이다'에 연결 어미 '-어'가 결합된 것으로, 적절한 표현이다.

> **✓ FINAL CHECK 작품 해설**
>
> 정지용, 「향수」
> • 갈래: 자유시, 서정시
> • 성격: 향토적, 감각적, 회상적, 낭만적
> • 제재: 고향의 추억
> • 주제: 고향에 대한 그리움
> • 특징
>   – 참신하고 선명한 감각적 이미지를 사용함
>   – 후렴구가 반복되는 병렬식 구조를 활용함
>   – 유사한 통사 구조의 반복을 통해 운율을 형성함
>   – 향토적 소재와 시어의 사용으로 시적 분위기를 형성함

09

정답 ④

📋 핵심체크

제시된 글은 서정 갈래로, 고향에 대한 그리움을 노래한 시이다. 후렴구의 반복으로 리듬감을 형성하고 '고향에 대한 그리움'이라는 주제 의식을 강화하였다. 글쓴이가 일상적인 자신의 경험을 소재로 깨달음을 전하는 글은 교술 갈래 중 수필에 해당한다.

🔍 오답체크

① '얼룩백이 황소', '질화로', '짚벼개', '서리 까마귀' 등 향토적 소재와 시어를 사용하였다.
② 후렴구를 반복하는 등 운율을 활용하여 '노래하기'의 표현 양식을 나타내고 있다.
③ 작품 외적 세계의 개입 없이 화자의 주관적 사상과 정서를 드러내고 있다.

10

정답 ②

📋 핵심체크

공감각적 심상은 하나의 감각이 다른 감각으로 전이되어 일어나는 심상을 말한다. 공감각적 심상을 활용하면 시의 이미지가 개성적으로 전달되는 효과를 얻을 수 있다. '금빛 게으른 울음'은 울음이라는 청각을 '금빛'이라는 시각 심상을 통해 시각화한 공감각적 심상이 사용된 시구이다.

🔍 오답체크

①ㆍ③ㆍ④ '얼룩백이', '파아란', '검은'이라는 색상을 시각적 심상을 통해 나타낸 시구이다.

11

정답 ③

📋 핵심체크

'함부로 쏜 화살'은 이상과 희망을 상징하는 '파아란 하늘'에 대한 막연한 동경과 주저함이 없던 소년 시절의 소박한 꿈을 함축적으로 표현한 시구이다.

✅ FINAL CHECK 작품 해설

성석제, 「황만근은 이렇게 말했다」
- 갈래: 단편 소설, 농촌 소설
- 성격: 풍자적, 해학적, 향토적, 비극적
- 제재: 황만근의 생애와 그의 행적
- 주제: 부채로 얼룩진 농촌 현실과 사람들의 이기심
- 특징
  - 사투리의 사용으로 사실성을 높임
  - 선량한 인물인 황만근과 이기적인 마을 사람들을 대조하여 당시 농촌 현실의 문제점을 비판함

12 　　　　　　　　　　　　　　 정답 ①

📑 핵심체크
제시된 글은 농촌 마을에서 바보 취급을 받는 농부 황만근의 이야기를 해학적으로 그려 낸 소설이다. 소설은 갈등을 중심으로 사건이 전개되므로 갈등의 양상을 파악하며 읽어야 한다.

🔍 오답체크
② · ③ 논설문을 읽을 때와 관련 있는 방법이다. 논설문은 사실과 의견을 구분하고, 주장이 타당하고 뒷받침하는 근거가 적절한지 평가하며 읽어야 한다.

13 　　　　　　　　　　　　　　 정답 ③

📑 핵심체크
'옆집에는 경운기가 두 댄데 면세유는 한 대분밖에 나오지 않는다.'라는 서술을 통해 면세유는 경운기 한 대분의 양만 제공된다는 것을 알 수 있다.

🔍 오답체크
① "지 입에 ~ 그마이가?"라는 황만근의 말을 통해 농약과 비료에 의존하여 농사를 지었음을 알 수 있다.
② '옛날에는 ~ 말이다.'라는 서술을 통해 과거와 달리 농촌 사회 속 상부상조의 풍습이 사라졌음을 알 수 있다.
④ "기계화 ~ 정신없다."라는 황만근의 말과 '경운기가 ~ 아닌데.'라는 서술을 통해 농민들이 빚을 져서 불필요하게 많은 농기계를 구입하였음을 알 수 있다.

14 　　　　　　　　　　　　　　 정답 ④

📑 핵심체크
정부는 정책 자금, 선심 자금, 농어촌 구조 개선 자금, 주택 개량 자금 등을 인심 쓰듯이 돈을 빌려주고는 무리하게 자금 상환을 요구하여 농민들을 파산하게끔 만들었다. 상환 능력이 없는 사람들은 자신의 능력 이상으로 쉽게 빚을 졌고, 결국 파산 지경에 이르렀다.

🔍 오답체크
ㄴ. 농민들이 쌀값을 무리하게 올려 쌀이 팔리지 않게 되었다는 내용은 제시된 글에서 찾을 수 없다.
ㄷ. 사람들은 정부가 준 돈이 빚임을 알고 있음에도 농사를 짓기 위해 빚을 지게 되었다.

✅ FINAL CHECK 작품 해설

정철, 「관동별곡」
- 갈래: 양반 가사, 기행 가사, 정격 가사
- 성격: 지사적, 풍류적, 유교적, 도교적
- 제재: 금강산, 관동 팔경
- 주제: 관동 팔경에 대한 예찬, 연군지정, 애민 정신
- 특징
  - 4음보의 반복으로 운율을 형성함
  - 시간과 공간의 이동에 따라 시상을 전개함
  - 우리말의 아름다움을 살린 표현들이 많이 사용됨
  - 애민 정신, 연군지정, 우국지정 등의 사상이 나타남

현대어 풀이
자연을 사랑하는 마음이 고질병이 되어 대숲(은거지의 창평)에서 지내고 있었는데,
8백 리나 되는 강원도 관찰사의 직분을 맡겨 주시니,
아아, 임금님의 은혜야말로 갈수록 끝이 없다.
경복궁의 서쪽 문인 연추문으로 달려 들어가 경회루의 남쪽 문을 바라보면서
임금님께 하직을 하고 물러나니 관찰사의 신표인 옥절이 앞에 서 있다.
평구역(양주)에서 말을 갈아타고 흑수(여주)로 돌아드니,
섬강(원주)은 어디인가? 치악산(원주)이 여기로구나.
소양강에서 흘러내리는 물은 어디로 흘러든다는 말인가?
임금 곁을 떠나는 외로운 신하가 나라에 대한 근심, 걱정이 많기도 하구나.

> 동주(철원)에서 밤을 겨우 새워 북관정에 올라가니,
> 임금 계신 서울의 삼각산 제일 높은 봉우리가 웬만하면
> 보일 것도 같구나.
> 옛날 태봉국 궁예 왕의 대궐 터였던 곳에 까마귀와 까치
> 가 지저귀니,
> 한 나라의 흥하고 망함을 알고 우는가, 모르고 우는가?
> (내가 관찰사 방면을 받은 지역인) 회양이 옛날 한(漢)나
> 라에 있던 '회양'이라는 이름과 공교롭게도 같구나.
> 중국의 회양 태수(太守)로 선정을 베풀었다는 급장유의
> 풍채를 이곳 회양에서 (나를 통해) 다시 볼 것이 아닌가?

15　　　　　　　　　　　　　　　　　　　정답 ①

📑 **핵심체크**

'강호애 병이 깊퍼'는 실제 병이 아닌 자연을 사랑함이 고
질병처럼 되었다는 뜻으로, 자연을 몹시 사랑한다는 것을
의미한다.

🔍 **오답체크**

② 화자는 강원도 관찰사로 부임한 후 관동의 명승지를 유
람하면서 느낀 감회를 적었다.

③ 화자는 철원에서 하룻밤을 보내고 북관정에 오르니 서
울 북한산의 높은 봉이 보일 것 같다고 하였다.

④ 화자는 '회양'이 급장유가 선정을 베풀었던 곳의 지명과
같음을 떠올리면서 그의 풍채를 닮고 싶다고 하였다.

16　　　　　　　　　　　　　　　　　　　정답 ②

📑 **핵심체크**

'옥절(玉節)'은 옥으로 만든 부신(符信)이다. 예전에 임금
이 신하에게 벼슬을 내려 관리로 임명할 때 받던 관직의
신표로, 임금이 아닌 관찰사의 상징물을 의미한다.

🔍 **오답체크**

① 화자는 자연을 사랑하는 마음이 고질병이 되었다고 표
현하였다.

③ 나라에 대한 걱정, 근심과 시름으로 인해 백발(白髮)이
되었음을 나타내고 있다.

④ 궁예의 옛 성터에서 옛날의 역사를 떠올리며 인생무상
을 느끼고 있다.

FINAL CHECK 작품 해설

박지원, 「통곡할 만한 자리」
• 갈래: 고전 수필, 한문 수필, 기행문
• 성격: 교훈적, 사색적, 체험적, 설득적, 독창적
• 제재: 광활한 요동 벌판
• 주제: 요동 벌판의 광활함을 보면서 느끼는 소감, 새
로운 세계를 대하는 감회
• 특징
 – 문답법에 의해 논리적으로 주장을 전개함
 – 참신한 비유와 구체적 예시를 통해 대상을 실감나
게 표현함
 – 울음과 칠정의 관계와 같은 요동 벌판에 대한 역설
적·창의적 발상을 나타냄

17　　　　　　　　　　　　　　　　　　　정답 ③

📑 **핵심체크**

제시된 글은 창의적인 사고를 대화와 문답을 통해 전개한
고전 수필로, 자신이 살아온 과거의 경험이나 삶을 되돌아
보는 회고적 정서는 드러나 있지 않다.

🔍 **오답체크**

① 제시된 글은 박지원이 만주 지역을 포함한 청나라를 여
행하며 쓴 기행문이다.

② 제시된 글은 정 진사와 묻고 답하는 문답 구성을 취하
고 있다.

④ 글쓴이는 드넓은 요동 벌판을 보고 통곡할 만한 자리라
는 새로운 해석을 제시하여 기존의 관념을 뒤엎는 발상
의 전환을 이루었다.

18　　　　　　　　　　　　　　　　　　　정답 ③

📑 **핵심체크**

「통곡할 만한 자리」는 『열하일기』 중 '도강록'에 실려 있는
작품이다. 작가가 중국의 요동을 여행할 때 요동의 백탑(白
塔)과 광활한 요동 벌판을 보고 그 감회를 적은 글로, 감상
에 중점을 두었다.

19

정답 ③

📋 핵심체크

백탑(白塔)은 실제 중국 요동 요양성 밖에 존재하는 탑으로, 추상적인 개념을 표현한 것이 아니다.

🔍 오답체크

① 백탑이라는 사물이 '현신(現身)'할 것이라는 의인화 기법을 사용하였다.

② 행동의 주체를 바꾸어 백탑이 직접 다른 사람에게 자신을 보이게 되었음을 나타내었다.

④ '백탑이 곧 보일 것입니다.'라는 의미로, 백탑이 모습을 드러내기 전에 한 말이다.

> **✅ FINAL CHECK 작품 해설**
>
> 이주헌, 「지식의 미술관」
> • 갈래: 설명문
> • 성격: 객관적, 구체적, 분석적, 해설적
> • 제재: 르네 마그리트의 데페이즈망 기법
> • 주제: 르네 마그리트의 창작 기법인 데페이즈망의 의미와 효과
> • 특징
>   − 구체적인 사례를 들어 설명함
>   − 대상의 개념을 정리하여 독자의 이해를 도움

20

정답 ①

📋 핵심체크

제시된 글은 설명문이다. 설명문을 읽을 때에는 글의 중심 내용이 무엇인지 파악하고, 글과 관련된 배경지식을 활용하며 읽어야 한다. 또한, 제시된 자료의 출처가 믿을 만한 것인지 파악하고, 중요한 정보와 그렇지 않은 정보를 구별하며 읽어야 한다.

견문과 감상을 구분하며 읽어야 하는 글은 기행문이다. 기행문은 여행 경험을 기록한 글로, 지적인 성격이 강한 견문과 정서적인 성격이 강한 감상으로 나누어진다. 기행문을 읽기 위해서는 여정을 정리한 후 여정에 따른 견문 내용과 감상 내용을 파악하여 음미해야 한다.

21

정답 ③

📋 핵심체크

「골콘다」는 푸른 하늘과 집들을 배경으로 검은 옷과 모자를 쓴 남자들이 부유하는 모습을 그린 르네 마그리트의 그림이다. "재봉틀과 양산이 해부대에서 만나듯이 아름다운"은 로트레아몽의 시에 나오는 표현이다.

22

정답 ③

📋 핵심체크

ⓒ은 현실의 법칙에서 벗어난 비현실적인 상황을 나타내므로 일상적·현실적 상황을 뜻하는 ⊙, ⓛ, ⓔ과 문맥적 의미가 다르다.

> **✅ FINAL CHECK 작품 해설**
>
> 정기용, 「등나무 운동장 이야기」
> • 갈래: 수필
> • 성격: 체험적, 서사적, 비평적
> • 제재: 등나무 운동장
> • 주제: 감응을 통해 만들어진 등나무 운동장
> • 특징: 등나무 운동장이 만들어낸 풍경을 통해 작가가 생각하는 바람직한 건축관을 보여줌

23

정답 ②

📋 핵심체크

글쓴이는 현대 모더니즘 건축이 자연을 건축의 부수적 수단으로 다루는 것을 비판하고, 무주의 등나무 운동장을 예로 들어 자연과 조화를 이루는 바람직한 건축관을 소개하였다.

24

정답 ①

📋 핵심체크

개천을 건널 수 있게 만든 돌다리는 자연을 중요하게 생각하고, 인간과 자연의 교감을 고려하였다는 점에서 모더니즘 건축과는 거리가 멀다.

🔍 **오답체크**

②·③·④ 모두 자연을 인공적으로 다루고 인간과 자연의 교감을 고려하지 않은 모더니즘 건축에 해당한다.

25 [정답] ①

📋 **핵심체크**

ⓒ의 '추상적인 이야기'는 자연의 특징에 대한 내용이다. 자연은 시시각각 변화하는 시간을 온전히 표현하고, 자연 그 자체가 변화이자 축적이며 지속이고 자라나는 것을 의미한다.

제2교시	수학							128~131쪽	
01	02	03	04	05	06	07	08	09	10
④	①	③	②	①	④	④	②	①	③
11	12	13	14	15	16	17	18	19	20
④	①	③	②	③	①	③	③	④	②

01 [정답] ④

📋 **핵심체크**

$3A + 2B = 3(x^2 + xy - y) + 2(x^2 - 3y)$
$\qquad = 3x^2 + 3xy - 3y + 2x^2 - 6y$
$\qquad = 3x^2 + 2x^2 + 3xy - 3y - 6y$
$\qquad = 5x^2 + 3xy - 9y$

02 [정답] ①

📋 **핵심체크**

등식 $a(2x + 5) - bx = 5(x + 2)$에서
$2ax + 5a - bx = 5x + 10$
$(2a - b)x + 5a = 5x + 10$
이 식에 x에 대한 항등식이므로 계수비교법에 의하여
$2a - b = 5$ …… ㉠
$5a = 10$ …… ㉡

ⓒ에서 $a = 2$
$a = 2$를 ㉠에 대입하여 풀면
$2 \times 2 - b = 5$
$\therefore b = -1$
$\therefore a - b = 2 - (-1) = 3$

03 [정답] ③

📋 **핵심체크**

다항식 $Q(x) = x^3 + 3x^2 - 2x + 1$이라 하자.
$x = 2$를 다항식 $Q(x)$에 대입하면
$Q(2) = 2^3 + 3 \times 2^2 - 2 \times 2 + 1$
$\qquad = 8 + 12 - 4 + 1 = 17$
따라서 나머지정리에 의하여 다항식 $x^3 + 3x^2 - 2x + 1$을 $x - 2$로 나눈 나머지는 17이다.

04 [정답] ②

📋 **핵심체크**

인수분해 정리에 의하여
$a^4 + a^2b^2 + b^4 = (a^2 - ab + b^2)(a^2 + ab + b^2)$
이므로
$x^4 + 4x^2 + 16 = (x^2 - 2x + 4)(x^2 + 2x + 4)$
$\therefore k = 4$

05 [정답] ①

📋 **핵심체크**

$(2 + 5i) - (1 + 2i) = x + yi$에서 좌변을 정리하면
$(2 - 1) + (5 - 2)i = x + yi$이므로
$1 + 3i = x + yi$
복소수가 서로 같을 조건에 의하여
$x = 1, \ y = 3$
$\therefore xy = 1 \times 3 = 3$

06

핵심체크

이차방정식 $x^2 - 2x + 3 = 0$의 두 근을 α, β라고 할 때 이차방정식의 근과 계수의 관계에 의하여

$\alpha + \beta = -\dfrac{-2}{1} = 2$, $\alpha\beta = \dfrac{3}{1} = 3$

$\therefore \dfrac{1}{\alpha} + \dfrac{1}{\beta} = \dfrac{\alpha + \beta}{\alpha\beta} = \dfrac{2}{3}$

07

정답 ④

핵심체크

$f(x) = -2x^2 + 3$이라 하자.

$f(-2) = -2 \times (-2)^2 + 3 = -5$,

$f(0) = -2 \times 0^2 + 3 = 3$,

$f(1) = -2 \times 1^2 + 3 = 1$

따라서 $-2 \le x \le 1$일 때, 이차함수 $y = -2x^2 + 3$은 $x = 0$에서 최댓값 3을 갖는다.

08

정답 ②

핵심체크

삼차방정식 $f(x) = x^3 + 3x^2 - ax - 4 = 0$의 한 근이 1이 므로 $x = 1$을 대입하면

$f(1) = 1^3 + 3 \times 1^2 - a - 4 = 0$에서

$1 + 3 - a - 4 = 0$

$\therefore a = 0$

➕ PLUS CHECK 더 알아보기

다항식 $x^3 + 3x^2 - 4$ 인수분해하기

다항식 $x^3 + 3x^2 - 4$이므로 조립제법을 이용하여 인수분해를 하면

```
1 |  1    3    0   -4
  |       1    4    4
  ─────────────────────
     1    4    4 |  0
```

$\therefore x^3 + 3x^2 - 4 = (x-1)(x^2 + 4x + 4)$
$\qquad\qquad\qquad = (x-1)(x+2)^2$

09

정답 ①

핵심체크

주어진 부등식은 다음과 같이 나타낼 수 있다.

$$\begin{cases} 2 - 4x < 3x - 5 & \cdots\cdots \text{㉠} \\ 3x - 5 < -\dfrac{1}{2}x + 2 & \cdots\cdots \text{㉡} \end{cases}$$

㉠에서 $-4x - 3x < -5 - 2$, $-7x < -7$

$\therefore x > 1 \cdots\cdots \text{㉢}$

㉡에서 $3x - \left(-\dfrac{1}{2}x\right) < 2 - (-5)$, $\dfrac{7}{2}x < 7$

$\therefore x < 2 \cdots\cdots \text{㉣}$

따라서 ㉢, ㉣을 동시에 만족시키는 x의 값의 범위는 $1 < x < 2$이므로

$a = 1$, $b = 2$

$\therefore a + b = 1 + 2 = 3$

10

정답 ③

핵심체크

부등식 $|x + 2| \le 1$에서

$-1 \le x + 2 \le 1$, $-1 - 2 \le x \le 1 - 2$

$\therefore -3 \le x \le -1$

따라서 주어진 수직선이 나타내는 해의 범위는 $a \le x \le b$ 이므로

$a = -3$, $b = -1$

$\therefore ab = (-3) \times (-1) = 3$

11

정답 ④

핵심체크

좌표평면 위의 두 점 $A(0, 1)$, $B(2, a)$ 사이의 거리가 $2\sqrt{5}$이므로

$\sqrt{(2-0)^2 + (a-1)^2} = 2\sqrt{5}$

$4 + (a-1)^2 = 20$, $(a-1)^2 = 16$

$a - 1 = -4$ 또는 $a - 1 = 4$

$\therefore a = -3$ 또는 $a = 5$

$\therefore a = 5$ ($\because a > 0$)

12 정답 ①

핵심체크

$x+y+2=0$에서 $y=-x-2$

$ax+3y-5=0$에서 $y=-\dfrac{a}{3}x+\dfrac{5}{3}$

두 직선이 서로 수직이므로

$-1\times\left(-\dfrac{a}{3}\right)=-1$, $\dfrac{a}{3}=-1$

$\therefore a=-3$

13 정답 ③

핵심체크

y축에 접하므로 주어진 원의 반지름의 길이는 1이다.
따라서 중심이 $(1,\ 3)$이고 반지름의 길이가 1인 구하는
원의 방정식은

$(x-1)^2+(y-3)^2=1$

14 정답 ②

핵심체크

점 $(x,\ y)$를 점 $(x-3,\ y+4)$로 옮기는 평행이동은 x축
의 방향으로 -3만큼, y축의 방향으로 4만큼 평행이동한
것이다.
따라서 구하는 점의 좌표는 $(6-3,\ -5+4)$,
즉 $(3,\ -1)$이다.

15 정답 ③

핵심체크

① $A\cap B=\{4\}$이므로 $n(A\cap B)=1$
② $A\cup B=\{1,\ 2,\ 3,\ 4,\ 6\}$이므로 $n(A\cup B)=5$
③ $A^C=\{1,\ 5,\ 6\}$이므로 $n(A^C)=3$
④ $A-B=\{2,\ 3\}$이므로 $n(A-B)=2$

16 정답 ①

핵심체크

명제 '$x\geq1$이고 $y>2$이면 $x+y\geq3$이다.'의 대우는 가
정과 결론을 각각 부정하고 서로 바꾼 명제 '$x+y<3$이
면 $x<1$이거나 $y\leq2$이다.'이다.

> **⊕ PLUS CHECK 더 알아보기**
>
> **명제의 조건과 부정**
> ① $x=a\leftrightarrow x\neq a$
> ② 또는 $\leftrightarrow$ 그리고
> ③ $a<x<b\leftrightarrow x\leq a$ 또는 $x\geq b$
> ④ $a\leq x\leq b\leftrightarrow x<a$ 또는 $x>b$

17 정답 ③

핵심체크

$f(1)=4$, $f^{-1}(8)=3$이므로

$\begin{aligned}f(1)+f^{-1}(8)&=4+3\\&=7\end{aligned}$

18 정답 ③

핵심체크

무리함수 $y=\sqrt{ax}$의 그래프가 두 점 $(1,\ 2)$, $(b,\ 4)$를
지나므로

$2=\sqrt{a}$에서 $a=4$

$4=\sqrt{4b}$에서 $16=4b$

$\therefore b=4$

$\therefore a+b=4+4=8$

19
정답 ④

📋 **핵심체크**

A 영역에 칠할 수 있는 색은 4가지

B 영역에 칠할 수 있는 색은 A 영역에 칠한 색을 제외한 3가지

C 영역에 칠할 수 있는 색은 B 영역에 칠한 색을 제외한 3가지

D 영역에 칠할 수 있는 색은 C 영역에 칠한 색을 제외한 3가지

따라서 구하는 방법의 수는

$4 \times 3 \times 3 \times 3 = 108$

➕ **PLUS CHECK 더 알아보기**

색칠하는 방법의 수

각 영역을 몇 개의 색을 이용하여 칠하는 방법의 수는

① 인접한 영역이 가장 많은 영역에서 색칠하는 방법의 수를 먼저 구하고, 그 영역과 인접한 영역 순으로 방법의 수를 각각 구한다.

② 같은 색을 칠할 수 있는 영역이 있을 때는 이 영역들이 같은 색인 경우와 다른 색인 경우로 나누어 생각한다.

20
정답 ②

📋 **핵심체크**

$_nC_2 = \dfrac{n(n-1)}{2 \times 1} = 10$ 에서

$n(n-1) = 20$, $n^2 - n - 20 = 0$

$(n+4)(n-5) = 0$

$\therefore n = 5 \ (\because n \geq 2)$

제3교시		**영어**							132~136쪽
01	02	03	04	05	06	07	08	09	10
①	②	①	③	①	④	①	②	②	③
11	12	13	14	15	16	17	18	19	20
④	②	③	③	④	②	④	①	③	④
21	22	23	24	25					
④	③	②	④	①					

01
정답 ①

📋 **핵심체크**

밑줄 친 'squeeze'는 '(손가락으로 꼭) 짜다, 쥐다'라는 의미다.

🔲 **해석 CHECK**

더러운 손가락으로 여드름을 짜면, 피부에 흉터가 남게 될지도 모른다.

02
정답 ②

📋 **핵심체크**

밑줄 친 'major in'은 '~을 전공하다'라는 의미이다.

🔲 **해석 CHECK**

그는 영어를 전공하고 있고 영어 선생님이 되기 원한다.

03
정답 ①

📖 **단어체크**

• tend to: (~하는) 경향이 있다

📋 **핵심체크**

밑줄 친 'in general'은 '보통, 대개'라는 의미이다.

🔲 **해석 CHECK**

대개 남성은 파랑이나 초록처럼 더 시원한 색상을 좋아하는 경향이 있고 여성은 빨강이나 분홍처럼 더 따뜻한 색상을 좋아하는 경향이 있다.

1일차 2일차 3일차 4일차 5일차 6일차 7일차

04

📖 단어체크
- According to: ~에 따르면
- weather forecast: 일기 예보
- afternoon: 오후

📋 핵심체크
밑줄 친 'weather(날씨)'와 'rain(비가 오다)'은 포함 관계이다. 'polite'와 'courteous'는 둘 다 '공손한, 정중한'의 의미로, 유의 관계이기 때문에 의미 관계가 다르다.

🔍 오답체크
① 나라 – 이집트
② 느낌 – 초조한
④ 꽃 – 카네이션

┌─ 해석 CHECK ─
│ 일기 예보에 따르면, 오늘 오후에는 <u>비가 내릴</u> 것이다.
└─

05

📖 단어체크
- parents: 부모님
- per: ~에 대해; ~당[마다]
- person: (개개의) 사람

📋 핵심체크
제시된 안내문에서 가격(free), 일시(Friday, May 6th), 개수(Two per person)는 언급되어 있으나, 주최 측에 대한 정보는 언급되어 있지 않다.

┌─ 해석 CHECK ─
│ **어버이날에 무료 카네이션을 받으세요!**
│ 어버이날에 부모님께 사랑스러운 카네이션을 드려 사랑과 감사를 표현해 보세요!
│ ○ 날짜: 5월 6일 금요일
│ ○ 시간: 오전 9시부터 오후 6시까지
│ ○ 장소: 강당
│ ○ 카네이션 개수: 한 사람당 두 송이
└─

06

📖 단어체크
- look up to: 존경하다
- the most: 가장
- give up: 포기하다
- even: (예상 밖이나 놀라운 일을 나타내어) ~조차

📋 핵심체크
첫 번째 문장의 빈칸에는 문맥상 동사 'look', 전치사 'to'와 짝을 이루어 '존경하다'의 의미를 나타낼 수 있는 단어가 들어가야 한다. 두 번째 문장의 빈칸에는 문맥상 동사 'give'와 짝을 이루어 '포기하다'의 의미를 나타낼 수 있는 단어가 들어가야 한다. 이러한 두 조건을 모두 만족하는 말은 'up'이다.

┌─ 해석 CHECK ─
│ ○ 그는 자신의 형을 가장 존경한다.
│ ○ 그녀는 아팠을 때조차 자기 일을 포기하지 않았다.
└─

07

📖 단어체크
- keep one's fingers crossed: 행운을 빌다
- keep in mind: 명심하다
- important: 중요한

📋 핵심체크
첫 번째 문장의 빈칸에는 문맥상 'my fingers crossed'와 짝을 이루어 '행운을 빌다'의 의미를 나타낼 수 있는 단어가 들어가야 한다. 두 번째 문장의 빈칸에는 문맥상 'in mind'와 짝을 이루어 '명심하다'의 의미를 나타낼 수 있는 단어가 들어가야 한다. 이러한 두 조건을 모두 만족하는 말은 'keep'이다.

┌─ 해석 CHECK ─
│ ○ 행운을 빌게.
│ ○ 영어가 중요하다는 것을 명심해야 해.
└─

08

정답 ②

📖 단어체크

• show up: 나타나다
• post office: 우체국

📋 핵심체크

첫 번째 문장의 빈칸에는 문맥상 'the way'와 짝을 이루어 '길을 알려주다'의 의미를 나타낼 수 있는 동사가 들어가야 한다. 두 번째 문장의 빈칸에는 문맥상 부사 'up'과 짝을 이루어 '나타나다'의 의미를 나타낼 수 있는 동사가 들어가야 한다. 이러한 두 조건을 모두 만족하는 말은 'show'이다.

> **해석 CHECK**
> ○ 우체국으로 가는 길을 <u>알려주실</u> 수 있나요?
> ○ 그는 학교 축제에 <u>나타나지</u> 않았다.

09

정답 ②

📖 단어체크

• cabbage: 양배추
• bitter: (맛이) 쓴

📋 핵심체크

대화에서 쓰인 'a good medicine tastes bitter'는 '몸에 좋은 약은 입에 쓰다'라는 의미로, 맛이 없다는 이유로 양배추 먹기를 거부하는 A에게 B가 건강에 좋은 음식을 권하기 위해 사용한 표현이다.

🔍 오답체크

① Honesty is the best policy
③ very dog has his day
④ It is killing two birds with one stone

> **해석 CHECK**
> A: 엄마, 저는 양배추를 먹고 싶지 않아요.
> B: 양배추를 먹는 것이 네 건강에 좋단다.
> A: 하지만 양배추는 맛이 없어요.
> B: 어서, <u>몸에 좋은 약은 입에 쓴단다</u>.

10

정답 ③

📖 단어체크

• mean a lot: 뜻깊다
• gift: 선물

📋 핵심체크

대화에서 A가 'Why do you look so angry(왜 그렇게 화가 난 것 같아 보이니)?'라고 묻자, B는 화가 난 이유를 설명하였으므로 B의 심정이 '화나다'라는 것을 알 수 있다.

> **해석 CHECK**
> A: 왜 그렇게 화난 것 같아 보이니? 무슨 일이야?
> B: 남동생이 내가 가장 좋아하는 로봇을 부쉈어.
> A: 그것 참 안 되었구나.
> B: 할아버지께서 선물로 주신 거라서 나에게 큰 의미가 있었거든.

11

정답 ④

📖 단어체크

• exchange: 교환하다

📋 핵심체크

대화에서 B가 A에게 'exchange Korean wons for US dollars(한국 화폐를 미국 달러로 교환하다)'라고 말하였으므로 대화가 이루어지는 장소로 가장 적절한 것은 '은행'이다.

> **해석 CHECK**
> A: 무엇을 도와드릴까요?
> B: 한국 화폐를 미국 달러로 교환하고 싶습니다.
> A: 얼마를 교환하고 싶으세요?
> B: 30달러요.

12

정답 ②

📖 단어체크

• cause: ~을 야기하다, 초래하다
• man – made: 인간이 만든
• impact on ~: ~에 영향[충격]을 주다
• due to: ~에 기인하는, ~때문에

1일차 2일차 3일차 4일차 5일차 6일차 7일차

제시된 글의 첫 번째 문장에 나온 'causes a lot of damage to man‐made structures(인간이 만든 구조물에 큰 피해를 야기하며)'라는 말과 'due to the shaking of the earth's surface(지구 표면의 흔들림 때문에)'라는 말을 통해 밑줄 친 'It(it)'이 가리키는 것이 '지진'임을 알 수 있다.

┌─ **해석** CHECK ─
│ 그것은 지구 표면의 흔들림 때문에, 인간이 만든 구조물에 큰 피해를 야기하며, 인간과 동물의 삶에 충격을 준다. 대부분의 경우, 그것은 해저에서 시작한다.
└─

13 　　　　　　　정답 ③

📖 **단어**체크

• haircut: 머리 모양, 이발

• a bit: 조금, 약간

📋 **핵심**체크

대화에서 B가 자신의 머리에 대해 'but still a bit too long(하지만 아직도 좀 너무 길다)'이라고 하였고, 빈칸 다음에서 B가 'Yes, can you cut a little more on the sides(네, 옆 부분을 조금 더 잘라 주시겠어요)?'라고 하였으므로 문맥상 빈칸에는 'Do you want me to make it shorter(더 짧게 해드릴까요)'가 들어가는 것이 가장 적절하다.

🔍 **오답**체크

① 여기서 얼마나 먼가요

② 머리를 어떻게 해 드릴까요

④ 머리 모양에 대해 조언을 좀 해 주실 수 있나요

┌─ **해석** CHECK ─
│ A: 다 되었습니다! 머리 모양이 마음에 드세요?
│ B: 괜찮기는 한데, 아직도 좀 너무 기네요.
│ A: 더 짧게 해 드릴까요?
│ B: 네, 옆 부분을 조금 더 잘라 주시겠어요?
│ A: 그러죠.
└─

14 　　　　　　　정답 ③

📖 **단어**체크

• How do you like ~?: ~은 어떻습니까?, 마음에 드십니까?

📋 **핵심**체크

대화에서 B가 'It's a lot of work, but I like it very much(일이 많기는 하지만, 난 그게 매우 좋아요)'라고 대답하였으므로 문맥상 빈칸에는 일이 마음에 드는지를 묻는 'How do you like your new job(새로운 일이 마음에 드세요)'이 들어가는 것이 가장 적절하다.

🔍 **오답**체크

① 거기에 언제 가셨나요

② 그게 무슨 뜻인가요

④ 그곳에서 얼마나 오래 일하셨습니까

┌─ **해석** CHECK ─
│ A: 새로운 일이 마음에 드세요?
│ B: 일이 많기는 하지만, 난 그게 매우 좋아요.
└─

15 　　　　　　　정답 ④

📖 **단어**체크

• decide to ~: ~하기로 결정하다

• join: 참여하다, 가입하다

📋 **핵심**체크

대화에서 A가 B에게 'plans for this year(올해의 계획)'라는 말을 사용하여 질문하였고, B는 A에게 'learn how to play the electric guitar(전기 기타 치는 법을 배우기)'라는 말을 사용하여 대답하였으므로 대화의 주제로 가장 적절한 것은 '올해의 계획'이다.

┌─ **해석** CHECK ─
│ A: 올해 무슨 계획이 있니?
│ B: 나 전기 기타 치는 법을 배우기로 결심했어.
│ A: 왜 전기 기타야?
│ B: 왜냐하면 난 항상 학교 밴드에 들어가고 싶었거든.
└─

16

정답 ②

📖 단어체크

• especially: 특히

• be interested in ~: ~에 관심이 있다

• college: 대학

📝 핵심체크

제시된 글에서 자신의 이름(Min – jeong Choi), 장래 희망 (a cook)과 그 이유(I really like making food)를 설명하고 있다. 또한, 관심 분야(Chinese food)와 앞으로 하고 싶은 일(go to Jin's College)을 언급하였으므로 글을 쓴 목적은 '소개하려고'이다.

> **해석 CHECK**
>
> 안녕하세요, 제 이름은 Min – jeong Choi입니다. 저는 음식 만드는 것을 매우 좋아하기 때문에 요리사가 되고 싶습니다. 저는 가족과 친구들이 제가 만든 음식을 먹을 때 행복을 느낍니다. 저는 특히 중식에 관심이 있습니다. 저는 중국의 Jin's College에 들어가 중식 요리법을 배우고 싶습니다.

17

정답 ④

📖 단어체크

• amazing: 놀라운

• express: 급행의; 신속한

📝 핵심체크

제시된 광고의 마지막 줄에 'express delivery services(신속 배달)'라고 되어 있으므로 광고의 내용과 일치하지 않는 것은 'John's Sandwich는 배달은 하지 않는다.'이다.

> **해석 CHECK**
>
> John's Sandwich
>
> ○ 학교 근처에 있는 최고의 샌드위치 가게!
> ○ 비법 소스가 샌드위치를 맛있게 합니다.
> ○ 이번 주에는 또한 굉장한 샐러드도 즐기실 수 있습니다.
> ○ 24시간 영업합니다.
> ○ 신속 배달을 합니다.

18

정답 ①

📖 단어체크

• move to ~: (~로) 이사하다, 이주하다

• career: 생활, 경력

• commercial: 상업의

• paint: (물감 등으로) 그리다

• inspire: 영감을 주다

• contemporary: 동시대의

📝 핵심체크

제시된 글의 세 번째 문장에서 'paint common things(평범한 것을 그렸다)'라고 되어 있으므로 Andy Warhol에 대한 설명과 일치하지 않는 것은 'Andy Warhol은 거대한 것을 그렸다.'이다.

> **해석 CHECK**
>
> Andy Warhol은 펜실베이니아 주, 피츠버그에서 태어났다. 그는 1949년 뉴욕으로 이주하였고, 거기서 상업 미술가로서 경력을 쌓기 시작하였다. 1960년대 초반, 그는 수프가 담긴 캔 같은 평범한 것들을 그리기 시작하였다. 그의 작품은 수많은 동시대 예술가들에게 영감을 주었다.

19

정답 ③

📖 단어체크

• healthy: 건강한

• helpful: 도움이 되는

• make a difference: 차이(변화)를 두다

• enough: (불가산 명사, 복수 명사 앞에 쓰여) 필요한 만큼의, 충분한

• sunscreen: 자외선 차단제

📝 핵심체크

제시된 글의 첫 번째 문장에서 'can have healthy skin(건강한 피부를 가질 수 있다)'이라고 선언한 후, 그렇게 할 수 있는 유용한 조언들을 나열하고 있다. 따라서 제시된 글의 주제가 '피부를 건강하게 하는 방법'이라는 것을 알 수 있다.

해석 CHECK

시간과 돈을 많이 들이지 않고 건강한 피부를 가질 수 있다. 여기 몇 가지 도움이 되는 조언이 있다. 첫째, 매일 밤 충분한 수면을 취하면 실제로 피부에 변화를 줄 수 있다. 둘째, 물을 충분히 마신다. 셋째, 외출할 때는 항상 자외선 차단제를 바른다. 마지막으로, 매일 밤 잠자리에 들기 전에 세안한다.

20

정답 ④

단어체크

• train: 교육시키다, 훈련시키다
• loudly: 크게
• press down: 누르다
• reward: 보상하다, 보답하다, 사례하다

핵심체크

제시된 글의 빈칸 앞에 때(When)를 나타내는 종속절이 있고 주절의 빈칸에 주어가 없으므로 빈칸이 있는 문장이 명령문이라는 것을 추론할 수 있다. 또한, 문맥상 빈칸에는 뒤에 나온 전치사 'with'와 짝을 이루어 '~로 보상하다, 보답하다'라는 의미의 동사가 들어가야 한다. 따라서 문맥상 빈칸에 들어갈 말로 가장 적절한 것은 'reward'이다.

오답체크

① 보여 주다, 제시하다
② 명령하다, 지시하다
③ 마음을 끌다

해석 CHECK

반려견을 훈련할 때, 이러한 규칙들을 기억하라. 훈련 전에 반려견에게 먹을 것을 주지 말아라. 시작할 때는, 반려견을 누르면서, 앉으라고 크게 말해라. 반려견이 그렇게 할 때, 반려견에게 간식으로 보상하고 "착하지." 라고 이야기해라.

21

정답 ④

단어체크

• environmental: 환경의
• engineer: 공학자
• enroll: 등록하다
• recycling: 재활용, 재생 이용; 재순환(작용)
• semester: 학기

핵심체크

제시된 글의 빈칸 앞에는 부정 관사(an)가 있고, 뒤에는 명사(engineer)가 있으므로 빈칸에는 명사를 수식하는 형용사가 들어가야 함을 알 수 있다. 또한, 문맥상 빈칸에는 환경과 연관된 형용사가 들어가야 한다. 따라서 문맥상 빈칸에 들어갈 말로 가장 적절한 것은 'environmental'이다.

오답체크

① 장난기 많은, 놀기 좋아하는
② 경쟁을 하는
③ 전문적인

해석 CHECK

Susan에게,
안녕, 나는 미래에 대한 명확한 목표가 있어. 그것은 환경 공학자가 되어서 지구를 구하는 거야. 꿈을 이루기 위해, 나는 이번 학기에 나는 환경과 재활용 수업에 등록할 거야. 나와 함께할래?

James가

22

정답 ③

단어체크

• effect: 영향, 결과, 효과
• auditorium: 강당

핵심체크

주어진 문장에 'on that day(그날)'라는 말이 나오므로 그 것을 가리키는 날짜(on September 24th)가 있는 문장 다음인 ③이나 ④에 위치해야 한다. ③ 뒤의 문장에 'also'가 있으므로 주어진 문장은 그 앞에 위치하는 것이 자연스럽다. 따라서, 문맥상 주어진 문장이 들어가기에 가장 적절한 곳은 ③이다.

해석 CHECK

요즈음, 학생들이 스마트폰에 너무 많은 시간을 쓰고 있다. 이러한 이유로, 9월 24일 학교에서 '스마트폰 없는 날'을 열 예정이다. 학생들은 그날 학교에서 스마트폰을 사용하는 것이 허용되지 않을 것이다. 또한, 스마트폰 과다 사용의 부정적인 영향에 대한 짧은 영상이 점심시간에 강당에서 상영될 예정이다.

23 정답 ②

단어체크

• convenient: 편리한, 간편한
• as well: 또한, 역시
• save: 아끼다, 절약하다
• delivery: 배달

핵심체크

제시된 글에서 'However, there are problems with online shopping as well(하지만, 온라인 쇼핑에도 문제는 있다).'이라고 한 다음에 마지막 문장에서 'The biggest problems(가장 큰 문제)'로 배송 지연과 주소지 오류 물품 배송을 언급하였으므로 뒤에 이어질 내용으로 가장 적절한 것은 '온라인 쇼핑의 또 다른 문제'이다.

해석 CHECK

당신은 종종 온라인으로 물건을 사는가? 이 질문에 '그렇다'라고 대답한다면, 당신은 왜 온라인 쇼핑을 좋아하는가? 많은 사람이 편리하고 시간도 절약해 주기 때문에 온라인 쇼핑을 좋아한다고 말한다. 하지만, 온라인 쇼핑에도 문제는 있다. 가장 큰 문제는 배송 지연과 주소지 오류 물품 배송이다.

[24~25]

단어체크

• argue: 언쟁을 하다, 다투다, 주장하다
• atomic bomb: 원자 폭탄
• definitely: 분명히, 확실히
• improve: 개선되다, 개선하다, 향상시키다
• continue: 계속하다, 계속되다

해석 CHECK

어떤 사람들은 과학이 위험할 수도 있다고 주장한다. 그들은 원자 폭탄이 과학의 위험성에 대한 완벽한 예라고 말한다. 하지만, 나는 과학이 우리에게 해를 끼치기보다는 도움이 더 된다고 생각한다. 예를 들어, 과학은 더 좋은 약을 만드는 데 도움을 준다. 그것은 확실히 우리의 삶의 질을 개선한다. 나는 과학이 우리를 위해 계속해서 더 나은 세상을 만들 것이라고 믿는다.

24 정답 ④

핵심체크

제시된 글의 빈칸 앞에서 'does us more good than harm(우리에게 해를 끼치기보다는 도움이 더 된다).'이라고 하였고, 빈칸 뒤에서 'helps make better medicine(더 좋은 약을 만드는 데 도움을 준다).'이라는 앞 문장의 예시를 들고 있다. 따라서 문맥상 빈칸에 들어갈 말로 가장 적절한 것은 'For instance(예를 들어)'이다.

25 정답 ①

핵심체크

제시된 글은 첫 문장에서 'science can be dangerous(과학이 위험할 수 있다).'라는 주장을 소개한 후, 그에 대한 반론을 제기하고 있다. 먼저, 'However(하지만)'로 반론을 시작하며 'science does us more good than harm(과학이 해를 끼치기보다는 도움이 더 된다).'이라고 주장하였다. 이를 뒷받침하는 예시를 든 다음, 'science will continue to make a better world(과학이 계속해서 더 나은 세상을 만들 것)'라고 결론을 내렸다. 이를 통해, 제시된 글의 주제로 가장 적절한 것은 '해를 끼치기보다는 도움이 되는 과학'임을 알 수 있다.

01	02	03	04	05	06	07	08	09	10
①	③	①	②	④	①	②	②	④	③

11	12	13	14	15	16	17	18	19	20
②	④	②	④	③	①	①	③	①	①

21	22	23	24	25
③	③	②	④	④

01 정답 ①

📋 **핵심체크**

사회 복지 제도는 사회 구성원들이 다양한 사회적 위험으로부터 행복하고 인간다운 삶을 살 수 있도록 지원하는 제도이다. 국민에게 발생하는 사회적 위험을 공적 보험의 방식으로 대처하는 사회 보험, 생활 유지 능력이 없거나 생활이 어려운 국민의 최저 생활을 보장하고 자립을 지원하는 공공 부조, 여성, 어린이, 노인, 장애인 등 도움이 필요한 국민에게 다양한 도움을 제공하는 사회 서비스가 있다.

🔍 **오답체크**

② 국가의 권력을 중앙 정부와 지방 자치 단체가 나누어 행사할 수 있게 하여 권력 남용을 방지하기 위한 제도이다.
③ 개인의 자유를 존중하고 보장하는 것을 최우선으로 두는 입장이다.
④ 사회 계층 중 중간 계층의 비중이 줄어들고 상층과 하층의 비중이 늘어나는 현상을 말한다.

02 정답 ③

📋 **핵심체크**

보편적인 행복의 조건
• 정치적 조건: 법치주의, 민주주의 등을 바탕으로 개인의 자유와 평등을 보장한다.
• 경제적 조건: 기본적인 의식주와 함께 안전한 환경을 조성한다.
• 사회·윤리적 조건: 올바른 가치관을 정립하고 이기주의와 갈등을 극복한다.

03 정답 ①

📋 **핵심체크**

자산 관리의 원칙
• 유동성: 특별한 제약 없이 필요할 때 쉽게 현금으로 전환될 수 있는 정도를 말한다.
• 수익성: 금융 상품의 가격 상승이나 이자 수익을 기대할 수 있는 정도를 말한다. 대체로 수익성이 높으면 안전성이 낮아진다.
• 안전성: 원금과 이자가 보전될 수 있는 정도를 말한다.

04 정답 ②

📋 **핵심체크**

시장 경제를 위한 시장 참여자는 크게 정부, 기업, 노동자, 소비자로 나뉜다. 그중 기업의 역할에는 생산을 위해 노동자를 고용하여 일자리를 제공하며, 소비자가 원하는 재화와 서비스를 생산하여 소비자에게 만족감을 주고, 세금을 납부하여 지역 경제 및 국가 경제에 기여하는 것 등이 있다.

🔍 **오답체크**

① 정부의 역할은 시장에 개입하여 독과점, 외부 효과, 공공재 부족, 경제적 불평등과 같은 시장의 한계 기능을 보완하고 경제 문제를 해결하는 것이다.
③ 노동자의 역할은 성실한 직무 수행, 기술 습득 및 능력 계발, 노사 간 동반자 의식 함양 등의 책임을 다하는 것이다.
④ 소비자의 역할은 생산물의 종류와 수량을 결정하고 불량 상품이나 부당 영업 행위에 대해 주권자로서 감시 활동을 하는 것이다. 또한, 소비자는 상품을 비판적으로 분석하고 합리적 소비 활동을 하며, 보다 나은 공동체를 위한 윤리적 소비 활동을 해야 한다.

05 정답 ④

📋 **핵심체크**

다문화 사회의 갈등 해결을 위해 이민자의 문화와 권리를 보장하는 제도나 정책을 시행하는 것은 국가적 노력에 해당한다. 국가는 다양한 교육 프로그램을 구성하여 사회 구성원들이 다문화 가정의 문화적 차이를 인정하고 존중하도록 도와야 한다.

06 정답 ①

핵심체크

노직은 자유주의적 정의관 중 개인과 공동체의 역할을 강조하였던 학자이다. 그는 개인의 자유와 권리를 최우선으로 보장하는 것이 정의롭다고 주장하며, 국가의 소득 재분배 정책을 반대하였다.

07 정답 ②

핵심체크

국제 갈등은 민족·종교·문화적 차이 등 다양한 원인으로 나타난다. 자원, 영토 등 자국의 이익을 우선적으로 추구할 때 갈등이 심화될 수 있다.

08 정답 ②

핵심체크

전통문화는 한 사회에서 오랜 세월 동안 지속되어 온 문화 요소 중에서 현재까지 고유한 가치를 인정받고 있는 문화이다. 우리나라의 경우, 한글, 두레, 향약, 온돌, 사물놀이 등이 전통문화로서 인정받고 있다.
전화, 컴퓨터, 바퀴, 안경 등은 발명된 문화로, 원래 없던 문화 요소가 새롭게 만들어진 것이다.

09 정답 ④

핵심체크

배당 수익은 주식회사가 얻은 이익금의 일부를 현금·주식의 형태로 투자자들에게 나누어 주는 것을 말한다.

오답체크

① 시장에서 물건 가격이 변동함에 따라 얻게 되는 이익금을 말한다.
② 자신의 소득이나 재산을 경제적 목표에 맞춰 적정한 수익을 얻을 수 있도록 각종 자산에 투자하여 운용하는 관리 행위이다.
③ 개인이 소유하고 있는 자산을 투자 목적이나 기간 등에 따라 안정성과 수익성이 균형을 이룰 수 있도록 금융 자산을 분산해서 투자하는 행위이다.

10 정답 ③

핵심체크

합리적 선택이란 개인이 어떤 경제적 선택을 할 때 최소의 비용으로 최대의 편익을 얻을 수 있도록 선택하는 것을 말한다. 독과점 시장이 발생하면 자원 배분의 비효율성이 발생하게 되고, 이로 인해 소비자는 합리적 선택을 할 수 없어 피해를 보게 된다.

오답체크

① 독과점 시장은 새로운 경쟁자의 시장 진입을 방해하여 불공정한 경쟁을 발생시킨다.
② 기술 개발 및 품질 개선에 대한 노력을 게을리 하게 되어 상품의 질이 하락한다.
④ 소수의 공급자가 가격을 높게 책정하고 생산량을 적게 조절하여 자원 배분의 비효율성이 발생한다. 이로 인해 소비자는 시장 가격보다 높은 가격을 지불하는 피해를 입게 된다.

11 정답 ②

핵심체크

사회권은 국가에 대해 인간다운 생활의 보장을 요구할 수 있는 적극적인 권리이다. 교육을 받을 권리, 근로의 권리 등을 포함하고 있다.

오답체크

① 국민이 국가 권력의 간섭이나 침해를 받지 않을 권리이다. 신체의 자유, 사상·양심·종교의 자유, 집회·결사의 자유, 자유선거를 통해 정부에 참여할 권리 등이 이에 속한다.
③ 성별이나 종교, 학력, 사회적 신분 등에 의해 차별받지 않을 권리이다. 법 앞에의 평등과 기회의 균등 등이 이에 속한다.
④ 국민이 국가에 대해 일정 행위를 적극적으로 청구할 수 있는 권리이다. 재판 청구권, 청원권, 형사 보상 청구권, 국가 배상 청구권 등이 이에 속한다.

12
정답 ④

📋 핵심체크
자본주의는 사유 재산 제도를 바탕으로 시장에서 자유로운 경제 활동을 보장하는 시장 경제 체제이다.

🔍 오답체크
① 국가적으로 상업을 중시하고 보호해야 한다는 경제 사상으로, 상업 자본주의라고도 한다.
② 개인에게 자유로운 시장 경제 활동의 최대 보장을 강조하는 것으로, 자본주의 경제 체제를 확립하는 데 사상적 기초가 되었다.
③ 1933년 미국 루스벨트 대통령이 대공황을 극복하기 위해 추진한 사회 경제 개혁 정책이다.

13
정답 ②

📋 핵심체크
헌법 제10조에서 규정하고 있는 기본권의 내용은 국민은 인간으로서의 존엄과 가치를 가지며, 행복을 추구할 권리를 가지고, 국가는 개인이 가지는 불가침의 기본적 인권을 확인하고 이를 보장할 의무를 진다는 것이다. 기본권에 포함된 것으로는 인간의 존엄성과 가치 및 행복 추구권, 자유권, 평등권, 참정권, 청구권, 사회권 등이 있다.

🔍 오답체크
ㄴ. 인간의 존엄성과 가치 및 행복 추구권에 대한 설명이다. 자유권은 국민이 국가 권력의 간섭이나 침해를 받지 않을 권리를 말한다.
ㄹ. 사회권에 대한 설명이다. 청구권은 재판 청구권, 청원권, 형사 보상 청구권 등과 같이 국민이 국가에 대하여 일정 행위를 적극적으로 청구할 수 있는 권리를 말한다.

14
정답 ④

📋 핵심체크
냉대·한대 기후 지역은 큰 연교차와 길고 추운 겨울, 적은 강수량이 특징이다. 이에 따라 눈과 얼음을 이용하거나 폐쇄적인 가옥 구조가 발달하였다. 동물의 가죽이나 털로 만든 의복을 입고, 열량이 높은 육류를 많이 소비한다.

🔍 오답체크
① 연중 온화한 기온이 특징인 지역이다. 큰 일교차와 햇볕을 피하기 위한 판초를 입고 커다란 모자를 쓴다.
② 강수량이 적고 일교차가 큰 것이 특징인 지역이다. 강한 햇빛으로부터 몸을 보호하기 위해 온몸을 감싸는 옷을 입고, 흙벽돌집이나 이동식 가옥을 짓고 산다.
③ 사계절이 뚜렷하고 기온이 온화하여 벼농사가 발달한 것이 특징인 지역이다.

15
정답 ③

📋 핵심체크
산업화와 도시화가 전개되면서 거주 공간이 촌락에서 도시로 변화하였다. 도시 지역에서는 이촌 향도 현상과 지역 불균형 현상이 심해졌으며, 촌락 지역에서는 노동력이 부족해지고 노령화가 심화되었다. 이에 따라 대도시 주변 지역으로 생활 권역이 확대되면서 대도시와 주변 지역이 기능적으로 서로 밀접한 관계를 갖게 되는 교외화 현상이 등장하였다.

🔍 오답체크
• 산업화: 농업 중심의 사회에서 공업 중심의 사회로 변화하는 현상이다.
• 이촌 향도: 산업화로 인해 농촌의 인구가 도시로 이동하는 현상이다.

16
정답 ①

📋 핵심체크
특정 종교나 서양 종교의 관점을 기준으로 우리 전통문화의 가치를 낮게 평가하는 문화적 사대주의의 태도를 보이고 있다.

🔍 오답체크
② 특정 국가의 문화가 경제력·군사력을 바탕으로 다른 문화를 파괴하거나 자신의 문화를 강요하는 태도이다.
③ 자신의 문화만이 우수하다고 여겨 그것을 기준으로 다른 문화를 평가하고 우열을 가리는 태도이다.
④ 한 사회의 문화를 그 사회의 입장에서 판단하고 존중하는 태도이다.

17 정답 ①

🖹 핵심체크

열섬 현상은 도시화·산업화가 확대되면서 냉난방 시설이나 자동차 공해 등에서 발생한 열기로 인해 도심 기온이 주변 지역보다 높아지는 것을 말한다.

🔍 오답체크

② 도시화로 도시 인구 유입이 증가하여 주택 부족 문제가 발생하고 집값이 상승한다.

③ 도시화·산업화로 이촌 향도 현상이 일어나며, 도시 지역의 인구 밀도가 매우 높아진다.

④ 화석 연료 사용 증가와 각종 오염 물질 배출 등으로 대기·수질·토양 오염 등의 환경 문제가 심화된다.

18 정답 ③

🖹 핵심체크

지역 경제의 활성화는 지역화의 영향으로 발생하는 양상이다. 지역화는 지역적인 특성이 사회적·문화적 측면에서 세계적인 가치를 갖게 되는 현상이며, 이러한 영향으로 지역 경제가 활성화되고 그 지역만의 정체성과 고유성을 가지게 되어 지역 경쟁력이 강화된다.

🔍 오답체크

①·②·④ 세계화는 전 세계의 인적 자원과 물자, 기술, 문화 등이 자유롭게 교류되면서 경제, 사회, 문화 등 각 분야에 대한 장벽이 없어지는 현상이다. 세계화의 배경으로는 정보·통신 기술과 교통 수단의 발달, 국가 간의 교역 증진, 다국적 기업의 활동 증대 등이 있다.

19 정답 ①

🖹 핵심체크

사막화는 극심한 가뭄이나 인간의 과도한 농경 및 목축으로 인해 토지가 황폐화되는 현상으로, 지도에 표시된 사헬 지대에서 대표적으로 나타난다. 사막화는 식량 생산량의 감소, 황사 현상의 심화, 생활 공간 축소 등으로 난민이 발생과 같은 피해를 가져온다.

20 정답 ①

🖹 핵심체크

레오폴드는 생태 중심주의를 주장한 대표적인 사상가로, 인간을 자연의 일부로 인식하여 생태계의 균형과 안정을 중시하였다. 레오폴드의 대지 윤리는 인간을 거대한 대지 공동체의 구성원으로 바라보아야 하며, 바람직한 대지 이용을 위해 윤리적, 심미적으로 검토하여 생명 공동체의 통합성과 안정성, 아름다움의 보전에 이바지해야 한다고 보았다.

🔍 오답체크

② 자연을 인간의 이익과 필요를 충족하기 위한 도구로 보는 관점이다.

③ 인간을 자연과 구별되는 가치 있는 존재로 보는 관점이다.

④ 모든 자연에 대한 개입과 개발을 허용하지 않는 관점이다.

21 정답 ③

🖹 핵심체크

공간적 관점은 위치나 장소, 분포 유형, 영역, 이동, 네트워크 등 공간 정보를 바탕으로 하여 사회 현상을 살펴보는 관점이다.

🔍 오답체크

③ 사회적 관점의 탐구 사례에 속한다. 사회적 관점은 사회 제도나 사회 구조를 통해 사회 현상의 원인과 배경, 영향 등을 파악하는 관점이다.

22 정답 ③

🖹 핵심체크

전자 상거래의 발달로 구매를 위한 시간적·공간적 제약이 줄어들면서 상권이 확대되었다. 또한, 무인점포가 늘어나고, 택배 업체가 증가하기도 하였다. 모바일을 통한 구매가 가능해지면서 결제 수단도 간편해졌다.

23

정답 ②

핵심체크

인간과 자연은 서로 밀접하게 관련되어 있는 유기적인 관계임을 이해해야 한다. 공존을 위해 자연을 도구로 보는 태도를 버리고, 환경 친화적인 가치관을 바탕으로 노력하는 태도가 필요하다.

24

정답 ④

핵심체크

그림은 온실 효과가 일어나는 과정에 대해 설명하고 있다. 온실 효과는 지구 표면에서 나오는 복사 에너지를 흡수하는 온실 기체에 의해 대기를 빠져나가지 못한 복사 에너지의 영향으로 기온이 상승하는 현상이다. 온실 효과가 심해지면 지구 온난화 현상이 발생하게 된다. 지구 온난화 현상은 지구 표면의 평균 온도가 상승하는 현상을 말하는데, 이 현상이 심화되면 물이 부족해지고 전염병 발병률이 증가하는 등의 문제가 발생한다.

25

정답 ④

핵심체크

글로벌 위험 사회는 세계화의 진행으로 인해 개인적·지역적·국가적 차원에서 해결하기 어려운 환경, 금융, 테러 등의 범국가적 위험이 발생하는 것을 말한다.

오답체크

① 컴퓨터가 중심이 되어 정보와 지식을 효율적으로 창조, 응용, 배포할 수 있게 되는 사회이다.

② 2차 산업인 공업 사회에서 벗어나 과학, 기술, 지식, 정보 산업이 급속하게 발전한 산업 사회이다.

③ 정보 통신 기술과 디지털 기술을 도입해 새로운 정치·경제·사회·문화적 특징을 드러내는 사회이다.

제5교시 과학

142~146쪽

01	02	03	04	05	06	07	08	09	10
①	③	④	④	①	③	②	④	③	②
11	**12**	**13**	**14**	**15**	**16**	**17**	**18**	**19**	**20**
②	③	④	②	③	②	②	①	②	③
21	**22**	**23**	**24**	**25**					
①	①	④	②	④					

01

정답 ①

핵심체크

거미줄은 매우 가늘지만 강철보다 강도가 강하고, 신축성도 뛰어나다. 이와 같은 특성을 모방한 것으로는 인공 힘줄, 낙하산 등이 있다.

벨크로 테이프는 도꼬마리 열매가 갈고리 구조로 되어 있어서, 사람의 옷이나 동물의 털에 잘 달라붙는 특성을 이용한 것이다.

오답체크

② 연잎의 표면에는 나노미터 크기의 돌기가 있어서 물방울이 흘러내려 물에 젖지 않는다.

예 방수가 되는 옷, 유리 코팅제 등

③ 상어의 피부에는 수많은 돌기들이 있어서 물과의 저항력을 줄인다.

예 전신 수영복 등

④ 홍합은 접착 단백질을 분비하여 바위와 같은 젖은 표면에 붙어서 강한 파도에도 떨어지지 않는다.

예 수중 접착제, 의료용 생체 접착제 등

02

정답 ③

핵심체크

화력 발전과 핵발전 모두 물을 끓여 얻은 고온, 고압의 수증기로 터빈을 돌린다. 화력 발전과 핵발전은 모두 터빈을 돌려 전기 에너지를 생산하므로 그 과정이 같다. 즉, 터빈의 운동 에너지가 전기 에너지로 전환된다.

오답체크

ㄷ. 화력 발전은 석유나 석탄 같은 화석 연료의 화학 에너지를 에너지원으로 이용하지만, 핵발전은 우라늄과 같은 핵연료의 핵에너지를 에너지원으로 이용한다.

03   정답 ④

핵심체크

물체가 받은 충격량은 운동량의 변화량과 같다.

> 충격량(I)＝운동량의 변화량(Δp)
> ＝나중 운동량(mv_2)－처음 운동량(mv_1)

따라서 충격량($30\,\mathrm{N \cdot s}$)＝나중 운동량－처음 운동량($10\,\mathrm{kg \cdot m/s}$)이므로 나중 운동량은 $40\,\mathrm{kg \cdot m/s}$ 이다.

04   정답 ④

핵심체크

N극을 가까이하는 순간 코일에 연결된 검류계의 바늘이 오른쪽으로 움직였다고 하였으므로 검류계의 바늘을 반대인 왼쪽으로 움직이게 하려면, 코일에 막대자석의 N극을 멀리하거나 코일에서 막대자석의 S극을 가까이한다.

오답체크

① 막대자석을 그대로 정지시키면 코일에 유도 전류가 흐르지 않으므로 검류계의 바늘이 움직이지 않는다.
② 막대자석의 크기는 유도 전류의 방향에 영향을 주지 않는다.
③ 코일에 막대자석의 S극을 멀리하는 것은 막대자석의 N극을 가까이하는 것과 동일한 방향으로 전류가 흐른다.

05   정답 ①

핵심체크

A는 1주기 1족 원소이므로 수소(H)이다. 리튬(Li)은 2주기 1족에 속하는 알칼리 금속 원소로, 휴대용 기기의 전지 등에 활용된다.

06   정답 ③

핵심체크

위산 과다 분비로 속이 쓰릴 때 제산제를 먹는 것은 위산을 염기성 성분인 제산제로 중화시키기 위한 것이다. 이것은 중화 반응을 이용한 예이다.

오답체크

① 사과를 깎아 두면 공기 중 산소와 반응하는 산화 반응이 일어나 갈변 현상이 나타난다.
② 누런 옷을 표백제에 넣으면 표백제의 산소 방울에 의한 산화 환원 반응으로 옷이 하얗게 된다.
④ 철가루가 들어 있는 손난로를 흔들면 철이 산소를 만나 산화철로 산화되면서 열이 발생한다.

07   정답 ②

핵심체크

나트륨(Na)은 주기율표에서 3주기 1족 원소로, 금속 원소에 해당한다.
칼슘(Ca)은 주기율표에서 4주기 2족 원소로, 금속 원소에 해당한다.

오답체크

ㄱ. 수소(H)는 주기율표에서 1주기 1족 원소로, 주기율표의 왼쪽에 있지만 비금속 원소이다.
ㄹ. 브로민(Br)은 주기율표에서 4주기 17족 원소로, 비금속 원소이다.

08   정답 ④

핵심체크

탄소 원자(C)의 원자가 전자 수는 4개이다.

오답체크

① 탄소 원자(C)는 2주기 14족 원소이다.
② 탄소 원자(C)의 원자 번호는 6이다.
③ 탄소 원자(C)의 전자 껍질의 수는 2개이다.

09

📋 핵심체크

중화 반응이 일어날 때 발생하는 열을 중화열이라고 한다. 중화열은 반응하는 수소 이온(H^+)과 수산화 이온(OH^-)의 수가 많을수록 많이 발생한다. 따라서 반응하는 수소 이온(H^+)과 수산화 이온(OH^-)의 수가 가장 많은 (다) 용액에서 중화열이 많이 발생하므로 (다) 용액의 온도가 가장 높다.

10

정답 ②

📋 핵심체크

같은 원자 2개가 공유 결합을 이루고 있으며, 공기의 약 78 %를 차지하는 기체는 질소(N_2)이다.

🔍 오답체크

① 같은 원자 2개가 공유 결합을 이루고 있으며, 공기의 약 21 %를 차지하는 기체이다. 산소는 동물과 식물의 호흡에 이용된다.
③ 질소 원자 1개와 수소 원자 3개가 각각 공유 결합을 하고 있는 물질이다. 실온에서 기체 상태로 존재하며, 물에 녹는다.
④ 칼슘 이온(Ca^{2+})과 염화 이온(Cl^-)이 이온 결합하여 이루어진 물질이다.

11

정답 ②

📋 핵심체크

각 종의 분포 비율이 균등할수록 종 다양성이 높다.

> ### ➕ PLUS CHECK 더 알아보기
>
> **종 다양성**
> • 일정한 지역에 얼마나 많은 생물종이 고르게 분포하여 살고 있는지를 의미한다.
> • 생물종이 많을수록, 각 종의 분포 비율이 균등할수록 종 다양성이 높다.
> • 종 다양성이 높을수록 생태계가 안정적으로 유지된다.

12

정답 ③

📋 핵심체크

세포의 생명 활동에 필요한 에너지를 생산하는 세포 소기관은 C(미토콘드리아)이다.

🔍 오답체크

① 유전 정보를 저장하고 있는 DNA가 있어 세포의 생명 활동을 조절한다.
② DNA의 유전 정보에 따라 단백질이 합성되는 장소이다.
④ 식물 세포의 광합성이 일어나는 장소이다.

> ### ➕ PLUS CHECK 더 알아보기
>
> **미토콘드리아**
> • 세포 호흡이 일어나는 장소이며, 2중막으로 되어 있다.
> • 유기물을 산화시켜 세포의 생명 활동에 필요한 에너지를 생산한다.

13

정답 ④

📋 핵심체크

꿩은 생산자를 직접 소비하는 1차 소비자인 동시에, 애벌레를 잡아먹는 2차 소비자, 거미를 잡아먹는 3차 소비자이기도 하다.

🔍 오답체크

① 애벌레는 1차 소비자이다.
② 뱀을 잡아먹은 상위 개체인 족제비가 있으므로 뱀이 최종 소비자가 아니다.
③ 족제비는 먹잇감 중 어느 한 생물종이 사라져도 대체할 수 있는 생물종이 많이 있으므로 멸종 위험이 낮다.

14

정답 ②

📋 핵심체크

(가)는 인지질 2중층을 통한 물질의 확산을 나타내며, (나)는 막단백질을 통한 물질의 확산을 나타낸다. 포도당과 같이 비교적 분자 크기가 큰 수용성 물질은 막단백질을 통한 확산으로 이동한다.

PLUS CHECK 더 알아보기

세포막을 통한 물질의 이동

인지질 2중층을 통한 확산	• 물질이 인지질 2중층을 직접 통과하여 확산한다. • 크기가 매우 작은 기체 분자(산소, 이산화 탄소 등), 지용성 물질(지방산, 글리세롤 등)이 이동한다.
막단백질을 통한 물질의 확산	• 물질이 막단백질을 통해 확산한다. • 비교적 분자 크기가 큰 수용성 물질(포도당, 아미노산 등), 전하를 띠는 물질(이온 등)이 이동한다.

15
정답 ③

📙 핵심체크

단백질은 아미노산의 종류와 수, 배열 순서에 따라 다양한 입체 구조를 가지며, 단백질의 기능은 이 입체 구조에 의해 결정된다.

PLUS CHECK 더 알아보기

단백질

구성 단위체	아미노산
형성 과정	20여 종의 아미노산이 펩타이드 결합으로 연결되어 형성된다. 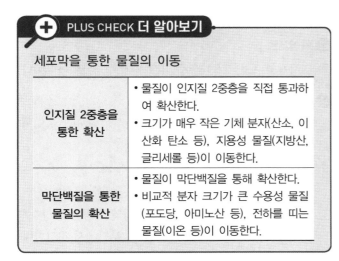 [아미노산의 구조] 아미노산 [단백질] Ⓡ 자리에 결합하는 물질에 따라 아미노산의 종류가 달라진다.
기능 및 역할	• 에너지원으로 사용된다. • 근육, 뼈 등 몸을 구성한다. • 항체의 주성분으로, 몸을 방어한다. • 효소의 주성분으로, 생체 촉매 역할을 한다. • 호르몬의 주성분으로, 생리 작용을 조절한다.

16
정답 ②

📙 핵심체크

(가)는 전사로, DNA의 유전 정보가 RNA로 전달되는 과정이며, 핵 속에서 일어난다. 반면에 (나)는 번역으로, RNA의 유전 정보에 따라 단백질이 합성되는 과정이며, 세포질의 리보솜에서 일어난다.

🔍 오답체크

ㄱ. (가)는 전사, (나)는 번역이다.
ㄹ. 아미노산과 아미노산이 펩타이드 결합으로 연결되어 폴리펩타이드 사슬이 만들어진다. 폴리펩타이드는 입체 구조를 형성하여 단백질이 된다.

17
정답 ②

📙 핵심체크

고생대를 대표하는 표준 화석에는 삼엽충, 갑주어, 방추충 등이 있다.

🔍 오답체크

① 공룡은 중생대 표준 화석, 화폐석은 신생대 표준 화석이다.
③ 매머드는 신생대 표준 화석이다.
④ 암모나이트는 중생대 표준 화석이다.

18
정답 ①

📙 핵심체크

생물의 호흡으로 인해 대기의 조성이 변화하는 것은 생물권과 기권의 상호 작용 결과에 해당한다.

🔍 오답체크

② 파도의 침식 작용으로 자갈이 둥글게 되는 것은 수권과 지권의 상호 작용에 해당한다.
③ 해수면 위 바람의 영향으로 해류가 발생하는 것은 기권과 수권의 상호 작용에 해당한다.
④ 식물이 자라면서 암석의 틈을 넓혀 풍화를 일으키는 것은 생물권과 지권의 상호 작용에 해당한다.

19

정답 ②

핵심체크

별의 중심부에서 수소 핵융합 반응이 일어나며, 일생의 대부분을 보내는 단계는 주계열성이다.

오답체크

① 별의 탄생 과정에서 중력 수축으로 온도가 상승하여 빛을 내는 천체이다.
③ 질량이 태양 정도인 별이 주계열성 이후 팽창하면서 표면 온도가 낮아져 붉게 보이는 별이다.
④ 적색 거성 바깥층이 팽창하여 생긴 행성 모양의 성운이다.

20

정답 ③

핵심체크

밀도가 큰 해양판이 대륙판 아래로 들어가면서(섭입하면서) 해구, 호상열도, 습곡 산맥 등이 발달한다.

오답체크

① 판과 판이 서로 모이는 수렴형 경계이며, 섭입형에 해당한다.
② 천발·심발 지진 및 화산 활동이 활발히 일어난다.
④ 대륙판보다 해양판의 밀도가 크다. 따라서 밀도가 큰 해양판이 대륙판 아래로 섭입하면서 해구 등이 발달한다.

21

정답 ①

핵심체크

탄소는 기권, 지권, 수권, 생물권에 다양한 형태로 분포하고 있다. 생물권에서는 유기물(탄소 화합물)의 형태로 존재하며, 지권에서는 탄산 칼슘(석회암), 화석 연료 등의 형태로 존재한다.

오답체크

ㄷ. 기권에서는 탄소가 이산화 탄소(CO_2), 메테인(CH_4) 등의 형태로 존재한다.
ㄹ. 수권에서는 기권의 이산화 탄소 등이 물에 녹아 탄산 이온(CO_3^{2-} 또는 HCO_3^-) 형태로 탄소가 존재한다.

22

정답 ①

핵심체크

㉠은 극동풍으로, 극순환에 의해 지상에 부는 바람이다.

오답체크

② 북동 무역풍으로, 해들리 순환에 의해 지상에 부는 바람이다.
③ 페렐 순환으로, 위도 30° 부근에서 하강한 공기가 고위도로 이동하다가 위도 60° 부근에서 상승한다.
④ 해들리 순환으로, 적도 부근에서 가열된 공기가 상승하여 고위도로 이동하다가 위도 30° 부근에서 하강한다.

23

정답 ④

핵심체크

규산염 광물 중 감람석은 독립형 구조를, 휘석은 단사슬 구조를 이루고 있다.

➕ PLUS CHECK 더 알아보기

규산염 광물의 결합 구조

구분	결합 모습	특징
독립형 구조	─산소 ─규소	하나의 규산염 사면체가 다른 규산염 사면체와 결합하지 않고 독립적으로 있다.
단사슬 구조		규산염 사면체가 한 방향으로 길게 연결되어 하나의 사슬 모양을 이룬다.
복사슬 구조		규산염 사면체의 단사슬 구조 2개가 서로 엇갈리게 결합하여 2개의 사슬 모양을 이룬다.
판상 구조		규산염 사면체가 3개의 산소를 다른 규산염 사면체와 공유하여 넓은 판 모양을 이룬다.
망상 구조		규산염 사면체가 산소 4개를 모두 공유하여 3차원 입체 구조를 이룬다.

24

핵심체크

열효율$(\%) = \dfrac{\text{열기관이 하는 일}}{\text{열기관에 공급되는 에너지}} \times 100$이므로 자

동차의 열효율은 $\dfrac{40}{200} \times 100 = 20(\%)$이다.

25

핵심체크

수평 방향으로 던진 물체의 경우, 수평 방향으로는 힘이 작용하지 않으므로 속력이 일정한 등속 직선 운동을 한다.

➕ PLUS CHECK 더 알아보기

자유 낙하 운동과 수평 방향으로 던진 물체의 운동 비교

구분	자유 낙하 운동	수평 방향으로 던진 물체의 운동	
		수평 방향	연직 방향
힘	중력	없음	중력
속도	일정하게 증가	일정	일정하게 증가
운동	등가속도 운동	등속 직선 운동	등가속도 운동

제6교시 한국사

01	02	03	04	05	06	07	08	09	10
④	④	①	①	②	③	①	③	④	①
11	12	13	14	15	16	17	18	19	20
④	③	③	①	②	①	②	③	②	②
21	22	23	24	25					
③	④	①	②	②					

01

핵심체크

청동기 시대에 일부 지역에서는 벼농사를 짓기 시작하면서 반달 돌칼을 이용하여 곡식을 수확하였다. 청동의 등장으로 거푸집을 통해 비파형 동검을 제작하는 등 금속 도구를 만들어 사용하였다. 또한, 권력을 가진 군장이 등장하였고, 지배층이 죽으면 무덤으로 고인돌을 만들었다.

오답체크

① 신석기 시대에는 가락바퀴로 실을 뽑아 뼈바늘로 옷을 지어 입었다.
② 철기 시대에는 철제 무기·농기구 등을 제작하여 사용하였다.
③ 구석기 시대에는 주로 동굴이나 막집에 살았으며 계절에 따라 이동 생활을 하였다.

02

핵심체크

고조선은 청동기 문화를 바탕으로 단군왕검이 아사달을 도읍으로 하여 건국하였다. 사회 질서를 유지하기 위해 8개의 조항으로 이루어진 8조법을 만들었으나, 현재는 3개의 조항만 전해진다. 기원전 108년 고조선은 한 무제의 침략으로 멸망하였다.

오답체크

① 698년 대조영이 건국한 국가이다.
② 철기 시대 한반도 남부 지역에 형성되었던 국가이다.
③ 철기 시대 쑹화강 유역에 형성되었던 국가이다.

03
정답 ①

핵심체크

신라 진흥왕은 화랑도를 국가적인 조직으로 정비하고, 백제 성왕과 함께 고구려를 공격하여 한강 유역까지 진출하였다. 이후 나제 동맹을 깨고 백제를 기습 공격하여 한강 이남 지역을 장악하고, 대가야를 정복하였다. 이를 기념하기 위해 북한산 순수비를 세웠다.

오답체크

② 고구려 영류왕 때 당의 공격에 대비하여 천리장성을 축조하였다.
③ 통일 신라 원성왕은 독서삼품과를 실시하여 유교 경전의 이해 수준에 따라 관리를 채용하였다.
④ 통일 신라 신문왕 때 9주 5소경의 지방 행정 구역 체계를 확립하였다.

04
정답 ①

핵심체크

조선 세종은 우리나라의 독창적인 문자인 훈민정음을 창제하고 반포하였다. 여진을 몰아내고 압록강과 두만강 지역에 4군 6진을 설치하여 영토를 확장하였으며, 우리나라 최초의 농서로 우리 풍토에 맞는 농사법을 소개하는 『농사직설』을 편찬하였다.

오답체크

② 조선 왕조의 기본 법전인 『경국대전』은 조선 세조 때 시작하여 성종 때 완성·반포되었다.
③ 「대동여지도」는 조선 철종 때 지리학자 김정호에 의해 완성되었다.
④ 국왕 호위 부대인 장용영과 국립 도서관이자 정책 연구기관인 규장각은 조선 정조 때 설치되었다.

05
정답 ②

핵심체크

신라 승려 혜초는 인도와 중앙아시아 여러 나라를 순례하고 그 행적을 적은 여행기인 『왕오천축국전』을 저술하였으며, 현재 프랑스 국립도서관에 보관되어 있다.

오답체크

① 세계에서 가장 오래된 금속 활자본으로, 고려 우왕 때 청주 흥덕사에서 간행된 불교 서적이다.
③ 성종 때 편찬된 『동국여지승람』에 내용을 보태 조선 중종 때 다시 편찬된 지리지이다.
④ 경주 불국사 삼층 석탑 해체·수리 과정에서 발견되었으며, 현존하는 세계에서 가장 오래된 목판 인쇄물이다.

06
정답 ③

핵심체크

거란이 강동 6주의 반환 등을 요구하며 고려를 침입하자 강감찬은 귀주에서 거란의 소배압이 이끄는 10만 대군에 맞서 대승을 거두었다(1019). 고려 숙종 때 부족을 통일한 여진이 고려의 국경을 자주 침입하자 윤관이 왕에게 건의하여 별무반을 편성하였다(1104). 예종 때 윤관의 별무반은 여진을 물리치고, 동북 9성을 설치하였다(1107).

오답체크

①·② 12세기에 여진은 세력을 확장하여 만주 지역을 장악하고 금을 건국하였다(1115). 거란을 멸망시킨 금은 고려에 군신 관계를 요구하였는데, 당시 실권자였던 문벌 귀족 이자겸은 금과의 무력 충돌을 피하고 정권을 유지하기 위해 그 요구를 받아들였다.
④ 거란의 1차 침입 당시 소손녕이 80만 대군을 이끌고 침략해 오자, 서희가 소손녕을 찾아가 고려가 고구려의 후예임을 내세워 현재 거란이 가진 땅이 고려의 영토임을 주장하였다(993). 이를 통해 고려는 강동 6주를 획득하고 영토를 확장하였다.

07
정답 ①

핵심체크

고려 시대 중추원은 왕의 비서 기구로서 추밀은 군사 기밀을, 승선은 왕명 출납을 담당하였다. 도병마사는 중서문하성의 재신과 중추원의 추밀로 구성되어 국방 문제를 논의하였다.

오답체크

② 통일 신라의 중앙 행정 기구이다.

③ 조선 시대 왕의 비서 기관으로 왕명 출납을 담당한 행정 기구이다.

④ 발해의 중앙 관부인 3성 6부제에서 국정 운영을 총괄하던 3성 중 하나이다.

08   정답 ③

핵심체크

고려 성종 때 최승로의 시무 28조를 수용하여 12목에 지방관을 파견하고, 지방 세력을 견제하였는데, 이는 무신 정변과 무관하다.

오답체크

① 무신 정변 이후 무신들이 정권을 독점하자 망이·망소이의 난, 김사미·효심의 난, 만적의 난 등 농민과 천민들이 전국 각지에서 봉기하였다.

② 중방은 정치 기구의 중심체로 무신 정권기에 그 정치적 기능과 권한이 확대되었다.

④ 무신의 정치 독점으로 문신 중심의 정치 조직은 그 기능을 상실하였다.

09   정답 ④

핵심체크

고려 시대에는 여성과 남성의 지위가 비교적 수평적이었다. 아들이 없더라도 양자를 들이지 않고 딸이 제사를 지냈다. 그 외에도 여성의 이혼과 재혼이 가능하였으며, 사위와 외손에게 음서 혜택을 줄 수 있었다.

오답체크

①·②·③ 고려 시대에는 조선 시대에 비해 여성의 지위가 높아 여성도 호주가 될 수 있었다. 남녀 구별 없이 태어난 순서대로 호적에 기입하였으며, 유산도 균등하게 분배되었다.

10   정답 ①

핵심체크

호족은 통일 신라 말기에 등장한 지방 세력으로, 6두품과 함께 새로운 사회 건설을 모색하였다.

오답체크

② 고려 원 간섭기에 성장한 집권 세력으로, 주로 음서로 관직에 진출하여 고위 관직을 독점하고 지위를 세습하였다.

③ 고려 전기에 집권한 지배 세력으로, 여러 대에 걸쳐 고위 관직을 독점하였으며, 상호 혼인 관계로 지위를 유지하였다.

④ 고려 말 원에서 들어온 성리학을 기반으로 성장한 정치 세력으로, 과거를 통해 관직에 진출하여 개혁을 추진하였다.

11   정답 ④

핵심체크

조선 중종 때 등용된 조광조는 천거제의 일종인 현량과를 실시하여 사림이 대거 등용될 수 있는 발판을 마련하였다. 경연의 강화, 언론 활동의 활성화, 소격서 폐지, 향약 시행, 소학 보급 등을 추진하며 정치 개혁을 도모하였다. 이 과정에서 반정 공신들의 위훈 삭제를 주장하였다가 훈구 공신들의 반발로 인해 기묘사화가 발생하여 조광조를 비롯한 사림들이 제거되었다.

오답체크

① 『성학집요』를 저술하여 군주가 수양해야 할 덕목을 정리한 인물이다.

② 조선 세종 때 해시계인 앙부일구를 발명한 인물이다.

③ 풍기 군수로, 최초의 서원인 백운동 서원을 세운 인물이다.

12   정답 ③

핵심체크

조선 후기 세도 정치와 삼정의 문란, 서북 지역 차별 대우에 불만을 품은 평안도 지방 사람들이 몰락 양반 출신 홍경래를 중심으로 난을 일으켰다.

오답체크

① 고려 무신 정권기 때 최충헌의 노비인 만적이 신분 차별에 항거하는 반란을 도모하였으나, 사전에 발각되어 실패하였다.

② 고려 중기 이자겸이 왕의 외척으로서 최고 권력을 누리며 왕의 자리까지 넘보았다. 이에 인종이 이자겸을 제거하려 실패하면서 이자겸의 난이 일어났다.

④ 통일 신라 말 진성 여왕 때 무분별한 조세 징수에 대한 반발로 사벌주(상주)에서 원종과 애노가 농민 봉기를 일으켰다.

13
정답 ③

핵심체크

실학은 조선 후기 사회 모순을 해결하기 위해 등장한 학문이다. 크게 농민 중심의 토지 제도 개혁을 주장하는 학파와 상공업 중심으로 상공업 진흥 및 청의 선진 기술 수용을 주장하는 학파가 있었다. 대표적 학자로는 농업 중심의 유형원, 이익, 정약용 등이 있고, 상공업 중심의 유수원, 홍대용, 박지원, 박제가 등이 있다.

오답체크

ㄱ. 고려 승려 지눌은 결사 운동인 정혜결사를 전개하였다.

ㄷ. 최제우는 인내천 사상을 통해 인간 평등을 주장하는 동학을 창시하였다.

➕ PLUS CHECK 더 알아보기

조선 후기 실학의 발달

농업 중심	• 농민 입장에서 토지 제도 개혁과 자영농 육성 주장(경세치용 학파) • 유형원(『반계수록』), 이익(『성호사설』), 정약용(『목민심서』, 『여유당전서』) 등
상공업 중심	• 상공업 진흥, 청의 선진 문물과 기술 수용 주장(북학파, 이용후생 학파) • 유수원(『우서』), 홍대용(『의산문답』), 박지원(『열하일기』), 박제가(『북학의』) 등

14
정답 ①

핵심체크

서양 열강의 침략 과정

흥선 대원군의 천주교 탄압으로 병인박해 발생(1866) → 미국 제너럴 셔먼호가 교역을 요구하자 평양 관민들이 배를 불태움(1866) → 병인박해를 빌미로 프랑스 군대가 강화도를 침략하면서 병인양요 발생(1866) → 오페르트가 흥선 대원군의 아버지 남연군 묘를 도굴하려 한 사건 발생(1868) → 제너럴 셔먼호 사건을 구실로 미국이 강화도를 공격하면서 신미양요 발생(1871) → 흥선 대원군이 서양과의 통상 수교 반대를 알리기 위해 척화비 건립(1871)

15
정답 ②

핵심체크

고부 군수 조병갑의 횡포에 반발한 농민들이 동학교도인 전봉준을 중심으로 동학 농민군을 조직하여 제폭구민, 보국안민을 기치로 내걸고 동학 농민 운동을 일으켰다.

오답체크

① 일본은 자객을 보내 경복궁을 습격하여 명성 황후를 시해하는 을미사변을 일으켰다.

③ 신식 군대인 별기군과 차별 대우를 받던 구식 군대가 선혜청과 일본 공사관을 습격하면서 임오군란이 발생하였다.

④ 일본의 강요로 개혁 기구인 군국기무처가 설치되었고, 김홍집이 총재관을 맡아 갑오개혁을 시행하였다.

➕ PLUS CHECK 더 알아보기

동학 농민 운동의 전개 과정

삼례 집회(교조 신원 운동) → 전봉준을 중심으로 고부 관아 점령 → 관군과의 황토현·황룡촌 전투 승리 → 전주성 점령 → 청군, 일본군 조선 상륙 → 전주 화약 체결 → 집강소 설치 → 청일 전쟁 발생 → 동학 농민군 2차 봉기 → 우금치 전투 패배 → 전봉준 체포

16
정답 ①

핵심체크

김원봉을 중심으로 만주 지역에서 결성된 의열단은 신채호가 작성한 조선 혁명 선언을 기본 행동 강령으로 하여 독립 운동을 전개하였다.

오답체크

② 안창호와 양기탁을 중심으로 결성된 신민회는 국권 회복과 근대 국가 건설을 목표로 다양한 활동을 전개하였으나 일제에 의해 날조된 105인 사건으로 해체되었다.
③ 독립 협회는 만민 공동회와 관민 공동회를 개최하여 민중에게 근대적 지식과 국권·민권 사상을 고취시켰다.
④ 고종의 밀지를 받아 임병찬이 조직한 독립 의군부는 복벽주의를 내세우며 의병 전쟁을 준비하였다.

17
정답 ②

핵심체크

고종의 인산일에 전국적인 민족 운동인 3·1 운동이 일어났다. 각계각층의 사람들이 참여하였으며, 이 운동의 영향으로 상하이에 대한민국 임시 정부가 수립되었다.

오답체크

① 신간회는 광주 학생 항일 운동에 진상 조사단을 파견하여 지원하였다.
③ 동학 농민 운동 당시 농민군은 정부와 전주에서 화약을 맺고 집강소를 설치하여 폐정 개혁을 실시하였다.
④ 고려 무신 정권기에 과도한 수탈과 차별에 항거하여 운문·초전에서 김사미와 효심의 난이 발생하였다.

18
정답 ③

핵심체크

1920년대 일제는 자국의 부족한 쌀을 조선에서 수탈하기 위해 산미 증식 계획을 실시하였다.

오답체크

① 1910년대 무단 통치기에 일제는 회사령을 실시하였다.
② 이승만 정부는 유상 매수, 유상 분배를 원칙으로 농지 개혁법을 제정하였다.
④ 1910년대 조선 총독부는 토지 조사 사업을 위해 토지 조사국을 설치하고 토지 조사령을 발표하였다.

19
정답 ②

핵심체크

한국인 학생과 일본인 학생 간의 충돌 사건을 계기로 한국인 학생에 대한 차별과 식민지 교육에 저항하여 광주 학생 항일 운동이 발생하였다. 이 운동은 전국적 규모로 확산되었으며, 신간회가 진상 조사단을 파견하여 지원하였다.

오답체크

① 평양에서 조만식, 이상재의 주도로 조선 물산 장려회가 발족되었고, '내 살림 내 것으로' 등의 구호를 내세우며 물산 장려 운동을 전개하였다.
③ 순종의 인산일에 학생들을 중심으로 6·10 만세 운동이 전개되었다.
④ 대구에서 시작된 국채 보상 운동은 대한매일신보, 황성신문 등 언론 기관이 참여하여 전국으로 확산되었으나, 통감부의 방해와 탄압으로 실패하였다.

20
정답 ②

핵심체크

신간회는 1920년대 중반 사회주의 세력과 민족주의 세력이 연대하여 민족 유일당 운동의 일환으로 결성된 좌우 합작 단체이다.

오답체크

① 일본의 황무지 개간권 요구에 대한 반대 운동을 전개하여 이를 저지한 단체이다.
③ 이병도와 손진태가 창립하여 실증주의 사학을 발달시킨 단체이다.
④ 일제 강점기에 백정들이 사회적 차별을 철폐하기 위해 결성된 단체이다.

21

핵심체크

물산 장려 운동은 조만식, 이상재의 주도로 평양에서 시작되었다. '조선 사람, 조선 것, 내 살림 내 것으로'라는 구호를 내걸었으며, 전국으로 확산되었다.

오답체크

① 국채 보상 운동은 대한매일신보, 황성신문 등의 지원을 받아 전국으로 확산되었다.

② 물산 장려 운동이 기업의 생산력 향상으로 이어지지 못하고 상품 가격만 올려놓는 경우가 많아 사회주의자들의 비난을 받았다.

④ 독립 협회는 자주독립의 상징인 독립문을 건립하기 위해 독립문 건립 모금 운동을 진행하였다.

22

정답 ④

핵심체크

박정희 정부는 경제 개발 계획에 필요한 자본을 확보하기 위해 일본과의 국교 정상화를 추진하고, 한일 협정을 체결하였다.

오답체크

① 김대중 정부는 평양에서 최초의 남북 정상 회담을 개최하고, 6·15 남북 공동 선언을 발표하였다.

② 전두환 정부 때 서울과 평양에서 최초로 남북 이산가족 상봉이 이루어졌다.

③ 노무현 정부는 미국과 자유 무역 협정(FTA)을 체결하였다.

23

정답 ①

핵심체크

일제는 봉오동·청산리 전투의 패배에 대한 보복으로 독립군의 근거지를 소탕하기 위해 간도 지역의 수많은 한국인을 학살하는 간도 참변을 저질렀다(1920).

오답체크

② 3·1 운동 때 만세 운동이 일어났던 수원 제암리에서 일본군이 주민들을 학살하고 교회당과 민가를 방화한 사건이다(1919).

③ 갑신정변 이후 조선에 대한 러시아의 세력 확장에 불안을 느낀 영국이 러시아의 남하를 막는다는 구실로 거문도를 불법으로 점령한 사건이다(1885).

④ 경찰 및 우익 청년단의 탄압 중지와 단독 정부 수립 반대 등을 주장하는 제주도민을 미군정과 경찰이 강경 진압하는 과정에서 주민들이 희생당한 사건이다(1948).

24

정답 ②

핵심체크

박종철 고문 치사 사건과 4·13 호헌 조치로 인해 6월 민주 항쟁이 발생하였다. 그 결과로 정부는 국민의 민주화 요구를 수용하고, 6·29 민주화 선언을 통해 5년 단임의 대통령 직선제를 골자로 하는 개헌을 단행하였다.

오답체크

① 1979년 박정희 대통령이 피살되는 10·26 사태로 인해 유신 체제는 붕괴되었다.

③ 신군부의 비상계엄 확대에 항거하여 광주에서 5·18 민주화 운동이 일어났다. 계엄군은 시민군을 향해 무차별적인 총격을 가하였다.

④ 이승만과 자유당 정권의 3·15 부정 선거에 대한 저항으로 4·19 혁명이 발발하여 이승만이 하야하였다.

25

정답 ②

핵심체크

김영삼 정부는 한국 경제의 세계화를 위해 경제 협력 개발 기구(OECD)에 가입하였으며, 경제적 부정부패와 탈세를 없애기 위해 금융 실명제를 실시하였다. 정부 말기 외환 위기로 인해 국제 통화 기금(IMF)으로부터 구제 금융을 받게 되어 기업 구조 조정, 대규모 실업 등이 발생하였다.

132　고졸 검정고시 **7일** 완성 실전 모의고사

제7교시 도덕

152~156쪽

01	02	03	04	05	06	07	08	09	10
④	①	②	③	①	③	①	②	④	③
11	12	13	14	15	16	17	18	19	20
④	④	③	③	②	①	②	①	①	③
21	22	23	24	25					
④	②	①	②	④					

01

정답 ④

📋 핵심체크

제시된 글은 이론 윤리학에 대한 설명이다. 이론 윤리학은 특정 원리가 윤리적 행위를 위한 근본 원리로 성립할 수 있는지 연구하는 학문으로, 윤리 이론을 정립하여 행위를 인도하는 도덕 판단의 기준을 제공한다. 의무론, 공리주의 덕 윤리 등은 대표적인 이론 윤리학의 예이다.

실천 윤리학은 이론 윤리학을 활용하여 현대 사회의 다양한 윤리 문제를 해결하는 데 목표를 둔 학문으로, 실천적 성격이 강하다. 직업 윤리, 공정한 분배, 사형제 존폐 등 사회 문제를 다루는 사회 윤리가 이에 속한다.

02

정답 ①

📋 핵심체크

자유주의 입장은 성숙한 성인들의 자발적 동의로 이루어지는 성적 관계를 옹호하며, 자발적 동의에 따라 다른 사람에게 피해를 주지 않는 한 성적 관계가 허용될 수 있다고 본다.

🔍 오답체크

ㄷ. 보수주의 입장에 대한 설명이다. 보수주의 입장에서는 결혼을 통해 이루어지는 성적 관계만이 정당하며, 혼전이나 혼외 성적 관계는 부도덕하다고 주장한다.

ㄹ. 중도주의 입장에 대한 설명이다. 중도주의 입장에서는 성과 사랑을 결혼과 결부시키지 않으며, 사랑을 동반한 성적 관계는 허용될 수 있다고 주장한다.

03

정답 ②

📋 핵심체크

신독(愼獨)은 홀로 있을 때에도 도리에 어그러지지 않도록 몸가짐을 바르게 하고 삼가는 태도를 의미한다.

🔍 오답체크

① 항상 몸과 마음을 삼가서 바르게 가지는 내적 수양을 의미한다. 이는 유학에서 강조하는 개념이다.

③ 무엇이 참된 삶인지 깨닫고 자신 안에 내재한 맑은 본성을 찾아 바르게 살아가기 위해 하는 수행법을 일컫는다.

④ 아리스토텔레스가 주장한 내용으로, 마땅한 때에 마땅한 일에 대해 마땅한 사람에게 마땅한 동기로 느끼거나 행하는 태도를 말한다.

04

정답 ③

📋 핵심체크

윤리의 도덕 과학적 접근은 인간의 도덕성과 윤리적 문제를 과학에 근거하여 탐구하는 방식이다. 현대 사회의 다양한 윤리 문제를 해결하는 데 있어서 인간의 이성뿐만 아니라, 정서적인 측면과 신체적인 부분까지 다양한 부분을 통합적으로 고려해야 한다고 하였다.

05

정답 ①

📋 핵심체크

생태계 교란에 대한 우려는 동물 복제에 대한 반대 입장에 해당한다. 이 입장은 동물 복제를 자연의 질서에 위배되는 행위로 보며, 종의 다양성을 해칠 수 있는 위험성이 있음을 지적한다. 또한, 동물을 인간의 유용성을 위한 도구로 여겨지는 윤리적 문제를 발생할 수 있음을 반대 근거로 든다.

🔍 오답체크

②·③·④ 동물 복제에 대한 찬성 입장에 해당한다.

06　정답 ③

📋 **핵심체크**

㉠은 응보주의에 대한 설명이다. 응보주의는 범죄 행위에 상응하는 처벌을 하는 것이다.

㉡은 공리주의에 대한 설명이다. 공리주의에서는 최대 다수의 최대 행복을 내세우며 사회 전체의 복지를 중요시하고, 처벌 자체에 목적을 두는 게 아니라 사회의 이익을 증진하는 수단으로 간주한다.

07　정답 ①

📋 **핵심체크**

정의는 공정함을 의미한다. 옳고 그름에 대한 기준이 되며 어떤 것을 분배하거나 나눌 때 어떻게 하는 것이 공정한가를 말한다. 공정한 사회 규칙이나 제도를 통해 사회 구성원을 공평하고 차별 없이 대할 때 사회 정의가 실현될 수 있다.

08　정답 ②

📋 **핵심체크**

부부상경(夫婦相敬)은 음양론에 바탕을 둔 윤리로, 부부가 서로 상대방의 인격과 역할을 존중할 것을 강조한 것이다.

🔍 **오답체크**

①·③·④ 오륜(五倫)은 유교에서 강조하는 인간관계에서 지켜야 할 기본적인 다섯 가지의 기본 윤리를 말한다. 부자유친(父子有親), 군신유의(君臣有義), 부부유별(夫婦有別), 장유유서(長幼有序), 붕우유신(朋友有信)이 있다.

09　정답 ④

📋 **핵심체크**

제시된 글은 성의 자기 결정권에 대한 내용이다. 성의 자기 결정권은 외부의 강요 없이 자신 스스로 성적 행동을 결정할 수 있는 권리를 말한다.

10　정답 ③

📋 **핵심체크**

제시된 글은 사회계약설에 대한 설명이다. 사회계약설은 사회 또는 국가가 자유롭고 평등한 개인들의 계약이나 합의에 따라 발생하였다는 학설로, 17~18세기 사이에 홉스, 로크, 루소 등 자연법 학자들이 왕권신수설에 반대하며 주장한 것이다.

11　정답 ④

📋 **핵심체크**

노블레스 오블리주는 명예(노블레스)만큼 의무(오블리주)를 다해야 한다는 말로, 초기 로마 시대에 왕과 귀족들이 보여 준 도덕의식과 솔선수범의 정신에서 유래하였다.

🔍 **오답체크**

① 그리스도교의 기본적 윤리관으로, '남에게 대접을 받고자 하는 대로 남을 대접하라.'는 가르침을 말한다.

② 프랑스어로 '관용의 정신'을 말한다.

③ 조지 오웰의 소설 『1984』에 등장하는 용어로, 텔레스크린을 통해 모든 사람을 감시하는 권력을 말한다.

12　정답 ④

📋 **핵심체크**

제시된 글은 아리스토텔레스에 대한 설명이다. 아리스토텔레스는 윤리학을 실천 학문으로 분류하였으며, 중용의 덕을 통해 행복이 실현된다고 강조하였다. 덕 윤리는 아리스토텔레스의 윤리 사상적 전통을 따라 행위자의 품성과 덕성을 중요시한다.

13　정답 ③

📋 **핵심체크**

판옵티콘은 벤담이 제안한 원형 감옥으로, '모두'를 뜻하는 'Pan'과 '본다'는 뜻의 'Opticon'을 합친 말이다. 오늘날에는 정보 통신 기술의 발달로 개인 정보 유출, 사이버 폭력, 위치 추적 시스템이나 감시 카메라를 이용한 감시와 통제 등이 발생하기도 하는데, 이러한 컴퓨터 통신망과 데이터를 '전자 판옵티콘 사회'에 비유하기도 한다.

오답체크

① 소설가 윌리엄 기브슨이 소설 『뉴로맨서』에서 처음 사용한 개념으로, 사이버 공간 안에서 이루어지는 사람과 사람 사이의 커뮤니케이션을 말한다.

② 현실이 아닌데도 실제처럼 생각하고 보이게 하는 현실을 의미하는 정보·통신 용어이다.

④ 지적 재산권에 반대하여 지적 창작물에 대한 권리를 모든 사람이 공유할 수 있도록 하는 것 또는 그러한 운동을 말한다.

14 　　　　　정답 ③

핵심체크

베이컨은 '지식은 힘'이라고 주장하며, 자연을 인간에게 순종해야 하고 정복되어야 하는 대상으로 여겨 자연에 관한 지식 활용을 강조하였다. 또한, 자신이 지은 소설 『뉴 아틀란티스』에서 계급제와 신분제는 존재하지만 과학 기술의 발전을 통해 빈곤이 해결되고 인간의 건강·행복·능력이 증진되는 과학적 유토피아 사회에 대해 이야기하였다.

15 　　　　　정답 ②

핵심체크

ⓒ에서 타인의 저작물을 무단으로 사용하는 것은 저작권자의 권리를 침해하는 행위로, 부정적 변화에 해당한다. ⓔ에서 잊힐 권리는 정보 주체가 온라인상에서 자신과 관련된 모든 정보에 대한 삭제 및 확산 방지를 요구할 수 있는 자기 결정권 및 통제 권리를 말한다. 이를 통해 자기 결정권을 획득하는 것은 긍정적 변화에 해당한다.

16 　　　　　정답 ①

핵심체크

유교의 사상

• 충서(忠恕)는 공자가 주장한 내용으로, 다른 사람을 배려하는 마음을 의미한다.

• 사단(四端)은 맹자가 주장한 내용으로, 누구에게나 주어져 있다는 선한 마음을 뜻한다.

• 정명(正名)은 공자가 강조한 사상으로, 사회 구성원 각자가 자신의 역할과 신분에 맞는 덕을 실현하는 것이다.

• 대동사회(大同社會)는 모두가 더불어 잘 사는 사회로, 유교에서 제시한 이상 사회를 말한다.

17 　　　　　정답 ②

핵심체크

예술의 상업화에 반대하는 입장은 상업화된 예술 활동은 예술을 오락물로 전락시켜 창조성을 경시하고 예술 수준을 저하시킨다고 주장한다. 또한, 예술 작품을 고유의 가치가 아닌 상업적 가치로만 평가하게 되며, 투기 수단으로 사용될 수 있다고 말한다.

오답체크

(다)와 (라)는 예술의 상업화에 대한 긍정적인 측면으로, 찬성 의견에 해당한다.

18 　　　　　정답 ①

핵심체크

뉴 미디어(new media) 시대의 시민은 매체가 제공하는 정보에 대해 비판적인 시각을 가지고 정보의 진실성을 판단해야 한다.

➕ PLUS CHECK 더 알아보기

뉴 미디어 시대에 시민의 정보 소비 과정에서 필요한 윤리

미디어 리터러시	• 매체 이해력이라고도 하며, 매체의 내용을 비판적으로 해석하면서 제대로 사용하고 표현하는 능력을 말한다. • 비판적인 사고를 바탕으로 정보를 올바르게 이해하고 활용해야 한다.
시민 의식	• 정보를 바탕으로 대화하고 교류하며 협력할 수 있는 능력과 자세가 필요하다. • 규범 준수뿐 아니라 시민 의식과 같은 윤리적 태도를 갖추어야 한다.
비판적이고 능동적인 정보 수용	• 매체가 제공하는 정보에 대해 비판적인 시각을 가지고 정보의 진실성을 판단한다. • 매체의 공정성과 객관성에 대해 끊임없이 감시해야 한다.

19
정답 ①

핵심체크

제시된 글은 공리주의자인 밀의 주장이다. 공리주의는 인간은 누구나 쾌락을 추구하고 고통을 피하려는 존재로, 행위의 결과가 가져다주는 쾌락과 행복을 중시한다. 밀은 쾌락은 양뿐만 아니라 질적인 차이도 있으며, 정신적 쾌락이 감각적 쾌락보다 질적으로 우위에 있다고 주장하였다.

오답체크

② 쾌락은 질적으로 동일하며 양적 차이만 있다고 주장한 대표적 공리주의자이다.

③ 행위자의 품성과 덕성을 중요시하는 덕 윤리를 주장하였으며, 공동체 구성원으로서의 인간의 삶에 관심을 갖고 개인의 자유와 선택보다는 공동체와 그 공동체의 전통과 역사를 중시한 인물이다.

④ 인간 본성에 근거하는 절대적인 법이자 모든 인간에게 자연적으로 주어진 보편적인 법인 자연법이 있다고 주장하였으며, 인간이 본성적으로 지니는 자연적 성향으로 자기 보존, 종족 보존, 신과 사회에 대한 진리 파악 등을 제시한 인물이다.

20
정답 ③

핵심체크

ⓛ은 윤리적 소비에 대한 설명이다. 윤리적 소비는 상품이나 서비스를 만들고 유통하는 전 과정을 윤리적인 가치 판단에 따라 구매하여 사용하는 것으로, 환경, 인권, 복지, 경제 정의, 노동 조건 등 인류의 보편적 가치를 실천하는 소비를 추구한다.

ⓜ은 합리적 소비에 대한 설명이다. 합리적 소비는 자신의 경제력 안에서 최소한의 비용으로 최대의 만족을 추구하는 것으로, 개인의 경제적 이익이나 만족감과 같은 합리성과 효율성이 상품 선택의 기준이 된다.

21
정답 ④

핵심체크

㉠은 소통에 대한 설명이다. 소통은 서로 의견을 주고받는 공유의 과정으로, 대화와 공감을 통한 진정한 소통은 상대방을 존중하는 태도를 바탕으로 이루어진다.

ⓛ은 담론에 대한 설명이다. 담론은 사회의 구성원에게 현실에서 전개되는 사건과 행위를 해석하고 인식하는 틀을 제공하며, 주로 토론 형태로 이루어진다.

22
정답 ②

핵심체크

동화주의는 이주민의 문화와 같은 소수 문화를 주류 문화에 통합시키려는 관점으로, 다양한 이주민의 문화를 거대한 용광로, 즉 주류 사회에 융합하여 편입시키려는 관점인 용광로 이론이 대표적이다.

오답체크

① 자국 문화를 비하하고 다른 사회의 문화를 맹목적으로 추종하는 태도를 말한다.

③ 이민자들의 다양한 문화를 인정하고 존중하며 문화 다양성을 실현하려는 정책을 뜻한다.

④ 주류의 고유문화가 중심적인 역할을 하되, 이주민의 문화는 그 안에서 문화적 정체성을 유지하면서 공존하는 것이다.

23
정답 ①

핵심체크

종교는 도덕성을 중시하고 보편 윤리를 포함하고 있으며, 인류의 보편적인 가치를 추구하는 등 사회 통합의 계기가 되기도 한다.

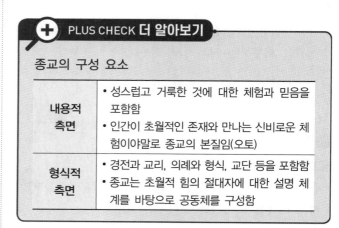

PLUS CHECK 더 알아보기

종교의 구성 요소

내용적 측면	• 성스럽고 거룩한 것에 대한 체험과 믿음을 포함함 • 인간이 초월적인 존재와 만나는 신비로운 체험이야말로 종교의 본질임(오토)
형식적 측면	• 경전과 교리, 의례와 형식, 교단 등을 포함함 • 종교는 초월적 힘의 절대자에 대한 설명 체계를 바탕으로 공동체를 구성함

24

정답 ②

📋 **핵심체크**

독재나 착취와 같은 불합리한 사회 구조나 제도를 가진 사회는 질서 정연하지 못한 사회이고, 이것이 개선되어 정치적 전통이나 법, 규범 등이 적정한 수준에 이른 사회가 질서 정연한 사회이다. 롤스는 해외 원조에 대해 질서 정연하지 못한 사회를 질서 정연한 사회로 만드는 것을 목표로 삼았다.

25

정답 ④

📋 **핵심체크**

배타적인 민족주의는 자기 민족의 이익만을 추구하여 다른 민족을 배척하는 태도이다. 통일 한국에서는 배타적 민족주의가 아닌 열린 민족주의를 바탕으로 다양한 문화와 조화를 이루어야 한다.

🔍 **오답체크**

① 통일 한국은 우리 힘으로 이루어져야 하며, 통일 후 모든 측면에서 자주적인 역량을 발휘해야 한다.

② 통일 한국은 사회 구성원의 삶의 질을 향상시켜야 하며, 부의 불공정한 분배와 계층 간 갈등 문제를 해소하기 위해 노력해야 한다.

③ 통일 한국은 모든 사람의 존엄성과 가치가 존중되는 인권 국가로 나아가야 하며, 자신의 신념에 따라 자유로운 삶을 보장해야 한다.

5일차 실전 모의고사 정답 및 해설

01
정답 ①

핵심체크

(가)에서 공손하다는 것은 어느 정도의 심리적 거리감을 포함하는 것이다. 가까운 사이일수록 공손성의 원리를 지키기가 어려워진다.

02
정답 ③

핵심체크

㉠에서 '엄마'는 잘 못 들었다고 하면서 의사소통이 잘 되지 않은 이유를 자신의 탓으로 돌려 말하고 있다.

03
정답 ④

핵심체크

'쇠붙이'는 어간에 '-이'나 '-히'가 붙어서 부사로 된 것이 아닌, 명사로 된 예이다.

오답체크

① '같다'의 어간 '같-'에 부사격조사 '-이'가 붙어 부사로 된 예이다.
② '높다'의 어간 '높-'에 부사격조사 '-이'가 붙어 부사로 된 예이다.
③ '익다'의 어간 '익-'에 부사격조사 '-히'가 붙어 부사로 된 예이다.

04
정답 ③

핵심체크

'다듬이'는 '다듬- + -이'와 같이 접미사 '-이'가 붙어서 명사로 된 말로, [붙임]에 의해 그 어간의 원형을 밝히어 적어야 한다.

오답체크

① '맞- + -웅'과 같이 접미사 '-웅'이 붙어서 명사로 된 말로, 그 어간의 원형을 밝히어 적지 않는다.
② '돌- + -오'와 같이 접미사 '-오'가 붙어서 부사로 된 말로, 그 어간의 원형을 밝히어 적지 않는다.
④ '검- + -웃 + 검- + -웃'과 같이 접미사 '-웃'이 붙어서 부사로 된 말로, 그 어간의 원형을 밝히어 적지 않는다.

05
정답 ②

핵심체크

미래 시제를 사용한 것은 ㄱ과 ㄹ이다. 미래 시제는 발화시가 사건시보다 앞서는 것으로, 사건이 말하는 시점 이후에 일어나는 시간 표현이다. 선어말 어미 '-겠', 관형사형 어미 '-(으)ㄹ', 시간 부사 '내일' 등에 의해 실현된다.

오답체크

ㄴ. 현재 시제를 사용한 것이다. 동사에는 선어말 어미 '-ㄴ- / -는-'과 관형사형 어미 '-는'을 사용하고, 형용사와 서술격 조사에는 선어말 어미 없이 현재 시제를 나타내거나 관형사형 어미 '-(으)ㄴ'을 사용하여 현재 시제를 나타낼 수 있다.
ㄷ. 과거 시제를 사용한 것이다. 과거 시제는 주로 선어말 어미 '-았- / -었-'을 사용하여 나타낼 수 있다. 동사에는 관형사형 어미 '-(으)ㄴ'을 사용하고, 형용사와 서술격 조사에는 관형사형 어미 '-던'을 사용하여 과거 시제를 나타낼 수 있다.

06
정답 ②

📑 핵심체크

모음 조화는 두 음절 이상의 단어에서 뒤의 모음이 앞 모음의 영향으로 그와 가깝거나 같은 소리로 되는 언어 현상이다. 양성 모음(ㆍ, ㅗ, ㅏ)은 양성 모음끼리, 음성 모음(ㅡ, ㅜ, ㅓ)은 음성 모음끼리 어울리게 된다. '하늘을'은 양성 모음끼리 결합한 '하늘'에 음성 모음 조사 '-을'이 결합한 것으로, 모음 조화가 지켜지지 않은 예이다.

🔍 오답체크

① 음성 모음 '붉-'에 음성 모음을 가진 조사 '-을'이 결합한 것으로, 모음 조화가 지켜진 예이다.
③ 양성 모음 '소리'에 양성 모음을 가진 조사 '-를'이 결합한 것으로, 모음 조화가 지켜진 예이다.
④ 양성 모음 '못'에 양성 모음을 가진 조사 '-에'가 결합한 것으로, 모음 조화가 지켜진 예이다.

07
정답 ②

📑 핵심체크

제시된 글에서는 '훑어보기, 질문하기, 읽기, 확인하기, 재검토하기' 등과 같은 순서로 읽는 방법인 '과정에 따른 독서 방법'에 대해 설명하고 있다.

08
정답 ④

📑 핵심체크

ⓒ은 상반되는 내용을 이어 주고 있으므로 문맥상 역접의 접속어 '그러나'가 가장 적절하다. '그리고'는 유사한 내용을 이어 주는 순접의 접속어이다.

➕ PLUS CHECK 더 알아보기

대등 병렬 접속어

순접	앞의 내용을 이어받아 연결함 예 그리고, 또, 또한
역접	앞의 내용과 상반되는 내용을 이어줌 예 그러나, 하지만, 그렇지만, 한편, 반면에
선택	어떤 것을 선택할 때 활용함 예 또는, 혹은

✓ FINAL CHECK 작품 해설

고재종, 「첫사랑」
• 갈래: 자유시, 서정시
• 성격: 서정적, 회화적, 비유적
• 제재: 한겨울 나뭇가지에 쌓인 눈
• 주제: 인내와 헌신으로 이루어낸 아름다운 사랑
• 특징
  – 자연 현상에서 사랑의 의미를 발견함
  – 시각적 이미지와 음성 상징어를 사용함
  – 역설적 표현을 통해 주제를 효과적으로 드러냄

09
정답 ①

📑 핵심체크

'싸그락 싸그락'에서 청각적 심상이, '난분분 난분분'에서 시각적 심상이 사용되었으나, 하나의 감각이 다른 감각으로 전이되는 공감각적 심상이 사용된 부분은 찾을 수 없다.

🔍 오답체크

② '겨울'에서 '봄'이 되는 계절의 변화에 따라 시상이 전개되고 있다.
③ '멈추지 않았으랴'에서 설의법을 활용하여 시적 의미를 강조하고 있다.
④ '싸그락 싸그락', '난분분 난분분', '미끄러지고 미끄러지길'과 같이 시어를 반복하여 운율을 형성하고 있다.

10
정답 ③

📑 핵심체크

ⓐ에서는 '상처'를 아름답다고 표현하며 표면적으로는 모순되는 것 같지만 그 이면에는 진실을 드러내는 '역설법'이 사용되었다. '결별이 이룩하는 축복'에서도 '결별'을 '축복'이라고 표현하는 '역설법'이 사용되었다.

🔍 오답체크

① '~같이'라는 연결어를 사용한 '직유법'이 사용되었고, 자연물에 대한 '의인법'이 사용되었다.
② 임이 떠나면 실제로는 슬퍼할 것이라는 의미를 반대로 표현한 '반어법'이 사용되었다.
④ 노인의 고독과 슬픔을 고조하는 '점층법'이 사용되었다.

11

📖 핵심체크

㉠은 눈꽃이 핀 모습을 '황홀'이라는 시어를 활용하여 은유적으로 표현하였다. 즉, 역경과 고난을 이겨 내고 마침내 피어난 눈꽃을 예찬하는 '예찬적 태도'가 나타나고 있다.

🔍 오답체크

① 세상의 근심, 걱정 등에서 벗어나 초월한 자세를 보이는 태도를 말한다.
③ 결심한 바나 목적을 이루려는 태도를 말한다.

✔ **FINAL CHECK 작품 해설**

윤흥길, 「종탑 아래에서」
• 갈래: 단편 소설, 액자 소설, 현대 소설
• 성격: 사실적, 상징적, 향토적
• 제재: 한국 전쟁
• 주제: 사랑과 연민(공감)을 통한 전쟁의 상처 치유
• 특징
  - 전쟁에서 비롯된 문제 상황과 해결 방안을 제시함
  - 구체적 지명과 사투리를 사용하여 사실성을 높임

12

📖 핵심체크

제시된 글은 서사 갈래(소설)로, 허구성을 바탕으로 다양한 삶의 모습을 가상의 인물과 사건을 통해 그려내는 문학 양식이다. 소설은 등장인물 간의 갈등을 중심으로 사건이 전개된다.

🔍 오답체크

② 제시된 글은 한국 전쟁 시대를 배경으로 하며, 당시 상황을 사실적·현실적으로 서술하였다.
③ 작가의 실제 경험과 체험을 바탕으로 자유롭게 서술하는 것은 수필 갈래의 특징이다.
④ 서술자의 중개 없이 등장인물의 대사와 행동을 통해 이야기를 전달하는 것은 극 갈래의 특징이다.

13

📖 핵심체크

제시된 글은 1인칭 주인공 시점으로, 서술자인 '나'의 심리가 드러나지만 다른 등장인물이자 관찰의 대상인 '계집애'의 심리는 알 수 없거나 짐작만 할 수 있다.

14

📖 핵심체크

'계집애'는 눈이 보이지 않는데도 '나'가 자신을 쳐다보는 것을 알아차리는 장면에서 눈치가 빠르다고 볼 수는 있겠지만, '계집애'의 행동거지가 어딘지 모르게 굼뜨고 어설퍼 보였다고 서술되었으므로 행동거지가 민첩하다는 설명은 적절하지 못하다.

✔ **FINAL CHECK 작품 해설**

(가) 성삼문, 「이 몸이 죽어 가서」
• 갈래: 고시조, 평시조, 단시조
• 성격: 의지적, 상징적
• 제재: 낙락장송
• 주제: 죽음을 두려워하지 않는 절개
• 특징
  - 가정과 상징을 통해 주제를 효과적으로 드러냄
  - 충절을 상징하는 소나무의 이미지를 활용하여 지조를 부각함

현대어 풀이
이 몸이 죽어서 무엇이 될 것인가 생각해 보니
봉래산 가장 높은 봉우리에 우뚝 솟은 키 큰 소나무가 되어서
흰 눈이 온 세상에 가득할 때 홀로 푸르리라

(나) 송순, 「십 년을 경영하여」
• 갈래: 평시조, 정형시, 서정시
• 성격: 전원적, 풍류적, 낭만적
• 제재: 전원 생활
• 주제: 안빈낙도(安貧樂道)
• 특징
  - 작품에 근경과 원경의 조화를 표현함
  - 의인법과 비유법을 통해 물아일체의 모습을 보임

현대어 풀이
십 년을 계획하여 초가삼간 지어 냈으니
나 한 간, 달 한 간, 맑은 바람 한 간 맡겨 두고
청산과 맑은 물은 들일 곳이 없으니 이대로 둘러 두고
보리라.

15   정답 ①

핵심체크

(가)는 성삼문의 시조로, '죽어서도 변할 수 없는 굳은 절개'를 주제로 한다.

오답체크

② 화자는 '죽음'이라는 극한적 상황을 가정하여 자신의 충절을 부각하고 있다.

③ '백설'은 시련과 고난, 단종을 몰아내고 왕위를 찬탈한 수양대군 일파를 상징한다.

④ '낙락장송(落落長松)'은 한겨울에도 변하지 않는 소나무를 의미하며, 화자의 굳은 지조와 절개를 상징한다.

16   정답 ①

핵심체크

(가)와 (나)는 모두 평시조이다. 평시조는 주로 자연 친화 · 유교 사상을 주제로 하여 사대부적 성격이 두드러지는 작품들이 많다. 반면에 해학과 풍자가 두드러지는 것은 사설시조이다. 사설시조는 주로 평민과 부녀자들의 애정, 서민 의식 등을 주제로 한다.

오답체크

② (가), (나)와 같은 시조는 3장 6구 45자 내외의 글자 수, 4음보라는 기본적인 형식을 바탕으로 창작되었다.

③ (가), (나) 모두 초장, 중장, 종장의 3장 형식으로 구성되어 있다.

④ 평시조는 (가), (나)처럼 사대부 작자가 많았으나, 기녀들도 창작에 참여하였다.

✔ FINAL CHECK 작품 해설

작자 미상, 「홍계월전」

• 갈래: 고전 소설, 국문 소설, 군담 소설, 여성 영웅 소설

• 성격: 전기적, 일대기적, 영웅적

• 제재: 홍계월의 영웅적 면모

• 주제: 여성 영웅 홍계월의 활약과 남성 중심 사회에 대한 비판

• 특징
  – 남성보다 우월한 여성이 주인공으로 등장함
  – 여성의 봉건적 역할을 거부하는 근대적 가치관이 드러남

17   정답 ③

핵심체크

제시된 글은 고전 소설로, 실존 인물이 아니라 작가가 만들어낸 가공의 인물이 등장한다.

오답체크

① 주인공 홍계월의 고행과 무용담이 시간의 흐름에 따라 제시되고 있다.

② 남성보다 우월한 여성 영웅 홍계월의 활약을 바탕으로 전개되고 있다.

④ 인물의 영웅적 행동을 중심으로 서술하고 있는 여성 영웅 소설이다.

18   정답 ④

핵심체크

제시된 글에서 홍계월은 천자를 해치려는 맹길을 물리치고 천자를 구해서 돌아가게 된다. 홍계월이 나라와 천자에 충성을 다하는 장면을 통해 충군 사상과 같은 유교적 이념을 엿볼 수 있다.

오답체크

① · ② 신분 질서의 혼동, 탐관오리의 횡포와 같은 내용은 나타나 있지 않다.

③ 조선 후기는 여성의 지위가 낮아 능력이 있어도 장수가 될 수 없었다. 이러한 남성 중심 사회에 대한 비판을 배경으로 여성 영웅 소설이 인기를 끌었다.

1일차 2일차 3일차 4일차 5일차 6일차 7일차

19
정답 ④

핵심체크

제시된 글에서 ㉠은 홍계월을 의미하며, 남성보다 우월한 능력을 지닌 여성 홍계월의 영웅적 행적과 활약을 그리고 있다. 남성이 여성의 명령에 따르기도 하고, 여성이 남성보다 사회적 지위가 높은 모습을 보이기도 하는데, 이는 남성 중심의 봉건 사회에서 벗어나고자 하는 여성의 바람을 작품에 반영한 결과로 볼 수 있다.

> **FINAL CHECK 작품 해설**
>
> 김진석, 「동물의 복지를 생각한다」
> • 갈래: 논설문
> • 성격: 설명적, 설득적
> • 제재: 동물 권리 선언
> • 주제: 동물과 건전하고 바람직한 관계를 정립하는 자세의 필요성
> • 특징
> − 예시의 방법을 사용하여 근거를 뒷받침함
> − 시대의 흐름에 따라 동물을 대하는 관점이 어떠한지 사례를 들어 제시함

20
정답 ②

핵심체크

제시된 글은 동물의 복지 문제와 동물권에 대해 다른 사람을 설득하기 위해 쓴 논설문이다.

21
정답 ③

핵심체크

㉠을 본 사람들은 불결한 환경에서 죽어가는 닭들을 보고 불쌍한 생각을 가졌을 것이다. 따라서 '어려움에 처한 사람을 애처롭게 여기는 마음.'을 뜻하는 측은지심(惻隱之心)이 가장 적절하다.

오답체크

① 죽은 뒤에라도 은혜를 잊지 않고 갚음을 이르는 말이다.
② 아홉 번 죽을 뻔하다 한 번 살아난다는 뜻으로, 죽을 고비를 여러 차례 넘기고 겨우 살아남을 이르는 말이다.

④ 비단 위에 꽃을 더한다는 뜻으로, 좋은 일 위에 또 좋은 일이 더하여짐을 비유적으로 이르는 말이다.

22
정답 ②

핵심체크

(나)의 내용으로 보아, 서구에서는 동물을 이성적 영혼이 없는 존재라고 생각하고 어떤 것도 전혀 느끼지 못하는 기계처럼 여기는 경향이 있었다. 이러한 경향이 오늘날까지 영향을 미쳐 '공장식 농장'이 출현하게 되었다.

오답체크

①·③·④ 모두 동물도 도덕적 지위와 중요성을 가진다는 믿음을 바탕으로 한 관점이다.

> **FINAL CHECK 작품 해설**
>
> 송우혜, 「학창시절의 윤동주」
> • 갈래: 평전 (전기문)
> • 성격: 사실적, 교훈적, 일화적
> • 제재: 윤동주의 학창시절
> • 주제: 윤동주의 문학 수업과 진로
> • 특징: 윤동주의 가족들의 증언을 통해 학창 시절 윤동주의 모습을 생생하게 그림

23
정답 ①

핵심체크

제시된 글은 평전(전기문)으로, 교훈을 목적으로 인물의 생애, 업적 언행, 성품 등을 사실적으로 기록한 글이다.

오답체크

② 형식에 얽매이지 않고 자신의 정서를 자유롭게 표현한 글이다.
③ 작가가 자신의 일생을 소재로 직접, 혹은 남에게 구술하여 쓰게 한 글이다.
④ 사실을 보고 들은 그대로 적은 글이다.

24
정답 ①

핵심체크

윤동주는 1936년 1월 20일에 출간된 『사슴』이 단지 200부 한정판이었기에 구할 수 없자, 학교 도서관에서 일일이 손수 베껴 필사본을 만들어 가졌다.

오답체크

② 윤동주는 중학생 시절에도 공부방에서 늘 새벽 2~3시까지 책을 읽는 무서운 독서가였다.

③ 윤일주는 윤동주가 애착을 가졌던 백석 시집『사슴』(사본), 『정지용 시집』, 『영랑 시집』, 『을해 명시 선집』 등을 서울로 가져왔다고 증언하였다.

④ 윤혜원은 윤동주가 교복에 안감을 대지 않고 그 돈으로 책을 샀다고 증언하였다.

25
정답 ③

핵심체크

ⓒ에서 윤동주는 교복에 안감을 대라고 준 돈으로 책을 산 것에 대해 아버지께 혼난 후, 어머니에게 사실을 고백하였다.

오답체크

① 윤동주가 200부 한정판이었던 책을 직접 필사한 내용을 통해 책을 쉽게 구할 수 없었던 시대적 상황을 알 수 있다.

② 윤동주는 특히 애착을 갖고 있는 책들을 먼 곳에서 서울까지 가지고 와 보관하였다.

④ 윤동주는 늘 새벽 2~3시까지 책을 읽고는 했던 무서운 독서가였다.

제2교시	수학						166~169쪽		
01	02	03	04	05	06	07	08	09	10
②	②	③	①	④	④	③	②	①	③
11	12	13	14	15	16	17	18	19	20
①	①	③	④	③	①	②	②	④	①

01
정답 ②

핵심체크

$$3A - 4B = 3(2x^2 - 3y) - 4(x^2 + 5x - 2y)$$
$$= 6x^2 - 9y - 4x^2 - 20x + 8y$$
$$= (6 - 4)x^2 - 20x + (-9 + 8)y$$
$$= 2x^2 - 20x - y$$

02
정답 ②

핵심체크

$$2x^2 - 6x + b = 2(x^2 + ax + 3)$$
$$= 2x^2 + 2ax + 6$$

위 등식이 x에 대한 항등식이므로

$2a = -6$, $b = 6$

$\therefore a = -3$, $b = 6$

$\therefore ab = (-3) \times 6 = -18$

03
정답 ③

핵심체크

$f(x) = a^2x^3 - 2ax^2 + 2ax - 3$ 이라 하자

인수정리에 의하여 $f(1) = 0$이므로

$f(1) = a^2 - 2a + 2a - 3 = 0$에서

$a^2 - 3 = 0$

$\therefore a^2 = 3$

1일차 2일차 3일차 4일차 5일차 6일차 7일차

04

핵심체크

다항식 $f(x) = x^3 - 2x^2 - x + a$ 라 하자. 다항식 $f(x)$는 $x + 1$을 인수로 가지므로 인수정리에 의하여 $f(-1) = 0$이다.

즉, $(-1)^3 - 2 \times (-1)^2 - (-1) + a = 0$에서
$-1 - 2 + 1 + a = 0$
$\therefore a = 2$

조립제법을 이용하여 인수분해를 하면

$$
\begin{array}{r|rrrr}
-1 & 1 & -2 & -1 & 2 \\
   &   & -1 & 3 & -2 \\
\hline
   & 1 & -3 & 2 & 0
\end{array}
$$

$f(x) = (x+1)(x^2 - 3x + 2)$
$\qquad = (x+1)(x-1)(x-2)$

따라서 $a = 2$, $b = -1$, $c = -2 \, (b > c)$이므로
$a + bc = 2 + (-1) \times (-2) = 2 + 2 = 4$

05

핵심체크

복소수가 서로 같을 조건에 의하여
$3x + 2y = 1 \; \cdots\cdots \; \bigcirc$
$2x + y = 3 \; \cdots\cdots \; \bigcirc$
$\bigcirc$에서 $y = 3 - 2x \; \cdots\cdots \; \bigcirc$
$\bigcirc$을 $\bigcirc$에 대입하여 풀면
$3x + 2(3 - 2x) = 1$에서 $3x + 6 - 4x = 1$
$\therefore x = 5$
$x = 5$를 $\bigcirc$에 대입하여 풀면
$y = 3 - 2 \times 5 = -7$
$\therefore x - y = 5 - (-7) = 12$

06

핵심체크

이차방정식 $x^2 - 5x + 1 = 0$의 두 근을 α, β라 하면
이차방정식의 근과 계수의 관계에 의하여
$\alpha + \beta = 5$, $\alpha\beta = 1$

이때 $\alpha^2 + \beta^2 = (\alpha + \beta)^2 - 2\alpha\beta$이므로
$\alpha^2 + \beta^2 = 5^2 - 2 \times 1 = 25 - 2 = 23$

07

핵심체크

$f(x) = -2(x+1)^2 + 3$이라 하자.
$f(-2) = -2 \times (-2+1)^2 + 3 = 1$,
$f(-1) = -2 \times (-1+1)^2 + 3 = 3$,
$f(2) = -2 \times (2+1)^2 + 3 = -15$

따라서 $-2 \le x \le 2$일 때, 이차함수 $y = -2(x+1)^2 + 3$의 최댓값은 3, 최솟값은 -15이므로 최댓값과 최솟값의 합은
$3 + (-15) = -12$

08

핵심체크

$f(x) = 2x^3 + ax^2 - bx + 1$이라 하면
$f(-1) = 2 \times (-1)^3 + a \times (-1)^2 - b \times (-1) + 1$
$\qquad\quad = -2 + a + b + 1 = 0$
에서 $a + b = 1 \; \cdots\cdots \; \bigcirc$
$f(1) = 2 \times 1^3 + a \times 1^2 - b \times 1 + 1$
$\qquad = 2 + a - b + 1 = 0$
에서 $a - b = -3 \; \cdots\cdots \; \bigcirc$
$\bigcirc + \bigcirc$을 하면
$2a = -2$
$\therefore a = -1$
$a = -1$을 $\bigcirc$에 대입하면
$b = 2$
$\therefore 2ab = 2 \times (-1) \times 2 = -4$

09

핵심체크

$x \ge 2x - 4$에서 $x \le 4$
$4x \le 5x + 6$에서 $x \ge -6$

즉, 연립부등식 $\begin{cases} x \geq 2x-4 \\ 4x \leq 5x+6 \end{cases}$ 의 해는

$-6 \leq x \leq 4$

따라서 $a = -6$, $b = 4$이므로

$ab = (-6) \times 4 = -24$

10

정답 ③

핵심체크

부등식 $|x+3| \geq 4$에서

$x+3 \leq -4$ 또는 $x+3 \geq 4$

$\therefore x \leq -7$ 또는 $x \geq 1$

따라서 $a = -7$, $b = 1$이므로

$a+b = -7+1 = -6$

11

정답 ①

핵심체크

선분 AB를 $1:2$로 내분하는 점 P의 좌표를 $P(a, b)$라 하자.

따라서

$a = \dfrac{1 \times 5 + 2 \times 2}{1+2} = 3$, $b = \dfrac{1 \times 4 + 2 \times 1}{1+2} = 2$

이므로

$P(3, 2)$

PLUS CHECK 더 알아보기

좌표평면 위의 선분의 내분점과 외분점

좌표평면 위의 두 점 $A(x_1, y_1)$, $B(x_2, y_2)$에 대하여 선분 AB를 $m:n(m>0, n>0)$으로 내분하는 점을 P, 외분하는 점을 Q라 하면

① 내분점 $P\left(\dfrac{mx_2+nx_1}{m+n}, \dfrac{my_2+ny_1}{m+n}\right)$

② 외분점 $Q\left(\dfrac{mx_2-nx_1}{m-n}, \dfrac{my_2-ny_1}{m-n}\right)$

12

정답 ①

핵심체크

$y-1 = \dfrac{5-1}{3-(-1)}\{x-(-1)\}$에서

$y-1 = x+1$ $\therefore y = x+2$

PLUS CHECK 더 알아보기

두 점을 지나는 직선의 방정식

두 점 (x_1, y_1), (x_2, y_2)를 지나는 직선의 방정식은

$$y-y_1 = \dfrac{y_2-y_1}{x_2-x_1}(x-x_1)$$

13

정답 ③

핵심체크

원의 중심은 지름의 양 끝점의 중점이므로 중심의 좌표는

$\left(\dfrac{-1+3}{2}, \dfrac{2+4}{2}\right) = (1, 3)$ ...... ㉠

반지름의 길이는

$\sqrt{(3-1)^2 + (4-3)^2} = \sqrt{4+1}$

$\qquad\qquad\qquad\qquad = \sqrt{5}$ ...... ㉡

㉠, ㉡에서 구하는 원의 방정식은

$(x-1)^2 + (y-3)^2 = (\sqrt{5})^2$

$\therefore x^2 + y^2 - 2x - 6y + 5 = 0$

따라서 $A = -2$, $B = -6$, $C = 5$이므로

$A+B+C = -2 + (-6) + 5 = -3$

14

정답 ④

핵심체크

직선 $2x+3y-8=0$을 x축에 대하여 대칭이동하려면 y 대신 $-y$를 대입해야 하므로

$2x-3y-8=0$, 즉 $y = \dfrac{2}{3}x - \dfrac{8}{3}$이다.

이 직선은 직선 $y = ax+b$와 일치하므로

$a = \dfrac{2}{3}$, $b = -\dfrac{8}{3}$

$\therefore a+b = \dfrac{2}{3} + \left(-\dfrac{8}{3}\right) = -2$

15

정답 ③

핵심체크

① $n(A - B) = n(A) - n(A \cap B) = 7 - 4 = 3$
② $n(B - A) = n(B) - n(A \cap B) = 11 - 4 = 7$
③ $n(A^C) = n(U) - n(A) = 22 - 7 = 15$
④ $n(A \cup B) = n(A) + n(B) - n(A \cap B)$
$\qquad\qquad = 7 + 11 - 4$
$\qquad\qquad = 14$

16

정답 ①

핵심체크

두 조건 p, q의 진리집합을 각각 P, Q라고 하자.
$P = \{1, 2, 4\}$, $Q = \{1, 2, 4, 8\}$
즉, $P \subset Q$이므로 $P \Rightarrow Q$
따라서 p는 q이기 위한 충분조건이다.

17

정답 ②

핵심체크

점근선의 방정식이 $x = 1$, $y = 2$인 유리함수의 식은
$y = \dfrac{k}{x - 1} + 2$이다.

이 그래프가 점 $(0, 3)$을 지나므로
$x = 0$, $y = 3$을 각각 대입하면
$3 = -k + 2$
$\therefore k = -1$
따라서 주어진 유리함수는
$y = \dfrac{-1}{x - 1} + 2 = \dfrac{2x - 3}{x - 1}$
이므로
$a = 2$, $b = -3$, $c = -1$
$\therefore a + b + c = 2 + (-3) + (-1) = -2$

➕ PLUS CHECK 더 알아보기

유리함수 $y = \dfrac{k}{x - p} + q(k \neq 0)$의 그래프

㉠ 유리함수 $y = \dfrac{k}{x}(k \neq 0)$의 그래프를 x축의 방향으로 p만큼, y축의 방향으로 q만큼 평행이동한 그래프이다.

㉡ 정의역은 $\{x | x \neq p$인 모든 실수$\}$이고, 치역은 $\{y | y \neq q$인 모든 실수$\}$이다.

㉢ 점근선은 $x = p$, $y = q$이다.

㉣ 점 (p, q)에 대하여 대칭인 곡선이다.

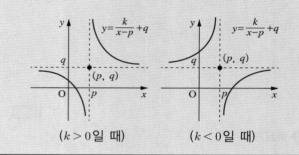

$(k > 0$일 때$)$ $\qquad\qquad$ $(k < 0$일 때$)$

18

정답 ②

핵심체크

$(g \circ f)(1) = g(f(1))$
$\qquad\qquad = g(1 + 1)$
$\qquad\qquad = g(2)$
$\qquad\qquad = \dfrac{2}{2} - 3 = -2$

19

정답 ④

핵심체크

백의 자리에는 0이 올 수 없으므로 백의 자리의 숫자가 될 수 있는 방법의 수는
1, 2, 3, 4의 4
십의 자리의 숫자가 될 수 있는 방법의 수는 백의 자리의 숫자를 제외한 나머지 숫자이므로 4
일의 자리의 숫자가 될 수 있는 방법의 수는 백의 자리와 십의 자리의 숫자를 제외한 나머지 숫자이므로 3
따라서 구하는 자연수의 개수는
$4 \times 4 \times 3 = 48$

20

📋 핵심체크

서로 다른 연필 5개 중에서 3개를 고르는 방법의 수는

$_5C_3 = {_5C_2} = \dfrac{5 \times 4}{2 \times 1} = 10$

서로 다른 지우개 4개 중에서 2개를 고르는 방법의 수는

$_4C_2 = \dfrac{4 \times 3}{2 \times 1} = 6$

따라서 구하는 방법의 수는

$10 \times 6 = 60$

제3교시 **영어** 170~174쪽

01	02	03	04	05	06	07	08	09	10
②	④	④	②	②	③	③	①	③	①
11	**12**	**13**	**14**	**15**	**16**	**17**	**18**	**19**	**20**
③	①	②	③	④	④	①	①	③	①
21	**22**	**23**	**24**	**25**					
②	②	④	③	④					

01

📖 단어체크

• living things: 생명체

📋 핵심체크

밑줄 친 'spill'은 '유출'이라는 의미이다.

🔍 오답체크

① event

③ damage

④ extraction

> **해석 CHECK**
> 바다에서 기름 유출이 발생하면, 많은 생명체를 해칠 수 있다.

02

📖 단어체크

• hear form: ~로부터 연락을 받다

📋 핵심체크

밑줄 친 'looking ~ forward to'는 '~을 고대하고 있다'라는 의미이다.

> **해석 CHECK**
> 곧 당신의 소식을 들을 수 있기를 고대하고 있다.

03

📖 단어체크

• refresh oneself: 기분 전환을 하다

• regularly: 정기적으로, 규칙적으로

📋 핵심체크

밑줄 친 'In other words'는 '다시 말해서'라는 의미이다.

> **해석 CHECK**
> 다시 말해서, 더 나은 삶을 위해 정기적으로 기분 전환을 해야 한다.

04

📋 핵심체크

밑줄 친 'natural(천연의)'과 'artificial(인공의)'은 반의 관계이다. 'smart'와 'clever'는 둘 다 '똑똑한, 영리한'의 의미로, 유의 관계이기 때문에 의미 관계가 다르다.

🔍 오답체크

① 게으른 – 재빠른, 신속한

③ 위험 – 안전

④ 비싼, 돈이 많이 드는 – 값이 싼, 돈이 적게 드는

> **해석 CHECK**
> 이 색상들의 대부분은 천연적인 것이 아니라 인공적인 것이다.

05

정답 ②

📖 단어체크

• national: 국가의, 국민의
• exhibition: 전람회, 전시회
• scientific: 과학의
• astronomic: 천문학적인

📋 핵심체크

제시된 안내문에서 관람 시간(9:30 a.m. to 5:30 p.m.), 주요 전시관(Scientific research hall, Natural history hall, Astronomic and Space hall), 발권 마감 시간(4:30 p.m.)은 언급되어 있으나, 주의 사항은 언급되어 있지 않다.

┌─ 해석 CHECK ──────────────────┐
│   │
│   국립 과학관   │
│   │
│ ○ 관람 시간   │
│   • 오전 9시 30분부터 오후 5시 30분까지   │
│   (발권 마감: 오후 4시 30분)   │
│ ○ 주요 전시관   │
│   • 과학 탐구관   │
│   • 자연사관   │
│   • 천문 및 우주관   │
│ ○ 휴관일: 매주 월요일, 새해 첫날, 설날, 추석 │
│   │
└───────────────────────────────┘

06

정답 ③

📖 단어체크

• once: 〔부〕 (과거) 언젠가, 한동안 〔접〕 일단 ~하면, ~하자마자
• once upon a time: (이야기 시작 부분에서) 옛날 옛날에
• break: (무엇을 갑자기) 중단시키다
• form: 구성되다, 형성하다

📋 핵심체크

첫 번째 문장의 빈칸에는 문맥상 'upon a time'과 짝을 이루어 '옛날 옛날에'의 의미를 나타낼 수 있는 부사가 들어가야 한다. 두 번째 문장은 빈칸 뒤에 '주어(you) + 동사 (form) + 목적어(a habit)'가 있으므로 문맥상 '일단 한 번 ~할 때'의 의미를 나타내는 접속사가 들어가야 한다. 이러한 두 조건을 모두 만족하는 말은 'Once'이다.

┌─ 해석 CHECK ──────────────────┐
│ ○ 옛날 옛날에 한 예쁜 공주가 살았다.   │
│ ○ 습관을 일단 들이면, 고치기 어렵다.   │
└───────────────────────────────┘

07

정답 ③

📖 단어체크

• live on: 계속 살다[존재하다]

📋 핵심체크

첫 번째 문장의 빈칸에는 태양이 없는 불가능한 상황을 가정하는 가정법 과거의 표현이 들어가야 한다. 두 번째 문장은 상대의 도움이 없는 과거와 반대되는 상황을 가정하는 가정법 과거 완료의 표현이 들어가야 한다. 이러한 두 조건을 모두 만족하는 말은 'Without'이다.

┌─ 해석 CHECK ──────────────────┐
│ ○ 태양이 없다면, 지구는 살기에 너무 추울 것이다. │
│ ○ 너의 도움이 없었다면, 나는 그 일을 할 수 없었 │
│   을 거야.   │
└───────────────────────────────┘

08

정답 ①

📖 단어체크

• solve: (수학 문제 등을) 풀다, 해결하다
• equipment: 장비, 용품

📋 핵심체크

첫 번째 문장의 빈칸에는 문맥상 'to use'와 짝을 이루어 '사용하는 방법'의 의미를 나타낼 수 있는 의문 부사가 들어가야 한다. 두 번째 문장의 빈칸에는 문맥상 '어떻게'의 의미를 나타내는 의문 부사가 들어가야 한다(간접 의문문이므로 의문 부사 + 주어 + 동사의 어순). 이러한 두 조건을 모두 만족하는 말은 'how'이다.

┌─ 해석 CHECK ──────────────────┐
│ ○ 이 운동 기구를 사용하는 방법을 설명해 줄래? │
│ ○ 나는 그녀가 그 수학 문제를 어떻게 풀었는지 이해 │
│   할 수 없다.   │
└───────────────────────────────┘

09

📖 단어체크

• appreciate: 진가를 알아보다[인정하다], 고마워하다

• mention: 말하다, 언급[거론]하다

• help out: (특히 곤경에 처한 ~를) 도와주다

• whenever: ~할 때는 언제든지, ~할 때마다

📋 핵심체크

대화에서 쓰인 'A friend in need is a friend indeed'는 '어려울 때 친구가 진정한 친구다'라는 의미로, B가 스스로 자신이 진정한 친구임을 나타내는 속담이다.

🔍 오답체크

① Well begun is half done

② Practice makes perfect

④ Better late than never

┌─ 해석 CHECK ─────────────┐
A: 도와줘서 고마워. 정말 고맙게 생각해.

B: 그런 말 하지 마. 내가 도울 수 있어서 기뻐.

A: 내가 도움이 필요할 때마다 너는 날 혼자 내버려 두지 않았어.

B: 어려울 때 친구가 진정한 친구지.
└──────────────────────┘

10

📖 단어체크

• What's up: 무슨 일이야?

• Why don't you ~?: (권유・제안) ~하지 않겠나?, ~하는 게 어때?

• call a repairman: 수리공을 부르다

• fix: 수리하다

📋 핵심체크

대화에서 A가 B에게 'You look upset(너 속상해 보이네).'이라고 하자, B가 고장 난 노트북 컴퓨터를 수리하는 데 최소 3일이 걸리는데 내일 노트북 컴퓨터를 써야 하는 상황이라고 하였으므로 B의 심정이 '속상하다'라는 것을 알 수 있다.

┌─ 해석 CHECK ─────────────┐
A: 너 속상해 보이네. 무슨 일이야?

B: So - min이 내 노트북 컴퓨터를 빌려갔는데, 고장 냈어.

A: 딱하게 되었네. 수리 기사를 부르는 게 어때?

B: 벌써 그렇게 했지. 하지만 그분이 말씀하시기를 내 노트북 컴퓨터 고치는 데 최소 3일은 걸릴 거래. 그런데 나는 그걸 내일 써야 하거든.

A: 그게 문제구나.
└──────────────────────┘

11

📖 단어체크

• How about ~?: ~은 어때요?

• on sale: 할인 중인

• afraid not: 유감스럽지만 그럴 수 없을 것 같습니다

• only: 유일한, 오직 ~만의

📋 핵심체크

대화에서 B가 A에게 스웨터를 보여주고, 'Is it on sale(그것은 할인 중인가요)?'이라고 묻자, 'The sale is only for pants(바지만 할인 중이에요).'라고 답하였으므로 이 대화가 이루어지는 장소로 가장 적절한 것은 '옷 가게'이다.

┌─ 해석 CHECK ─────────────┐
A: 실례합니다. 스웨터 좀 보여주시겠어요?

B: 네. 이런 빨간색은 어떠세요?

A: 예쁘네요. 그것은 할인 중인가요?

B: 유감이지만 아닙니다. 바지만 할인 중이에요.
└──────────────────────┘

12

📖 단어체크

• useful: 유용한

• tip: (실용적인) 조언

• post: 게시하다, 공고하다

• notice board: 게시판

• item: 항목, 사항, 물품

📖 단어체크

• long face: 시무룩한, 침통한 얼굴

📋 핵심체크

대화에서 B가 'failed to pass the test(시험에 떨어졌다)'라고 대답하였으므로 A가 B에게 어떠한 '이유'를 물었을 것으로 유추할 수 있다. 따라서 문맥상 빈칸에는 'Why do you have a long face(왜 그렇게 시무룩한 얼굴이니)'가 들어가는 것이 가장 적절하다.

🔍 오답체크

① 어디에 있었니

② 어떻게 하는 건지 가르쳐 줄래

④ 어디로 갈 계획이니

┌─ **해석 CHECK** ─────

　A: 왜 그렇게 시무룩한 얼굴이니?

　B: 시험에 떨어졌어.

└─────────────

📋 핵심체크

제시된 글은 해야 할 일을 쉽게 잊어버리는 사람들을 위해 유용한 조언을 소개하고 있다. 밑줄 친 'it' 앞에서 'write a list of what you have to do(해야 할 일의 목록을 작성하라.)'라고 하였고, 'put it on your notice board(그것을 게시판에 붙여라.)'라고 하였으므로 밑줄 친 'it'이 가리키는 것은 'list'임을 알 수 있다.

┌─ **해석 CHECK** ─────

　여기 해야 할 일을 쉽게 잊어버리는 사람들을 위한 몇 가지 유용한 조언이 있다. 첫째, 해야 할 일의 목록을 작성하라. 둘째, 그것을 게시판에 붙여라. 셋째, 작성한 목록의 항목을 따르도록 하라.

└─────────────

13 　정답 ②

📖 단어체크

• make sure ~: 반드시 (~하도록) 하다

• take a shower: 샤워하다

• go into ~: ~로 들어가다

• in the future: 장차, 미래에

📋 핵심체크

대화에서 B가 'Here you are(여기 있습니다).'라고 대답하였으므로 A가 B에게 무언가를 달라고 요구하였다는 것을 알 수 있다. 이를 통해, 문맥상 빈칸에는 'Can I have tickets for two adults(성인 두 명 티켓을 주시겠어요)'가 들어가는 것이 가장 적절하다.

🔍 오답체크

① 여기에 언제 도착하셨나요

③ 여기서 집까지는 거리가 어떻게 되나요

④ 장래에 무엇을 하고 싶으신가요

┌─ **해석 CHECK** ─────

　A: 성인 두 명 티켓을 주시겠어요?

　B: 여기 있습니다. 수영모는 있으신가요?

　A: 네, 있습니다.

　B: 수영장에 들어가시기 전에 꼭 샤워하기 바랍니다.

└─────────────

15 　정답 ④

📖 단어체크

• it seems like: ~같아 보이다

• celebrate: 기념하다, 축하하다

• value: 소중하게 생각하다, 가치 있게 여기다

📋 핵심체크

대화에서 B가 'it's May already(벌써 5월이다)', 'time flies like an arrow(시간이 쏜살같이 지나간다)'라고 하였고, A가 'seems like just yesterday(바로 어제 같다)'라고 하였으므로 대화의 주제로 가장 적절한 것은 '빠르게 흐르는 시간'이다.

┌─ **해석 CHECK** ─────

　A: 오늘이 어버이날인 거 알았니?

　B: 응. 벌써 5월이라니 믿기지 않아.

　A: 새해를 축하한 게 바로 어제 같은데.

　B: 그러게 말이야. 우리 아빠가 말씀하시기를 시간이 쏜살같이 지나가니까 매 순간을 소중하게 여기라고 하셨어.

└─────────────

16
정답 ④

📖 단어체크
- interested in: ~에 관심 있는
- share: 함께 쓰다, 공유하다
- information: 정보

📑 핵심체크
제시된 글의 두 번째 문장에서 'I'd like to join ~(~에 가입하고 싶습니다)'라는 표현과 마지막 문장 'let me join your club(동아리에 가입시켜 주십시오).'라고 한 것으로 보아 글을 쓴 목적은 '요청하려고'이다.

해석 CHECK
제가 컴퓨터보다 좋아하는 것은 없습니다. 그래서 컴퓨터 동아리에 가입하고 싶습니다. 저는 웹사이트 디자인에 관심이 있습니다. 우리는 그것에 관한 정보를 공유할 수 있습니다. 동아리에 가입시켜 주십시오.

17
정답 ①

📖 단어체크
- gallery: 미술관, 화랑
- craft: 공예, 수공예
- admission fee: 입장료

📑 핵심체크
제시된 안내문에서 볼거리에 'Old paintings, crafts, etc.(옛 그림, 공예품 등)'라고 하였으므로 안내문의 내용과 일치하지 않는 것은 'Insa Art Gallery에는 옛 그림만 있다.'이다.

해석 CHECK
Insa Art Gallery

○ 장소: 인사동
○ 볼거리: 옛 그림, 공예품 등
○ 전시 시간: 오전 10시~오후 9시
○ 입장료: 무료

18
정답 ①

📖 단어체크
- personal: 개인의, 개인적인
- put together: 조립하다, 만들다
- garage: 차고, 주차장
- come up with ~: ~을/를 생각해 내다
- match: 맞다, 일치하다
- familiar: 익숙한, 친숙한

📑 핵심체크
제시된 글의 첫 번째 문장에서 'in order to sell personal computers(개인용 컴퓨터를 판매하기 위해)'라는 말이 나오지만, 그다음 'made a special team(특별한 팀을 꾸렸다)'이라는 말을 통해 이는 꿈이 아니라 특별한 팀을 꾸린 이유 또는 목적에 해당한다는 것을 알 수 있다. 마지막 문장을 통해 스티브 잡스의 꿈이 'to make computers that felt friendly and familiar(친근하고 익숙하게 느껴지는 컴퓨터를 만들이 위해)'이었음을 알 수 있다. 따라서 Apple에 대한 설명과 일치하지 않는 것은 '스티브 잡스의 꿈은 개인용 컴퓨터 판매였다.'이다.

해석 CHECK
개인용 컴퓨터를 판매하기 위해, Steve Jobs는 1976년에 특별한 팀을 꾸렸다. 그 팀은 차고에서 컴퓨터를 조립하였다. Steve Jobs는 회사의 이름이 필요하였다. 그래서 그는 사과나무를 쳐다보다가 'Apple'이라는 이름을 생각해 냈다. 이러한 이름은 컴퓨터가 친근하고 익숙하게 느껴지게 하고자 한 그의 꿈과 일치하였다.

19
정답 ③

📖 단어체크
- gesture: 몸짓, 표시
- meaning: 뜻, 의미
- culture: (한 국가나 집단의) 문화
- raise: (무엇을 위로) 들어올리다[올리다/들다]
- commonly: 흔히, 보통
- be sure: 확신하다.
- consider: (~을 ~로) 여기다, 생각하다

제시된 글의 첫 문장에서 'The same gesture can have different meanings from culture to culture(같은 동작이라도 문화에 따라 다른 의미를 내포할 수 있다).'라는 주제문을 제시한 후, 이를 뒷받침하는 예시를 들었다. 따라서 제시된 글의 주제가 '문화마다 다른 동작의 의미'라는 것을 알 수 있다.

┌─────────────────────────────────────┐
해석 CHECK

같은 동작이라도 문화에 따라 다른 의미를 내포할 수 있다. 예를 들어, 엄지손가락을 허공에 들어올리는 '엄지 올리기' 손동작은 보통 '잘했다'라는 의미로 사용된다. 하지만, 나이지리아에서는 '엄지 올리기' 손동작을 매우 무례한 동작으로 여기기 때문에, 그러한 동작을 사용해서는 안 된다는 것을 명심해야 한다.
└─────────────────────────────────────┘

20
정답 ①

圖 단어체크

- last couple of days: 지난 며칠간
- ignore: 무시하다, (사람을) 못 본 척하다
- on purpose: 고의로, 일부러
- treat: 대하다
- misunderstand: 오해하다

圖 핵심체크

제시된 글의 빈칸 다음에 목적어(me)가 있고 'I treated you unkindly(나는 너를 불친절하게 대했어).'로 미루어 빈칸에는 부정적인 단어가 들어갈 것임을 유추할 수 있다. 따라서 'you and Julia(너와 Julia)'가 못 본 척하였다고 보는 것이 자연스럽다. 빈칸 앞에 were가 있으므로 문맥상 빈칸에 들어갈 말로 가장 적절한 것은 과거 진행 시제인 'ignoring(못 본 척하는)'이다.

圓 오답체크

② 달아나는, 탈출하는
③ 상상하는, 마음속으로 그리는
④ 장소를 옮기는, 이동·이전하는

┌─────────────────────────────────────┐
해석 CHECK

지난 며칠 간 내가 한 일 때문에 너희들에게 사과하려고 이 메일을 쓰고 있어. 나는 너와 Julia가 일부러 나를 못 본 척하는 줄 알고 너를 불친절하게 대했어. 이제 내가 너희들을 오해했다는 것을 알았어. 정말 미안하다고 사과하고 싶어.
└─────────────────────────────────────┘

21
정답 ②

圖 단어체크

- turn off: 끄다
- headlight: (자동차) 전조등
- pass by: 지나가다
- jumper cable: 자동차 배터리 충전용 케이블
- situation: 상황

圖 핵심체크

제시된 글의 빈칸 문장 앞의 'After hearing about ~(~을 들은 후)'와 빈칸 다음의 'he helped her start the car with his jumper cables(그는 그의 점퍼 케이블로 그녀가 자동차에 시동을 걸 수 있도록 도와주었다).'로 미루어 문맥상 빈칸에는 지난 밤 자동차 전조등을 끄는 것을 잊어서 아침에 배터리가 다 닳았다는 것을 발견하였다는 상황이 들어가야 함을 유추할 수 있다. 따라서 문맥상 빈칸에 들어갈 말로 가장 적절한 것은 'situation(상황)'이다.

圓 오답체크

① 요인, 인자
③ 어려움, 곤경, 장애
④ 효율(성), 능률

┌─────────────────────────────────────┐
해석 CHECK

Su-ji는 어젯밤 자동차의 전조등을 끄는 것을 잊어버렸다. 오늘 아침 Su-ji는 배터리가 다 닳은 것을 발견하였고, 그녀는 도움이 필요하였다. 그때, 이웃 중 한 사람인 Jae-min이 지나갔다. 그녀는 그에게 도움을 청하였다. 상황을 들은 후 그는 그의 점퍼 케이블(자동차 배터리 충전용 케이블)로 그녀가 자동차에 시동을 걸 수 있도록 도와주었다.
└─────────────────────────────────────┘

22

정답 ②

단어체크

• next to ~: ~바로 옆에

• safety: 안전(함)

핵심체크

주어진 문장은 'There are some safety rules to keep(지켜야 할 안전 규칙이 몇 가지 있다).'로 시작하므로 뒤에는 '안전 규칙'과 관련한 내용이 나올 것임을 유추할 수 있다. ② 이후부터 안전 규칙이 하나씩 제시되므로 문맥상 주어진 문장이 들어가기에 가장 적절한 곳은 ②이다.

해석 CHECK

K-Park 동물원에 오신 것을 환영합니다. 저희는 매일 오전 10시부터 오후 6시까지 문을 엽니다. 7세 미만 어린이들은 티켓 부스 바로 옆에 있는 'Kids Play Zone'을 이용할 수 있습니다. <u>지켜야 할 안전 규칙이 몇 가지 있습니다.</u> 첫째, 다칠 수 있으니 동물에게 너무 가까이 가지 마십시오. 둘째, 동물들이 아플 수 있으니 먹이를 주지 마십시오. 이곳에서 즐거운 시간 보내시기 바랍니다. 감사합니다.

23

단어체크

• illness: 질병

• a runny nose: 콧물이 흐르는 코

• fever: 열

• strong: 튼튼한, 강한, 힘센

• protect: 보호하다

핵심체크

제시된 글의 마지막 문장이 'Here are some tips to protect yourself against it(여기 감기로부터 여러분을 지킬 수 있는 몇 가지 방법이 있다).'이므로 뒤에 이어질 내용으로 가장 적절한 것은 '감기에 걸리지 않게 하기 위한 생활 습관'이다.

해석 CHECK

감기는 가장 흔한 질병 중 하나이다. 감기에 걸리면, 보통 콧물이 흐르고, 때때로 열이 나기도 한다. 감기를 예방할 수 있는 가장 좋은 방법은 몸을 튼튼하고 건강하게 유지하는 것이다. 여기 감기로부터 여러분을 지킬 수 있는 몇 가지 방법이 있다.

[24~25]

단어체크

• asleep: 잠이 든, 자고 있는

• take away: 제거하다; 치우다; 가져가다

• get away: 벗어나다, 휴가를 가다

• put away: (다 쓰고 난 물건을 보관 장소에) 넣다, 치우다

• bring away: ~을 가지고 돌아오다

해석 CHECK

과테말라에서, 부모들은 아이들에게 '걱정 인형'을 선물해 주고 아이들은 문제나 걱정거리를 그들의 인형에게 말한다. 아이들은 잠자리에 들기 전에 자신의 인형을 베개 밑에 둔다. 아이들이 자는 동안, 부모가 들어와서 인형을 치운다. 다음날, 인형이 사라지고 없자, 인형이 자신의 걱정거리를 <u>가져갔다</u>고 생각하고, 아이들은 다시 행복해진다.

24

정답 ③

핵심체크

제시된 글에서 빈칸이 있는 문장은 '주어(the children) + 동사(think) + 목적어[(that 생략) + 주어(it) + 동사(has)]'의 구성이다. 여기서 목적어인 that절의 that은 생략되어 있다. 빈칸 앞에 'has'가 있으므로 빈칸에는 '현재 완료(have + 과거 분사)' 시제이면서, 뒤의 부사 'away'와 짝을 이루어 '그들의 걱정(their worries)을 ~하다'라는 의미를 나타낼 수 있는 동사가 들어가야 한다. 이러한 조건을 모두 만족하는 말은 'taken'이다.

1일차 2일차 3일차 4일차 5일차 6일차 7일차

25

핵심체크

제시된 글은 첫머리에 'parents give their children 'worry dolls'(부모가 아이들에게 '걱정 인형'을 선물해 준다)'라는 이야기를 소개한 후, 걱정 인형에 대해 설명한다. 말미에 나온 'it has taken their worries away(그것은 그들의 걱정을 가져갔다)'와, 'feel happy(행복해진다)' 등의 문장을 통해 주제가 '아이들의 행복을 지켜주는 걱정 인형'임을 알 수 있다.

제4교시 사회 175~180쪽

01	02	03	04	05	06	07	08	09	10
④	③	④	③	②	①	①	④	④	②
11	12	13	14	15	16	17	18	19	20
②	①	②	③	④	④	①	④	②	③
21	22	23	24	25
②	③	③	①	①

01

정답 ④

핵심체크

노자는 욕심을 버리고 물(水)의 이치를 따르는 무위자연의 삶에 행복이 있다고 보았다.

02

정답 ③

핵심체크

헌법은 제10조에 규정되어 있는 인간의 존엄과 가치 및 행복 추구권을 바탕으로 자유권, 평등권, 참정권, 사회권, 청구권 등의 기본권을 보장하고 있다. 사회권은 인간다운 생활의 보장을 국가에 요구할 수 있는 권리이며, 평등권은 성별, 종교, 학력, 사회적 신분 등에 의해 불합리하게 차별받지 않을 권리이다.

03

정답 ④

핵심체크

공정 거래 위원회는 기업 간 자유로운 경쟁을 보장하고 독점 및 불공정 거래에 관한 사안을 심의·의결하기 위해 설립된 우리나라의 정부 기관이다.

오답체크

① 근로 조건의 기준, 노사 관계의 조정, 산업 안전 보건, 고용 정책, 고용 서비스, 직업 능력 정책 따위를 맡아보는 중앙 행정 기관이다.
② 정보·보안·범죄수사에 관한 사무를 담당하기 위한 대통령 직속 기관이다.
③ 의료 보험, 국민연금 및 가정 복지에 관한 사무 등 국민의 보건과 복지 정책을 관장하는 중앙 행정 기관이다.

04

정답 ③

핵심체크

합리적인 의사 결정은 '문제의 인식 → 자료 및 정보 수집 → 대안의 탐색 → 대안의 평가 → 대안의 선택 → 평가 및 보완'의 단계로 진행된다.

05

정답 ②

핵심체크

A 영역은 소득이 소비보다 높아 저축이 발생하는 구간이다. 이때 소비보다 소득이 높다는 이유로 돈을 더 많이 쓰는 것보다는 저축을 통해 노후 자금을 마련하는 것이 바람직하다. 반면에 (다) 시기 이후는 지출(소비)이 수입(소득)보다 크므로 충분한 금융 자산의 확보와 건강 관리가 필요하다.

오답체크

ㄴ. (가) 시기부터 소득이 소비보다 많아 저축이 시작되지만, (다) 시기부터는 소득이 줄어들어 저축이 발생하기 어렵다.
ㄷ. 저축은 (가)~(다) 시기에 걸쳐 이루어지므로 저축액이 가장 많이 누적된 시기는 (다) 시기이다.

06 정답 ①

📋 핵심체크

인권은 모든 인간이 인간다운 삶을 살기 위해 당연히 누려야 할 자유와 권리이다. 사회 정의 실현의 핵심은 인권 보장이며, 사회 정의는 인권 보장을 통해 실현된다.

07 정답 ①

📋 핵심체크

현대 사회에 이르러 교통수단이 발달하면서 도시 간의 이동 시간이 단축되고, 대도시로 중소 도시의 인구와 자본이 흡수되는 빨대 효과가 발생하였다.

➕ PLUS CHECK 더 알아보기

교통 · 통신 발달로 인한 변화

생활 공간의 변화	• 생활권 확대 → 관광 산업 발달 • 국가 간 교역 증가, 세계화 촉진 • 교통 시설에 따른 지역 경제의 발달과 쇠퇴 → 빨대 효과 발생
생활 양식의 변화	• 시 · 공간의 장애 없이 신속한 정보 교류 가능 • 전화, 인터넷, 스마트폰 사용으로 편리해진 일상생활 • 지역 간 · 국가 간의 상호 작용으로 새로운 문화 형성

08 정답 ④

📋 핵심체크

전통문화 요소가 새로운 외래문화 요소에 흡수 · 통합되어 소멸되는 현상은 문화 동화이다. 양복의 전래로 한복이 일상복에서 사라지고 예복화한 형태로 남은 경우를 사례로 들 수 있다. 반면에 문화 동질화는 범세계적으로 같은 문화를 공유하는 현상으로, 세계 각국에서 같은 브랜드의 콜라, 청바지, 패스트푸드 등을 공유하는 경우를 사례로 들 수 있다.

09 정답 ④

📋 핵심체크

제시된 자료는 연도별 다문화 학생이 점차 늘어나면서 다문화 사회로 변화하고 있는 현상을 나타낸다. 우리나라는 유학, 취업, 결혼 등의 이유로 이민자가 증가하면서 다양한 문화권의 사람들과 다양한 문화 요소가 공존하는 다문화 사회로 변화하고 있다. 이로 인해 국제결혼의 비중도 늘어나면서 다문화 가정의 학생 수가 계속 증가하는 추세에 있다.

10 정답 ②

📋 핵심체크

사회적 책임은 시장 경제에서 기업이 시장 참여자로서 맡아야 할 역할을 말한다. 제시된 글의 '법'에서 보장하는 노동 3권은 단결권, 단체 행동권, 단체 교섭권을 가리킨다.

🔍 오답체크

① 노동조합을 결성할 수 있는 권리를 말한다.
③ 사용자와의 노사 분쟁 발생 시 단체 행동을 할 수 있는 권리이다.
④ 노동조합을 통해 사용자와 교섭할 수 있는 권리이다.

11 정답 ②

📋 핵심체크

다양한 언어의 사용으로 국제 경쟁력이 향상되는 것은 다문화 사회의 긍정적 측면이다.

12 정답 ①

📋 핵심체크

냉대 기후 지역은 최한월 평균 기온이 −3℃ 미만이고 최난월 평균 기온이 10℃ 이상이다. 겨울철 강수량에 따라 냉대 습윤 기후, 냉대 동계 건조 기후로 구별한다. 이 지역은 타이가라고 불리는 풍부하고 울창한 침엽수림이 있어 임업이 발달하였다.

13

정답 ②

📖 핵심체크

공동선은 개인의 이익보다 공동의 이익을 중시하는 것으로, 공동체의 가치와 전통에 따라 구성원의 자아실현과 인격 완성을 추구한다. 공동체주의적 정의관에서는 유대감을 바탕으로 구성원들이 자신의 역할과 의무를 다해 공동선을 실현하는 것이 정의로운 것이라 주장한다.

14

정답 ③

📖 핵심체크

A는 저수익・저위험 자산군으로, 수익성은 낮아도 안전성은 높은 예금과 채권을 들 수 있다. 원금 손실 없이 정해진 이자 수익을 정확하게 얻을 수 있지만, 그 이상의 수익은 얻을 수 없다는 것이 특징이다. B는 고수익・고위험 구간으로, 주식과 펀드 등이 있다. 예금보다 큰 수익을 얻을 수 있지만 원금을 잃을 수 있는 위험성이 있다.

15

정답 ④

📖 핵심체크

전쟁, 분쟁, 잘못된 관습 및 제도에 의해 세계 각지에서 다양한 인권 침해 문제가 발생하고 있다. 일부 저소득 국가의 아동들은 교육의 기회를 갖지 못하고 장시간 노동력을 착취당하고 있다.

16

정답 ④

📖 핵심체크

풍부한 일조량은 포도, 올리브 등의 수목 농업을 발달시키고, 태양광・태양열 발전에 적합하여 신・재생 에너지 산업의 발달에 기여한다.

17

정답 ①

📖 핵심체크

가채 연수란 화석 연료 등 자원의 확인 매장량을 연간 생산량으로 나눈 값으로, 앞으로 얼마나 오랫동안 자원을 채굴할 수 있는가를 보여주는 지표이다.

🔍 오답체크

② 오존층 파괴 물질인 염화 불화 탄소의 생산과 사용을 규제하려는 목적으로 제정한 협약이다.

③ 다양한 생물종과 희귀 유전자를 보호하기 위한 협약이다.

④ 사막화를 겪고 있는 국가에 대해 기술적・재정적 지원을 약속하는 협약이다.

18

정답 ④

📖 핵심체크

농촌과 도시의 노인 인구 비율 격차는 1990년에 5.4%, 2000년에 11.1%, 2010년에 11.7%로, 그 차이가 점점 커지고 있다.

🔍 오답체크

① 도시의 노인 인구 비율은 점점 증가하고 있다.

② 고령화 사회의 노인 인구 비율은 7~14%로, 우리나라는 2000년 전국 노인 인구 비율이 7.3%에 도달하며 고령화 사회로 진입하였다.

③ 2000년의 노인 인구 비율은 농촌이 도시보다 높다.

19

정답 ②

📖 핵심체크

용광로 이론은 용광로가 철광석을 녹이듯 다양한 이주민의 문화를 하나로 녹여 기존의 문화에 동화・융합시키려는 관점이다.

🔍 오답체크

① 확산된 문화가 각 지역의 특성에 맞게 지역 문화와 섞이는 현상이다.

③ 여러 색의 모자이크 조각이 조화를 이루어 하나의 작품이 만들어지듯이 다양한 문화의 공존을 목표로 하는 관점이다.

④ 다양한 채소와 과일이 샐러드 볼에서 조화를 이루듯이 여러 문화가 국가라는 큰 그릇 안에서 서로 조화롭게 공존하도록 해야 한다는 관점이다.

20
정답 ③

핵심체크

제시된 글은 이슬람교 문화권에 대한 설명이다.

오답체크

① 불교 문화권의 대표적 특징으로 불교 사원, 불상, 탑 등이 있다.
② 힌두교 문화권의 대표적 특징으로 소를 신성시하고 쇠고기를 금지하며, 갠지스 강에서 목욕 의식을 하는 것 등이 있다.
④ 크리스트교 문화권의 대표적 특징으로 십자가, 성당, 교회 등이 있고, 예배 의식을 드리는 것 등이 있다.

21
정답 ②

핵심체크

도시화 단계는 초기 단계, 가속화 단계, 종착 단계로 나눌 수 있다. 산업화에 따른 이촌 향도 현상이 발생하고, 도시 인구 비율이 빠르게 증가하는 단계는 가속화 단계이다.

22
정답 ③

핵심체크

지구 온난화는 화석 연료 사용과 삼림 파괴로 인해 대기 중의 온실가스 농도가 증가하여 지구의 평균 기온이 상승하는 현상을 말한다.

오답체크

① 자동차 배기가스나 공업 지대의 대기 오염 물질이 빗물과 섞여 내리는 것으로, 수소 이온 농도(pH)가 5.6 미만인 비를 말한다. 이로 인해 건축물이나 조각상이 부식되고, 하천 오염, 농작물 고사, 삼림 파괴 등이 발생한다.
② 과도한 방목과 경작, 장기간의 가뭄, 산림의 훼손 등을 원인으로 기존의 사막이 확대되는 현상이다. 이로 인해 식량 생산량이 감소되고, 황사 현상이 심화되며, 생활 공간이 축소되어 난민이 발생하게 된다.
④ 목축, 벌목과 개간에 따른 농경지 확대, 삼림 자원 및 지하자원의 무분별한 개발 등을 원인으로 발생하는 현상이다. 이로 인해 동식물의 서식지가 사라져 생물 다

양성이 감소하며, 지구의 자정 능력이 상실되고, 지구 온난화가 가속화된다.

23
정답 ③

핵심체크

구조적 폭력이란 빈곤, 억압, 착취 등 사회 구조에 의해 일어나는 간접적인 폭력을 말한다. 전쟁, 테러와 같은 물리적인 폭력은 직접적 폭력에 속한다.

오답체크

① 폭행, 구타, 고문, 테러 등 가해자가 존재하는 의도적이고 물리적인 폭력이 발생하지 않는 상태를 말한다.
② 직접적인 폭력뿐만 아니라 빈곤, 정치적 억압, 인종 차별과 같은 간접적인 폭력까지 모두 없는 상태를 말한다.
④ 종교, 사상, 언어, 예술, 과학 등과 같은 문화적 영역이 직접적·구조적 폭력을 정당화하는 기능을 수행하는 것을 말한다.

24
정답 ①

핵심체크

다산 다사형은 산업 혁명 이전 시기에 나타난 인구 양상이다. 출생률이 높지만 그만큼 사망률도 높아 인구의 증가가 거의 없는 단계이다.

오답체크

② 18세기 말~19세기 초 유럽·북미 국가와 현재 아시아·아프리카의 일부 개발 도상국의 인구 양상이다. 출생률에 비해 사망률이 빠르게 감소하여 급격한 인구의 증가가 일어난다.
③ 경제 발전이 진행 중인 개발 도상국의 인구 양상이다. 사망률과 함께 출생률이 급격히 감소하여 인구 증가가 둔화된다.
④ 고도의 산업화가 이루어진 선진국의 인구 양상이다. 출생률과 사망률이 모두 낮으며, 인구 증가가 정체된다.

25

정답 ①

📋 핵심체크

국가는 국제 사회를 구성하는 가장 기본적인 행위 주체이다. 외교를 통한 자국의 이익을 최우선적으로 수행하며, 국가 간 갈등을 해결하고, 세계적 문제의 해결을 위해 노력한다.

제5교시	**과학**							181~185쪽	
01	**02**	**03**	**04**	**05**	**06**	**07**	**08**	**09**	**10**
④	④	①	④	③	②	③	③	①	③
11	**12**	**13**	**14**	**15**	**16**	**17**	**18**	**19**	**20**
④	③	①	④	①	②	①	①	④	④
21	**22**	**23**	**24**	**25**					
①	③	②	②	①					

01

정답 ④

📋 핵심체크

물체가 서로 접촉해 있거나 떨어져 있어도 작용한다.

🔍 오답체크

① 물체의 질량이 클수록 물체에 작용하는 중력의 크기는 크다.
② 물체 사이의 거리가 가까울수록 중력의 크기는 크다.
③ 지구 중력의 방향은 지구 중심 방향이며, 지구상의 모든 물체와 생명체에는 중력이 작용한다.

02

정답 ④

📋 핵심체크

화력 발전의 에너지원은 석유나 석탄과 같은 화석 연료의 화학 에너지이다. 화석 연료의 연소로 물을 끓여 얻은 고압의 수증기로 터빈을 돌려 전기 에너지를 생산한다. 화력 발전은 건설 시간이 짧고 입지에 특별한 제약이 없다는 장점이 있다. 그러나 많은 양의 연기와 이산화 탄소를 방출하여 대기 오염을 야기한다는 단점이 있다.

🔍 오답체크

① 핵발전 – 우라늄의 핵에너지
② 풍력 발전 – 바람의 운동 에너지
③ 수력 발전 – 물의 위치 에너지

03

정답 ①

📋 핵심체크

충돌 직전 두 물체의 질량과 속도가 같아 운동량이 같고, 충돌 후 두 물체의 운동량은 0이므로 두 물체의 운동량의 변화량(=나중 운동량−처음 운동량)은 서로 같다. 운동량의 변화량은 충격량이므로 두 물체가 받은 충격량은 서로 같다.

🔍 오답체크

② 힘(충격력)을 받는 시간은 A 보다 B가 크다.
③ 그래프 아랫부분의 넓이는 충격량(=힘×시간)에 해당한다. 두 물체가 받은 충격량은 같으므로 그래프 아랫부분의 넓이 S_A와 S_B는 같다.
④ 충격량이 같을 때 충돌 시간이 길어지면 받는 힘의 크기는 작아진다. 따라서 물체가 받는 힘(충격력)의 크기는 A 보다 B가 작다.

04

정답 ④

📋 핵심체크

발전기는 코일이 회전하면서 자석을 스쳐 지나갈 때 코일을 통과하는 자기장의 변화로 코일에 유도 전류가 흐르게 되고 이에 따라 전기가 생산된다. 또한, 교통카드 속에는 코일이 있어서 버스 등에 설치된 단말기에 교통카드를 가져가면 코일을 통과하는 자기장이 변하면서 유도 전류가 생성된다. 이 전류가 카드 속의 메모리칩을 작동시켜 요금을 정산한다.

🔍 오답체크

ㄱ. 세탁기는 전기 에너지를 운동 에너지로 전환시켜 세탁기 내부의 통을 회전시키는 장치이다.
ㄷ. 선풍기는 전기 에너지로 전동기와 연결된 날개를 회전시켜 바람을 일으키는 장치이다.

05
정답 ③

핵심체크

변압기의 전압은 코일의 감은 수에 비례한다. 1차 코일과 2차 코일의 감은 수가 1 : 2이며 1차 코일의 전압(V_1)이 110 V 일 때, 2차 코일의 전압(V_2)은 220 V 가 된다.

➕ PLUS CHECK 더 알아보기

변압기

- 송전 과정에서 전압을 변화시키는 장치로, 1차 · 2차 코일의 감은 수를 조절하여 전압을 변화시킨다.
- 에너지 손실이 없을 때 1차 코일과 2차 코일의 전력은 같다($P_1 = P_2$이므로 $V_1I_1 = V_2I_2$이다).
- 전압은 코일의 감은 수에 비례하고, 전류의 세기는 코일의 감은 수에 반비례한다.

$$\frac{V_1}{V_2} = \frac{I_2}{I_1} = \frac{N_1}{N_2}$$

06
정답 ②

핵심체크

물체에 작용하는 중력의 크기는 '질량 × 중력 가속도'로 구할 수 있다. 따라서 질량 1 kg 인 물체에 작용하는 중력의 크기는 $1\,\text{kg} \times 9.8\,\text{m/s}^2 = 9.8\,\text{N}$ 이다.

07
정답 ③

핵심체크

탄소의 전자 껍질의 수는 2이고, 산소의 원자가 전자 수는 6이다. 따라서 ㉠은 2, ㉡은 6이다.

- 탄소(C): 원자 번호 6번으로 6개의 전자를 가지며, 첫 번째 전자 껍질에 2개의 전자, 두 번째 전자 껍질에 4개의 전자가 채워진다. 따라서 탄소의 전자 껍질 수는 2이다.
- 산소(O): 원자 번호 8번으로 8개의 전자를 가지며, 첫 번째 전자 껍질에 2개의 전자, 두 번째 전자 껍질에 6개의 전자가 채워진다. 따라서 산소의 원자가 전자 수는 6이다.

🔍 오답체크

- 수소(H): 원자 번호 1번으로 1개의 전자를 가지며, 첫 번째 전자 껍질에 1개의 전자만을 가진다. 따라서 수소의 원자가 전자 수는 1이다.
- 헬륨(He): 원자 번호 2번으로 2개의 전자를 가지며, 첫 번째 전자 껍질에 2개의 전자만을 가진다. 따라서 헬륨의 원자가 전자 수는 2이다.

08
정답 ③

핵심체크

원자는 원자핵과 전자로 이루어져 있으며, 원자핵은 양성자와 중성자로 이루어져 있다. 이때, 양성자 수는 원소의 종류마다 다르므로 양성자 수로 원자 번호를 정한다.

🔍 오답체크

ㄴ. 양성자는 양전하, 전자는 음전하를 띠는데, 원자는 양성자 수와 전자 수가 같아 전기적으로 중성이다. 중성자는 전하를 띠지 않으며, 같은 원소일지라도 중성자 수가 다를 수 있다.

09
정답 ①

핵심체크

주어진 설명은 이온 결합 물질의 특성이다. 이온 결합 물질은 수많은 양이온과 음이온이 연속적으로 결합하여 결정을 이루는 것으로, 대부분 물에 잘 녹고, 녹으면 양이온과 음이온으로 나누어져 자유롭게 이동한다. 고체 상태에서는 전기 전도성이 없으나, 액체 · 수용액 상태에서는 전기 전도성이 있다.

메테인(CH_4)은 탄소 원자 1개와 수소 원자 4개가 전자쌍을 공유하여 분자를 형성하는 공유 결합 물질로, 물에 녹지 않으며 전기 전도성이 없다.

🔍 오답체크

② 이온 결합 물질로, 습기 제거제, 제설제로 주로 쓰인다.
③ 이온 결합 물질로, 조개껍데기, 달걀 껍데기 등의 주성분이다.
④ 이온 결합 물질로, 식용 소금이나 순수 화학 약품 등으로 쓰인다.

공유 결합 물질의 특성

• 일정한 수의 원자들이 전자쌍을 공유하여 분자를 이룬다.
• 공유 결합 물질은 분자의 성질에 따라 물에 녹는 것도 있고, 물에 녹지 않는 것도 있다.
• 대부분 전하를 띠는 입자가 존재하지 않고, 물에 녹아도 전하를 띠는 입자인 이온이 아닌 전기적으로 중성인 분자로 존재하기 때문에 전기 전도성이 없다.

10 정답 ③

📋 **핵심체크**

임계 온도 이하에서 전기 저항이 0이 되는 현상은 초전도 현상이다. 초전도 현상을 나타내는 물질을 초전도체라고 하며, 저항이 0이므로 큰 전류의 송전이 가능하다. 따라서 전력 손실 없는 송전선, 자기 공명 장치(MRI) 등에 이용된다.

11 정답 ④

📋 **핵심체크**

산은 푸른색 리트머스 종이를 붉게 변화시킨다.

염기

• 물에 녹아 수산화 이온(OH^-)을 내놓는 물질
• 염기의 공통적인 성질
  – 쓴맛이 난다.
  – 수용액에서 전류가 흐른다.
  – 페놀프탈레인 용액을 붉게 변화시킨다.
  – 붉은색 리트머스 종이를 푸르게 변화시킨다.
  – 금속이나 달걀 껍데기(탄산 칼슘)와 반응하지 않는다.
  – 단백질을 녹이는 성질이 있어 손으로 만지면 미끈거린다.

12 정답 ③

📋 **핵심체크**

중화 반응에서 산의 H^+과 염기의 OH^-은 $1:1$의 개수비로 반응한다. 따라서 H^+의 수가 100인 산성 용액과 OH^-의 수가 200인 염기성 용액을 혼합하면 중화 반응 후 OH^-이 100개 남아 있게 되므로 혼합 용액의 액성은 염기성이다.

13 정답 ①

📋 **핵심체크**

기본 단위체가 뉴클레오타이드인 것은 핵산이다. 뉴클레오타이드는 인산, 당, 염기가 $1:1:1$로 결합되어 있다. 핵산은 유전 정보를 저장하고 전달하는 물질로, 생명 활동을 조절하며, DNA와 RNA가 이에 해당한다.

14 정답 ④

📋 **핵심체크**

세포막이 물질의 종류에 따라 물질을 선택적으로 통과시키는 특성을 선택적 투과성이라고 한다. 분자의 크기가 작은 물질이나 지질에 잘 녹아 인지질의 소수성 부분과 잘 섞이는 물질은 인지질 2중층으로 통과하며, 분자의 크기가 큰 물질이나 전하를 띠는 물질은 막단백질을 통해 통과한다.

15 정답 ①

📋 **핵심체크**

(가)는 생명체 밖 화학 반응을 나타내며, 촉매없이 한 번에 반응이 진행되어 에너지를 다량으로 한꺼번에 방출한다. 이에 해당하는 것은 연소이다.
(나)는 생명체 내에서 일어나는 물질대사로, 효소가 이용되며, 여러 단계에 걸쳐 반응이 진행되어 에너지를 소량씩 단계적으로 방출한다. 이에 해당하는 것은 세포 호흡, 소화 등이 있다.

⊕ PLUS CHECK 더 알아보기

물질대사

• 생명체 내에서 일어나는 모든 화학 반응이다.
• 물질대사가 일어날 때는 반드시 에너지 출입이 함께 일어나며, 생체 촉매(효소)가 관여한다.
• 물질대사는 동화 작용과 이화 작용이 있다.

| 동화 작용 | 작은 분자를 큰 분자로 합성하는 반응이다. 예 광합성, 단백질 합성 |
| 이화 작용 | 큰 분자를 작은 분자로 분해하는 반응이다. 예 세포 호흡, 소화 |

16

정답 ②

📋 핵심체크

㉠은 DNA, ㉡은 RNA, ㉢은 단백질이다. 세포 내 유전 정보는 DNA에서 RNA를 거쳐 단백질로 전달된다. DNA 염기 서열에 상보적인 염기 서열을 가진 RNA가 합성되고, RNA의 유전 정보에 따라 단백질이 합성된다. 이때 RNA의 코돈이 지정하는 아미노산이 펩타이드 결합에 의해 순서대로 연결되어 단백질이 합성된다.

17

정답 ①

📋 핵심체크

동물체와 식물체의 공통 구성 단계는 '세포 → 조직 → 기관 → 개체'이다.

• 세포: 생명 시스템을 구성하는 구조적·기능적 단위이다.
• 조직: 모양과 기능이 비슷한 세포들의 모임이다.
• 기관: 여러 조직이 모여 고유한 형태와 기능을 나타내는 것이다.
• 개체: 독립된 구조와 기능을 가지고 생활하는 하나의 생명체이다.

18

정답 ①

📋 핵심체크

먹이 그물이 복잡할수록 어느 한 생물종이 사라져도 대체할 수 있는 생물종이 있으므로 생태계 평형이 잘 유지된다.

🔍 오답체크

②·③·④ 급격한 환경 변화, 천적이 없는 외래종의 유입, 지진, 홍수 등의 자연재해는 모두 생태계 평형을 깨뜨리는 요인이다.

19

정답 ④

📋 핵심체크

생태계의 생물적 요인 중 죽은 생물이나 배설물을 분해하여 양분을 얻는 생물은 분해자이다. 분해자의 예로는 세균, 버섯, 곰팡이 등이 있다.

⊕ PLUS CHECK 더 알아보기

생태계의 구성 요소

• 생물적 요인: 생태계에 존재하는 생물로, 생산자, 소비자, 분해자로 구분한다.

생산자	광합성을 통해 스스로 양분을 만드는 생물 예 식물 플랑크톤, 식물
소비자	생산자나 다른 동물을 섭취하여 양분을 얻는 생물 예 동물 플랑크톤, 초식 동물, 육식 동물
분해자	죽은 생물이나 배설물을 분해하여 양분을 얻는 생물 예 세균, 버섯, 곰팡이

• 비생물적 요인: 생물을 둘러싸고 있는 환경 요인이다. 예 빛, 온도, 물, 토양, 공기 등

20

정답 ④

📋 핵심체크

질량이 태양의 10배 이상인 별은 별 내부의 핵융합 반응 (수소 핵융합 반응 → 중력 수축 → 헬륨 핵융합 반응 → 중력 수축 → 탄소 핵융합 반응 → …)으로 철까지 생성된다.

오답체크

① 주계열성의 중심부에서는 수소 핵융합 반응으로 헬륨이 생성된다.

② 철보다 무거운 원소는 초신성 폭발 과정에서 생성되며, 금, 구리, 우라늄 등이 생성된다.

③ 질량이 태양 정도인 별 중심부에서는 주계열성 이후 헬륨 핵융합 반응으로 탄소와 산소까지 생성된다.

21
정답 ①

핵심체크

수권 중 가장 많은 양을 차지하는 것은 해수이다.

해수(97.2 %)>빙하(2.15 %)>지하수(0.62 %)>강, 호수(0.03 %) 순이다.

22
정답 ③

핵심체크

A는 해령 부근의 변환 단층으로, 발산하는 판의 이동 속도 차이로 해령이 끊어지면서 해령과 해령 사이에 수직으로 발달한다.

23
정답 ②

핵심체크

대기 중의 질소(N_2) 기체는 토양 속 미생물에 의해 식물이 흡수 가능한 상태로 바뀌어 토양에 존재하게 된다(기권 → 지권). 토양 속의 질소는 식물로 흡수되며, 그 식물을 섭취한 동물의 단백질의 구성 성분이 된다(지권 → 생물권). 동식물의 배설물이나 사체가 분해자를 통해 분해되면서 질소는 다시 기권으로 이동하며 순환하게 된다(생물권 → 기권).

오답체크

① 물은 지권, 기권, 수권, 생물권에 모두 존재한다. 물이 에너지를 흡수하거나 방출하면서 함께 일어나며, 지구 시스템 전체의 물의 총량은 일정하다.

24
정답 ②

핵심체크

기권은 높이에 따른 기온 분포를 기준으로 대류권, 성층권, 중간권, 열권으로 구분한다.

25
정답 ①

핵심체크

(가)는 삼엽충으로, 고생대의 대표적인 표준 화석이며, (나)는 암모나이트로, 중생대의 대표적인 표준 화석이다.

제6교시	한국사						186~190쪽		
01	02	03	04	05	06	07	08	09	10
③	②	④	④	②	②	③	①	④	③
11	12	13	14	15	16	17	18	19	20
③	②	③	①	①	②	④	③	①	①
21	22	23	24	25					
②	③	④	②	①					

01
정답 ③

핵심체크

구석기 시대 사람들은 동굴이나 바위 그늘에 막집을 짓고 살면서 계절에 따라 이동 생활을 하였다.

오답체크

① 철기 시대에는 쟁기, 호미, 쇠스랑 등의 철제 농기구를 제작하여 농업에 이용하였다.

② 신석기 시대에는 빗살무늬 토기를 만들어 음식을 조리하거나 저장하는 용도로 이용하였다.

④ 청동기 시대에는 거푸집으로 비파형 동검을 제작하면서 독자적인 청동기 문화를 형성하였다.

02 정답 ②

📋 **핵심**체크

부여는 왕 아래 마가, 우가, 저가, 구가의 가(加)들이 각자의 행정 구역인 사출도를 다스렸다. 매년 12월에는 수확제이자 추수 감사제의 성격을 지닌 영고라는 제천 행사가 열렸다.

🔍 **오답**체크

① 신성 지역인 소도를 따로 두어 제사장인 천군이 이를 관리한 나라이다.

③ 매년 10월에 무천이라는 제천 행사를 연 나라이다.

④ 여자가 어렸을 때 혼인할 남자의 집으로 와서 살다가 성인이 된 후에 혼인을 하는 민며느리제가 있었으며, 가족이 죽으면 가매장하였다가 나중에 가족 공동 무덤인 커다란 목곽에 안치하는 풍습이 있던 나라이다.

03 정답 ④

📋 **핵심**체크

삼국 시대에 유학의 수준이 높아지고 중앙 집권 체제가 강화되면서 각 국가별로 역사서의 편찬이 이루어졌다.

04 정답 ④

📋 **핵심**체크

발해 선왕 때 영토를 크게 확장하여 지방 행정 체제를 5경 15부 62주로 정비하였고, 전성기를 누리면서 주변 국가들로부터 해동성국이라 불렸다.

🔍 **오답**체크

① 고려를 건국한 태조 왕건은 지방 호족의 자제를 일정 기간 수도에 머무르게 하는 기인 제도를 실시하여 호족 세력을 견제하였다.

② 조선의 정치 기구 중 하나인 승정원은 국왕의 비서 기관으로, 왕명의 출납을 담당하였다.

③ 신라 진흥왕 때 원광의 세속 5계를 생활 규범으로 삼는 화랑도를 국가적인 조직으로 개편하였다.

05 정답 ②

📋 **핵심**체크

서희는 소손녕과의 외교 담판을 통해 거란과 교류할 것을 약속하는 대신, 고려가 고구려를 계승하였음을 인정받고 압록강 동쪽의 강동 6주를 획득하는 성과를 거두었다.

06 정답 ②

📋 **핵심**체크

고려의 신분 계층인 양인 내에는 귀족, 중간 계층, 양민 등이 존재하였고, 그중 양민은 일반 군현민과 특수 행정 구역민으로 나누어졌다. 향, 부곡, 소 등에 거주하는 특수 행정 구역민은 일반 군현민에 비해 조세의 차별을 받았고, 거주 이전의 자유가 없었다.

➕ PLUS CHECK 더 알아보기

고려의 신분 구조

양인	귀족	• 최상위 지배층: 왕족, 문반, 무반 • 특징: 문벌 형성(고위 관직 세습, 상호 혼인 관계)
	중간 계층	• 구성: 서리, 남반, 향리, 하급 장교 등 • 특징: 향리가 지방 행정을 실질적으로 담당(속현), 직역의 대가로 토지를 받음, 신분 세습
	양민 (평민)	• 일반 군현민: 농민(백정), 상인, 수공업자 • 특수 행정 구역민: 향·부곡·소의 거주민, 일반 군현민에 비해 차별적 조세 징수, 거주 이주 금지
천인	천민	• 대다수가 노비: 공노비(국가 소유), 사노비(개인 소유) • 특징: 매매, 증여, 상속의 대상

07 정답 ③

📋 **핵심**체크

고려 성종 때 설치된 국립 교육 기관인 국자감은 유학부와 기술학부로 나누어 교육하였다. 유학부에서는 국자학, 태학, 사문학을, 기술 학부에서는 율학, 서학, 산학을 공부하였다.

14   정답 ①

📘 **핵심체크**

김옥균, 박영효를 중심으로 하는 급진 개화파는 일본의 메이지 유신을 모델로 하는 적극적인 근대화를 추구하였다. 이에 따라 우정총국의 개국 축하연을 계기로 갑신정변을 일으켰으나, 청군의 개입으로 3일 만에 실패하였다.

🔍 **오답체크**

ㄷ · ㄹ 온건 개화파에 대한 설명이다.

➕ PLUS CHECK **더 알아보기**

급진 개화파와 온건 개화파 비교

구분	급진 개화파	온건 개화파
중심인물	김옥균, 박영효	김홍집, 김윤식
개화 모델	일본의 메이지 유신	청의 양무운동
개화 방안	문명개화론	동도서기론
청과의 관계	사대 관계 탈피	친청 · 사대 정책

15   정답 ①

📘 **핵심체크**

위정척사 운동은 조선의 자주성을 지키려 한 반외세 · 반침략 운동이다. 첫 번째 단계에서 이항로 등이 척화주전론을 펼치며 흥선 대원군의 쇄국정책을 지지하고, 통상반대론을 주장하였다(1866). 두 번째 단계에서는 최익현 등이 개항반대론과 일본과 서양이 한 통속이라는 왜양일체론을 주장하였다(1876). 세 번째 단계에서 이만손 등이 『조선책략』의 유포에 대해 비판하는 영남만인소를 올렸다(1881).

16   정답 ②

📘 **핵심체크**

군국기무처는 일본의 강요로 설치된 개혁 기구이다. 군국기무처를 중심으로 영의정 김홍집이 총재관을 맡아 제1차 갑오개혁을 주도하였으며, 정치와 군사에 관한 일체의 사무를 담당하였다. 일본의 대한 정책이 적극 개입 정책으로 바뀌고 고종 또한 전제 왕권을 제약하는 기구로 인식하면서 추후 폐지되었다.

🔍 **오답체크**

① 조선 중종 때 외적의 침입에 대비하기 위해 설치된 임시 기구로, 명종 때 을묘왜변을 계기로 상설 기구화되었다.

③ 고종 때 설치된 관청으로, 국내외 군국 기무를 총괄하였으며, 그 아래 12사(司)를 두어 행정 업무를 맡게 하였다.

④ 고려 공민왕 때 설치된 임시 개혁 기관으로, 권문세족에 의해 빼앗긴 토지를 원래 주인에게 돌려주고 억울하게 노비가 된 자를 풀어주는 등의 개혁을 진행하였다.

17   정답 ④

📘 **핵심체크**

개항 이후 미국인 선교사이자 조선 왕실의 의사였던 알렌의 건의로 최초의 서양식 병원인 광혜원이 설립되었다. 처음에는 왕실 전용 병원이었으나, 제중원으로 명칭을 변경한 뒤부터는 일반 백성들까지 치료하였다.

🔍 **오답체크**

① · ③ 청에 파견된 영선사는 톈진 기기국에서 서양의 근대식 무기 제조 기술과 군사 훈련법을 시찰하고 돌아와 근대식 무기 제조 공장인 기기창을 설립하였다.

② 박문국은 개항 이후 인쇄 · 출판에 관한 사무를 관장하기 위해 설치되었다.

18   정답 ③

📘 **핵심체크**

1920년대 공업화가 진전된 일본은 자국의 농업 생산력이 부족해지자 쌀값이 폭등하였다. 이에 조선에서 산미 증식 계획을 실시하여 일본 본토의 식량 부족 문제를 해결하고자 하였다.

🔍 **오답체크**

① · ② · ④ 일제 강점기 무단 통치기(1910~1919)에 실시된 정책이다.

19

정답 ①

핵심체크

안중근은 하얼빈역에서 이토 히로부미를 저격하고 중국 뤼순 감옥에 수감되었다. 감옥 안에서 한국, 일본, 청 동양 3국이 협력하여 서양 세력의 침략을 방어해야 한다는 사상을 담은 『동양 평화론』을 집필하였으나, 일제가 사형을 집행하면서 미완성으로 남게 되었다.

오답체크

② 한인 애국단 단원 윤봉길은 홍커우 공원에서 열린 일본 국왕 생일 기념식에 폭탄을 투척하였다.

③ 김원봉의 주도로 중국 국민당의 지원을 받아 중국 관내 최초의 한인 무장 부대인 조선 의용대가 창설되었다.

④ 이준, 이상설, 이위종은 을사늑약 체결의 부당함을 알리기 위해 고종의 밀명을 받아 헤이그에서 열린 만국 평화 회의에 특사로 파견되었다.

20

정답 ①

핵심체크

일제는 1910년대 무단 통치기에 강압적 통치를 목적으로 헌병 경찰제를 실시하였다. 이 제도로 인해 헌병이 경찰 업무와 일반 행정 업무에 관여하였으며, 헌병 경찰에게 즉결 처분권을 부여하는 범죄 즉결례를 제정하였다. 더 나아가 한국인에게만 태형을 적용하는 조선 태형령을 제정하였으며, 일반 관리와 학교 교원에게까지 제복을 입고 칼을 차게 하였다.

오답체크

② 일제는 1938년에 국가 총동원법을 제정하여 전쟁 수행을 위한 한국의 인적·물적 자원을 통제하고 동원하였다.

③ 일제는 1944년 여자 정신 근로령을 공포하여 군수 공장 등에서 강제 노동시키고, 일본군 '위안부'로 삼는 등의 만행을 저질렀다.

④ 일제는 황국 신민화 정책의 일환으로, 황국 신민 서사 암송, 궁성 요배, 신사 참배, 창씨개명 등을 강요하였다.

21

정답 ②

핵심체크

대한민국 임시 정부는 1940년에 충칭으로 이동하면서 산하 부대로 한국 광복군을 창설하였다. 한국 광복군은 미군의 지원을 받아 국내 진공 작전을 준비하였으나, 일제의 항복으로 인해 무산되었다.

오답체크

① 이병도는 진단 학회의 설립을 주도하고 진단학보를 발간하였다.

③ 김좌진이 이끄는 북로 군정서군과 홍범도가 이끄는 대한 독립군이 주축이 된 독립군 부대는 청산리 전투에서 일본군에 대승을 거두었다.

④ 신민회는 태극 서관과 자기 회사를 세워 민족 산업을 육성하고자 하였다.

22

정답 ③

핵심체크

고종의 인산일을 계기로 전국적인 민족 운동인 3·1 운동이 일어났다. 이 운동은 일제가 통치 방식을 기존의 무단 통치에서 문화 통치로 바꾸게 하는 계기가 되었으며, 중국의 5·4 운동에 영향을 주었다.

오답체크

① 신채호는 김원봉의 요청으로 의열단의 행동 강령인 조선 혁명 선언을 작성하였다.

② 단발령과 을미사변에 대한 반발로 전국적인 의병 활동이 전개되었다.

④ 신간회는 광주 학생 항일 운동에 진상 조사단을 파견하여 지원하였다.

23

정답 ④

핵심체크

이승만 정부 때 제헌 국회는 일제의 잔재를 청산하고 민족 정기를 바로 잡기 위해 반민족 행위 처벌법을 제정하였다. 이에 반민족 행위 특별 조사 위원회가 구성되어 활동하였으나, 이승만 정부의 비협조적 태도와 친일 잔재 세력의 방해로 큰 성과를 거두지 못하였다.

24

핵심체크

이승만 정부는 유상 매수, 유상 분배를 원칙으로 농지 개혁을 실시하였다. 소작 제도를 폐지하고 농사를 짓는 사람이 토지를 소유하도록 하여 자작농이 증가하는 계기가 되었다.

오답체크

① 서재필, 이상재 등의 주도로 독립 협회가 설립되어 자주 국권, 자유 민권, 자강 개혁을 위한 정치 운동을 전개하였다.

③ 일제가 조선의 토지를 개간한다는 구실로 조선 땅을 침탈하려 하자, 이에 맞서 개간 사업을 목적으로 한 농광 회사가 설립되었다.

④ 일제 강점기 때 평양에서 조만식, 이상재의 주도로 조선 물산 장려회가 발족되어 '내 살림 내 것으로' 등의 구호를 내세운 물산 장려 운동이 전국으로 확산되었다.

25

핵심체크

1970년대 박정희 정부는 공업화로 인해 상대적으로 낙후된 농어촌의 근대화를 목표로 새마을 운동을 추진하였다.

오답체크

② 중일 전쟁 이후 일제가 군량미 조달을 위해 미곡 공출제를 시행하여 조선 사람들의 생활이 더욱 어려워졌다.

③ 1920년대 급격한 공업화로 일본 본토의 쌀이 부족해지자 일제는 조선에서 산미 증식 계획을 시행하였다.

④ 1910년대 일제는 토지 조사국을 설치하고 토지 조사령을 발표하여 일정 기간 내 토지를 신고하도록 하였다. 이에 신고하지 않은 토지는 총독부에서 몰수하여 일본인에게 헐값으로 팔아넘겼다.

제7교시 **도덕** 191~195쪽

01	02	03	04	05	06	07	08	09	10
①	②	③	④	①	①	②	③	①	②
11	**12**	**13**	**14**	**15**	**16**	**17**	**18**	**19**	**20**
④	②	③	②	③	①	③	④	②	④
21	**22**	**23**	**24**	**25**					
④	①	③	②	④					

01

핵심체크

문화 윤리는 예술, 의식주, 다문화 사회, 종교 등 우리 사회의 여러 문화와 관련된 윤리이다. 문화 윤리 문제의 대표적 사례로는 '예술이 윤리적 지도를 따라야 하는가?', '윤리적 소비는 왜 필요한가?', '문화의 다양성을 존중하는 것과 보편 윤리를 인정하는 것은 양립 가능한가?' 등이 있다.

02

핵심체크

공리주의의 기본적 관심은 유용성의 추구이며, 쾌락과 행복을 가져다주는 행위를 옳은 행위로 간주한다. 보편적 도덕 법칙의 추구를 기본적 관심으로 두는 사상은 칸트의 의무론적 윤리이다.

03

핵심체크

칸트 윤리는 형식만을 제공하여 행위의 구체적인 지침을 제공하지 못한다는 비판을 받는다. 칸트 윤리는 의무가 충돌할 경우 도덕적 판단을 내리기 어렵다는 한계가 있다.

오답체크

ㄱ. 칸트 윤리는 보편화 가능성과 인간 존엄성에 부합하는 도덕 법칙을 준수할 것을 강조하였다.

ㄹ. 칸트 윤리는 인간 존엄성의 이념과 보편 윤리의 중요성을 인식시키는 데 기여하였다.

04

정답 ④

📑 핵심체크

제시된 글은 사랑의 의미와 가치에 대한 설명이다. 사랑은 인간의 근원적 정서이자 인간이 지향하는 최고 단계의 정서로, 인간과 인간 사이의 인격적인 교감이 이루어지게 하여 사회적 존재로서의 본성을 실현하는 바탕이 된다.

05

정답 ①

📑 핵심체크

과학 윤리의 사회적 책임을 실현하기 위해서는 과학 기술의 책임 범위를 현세대로 한정하지 않아야 한다. 미래에 끼치게 될 결과까지 예측하여 인류에 해악을 끼칠 수 있는 과학 기술 연구는 중단하는 등 도덕적인 책임을 져야 한다.

06

정답 ①

📑 핵심체크

롤스는 공정으로서의 정의를 주장하며 사회 제도가 공정한 조건에서 합의된 정의 원칙에 의해 규제되어야 공정한 분배가 가능하다고 하였다. 또한, 절차적 정의를 중시하여 공정한 절차를 통해 발생한 결과는 정당하다고 보았다.

🔍 오답체크

② 노직의 정의관으로, 개인의 소유권을 중시하고, 국가는 개인의 소유권을 침해하지 않는 '최소 국가'이어야 한다고 하였다.

③ 왈처의 정의관으로, 모든 재화를 공정하게 분배할 수 있는 단 하나의 정의 원칙은 존재하지 않기 때문에 다양한 삶의 영역에서 다른 공정한 기준에 따라 사회적 가치가 분배되어야 사회 정의가 실현된다고 하였다.

④ 벤담의 정의관으로, 전체 사회가 얻을 이익의 총량을 최대화하는 것이 정의로운 분배라고 주장하였다.

07

정답 ②

📑 핵심체크

ㄴ은 도덕주의의 입장이다. 심미주의는 예술의 자율성을 옹호하는 순수 예술론을 지지하며, 예술에 대한 윤리적 규제에 반대한다.

➕ PLUS CHECK 더 알아보기

도덕주의

의미	도덕적 가치가 미적 가치보다 우위에 있기 때문에 예술은 윤리의 지도를 받아야 한다는 입장
예술의 목적	인간의 올바른 품성을 기르고 도덕적 교훈이나 모델을 제공하는 것이라고 봄
문제점	미적 요소가 경시될 수 있고, 자유로운 창작이 제한되어 예술의 자율성을 침해할 수 있음

08

정답 ③

📑 핵심체크

제시된 글은 관용의 역설에 대한 설명이다. 관용을 통해 서로 다른 문화를 가진 사람들이 평화롭게 공존할 수 있다. 문화적 편견과 차별을 극복하여 자유와 인간 존중의 가치를 실현할 수 있는 것이다. 단, 모든 문화에 대한 무조건적인 관용은 옳지 않다. 인류의 보편적 가치, 도덕적 악에 반하는 것에 대해서는 불관용을 할 수 있다.

09

정답 ①

📑 핵심체크

테일러는 생명 중심주의 대표 사상가이다. 생명 중심주의에서는 도덕적 지위를 갖는 기준이 생명이라고 보고 도덕적 고려 범위를 모든 생명체로 확대하였다.

🔍 오답체크

② 인간만이 윤리적 동물이며 자연은 인간의 도구라고 여기는 입장이다. 인간의 필요 충족을 위해 자연을 도구화하여 자연에 대한 정복을 정당화한다.

③ 무생물을 포함한 생태계 전체를 고려 대상으로 삼는 입장이다. 생명 개체에만 초점을 맞춘 개체 중심적 환경 윤리를 비판한다.

④ 도덕적인 고려 범위를 동물로 확대해야 한다는 입장이다. 동물을 인간의 수단으로 여기는 것에 반대하며, 동물의 복지와 권리를 향상해야 한다고 주장한다.

10
정답 ②

📋 핵심체크

도가의 자연관

- 자연은 아무런 목적이 없는 무위(無爲)의 체계로 무목적의 질서를 담고 있다.
- 노자는 인간도 인위적 욕망을 버리고 자연의 순리에 따르는 무위자연(無爲自然)의 삶을 살아야 한다고 주장하였다.
- 장자는 만물이 나와 하나라는 물아일체(物我一體)를 강조하였다.

🔍 오답체크

- 인간과 자연이 조화를 이루는 천인합일(天人合一)의 경지를 추구해야 한다는 것은 유교의 관점이다.
- 불교에서는 모든 존재는 이것이 생(生)하면 저것이 생하고, 이것이 멸(滅)하면 저것이 멸한다며, 상호 의존성을 인식하고 모든 생명을 소중히 여기며 자비를 베풀어야 한다는 연기설(緣起說)을 중요시하였다.

11
정답 ④

📋 핵심체크

무위(無爲)는 모든 종교에서 통용되는 보편 윤리라고 볼 수 없다. 도가에서는 아무런 목적이 없고 인위적으로 강제하지 않는 무위(無爲)를 중시하였으며, 이상적인 삶의 자세로 자연의 섭리에 순응하고 자연과 조화를 이루어야 한다는 무위자연(無爲自然)을 주장하였다.

🔍 오답체크

①·②·③ 종교에서 강조하는 보편 윤리의 예로는 불교의 자비, 유교의 인(仁), 그리스도교의 황금률 등이 대표적이다. 자비는 남을 깊이 사랑하고 가엾게 여기거나, 또는 그렇게 여겨서 베푸는 혜택을 말한다. 인은 남을 사랑하고 어질게 행동하는 일을 말하며, 황금률은 남에게 대접을 받고자 하는 대로 남을 대접하라는 가르침을 말한다. 이는 공통적으로 인간 본성의 보편성에 근거하여 시대와 장소를 초월하면서 타당하다고 인정되는 윤리 규범에 해당한다.

12
정답 ②

📋 핵심체크

특권 의식이란 사회·정치·경제적으로 특별한 권리를 누리고자 하는 태도를 말한다. 직업인은 자신의 직업에 대한 특권 의식을 갖지 않으며, 부와 명예, 권력과 같은 외재적 가치가 아닌 그 일 자체가 목적이 되는 바람직한 직업관을 가져야 한다.

🔍 오답체크

①·③·④ 직업인은 전문성, 공동체 의식, 소명 의식, 인간애를 바탕으로 타인을 배려하고 서로 존경과 사랑을 주고받는 직업 생활을 해야 한다.

13
정답 ③

📋 핵심체크

제시된 글은 생명 중심주의의 대표 사상가인 슈바이처가 주장한 내용이다. 슈바이처는 도덕적 고려의 범위를 모든 생명체로 확대하여 생명은 그 자체로 선이고 이를 파괴하는 것은 악이라고 주장하였다. 또한, 모든 생명은 살고자 하는 의지를 지니고 있으며, 그 자체로 신성하다는 생명 외경(畏敬) 사상을 제시하였다.

14
정답 ②

📋 핵심체크

사이버 폭력은 익명성을 이용하여 은밀하고 가혹한 형태로 폭력이 행해진다는 문제점이 있다.

🔍 오답체크

① 시공간 경계가 없다는 것이 사이버 공간의 특성이다. 피해자는 24시간 장소의 구애 없이 사이버 폭력에 노출될 수 있다.
③ 인터넷, SNS의 빠른 전파성과 무한 복제성으로 피해자를 공격하는 소문, 허위 사실 등이 광범위하고 빠르게 확산되어 피해가 확대된다.
④ 가해자들이 피해자의 고통을 직접 목격하기 어려워 폭력의 심각성을 인식하지 못한다.

15

정답 ③

핵심체크

식품 안정성 문제는 생명권을 침해하는 인체에 유해한 음식과, 해로운 첨가제를 넣은 부정 식품, 유전자 변형 농산물의 유해성 논란 등을 주로 다룬다.

환경 문제는 식품의 원거리 이동으로 인한 탄소 배출량의 증가와 육류 생산 과정에서의 온실 가스 배출, 무분별한 음식의 생산 및 소비 등을 주로 다룬다.

오답체크

ㄱ. 동물 복지 문제 해결을 위한 노력이다. 육류 소비 증가로 인한 비윤리적 대우 발생과 대규모의 좁고 기계화된 공장에서 사육·도축되는 동물 학대 등이 속한다.

ㄷ. 음식 불평등 문제에 대한 내용이다. 국가 간 빈부격차로 인한 식량 수급 불균형, 저소득 국가의 식량 부족 현상, 인권 문제와 직결되는 윤리적 문제 등이 속한다.

16

정답 ①

핵심체크

제시된 글은 세계화(Globalization)에 대한 설명이다. 세계화는 교통과 통신의 발달에 따른 시공간의 축소, 지역 간 상호 의존성의 증가, 자유 무역의 확대, 국제적 분업의 확대 등을 배경으로 이루어진다.

오답체크

② 마땅히 있어야 할 내용이 없어지거나 속이 텅 비게 되는 현상을 말한다. 대표적 예로 '인구 공동화 현상'이 있다. 이는 도심 지역에서 주거 기능의 약화로 상주인구 밀도가 감소하는 현상을 말하는 것으로, 도넛 형태와 유사하여 '도넛 현상'이라고도 한다.

③ 전체 인구 중에서 도시에 거주하는 인구의 비율이 증가하고, 도시적 생활 양식이 확산하는 현상을 일컫는다. 보통 산업화와 함께 나타난다.

④ 특정 지역에서 그 지역의 고유한 전통이나 특성을 살려 차별화된 경쟁력을 갖추려 노력하는 것으로, 세계화에 반대되는 개념이다. 최근에는 세계화와 지역화가 조화를 이루어야 한다는 글로컬리즘(Glocalism)이 대두되고 있다.

17

정답 ③

핵심체크

차등성은 고르거나 가지런하지 않고 차별이 있는 성질이나 그렇게 대하는 태도로, 인권의 특징에 해당하지 않는다.

오답체크

① 사람은 누구나 처음부터 갖고 태어난다는 특징이다.
② 박탈당하지 않고 영구히 보장된다는 특징이다.
④ 인권을 향유하는 것은 누구도 침범할 수 없는 권리라는 특징이다.

18

정답 ④

핵심체크

응보주의 관점은 형벌이 죄에 대한 정당한 보복을 가하는 데 목적이 있다고 본다. 비용이 많이 들고, 전과자의 사회 적응을 어렵게 하며, 처벌 그 자체를 목적으로 하여 범죄 예방이 거의 불가능하다는 문제점이 있다.

공리주의 관점은 행위의 목적이나 선악 판단의 기준을 인간의 이익과 행복을 증진시키는 데 두어 최대 다수의 최대 행복을 내세우며 사회 전체의 복지를 중요시한다. 인간을 사회 안정을 위한 수단으로 여겨 인간의 존엄성을 훼손한다는 문제점이 있다.

19

정답 ②

핵심체크

사회 윤리는 사회 구조나 제도와 관련된 윤리 문제를 해결하기 위한 도덕적 규범이다. 현대 사회에서 개인 윤리만으로 해결할 수 없는 복잡하고 어려운 윤리 문제가 발생하면서 등장하였다. 사회 윤리의 과제는 공동선과 사회 정의의 실현으로, 사회 정의란 개인 간의 올바른 도리 또는 사회를 구성하고 유지하는 공정한 도리를 말한다.

20

정답 ④

핵심체크

부와 명예, 권력 같은 외재적 가치보다는 직업을 통해 자신의 능력을 발견하고 자아실현을 하는 것이 중요하다.

21

정답 ④

핵심체크

④는 찬성 논거에 해당한다. 통일을 하면 단일 경제권 형성을 통해 경제 규모가 확장될 수 있다. 남한의 기술력과 북한의 노동력을 합쳐 경제적으로 번영할 수 있기 때문이다.

22

정답 ①

핵심체크

부자유친(父子有親)은 아버지와 아들 사이의 도리는 친애에 있음을 이르는 말로, 부모와 자식 사이에 지켜야 하는 윤리에 해당한다.

오답체크

② 남편과 아내 사이의 도리는 서로 침범하지 않음에 있음을 이른다.
③ 어른과 어린이 사이의 도리는 엄격한 차례가 있고 복종해야 할 질서가 있음을 이른다.
④ 벗과 벗 사이의 도리는 믿음에 있음을 이른다.

23

정답 ③

핵심체크

레건은 의무론의 관점에서 동물도 존중받을 도덕적 권리를 지닌다는 동물 권리론을 주장하였다. 동물은 인간과 마찬가지로 믿음, 욕구, 지각, 기억, 감정 등을 지니고 자신의 삶을 영위할 수 있는 능력을 지닌 삶의 주체이므로 인간처럼 내재적 가치를 지닌다고 보았다.

오답체크

① 인간 중심주의의 대표 사상가로, 자연을 도덕적으로 고려해야 하는 이유를 도덕성 실현과 인간에 대한 의무에서 도출되는 간접적 의무로 규정하였다.
② 레건과 같은 동물 중심주의의 대표 사상가로, 공리주의에 근거하여 동물 해방론을 주장하였다.
④ 생태 중심주의의 대표 사상가로, 세계관과 생활양식 자체를 생태 중심적으로 바꾸어야 한다는 심층 생태주의를 주장하였다.

24

정답 ②

핵심체크

기회균등의 원칙은 불평등의 계기가 되는 지위는 공정한 기회균등의 원칙에 따라 모든 사람에게 개방되어야 한다는 롤스 정의론의 제2원칙이다.

25

정답 ④

핵심체크

연기(緣起)는 불교에서 모든 존재와 현상에는 원인[因]과 조건[緣]이 있어, 이것이 결합하여 상호 의존한다는 세계관을 말한다.

오답체크

① 부모가 자식을 사랑하는 것이다.
② 부모의 뜻을 헤아려 실천함으로써 부모를 기쁘게 해 드리는 것이다.
③ 형제가 서로에 대해 사랑하고 공경해야 한다는 것이다.

6일차 실전 모의고사 정답 및 해설

01	02	03	04	05	06	07	08	09	10
④	④	④	③	①	②	②	③	④	①
11	12	13	14	15	16	17	18	19	20
③	①	④	①	②	③	①	③	①	③
21	22	23	24	25					
④	③	③	①	②					

01
정답 ④

📑 **핵심체크**

사과할 때는 잘못을 구체적으로 밝히고 미안하다는 말을 분명히 해야 한다. 변명을 늘어놓거나 상대방을 탓하지 말아야 하며, 준언어적·비언어적 표현에 유의하여 사용해야 한다.

02
정답 ④

📑 **핵심체크**

제시된 대화에서 학생은 '핵노잼'이라는 말을 사용하여 선생님이 그 뜻을 이해하지 못하게 하였다. 따라서 학생의 말하기의 문제점은 상대방이 이해하기 어려운 말을 사용하였다는 것이다.

03
정답 ④

📑 **핵심체크**

〈보기〉는 사람이 아닌 사물을 높이는 주체 높임의 오류를 보이고 있다. 반면에 ④는 상대를 높이는 것이 아닌 화자 스스로를 높이는 상대 높임의 오류를 보이고 있다.

04
정답 ③

📑 **핵심체크**

'산뜻하다'는 [산뜨타다]로 발음되는데, 이는 음절 종성에서 받침 'ㅅ'이 'ㄷ'으로 소리 난 후 'ㄷ'이 'ㅎ'과 축약되어 'ㅌ'으로 발음된 경우이다. 따라서 'ㄷ' 소리로 나는 받침에 해당하지 않는다.

🔍 **오답체크**

① [우더름]으로 발음되며, 이는 음절 종성에서 받침 'ㅅ'이 [ㄷ]으로 소리 난 후 연음된 경우이다.
② [돋짜리]로 발음되며, 이는 음절 종성에서 받침 'ㅅ'이 [ㄷ]으로 소리 난 후 후행하는 'ㅈ'이 경음화 된 경우이다.
④ [딛쩌고리]로 발음되며, 이는 음절 종성에서 받침 'ㅅ'이 [ㄷ]으로 소리 난 후 후행하는 'ㅈ'이 경음화 된 경우이다.

05
정답 ①

📑 **핵심체크**

제시된 글은 음운 변동 중 구개음화에 관한 설명이다. 구개음화는 끝소리가 'ㄷ, ㅌ'인 형태소가 모음 'ㅣ'나 반모음 'ㅣ[j]'로 시작되는 형식 형태소와 만나면 그것이 구개음 'ㅈ, ㅊ'이 되거나, 'ㄷ' 뒤에 형식 형태소 '히'가 올 때 'ㅎ'과 결합하여 이루어진 'ㅌ'이 'ㅊ'이 되는 현상을 말한다.

🔍 **오답체크**

② 일부 소리가 단어의 첫머리에 발음되는 것을 꺼려 다른 소리로 발음되는 현상이다.
③ 두 개의 모음이 만났을 때 한 개의 모음이 탈락하는 현상을 말한다.
④ 어간과 어미가 모두 모음일 때 모음의 충돌을 피하기 위해 중간에 반모음이 첨가되는 현상을 의미한다.

06
정답 ②

🔖 핵심체크

향찰에서는 상황과 필요에 따라 한자의 소리를 취하기도 하고, 한자의 뜻을 표기하기도 한다. '嫁'를 제외한 나머지는 모두 한자의 소리를 취하는 음차 표기이나, '嫁'는 '결혼하다'는 뜻을 취하는 훈차 표기이다.

07
정답 ②

🔖 핵심체크

제시된 글의 첫 문장인 '여러분은 화장품의 다양한 향과 색을 만들어 내기 위해 과일이나 꽃을 넣었다고 생각하신 적이 있나요?'와 같이 질문을 통해 화장품의 화학 성분에 대한 호기심을 유발하면서 시작하고 있음을 알 수 있다. 따라서 ㉠에는 '화장품의 화학 성분에 대한 호기심 유발'이 들어가는 것이 가장 적절하다.

08
정답 ③

🔖 핵심체크

ⓐ는 화장품을 올바르게 사용하여 피부의 아름다움과 건강을 지킬 것을 당부하고 있다. 이에 대한 반응으로 화장품을 사용하기 전에 설명서를 읽는 것은 '화장품(제품)을 올바르게 사용하는 태도'에 해당한다.

✓ FINAL CHECK 작품 해설

이육사, 「절정」
• 갈래: 자유시, 서정시
• 성격: 상징적, 남성적, 지사적
• 제제: 현실의 극한 상황
• 주제: 극한 상황에서의 초월적 인식
• 특징
 – 현재형 시제를 사용하여 긴박감을 더함
 – 역설적 표현을 통해 효과적으로 주제를 형상화함
 – 강렬한 상징어와 남성적 어조로 강인한 의지를 표출함

09
정답 ④

🔖 핵심체크

역설법은 겉으로 보기에 서로 이치에 어긋나거나 모순되는 것 같지만 속에는 어떤 진실을 담고 있는 수사법을 말한다. '강철로 된 무지개'라는 표현은 이치에 모순되는 것 같지만, 극한의 상황에서도 희망을 잃지 않겠다는 굳은 의지를 보여 주는 시구이다.

10
정답 ①

🔖 핵심체크

'매운 계절'의 '채찍', '북방', '칼날', '강철' 등은 모두 강렬하고 차가운 이미지의 시어이다. 이는 일제 시대의 혹독한 탄압과 견고한 현실적 굴레를 상징한다.

🔍 오답체크

② 1연과 2연에서 극한 지점인 '북방'과 '고원'에서 화자가 겪는 고통스러운 현실을 드러내며 화자가 처한 한계 상황을 보여 주고 있다.
③ 3연에서 '어데다 무릎을 꿇어야 하나'는 저항 의식을, '한 발 재겨 디딜 곳조차 없다'는 활동이 불가능한 절망적인 상황을 나타낸다.
④ 제시된 글은 '오다', '서다'와 같이 현재형 시제를 사용하여 긴박한 분위기를 조성하였다.

11
정답 ③

🔖 핵심체크

'백척간두(百尺竿頭)'는 '백 자가 되는 높은 장대 위에 올라섰다.'라는 말로, 몹시 어렵고 위태로운 지경을 이르는 말이다. 이는 극한의 상황에 처한 화자를 나타낸다.

🔍 오답체크

① 처지를 바꾸어서 생각해 보는 것을 나타낸 말이다.
② 다른 산의 나쁜 돌이라도 자신의 산의 옥돌을 가는 데에 쓸 수 있다는 말로, 본이 되지 않은 남의 말이나 행동도 자신의 지식과 인격을 수양하는 데에 도움이 될 수 있음을 비유적으로 이르는 말이다.
④ 겉으로는 부드럽고 순하게 보이나 속은 곧고 굳셈을 나타낸 말이다.

FINAL CHECK 작품 해설

이태준, 「돌다리」
- 갈래: 단편 소설, 세태 소설
- 성격: 교훈적, 사실적, 비판적
- 제재: 돌다리
- 주제: 물질 만능 사회에 대한 비판
- 특징
  - '돌다리'를 통해 전통 세대의 자연 친화적 가치관을 보여줌
  - 근대적 가치관의 젊은 세대와 전통적 가치관의 기성세대 간의 갈등을 다룸

12   정답 ①

📖 핵심체크

제시된 글은 대화를 통해 새 문물을 좇는 아들과 전통을 고수하는 아버지의 가치관 차이가 드러내었다. 또한, 대화와 서술자의 요약적 제시로 주제를 형상화하였다.

🔍 오답체크

② 제시된 글은 물질을 중시하는 근대 사회에 대한 작가의 비판적 시각이 잘 드러나 있다.
③ 방언이 쓰였지만, 해학적 분위기는 나타나 있지 않다.
④ 제시된 글은 전지적 작가 시점의 소설로, 관찰자가 아닌 전지전능한 시점에서 사건이 서술되어 있다.

13   정답 ④

📖 핵심체크

아버지는 인간과 자연(땅)의 인연을 강조하며 순리에 맞게 살아가는 것을 중시한다. '편안한 마음으로 제 분수를 지키며 만족할 줄을 앎.'의 뜻을 가진 '안분지족(安分知足)'이 아버지의 가치관을 나타내는 말로 가장 적절하다.

🔍 오답체크

① 겉으로는 복종하는 체하면서 내심으로는 배반한다는 말이다.
② 이쪽저쪽을 돌아본다는 뜻으로, 앞뒤를 재고 망설임을 이르는 말이다.
③ 자기 논에 물 대기라는 뜻으로, 자기에게만 이롭게 되도록 생각하거나 행동한다는 말이다.

14   정답 ①

📖 핵심체크

'돌다리'의 재료는 돌이다. 돌은 무거워서 쉽게 옮기기 어렵고, 모양을 변형하기도 쉽지 않다는 불변의 상징성을 지니고 있다. 돌다리는 쉽게 변하지 않기 때문에 전통적인 것을 지켜 나간다는 면에서 매우 적합한 소재이다. 동시에 돌다리는 마을 사람들에게 잊혀가는 존재이기도 하다. 나무다리가 있음에도 아버지가 돌다리를 고치려 하는 것은 돌다리가 지닌 불변의 상징성을 지키기 위함이다. 나무다리는 돌다리보다 쉽게 만들 수 있고, 모양도 아름답게 꾸미는데 용이하므로 편리함을 상징한다고 볼 수 있다.

✓ FINAL CHECK 작품 해설

정극인, 「상춘곡(賞春曲)」
- 갈래: 서정 가사, 양반 가사, 강호 한정가
- 성격: 서정적, 자연 친화적, 예찬적
- 제재: 봄의 아름다운 풍경
- 주제: 봄 경치를 감상하며 느낀 즐거움과 안빈낙도
- 특징
  - 4음보의 규칙적 율격을 지님
  - 화자의 공간 이동에 따라 시상을 전개함
  - 직유법, 대구법, 의인법 등 다양한 표현 기법을 사용함

> 속세에 묻힌 분들이여, 이 내 생애 어떠한가
> 옛사람 풍류에 내가 미칠까? 못 미칠까
> 이 세상 남자 몸이 나만 한 이 많건마는
> 자연에 묻혀 산다고 즐거움을 모르겠는가
> 초가집 몇 칸을 푸른 시내 앞에 두고
> 소나무와 대나무가 울창한 곳에 자연의 주인이 되었구나
> 엊그제 겨울 지나 새봄이 돌아오니
> 복숭아꽃, 살구꽃은 석양에 피어 있고
> 푸른 버들, 향긋한 풀은 가랑비에 푸르도다
> 칼로 재단하였는가, 붓으로 그려 냈는가
> 조물주의 솜씨가 사물마다 신비롭구나
> 수풀에 우는 새는 봄 흥취에 겨워
> 소리마다 교태로다

15

📋 핵심체크

제시된 글은 봄날의 아름다운 경치와 그에 따른 흥취를 노래하고 있는 작품으로, 계절의 변화는 드러나지 않는다.

🔍 오답체크

① 화자는 새봄을 맞이한 자연의 풍경을 묘사하며 다채롭고도 아름다운 봄의 경치에 감탄하고 있다.

③ 화자는 산림에 묻혀 살면서 지극한 즐거움을 느끼는 삶에 대한 자부심과 만족감을 보이고 있다.

④ 화자는 자연을 예찬하며 한가로이 즐기는 '강호한정(江湖閑情)'의 태도를 보이고 있다.

16

📋 핵심체크

'수풀에 우는 새는 春춘氣기를 못내 계워 / 소리마다 嬌교態태로다'에서 화자는 새 소리를 듣고 새들에게 아양을 떤다는 감정을 이입하여 새봄을 맞은 기쁨을 표현하고 봄날의 경치를 예찬하였다.

🔍 오답체크

① 푸른 시냇물 앞에 있는 '數수間간茅모屋옥'은 기와집이 아닌 화자가 있는 작은 초가집을 의미한다.

② 복숭아꽃과 살구꽃은 '夕석陽양裏리'에 피어 있다고 하였으므로 화자는 저녁 무렵 꽃들을 바라보고 있음을 알수 있다.

④ '칼로 딸아 낸가 붓으로 그려 낸가'는 칼로 재단하고 붓으로 그려낸 것처럼 자연의 경치가 아름답다는 표현이지 화자가 직접 그림을 그렸다는 표현이 아니다.

➕ PLUS CHECK 더 알아보기

조선 전기 가사	
특징	• 작가의 계층은 주로 양반이다. • 임금의 은혜를 잊지 못하는 충신연주지사, 벼슬에서 물러나 안빈낙도하는 생활 등의 내용이 많다. • 가사의 마지막 구절이 시조의 종장과 유사한 정격 가사가 주로 창작되었다.
주요 작품	정극인의 「상춘곡」, 송순의 「면앙정가」, 정철의 「사미인곡」, 「속미인곡」, 「관동별곡」

✅ FINAL CHECK 작품 해설

(가) 작자 미상, 「정수정전」

• 갈래: 고전 소설, 여성 영웅 소설, 군담 소설
• 성격: 전기적, 역사적, 영웅적
• 제재: 정수정의 영웅적 성취
• 주제: 정수정의 고난 극복과 영웅적 활약
• 특징
 － 남장 모티프를 사용함
 － 남성보다 뛰어난 능력을 지닌 여성 영웅이 등장함

(나) 조위한, 「최척전」

• 갈래: 고전 소설, 한문 소설, 군담 소설, 애정 소설
• 성격: 서사적, 우연적
• 제재: 최척 가족의 이산과 재회
• 주제: 전란으로 인한 가족의 이산과 재회
• 특징
 － 최척의 부인인 옥영을 통해 슬기롭고 적극적인 여성상을 그려냄
 － 전쟁으로 인해 겪게 되는 가족의 고난과 아픔을 사실적으로 묘사함
 － 17세기 후반 다른 군담 소설과는 달리 영웅이 아닌 평범한 인물의 이야기를 다룸

17

📋 핵심체크

(가)는 여성 영웅 정수정이, (나)는 최척의 부인인 옥영이 등장하여 '여성'이 나온다는 공통점만 있을 뿐, (나)는 여성 영웅 소설에 해당하지 않는다. 「최척전」은 영웅 소설과 달리 전쟁으로 인한 민중들의 고난을 구체적이고 사실적으로 묘사하며, 과거 고전 소설에서 도외시되었던 역사적·지리적 내용에 사실적으로 접근하였다는 특징이 있다.

🔍 오답체크

② (가)와 (나)는 모두 전지적 작가 시점이다.

③ (가)와 (나)의 갈래는 모두 고전 소설이자 군담 소설이다.

④ (가)와 (나)는 모두 실존 인물이 아니라 작가가 만들어낸 가공의 인물이 등장한다.

18 정답 ③

📋 **핵심체크**

'의탁'은 '어떤 것에 몸이나 마음을 의지하여 맡김.'이라는 의미이다. '몹시 언짢거나 못마땅하여서 내는 성.'이라는 의미는 '역정'에 해당한다.

19 정답 ①

📋 **핵심체크**

여유문은 자기소개를 하면서 마음에 맞는 사람과 같이 다니는 즐거움에 대해 이야기하였다. 여유문은 척의 훌륭한 외모와 함께 무예와 한문에 능하니 함께할 생각을 하고 있다.

> ✅ **FINAL CHECK 작품 해설**
>
> **최재천, 「과학자의 서재」**
> • 갈래: 수필
> • 성격: 경험적, 회고적, 자전적
> • 제재: 과학 서적
> • 주제: 독서 경험이 자신의 삶과 학문에 미친 영향
> • 특징
>   − 책을 읽고 경험한 가치관의 변화를 중심으로 내용을 전개함
>   − 시간의 흐름에 따라 과거 체험을 기술하며 자신에게 영향을 미친 책을 소개함

20 정답 ③

📋 **핵심체크**

제시된 글의 갈래는 수필로, 개성이 잘 드러나며 누구나 쓸 수 있는 비전문적 글이라는 특징이 있다.

🔍 **오답체크**

① 작품에 대해 논평하는 것은 비평문이다.
② 소설의 특징 중 서사성에 속한다.
④ 광고문에 대한 설명이다.

21 정답 ④

📋 **핵심체크**

'나'는 사회 생물학을 접하였을 때 미국 유학을 와서 읽었던 문학 작품이 아니라, 과거에 읽었던 솔제니친의 「모닥불과 개미」라는 수필을 떠올렸다.

🔍 **오답체크**

① '당시에는 ~ 궁금했다.'라는 내용을 통해 '나'가 「모닥불과 개미」를 읽을 당시 개미의 행동을 이해하지 못하였음을 알 수 있다.
② '나'는 사회 생물학이라는 학문을 통해 그간 껴안고 살아오던 많은 삶의 수수께끼를 해결할 수 있었다.
③ '그 개미들을 ~ 결정했다.'라는 내용을 통해 '나'가 사회 생물학을 공부하기로 결심한 계기를 알 수 있다.

22 정답 ③

📋 **핵심체크**

㉠은 '어떤 대상에 대해 마음속에 새겨지는 느낌.'이라는 뜻으로, ③이 같은 의미로 사용되었다.

🔍 **오답체크**

① '물건값, 봉급, 요금 따위를 올림.'을 뜻한다.
② '사람 얼굴의 생김새 또는 그 얼굴의 근육이나 눈살 따위.'를 뜻한다.
④ '역도 경기 종목의 하나로, 바벨을 두 손으로 잡아 한 번의 동작으로 머리 위까지 들어 올려 일어서는 종목.'을 뜻한다.

> ✅ **FINAL CHECK 작품 해설**
>
> **이석영, 「초신성의 후예」**
> • 갈래: 수필
> • 성격: 성찰적, 교훈적
> • 제재: 초신성
> • 주제: 우주의 원리에 비유한 공동체적 삶의 필요성
> • 특징
>   − 문답 형식을 통해 독자의 흥미를 유발함
>   − 권위자의 이론을 인용하여 글의 신뢰성을 높임
>   − 유추의 방식을 통해 나누는 삶의 가치를 강조함

23

정답 ③

핵심체크

제시된 글에서 작가의 일화를 인용한 부분은 찾아볼 수 없다.

오답체크

① 질문하고 답하는 형식을 통해 독자의 흥미를 유발하고 있다.

② 권위자의 이론을 인용하여 전체적인 글의 신뢰성을 높였다.

④ 수소부터 철까지 각 원소들의 생성 방법을 질량이 가벼운 것부터 무거운 것까지 순서대로 설명하였다.

24

정답 ①

핵심체크

수소는 우리 몸의 핵심 요소이자 기구를 띄우기 위해 종종 집어넣는 기체이고, 미래 자동차 원료로 주목을 받으며, 우주 전체 물질 질량의 70%를 차지한다.

오답체크

② 탄소, 질소, 산소는 태양과 같은 작은 별 안에서 만들어졌다.

③ 우리 은하 내에는 태양과 같은 작은 별이 약 1,000억 개 존재한다.

④ 산소보다 더 무거운 황, 인, 마그네슘, 철 등은 태양보다 대략 10배 이상 무거운 별에서 만들어졌다.

25

정답 ②

핵심체크

'고갈(枯渴)'은 '물이나 어떤 일의 바탕이 되는 돈, 물자, 소재, 인력, 느낌이나 생각 따위가 다하여 없어짐.'이라는 의미이다. '어떤 일에 온 정신을 다 기울여 열중함.'은 '몰두(沒頭)'에 해당한다.

제2교시 수학 206~210쪽

01	02	03	04	05	06	07	08	09	10
④	①	②	①	④	②	②	③	①	③
11	12	13	14	15	16	17	18	19	20
④	①	②	①	②	②	③	②	①	④

01

정답 ④

핵심체크

$A + 2B - C$
$= 6x^2 - 5x + 4 + 2(2x^3 - 3x^2 + 1) - (-x^2 + x - 1)$
$= 6x^2 - 5x + 4 + 4x^3 - 6x^2 + 2 + x^2 - x + 1$
$= 4x^3 + 6x^2 - 6x^2 + x^2 - 5x - x + 4 + 2 + 1$
$= 4x^3 + x^2 - 6x + 7$

02

정답 ①

핵심체크

등식 $x^2 - 3x + 4 = (x+1)^2 + ax + b$에서
$x^2 - 3x + 4 = x^2 + 2x + 1 + ax + b$
$\qquad\qquad = x^2 + (2+a)x + 1 + b$

이 식이 x에 대한 항등식이므로 계수비교법에 의하여
$2 + a = -3$, $1 + b = 4$
$\therefore\ a = -5$, $b = 3$
$\therefore\ a - b = -5 - 3 = -8$

03

정답 ②

핵심체크

$$
\begin{array}{r}
2x - 7 \\
x^2 + 2x - 3 \overline{\smash{\big)}\ 2x^3 - 3x^2 \qquad\ \ + 4} \\
\underline{2x^3 + 4x^2 - 6x} \\
-7x^2 + 6x\ \ + 4 \\
\underline{-7x^2 - 14x + 21} \\
20x - 17
\end{array}
$$

따라서 $Q(x) = 2x - 7$, $R(x) = 20x - 17$이므로
$Q(2) = 2 \times 2 - 7 = -3$

$R(1) = 20 \times 1 - 17 = 3$

$\therefore \quad Q(2) + R(1) = -3 + 3 = 0$

04 정답 ①

핵심체크

다항식 $f(x) = x^3 - 6x^2 - ax - 6$이라 하자.

다항식 $f(x)$는 $x - 2$를 인수로 가지므로 인수정리에 의하여

$f(2) = 0$이다.

즉, $8 - 24 - 2a - 6 = 0$에서 $2a = -22$

$\therefore \quad a = -11$

따라서 $f(x) = x^3 - 6x^2 + 11x - 6$이므로 다항식 $f(x)$를

조립제법을 이용하여 인수분해하면

$$
\begin{array}{r|rrrr}
2 & 1 & -6 & 11 & -6 \\
  &   & 2 & -8 & 6 \\
\hline
  & 1 & -4 & 3 & 0 \\
\end{array}
$$

$\therefore \quad f(x) = (x-2)(x^2 - 4x + 3)$

$\qquad\qquad = (x-1)(x-2)(x-3)$

따라서 인수인 것은 $x - 1$이다.

05 정답 ④

핵심체크

$\dfrac{1 + pi}{2 - i} = \dfrac{(1+pi)(2+i)}{(2-i)(2+i)}$

$\qquad = \dfrac{2 + i + 2pi + pi^2}{2^2 - i^2}$

$\qquad = \dfrac{2 + p \times (-1) + (1+2p)i}{4 - (-1)}$

$\qquad = \dfrac{2 - p + (1+2p)i}{5}$

$\qquad = qi$

복소수가 서로 같은 조건에 의하여

$2 - p = 0$, $\dfrac{1+2p}{5} = q$이므로

$p = 2$, $q = \dfrac{1 + 2 \times 2}{5} = 1$

$\therefore \quad p + q = 2 + 1 = 3$

06 정답 ②

핵심체크

이차방정식 $x^2 - 2x + 3 = 0$의 두 근을 α, β라 하면

이차방정식의 근과 계수의 관계에 의하여

$\alpha + \beta = 2$

$\therefore \quad (\alpha + \beta)^2 = 4$

07 정답 ②

핵심체크

$y = x^2 - 4x + 3 = (x-2)^2 - 1$

x의 값의 범위는 $-1 \leq x \leq 3$이므로

$x = -1$일 때, $y = (-1-2)^2 - 1 = 8$,

$x = 2$일 때, $y = (2-2)^2 - 1 = -1$,

$x = 3$일 때, $y = (3-2)^2 - 1 = 0$

따라서 최댓값은 8이고, 최솟값은 -1이므로

$M = 8$, $m = -1$

$\therefore \quad M + m = 8 + (-1) = 7$

08 정답 ③

핵심체크

이차방정식 $x^2 - 4x + 3 = 0$에서

$(x-1)(x-3) = 0$이므로

$x = 1$ 또는 $x = 3$

즉, 삼차방정식 $x^3 + ax - b = 0$은 1, 3을 근으로 가지므로

$x = 1$과 $x = 3$을 각각 대입하면

$1 + a - b = 0$에서

$a - b = -1$ $\qquad \cdots\cdots$ ㉠

$27 + 3a - b = 0$에서

$3a - b = -27$ $\qquad \cdots\cdots$ ㉡

㉠, ㉡을 연립하여 풀면

$a = -13$, $b = -12$

$\therefore \quad a - b = -13 - (-12) = -1$

09
정답 ①

핵심체크

$\begin{cases} 3(x-1)<2 & \cdots\cdots ㉠ \\ 2(x-5)>x-12 & \cdots\cdots ㉡ \end{cases}$

㉠에서 $3x-3<2$, $3x<5$

$\therefore\ x<\frac{5}{3}$ ······ ㉢

㉡에서 $2x-10>x-12$

$\therefore\ x>-2$ ······ ㉣

㉢, ㉣을 수직선 위에 나타내면 다음 그림과 같다.

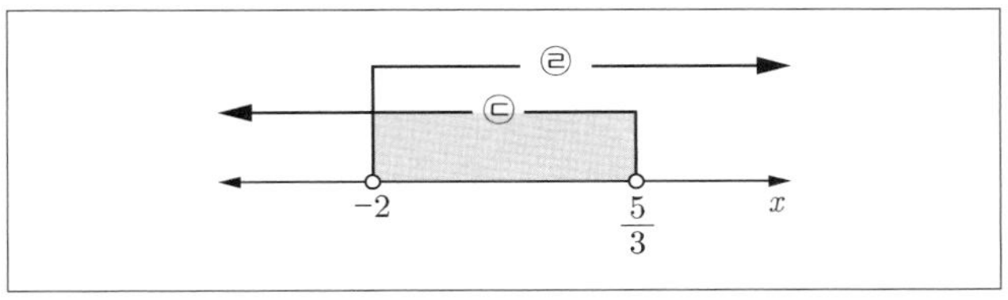

이때 구하는 해는 ㉢, ㉣을 동시에 만족시키는 x의 값의 범위이므로

$-2<x<\frac{5}{3}$

따라서 구하는 정수 x의 개수는 -1, 0, 1의 3이다.

10
정답 ③

핵심체크

$\overline{AB}=\sqrt{\{-1-(-1)\}^2+\{2-(-a)\}^2}$

$=\sqrt{(a+2)^2}=12$

에서 $a+2=-12$ 또는 $a+2=12$

따라서 $a=-14$ 또는 $a=10$이므로

$a=10$ ($\because$ a는 자연수)

11
정답 ④

핵심체크

직선 $y=2x+1$을 x축의 방향으로 -3만큼, y축의 방향으로 k만큼 평행이동한 직선의 방정식은

$y-k=2\{x-(-3)\}+1$, 즉 $y=2x+k+7$ ······ ㉠

직선 ㉠이 직선 $y=2x+1$과 일치해야 하므로

$k+7=1$

$\therefore\ k=-6$

12
정답 ①

핵심체크

방정식 $x^2+y^2+2x-4y-4=0$을 변형하면

$x^2+2x+1+y^2-4y+4=9$에서

$(x+1)^2+(y-2)^2=3^2$

이 방정식이 나타내는 원의 중심의 좌표는 $(-1,\ 2)$이고 반지름의 길이는 3이다.

따라서 $a=-1$, $b=2$, $r=3$이므로

$a+b+r=-1+2+3=4$

13
정답 ②

핵심체크

좌표평면 위의 점 $(a,\ b)$를 x축에 대하여 대칭이동한 점의 좌표는 $(a,\ -b)$, y축에 대하여 대칭이동한 점의 좌표는 $(-a,\ b)$, 원점에 대하여 대칭이동한 점의 좌표는 $(-a,\ -b)$, 직선 $y=x$에 대하여 대칭이동한 점의 좌표는 $(b,\ a)$이다.

따라서 좌표평면 위의 점 $(2,\ 1)$을 직선 $y=x$에 대하여 대칭이동한 점의 좌표는 $(1,\ 2)$, y축에 대하여 대칭이동한 점의 좌표는 $(-2,\ 1)$이다.

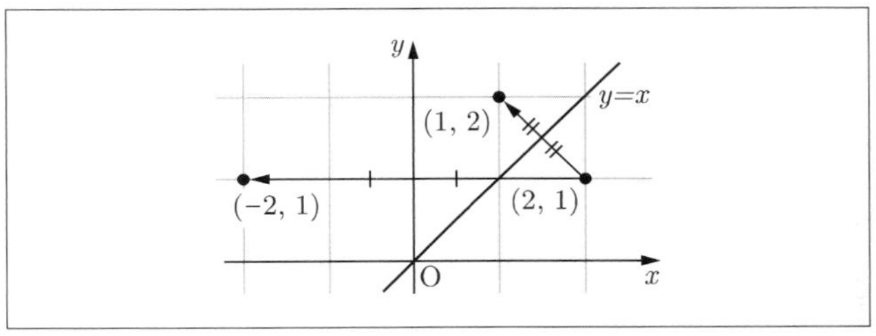

따라서 $a=1$, $b=2$, $c=-2$, $d=1$이므로

$ac+bd=-2+2=0$

14
정답 ①

핵심체크

$A=\{2,\ 3,\ 6,\ a+1\}$, $B=\{1,\ 4,\ 8,\ a-1\}$일 때 집합 $(A-B)\cup(B-A)=\{1,\ 2,\ 3,\ 4\}$를 벤다이어그램으로 나타내면 다음 그림과 같다.

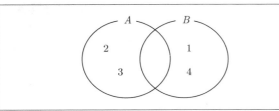

따라서 $A \cap B = \{6, a+1\} = \{8, a-1\}$이므로
$a+1 = 8$, $a-1 = 6$
$\therefore \ a = 7$

15
정답 ②

핵심체크

① [반례] $x = 2$일 때 x는 소수이지만 홀수는 아니다.
② 두 조건 $p = x-2 = 0$, $q = x^2 - 2x = 0$의 진리집합을 각각 P, Q라 하자.
    $x-2 = 0$에서 $x = 2$ $\therefore \ P = \{2\}$
    $x^2 - 2x = 0$에서 $x(x-2) = 0$이므로
    $x = 0$ 또는 $x = 2$ $\therefore \ Q = \{0, 2\}$
    따라서 $P \subset Q$이므로 주어진 명제는 참이다.
③ [반례] $x = 3$일 때 x는 3의 배수이지만 9의 배수는 아니다.
④ [반례] $x = 12$일 때 x는 12의 약수이지만 4의 약수는 아니다.

16
정답 ②

핵심체크

ㄱ. X의 원소 2에 대응하는 Y의 원소가 2, 4의 2개이므로 함수가 아니다.
ㄴ. X의 원소 5에 대응하는 Y의 원소가 없으므로 함수가 아니다.
ㄷ. X의 각 원소에 Y의 원소가 오직 하나씩 대응되므로 함수이다.
따라서 함수인 것은 ㄷ뿐이다.

17
정답 ③

핵심체크

$y = \sqrt{4x+8} - 3 = \sqrt{4(x+2)} - 3 = 2\sqrt{x+2} - 3$

즉, 함수 $y = \sqrt{4x+8} - 3$의 그래프는 함수 $y = 2\sqrt{x}$의 그래프를 x축의 방향으로 -2만큼, y축의 방향으로 -3만큼 평행이동한 것이다.
따라서 $a = -2$, $b = -3$이므로
$2a+b = 2 \times (-2) + (-3) = -7$

18
정답 ②

핵심체크

주어진 함수는 일대일대응이므로 역함수가 존재한다.
$y = 2x+4$를 x에 대하여 풀면
$2x = y-4$에서 $x = \dfrac{1}{2}y - 2$
x와 y를 서로 바꾸면 구하는 역함수는
$y = \dfrac{1}{2}x - 2$
$\therefore$ ㉠ $\dfrac{1}{2}y - 2$, ㉡ $\dfrac{1}{2}x - 2$

19
정답 ①

핵심체크

$_n\mathrm{P}_2 = \dfrac{n!}{(n-2)!} = 110$에서 $n(n-1) = 110$
$n^2 - n - 110 = 0$, $(n+10)(n-11) = 0$
$n = -10$ 또는 $n = 11$
$\therefore \ n = 11 \ (\because \ n \geq 2)$

20
정답 ④

핵심체크

가로로 나열된 5개의 평행선 중에서 2개를 택하는 방법의 수는
$_5\mathrm{C}_2 = \dfrac{5 \times 4}{2 \times 1} = 10$
세로로 나열된 3개의 평행선 중에서 2개를 택하는 방법의 수는
$_3\mathrm{C}_2 = \dfrac{3 \times 2}{2 \times 1} = 3$
따라서 구하는 평행사변형의 개수는
$10 \times 3 = 30$

제3교시	**영어**							211~216쪽	
01	02	03	04	05	06	07	08	09	10
④	③	②	③	①	④	①	②	①	③
11	12	13	14	15	16	17	18	19	20
②	①	④	①	②	④	②	④	②	④
21	22	23	24	25					
④	③	②	③	①					

01 정답 ④

단어체크

• by oneself: 홀로, 혼자서

• various: 여러 가지의, 다양한

핵심체크

밑줄 친 'symptom'은 '증상'이라는 의미이다.

> **해석 CHECK**
>
> 혼자서는 컴퓨터 사용을 그만둘 수 없는 십대 청소년들은 여러 가지 증상들을 보인다.

02 정답 ③

단어체크

• machine: 기계

핵심체크

밑줄 친 'figure out'은 '이해하다'라는 의미이다.

> **해석 CHECK**
>
> 나는 그 기계를 작동하는 법을 이해할 수 없다.

03 정답 ②

단어체크

• research: 연구, 조사

• volunteer: 자원봉사자

핵심체크

밑줄 친 'according to'는 '~에 따르면'이라는 의미이다.

> **해석 CHECK**
>
> 연구에 따르면, 실제로 자원봉사를 하는 학생들이 자원봉사를 하지 않는 학생들보다 성적이 더 뛰어나다.

04 정답 ③

핵심체크

'positive(긍정적인)'와 'negative(부정적인)'는 반의 관계로, 나머지 셋과 의미 관계가 다르다.

오답체크

① 직업 – 기술자

② 과목 – 역사

④ 감정 – 아주 기뻐하는

05 정답 ①

단어체크

• outdoor: 옥외·야외의

• bring in: 들여오다; 가져오다

핵심체크

제시된 포스터에서 초대 댄서(Michael Lee, Dance group 'Genie'), 개최 시간(at 6:00 p.m.), 주의 사항(No Food or Drink Allowed)은 언급되어 있으나, 경품 추첨에 대한 내용은 언급되어 있지 않다.

> **해석 CHECK**
>
> **여름 댄스 축제**
>
> ○ 언제
> 2024년 8월 27일, 오후 6시
> ○ 어디에서
> 우리 학교 야외 공연장
> ○ 초대 댄서
> Michael Lee, 댄스 그룹 'Genie'
> ○ 음식물 반입 금지
> (물만 반입이 가능합니다.)

06

📖 단어체크

• baggage: 짐, 수화물

📋 핵심체크

첫 번째 문장의 빈칸에는 문맥상 'baggage'와 짝을 이루어 '짐을 부치다'의 의미를 나타낼 수 있는 동사가 들어가야 한다. 두 번째 문장의 빈칸에는 문맥상 'the oil'로 미루어 '확인하다'의 의미를 나타내는 동사가 들어가야 한다. 이러한 두 조건을 모두 만족하는 말은 'check'이다.

┌─ **해석 CHECK** ─────┐
│ ○ 짐을 <u>부치</u>시겠어요?
│ ○ 너는 운전을 시작하기 전에 오일을 <u>점검</u>해야 할 것
│   이다.
└──────────────────┘

07

📖 단어체크

• pass: (시험에) 합격하다, 통과하다

📋 핵심체크

첫 번째 문장은 '가주어(It) + 의미상 주어(전치사 + her) + 진주어(to ~)' 구문으로, 빈칸에는 to 부정사의 의미상 주어를 나타낼 수 있는 전치사가 들어가야 한다. 두 번째 문장의 빈칸에는 문맥상 '기간'을 나타내는 전치사가 들어가야 한다. 이러한 두 조건을 모두 만족하는 말은 'for'이다.

┌─ **해석 CHECK** ─────┐
│ ○ 그녀가 그 시험에 합격하는 것은 쉬운 일이 아니다.
│ ○ 나는 거기서 5년 <u>동안</u> 살았다.
└──────────────────┘

08

📋 핵심체크

첫 번째 문장의 빈칸에는 문맥상 '~이기 때문에'를 의미하는 '원인·이유'의 접속사가 들어가야 한다. 두 번째 문장의 빈칸에는 문맥상 '~처럼'을 나타내는 전치사가 들어가야 한다. 이러한 두 조건을 모두 만족하는 말은 'as'이다.

┌─ **해석 CHECK** ─────┐
│ ○ 나는 그때까지 시간이 남았<u>기 때문에</u>, 영화를 보기
│   로 결정하였다.
│ ○ 로마에 가면 로마인들<u>처럼</u> 하라(다른 나라에 가면
│   그 나라의 풍습을 따라야 한다).
└──────────────────┘

09

📖 단어체크

• fencing: 펜싱

📋 핵심체크

대화에서 쓰인 'it's never too late to learn'은 '배움에 늦은 때는 없다'라는 의미로, 펜싱 도전을 머뭇거리는 A에게 힘을 실어주는 의미의 속담이다.

🔍 오답체크

② There's no place like home

③ You should not judge a book by its cover

④ Walls have ears

┌─ **해석 CHECK** ─────┐
│ A: 어떤 스포츠를 가장 좋아하니?
│ B: 내가 가장 좋아하는 스포츠는 야구야. 너는 어때?
│ A: 나는 펜싱을 아주 좋아해. 펜싱을 배울 수 있었으면
│   좋겠어.
│ B: 한 번 시도해 보지 그래?
│ A: 그러기엔 좀 늦은 것 같아.
│ B: 글쎄, <u>배움에 늦은 때는 없어</u>.
└──────────────────┘

10

📖 단어체크

• careful: 조심하는, 주의 깊은

📋 핵심체크

대화에서 B가 'shouldn't have p.p[~하지 말았어야 했는데 (했다)]', 'should have p.p[~했어야 했는데 (하지 않았다)]' 등의 표현을 사용하였으므로 B의 심정은 '후회하는'이라는 것을 알 수 있다.

해석 CHECK

A: 이봐, 무슨 일이야?

B: 이 모자를 사지 말았어야 했어.

A: 그 모자가 맘에 안 든다는 말이야?

B: 나는 그게 필요하지 않거든. 돈을 쓸 때 좀 더 신중했어야 했는데.

11 정답 ②

단어체크

• student ID card: 학생증

• return: 반납하다

핵심체크

대화에서 A가 B에게 'Can I take these three books home(책을 집에 가져갈 수 있을까요)?'이라고 질문하였고, 대화를 마치면서 B가 A에게 'return the books(책을 반납하세요).'라고 말하였으므로 대화가 이루어지는 장소로 가장 적절한 것은 '도서관'이다.

해석 CHECK

A: 이 세 권의 책을 집에 가져갈 수 있을까요?

B: 물론이죠, 여기 학생이신가요?

A: 네.

B: 그럼 학생증을 보여 주세요.

A: 여기 있습니다.

B: 좋습니다. 책은 2주 안에 반납해 주세요.

12 정답 ①

단어체크

• wonderful: 아주 멋진, 경이로운

• shock: 충격

• such as: ~와 같은

• However: 하지만, 그러나

• unless: ~하지 않는 한, ~이 아닌 한

• pleasurable: 즐거운

• not always: (부분 부정) 언제나 ~인 것은 아니다

• check: 조사하다, 점검하다

핵심체크

제시된 글의 첫 번째 문장의 'experiencing new world(새로운 세계를 경험하는)'와 마지막 문장의 'should make plans(계획을 세워야 한다)'와 같은 말을 통해 밑줄 친 'It(it)'이 가리키는 것은 '여행'임을 알 수 있다.

해석 CHECK

그것은 당신에게 새로운 세계를 경험하는 놀라운 충격과도 같은 기쁨을 선사한다. 하지만, 당신이 그것을 준비하지 않는 한 그것이 반드시 즐겁기만 한 것은 아닐지도 모른다. 그러므로, 당신은 그것을 위한 계획을 세우고 당신이 맞닥뜨릴지도 모를 문제를 모두 점검해야 한다.

13 정답 ④

단어체크

• few: (수가) 많지 않은[적은]

• China: 중국

• Korea: 한국

핵심체크

대화에서 B가 'I want to send a few boxes(저는 박스 몇 개를 보내고 싶습니다).'라고 말하였고, 빈칸 다음 문장에서 B가 'China(중국)'와 'Korea(한국)'에 보내는 것이라고 대답하였으므로 A는 B에게 목적지를 물었을 것이다. 따라서 문맥상 빈칸에는 'What country are they for(어느 나라에 보내시는 것인가요)'가 들어가는 것이 가장 적절하다.

오답체크

① 얼마나 멉니까

② 얼마입니까

③ 당신은 어디에서 왔습니까

해석 CHECK

A: 무엇을 도와드릴까요?

B: 네, 부탁합니다. 저는 박스 몇 개를 보내고 싶습니다.

A: 어느 나라에 보내시는 것인가요?

B: 하나는 중국이고, 다른 두 개는 한국입니다.

14

📖 단어체크

- subway: 지하철
- get off: 하차하다, 내리다
- how often: 얼마나 자주, 몇 번
- how about: (제의를 할 때, 사람·사물에 대한 정보를 물을 때) ~은 어때요
- how long: 얼마나 오래, 언제까지

📋 핵심체크

대화에서 B가 'Take(타고)'와 'get off(내리세요)' 등의 말을 사용한 것을 통해 A가 B에게 '~에 가는 길'을 물었다는 사실을 알 수 있다. 따라서 문맥상 빈칸에는 'how do I get to Gyeongbokgung Palace(경복궁에 가려면 어떻게 하나요)'가 들어가는 것이 가장 적절하다.

🔍 오답체크

② 당신은 경복궁에 얼마나 자주 가십니까
③ 나와 같이 경복궁에 가는 게 어때요
④ 경복궁까지 가는 데 얼마나 걸립니까

> ● **해석 CHECK** ●
>
> A: 실례합니다. **경복궁에 가려면 어떻게 하나요?**
> B: 지하철 3호선을 타고 경복궁 역에서 내리시면 됩니다.

15

📖 단어체크

- half price: 반값
- already: 이미
- similar: 비슷한
- pocket: 주머니
- wrapping: 포장

📋 핵심체크

제시된 글의 제목에 나온 'for half price(반값에)'와 첫 번째 문장의 'for sale(팔려고 내놓은)'을 통해 '무언가를 판매하려고' 쓴 글임을 알 수 있다. 마지막 문장에서 'contact me(저에게 연락하세요)'라고 하였으므로 글을 쓴 목적이 '판매하기'라는 것을 알 수 있다.

> ● **해석 CHECK** ●
>
> **새 재킷을 절반 가격에 가져가세요!**
> 재킷을 하나 판매하려고 합니다. 퀴즈 대회 상품으로 그것을 받았지만, 저는 이미 비슷한 재킷이 있습니다. 작은 사이즈의 검은색 재킷이고 주머니가 많이 달려 있습니다. 아직 포장도 뜯지 않았습니다. 관심이 있으면 저에게 연락 주시기 바랍니다.

16

📖 단어체크

- look well: 건강해 보이다, 안색이 좋다
- concern: ~을 걱정하다, 염려하다
- food poisoning: 식중독
- strange: 이상한

📋 핵심체크

주어진 문장이 'What's the matter(무슨 일이야)'로 시작하므로 이어질 말은 'I'm worried about ~ (~가 걱정돼)'이라고 대답한 (C)가 적절하다. 이후 몸이 안 좋은지를 묻는 (A)가 그다음에 와야 하며, 'Yes'라고 대답하고 구체적인 이유를 말한 (B)로 이어져야 한다. 따라서 주어진 문장에 이어질 대화의 순서는 '(C) – (A) – (B)'가 가장 적절하다.

> ● **해석 CHECK** ●
>
> Yoon – sun, 괜찮아? 안색이 안 좋아 보여.
> (C) 점심에 먹은 생선 때문에 걱정돼. 이상한 냄새가 났거든.
> (A) 몸이 아프니?
> (B) 응, 식중독일지도 몰라서 염려스러워.

17

📖 단어체크

- all over the world: 전 세계에서
- run: (극·영화가) 계속 공연되다
- one of: ~중 하나
- reserve: 예약하다

핵심체크

제시된 안내문의 세 번째 내용에 'It runs from February 25 to March 18(2월 25일에서 3월 18일까지 공연한다)'라고 되어 있으므로 안내문의 내용과 일치하지 않는 것은 '뮤지컬은 여름까지 공연이 이어진다.'이다.

해석 CHECK

> **뮤지컬 '노트르담 드 파리'**
>
> ○ 뮤지컬 '노트르담 드 파리'가 Blue Square에서 곧 개막합니다.
> ○ '노트르담 드 파리'는 전 세계에서 가장 인기 있는 뮤지컬 중 하나입니다.
> ○ 이 뮤지컬은 2월 25일에서 3월 18일까지 공연하며, 매일 저녁 7시에 시작합니다.
> ○ 티켓은 온라인으로 www.notredamedeparis.com 에서 예매할 수 있습니다.

18　　　　　　　　　　　　　　　　　정답 ④

단어체크

• invent: 발명하다
• method: 방법
• addition: 추가
• element: 요소, 성분
• exist: 존재하다, 실재·현존하다
• attach: 붙이다, 첨부하다

핵심체크

제시된 글의 중간에 'Hyman Lipman bacame a great U.S. inventor by attaching an eraser to the top of a pencil(Hyman Lipman은 연필 윗부분에 지우개를 붙여서 미국의 위대한 발명가가 되었다).'이라는 사례를 통해 Hyman Lipman이 연필에 지우개라는 새로운 요소를 더해 위대한 발명가가 되었음을 알 수 있다. 그러나 그 발명품이 어떻게 되었는지는 언급되어 있지 않다. 따라서 발명에 대한 설명과 일치하지 않는 것은 'Hyman Lipman의 발명품은 불티나게 팔렸다.'이다.

해석 CHECK

> 새로운 것을 발명하는 방법을 알고 있는가? 한 가지 좋은 방법은 추가하여 발명하는 것이다. 이것은 이미 존재하는 어떤 것에 새로운 요소를 더함으로써 무언가를 발명하는 것을 의미한다. 예를 들어, Hyman Lipman은 연필 윗부분에 지우개를 붙여서 미국의 위대한 발명가가 되었다. 무언가를 발명하는 방법을 알았으니, 발명해 보아라.

19　　　　　　　　　　　　　　　　　정답 ②

단어체크

• for oneself: 자신을 위해서; 혼자 힘으로
• happen: (사건 따위가 우연히) 일어나다, 생기다
• amazing: 놀랄 만한, 놀라운
• as soon as: ~하자마자, ~하자 곧
• register: ~에 등록하다

핵심체크

제시된 글의 첫 번째 문장인 'Choosing the best job(가장 좋은 직업을 선택하는 것)'을 통해 '직업 선택'에 관한 글임을 알 수 있다. 이후 글쓴이는 자신이 원하는 것을 깨닫고 패션 아카데미에 등록하여 패션 디자이너로 일하게 된 과정을 언급하였으므로 제시된 글의 주제가 '직업을 선택하게 된 계기'라는 것을 알 수 있다.

해석 CHECK

> 혼자 힘으로 가장 좋은 직업을 선택하는 것은 오랜 시간이 걸릴 수 있지만, 그러나 나에게는, 그것이 매우 빨랐다. 런던을 여행하던 중에, 나는 우연히 런던 패션 위크의 패션쇼를 구경하였다. 나는 눈을 뗄 수 없는 놀라운 의상과 액세서리를 보았다. 그때, 나는 내가 그렇게 아름다운 것을 만들기 원한다는 걸 깨달았다. 귀국하자마자, 나는 유명한 패션 아카데미에 등록하였다. 몇몇 패션 회사에서 패션 디자이너로 일한 후, 나는 지금은 내 소유의 패션 회사를 운영하고 있다.

20

정답 ④

📖 단어체크

- article: (신문·잡지의) 기사
- flavor: 풍미, 맛
- creative: 창조적인, 창의적인
- What if: ~라면 어떻게 될까?
- logical: 논리적인
- thoughtful: 사려 깊은
- enthusiastic: 열정적인, 열렬한

📋 핵심체크

제시된 글에서 빈칸이 있는 구절은 '주어(it) + 동사(means) + 목적절(that절)'로 이루어져 있으며, 빈칸은 'that절[주어(you) + be동사(are) + 보어(creative and _____)]'에 포함된 형용사이다. 또한, 'According to newspaper article, your favorite ice cream flavor could show what kind of person you are(신문 기사에 따르면, 가장 좋아하는 아이스크림 맛은 당신이 어떤 사람인지 보여줄 수 있다고 한다).'라는 설명을 통해 빈칸에 사람의 특성을 나타내는 단어가 들어가야 함을 알 수 있다. 'creative(창의적인)'라는 긍정의 형용사가 접속사 'and'로 연결되어 있으므로 빈칸에도 그와 같은 형용사가 들어가야 한다. 따라서 문맥상 빈칸에 들어갈 말로 가장 적절한 것은 'enthusiastic'이다.

🔍 오답체크

① 완고한, 고집스러운
② 우울한, 활기가 없는
③ 터무니없는, 비현실적인

─ 해석 CHECK ─

당신은 아이스크림을 좋아하는가? 대부분 사람들처럼, 나도 아이스크림을 매우 좋아한다. 신문 기사에 따르면, 가장 좋아하는 아이스크림 맛은 당신이 어떤 사람인지 보여줄 수 있다고 한다. 예를 들어, 만약 가장 좋아하는 맛이 초콜릿이라면, 그것은 당신이 매우 창의적이고 열정적이라는 것을 의미한다. 만약 가장 좋아하는 맛이 딸기라면 어떨까? 그것은 당신이 논리적이고 사려 깊다는 것을 의미한다.

21

정답 ④

📖 단어체크

- amount: (~의) 양, 총액, 총계
- food trash: 음식물 쓰레기
- environmental: 환경의
- prepare: 준비하다, 시키다
- expand: 확대하다, 확장·팽창되다
- produce: 생산하다

📋 핵심체크

제시된 글의 빈칸 뒤의 문장에 명사구(the amount of food trash)가 나와 있고 'to' 바로 앞에 명사(ways)가 나와 있다. 이때 'to'는 '형용사구'를 이끄는 'to부정사(to + 동사원형)'로, 바로 앞 명사를 수식하고 있다. 또한, 글의 첫머리에 나온 'increasing(증가)', 'problem(문제)' 등의 단어를 통해, 빈칸에는 그와 반대되는 동사가 들어가야 함을 알 수 있다. 따라서 문맥상 빈칸에 들어갈 말로 가장 적절한 것은 'decrease'이다.

─ 해석 CHECK ─

음식물 쓰레기 증가는 심각한 환경 문제가 되고 있다. 여기 음식물 쓰레기의 양을 줄이는 쉬운 방법 몇 가지가 있다. 첫째, 쇼핑하기 전에 필요한 식품 목록을 작성하라. 둘째, 끼니마다 음식을 너무 많이 준비하지 않도록 하라. 셋째, 남은 음식은 저장하였다가 나중에 사용하라.

22

정답 ③

📖 단어체크

- surprise: 놀라게 하다
- dull: 지루한, 재미없는
- flavor: 맛, 풍취, 운치
- opportunity: 기회
- manage: 관리하다, 다루다

📋 핵심체크

제시된 글의 마지막 문장이 'Let's learn how to manage stress effectively(스트레스를 효과적으로 관리하는 방법을 배워보자)'로 끝났으므로 뒤에 이어질 내용으로 가장 적절한 것은 '실생활에서 스트레스를 관리하는 방법'이다.

해석 CHECK

삶에서 스트레스는 필요하다! 그것이 여러분을 놀라게 하였는가? 놀랐을 수도 있겠지만, 그것은 어느 정도는 사실이다. 스트레스가 없다면, 삶은 지루할지도 모른다. 스트레스는 삶에 운치, 도전, 그리고 기회를 더한다. 하지만 스트레스가 너무 많으면 당신을 심각하게 다치게 할 수 있다. 그러므로 스트레스를 관리하는 방법을 배우는 것은 중요하다. 스트레스를 효과적으로 관리하는 방법을 배우고 그것을 실생활에 적용해 보자.

23　　　　　　　　　　　　정답 ②

단어체크

• stay: 머무르다, 유지하다

• instead of: ~대신에

• at least: 적어도

핵심체크

주어진 문장이 'however(하지만)'로 시작하므로 앞부분에 이와 상반되는 내용이 나왔을 것임을 유추할 수 있다. 두 번째 문장인 'To have a healthy life, we should eat right and exercise(건강한 삶을 살기 위해서, 우리는 올바르게 먹고 운동해야 한다).'에서 주어진 문장과 상반되는 주장이 나오고, 세 번째 문장부터는 'tips for staying healthy(건강함을 유지하기 위한 조언)'를 소개하는 내용이 제시되어 있다. 이를 통해 문맥상 주어진 문장이 들어가기에 가장 적절한 곳은 ②이다.

해석 CHECK

건강함을 유지하는 것은 중요하다. 건강한 삶을 살기 위해서, 우리는 올바르게 먹고, 운동해야 한다. 그러나 우리의 바쁜 삶 속에서, 이것은 때때로 어렵다. 여기 건강함을 유지하는 몇 가지 쉬운 방법들이 있다. 첫째, 엘리베이터 대신 계단을 이용하려고 노력하라. 둘째, 하루에 적어도 물 여덟 잔을 마셔야 한다. 마지막으로, 매일 밤 여섯 시간 이상씩 자야 한다.

[24~25]

단어체크

• captain: 기장, 선장

• be expected to: ~할 것으로 예상된다

• on time: 제시간에, 정각에

• flight attendants: 비행기 승무원

• assist: 돕다

해석 CHECK

신사 숙녀 여러분 안녕하십니까? 아리랑 항공을 선택해 주셔서 감사합니다. 저는 여러분의 기장입니다. 오늘, 우리는 인천에서 베이징으로 운항할 것입니다. 비행은 2시간이 걸릴 것으로 예상됩니다. 현재, 베이징 날씨는 맑으며 우리는 정시에 도착할 것으로 예상합니다. 필요한 것이 있으시면, 저희 승무원을 불러 주십시오. 기꺼이 도와드릴 것입니다. 즐거운 비행이 되시기를 바랍니다. 감사합니다.

24　　　　　　　　　　　　정답 ③

단어체크

• finally: 마침내, 마지막으로

• similarly: 유사하게, 마찬가지로

• unfortunately: 불행히도

핵심체크

제시된 글은 기장이 오늘의 비행과 관련하여 안내하는 내용이다. 빈칸 뒤의 'the weather is clear in Beijing(베이징 날씨는 맑다)'을 통해 기장이 현재 베이징의 날씨를 안내하고 있음을 알 수 있다. 따라서 문맥상 빈칸에 들어갈 말로 가장 적절한 것은 'Currently'이다.

25　　　　　　　　　　　　정답 ①

핵심체크

제시된 글의 첫머리에 나온 'Thank you for choosing Arirang Air(아리랑 항공을 선택해 주셔서 감사합니다).', 'This is your captain speaking(저는 여러분의 기장입니다).', 그리고 'from Incheon to Beijing(인천에서 베이징으로)' 등을 통해 제시된 글의 주제가 '인천 발 베이징 행 비행 안내'임을 알 수 있다.

01	02	03	04	05	06	07	08	09	10
④	④	①	④	④	②	④	①	①	④
11	**12**	**13**	**14**	**15**	**16**	**17**	**18**	**19**	**20**
①	③	③	②	②	①	②	④	③	②
21	**22**	**23**	**24**	**25**					
④	③	①	②	③					

01
정답 ④

📑 핵심체크

권력 분립 제도는 각 기관의 상호 견제와 균형을 통해 권력의 집중과 남용을 방지하는 제도이다. 우리나라는 삼권 분립의 원리에 따라 입법부, 행정부, 사법부 세 기관이 권력을 나누어 국가를 운영하고 있다.

🔍 오답체크

① 법에 의한 최소한의 공권력 행사를 허용하여 국민의 자유와 권리를 보장하는 정치 원리이다.
② 국민은 민주적인 절차인 선거를 통해 국민의 대표를 선출하고 국민의 의사를 정책에 반영하는 제도이다.
③ 국가 권력이나 법률이 헌법을 위반하거나 국민의 기본권을 침해하는 것을 방지하기 위해 시행하는 제도이다.

02
정답 ④

📑 핵심체크

무조건적으로 문화 상대주의적 태도를 취하게 되면 극단적 문화 상대주의의 관점에 빠질 수 있다. 극단적 문화 상대주의는 생명 존중이나 인간 존엄성과 같은 인류의 보편적 가치를 해치는 행위에 대해서도 문화 상대주의를 적용하는 태도로, 인류의 보편적 가치의 실현을 방해하고 문화의 발전을 저해한다는 특징이 있다. 극단적 문화 상대주의의 예로는 이슬람 문화권의 명예 살인, 아프리카 소수 민족의 식인 풍습, 여성을 납치하여 아내로 삼는 키르기스스탄의 알라가추 등이 있다. 이를 방지하기 위해 인류의 보편적 가치를 무시하는 모든 문화를 무조건 인정하고 받아들이기보다는 문화적 차이를 인정하는 태도를 바탕으로 보편 윤리에 어긋나지 않는지 성찰해야 한다.

03
정답 ①

📑 핵심체크

공간 불평등이란 지역 간에 사회적 자원이 불평등하게 분배되어 있는 현상을 말한다. 각 지역이 단절되지 않고 서로 협력할 수 있도록 하여 주민 기피 시설인 쓰레기 처리장, 화장장 등이 특정 지역에 밀집되는 불평등 문제를 해결해야 한다.

🔍 오답체크

② 지역 브랜드 구축, 관광 마을 조성, 지역 축제 개최 등의 지역 발전 사업을 통해 지역 경제를 활성화 시킬 수 있다.
③ 공공 기관을 지방으로 이전하는 방침 등을 추진하여 지역 간의 격차를 완화할 수 있다.
④ 저렴한 공공 임대 주택이나 장기 전세 주택을 공급하고, 도시 정비 사업, 도시 환경 사업 등을 통해 도시 내 불평등을 해결해야 한다.

04
정답 ④

📑 핵심체크

롤스는 공정한 절차를 통해 발생한 결과는 정당하다고 주장하며, 사회적 약자를 보호하기 위한 소득 재분배 정책의 시행을 주장하였다. 소득 재분배에 반대한 학자는 노직이다.

🔍 오답체크

① 매킨타이어는 공동체의 가치를 존중하고 전통을 수호하는 삶을 강조하였다.
② 노직은 개인의 소유권을 중시하여 최초의 취득, 자발적 이전, 교정 등의 과정이 정당하다면 현재의 소유권에 대해 정당한 권리를 가진다고 하였다. 또한, 국가는 개인의 소유권을 침해하지 않아야 하므로 세금·복지 정책 등 국가에 의한 재분배 정책을 반대하였다.
③ 왈처는 공동체의 문화적 차이 등을 고려해 사회적 가치를 배분해야 한다고 주장하였다.

05

정답 ④

핵심체크

합리적 선택은 경제 활동 시에 기회비용보다 편익이 더 큰 쪽을 선택하는 것이다. 이러한 개인의 합리적 선택으로 인해 사회 전체적으로는 효용이 줄어드는 합리적 선택의 모순이 발생할 수 있다.

오답체크

① 개인 간의 이익이 충돌하거나 공익을 해칠 수 있는 경우가 발생할 수 있다.
② 개인의 이익 추구를 위해 사회 규범을 위반할 수 있다.
③ 현실적으로 정확한 비용과 편익을 파악하기 곤란하다.

06

정답 ②

핵심체크

유동성은 보유하고 있는 자산을 현금으로 바꿀 수 있는 정도이다. 은행 예금은 언제든지 자산을 현금으로 바꿀 수 있기 때문에 유동성이 높지만, 부동산은 매매하는 데 많은 시간이 걸리고 가격이 높아 유동성이 낮다.

07

정답 ④

핵심체크

참정권이란 국민이 국가의 정치 과정에 능동적으로 참여할 수 있는 권리로, 노동자, 여성, 흑인 계층 중심으로 전개된 참정권 보장 요구와 참정권 운동을 통해 보통 선거 제도가 확립되었다.

오답체크

① · ③ 근대 시민 혁명의 배경과 결과에 대한 설명이다. 근대 이전, 대부분의 평민들은 왕, 귀족, 성직자 등에게 부당한 대우를 받았다. 이후 상공업의 발달로 시민 계층이 성장하고, 계몽사상, 사회 계약설, 천부 인권 사상이 확산되면서 근대 시민 혁명이 발생하였다. 영국 명예혁명, 프랑스 혁명, 미국 독립혁명 등 다양한 형태로 전개되었으며, 이를 통해 자유권과 평등권 등을 획득하게 되었다.
② 참정권 운동이 일어나게 된 배경에 대한 설명이다.

08

정답 ①

핵심체크

고령화 사회는 여성의 사회 진출 및 결혼·출산에 대한 가치관 변화 등으로 출산율이 감소되고, 의료 기술 발달로 평균 수명이 연장되면서 노인 인구가 증가함에 따라 발생하였다. 이에 노인층의 정치적 영향력이 강화되는 것은 물론, 노인층을 위한 실버산업이 발전하고 있으며, 사회적으로도 노인들을 위한 다양한 제도나 변화가 생기고 있다. 반면에 고령화 사회가 지속될수록 노동력 감소가 심화되고 청·장년층의 조세 부담이 커지는 등 부작용이 생기므로 국가에서는 출산·육아 장려 정책을 확대하고 있다.

09

정답 ①

핵심체크

인구 이동 요인

흡인 요인	• 보다 좋은 임금 및 직장 • 쾌적한 환경, 편리한 교통 • 교육·문화·의료 등 사회 기반 시설 확충
배출 요인	• 낮은 임금과 열악한 주거 환경 • 전쟁과 분쟁 • 불편한 교통과 사회 기반 시설 부족 • 환경 오염, 빈곤

10

정답 ④

핵심체크

일상생활에서 자연 보호를 위해 노력하는 것은 인간과 자연이 공존하기 위한 개인적 차원의 노력에 해당한다. 이 외에도 개인적 차원의 노력으로는 미래 세대에 대한 책임 의식, 환경친화적인 가치관 정립 등이 있다.

오답체크

① 슬로 시티는 자연·환경·인간이 조화를 이루어 느림의 철학으로, 전통문화를 잘 보호하려는 국제 운동이다.
② 생태 도시는 인간과 자연환경이 조화를 이루며 꾸준히 공생할 수 있는 체계를 갖춘 도시이다.
③ 자연 휴식년제는 생태계 보존을 위해 훼손 우려가 있는 지역을 지정한 후 일정 기간 사람의 출입을 통제하는 제도이다.

11

📋 핵심체크

교통의 발달로 도시 간 이동 시간이 단축되면서 중소 도시의 인구와 자본이 대도시로 흡수되는 빨대 효과가 발생하였다. 또한, 교통 및 통신의 발달로 원료와 상품, 노동력의 국제적 이동이 활발해지면서 국가 간의 장벽이 없어지고 세계화가 가속화되고 있다.

🔍 오답체크

ㄴ. 대도시는 통근권과 상권이 확대되었고, 중소 도시는 주거나 공업, 관광 등의 전문 기능이 향상되었다.

ㄷ. 새로운 교통로의 발달로 교통 조건이 불리해진 지역의 경제가 쇠퇴하게 되었다.

12

📋 핵심체크

세이셸 군도는 아프리카 인도양에 위치한 작은 섬나라로, 영토 분쟁과 관계가 없다.

🔍 오답체크

① 석유 및 천연가스 등의 자원 및 해상 교통로 확보를 둘러싼 중국, 베트남 간의 갈등이 발생하는 지역이다.

② 중국, 타이완, 일본의 영토 분쟁 지역으로, 석유와 천연가스가 매장된 것이 밝혀지며 중국과 일본의 분쟁이 심화되고 있는 지역이다.

④ 인도양과 태평양을 잇는 해상 교통 및 군사적 요충지로 석유, 천연가스, 수산 자원이 풍부한 영유권 분쟁 지역이다. 타이완, 베트남, 말레이시아, 브루나이, 필리핀 등이 50개의 섬을 나누어 실효 지배하고 있다.

13

📋 핵심체크

이동식 화전 농법은 열대 기후 지역에서 행해지는 농법이다. 밀림 또는 삼림에 불을 지른 후 타고 남은 재를 비료로 이용하여 농작물을 수확한다. 이로 인해 토양이 황폐해지면 다른 장소로 이동하는 과정을 반복한다.

14

📋 핵심체크

1995년 설립된 세계 무역 기구(WTO)는 세계 무역 질서를 위해 국가 간 경제 분쟁을 조정하는 국제기구이다. 세계화와 함께 전 세계의 자유 무역을 실현하여 새로운 환경을 조성하였다.

🔍 오답체크

① 제2차 세계 대전 이후 국제 평화와 안전 유지, 국제 협력을 달성하기 위해 창설된 국제 평화 기구이다.

③ 미국, 캐나다, 멕시코 3국이 관세와 무역 장벽을 폐지하고 자유 무역권을 형성한 협정이다.

④ 동남아시아 국가 간 전반적인 상호 협력 증진을 위한 기구이다.

15

📋 핵심체크

제시된 글은 사회 제도나 사회 구조 측면에서 사회 현상을 이해하는 사회적 관점에 대한 설명이다.

🔍 오답체크

① 시대적 배경과 맥락을 통해 사회 현상을 이해하는 관점이다.

③ 도덕적 가치 판단과 규범적 방향성의 측면에서 사회 현상과 문제를 이해하는 관점이다.

④ 위치나 장소, 분포 유형, 영역, 이동, 네트워크 등 공간 정보를 바탕으로 사회 현상을 이해하는 관점이다.

16

📋 핵심체크

다른 사람의 입장에서 상황을 인식하려는 역지사지의 마음가짐은 도덕적인 실천과 성찰을 통해 삶의 만족도를 상승시키는 데 도움을 주는 요인이다. 삶의 만족도와 경제적 안정은 일정 정도의 상관관계가 있기 때문에, 삶의 만족도를 높이기 위한 경제 안정 정책이 운영되고 있다. 지속적인 경제 성장 추구와 일자리 창출을 위한 실업 대책의 마련, 그리고 복지 제도의 강화 등이 이에 속한다.

17 정답 ②

📋 **핵심체크**

지역 조사는 지역에 대한 다양한 정보를 수집·분석하는 활동이다. '주제 및 지역 선정 → 지역 정보 수집 → 지역 정보 정리 및 분석 → 보고서 작성'의 절차로 이루어진다.

18 정답 ④

📋 **핵심체크**

도덕적 가치 판단과 규범적 방향성의 측면에서 사회 현상과 문제를 이해하는 윤리적 관점에 관한 사례이다.

19 정답 ③

📋 **핵심체크**

참정권은 정치에 참여할 수 있는 권리로, 우리나라 헌법에 기본권의 한 종류로 규정되어 있다. 선거권, 국민 투표권, 공무 담임권의 형태로 권리를 행사할 수 있다.

🔍 **오답체크**

① 모든 인간이 인간다운 삶을 살기 위해 당연히 누려야 할 자유와 권리이다.
② 현대 사회에 들어서 새롭게 확대된 인권의 한 부분으로, 국제적인 연대와 협력을 필요로 하는 평화에 관한 권리, 재난으로부터 구제받을 권리 등을 의미한다.
④ 인간다운 생활의 보장을 국가에 요구할 수 있는 권리이다.

20 정답 ②

📋 **핵심체크**

정주 환경은 인간이 일정한 장소에서 살아가기에 필요한 환경을 말한다. 산업화 이전에는 자연환경에 순응하는 생활을 하였으나, 산업화 이후 삶의 질을 향상시키기 위해 자연을 이용하고 개발하기 시작하였다. 오늘날은 자연을 고려해야 한다는 사고가 확산되면서 자연과 인간이 공존하고, 자연 친화적 생태 환경을 조성하는 방향으로 변화하고 있다.

21 정답 ④

📋 **핵심체크**

밤에는 춥고 낮에는 더운 건조 기후 지역의 가옥은 기후 특성을 반영하여 낮에는 햇빛이 적게 들어오고 밤에는 열이 빠져나가지 않도록 창은 작고 벽은 두꺼운 가옥이 발달하였다.

🔍 **오답체크**

① 연중 고온 다습한 열대 기후 지역에서는 지면과 떨어져 있어서 땅에서 올라오는 습기와 열기를 피할 수 있는 고상 가옥과 개방적 가옥이 발달하였다.
② 온대 기후 지역에서는 햇빛과 바람의 방향에 따라 건물 방향을 결정한다. 또한, 창은 여닫이가 가능하게 만들어 여름에는 환기를 하고 겨울에는 햇빛이 들어올 수 있도록 하였다.
③ 겨울이 길고 추운 한대 기후 지역에서는 통나무집, 이글루와 같은 폐쇄적 가옥이 발달하였다.

22 정답 ③

📋 **핵심체크**

지구 온난화는 화석 연료 사용과 삼림 파괴로 인해 대기 중의 온실가스 농도가 증가하여 지구의 평균 기온이 상승하는 현상이다. 이로 인해 해수면 상승에 의한 해안 저지대 침수, 극지방의 빙하 면적 축소, 기상 이변과 자연재해의 증가, 동식물의 서식 환경 변화로 인한 생태계의 혼란 등의 피해가 발생하고 있다.

23 정답 ①

📋 **핵심체크**

황사는 어느 한 국가의 노력만으로 해결할 수 없는 범지구적 문제이다. 이에 따라 국가 간 대화와 타협을 통해 상호 협력을 도모하는 것이 가장 바람직한 해결 방법이다. 예를 들어, 우리나라와 중국, 일본은 대기 오염 물질과 황사의 이동 경로를 함께 추적하여 황사와 사막화를 방지하기 위한 나무 심기 운동 참여를 시행한 적이 있다.

24

정답 ②

📋 **핵심체크**

세계화는 전 세계가 인적 자원과 물자, 기술, 문화 등이 자유롭게 교류되면서 경제, 사회, 문화 등 각 분야에 대한 장벽이 없어지는 현상이다. 이로 인해 우리나라의 문화가 세계에 전파되어 한류 문화를 즐기는 세계인이 증가하였다.

25

정답 ③

📋 **핵심체크**

우리나라는 2000년 이후 국제결혼의 증가로 인해 빠르게 다문화 사회로 진입하고 있다. 다른 문화권에서 살아온 이민자들과 어울려 살기 위해 상대방의 문화를 이해하고 존중하는 문화 상대주의적 태도를 가져야 한다.

제5교시	과학						222~226쪽		
01	02	03	04	05	06	07	08	09	10
②	②	①	④	②	④	③	②	①	①
11	12	13	14	15	16	17	18	19	20
①	④	①	③	③	④	④	②	①	③
21	22	23	24	25					
①	②	②	①	②					

01

정답 ②

📋 **핵심체크**

공의 운동 방향으로 일정한 크기의 중력이 계속 작용한다. 따라서 공이 지면에 닿는 순간에도 일정한 크기의 중력이 작용한다.

🔍 **오답체크**

① 공은 속도가 일정하게 증가하는 등가속도 운동을 한다.
③ 중력은 물체의 질량에 비례하므로 공이 무거울수록 작용하는 중력도 크다.
④ 공에 작용하는 중력의 방향은 지구 중심 방향이다. 따라서 공을 가만히 놓았을 때 지구 중심 방향인 지면으로 떨어지게 된다.

02

정답 ②

📋 **핵심체크**

물체에 힘이 작용하지 않으면, 즉 알짜힘이 0이면 정지해 있던 물체는 계속 정지해 있고, 운동하던 물체는 계속 등속 직선 운동을 한다(관성의 법칙).

➕ **PLUS CHECK 더 알아보기**

알짜힘

한 물체에 작용하는 모든 힘들의 합력으로, 물체가 받는 순 힘이다. 일반적으로 '물체에 작용하는 합력'이라 하면, 모든 힘의 합력인 알짜힘을 의미한다.

03

정답 ①

📋 **핵심체크**

충격량은 운동량의 변화량에 해당한다. 운동량은 운동하는 물체의 질량과 속도를 곱한 물리량이며, 운동량의 방향은 물체의 속도의 방향과 같다.

🔍 **오답체크**

ㄷ. 운동량은 운동하는 물체의 질량과 속도를 곱한 물리량이므로 속도가 같을 때 질량이 클수록 운동량이 크다.

04

정답 ④

📋 **핵심체크**

공급된 열이 모두 일로 전환되는, 즉 열효율이 100 % 인 열기관은 만들 수 없다. 따라서 Q_2가 0인 열기관은 만들 수 없다.

🔍 **오답체크**

① 열기관이 한 일(W)은 열기관이 흡수한 열에서 방출한 열을 뺀 값이다. 즉, $Q_1 - Q_2$이다.
② 방출된 열에너지(Q_2)는 공급된 열에너지(Q_1)에서 일을 하고 남은 에너지이므로 Q_1은 Q_2보다 크다.
③ 열효율이 높을수록 열기관이 한 일의 양이 많아지므로 방출되는 에너지가 작다.

PLUS CHECK 더 알아보기

열기관과 열효율

- 열기관: 열에너지를 일로 전환하는 장치
- 열효율: 열기관의 효율로, 공급한 열에너지 중 열기관이 한 일의 비율로 나타낸다.

$$\text{열효율}(\%) = \frac{\text{열기관이 한 일}(W)}{\text{열기관이 흡수한 열}(Q_1)}$$

05 정답 ②

핵심체크

풀러렌은 나노 기술을 적용한 신소재로, 60개의 탄소 원자가 그물 모양으로 결합하여 공 모양을 이루고 있다. 풀러렌은 내부가 비어 있고 잘 부서지거나 변형되지 않으며, 강도가 높고 초전도성이 있어 마이크로 로봇이나 의약 성분의 체내 운반체 등에 쓰인다.

오답체크

① 반도체를 이용한 장치로, 전류가 흐를 때 빛을 방출하는 성질이 있다. 각종 영상 표시 장치, 조명 장치 등에 이용한다.
③ p형 반도체와 n형 반도체를 접합시켜 만든 소자로, 순방향의 전압이 걸렸을 때만 전류가 흐른다. 교류를 직류로 바꾸는 정류 작용에 이용한다.
④ 3개의 반도체를 접합하여 만든 것으로 pnp형과 npn형이 있다. 신호의 증폭 작용, 스위칭 작용을 통해 전자 장치의 성능 향상 및 소형화에 이용한다.

06 정답 ④

핵심체크

변압기는 송전 과정에서 전압을 변화시키는 장치로, 1차 코일과 2차 코일의 감은 수를 조절하여 전압을 변화시킨다. $\dfrac{V_1}{V_2} = \dfrac{N_1}{N_2}$ 에서 전압은 코일의 감은 수에 비례한다. 따라서 전압을 높이려면 1차 코일보다 2차 코일을 더 많이 감아야 하고, 전압을 낮추려면 1차 코일보다 2차 코일을 더 적게 감아야 한다.

오답체크

① 변압기는 송전 과정에서 전압을 변화시키는 장치로, 철심 양쪽에 코일을 감은 구조이다.
② 1차 코일은 교류 전원이 입력되는 부분이며, 2차 코일에는 전기 기구가 연결된다.
③ 1차 코일과 2차 코일의 감은 수를 조절하여 전압을 변화시킨다.

07 정답 ③

핵심체크

산소(O) 원자는 수소(H) 원자와 전자쌍을 공유하는 공유 결합을 한다. 수소 원자는 산소와 전자쌍을 공유함으로써 각각 헬륨(He)과 같은 전자 배치를 이루어 안정해진다.

오답체크

ㄴ. 수소와 산소가 공유 결합을 할 때 2중 결합이 아닌, 단일 결합을 2개 형성한다.

08 정답 ②

핵심체크

(가)는 원자 번호 12인 마그네슘(Mg), (나)는 원자 번호 16인 황(S)이다. (가)와 (나) 모두 전자 껍질이 3개이므로 3주기에 해당한다.

오답체크

ㄷ. (가)는 원자가 전자 수가 2개인 2족 원소이고, (나)는 원자가 전자 수가 6개인 16족 원소에 해당한다.

09 정답 ①

핵심체크

산화 환원 반응에서 전자를 잃는 반응은 산화, 전자를 얻는 반응은 환원에 해당한다. 즉, Mg이 전자를 잃고 Mg^{2+}이 되므로 산화되는 물질이며, Cu^{2+}이 전자를 얻어 Cu가 되므로 환원되는 물질이다.

10
정답 ①

핵심체크

우리 주변에서 볼 수 있는 염기성 물질에는 비누, 제산제, 치약, 하수구 세정제 등이 있다.

오답체크

우리 주변에서 볼 수 있는 산성 물질에는 식초, 탄산음료, 레몬즙, 김치 등이 있다.

11
정답 ①

핵심체크

리튬(Li), 나트륨(Na), 칼륨(K), 루비듐(Rb)은 모두 금속 원소로, 주기율표의 1족에 속하는 알칼리 금속이다.

➕ PLUS CHECK 더 알아보기

알칼리 금속의 특징
• 주기율표의 1족에서 수소를 제외한 금속 원소이다.
• 은백색 광택을 띠며, 실온에서 고체 상태이다.
• 칼로 쉽게 잘릴 정도로 무르다.
• 반응성이 커서 산소나 물과 빠르게 반응한다.

12
정답 ④

핵심체크

같은 생물종이라도 서로 다른 유전자를 가지고 있어 다양한 형질이 나타나는 것을 의미하는 것은 유전적 다양성이다. 유전적 다양성이 높을수록 급격한 환경 변화에도 적응하여 살아남는 개체가 존재할 가능성이 높다. 또한, 하나의 형질을 결정하는 유전자가 다양할수록 유전적 다양성이 높아 변이가 다양하다.

오답체크

② 일정한 지역에 얼마나 많은 생물종이 고르게 분포하며 살고 있는지를 의미한다. 생물종이 많을수록, 각 종의 분포 비율이 균등할수록 종 다양성이 높다.
③ 생물 서식지의 다양한 정도를 의미한다. 생태계의 종류에 따라 환경이 다르므로 서식하는 생물종과 개체 수가 다르다.

13
정답 ①

핵심체크

㉠은 비생물적 요인이 생물적 요인에 영향을 미치는 작용에 해당한다. 그러나 지렁이가 토양의 통기성을 높이는 것은 생물적 요인(지렁이)이 비생물적 요인(토양)에 영향을 미치는 반작용에 해당한다.

오답체크

②·③·④ 비생물적 요인이 생물적 요인에 영향을 미치는 작용에 해당한다.

➕ PLUS CHECK 더 알아보기

생태계 구성 요소 간의 관계
• 작용: 비생물적 요인이 생물에 영향을 준다.
  예 토양에 양분이 풍부하면 식물이 잘 자란다.
• 반작용: 생물이 비생물적 요인에 영향을 준다.
  예 지렁이가 토양의 통기성을 높인다.
• 상호 작용: 생물들 간에 서로 영향을 주고받는다.
  예 토끼의 개체 수가 증가하자 토끼풀의 개체 수가 감소하였다.

14
정답 ③

핵심체크

A – 미토콘드리아, B – 핵, C – 세포벽, D – 엽록체

➕ PLUS CHECK 더 알아보기

식물 세포의 기능
• 미토콘드리아: 세포 호흡이 일어나는 장소로, 유기물을 산화시켜 세포가 생명 활동을 하는 데 필요한 에너지를 생산한다.
• 핵: 세포에서 가장 큰 세포 소기관으로, 핵막으로 둘러싸여 있으며 유전 정보를 저장하고 있는 DNA가 있어 세포의 생명 활동을 조절한다.
• 세포벽: 식물 세포의 세포막 바깥에 있는 단단한 구조물로, 세포를 보호하고 모양을 유지한다.
• 엽록체: 광합성이 일어나는 장소로, 이산화 탄소와 물을 원료로 포도당을 합성한다.

15

📋 핵심체크

생명체 내에서 물질이 분해되거나 합성되는 모든 화학 반응은 물질대사이다. 물질대사는 생체촉매인 효소의 도움으로 체온 정도의 낮은 온도에서도 반응이 쉽게 일어난다.

🔍 오답체크

① 생명체 밖에서 일어나는 화학 반응으로, 고온에서 일어나며, 한 번 반응으로 다량의 에너지가 한꺼번에 방출된다.
② 식물의 엽록체에서 빛에너지를 이용하여 이산화 탄소와 물로 포도당과 산소를 만드는 반응이다.
④ 생명체에서 일어나는 물질대사를 촉진하는 물질이며, 효소라고도 한다.

16

📋 핵심체크

전사 과정에서 DNA의 염기와 상보적 염기로 구성된 RNA 상의 염기 서열에서 하나의 아미노산을 지정하는 연속된 3개의 염기 서열을 코돈이라고 한다. 아미노산은 20가지인데 코돈은 64가지로, 하나의 코돈이 1가지 아미노산을 지정하는 경우도 있지만 여러 개의 코돈이 1가지 아미노산을 지정하기도 한다. 코돈이 지정하는 아미노산이 서로 연결되면서 단백질이 합성된다.

17

📋 핵심체크

광합성은 식물이 빛과 이산화 탄소, 뿌리에서 흡수한 물을 활용하여 스스로 양분을 만드는 과정을 의미한다. 광합성은 녹색식물의 엽록체에서 일어나며, 광합성을 통해 빛에너지가 화학 에너지(포도당)로 전환된다.

🔍 오답체크

ㄴ. 광합성은 물질대사 중 작고 단순한 분자를 크고 복잡한 물질로 합성하는 동화 작용에 해당한다.

➕ PLUS CHECK 더 알아보기

이화 작용
• 큰 분자를 작은 분자로 분해하는 반응이다.
• 에너지를 방출한다.
예 세포 호흡, 소화

동화 작용
• 작은 분자로 큰 분자를 합성하는 반응이다.
• 에너지를 흡수한다.
예 광합성, 단백질 합성

18

📋 핵심체크

DNA를 구성하는 뉴클레오타이드의 염기는 아데닌(A), 구아닌(G), 사이토신(C), 타이민(T) 4종류이다. 이러한 염기는 DNA가 이중 나선 구조를 형성할 때 상보적 결합을 형성하게 되는데, 아데닌(A)은 항상 타이민(T)과 결합하고, 사이토신(C)은 항상 구아닌(G)과 결합하는 규칙성을 나타낸다. 따라서 아데닌(A)의 비율이 70%라면 아데닌(A)과 상보적으로 결합하는 타이민(T)도 70%이다.

19

📋 핵심체크

지권은 지구의 겉 부분과 지구 내부를 모두 포함하는 깊이 약 6400 km인 영역으로, 층상 구조는 지각, 맨틀, 외핵, 내핵으로 구분한다.

🔍 오답체크

② 기권은 지구를 둘러싸고 있는 대기층으로, 지표로부터 높이 약 1000 km인 영역이다. 기권은 높이에 따른 기온 분포를 기준으로 대류권, 성층권, 중간권, 열권으로 구분한다.
③ 수권은 깊이에 따른 수온 분포를 기준으로 혼합층, 수온 약층, 심해층으로 구분한다.
④ 지구의 기권 바깥 영역은 지구 시스템의 구성 요소 중 외권에 해당한다.

20

정답 ③

핵심체크

우리나라는 30°N~60°N 사이에 위치하므로 주로 편서풍의 영향을 받는다.

오답체크

① 대기 대순환은 위도별 에너지 불균형과 지구의 자전에 의해 발생한다.

② 3개의 순환 세포인 해들리 순환, 페렐 순환, 극 순환을 형성한다.

④ 30°N 부근에는 하강 기류가 발달한다.

21

정답 ①

핵심체크

A는 거대한 성운의 밀도가 불균일해지고, 밀도가 큰 부분이 수축하면서 태양계 성운이 형성되는 단계이다.

오답체크

② B는 원시 태양과 원시 원반의 형성 단계이다. 성운의 수축으로 중심부에서는 온도와 밀도가 높아져 원시 태양이 형성된다. 원시 태양 주변부에서는 회전이 점차 빨라지면서 물질이 퍼져나가 납작한 원시 원반이 형성된다.

③ C는 고리와 미행성체의 형성 단계이다. 원시 원반이 회전하면서 여러 개의 큰 고리를 형성하게 되고, 각 고리에서는 기체와 티끌이 뭉쳐져 수많은 미행성체가 형성되어 원시 태양 주위를 공전한다.

④ D는 원시 태양과 태양계의 형성 단계이다. 원시 태양이 수소 핵융합 반응을 시작하면서 태양이 되고, 미행성체들은 서로 합쳐져 원시 행성이 되어 태양계를 형성한다.

22

정답 ②

핵심체크

지각과 상부 맨틀의 일부를 포함하며, 지각에서부터 깊이 약 100 km 까지의 단단한 부분은 암석권(판)이다. 암석권(판)은 여러 조각으로 갈라져 있으며, 맨틀의 대류에 의해 이동한다.

23

정답 ②

핵심체크

B는 맨틀이다. 맨틀은 지권 전체 부분의 약 80 %를 차지하며, 고체 상태이지만 일부는 유동성이 있어 대류가 일어나는 곳이다.

오답체크

① A는 지각이며, 대륙 지각과 해양 지각으로 구분한다.

③ C는 외핵이며, 액체 상태이다. 외핵에서의 철과 니켈의 대류로 지구 자기장이 형성된다.

④ D는 내핵이며, 고체 상태이다. 철과 니켈 등 무거운 물질로 이루어져 밀도가 크다.

24

정답 ①

핵심체크

표준 화석은 지층의 생성 시대를 알려주는 화석으로, 생존 기간이 짧고, 분포 면적이 넓어서 특정 시대를 대표할 수 있어야 한다.

오답체크

ㄱ・ㄷ. 시상화석에 대한 설명이다.

25

정답 ②

핵심체크

식물의 광합성에서 탄소는 이산화 탄소의 형태로 흡수되어 화학 에너지(포도당)으로 전환된다. 따라서 광합성은 대기 중 탄소를 감소시킨다.

오답체크

①・③・④ 호흡, 화산 활동, 화석 연료의 연소 등은 대기 중 탄소를 증가시킨다.

제6교시	한국사							227~231쪽	
01	02	03	04	05	06	07	08	09	10
②	②	①	④	①	③	④	②	①	①
11	12	13	14	15	16	17	18	19	20
②	②	①	③	③	④	③	④	③	①
21	22	23	24	25					
④	②	④	③	②					

01
정답 ②

핵심체크

신석기 시대에는 가락바퀴로 실을 뽑아 뼈바늘로 옷을 지어 입었다.

오답체크

① 구석기 시대의 유물이다.
③ · ④ 청동기 시대의 유물이다.

02
정답 ②

핵심체크

동예는 읍군, 삼로 등이 지배하는 군장 국가였다. 각 부족의 영역을 중요시하여 책화 제도를 두었으며, 10월에는 무천이라는 제천 행사를 열었다. 대표적 특산물로는 단궁, 과하마, 반어피가 있었다.

오답체크

① 소도라는 신성 지역을 따로 둔 국가로, 천군이 이를 관리하는 제정 분리 사회였다.
③ 화백 회의를 통해 중대사를 결정한 국가이다.
④ 서옥제라는 혼인 풍습이 있었던 국가이다.

03
정답 ①

핵심체크

고구려 장수왕은 국내성에서 평양으로 수도를 옮기고 남진 정책을 실시하였다. 이에 따라 백제의 수도 한성을 함락시키고 한강 유역을 장악하여 영토를 넓혔다.

오답체크

② 신라 진흥왕은 화랑도를 국가적인 조직으로 정비하고, 백제를 기습 공격하여 한강 이남 지역을 장악한 뒤 이를 기념하기 위해 북한산 순수비를 세웠다.
③ 백제 근초고왕은 고구려 평양성을 공격하여 고국원왕을 전사시키고 백제의 전성기를 이끌었다.
④ 고구려 광개토 대왕은 영락이라는 독자적 연호를 사용하고, 정복 활동을 통해 영토를 크게 확장하였다.

04
정답 ④

핵심체크

발해는 중앙에 최고 교육 기관인 주자감을 두어 유교 교육을 실시하였다.

오답체크

① 통일 신라 때 지방 세력을 견제하기 위해 지방 호족 자제를 일정 기간 수도 금성(경주)에 머무르게 하는 상수리 제도를 실시하였다.
② 고조선은 한 무제의 침략을 받아 수도 왕검성이 함락되면서 멸망하였다.
③ 신라는 중앙 집권 국가로 성장하면서 골품제라는 신분 제도를 통해 각 지역 부족장들의 신분을 규정하였다.

➕ PLUS CHECK 더 알아보기

발해의 건국과 발전

대조영	지린성 동모산에서 발해 건국(698)
무왕	영토 확장, 당의 산둥반도 공격, 신라 견제, 일본과 친교
문왕	당 · 신라와 친선 관계, 당 문물 수용, 신라도를 통해 신라와 교류
선왕	고구려 영토 대부분 회복, 최대 영토 확보 → '해동성국'이라 불림

발해의 통치 체제 정비

중앙	3성 6부: 당 제도 모방, 명칭과 운영은 독자적, 정당성 중심 운영(장관 대내상이 국정 총괄)
지방	5경 15부 62주, 말단 촌락은 토착 세력이 운영

05
정답 ①

📋 **핵심체크**

㉠ 김유신이 이끄는 신라와 당의 연합군이 백제를 공격하였고, 황산벌에서 백제 계백의 결사대가 패배하면서 멸망하였다(660).

㉡ 고구려는 연개소문 사후 두 아들의 세력 다툼으로 국력이 약해졌고, 나당 연합군의 공격으로 평양성이 함락되면서 멸망하였다(668).

㉢ 당이 신라에 영향력을 행사하려 하자 신라는 당과 전쟁을 벌여 매소성 전투(675)와 기벌포 전투(676)를 승리로 이끌고, 삼국 통일을 이룩하였다.

06
정답 ③

📋 **핵심체크**

고려 시대 향, 부곡, 소 등의 특수 행정 구역민은 일반 행정 구역민에 비해 차별을 받았으며, 다른 지역으로 자유롭게 거주지를 옮길 수 없었다.

🔍 **오답체크**

① · ④ 고려 천민(노비)에 대한 설명이다.
② 고려 특수 행정 구역민은 과거에 응시할 수 없었다.

07
정답 ④

📋 **핵심체크**

조선 광해군은 즉위 후 급박하게 변하는 국제 정세를 파악하고 명과 후금 사이에 중립 외교를 펼치면서 실리를 추구하였다.

➕ PLUS CHECK 더 알아보기

병자호란의 결과
• 청에게 항복 → 삼전도에서 청과 군신 관계를 맺음
• 소현 세자와 봉림 대군 등이 청에 볼모로 끌려감
• 청의 요구를 둘러싼 조선 정부의 분열
• 명에 대한 사대가 끝나고 새로운 동아시아 질서 수립

08
정답 ②

📋 **핵심체크**

의천은 교종과 선종의 통합 운동을 전개하였으며, 이를 뒷받침하기 위한 사상적 바탕으로 이론의 연마와 실천을 강조하는 교관겸수를 제창하였다.

🔍 **오답체크**

① 불교사를 중심으로 고조선에서부터 후삼국까지의 역사를 모아 『삼국유사』를 편찬한 인물이다.
③ 내가 곧 부처라는 깨달음을 위한 노력과 꾸준한 수행으로 이를 확인하는 돈오점수를 강조한 인물이다.
④ 만덕사(백련사)에서 자신의 행동을 참회하는 법화 신앙에 중점을 두고 백련사결사를 주도한 인물이다.

09
정답 ①

📋 **핵심체크**

고려 성종은 최승로의 시무 28조를 받아들여 지방에 12목을 설치하고 지방관을 파견하였다.

🔍 **오답체크**

② 통일 신라 신문왕은 왕권을 강화하기 위해 귀족의 경제 기반인 녹읍을 폐지하고 관료전을 지급하였다.
③ 고려 창왕 때 왜구로 인한 피해가 크자 박위가 대마도를 토벌하였다. 이후 조선 세종 때 왜구가 자주 침입해 오자 이종무를 시켜 대마도를 정벌하게 하였다.
④ 통일 신라 때 장보고는 완도에 청해진을 설치하여 해상 무역을 장악하였다.

10
정답 ①

📋 **핵심체크**

병인양요와 신미양요를 극복한 흥선 대원군은 외세의 침입을 경계하고, 서양과의 통상 수교 반대를 알리기 위해 전국 각지에 척화비를 세웠다.

🔍 **오답체크**

ㄷ. 흥선 대원군은 경복궁 중건에 필요한 비용을 마련하기 위해 당백전을 발행하였다.
ㄹ. 병인양요 때 프랑스군은 외규장각을 불태우고 의궤와 보물들을 약탈해 갔다.

11 정답 ②

핵심체크

독립 협회는 독립 정신을 높이기 위해 청의 사신을 맞던 영은문을 헐고 그 자리에 독립문을 세웠다. 만민 공동회를 개최하여 민중에게 근대적 지식과 국권·민권 사상을 고취시키고자 하였다.

12 정답 ②

핵심체크

고려와 조선 초기의 향촌 조직인 향도는 불교 신앙을 바탕으로 조직되었다. 매향 활동을 통해 평안을 기원하였고, 후에 상호 부조를 위한 공동체로 변화하였다.

13 정답 ①

핵심체크

김대중 정부 때 최초로 남북 정상 회담이 이루어져 개성 공단 건설 운영에 관한 합의서를 체결하였다.

오답체크

②·③ 노태우 정부 때 남북한 화해 및 불가침, 교류·협력에 관한 남북 기본 합의서를 채택하고, 남북한의 유엔 동시 가입이 이루어졌다.

④ 박정희 정부 때 서울과 평양에서 7·4 남북 공동 성명이 발표되었다.

14 정답 ③

핵심체크

흥선 대원군이 천주교에 대한 탄압을 단행하면서 병인박해가 발생하였다. 이때 프랑스 선교사 9명이 처형당한 것을 빌미로 프랑스 군대가 강화도를 침략하면서 병인양요가 발생하였다.

오답체크

① 고종은 국내외의 군국 기무를 총괄하는 관청인 통리기무아문을 설치하고 그 아래 12사(司)를 두어 행정 업무를 관장하도록 하였다.

② 일본은 갑신정변 당시 사망한 일본인에 대한 배상과 일본 공사관 신축 부지 제공 및 비용을 요구하면서 조선과 한성 조약을 체결하였다.

④ 임술 농민 봉기를 수습하기 위해 안핵사로 파견된 박규수는 민란의 원인이 삼정의 문란에 있다고 보고 삼정 이정청을 설치하여 삼정의 폐단을 해결하려고 노력하였다.

15 정답 ③

핵심체크

조선 세종은 여진족을 몰아내고 압록강과 두만강 일대에 4군과 6진을 설치하여 영토를 확장하였다. 또한, 말과 문자가 달라 백성들이 자기의 뜻을 제대로 전달하지 못하는 상황을 안타까워하여 우리나라의 독창적인 문자인 훈민정음을 창제하고 이를 반포하였다.

오답체크

① 조선 태종은 호패법을 시행하여 16세 이상의 남자들에게 호패를 발급하였다.

② 조선 세조는 현직 관리에게만 수조권을 지급하는 직전법을 시행하였다.

④ 조선 숙종은 금위영을 설치하여 5군영 체제를 확립하고, 국왕 수비와 수도 방어를 강화하였다.

16 정답 ④

핵심체크

고종은 을사늑약 체결의 부당함을 알리기 위해 이준, 이상설, 이위종을 헤이그에서 열린 만국 평화 회의에 비밀 특사로 파견하였다.

오답체크

① 삼정의 문란을 개혁하기 위해 실시한 흥선 대원군의 정책으로, 개인이 아닌 가호를 기준으로 군포를 징수하고, 양반에게도 군포를 부과하였다.

② 대한제국 시기 고종 황제의 재위 시절 광무 정권이 추진한 근대화 개혁으로, 구본신참의 복고주의적, 점진적 개혁을 통해 전제 황권을 강화하고자 하였다.

③ 인조 정권 때 발생한 병자호란 시기의 사건으로, 인조는 남한산성으로 피신하여 항전하였으나, 결국 항복하였다.

17 정답 ③

핵심체크

조선 후기에 모내기법이 전국적으로 확산되면서 벼와 보리의 이모작이 가능해져 농업 생산력이 증가하였다. 그 당시 서민들의 일상생활을 생동감 있게 표현한 풍속화가 유행하였는데, 대표적 풍속화가인 김홍도는 「서당」, 「씨름도」 등의 작품을, 신윤복은 「단오풍정」, 「월하정인」 등의 작품을 남겼다.

오답체크

① 고려 때 최무선은 화통도감의 설치를 건의하여 화약과 화포를 제작하였고, 이를 활용하여 진포에서 왜구를 격퇴하였다.

② 고려 태조 왕건은 지방 호족을 견제하고 지방 통치를 강화하기 위해 지방 호족 출신자를 그 지역의 사심관으로 임명하는 사심관 제도를 시행하였다.

④ 고려 숙종 때 상업이 활발해지면서 삼한통보, 해동통보, 해동중보 등의 동전과 활구(은병) 등이 만들어졌다.

18 정답 ④

핵심체크

독립 의군부는 고종의 밀지를 받아 임병찬을 중심으로 조직되었다. 의병을 모으고 조선 총독부에 국권 반환 요구서를 보내는 등의 활동을 통해 대한 제국을 재건하고자 하였다.

오답체크

① 국채 보상 운동은 대한매일신보의 후원을 받아 전국적으로 확산되었다.

② 김원봉을 중심으로 만주 지역에서 결성된 의열단은 신채호가 작성한 조선 혁명 선언을 기본 행동 강령으로 하여 독립운동을 전개하였다.

③ 대한 자강회는 고종의 강제 퇴위 반대 운동을 전개하였으나, 일제의 탄압으로 해산되었다.

19 정답 ③

핵심체크

제주 4·3 사건은 1948년 남한만의 단독 정부 수립에 반대한 남로당 제주도당의 무장 봉기를 미군정과 경찰이 강경 진압하면서 발생하였다. 진압 과정에서 법적 절차를 거치지 않고 총기 등을 사용하여 무고한 민간인까지 사살하면서 제주도민들이 큰 피해를 입었다.

오답체크

① 일제는 봉오동 전투와 청산리 전투의 패배에 대한 보복으로 독립군의 근거지를 소탕하기 위해 간도 지역의 수많은 한국인을 학살하는 간도 참변을 저질렀다.

② 박정희 정부 때 한일 회담에서 진행된 한일 국교 정상화 추진에 대한 협정 내용이 공개되자 굴욕적 대일 외교에 반대하는 6·3 시위가 전개되었다.

④ 일제는 3·1 운동 때 만세 운동이 일어났던 수원(화성) 제암리의 주민들을 학살하고, 교회당과 민가를 방화하는 제암리 학살 사건을 일으켰다.

20 정답 ①

핵심체크

일제는 1910년대에 강압적 통치를 목적으로 헌병 경찰제와 조선 태형령을 실시하였다.

오답체크

② 중일 전쟁(1937) 이후 일제가 군량미 조달을 위해 미곡 공출제를 시행하여 조선 사람들의 생활이 더욱 어려워졌다.

③ 일제는 민립 대학 설립 운동을 방해하기 위해 경성 제국 대학을 설립하였다(1924).

④ 암태도 소작농들이 한국인 지주와 일본 경찰에 맞서 소작료 인하를 요구하면서 암태도 소작 쟁의가 발생하였다(1923).

21   정답 ④

핵심체크

1931년 조선어 연구회가 조선어 학회로 확대 개편되었다. 조선어 학회는 한글 맞춤법 통일안과 표준어를 제정하고, 『우리말 큰사전』의 편찬을 시작하여 해방 이후에 완성하였다.

22   정답 ②

핵심체크

김원봉은 신채호가 작성한 조선 혁명 선언을 활동 강령으로 삼아 의열단을 조직하였다. 1938년에는 중국 국민당의 지원을 받아 중국 관내 최초의 한인 무장 부대인 조선 의용대를 창설하였다.

오답체크

① 김구는 상하이에서 한인 애국단을 결성하여 적극적인 투쟁 활동을 전개하고, 독립운동가를 지원하였다.
③ 한인 애국단 단원 윤봉길은 상하이 훙커우 공원에서 열린 일왕 생일 및 일본군 전승 축하 기념식에 폭탄을 던져 일제 요인들에게 큰 타격을 주었다.
④ 김좌진이 이끄는 북로 군정서군은 홍범도가 이끄는 대한 독립군과 연합하여 청산리 전투에서 일본군에 대승을 거두었다.

23   정답 ④

핵심체크

대한민국 정부 수립 과정
모스크바 3국 외상 회의(1945.12) → 1차 미소 공동 위원회 결렬(1946.3.) → 이승만의 정읍 발언(1946.6.) → 좌우 합작 위원회 결성(1946.7.) → 미국, 한국 문제를 유엔에 상정(1947.9.) → 유엔, 가능한 지역만 총선 실시 지시(1947.11.) → 제주 4·3 사건(1948.4.) → 남북 협상(1948.4.) → 5·10 총선거 실시(1948.5.) → 대한민국 정부 수립(1948.8.)

24   정답 ③

핵심체크

6·25 전쟁의 전개 과정
북한의 기습 남침(1950.6.25.) → 서울 함락, 낙동강 유역까지 후퇴 → 유엔군 참전 → 인천 상륙 작전(1950.9.15.) → 서울 수복(1950.9.28.) 및 압록강까지 진격 → 중국군 참전 → 흥남 철수 → 서울 재함락(1951.1·4 후퇴) → 서울 재수복 → 38도선 부근에서 전선 교착 → 미소 양국의 휴전 협상 → 정전 협정 체결(1953.7.) → 군사 분계선(휴전선) 설정

25   정답 ②

핵심체크

삼국 간섭 이후 일본의 세력이 위축되면서 민씨 세력은 러시아를 통해 일본을 견제하려 하였다. 이에 일본은 자객을 보내 경복궁을 습격하여 명성 황후를 시해하는 을미사변을 일으켰다.

오답체크

① 김옥균, 박영효를 중심으로 한 급진 개화파는 일본의 군사적 지원을 약속받고 우정총국의 개국 축하연 자리에서 갑신정변을 일으켰다.
③ 신식 군대인 별기군과 차별 대우를 받던 구식 군대가 선혜청과 일본 공사관을 습격하면서 임오군란이 발생하였다.
④ 을미사변으로 신변의 위협을 느낀 고종은 러시아 공사관으로 피신하였다.

01	02	03	04	05	06	07	08	09	10
①	①	②	③	②	②	④	③	④	④
11	**12**	**13**	**14**	**15**	**16**	**17**	**18**	**19**	**20**
①	③	③	②	④	④	③	④	④	③
21	**22**	**23**	**24**	**25**					
③	①	②	①	②					

01
정답 ①

핵심체크

생명 윤리 분야에서 다루는 내용은 인공 임신 중절, 자살, 안락사, 뇌사, 생명 복제, 동물 실험과 동물의 권리 등 삶과 죽음 및 생명의 존엄성에 대한 문제 등이 있다. '낙태, 안락사 등을 허용해야 하는가?', '생명에 관한 자기 결정권이 인간에게 주어져 있는가?' 등을 주된 쟁점으로 한다.
미래 세대에 대한 책임, 생태계 지속 가능성, 기후 변화에 따른 윤리적 문제를 다루는 것은 환경 윤리이다. '인간 중심주의 윤리로 환경 문제를 해결할 수 있는가?', '환경 보전과 개발은 양립 가능한가?' 등을 주된 쟁점으로 한다.

02
정답 ①

핵심체크

덕 윤리에서는 윤리적으로 옳고 선한 결정을 하려면 유덕한 품성을 길러야 한다고 주장한다. 이를 위해 옳고 선한 행위를 습관화하여 자신의 행위로 내면화해야 한다고 강조하였다.

03
정답 ②

핵심체크

싱어는 모든 사람의 고통을 감소시키고 쾌락을 증진시키는 것이 인류의 의무라는 공리주의 사상에 입각하여 빈곤으로 고통 받고 있는 약소국에 대한 원조를 강조하였다. 이익 평등 고려의 원칙에 따라, 원조를 통해 얻는 이익이 비용보다 크다면 고통을 받는 사람들은 소속과 상관없이 누구나 도움을 받아야 한다고 주장하였다.

04
정답 ③

핵심체크

스토아학파는 인간은 누구나 자연법을 파악할 수 있는 이성을 지니고 있으므로 모든 인간은 동등하게 대우받아야 한다고 주장하였다. 이성을 바탕으로 세계의 본질인 '로고스(진리)'를 이해하였으며, 어떤 것에도 흔들리지 않는 마음의 상태를 유지하는 것, 즉 '부동심'의 유지로 마음의 평화와 자연·우주와의 조화를 추구하였다. 또한, 감정이나 욕망을 절제하고 철저하게 이성에 따라 살면 마음을 다스릴 수 있다고 주장하였다.

05
정답 ②

핵심체크

스턴버그(Sternberg. R.)는 열정, 친밀감, 책임감의 세 가지 요소가 조화를 이룰 때 완전한 사랑이 된다고 하였다. 친밀감은 상대를 친하고 가깝게 느끼는 것을 뜻하고, 열정은 첫눈에 반하거나 신체적 매력에 끌리는 것을 뜻한다. 헌신은 사랑을 약속하고 그 약속을 유지하고자 노력하는 것을 뜻한다.

06
정답 ②

핵심체크

부정부패는 업무의 비효율적인 처리로 인해 사회적 비용이 증가한다는 문제점이 있다.

➕ PLUS CHECK 더 알아보기

부정부패의 문제점
• 개인의 권리를 부당하게 침해한다.
• 준법 의식을 약화시키고 올바른 시민 의식이 발달하기 어렵게 한다.
• 업무의 비효율적인 처리로 사회적 비용이 증가한다.
• 국민 간 위화감을 조성하고 상대적 박탈감을 가져와 사회 통합을 방해한다.
• 국가 신인도가 하락할 수 있다.

07

정답 ④

핵심체크

물아일체(物我一體)는 도가의 사상가인 장자가 강조한 내용이다. 불교에서는 우주 만물이 연기(緣起)의 원리에 따라 생겨난다고 보며, 남을 내 몸과 같이 느끼고 생각한다는 자비 사상인 자타불이(自他不二), 살아 있는 것을 죽이지 않는다는 불살생을 주장하였다. 또한, 연기설(緣起說)은 불교에서 주장한 내용으로, 상호 의존성을 인식하고 모든 생명을 소중히 여기며 자비를 베풀어야 한다는 것이다.

08

정답 ③

핵심체크

대중문화는 많은 사람들이 쉽게 접하고 즐기는 통속적이고 가벼운 오락물이나 생활 예술로, 선정성과 폭력성이 문제가 되기도 한다.

09

정답 ④

핵심체크

업적에 따른 분배는 자신의 능력과 노력을 발휘하여 성취한 업적을 분배의 기준으로 삼는다. 각자가 달성한 결과를 객관화·수량화할 수 있어 평가와 측정이 비교적 쉬우며, 주관적 편견을 배제하여 공정성을 확보할 수 있다는 장점이 있다. 단점으로는 사회적 약자에 대한 배려 부족과 과열 경쟁으로 인한 사회적 갈등 증가 등이 있다.

오답체크

① 구성원 간의 차이를 고려하지 않고 모든 사람에게 동일하게 분배하는 것이다. 기회와 혜택이 균등하게 보장될 수 있으나, 개인의 책임 의식을 약화시키고 생산 의욕을 저하시킬 수 있다.

② 사람들의 필요에 따라 다르게 분배하는 것이다. 사회적 약자를 보호하는 도덕적 윤리에 부합하는 장점이 있으나, 경제적 효율성이 저하되고 한정된 재화로 모든 사람의 필요를 충족시킬 수 없다.

③ 능력이 뛰어난 사람에게 더 많이 분배하는 것이다. 개인의 자유와 책임 의식, 창의성 고취에 유리하다는 장점이 있다. 반면에 능력을 판단하는 기준이 모호할뿐더러, 능력은 우연적·선천적인 영향을 받으므로 불공정

할 수 있다는 단점이 있다.

10

정답 ④

핵심체크

한민족 네트워크는 모국과 재외 동포, 재외 동포 상호 간 사이버 가교 역할 수행이 가능하도록 효율적 네트워크를 구축 및 운영한다. 모국과 재외 동포가 함께 성장할 수 있으며, 재외 동포가 외국과의 다리 역할을 할 수 있다는 점에서 필요하다.

11

정답 ①

핵심체크

소극적 관용(㉠)은 타 문화에 대해 배타적인 태도를 보이거나 간섭하지 않는 자세를 말한다. 반면에 적극적 관용(㉡)은 받아들일 수 없는 상대의 주장이나 가치관을 이해하려고 노력하며, 다른 사람의 인권을 존중하고 평화를 실현하려는 자세를 말한다.

12

정답 ③

핵심체크

시민은 정보 소비 과정에서 정보를 바탕으로 대화·협력하는 매체 이해력(미디어 리터러시)을 갖추어야 하며, 존중, 책임, 정의, 해학 금지의 원칙과 같은 기본 원칙을 지키는 시민 의식을 가져야 한다. 정보를 바탕으로 대화하고 교류하며 협력할 수 있는 능력과 자세 또한 필요하다.

오답체크

ㄱ. 매체의 내용을 비판적으로 해석하면서 비판적인 사고를 바탕으로 정보를 올바르게 이해하고 활용해야 한다.

ㄷ. 비판적인 시각으로 정보의 진실성을 판단하고 매체의 공정성과 객관성에 대해 끊임없이 감시하는 비판적이고 능동적인 정보 수용력을 갖추어야 한다.

13

핵심체크

제시된 글은 왈처의 복합 평등(다원적 평등)으로서의 정의에 대한 설명이다. 왈처는 모든 재화를 공정하게 분배할 수 있는 단 하나의 정의 원칙이 존재하지 않으므로 다양한 정의 원칙과 분배 원칙을 적용해야 한다고 주장하였다.

14

정답 ②

핵심체크

교토 의정서는 기후 변화 방지를 위한 협약으로, '교토 협약'이라고도 부른다. 지구 온난화의 규제 및 방지를 위해 선진국의 온실가스 감축 목표치를 규정하였다.

오답체크

① 각종 생물의 서식지인 습지와 습지의 자원을 보호하기 위해 가입국 모두에게 습지 보호의 의무를 부여하는 국제 협약이다.

③ 선진국뿐 아니라 협약에 참여한 모든 국가가 온실가스 감축 목표를 지키기로 합의하였으며, 개발 도상국에 집중적인 지원을 하기로 한 협약이다.

④ 오존층 파괴 물질인 염화 불화 탄소의 생산 및 사용 규제를 위해 체결한 협약이다.

15

정답 ④

핵심체크

유전자 치료는 생명 공학 기술을 이용하여 특정 동식물의 유용한 유전자를 다른 동식물에 삽입해서 유전자의 기능을 바로잡거나 이상 유전자 자체를 바꾸는 치료법이다.

오답체크

① 뇌 활동이 회복 불가능하게 정지된 상태를 의미한다.

② 불치병으로 극심한 고통을 겪는 환자에게 본인 또는 가족의 요구에 따라 인위적으로 개입하여 생명을 단축하는 의료적 행위를 의미한다.

③ 같은 유전 형질을 가진 생명체를 만드는 기술을 의미한다.

➕ PLUS CHECK 더 알아보기

생식 세포 유전자 치료에 관한 논쟁	
찬성	• 유전적 질병을 치료하고, 다음 세대의 유전 질환을 예방할 수 있다. • 새로운 치료법을 개발하여 의학적·경제적 효용 가치를 창출할 수 있다.
반대	• 미래 세대의 동의 여부가 불확실하다. • 의학적으로 불확실하며 임상 실험의 위험성이 있다. • 인간의 유전자를 조작하여 우수한 인간을 만들려는 우생학을 부추길 수 있으며, 이로 인해 인간의 유전자 변형 및 유전적 다양성이 상실될 수 있다. • 고가의 치료비로 그 혜택이 부유층에 편중되어 분배 정의에 어긋날 수 있다.

16

정답 ④

핵심체크

통일 편익은 통일을 통해 얻을 수 있는 편리함과 이익이다. 국토의 효율적 이용, 분단 비용 감소, 국가 신용도 상승 등의 경제적 편익이 있다. 그 외에도 이산가족의 고통 해소, 남북한 주민의 인권 신장, 전쟁 위협 감소, 평화 실현 등의 경제 외적 편익이 있다.

오답체크

① 분단으로 인해 소요되는 비용이다. 남북한 사이의 대결과 갈등으로 인해 발생하고 있는 유무형의 지출성 비용을 말한다.

② 통일 이전에 평화를 지키고 창출하기 위한 비용이다. 한반도 전쟁 위기를 억제하고 안보 불안을 해소하기 위해 직·간접적으로 지출하는 모든 형태의 비용을 말한다.

③ 통일에 따라 한시적으로 발생하게 되는 투자 비용이다. 통일 과정 및 통일 이후 남북 간의 격차를 해소하고 이질적인 요소를 통합하는 데 소요되는 정치·경제·사회·문화적 비용 등을 말한다.

17
정답 ③

핵심체크

핵가족 형태의 가족 증가는 고령화 사회에서 발생하는 현상 중 하나이다.

오답체크

① · ② · ④ 노인 문제를 극복하기 위해서는 출산율 상승, 실버산업 육성, 고령자에 대한 고용 제도, 국민연금 개선 등의 노인 복지 정책과 노후 생활 준비를 위한 사회 제도를 마련하는 등의 노력이 필요하다. 노인을 사회의 한 구성원으로 바라보고 공경해야 하며, 노인에 대한 감사와 보은의 마음을 가지고 노인과의 정서적 유대 관계를 유지해야 한다.

18
정답 ④

핵심체크

근로자는 기업가와 맺은 근로 계약을 따르고 협력적인 관계를 추진해야 하며, 동료 근로자와 유대감, 연대 의식을 형성해야 한다. 또한, 투철한 직업 윤리를 갖추어 업무를 성실히 수행하고, 노동 생산성 향상을 위해 노력해야 한다.

19
정답 ④

핵심체크

시민 불복종은 정의롭지 않은 법이나 정책을 공개적이고 의식적으로 위반하여 자신이 생각하는 규범적인 근거를 널리 알리려 하는 것을 특징으로 한다. 시민 불복종은 공개성, 정당성, 비폭력성, 최후의 수단, 처벌의 감수 등의 조건 아래에서 정당화될 수 있다.

오답체크

① 시민 불복종에 참여하는 일부 시민이 전체 시민의 의사를 대변하기 힘들 수 있다.
② 시민 불복종 과정에서 무고한 시민에게 피해를 줄 수 있다.
③ 법을 어기는 행위이므로 과도한 시민 불복종은 법질서를 해치고 국가의 존립을 위협할 수 있다.

20
정답 ③

핵심체크

맹자는 소통을 방해하는 그릇된 언사 네 가지를 제시하며 진실한 마음에서 우러난 바른 말을 해야 한다고 주장하였다. 그중 피사(詖辭)는 한쪽으로 치우쳐 공정하지 못한 말을 뜻하며, 음사(淫辭)는 음란하고 방탕한 말을 의미한다. 사사(邪辭)는 간교하게 속이는 말이고, 둔사(遁辭)는 스스로의 궁색함을 알고 회피하려고 꾸며서 하는 말이다. 장자는 옳고 그른 것은 도(道)의 입장에서 바라본다면 모두 똑같은 것으로 보고, 서로 다른 것을 그 자체로 인정하며 그것의 상호 의존 관계를 이해할 때 갈등을 줄이고 진정한 상호 소통을 할 수 있음을 강조하였다.

21
정답 ③

핵심체크

하이데거는 실존주의 철학자이다. 모든 인간은 죽는다는 점에서 보편성을 지니고 죽음을 회피할 수 없다는 점에서 불가피성을 가지므로 이러한 죽음에 대해 자각하고 가치 있는 삶을 살아야 한다고 하였다.

오답체크

② 죽음은 육체로부터 벗어나 이데아(Idea)의 세계에 도달하는 과정이라 하며 현실에서 이성적 지혜를 중요시한 인물이다.
④ 죽음은 원자가 흩어지는 것으로 보고, 사람은 죽음을 경험할 수 없는 존재이므로 죽음을 두려워할 필요가 없다고 한 인물이다.

22
정답 ①

핵심체크

절차적 정의는 정의롭고 공정한 과정을 통해 발생한 결과는 공정하다는 원리이다. 롤스는 사회 제도가 공정한 조건에서 합의된 정의 원칙에 의해 규제되어야 공정한 분배가 가능하다고 주장하였다.

23

정답 ②

📑 핵심체크

㉠은 레오폴드, ㉡은 네스가 주장한 이론이다. 레오폴드와 네스는 무생물을 포함한 생태계 전체를 고려 대상으로 삼은 생태 중심주의의 대표 사상가이다.

🔍 오답체크

• 슈바이처는 인간과 동물, 식물을 포함한 모든 생명체로 도덕적 고려 범위를 확대한 생명 중심주의 사상가이다. 모든 생명은 살고자 하는 의지를 지니고 있으며 그 자체로 신성하다는 생명 외경(畏敬) 사상을 제시하였다.
• 테일러는 슈바이처와 더불어 생명 중심주의의 대표 사상가이다. 모든 생명체는 의식의 유무에 상관없이 자신의 생존, 성장, 발전, 번식이라는 목적을 지향하는 '목적론적 삶의 중심'이라고 규정하였다.

24

정답 ①

📑 핵심체크

전문가가 전문적 지식과 기술을 개인의 이익을 위해서만 사용하면 사회 문제가 발생할 수 있다. 전문가는 사회에 대한 책임 의식을 가지도록 노력해야 한다.

25

정답 ②

📑 핵심체크

전일론적 자연관은 전체를 하나로 여기는 생태 중심주의 관점의 이론으로, 도덕적 고려 범위를 무생물을 포함한 생태계 전체로 보아야 한다고 보았다.

🔍 오답체크

① 자연의 도덕적 가치를 부정하는 관점이다. 인간의 욕구나 필요에 따라 도구로서 사용될 때 가치가 있다고 보는 인간 중심주의적 논리이다.
③ 자연의 모든 현상을 물리적으로 설명하는 관점이다. 자연은 인과 법칙에 따라 작동되는 기계와 같으며 정신이 없는 물질에 불과하다고 본다.
④ 인간과 자연을 분리하고 인간이 자연보다 우월하다고 보는 관점이다.

7일차 실전 모의고사 정답 및 해설

01	02	03	04	05	06	07	08	09	10
③	④	③	②	①	②	①	③	④	②
11	12	13	14	15	16	17	18	19	20
①	①	④	④	①	②	④	③	④	④
21	22	23	24	25					
③	②	②	③	④					

01 　정답 ③

핵심체크

윤지는 간결하고 조리 있게 답을 하지 않고 모호하게 말하여 협력의 원리 중 태도의 격률을 어기고 있다.

02 　정답 ④

핵심체크

압력에 따른 기체의 용해도를 비교하는 것이기 때문에 '압력에 따라 기체의 용해도는 어떻게 달라질까?'가 적절하다.

03 　정답 ③

핵심체크

'낟알'은 껍질을 벗기지 아니한 곡식의 알로, 곡식의 알이라는 뜻의 '낟'과 '알'이 결합한 합성어이다. '낟'은 원래부터 'ㄷ' 받침을 가지고 있기 때문에 'ㄷ'으로 적을 뚜렷한 근거가 있는 경우이므로 'ㄷ'으로 적는다.

04 　정답 ②

핵심체크

찬성 측과 반대 측의 주장을 살펴보면 유전자 변형 작물의 재배의 허용 여부에 대한 토론임을 알 수 있다.

05 　정답 ①

핵심체크

제시된 글은 모음 탈락 현상 중 'ㅡ' 모음 탈락을 설명한 것으로, '써서'는 '쓰- + -어서 → 써서'로 분석되며, 모음 'ㅡ'가 탈락한 경우이다.

오답체크

② '켰다'는 '켜- + -었- + -다'로 분석되며, 모음 'ㅕ'가 탈락한 경우이다.
③ '잤다'는 '자- + -았- + -다'로 분석되며, 모음 'ㅏ'가 탈락한 경우이다.
④ '건너서'는 '건너- + -어서'로 분석되며, 모음 'ㅓ'가 탈락한 경우이다.

06 　정답 ②

핵심체크

㉠은 주어가 동작을 제 힘으로 하는 능동문이며, ㉡은 주어가 다른 주체에 의해 동작을 당하는 피동문이다. 따라서 ㉡은 ㉠을 피동문으로 바꾼 것이다.

오답체크

① ㉠의 주어는 '고양이가'이고, ㉡의 주어는 '쥐가'이다.
③ ㉠은 '주어 + 목적어 + 서술어', ㉡은 '주어 + 부사어 + 서술어'로 이루어졌다.
④ ㉡에서 '잡혔다(잡- + -히- + -었- + -다)'의 '-히-'는 피동 접미사이다.

07 　정답 ①

핵심체크

㉠의 세부 내용이 '출산과 양육에 대한 부담 증가', '직장 일과 육아 병행의 어려움'이므로 ㉠에는 '저출산 문제의 원인'이 들어가는 것이 가장 적절하다.

08

핵심체크

'남녀노소(男女老少)'의 '녀'는 단어의 첫머리에 오지 않았으므로 두음 법칙의 적용을 받지 않는다.

오답체크

① '떡볶이'의 발음은 [떡뽀끼]로, 'ㄱ' 받침 뒤에서 나는 된소리이기 때문에 한글 맞춤법 규정에 의해 된소리로 적지 않는다.

② '우윳빛'은 한자어(우유)와 순우리말(빛)로 된 합성어이자 앞말이 모음으로 끝난 경우로, 뒷말의 첫소리가 된소리로 나기 때문에 사이시옷을 표기한다.

④ 우리말은 표준어를 소리대로 적되 어법에 맞도록 표기해야 하므로 '곱슬곱슬한', '밋밋하고'가 옳다.

✓ **FINAL CHECK 작품 해설**

황지우, 「너를 기다리는 동안」

- 갈래: 자유시, 서정시
- 성격: 감각적, 고백적, 희망적
- 제재: 기다림
- 주제: 사랑하는 이를 기다리는 설렘, 만남에 대한 의지
- 특징
  - 역설적 표현을 통해 화자의 의지를 드러냄
  - 반복과 변주를 통해 만남에 대한 기다림을 표현함
  - 시적 화자의 태도가 소극적에서 적극적으로 변화하는 양상을 보임

09

핵심체크

시적 화자는 '너'를 너무나도 절실히 기다리고 있지만, '너'는 쉽게 오지 않기에 결국 화자는 '너'에게 가고 있다. 시적 화자의 태도는 소극적에서 적극적으로 변화한다.

오답체크

① '온다', '가고 있다' 등 현재 시제를 사용하고 있다.

② '바스락거리는', '쿵쿵거린다'에서 청각적 심상을 사용하고 있다.

③ 서글프면서도 설득적인 어조가 드러나 있는 곳은 찾을 수 없다.

10

핵심체크

제시된 글은 누군가를 기다리는 심정을 표현한 작품으로, 사랑하는 사람을 기다리는 설렘, 만남에 대한 의지 등을 나타내고 있다. 따라서 제시된 글에 대한 감상문의 제목으로는 '사랑과 기다림'이 가장 적절하다.

11

핵심체크

ⓐ는 '기다리는 동안', '가고 있다'라는 표현을 통해 겉으로 보기에 서로 이치에 어긋나거나 모순되는 것 같지만, 이면에는 어떠한 진실을 담고 있는 표현 방법인 '역설법'이 사용되었다.

오답체크

② '배추에게도 마음이 있나 보다'처럼 사람이 아닌 것을 사람이 행동하듯 나타내는 표현 방법이다.

③ '돌담에 속삭이는 햇발같이 / 풀 아래 웃음 짓는 샘물같이'처럼 비슷한 어조의 어구를 짝지어 운율을 살리는 표현 방법이다.

④ '나 보기가 역겨워 / 가실 때에는 / 죽어도 아니 눈물 흘리우리다'처럼 참뜻과 반대되는 말로 문장의 의미를 강화하는 표현 방법이다.

✓ **FINAL CHECK 작품 해설**

이상권, 「고양이가 기른 다람쥐」

- 갈래: 단편 소설, 현대 소설
- 성격: 교훈적, 비판적
- 제재: 다람쥐 새끼를 기르는 어미 고양이
- 주제: 동물에 대한 인간 중심적 사고에 대한 비판
- 특징
  - 인물의 내적 변화와 성장을 통해 주제를 드러냄
  - 주인공 '어머니'의 자식인 '나'를 서술자로 하는 1인칭 관찰자 시점을 취함

208   고졸 검정고시 7일 완성 실전 모의고사

12

정답 ①

📑 **핵심체크**

우화 소설은 동물이나 식물 혹은 사물이 주인공이 되어 인간의 삶을 풍자한 소설이다. 제시된 글은 동물들이 다수 등장하지만 동물을 빗대어 인간의 삶을 풍자하고 있지 않으므로 우화 소설에 해당하지 않는다.

13

정답 ④

📑 **핵심체크**

(다)에서는 사라진 다람쥐의 행방을 발견한 어머니의 심정을 직접적으로 드러낸 것이며, 과거의 일을 회상하는 방식은 드러나지 않는다.

🔍 **오답체크**

① (가)는 어머니의 돌봄으로 인해 야생 동물인 다람쥐가 겪게 될 '큰 불행'을 암시하고 있다.
② (나)는 어머니가 서울에 계시는 동안 어미 다람쥐가 느꼈을 심정을 상세하게 서술하고 있다.
③ (다)는 어머니가 신을 원망하며 하였던 말을 직접 인용하여 드러내고 있다.

14

정답 ④

📑 **핵심체크**

㉠은 어머니가 다람쥐를 돌보아 주기 시작하면서 다람쥐가 점차 야생성을 잃어가고, 결국 먹이를 구하는 본능을 잃은 다람쥐가 죽게 될 것을 암시한다.

✓ **FINAL CHECK 작품 해설**

작자 미상, 「청산별곡」

• 갈래: 고려 가요
• 성격: 현실 도피적, 애상적, 체념적, 서정적
• 제재: 청산, 바다
• 주제: 삶의 터전을 잃은 유랑민의 슬픔
• 특징
   – 총 8연, 분연체 형식으로 되어 있음
   – 'ㄹ'과 'ㅇ' 음을 사용하여 리듬감을 형성함

현대어 풀이

살겠노라 살겠노라. 청산에서 살겠노라.
머루와 다래를 먹고, 청산에서 살겠노라.
얄리얄리 얄랑셩 얄라리 얄라

우는구나 우는구나 새여, 자고 일어나 우는구나 새여.
너보다 근심이 많은 나도 자고 일어나 울며 지내노라.
얄리얄리 얄라셩 얄라리 얄라

가던 새 가던 새 본다. 물 아래 가던 새 본다.
녹슨 쟁기를 가지고, 물 아래 가던 새 본다.
얄리얄리 얄라셩 얄라리 얄라

이럭저럭 하여 낮은 지내왔지만,
올 사람도 갈 사람도 없는 밤은 또 어찌 하리오.
얄리얄리 얄라셩 얄라리 얄라

15

정답 ①

📑 **핵심체크**

고려 가요는 주로 3음보 율격을 가지고 있으며, 4음보 율격은 조선 시대의 시조나 가사에서 주로 나타난다. 제시된 글은 '살어리/살어리/랏다'와 같이 3·3·2조 3음보 율격을 지닌다.

🔍 **오답체크**

② '살어리 살어리랏다 청산(靑山)애 살어리랏다.'를 통해 'A – A – B – A' 구조가 나타나는 것을 확인할 수 있다.
③ '얄리얄리 얄랑셩 얄라리 얄라'라는 후렴구를 반복하여 운율을 형성하는 것을 알 수 있다.
④ '가시리 / 가시리 / 잇고'와 같은 형태로 동일한 음수율을 지닌다.

16

정답 ②

📑 **핵심체크**

㉡의 '널라와'는 '너보다'라는 뜻이다. 시적 화자는 '새'에 감정 이입을 하여 자신의 근심과 걱정, 깊은 고뇌에 빠진 현실을 효과적으로 드러냈다.

1일차 2일차 3일차 4일차 5일차 6일차 7일차

17 정답 ④

📋 **핵심**체크

제시된 글은 판소리계 소설로, 인물 간의 대화와 행동 묘사를 통해 인물의 내면을 생생하게 드러내며 사건을 전개하고 있다.

18 정답 ③

📋 **핵심**체크

치료해 준 제비를 반긴 사람은 흥부 아내이다. 흥부는 제비가 박씨를 떨어뜨리기 전까지 다시 돌아온 이유를 알지 못하였다.

19 정답 ④

📋 **핵심**체크

놀부는 흥부가 부자가 되자 이를 못마땅하게 여기고, 흥부를 찾아가 살림살이를 부수며 소란을 피웠다. 이러한 놀부의 모습은 가까운 사람이 잘 되는 것을 시기한다는 의미의 ④를 통해 표현할 수 있다.

🔍 **오답**체크

① 생각하지 않던 일이 공교롭게 잘 들어맞거나, 틀어짐을 의미하는 말이다.
② 어떤 사람에 대한 이야기를 하는데 마침 그 사람이 나타나는 경우를 의미한다. 즉, 남의 흉을 보아서는 안 된다는 말이다.
③ 아무 관계없이 한 일이 다른 일과 때가 맞아 관계가 있는 것처럼 의심을 받게 됨을 비유하는 말이다.

20 정답 ④

📋 **핵심**체크

제시된 글에서 글쓴이는 법적인 차원의 노력만으로는 청소년 노동 문제를 근본적으로 해결하기 어렵다고 말하였다. 따라서 청소년들이 스스로 자립할 수 있는 힘을 갖도록 지원하고 청소년이 이 사회의 당당한 일원이라는 점을 분명히 알리는 운동을 전개해야 한다고 주장하고 있다.

🔍 **오답**체크

① 청소년 노동은 시간 활용, 독립적 생활, 진로 탐색 등 다양한 이유가 있다.
②·③ 정부 근로 감독과 근로 기준법은 영세 사업장, 불안정 고용 업체까지 닿지 못한다. 이를 해결하기 위해 법적 차원을 넘어선 전면적 노력이 필요하다.

21 정답 ③

📋 **핵심**체크

제시된 글에서 글쓴이는 ㉮와 ㉯의 시각 모두 잘못된 것이라고 평가하고 있다.

🔍 **오답**체크

① ㉮는 청소년 노동의 이유를 '생계비 마련'으로 축소하여 '동정'의 대상이 되게 한다.
② ㉯는 청소년 노동의 이유를 '그릇된 행위'로 판단하여 '비행'의 행위자로 만든다.
④ ㉮와 ㉯는 청소년 노동이 '동정' 혹은 '비행'을 떠올리게 하여 청소년들은 노동을 하는 사실을 부끄러워하거나 숨기게 된다.

22

정답 ②

핵심체크

제시된 글에서 ⊙은 청소년 노동을 무조건 '금지'하려는 것에 반대한다. 쉽게 현실에 적용할 수 있기는 하지만, 노동 환경 개선과 같이 궁극적으로 청소년 노동 문제를 해결하는 근본적 대책이 될 수 없기 때문이다.

✔ FINAL CHECK 작품 해설

오은, 「이유 있는 여유」

• 갈래: 경수필
• 성격: 경험적, 분석적, 교훈적
• 제재: 삶 속에서 가지는 여유
• 주제: 여유의 의미와 자발적으로 만드는 여유의 가치
• 특징
 – 여유의 의미를 두 가지로 나누어 체계적·분석적으로 정리함
 – 일상의 경험을 통해 '여유'에 대한 글쓴이의 생각에 공감을 이끌어 냄

23

정답 ②

핵심체크

(나)에서는 여유를 두 가지로 나누어 예시를 들어 설명하고 있으며, 설명 대상이 발전하는 과정을 단계적으로 보여주고 있지는 않다.

24

정답 ③

핵심체크

'지칭하다'는 '어떤 대상을 가리켜 이르다.'라는 의미를 지닌 말이다. '가리켜 보게 하다.'의 의미를 지닌 말은 '지시하다'이다.

25

정답 ④

핵심체크

제시된 글은 '현재 처해 있는 상황으로 규정되는 여유'와 '마음의 상태를 나타내는 여유'가 상호 간에 영향을 끼치는 상황에 대해 설명하고 있다. 이는 (라)에 제시된 사례를 정리하는 내용으로, (라) 뒤에 들어가는 것이 가장 적절하다.

오답체크

① (가)는 글쓴이의 개인적 경험을 소개하는 부분으로, 적절하지 않다.
② (나)는 '현재 처해 있는 상황으로 규정되는 여유'에 대한 설명으로, 한 가지 여유만 설명하고 있기 때문에 적절하지 않다.
③ (다)는 '마음의 상태를 나타내는 여유'에 대한 설명으로, 한 가지 여유만 설명하고 있기 때문에 적절하지 않다.

제2교시	수학							247~250쪽	
01	02	03	04	05	06	07	08	09	10
④	④	①	③	③	②	①	③	②	①
11	12	13	14	15	16	17	18	19	20
③	①	②	③	①	④	④	③	②	④

01

정답 ④

핵심체크

$$3A + B = 3(x^2 + x) + (x^2 - 5)$$
$$= 3x^2 + 3x + x^2 - 5$$
$$= 4x^2 + 3x - 5$$

02

정답 ④

📋 **핵심체크**

① · ② x에 대한 항등식이 아니다.

③ 주어진 등식의 좌변은 곱셈 공식에 의하여

$(x-3)^2 = x^2 - 6x + 9$

이므로 주어진 등식은 x에 대한 항등식이 아니다.

④ 주어진 등식의 우변은 곱셈 공식에 의하여

$(x+2)(x-2) = x^2 - 2^2 = x^2 - 4$

이므로 주어진 등식은 x에 대한 항등식이다.

03

정답 ①

📋 **핵심체크**

조립제법을 이용하여 다항식 $x^3 + 2x^2 + 4$를 일차식 $x-1$로 나누었을 때 몫은 $x^2 + 3x + 3$이고 나머지는 7이다.

04

정답 ③

📋 **핵심체크**

인수분해 공식에 의하여

$a^3 - b^3 = (a-b)(a^2 + ab + b^2)$

이므로

$27x^3 - ky^3 = (3x - 2y)(9x^2 + 6xy + 4y^2)$

에서 $ky^3 = (2y)^3 = 8y^3$

$\therefore k = 8$

05

정답 ③

📋 **핵심체크**

복소수가 서로 같을 조건에 의하여

$x - 3 = 5$, $y + 2 = 6$

$\therefore x = 8$, $y = 4$

06

정답 ②

📋 **핵심체크**

① 이차방정식 $x^2 + 2 = 0$의 판별식을 D라 할 때,

$D = 0^2 - 4 \times 2 = -8 < 0$이므로 서로 다른 두 허근을 갖는다.

② $x^2 - 2x - 3 = (x+1)(x-3) = 0$에서 $x = -1$ 또는 $x = 3$의 서로 다른 두 실근을 갖는다.

또는

이차방정식의 판별식을 D라 할 때,

$D = (-2)^2 - 4 \times 1 \times (-3) = 16 > 0$이므로 서로 다른 두 실근을 갖는다.

③ $x^2 - 2x + 1 = (x-1)^2 = 0$에서 $x = 1$의 중근을 갖는다.

또는

이차방정식의 판별식을 D라 할 때,

$D = (-2)^2 - 4 \times 1 \times 1 = 0$이므로 중근을 갖는다.

④ 이차방정식 $x^2 - 3x + 5 = 0$의 판별식을 D라 할 때,

$D = (-3)^2 - 4 \times 1 \times 5 = -11 < 0$이므로 서로 다른 두 허근을 갖는다.

➕ **PLUS CHECK 더 알아보기**

이차방정식의 근의 판별

계수가 실수인 이차방정식 $ax^2 + bx + c = 0$의 판별식을 $D = b^2 - 4ac$라 할 때

① $D > 0$이면 서로 다른 두 실근을 갖는다.

② $D = 0$이면 중근을 갖는다.

③ $D < 0$이면 서로 다른 두 허근을 갖는다.

07

정답 ①

📋 **핵심체크**

$f(x) = (x-1)^2 + 2$라 하자.

$-1 \leq x \leq 2$에서

$f(-1) = (-1-1)^2 + 2 = 6$,

$f(1) = 2$,

$f(2) = (2-1)^2 + 2 = 3$

따라서 $-1 \leq x \leq 2$일 때, 이차함수 $y = (x-1)^2 + 2$는 $x = -1$에서 최댓값 6을 갖는다.

08

정답 ③

핵심체크

사차방정식 $x^4 - x^3 + kx^2 + x + 6 = 0$의 한 근이 1이므로
$x = 1$을 대입하여 풀면
$$1^4 - 1^3 + k \times 1^2 + 1 + 6 = 0$$
$$1 - 1 + k + 1 + 6 = 0$$
$$\therefore k = -7$$

09

정답 ②

핵심체크

이차함수 $y = x^2 - 3x - 4 = (x+1)(x-4)$의 그래프는 다음 그림과 같이 x축과 두 점 $(-1, 0)$, $(4, 0)$에서 만난다.

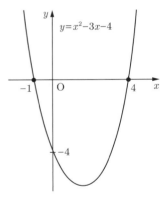

즉, 이차부등식 $x^2 - 3x - 4 \leq 0$의 해의 범위는 위의 그림에서 그래프가 $y \leq 0$인 부분의 x의 값의 범위이다.
따라서 구하는 해는 $-1 \leq x \leq 4$이므로
$$a = 4$$

10

정답 ①

핵심체크

부등식 $|x - 1| \leq 1$에서
$$-1 \leq x - 1 \leq 1, \ -1+1 \leq x \leq 1+1$$
$$\therefore 0 \leq x \leq 2$$
따라서 주어진 수직선이 나타내는 해의 범위는
$0 \leq x \leq a$이므로
$$a = 2$$

11

정답 ③

핵심체크

좌표평면 위의 두 점 $A(-1, -1)$, $B(3, 5)$의 중점 M의 좌표는
$$M\left(\frac{-1+3}{2}, \ \frac{-1+5}{2}\right) = M(1, 2)$$
따라서 두 점 A, M 사이의 거리는
$$\overline{AM} = \sqrt{\{1-(-1)\}^2 + \{2-(-1)\}^2}$$
$$= \sqrt{4+9}$$
$$= \sqrt{13}$$

12

정답 ①

핵심체크

직선 $y = \frac{1}{4}x - 3$에 수직인 직선의 방정식을 $y = ax + b$라 하자.
$\frac{1}{4} \times a = -1$이므로
$$a = -4$$
직선 $y = -4x + b$가 점 $(0, 1)$을 지나므로
$x = 0$, $y = 1$을 각각 대입하면
$$b = 1$$
따라서 구하는 직선의 방정식은
$$y = -4x + 1$$

다른풀이

점 $(0, 1)$을 지나고 직선 $y = \frac{1}{4}x - 3$에 수직인 직선의 방정식은 $y - 1 = -\frac{1}{\frac{1}{4}}x$, 즉 $y = -4x + 1$

> **PLUS CHECK 더 알아보기**
>
> **평행 또는 수직 조건이 주어질 때의 직선의 방정식**
> 직선 $l : y = mx + n$과 상수 k에 대하여
> ① 직선 l과 평행한 직선의 방정식은
> → $y = mx + k$ (단, $n \neq k$)
> ② 직선 l과 수직인 직선의 방정식은
> → $y = -\frac{1}{m}x + k$ (단, $m \neq 0$)

13 정답 ②

📋 **핵심체크**

원의 반지름의 길이는 $\sqrt{1^2 + (-3)^2} = \sqrt{10}$ 이고 중심이 원점이므로 구하는 원의 방정식은

$x^2 + y^2 = 10$

14 정답 ③

📋 **핵심체크**

좌표평면 위의 점 $(1, 2)$를 x축의 방향으로 4만큼, y축의 방향으로 -3만큼 평행이동한 점의 좌표를 (a, b)라 하면

$a = 1 + 4 = 5$, $b = 2 + (-3) = -1$

따라서 구하는 점의 좌표는

$(5, -1)$

15 정답 ①

📋 **핵심체크**

ㄱ · ㄴ · ㄹ. 대상이 불명확하므로 집합이 아니다.

ㄷ. 기준과 대상이 명확하므로 집합이다.

따라서 〈보기〉에서 집합인 것의 개수는 ㄷ의 1이다.

16 정답 ④

📋 **핵심체크**

명제 '$x = 4$이면 $x^2 = 16$이다.'의 대우는 가정과 결론을 각각 부정하고 서로 바꾼 '$x^2 \neq 16$이면 $x \neq 4$이다.'이다.

17 정답 ④

📋 **핵심체크**

① 집합 X는 함수 f의 정의역이므로 $\{1, 2, 3, 4\}$이다.

② 집합 Y는 함수 f의 공역이므로 $\{a, b, c, d, e\}$이다.

③ 함수 f의 함숫값 전체의 집합은 $\{f(x)|x \in X\}$이므로 f의 치역은 $\{a, b, c\}$이다.

④ $f(4) = c$이다.

18 정답 ③

📋 **핵심체크**

점근선이 두 직선 $x = -1$, $y = -4$인 유리함수의 식은

$y = \dfrac{1}{x+1} - 4$이다.

$\therefore\ q = -4$

19 정답 ②

📋 **핵심체크**

구하는 방법의 수는 서로 다른 5명 중에서 2명을 택하여 일렬로 나열하는 순열의 수와 같으므로

$_5\mathrm{P}_2 = 5 \times 4 = 20$

20 정답 ④

📋 **핵심체크**

구하는 방법의 수는 서로 다른 8명 중에서 3명을 택하는 조합의 수와 같으므로

$_8\mathrm{C}_3 = \dfrac{8 \times 7 \times 6}{3 \times 2 \times 1} = 56$

제3교시 영어

251~255쪽

01	02	03	04	05	06	07	08	09	10
④	④	③	③	①	②	①	③	②	①
11	12	13	14	15	16	17	18	19	20
②	①	③	④	①	②	④	③	②	④
21	22	23	24	25					
②	④	②	③	①					

01

정답 ④

📖 단어체크

• reduce: ~을 줄이다, 감소시키다

📋 핵심체크

밑줄 친 'confidence'는 '자신감'이라는 의미이다.

🔍 오답체크

① euphoria

② willpower

③ proficiency

> **해석 CHECK**
> 연습은 긴장을 줄여줄 자신감을 준다.

02

정답 ④

📖 단어체크

• password: 비밀번호

• letter: 글자, 문자

📋 핵심체크

밑줄 친 'consist of'는 '~로 구성되다'라는 의미이다.

🔍 오답체크

① change

② require

③ report

> **해석 CHECK**
> 당신의 비밀번호는 8글자 이상으로 구성되어야 한다.

03

정답 ③

📖 단어체크

• make a reservation: 예약하다

📋 핵심체크

밑줄 친 'in advance'는 '(~보다) 미리, 앞서; 사전에'라는 의미이다.

> **해석 CHECK**
> 당신은 사전에 예약해야 한다.

04

정답 ③

📋 핵심체크

'fast'와 'speedy'는 둘 다 '빠른, 지체 없는'의 의미로, 유의 관계이다.

🔍 오답체크

① 가까운 – 먼

② 앞쪽 – 뒤쪽

④ 옳은 – 틀린

05

정답 ①

📖 단어체크

• join: 가입하다

• register: (~에) 이름을 등록하다

📋 핵심체크

제시된 광고문에서 장소(School dancing room), 주제(Ballet class), 시간(2:00 p.m.~4:00 p.m.)은 언급되어 있으나, 강사에 관한 정보는 언급되어 있지 않다.

> **해석 CHECK**
> 발레 수업
> 발레를 배워보는 게 어때요?
> 우아한 발레 수업에 참여하실 수 있습니다.
> ○ 시간: 9월 12일 오후 2시~오후 4시
> ○ 장소: 학교 무용실
> ○ 참여 방법: www.ballet.org에 이름을 등록하세요.

06 정답 ②

📖 단어체크

• drought: 가뭄

• village: 마을

📋 핵심체크

첫 번째 문장의 빈칸 앞에 형용사(serious)가 있으므로 빈칸에는 명사가 들어가야 한다. 두 번째 문장은 명령문(Don't)이므로 빈칸에는 동사가 들어가야 한다. 문맥상 빈칸에는 모두 '손상(하다)'를 의미하는 단어가 들어가야 하므로 이러한 두 조건을 모두 만족하는 말은 'damage'이다.

🔍 오답체크

① 명 문제, 일, 사안 동 중요하다; 문제되다

③ 명 안락, 편안 동 위로하다, 위안하다

④ 명 기관, 협회 동 (제도, 정책 등을) 도입하다

┌─ **해석 CHECK** ─┐

○ 오랜 가뭄으로 마을은 심각한 <u>피해</u>를 입었다.

○ 펜으로 책상 윗부분을 <u>손상시키지</u> 마라.

└───────────┘

07 정답 ①

📖 단어체크

• thanks to: ~덕분에, 때문에

• succeed: 성공하다

• be frozen to death: 얼어 죽다

📋 핵심체크

첫 번째 문장의 빈칸에는 문맥상 'thanks'와 짝을 이루어 '~덕분에'의 의미를 나타낼 수 있는 전치사가 들어가야 한다. 두 번째 문장의 빈칸에는 문맥상 'was frozen'과 함께 '얼어 죽다'의 의미를 나타낼 수 있는 전치사가 들어가야 한다. 이러한 두 조건을 모두 만족하는 말은 'to'이다.

┌─ **해석 CHECK** ─┐

○ 그는 어머니 덕분에 성공하였다.

○ 그는 얼어 죽었다.

└───────────┘

08 정답 ③

📖 단어체크

• hear: 듣다

• crying: 울음소리

📋 핵심체크

첫 번째 문장의 빈칸에는 문맥상 'of crying'과 짝을 이루어 '울음소리'의 의미를 나타낼 수 있는 명사가 들어가야 한다. 두 번째 문장의 빈칸에는 문맥상 '~인 것 같다, ~처럼 들리다'의 의미를 나타낼 수 있는 동사가 들어가야 한다. 이러한 두 조건을 모두 만족하는 말은 'sound'이다.

┌─ **해석 CHECK** ─┐

○ 나는 다른 방에서 나는 <u>울음소리</u>를 들었다.

○ 그건 좋지 <u>않은 것 같아</u>. 나는 그 생각에 동의할 수 없어.

└───────────┘

09 정답 ②

📖 단어체크

• catch: 잡다, 받다

• worm: 벌레

📋 핵심체크

대화에서 A가 언급한 'The early bird catches the worm'은 '일찍 일어나는 새가 벌레를 잡는다, 부지런해야 성공한다'라는 의미로, 직장에 일찍 오는 이유를 속담을 통해 설명한 것이다.

🔍 오답체크

① No news is good news

③ The more, the better

④ A little knowledge is a dangerous thing

┌─ **해석 CHECK** ─┐

A: 좋은 아침! 네가 직장에 또 처음으로 왔네.

B: 좋은 아침! 너도 일찍 왔구나.

A: 응. <u>일찍 일어나는 새가 벌레를 잡잖아.</u>

B: 맞아. 오늘도 열심히 하자.

└───────────┘

10
정답 ①

📖 단어체크
- be ready for: ~할 준비가 되다
- take it easy: 진정해라[걱정마라]
- practice: 연습하다

📑 핵심체크
대화에서 B가 언급한 'nervous(긴장한)', 'can think of nothing else(아무 생각도 할 수 없다).' 등의 말을 통해 B의 심정이 '긴장한'이라는 것을 알 수 있다.

🔍 오답체크
② bored
③ disappointed
④ admire

┌─ 해석 CHECK ─
A: Jun-ho, 영어 말하기 대회에 나갈 준비됐어?
B: Eun-ah, 나 무대 위에 못 올라갈 것 같아. 나 너무 긴장돼.
A: 진정해! 몇 달 동안 연습했잖아. 잘될 거야.
B: 모르겠어. 아무 생각도 할 수가 없어.
└─

11
정답 ②

📖 단어체크
- on sale: 할인, 세일 중인
- floor: 바닥, 층

📑 핵심체크
대화에서 A가 B에게 'books on sale(책을 할인 판매)', 'books of travel(여행 서적)'이라고 말하였으므로 대화가 이루어지는 장소로 가장 적절한 것은 '서점'이다.

┌─ 해석 CHECK ─
A: 이 책들은 할인 판매 중인가요?
B: 예, 이 책들을 모두 각각 4달러입니다.
A: 여행 서적도 있나요?
B: 예, 여행 서적은 2층에 있습니다.
└─

12
정답 ①

📖 단어체크
- popular: 인기 있는
- field: 경기장
- player: 선수
- without: ~하지 않고
- volleyball: 배구
- basketball: 농구
- ice hockey: 아이스하키

📑 핵심체크
제시된 글에서 'is played on a field(경기장에서 경기가 진행된다)', 'eleven players(열한 명의 선수)', 'kick a round ball into a goal(둥근 공을 발로 차서 골문에 넣는다)'과 같은 표현을 통해 밑줄 친 'It'이 가리키는 것은 'soccer(축구)'임을 알 수 있다.

┌─ 해석 CHECK ─
그것은 세계에서 가장 인기 있는 팀 스포츠 중 하나이다. 그것은 경기장에서 경기가 진행되며, 각각 열한 명의 선수들로 구성된 두 팀이 손이나 팔을 쓰지 않고 둥근 공을 발로 차서 골문에 넣기 위해 노력한다.
└─

13
정답 ③

📖 단어체크
- favor: 호의, 친절

📑 핵심체크
대화에서 B가 'I like classical music(나는 클래식 음악을 좋아해)'이라고 하였으므로 A는 B에게 어떤 음악을 좋아하느냐고 물었을 것임을 추측할 수 있다. 따라서 문맥상 빈칸에는 'What kind of music do you like(어떤 종류의 음악을 좋아하니)'가 들어가는 것이 가장 적절하다.

🔍 오답체크
① 부탁 하나 들어줄래
② 직업이 무엇이니
④ 인생에서 최고의 순간은 언제였니

A: 어떤 종류의 음악을 좋아하니?
B: 나는 클래식 음악을 좋아해.
A: 나도 그래. 같이 클래식 음악 콘서트에 가자.
B: 좋아, 나도 정말 가고 싶어.

14　정답 ④

단어체크

- do somebody a favor: ~에게 호의를 베풀다
- do for a living: 생계를 위해 일하다
- stop by: (~에) 잠시 들르다
- on one's way home: 집에 가는 길에

핵심체크

대화에서 A가 'pick up some sausages(소시지를 사다 달라)'라고 부탁하였으므로 대답은 '좋다'나 '싫다'가 되어야 한다. 따라서 문맥상 빈칸에는 'Okay, I'll stop by on my way home(네, 집에 가는 길에 들를게요)'이 들어가는 것이 가장 적절하다.

오답체크

① 고마워요. 최선을 다할게요
② 그거 좋은 생각이네요
③ 거기 가려면 택시를 타셔야 해요

해석 CHECK

A: 슈퍼마켓에서 소시지 좀 사다 줄래?
B: 네, 집에 가는 길에 들를게요.

15　정답 ①

단어체크

- notice: 공지
- during: ~동안
- borrow: 빌리다
- up to: ~까지
- return: 반납하다
- within: (특정한 기간) 이내에

핵심체크

제시된 글의 첫 번째 문장에서 'This notice is written for ~(이 공지는 ~을 위해 작성되었습니다)'라고 한 뒤 도서관 운영 시간과 대출 도서 권수, 반납 기간을 알리고 있으므로 글을 쓴 목적으로 가장 적절한 것은 '알려주기'이다.

해석 CHECK

이 공지는 여름방학 동안 학교 도서관을 이용하고자 하는 모든 학생들을 위해 작성되었습니다. 도서관은 오전 9시부터 오후 1시까지 개방합니다. 여러분은 4권까지 책을 빌릴 수 있지만, 빌린 책은 10일 안에 반납해야 합니다.

16　정답 ②

단어체크

- save: 절약하다, (낭비하지 않고) 아끼다
- electricity: 전기, 전력
- switch off: 스위치를 끄다
- light: 전등
- instead of: ~대신에

핵심체크

주어진 문장이 'What can we do ~(무엇을 할 수 있을까요)'이므로 'We can ~(~을 할 수 있다)'이라는 (B)로 이어지는 게 자연스럽다. (B)의 말을 받아 'I see(그렇군요)'라고 대답하고 'Anything else(또 다른 것이 있을까요)?'라고 묻는 (A)가 그다음에 와야 한다. (A)의 물음에 'It's also a good idea ~(~하는 것도 좋은 생각이에요)'라고 첨가하는 (C)로 이어져야 한다. 따라서 주어진 문장에 이어질 대화의 순서는 '(B) – (A) – (C)'가 가장 적절하다.

해석 CHECK

전기를 절약하기 위해 무엇을 할 수 있을까요?
(B) 방을 나갈 때 불을 끌 수 있어요.
(A) 그렇군요. 또 다른 것이 있을까요?
(C) 엘리베이터 대신 계단을 이용하는 것도 좋은 생각이에요.

17

단어체크

- course: 강의, 강좌, (학)과목
- biology: 생물학
- Physics: 물리
- refreshments: 다과, 음식물
- available: 이용할 수 있는

핵심체크

제시된 안내문의 마지막 줄에 'Refreshments will be available(간식을 이용할 수 있습니다).'이라고 되어 있으므로 안내문의 내용과 일치하지 않는 것은 '방과 후 학교는 간식을 제공하지 않는다.'이다.

해석 CHECK

방과 후 학교
- 기간:
  - 2024년 3월 11일부터 7월 10일
- 과목:
  - 영어, 역사, 수학, 생물, 물리
- 등록:
  - 3월 4일까지 우리 학교 홈페이지
- 다과를 이용할 수 있습니다.

18

단어체크

- quit: 그만하다, 그만두다
- smoking: 흡연
- Remember: 기억하다, 명심[유념]하다
- the longer ~ the harder: 길면 길수록 ~하기 더 어렵다 (the 비교급~, the 비교급: ~할수록 더 ~하다)

핵심체크

제시된 글의 두 번째 문장에서 금연할 수 있는 좋은 방법에 대해 'exercise, drink more water and eat food with vitamins(운동하기, 물을 더 많이 마시기, 비타민이 함유된 음식 먹기).' 등을 제시하였으나, '사람들을 많이 만나야 한다.'라는 내용은 언급되어 있지 않다.

해석 CHECK

담배를 끊고 싶다면, 끊을 수 있다. 금연의 좋은 방법에는 운동하기, 물을 더 많이 마시기, 비타민이 함유된 음식 먹기가 있다. 기억하라, (담배를) 끊기를 더 오래 기다릴수록, 금연하기는 더 어려울 것이다.

19

단어체크

- prefer: ~을 (더) 좋아하다, 선호하다
- save: 절약하다, (낭비하지 않고) 아끼다
- compare: 비교하다
- various: 여러 가지의 다양한
- front door: 현관
- convenient: 편리한, 간편한

핵심체크

제시된 글의 첫머리에서 'prefer online shopping for several reasons(몇 가지 이유로 온라인 쇼핑을 더 좋아한다)'라고 말하고 나서 그 이유들을 나열하고 있다. 이를 통해, 제시된 글의 주제가 '온라인 쇼핑의 장점'이라는 것을 알 수 있다.

해석 CHECK

나는 몇 가지 이유로 온라인 쇼핑을 더 좋아한다. 첫째, 집을 나설 필요조차 없다. 내게 필요한 것은 오직 컴퓨터나 스마트폰 뿐이다. 둘째, 다양한 온라인 상점들의 가격을 비교함으로써 돈을 절약할 수 있다. 마지막으로, 원하는 건 뭐든 현관 앞까지 배송받을 수 있다. 이 얼마나 쉽고 편리한가!

20

단어체크

- take a trip: 여행하다
- dish: 요리
- taste: 맛
- forget: 잊다, 잊어버리다
- cooking: 요리, 음식 준비
- as good as: ~나 다름없는, 마찬가지인

제시된 글의 빈칸 앞에 'not as good as~ (~만큼은 아닌)' 가 나와 있으므로 무언가와 비교하였다는 사실을 알 수 있다. 내용 중에 한국 음식인 '불고기'를 잊지 못하였다고 나와 있으므로 비교하는 것은 '엄마가 한 요리'와 '한국에서 먹었던 원래의 불고기'이다. 따라서 문맥상 빈칸에 들어갈 말로 가장 적절한 것은 'original(원래의)'이다.

> **해석 CHECK**
>
> 우리 가족은 지난겨울 한국으로 여행을 갔다. 우리는 유명한 한국 요리인 불고기를 먹어 봤다. 그 후 우리는 맛있었던 불고기 맛을 잊을 수가 없었다. 그래서, 엄마가 우리를 위해 불고기를 요리해 주셨다. 안타깝게도, 엄마의 요리는 <u>원래의</u> 것만큼 맛이 있지는 않았다.

21 　　　　　　　　　　　　　정답 ②

단어체크

- damage: 손상을 주다
- tip: (실용적인, 작은) 조언
- be good for: ~에 좋다

핵심체크

제시된 글은 첫 번째 문장에서 머리카락의 손상에 대해 말하고, 두 번째 문장부터는 머리카락을 건강하게 유지하기 위해 시도할 수 있는 조언을 제시하였다. 첫 번째 조언은 그중 'get a haircut(이발하라)'이므로 빈칸이 있는 문장은 '이발한 결과'에 대해 말하는 것임을 알 수 있다. 빈칸 뒤에 'damaged hair(손상된 머리카락)'가 나와 있으므로 문맥상 빈칸에 들어갈 말로 가장 적절한 것은 'remove(없애다, 제거하다)'이다.

> **해석 CHECK**
>
> 머리카락은 염색이나 헤어 드라이기의 열 등과 같이, 여러 가지 경로로 손상될 수 있다. 머리카락을 건강하게 유지하기 위해, 다음과 같은 몇 가지 조언을 시도할 수 있다. 첫째, 한 달에 한 번 이발하라. 이것은 손상된 머리카락을 <u>없앨</u> 것이다. 둘째, 헤어 드라이기를 낮은 온도로 사용하라. 셋째, 당신의 머리카락에 좋은 샴푸를 찾아라.

22 　　　　　　　　　　　　　정답 ④

단어체크

- recent: 최근의
- study: 연구
- humor: 유머, 농담[익살]
- relieve: 완화하다
- tension: 긴장
- decrease: 감소시키다
- anxiety: 불안, 걱정거리
- ease: 덜어주다

핵심체크

제시된 글의 마지막 문장이 'Here are some cases of how humor eased tension between people(여기 유머가 어떻게 사람들 사이의 긴장감을 덜어주는지에 대한 몇 가지 사례가 있다.)'로 끝났으므로 뒤에 이어질 내용으로 가장 적절한 것은 '유머가 사람들 간의 긴장을 완화한 사례'이다.

> **해석 CHECK**
>
> 최근의 연구는 유머가 사람들 사이의 긴장감을 완화하는 데 유용하다는 사실을 밝혔다. 그것은 바로 유머가 불안을 감소시키기 때문이다. 여기 유머가 어떻게 사람들 사이의 긴장감을 덜어주는지에 대한 몇 가지 사례가 있다.

23 　　　　　　　　　　　　　정답 ②

단어체크

- government employee: 공무원
- hundred: 수백의, (수없이) 많은
- document: 서류, 문서
- quit: (하던 일을) 그만하다, 그만두다
- run: (사업체 등을) 운영하다

핵심체크

주어진 문장은 'quit the job(직장을 그만두었다)'으로 끝나므로 직장을 그만둔 이후의 생활을 이야기하는 문장 앞에 위치해야 한다. 따라서 문맥상 주어진 문장이 들어가기에 가장 적절한 곳은 ②이다.

해석 CHECK

3년 전 나는 공무원이었다. 나는 매일 수백 장의 서류를 읽어야 했으므로 일이 정말 지루했다. <u>나는 뭔가 새롭고 창의적인 일을 해 보고 싶었고, 그래서 직장을 그만두었다.</u> 현재 나는 내 사업을 하고 있다. 일이 쉽지는 않지만, 지금은 내가 정말 원하는 것을 하고 있기 때문에 행복하다. 나는 내 새로운 삶이 너무 좋다!

[24~25]

단어체크

- beat against ~: ~에 부딪치다
- diving suit: 잠수복
- professional: 전문적인
- female: 여성인, 여자인
- oxygen: 산소
- gravel: 자갈

해석 CHECK

제주도에 살았을 때, 나는 파도가 절벽에 부딪치는 바다를 바라보며 많은 시간을 보냈다. 바위와 물은, 제주도의 전통적인 집들과 함께, 정말 아름다운 장면을 만들어 냈다. 나는 잠수복을 입고 바위에 서 있는 한 무리의 한국 여성들도 볼 수 있었다. 이 여성들은 해녀라고 불리며 제주도의 전문 여성 다이버들이다. 그들은 산소 탱크를 이용하지 않고 바닷속에 들어가 <u>해산물을</u> 가지고 돌아왔다.

24 　　　　　　　　　　　정답 ③

핵심체크

제시된 글의 빈칸 앞에 'diving into the sea(바닷속에 들어가)', 'coming back with ~(~을 가지고 돌아왔다)' 등이 나와 있으므로 문맥상 빈칸에 들어갈 말로 가장 적절한 것은 'seafood(해산물)'이다.

25 　　　　　　　　　　　정답 ①

핵심체크

제시된 글의 두 번째 문장인 'The rocks and water, together with Jeju's traditional houses, formed a very beautiful scene(바위와 물은, 제주도의 전통적인 집들과 함께, 정말 아름다운 장면을 만들어 냈다).'을 통해 글쓴이가 아름답다고 묘사한 것이 바위와 물이 제주도의 전통적인 집들과 함께 만들어낸 장면임을 알 수 있다.

제4교시		사회						256~260쪽	
01	02	03	04	05	06	07	08	09	10
③	①	②	④	②	③	①	④	③	②
11	12	13	14	15	16	17	18	19	20
④	①	③	②	②	③	③	①	④	③
21	22	23	24	25					
①	②	①	④	②					

01 　　　　　　　　　　　정답 ③

핵심체크

인간의 존엄성은 인간이라는 이유만으로 그 존재 가치가 있으며, 인격은 존중받아야 한다는 이념을 말한다.

오답체크

① 국가 기관 또는 개인, 단체에 의해 인권이 짓밟히거나 해를 당하는 것을 말한다.

② 사회적 약자에게 실질적인 기회의 평등을 보장하기 위해 다양한 혜택을 부여하는 정책이다.

④ 사회 구성원들이 다양한 사회적 위험으로부터 행복하고 인간다운 삶을 살 수 있도록 지원하는 제도이다.

02 　　　　　　　　　　　정답 ①

핵심체크

공간적 관점은 위치나 장소, 분포 유형, 영역, 이동, 네트워크 등의 공간 정보로 사회 현상을 살펴보는 관점이다.

🔍 **오답체크**

② 시대적 배경과 맥락을 통해 사회 현상을 살펴보는 관점이다.

③ 사회 제도나 사회 구조 측면에서 사회 현상을 이해하는 관점이다.

④ 도덕적 가치 판단과 규범적 방향성의 측면에서 사회 현상과 문제를 이해하는 관점이다.

03

정답 ②

📋 **핵심체크**

적금은 계약 기간 동안 일정한 금액을 여러 번 납입하여 만기 시에 원금과 이자를 받는 금융 상품이다.

🔍 **오답체크**

① 목돈을 일정 기간 은행에 예치하여 만기일에 원금과 이자를 받는 금융 상품이다.

③ 정부나 은행, 기업 등이 미래에 일정한 이자를 지급할 것을 약속하고 돈을 빌린 후 제공하는 증서이다.

④ 채권·채무 관계를 바탕으로 거래한 재화의 대가를 갚을 수 있음을 보이는 능력을 말한다.

➕ PLUS CHECK 더 알아보기

자산 관리의 원칙

안정성	• 투자한 자산의 원금과 이자가 안전하게 보전될 수 있는 정도 • 은행 예금(원금 손실 위험↓, 안전성↑), 주식(원금 손실 위험↑, 안전성↓)
수익성	• 투자한 자산으로부터 가격 상승이나 이자 수익을 기대할 수 있는 정도 • 주식(시세 차익, 배당 수익 인한 수익성↑), 은행 예금(낮은 수준의 이자로 수익성↓)
유동성 (환금성)	• 보유하고 있는 자산을 현금으로 바꿀 수 있는 정도 • 은행 예금(언제든 현금화 가능하여 유동성↑), 부동산(가격 높아 매매 어려워 유동성↓)

04

정답 ④

📋 **핵심체크**

사회적 소수자는 인종, 민족, 언어, 종교, 문화 등의 측면에서 사회적 영향력이 상대적으로 적어 다수의 사람들에 비해 불평등한 대우를 받는 사람들을 말한다.

05

정답 ②

📋 **핵심체크**

문화 다양성은 다른 지역 환경이나 시대적 상황에 따라 서로 다른 문화적 차이가 나타나는 현상을 말한다.

🔍 **오답체크**

① 시대와 지역을 초월하여 모든 사람들이 따라야 하는 행위의 원칙을 말한다.

③ 자신이 속한 사회의 문화는 열등하게 생각하면서 다른 문화는 우수한 것으로 평가하는 관점이다.

④ 자국 문화만 우월하게 생각하여 타 문화를 지배하고 종속하고자 하는 태도를 말한다.

06

정답 ③

📋 **핵심체크**

청원권, 재판 청구권, 형사 보상 청구권, 국가 배상 청구권, 범죄 피해자의 국가 구조 청구권 등의 청구권은 국민이 국가에 대해 일정 행위를 적극적으로 청구할 수 있는 권리이다.

🔍 **오답체크**

① 국민이 국가에 대해 최소한의 인간다운 생활의 보장을 요구할 수 있는 권리이다.

② 일정한 범위를 넘지 않는 한 국가의 간섭을 받지 않고 자신의 의사에 따라 행동할 수 있는 권리이다.

④ 국가의 주권자인 국민이 국가의 정책 결정에 직접 참가하거나 대표자를 뽑는 선거에 참여하는 능동적 권리이다. 국정 참여뿐만 아니라 국가 기관의 구성원이 되어 정치에 참여할 수 있는 권리까지 포함되므로 정치권이라 부르기도 한다.

07

🔲 **핵심체크**

권력 분립 제도는 국가 권력을 여러 기관에 나누고 각 기관이 상호 견제함으로써 권력의 균형을 이루고자 도입된 정치 원리이다. 입법부는 국민의 대표 기관으로, 법률을 제정하며, 행정부는 제정된 법류를 집행하고 정책을 마련·시행한다. 사법부는 법을 해석·적용하여 법적 분쟁을 해결한다.

🔍 **오답체크**

② 국가는 원칙적으로는 국민의 기본권을 제한할 수 없지만 국가 안전 보장, 국가 질서 유지, 공공복리 등을 위해 필요한 경우에 한하여 법률을 통해 국민의 기본권을 제한할 수 있다.

③ 법률이 헌법에 위반되는지 여부를 심판하는 제도이다.

④ 법률이나 공권력이 국민의 기본적 인권을 침해하는지 여부를 심판하는 제도이다.

08

🔲 **핵심체크**

소비자는 사회적 책임을 다하지 않는 기업에 대한 불매 운동, 환경친화적 제품·공정 무역 제품 등의 구입으로 보다 나은 공동체를 위한 윤리적 소비 활동을 전개해야 한다. 더 나아가, 소비자는 상품의 품질·가격·정보를 비판적으로 분석하고, 계획적으로 소비해야 한다.

🔍 **오답체크**

ㄱ. 정부는 시장에서 발생하는 독과점, 외부 효과, 공공재 부족, 경제적 불평등 등의 한계 상황들을 해결하고 보완하는 역할을 한다. 기업가는 소비자가 원하는 서비스와 재화를 생산하여 만족감을 주어야 한다.

ㄴ. 소비자는 생산물의 종류와 수량을 결정하고 불량 상품이나 부당 영업 행위에 대해 주권자로서 감시하는 역할을 한다.

09

🔲 **핵심체크**

일시적이고 감각적인 쾌락과는 다르게 장기적으로 만족감을 주며, 스스로의 노력을 통해 성취할 수 있는 본질적인 것에서 보다 큰 행복을 느낄 수 있다.

10

🔲 **핵심체크**

정보화에 따라 인터넷으로 처리하는 행정 업무가 증가하면서 민원 서류도 대면 발급이 아닌 인터넷을 통한 발급이 늘어나고 있다.

🔍 **오답체크**

① 유비쿼터스(어디서나 자유롭게 접속할 수 있는 정보 통신 환경)를 이용한 원격 수업 진행이 늘고 있으며, 병원 진료도 원격으로 가능해졌다.

③ 오프라인 매장보다 전자 상거래, 인터넷 쇼핑, 홈쇼핑 등을 통한 물건 구매가 늘어나게 되었다.

④ 가상 공간이 생활 공간으로 확대되면서 전자 투표, 청원, 누리 소통망, 가상 공간 등을 통해 선거 유세를 하거나 의견 등을 표출한다.

11

🔲 **핵심체크**

천연가스는 지하에서 자연적으로 발생하는 가스로, 다른 화석 에너지에 비해 오염 물질이 적은 청정에너지이다. 냉동 액화 기술의 발달과 파이프라인 건설의 확대로 장거리 수송이 가능해져 국제 이동량이 증가하고 있다.

12

🔲 **핵심체크**

부존자원은 한 나라가 가지고 있는 생산에 필요한 모든 요소를 말한다. 지하자원, 기후와 같은 천연 자원, 노동력을 제공하는 인적 자원, 지식·사회 제도 등과 같은 사회·문화적 자원이 있다. 이는 상품 생산비에 영향을 주는 요소 중 하나로, 국제 거래 시 동일한 상품이라도 부존자원의 차이로 인해 국가마다 상품의 가격이 달라질 수 있다.

1일차 2일차 3일차 4일차 5일차 6일차 7일차

13 정답 ③

📋 **핵심체크**

연금에는 국가가 보장하는 국민연금, 기업이 보장하는 퇴직 연금, 개인이 일정 기간 준비하는 개인연금이 있다.

🔍 **오답체크**

ㄱ. 국민연금은 공적 연금이지만, 퇴직 연금은 공적 연금이 아니다.

ㄷ. 국민연금과 퇴직 연금은 모두 의무 가입을, 개인연금은 임의 가입을 원칙으로 한다.

14 정답 ②

📋 **핵심체크**

평탄한 지형으로 농경지 개간이 가능하여 다양한 농업이 발달하고, 교통로와 도시가 발달한 평야 지형에 대한 설명이다.

🔍 **오답체크**

① 경사가 급하고 높은 해발 고도로 교통이 불편하며, 산지 경관을 이용한 관광 산업이 주를 이루고 계단식 농법, 밭농사, 목축업이 발달한 지형이다.

③ 바다를 통해 다른 지역과의 교역이 활발하고, 대규모 항구에 산업 단지가 조성되어 있으며, 농업, 어업, 양식업 등이 발달한 지형이다.

④ 다양한 생물군이 존재하며, 가축과 우유 등 유제품을 만들기 위해 매우 중요한 지형이다.

15 정답 ②

📋 **핵심체크**

여가란 일, 학업, 가사 활동 외에 휴식, 기분 전환, 만족감을 위해 자유롭게 소비하는 시간이다. 여가는 건강·스포츠 활동, 취미·교양 활동, 사교·오락 활동, 관람·행각 활동의 형태가 있다. 개인적인 측면에서 여가는 피로 해소 및 기분 전환의 역할을 하며, 취미 생활 유지, 능력 계발, 근로 의욕·생산성 향상에 이바지한다는 장점이 있다. 사회적인 측면에서는 소속감, 공동체 의식 강화, 대중문화의 질적 향상에 이바지한다는 장점이 있다.

16 정답 ③

📋 **핵심체크**

지리정보시스템(GIS)은 일반 지도와 같은 지형 정보와 지하 시설물 등의 각종 지리 정보를 인공위성으로 수집하고, 컴퓨터로 작성해 분석할 수 있도록 한 복합적인 정보 시스템이다. 국토 계획 및 도시 계획 수립, 재해 관리, 통신·교통망 가설, 공공시설의 입지 선정 등에 활용된다.

17 정답 ③

📋 **핵심체크**

지구 온난화 현상으로 인해 극지방의 빙하 면적 축소, 해수면 상승으로 인한 해안 저지대 침수, 기상 이변, 자연재해 증가, 생태계 혼란 등 여러 문제가 발생하고 있다. 이에 따라 1992년 국제 사회는 지구의 온난화를 막기 위해 이산화 탄소 등의 인위적 가스 방출을 규제하는 국제 협약인 기후 변화 협약을 체결하였다.

🔍 **오답체크**

① 유해 폐기물의 국가 간 이동 및 처리에 관한 국제 협약이다.

② 습지와 습지의 자원을 보전하기 위한 국제 협약이다.

④ 다양한 생물종과 희귀 유전자를 보호하기 위한 협약이다.

18 정답 ①

📋 **핵심체크**

교통·통신의 발달로 시간 거리 및 비용 거리가 감소하였으며, 시간 거리의 축소로 지역 간 접근성이 향상되고 물리적 공간의 제약이 완화되는 긍정적 결과가 발생하였다.

🔍 **오답체크**

② 물자 이동을 통한 외래 생물종 전파로 고유 생태 환경의 혼란이 초래되었다.

③ 도로 건설에 따른 산림 훼손으로 녹지 면적이 감소되었다.

④ 교통수단에서 배출되는 오염 물질로 대기 오염과 소음 피해가 발생하였다.

19   정답 ④

📋 **핵심체크**

생태 중심주의는 인간을 자연의 일부로 인식하여 생태계의 균형과 안정을 중시하는 관점이다.

🔍 **오답체크**

① 자연은 인간에게 여러 가지 가능성을 부여하고, 인간은 자연을 선택·이용하는 주체라고 주장하는 이론이다.
② 인간의 모든 생활이 자연적 조건에 의해 결정된다는 이론이다.
③ 인간의 행동이 문화적 배경에 의해 결정된다는 이론이다.

20   정답 ③

📋 **핵심체크**

팔레스타인 지역에서는 유대교를 믿는 이스라엘의 유대인들과 이슬람교를 믿는 아랍인들 사이의 종교적 갈등으로 인한 분쟁이 계속되고 있다.

21   정답 ①

📋 **핵심체크**

동북 공정은 중국이 우리나라의 역사인 고조선, 부여, 고구려, 발해의 역사를 중국의 역사라고 주장하는 것이다.

🔍 **오답체크**

② 일본이 침략 전쟁 중 조선 여성들을 '위안부'로 강제로 동원한 사실을 부정하면서 발생한 갈등이다.
③ 일본은 식민지 지배와 침략 전쟁을 정당화하는 역사 교과서를 편찬하여 우리나라와 갈등을 겪고 있다.
④ 일본 보수 정치인들이 전쟁 범죄자들의 위패가 있는 야스쿠니 신사를 참배하면서 문제가 발생하였다.

22   정답 ②

📋 **핵심체크**

다문화 사회는 다양한 인종, 종교, 문화 등 서로 다른 문화 집단들이 어우러져 공존하는 사회를 말한다. 문화·언어 등이 풍부해지고 문화가 다양한 방향으로 발전할 수 있는 장점이 있는 반면, 기존의 사회 구성원과 이민자들 간의 문화 충돌, 이민자들에 대한 차별 등의 문제가 발생할 수 있다.

23   정답 ①

📋 **핵심체크**

과학 기술 발전으로 인해 정치, 교육, 업무, 교통 등 다양한 분야에서 변화가 생겨 삶이 보다 편리하고 윤택해졌다.

24   정답 ④

📋 **핵심체크**

과학 기술 발전으로 인해 유전자 조작, 불법 복제 등의 생명 경시 현상이 발생하였으며, 과학 기술 발전으로 인해 음악, 사진, 영화, 서적 등의 저작물을 불법으로 유통시키는 행위가 발생하였다.

🔍 **오답체크**

ㄱ. 출산율 감소는 여성의 사회 진출, 결혼·출산에 대한 가치관 변화 등으로 인해 발생한 것으로, 과학 기술 발전이 그 이유는 아니다.
ㄴ. 석유를 국유화하거나 수출을 제한하는 등 민족과 국가의 이익을 위해 석유를 비롯하여 자국이 가진 자원을 무기화하려는 태도로, 인구 증가와 경제 발전으로 자원 소비량이 급증하면서 발생하였다. 과학 기술의 발전은 새로운 에너지 자원의 개발을 통해 자원의 고갈을 막고 청정한 에너지를 제공할 수 있게 할 것이다.

25   정답 ②

📋 **핵심체크**

국가는 시민이 안전하고 쾌적한 환경에서 살아갈 수 있도록 평상시에는 재난 예보, 대피 요령 및 훈련 등을 실시하고, 재해 발생 시에는 풍수해 보험, 재난지원금 지급, 특별재난지역 지정, 스마트 재난상황관리시스템 가동 등을 통해 피해를 지원하고 보상한다.

01	02	03	04	05	06	07	08	09	10
①	④	③	②	②	①	②	④	①	①
11	12	13	14	15	16	17	18	19	20
②	④	②	①	①	③	③	②	④	③
21	22	23	24	25					
①	①	④	②	③					

01
정답 ①

핵심체크

로켓은 가스를 아래 방향으로 뿜어내는 힘에 대한 반작용으로 위로 올라간다.

오답체크

②·③·④ 모두 관성에 의한 현상이다. 관성은 물체가 현재의 운동 상태를 유지하려는 성질이다. 따라서 ②와 ④는 운동하던 물체가 계속 운동을 하려는 성질(운동 관성)에 의해 나타나는 현상이며, ③은 정지해 있던 물체가 계속 정지해 있으려는 성질(정지 관성)에 의해 나타나는 현상이다.

02
정답 ④

핵심체크

힘과 시간의 그래프에서 그래프 아랫부분의 넓이는 충격량을 의미한다.

```
┌─── ⊕ PLUS CHECK 더 알아보기 ───
│
│  충격량($I$)
│  • 물체가 받은 충격의 정도를 나타내는 물리량이다.
│  • 물체에 작용한 힘($F$)과 힘이 작용한 시간($\Delta t$)의 곱
│    으로 나타낸다.
│  ┌─────────────────────────────────┐
│  │  $I = F\Delta t$   [단위: N·s, kg·m/s]  │
│  └─────────────────────────────────┘
│  • 충격량의 방향은 물체에 작용한 힘의 방향과 같다.
```

03
정답 ③

핵심체크

자동차 범퍼는 충돌 시간을 길게 하여 서서히 멈추게 해 줌으로써 충돌할 때 받는 힘의 크기를 줄여주고, 자동차의 에어백은 충돌 시간을 길게 해 줌으로써 탑승자가 충돌할 때 받은 힘의 크기를 줄여준다.

오답체크

ㄱ. 병따개는 지렛대의 원리를 이용한 것으로, 길이에 따른 힘의 크기 감소 및 힘의 작용점을 바꿔주는 역할을 한다.

ㄹ. 대포의 긴 포신은 포탄이 힘을 받는 시간을 길게 하여 포탄의 운동량을 크게 하기 때문에 포탄을 더 멀리까지 날아가게 한다.

04
정답 ②

핵심체크

전력 = 전압 × 전류이므로 110 V의 전압에서 2 A의 전류가 흐를 때 공급되는 전력은 110 V × 2 A = 220 W이다.

05
정답 ②

핵심체크

㉠에 공통으로 들어갈 에너지는 빛에너지이다. 광합성은 태양의 빛에너지를 이용하여 포도당(화학 에너지)을 합성하는 과정이며, 반딧불이는 배에 있는 화학 물질을 빛에너지로 전환시켜 빛을 낸다.

06
정답 ①

핵심체크

바람의 운동 에너지를 이용하여 얻을 수 있는 재생 에너지는 풍력 에너지이다. 풍력 발전기를 통해 바람의 운동 에너지를 전기 에너지로 전환할 수 있다.

07 　　　　　　　　　　　정답 ②

📋 **핵심체크**

초전도 케이블은 초전도 현상을 이용한 것으로, 저항이 0이므로 전력 손실이 없어 큰 전류 송전에 유리하다.

🔍 **오답체크**

① · ④ 그래핀, 탄소 나노 튜브는 나노 기술을 이용한 신소재이다.

③ 네오디뮴 자석은 자기적 성질을 이용한 신소재로, 철 원자 사이에 네오디뮴과 붕소를 첨가해 만든 강한 자석이다.

08 　　　　　　　　　　　정답 ④

📋 **핵심체크**

(나)에서 수소(H) 원자는 각각 헬륨(He)과 같은 전자 배치를 이루어 안정해지며, 산소(O) 원자는 네온(Ne)과 같은 전자 배치를 이루어 안정해진다.

➕ **PLUS CHECK 더 알아보기**

공유 결합

• 공유 결합: 비금속 원소의 원자들이 전자쌍을 공유하여 형성되는 화학 결합
• 공유 전자쌍: 두 원자에 서로 공유되어 결합에 참여하는 전자쌍 (전자 2개가 짝을 이룸)
• 공유 결합의 형성: 비금속 원소의 원자들이 서로 전자를 내놓아 전자쌍을 만들고, 이 전자쌍을 공유하여 결합이 형성된다. 이때 각 원자는 비활성 기체와 같은 전자 배치를 이룬다.

09 　　　　　　　　　　　정답 ①

📋 **핵심체크**

HCl(염산) → H^+(수소 이온)$+Cl^-$(염화 이온)이다. 따라서 ㉠은 H^+이다.

🔍 **오답체크**

ㄴ. CH_3COOH(아세트산) → H^+(수소 이온)$+$ CH_3COO^-(아세트산 이온)이므로 ㉡은 H^+이다.

ㄷ. (가)와 (나) 모두 산의 이온화 반응식이며, 공통적으로 수소 이온(H^+)을 내놓으므로 페놀프탈레인 용액을 떨어뜨려도 색이 변하지 않는다.

10 　　　　　　　　　　　정답 ①

📋 **핵심체크**

화학 반응식에서 전자를 잃고 산화되는 물질은 마그네슘(Mg)이다.

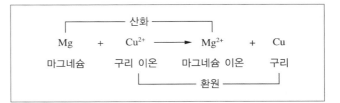

➕ **PLUS CHECK 더 알아보기**

산화 환원 반응

• 산화 환원 반응

산소의 이동	산화	물질이 산소를 얻는 반응
	환원	물질이 산소를 잃는 반응
전자의 이동	산화	물질이 전자를 잃는 반응
	환원	물질이 전자를 얻는 반응

• 산화 환원 반응의 동시성: 어떤 물질이 산소를 얻거나 전자를 잃고 산화되면 다른 물질은 산소를 잃거나 전자를 얻어 환원된다. 즉, 산화와 환원은 항상 동시에 일어난다.

11 　　　　　　　　　　　정답 ②

📋 **핵심체크**

(가)는 원자 번호 3인 Li(리튬), (나)는 원자 번호 11인 Na(나트륨)이다. 같은 족에 속하는 원소는 화학적 성질이 비슷하다. (가)와 (나)는 모두 원자가 전자가 1개이므로 모두 1족에 속한다. 따라서 화학적 성질이 비슷하다.

🔍 **오답체크**

ㄴ. (가)는 전자 껍질이 2개이므로 2주기이며, (나)는 전자 껍질이 3개이므로 3주기에 속한다.

12 　　　　　　　　　　　　　　　　정답 ④

📑 **핵심체크**

HCl에서 이온화된 H^+(수소 이온)과 NaOH에서 이온화된 OH^-(수산화 이온)이 $1:1$의 개수비로 반응하여 물(H_2O)을 생성한다. 따라서 ⊙에 해당하는 것은 H_2O이다.

13 　　　　　　　　　　　　　　　　정답 ②

📑 **핵심체크**

탄수화물, 단백질, 핵산은 모두 단위체의 결합으로 형성되는 물질이다.

🔍 **오답체크**

① 탄소 화합물이다.
③ 저장 에너지원으로 이용되는 것은 지질이다.
④ 생명체 구성 물질 중 가장 큰 비율을 차지하는 것은 물이다.

14 　　　　　　　　　　　　　　　　정답 ①

📑 **핵심체크**

DNA 이중 나선을 형성할 때, 염기 중 아데닌(A)은 타이민(T)과, 구아닌(G)은 사이토신(C)과 결합하므로 － C A T G T G C A -와 상보적으로 결합하는 다른 쪽 가닥의 염기는 － G T A C A C G T -가 된다.

15 　　　　　　　　　　　　　　　　정답 ①

📑 **핵심체크**

식물 세포를 세포 안보다 농도가 높은 설탕 용액에 넣었을 때, 세포 밖의 농도가 높으므로 세포 밖으로 빠져나가는 물의 양이 세포 안으로 들어오는 물의 양보다 많다. 따라서 세포질의 부피가 처음보다 줄어들게 된다. 그 결과 세포막이 세포벽에서 떨어지는 현상이 나타난다. 이에 대한 구체적 예로는 배추 절이기 등이 있다.

16 　　　　　　　　　　　　　　　　정답 ③

📑 **핵심체크**

생물이 다른 생물 및 환경과 밀접한 관계를 맺으며 영향을 주고받는 하나의 시스템을 생태계라고 한다. 생태계의 종류로는 열대 우림, 삼림, 초원 등이 있으며, 생태계는 생물적 요인과 비생물적 요인으로 구성된다.

🔍 **오답체크**

① 하나의 생명체를 의미한다.
② 일정 지역에 사는 같은 종의 개체들의 무리를 의미한다.
④ 빛에너지를 이용하여 스스로 양분을 합성하는 생물을 의미한다.

17 　　　　　　　　　　　　　　　　정답 ③

📑 **핵심체크**

DNA와 RNA 모두 인산 : 당 : 염기$=1:1:1$의 비율로 이루어진 뉴클레오타이드로 구성된다.

🔍 **오답체크**

① DNA는 유전 정보를 저장하고, RNA가 유전 정보를 전달한다.
② RNA는 단일 가닥 구조, DNA는 2중 나선 구조이다.
④ RNA의 염기는 아데닌(A), 사이토신(C), 구아닌(G), 유라실(U)이 있다.

18 　　　　　　　　　　　　　　　　정답 ②

📑 **핵심체크**

광합성이 일어나는 장소는 식물 세포의 엽록체이다. 엽록체에서는 빛에너지를 흡수하고, 이산화 탄소와 물을 원료로 하여 포도당(화학 에너지)과 산소를 생성한다.

19 　　　　　　　　　　　　　　　　정답 ④

📑 **핵심체크**

매머드는 신생대의 표준 화석에 해당한다.

🔍 **오답체크**

① 고생대의 표준 화석에 해당한다.
② · ③ 중생대의 표준 화석에 해당한다.

20

정답 ③

핵심체크

보존형 경계에서는 판이 어긋나면서 마찰이 일어나 천발 지진이 자주 일어나지만, 심발 지진이나 화산 활동은 일어나지 않는다.

21

정답 ①

핵심체크

수소 에너지는 일종의 신에너지로, 수소를 에너지로 이용하는 것이다. 수소는 폭발 위험성이 있어 저장 및 운반에 고도의 기술이 필요하다.

오답체크

②·③·④ 지구 시스템의 에너지원에는 태양 에너지, 조력 에너지, 지구 내부 에너지가 있으며, 태양 에너지가 지구 시스템의 에너지원 중 가장 많은 양을 차지한다.

➕ **PLUS CHECK 더 알아보기**

지구 시스템의 에너지원

태양 에너지	• 발생 원인: 태양의 수소 핵융합 반응 • 지구 시스템에서 자연 현상을 일으키는 근본적인 에너지원이다. • 물의 순환 등을 일으킨다.
지구 내부 에너지	• 발생 원인: 지구 내부의 방사성 원소의 붕괴열 • 맨틀 대류를 일으켜 판을 움직이며, 화산 활동 등을 일으킨다.
조력 에너지	• 발생 원인: 달과 태양의 인력 • 밀물과 썰물을 일으켜 해안 생태계와 지형 변화에 영향을 준다.

22

정답 ①

핵심체크

초신성 폭발(Ⅲ) 과정에서 철보다 무거운 원소인 금, 구리, 우라늄 등의 원소가 생성되어 우주로 방출되었다.

23

정답 ④

핵심체크

우주 초기 입자들은 ㉢-㉣-㉡-㉠의 순으로 생성되었다. 우주의 온도가 낮아지면서 점차 무거운 입자가 생성된다.

24

정답 ②

핵심체크

화석 연료는 동식물의 유해가 지각에 매몰되어 오랜 시간 동안 고온·고압을 받아 형성된 것으로, 석탄, 석유, 천연가스가 대표적이다.

오답체크

① 매장량이 한정되어 있다.

③·④ 화석 연료가 연소할 때 이산화 탄소가 주로 발생하며, 이는 지구 온난화의 주범이다.

25

정답 ③

핵심체크

적도 부근 동태평양 해역의 표층 수온이 평년보다 낮은 상태가 지속되는 현상은 라니냐이며, 높은 상태가 지속되는 현상은 엘니뇨이다. 라니냐는 무역풍이 평상시보다 강해질 때, 따뜻한 해수가 서쪽으로 이동하면서 발생한다. 동태평양 부근은 강수량이 감소하여 가뭄과 산불이 발생하고, 서태평양 부근은 강수량이 증가하여 홍수와 폭우가 발생한다.

01	02	03	04	05	06	07	08	09	10
②	①	③	④	③	③	④	①	①	②

11	12	13	14	15	16	17	18	19	20
①	③	①	③	①	②	①	②	②	③

21	22	23	24	25
④	②	④	①	④

01 　　　　　정답 ②

📑 **핵심체크**

청동기 시대에 벼농사를 짓기 시작하면서 반달 돌칼을 이용하여 곡식을 수확하였다.

🔍 **오답체크**

①·③ 구석기 시대의 유물이다.
④ 신석기 시대의 유물이다.

02 　　　　　정답 ①

📑 **핵심체크**

삼한은 소도라는 신성 지역을 따로 두어 제사장인 천군이 이를 관리하는 제정 분리 사회였다. 소도에는 정치적 군장의 힘이 미치지 못하여 죄인이어도 소도로 도망가면 붙잡아 갈 수 없었다.

🔍 **오답체크**

② 통일 신라 신문왕 때 주요 지역에 5소경을 설치하였다.
③ 부여는 왕 아래 마가, 우가, 저가, 구가의 가(加)들이 각자의 행정 구역인 사출도를 다스렸다.
④ 백제 무령왕은 지방에 22담로를 설치하고 왕족을 파견하여 지방에 대한 통제를 강화하였다.

03 　　　　　정답 ③

📑 **핵심체크**

고려 광종은 광덕, 준풍 등의 독자적인 연호를 사용하여 국왕의 권위를 높이고자 하였다. 과거제를 실시하여 신구 세력의 교체를 도모하였으며, 노비안검법의 시행으로 호족의 세력을 약화시켰다.

04 　　　　　정답 ④

📑 **핵심체크**

신라 진흥왕 때 원광의 세속 5계를 생활 규범으로 삼아 심신을 수련하는 화랑도를 국가적인 조직으로 확대·개편하였다. 화랑도는 교육적·군사적·사교적 기능을 가지고 있었다.

🔍 **오답체크**

① 동예에는 각 부족의 영역을 중요시하여 그 영역을 침범하는 경우 노비와 소, 말로 갚게 하는 책화라는 제도가 있었다.
② 고구려에는 혼인을 하면 신랑이 신부 집 뒤에 서옥이라는 집을 짓고 생활하다가 자식이 자라서 어른이 되었을 때 신랑 집으로 돌아가는 풍습인 서옥제가 있었다.
③ 신라는 골품제라는 특수한 신분 제도를 운영하였다. 골품에 따라 관직 승진에 제한을 두었으며, 가옥의 규모와 장식물, 복색, 수레의 크기 등 일상생활까지 규제하였다.

05 　　　　　정답 ③

📑 **핵심체크**

경주 불국사 삼층 석탑(석가탑)은 경주 불국사 대웅전 앞에 있는 석탑이다. 석가탑이라고도 부르며, 해체·수리 과정에서 현존하는 세계에서 가장 오래된 목판 인쇄물인 무구정광대다라니경이 발견되었다.

🔍 **오답체크**

① 무왕 때 창건되었으며, 우리나라에서 가장 크고 오래된 백제의 석탑이다.
② 신라의 석탑 중 가장 오래된 석탑이다.
④ 부여 정림사터에 있는 백제의 대표적인 석탑이다.

06 　　　　　정답 ③

📑 **핵심체크**

무신 정권 해체 이후 강화도에 있던 고려 조정이 개경으로 환도하면서 몽골과의 강화가 성립되었다. 삼별초는 이에 반발하여 배중손의 지휘 하에 진도, 제주도로 이동하여 대몽 항쟁을 전개하였다.

오답체크

① 고종은 개화 정책의 일환으로 기존 5군영을 무위영과 장어영의 2영으로 개편하고 신식 군대인 별기군을 설치하였다.

② 조선 정조는 왕권을 뒷받침하는 군사적 기반을 갖추기 위해 친위 부대인 장용영을 설치하였다.

④ 고려 숙종 때 여진이 고려의 국경을 자주 침입하자 윤관이 왕에게 건의하여 신기군, 신보군, 항마군으로 구성된 별무반을 편성하였다.

07
정답 ④

핵심체크

고구려 고국천왕은 국상인 을파소의 건의에 따라 먹을거리가 부족한 봄에 곡식을 빌려주고 겨울에 갚게 하는 빈민 구제책인 진대법을 실시하였다.

오답체크

① 고려 태조 때 실시한 흑창은 춘궁기에 곡식을 빌려주고 추수 후에 회수하던 제도로, 성종 때 쌀을 1만 석 보충하여 시행하면서 의창이라고 불렀다.

② 조선 영조는 백성들의 군역 부담을 줄이기 위해 기존 1년에 2필씩 납부하던 군포를 1필로 줄이는 균역법을 실시하였다.

③ 조선 인조는 농민들의 부담을 줄여주기 위해 영정법을 실시하여 풍흉에 관계없이 전세를 토지 1결당 쌀 4두로 고정시켰다.

08
정답 ①

핵심체크

공민왕은 원의 간섭에서 벗어나기 위해 반원 자주 정책을 추진하여 쌍성총관부를 공격하고 철령 이북 지역을 수복하였다. 또한, 왕권 강화와 민생을 돌보기 위해 신돈을 등용하고 전민변정도감을 설치하여 불법 농장을 없애고 토지를 원래 주인에게 돌려주었다.

오답체크

ㄷ. 임진왜란 초기 조선은 유성룡의 건의에 따라 포수, 살수, 사수로 이루어진 훈련도감을 설치하였다.

ㄹ. 조선 정조는 사도 세자의 묘를 수원으로 옮기고 화성을 세워 정치적·군사적 기능을 부여하였다.

09
정답 ①

핵심체크

조선 전기 세종은 집현전을 설치하고 학문 연구와 경연을 담당하게 하여 유교 정치의 활성화를 꾀하였다. 세종은 집현전 학사들과 음운과 문자에 관한 연구를 거듭하여 훈민정음을 창제하였다.

오답체크

② 통일 신라 흥덕왕 때 장보고는 완도에 청해진을 설치하여 해상 무역을 전개하였다.

③ 조선 후기에 상업의 발달로 담배, 면화, 인삼 등 상품 작물이 재배되었다.

④ 고려 때 거란의 침입을 부처님의 힘으로 물리치고자 초조대장경을 제작하였다.

10
정답 ②

핵심체크

이자겸의 난 이후, 인종은 왕권 회복을 위해 정치 개혁을 추진하였다. 이 과정에서 김부식 중심의 개경 세력과 묘청, 정지상 중심의 서경 세력 간 대립이 발생하였다. 서경 세력은 서경 천도와 칭제 건원, 금 정벌을 주장하였으나, 받아들여지지 않았다. 이에 묘청은 서경에서 반란을 일으켰고, 김부식의 관군에 의해 진압되었다.

오답체크

① 고려 문신들과의 차별 대우에 분노한 무신들이 정변을 일으켜 의종을 폐위하고 명종을 즉위시키며 정권을 장악한 사건이다.

③ 고려 최씨 무신 정권 때 최충헌의 노비인 만적이 신분 차별에 항거하는 반란을 도모하였으나, 사전에 발각되어 실패한 사건이다.

④ 고부 군수 조병갑의 횡포에 반발한 농민들이 동학 농민 운동을 일으킨 사건이다.

11 정답 ①

📋 핵심체크

3·1 운동은 고종의 인산일을 계기로 일어난 전국적 민족 운동이다. 민족의 주체성을 확인하는 계기가 되어 대한민국 임시 정부가 수립되었으며, 중국의 5·4 운동에 영향을 주었다.

🔍 오답체크

② 교육·산업 등의 분야에서 실력을 양성하여 국권을 회복하는 것을 목적으로 한 계몽 운동이다.
③ 순종의 인산일에 학생들을 중심으로 전개된 만세 운동이다.
④ 한국인 학생에 대한 차별과 식민지 교육에 대한 반발로 발생한 항일 운동이다.

12 정답 ③

📋 핵심체크

통일 신라 말 뛰어난 학문 실력을 바탕으로 새롭게 등장한 6두품 세력은 신분 제도인 골품제를 비판하고, 새로운 정치 이념과 사회상을 제시하였다.

🔍 오답체크

① 일제 강점기에 백정들은 사회적 차별을 철폐하기 위해 조선 형평사를 결성하고 형평 운동을 전개하였다.
② 통일 신라 말 지방에서 성주·장군을 자처하며 형성된 호족 세력은 중앙 정부의 통제에서 벗어나 지방의 행정권과 군사권을 장악하였다.
④ 고려 말 새로운 정치 세력으로 등장한 신진 사대부는 주로 과거를 통해 정계에 진출하였으며, 성리학을 이론적 근거로 두고 권문세족의 비리를 비판하였다.

13 정답 ①

📋 핵심체크

임진왜란 이후 조선은 국토가 황폐화되고, 양안·호적의 소실로 국가 재정이 매우 궁핍해졌다. 이에 납속책으로 공명첩을 발행하여 신분제가 동요하기 시작하였다. 중앙에서는 비변사가 모든 정무를 총괄하는 최고 기구 역할을 하게 되고, 왕권이 약화되었다.

14 정답 ③

📋 핵심체크

조선 후기 김정호가 10리마다 눈금을 표시하여 거리를 알 수 있게 한 대동여지도를 제작하였다.

15 정답 ①

📋 핵심체크

군국기무처는 갑오개혁의 시행을 위해 설치된 기구로, 김홍집이 총재관을 맡아 정치, 군사에 관한 일체의 사무를 담당하였다. 제1차 갑오개혁 때 청의 연호를 폐지하고 개국 기원을 사용하였으며, 과거제와 신분제를 폐지하였다.

🔍 오답체크

② 김옥균, 박영효를 중심으로 한 급진 개화파는 우정총국 개국 축하연 자리에서 갑신정변을 일으켰다.
③ 아관 파천은 을미사변으로 인해 신변의 위협을 느낀 고종이 러시아 공사관으로 피신한 것을 말한다.
④ 동학 농민 운동 당시 농민군은 조선 정부와 전주 화약을 맺고 집강소를 설치하여 폐정 개혁을 실시하였다.

16 정답 ②

📋 핵심체크

미국이 상선을 이끌고 평양 대동강에 들어와 교역을 요구하다가 평양 관민들의 저항으로 배가 불태워지는 제너럴셔먼호 사건이 발생하였다. 이후 1871년 미국이 이를 구실로 강화도에 침입하여 신미양요가 발생하였다. 어재연이 이끄는 조선 군대가 초지진, 광성보를 점령한 미국군에 맞서 항전하였다.

🔍 오답체크

① 흥선 대원군이 천주교에 대한 탄압을 단행하면서 병인박해가 발생하였다.
③ 신식 군대인 별기군과 차별 대우를 받던 구식 군대가 선혜청과 일본 공사관을 습격하면서 임오군란이 발생하였다.
④ 일본은 자객을 보내 경복궁을 습격하여 명성 황후를 시해하는 을미사변을 일으켰다.

17 정답 ①

핵심체크

독립신문은 우리나라 최초의 민간 신문으로, 서재필이 정부의 지원을 받아 창간하였으며, 한글판과 영문판 두 종류로 발행되었다.

오답체크

② 민중 계몽과 자주독립 의식 고취를 목적으로 하였으며, 한글로 간행된 신문이다.
③ 양반과 지식인을 대상으로 창간된 국한문 혼용 신문으로, 「시일야방성대곡」을 게재하여 을사늑약의 부당함을 알렸다.
④ 영국인 베델이 창간한 신문으로, 국채 보상 운동을 전국적으로 확산시키는 데 기여하였다.

18 정답 ②

핵심체크

홍범도의 대한 독립군은 대한 국민회군, 군무도독부 등의 독립군과 연합하여 일본군과의 봉오동 전투에서 큰 승리를 거두었다.

오답체크

① 한인 애국단 소속의 이봉창은 도쿄에서 일본 국왕의 마차에 폭탄을 투척하였다.
③ 김좌진은 북로 군정서 사령관으로서 청산리 대첩을 주도하여 일본군을 상대로 큰 승리를 거두었다.
④ 최익현은 일본이 강화도 조약 체결을 요구하자 왜양일체론을 주장하며 일본과의 수교를 반대하였다.

19 정답 ②

핵심체크

㉠ 일본은 운요호 사건을 계기로 조선에 통상 조약 체결을 요구하였다. 이로 인해 최초의 근대적 조약이자 불평등 조약인 강화도 조약을 체결하게 되었다(1876).
㉢ 일제의 강압으로 을사늑약을 체결하면서 대한 제국의 외교권이 박탈되고 통감부가 설치되었다(1905).
㉡ 일제는 한일 병합 조약을 체결하면서 최고 식민 통치 기구인 조선 총독부를 설치하였다(1910).

20 정답 ③

핵심체크

고종은 을사늑약 체결의 부당함을 알리기 위해 이준, 이상설, 이위종을 헤이그에서 열린 만국 평화 회의에 비밀 특사로 파견하였다.

오답체크

① 김구와 김규식은 남한의 단독 정부 수립에 반대하며 평양에서 남북 협상을 하였다.
② 김구는 대한민국 임시 정부의 활로 모색을 위해 상하이에서 한인 애국단을 조직하였다.
④ 김구는 1940년 대한민국 임시 정부의 주석으로 선출되었다.

21 정답 ④

핵심체크

보안회는 일제의 황무지 개간권 요구를 반대하는 운동을 전개하여 이를 철회시켰다.

오답체크

① 일제 강점기에 백정들은 사회적 차별을 철폐하기 위해 조선 형평사를 결성하고 형평 운동을 전개하였다.
② 동아일보는 문맹 퇴치 운동의 일환으로 브나로드 운동을 전개하였다.
③ 안창호와 양기탁을 중심으로 결성된 신민회는 평양에 대성 학교(안창호), 정주에 오산학교(이승훈)를 세워 민족 교육을 전개하였다.

22 정답 ②

핵심체크

대한 제국은 광무개혁 때 양지아문을 설치하여 양전 사업을 실시하였고, 지계아문을 통해 토지 소유 문서인 지계를 발급하여 근대적 토지 소유권을 확립하고자 하였다. 대원수로서 모든 군대를 통솔하기 위해 황제 직속의 군 통수 기관인 원수부를 설치하였다. 제2차 갑오개혁 때 고종은 홍범 14조를 반포하여 제1차 갑오개혁의 내용을 재확인하고, 제2차 갑오개혁의 방향을 제시하였다.

23

정답 ④

📵 **핵심체크**

광주 5·18 민주화 운동은 신군부의 비상계엄 확대를 반대하며 일어났다. 신군부가 공수 부대를 동원하여 시위대를 무력으로 진압하자 학생과 시민들이 시민군을 결성하여 대항하면서 격화되었다. 시민군은 마지막까지 저항하다가 신군부 계엄군의 무차별 사격으로 진압되었다. 5·18 민주화 운동은 우리나라 민주화 운동의 밑거름이 되었으며, 2011년에는 관련 기록물이 유네스코 기록 유산으로 등재되었다.

🔍 **오답체크**

① 이승만과 자유당 정권의 3·15 부정 선거에 대한 저항으로 4·19 혁명이 발발하여 이승만이 하야하였다.

② 박종철 고문치사 사건과 전두환 신군부의 4·13 호헌 조치가 원인이 되어 6월 민주 항쟁이 전국적으로 확산되었다.

③ 김영삼의 정치적 근거지인 부산과 마산에서 박정희 정권의 유신 체제에 반대하는 시위가 일어나면서 부마 민주 항쟁이 전개되었다.

24

정답 ①

📵 **핵심체크**

조선 숙종 때 간도 지역을 두고 청과 국경 분쟁이 발생하자 조선과 청의 두 나라 대표가 백두산 일대를 답사하고 국경을 확정하여 백두산정계비를 세웠다. 일제강점기 때에는 일제가 봉오동 전투와 청산리 전투 패배에 대한 보복으로 간도 지역의 수많은 한국인을 학살하는 간도 참변을 저질렀다.

25

정답 ④

📵 **핵심체크**

노태우 정부는 1988년에 서울 올림픽을 성공적으로 개최하고 적극적인 북방 외교 정책을 펼쳤다. 이를 통해 남북 기본 합의서를 채택하고, 남북한이 유엔에 동시 가입하는 성과를 이루어냈다.

제7교시	도덕						271~275쪽		
01	**02**	**03**	**04**	**05**	**06**	**07**	**08**	**09**	**10**
①	②	②	③	①	③	③	③	①	④
11	**12**	**13**	**14**	**15**	**16**	**17**	**18**	**19**	**20**
②	④	①	②	③	②	③	①	③	②
21	**22**	**23**	**24**	**25**					
①	④	②	④	③					

01

정답 ①

📵 **핵심체크**

생명 윤리는 출생과 죽음에 관련한 윤리 문제와 생명의 가치에 대한 논의에 초점을 두며 낙태, 자살, 안락사, 뇌사, 생명 복제 등의 윤리적 문제를 중요하게 다룬다.

🔍 **오답체크**

② 예술, 종교, 의식주와 관련한 윤리 문제와 특히 다문화 사회에서 발생하는 윤리 문제를 중시하는 분야이다.

③ 과학 기술의 가치 중립성, 과학자의 사회적 책임, 정보 기술 발달 등의 윤리적 문제를 중시하는 분야이다.

④ 사회 구조나 제도에 관해 발생하는 윤리 문제를 다루는 분야이다.

02

정답 ②

📵 **핵심체크**

자연법 윤리는 모든 인간에게 자연적으로 주어진 보편적인 법을 말한다. 실정법과 대비되는 개념으로, 언제 어디서나 유효하고 보편·불변적 법칙이 있다고 본다. 대표 사상가로는 스토아학파와 토마스 아퀴나스가 있다.

🔍 **오답체크**

① 행위자의 성품을 평가한 후 그것을 바탕으로 행위의 옳고 그름을 판단해야 한다고 보는 이론이다. 행위자는 윤리적으로 옳고 선한 결정을 하기 위해 유덕한 품성을 길러야 한다고 주장한다.

③ 옳은 행위를 결정하는 기준이 유용성의 원리라고 주장하는 이론이다. 쾌락과 행복을 가져다주는 행위를 옳은 행위로 간주한다.

④ 행위의 옳고 그름은 그 행위가 의무나 도덕 법칙에 부합하느냐에 따라 결정된다고 보는 이론으로, 대표적으로 자연법 윤리와 칸트의 의무론이 있다.

03
정답 ②

핵심체크
공자는 사회 구성원 각자가 자신의 역할과 신분에 맞는 덕을 실현해야 한다는 정명(正名) 사상을 강조하였다. 벤담은 사회는 개인의 집합체이므로 개인의 행복과 사회 전체의 행복은 연결되어 있으며, 더 많은 사람이 행복을 누리는 것이 바람직하다고 보았다.

오답체크
ㄴ. 맹자는 누구에게나 주어져 있다는 선한 마음인 사단(四端)을 바탕으로 수양하면 도덕적으로 완성된 인간인 성인(聖人)과 군자(君子)가 된다고 하였다.
ㄹ. 소크라테스는 반성하지 않는 삶은 살 가치가 없다고 하며, 반성적으로 검토하는 삶을 강조하였다.

04
정답 ③

핵심체크
남북한 통일을 통해 서로 다른 이념과 사상 속에서 형성된 정치·경제·사회·문화의 이질화 현상을 극복할 수 있다.

05
정답 ①

핵심체크
제시된 글은 뇌사에 대한 찬반 토론의 내용이다. 뇌사는 뇌 활동이 회복 불가능하게 정지된 상태를 의미한다.

06
정답 ③

핵심체크
도가는 우주 만물의 근원인 도(道)에 따라 인위적으로 강제하지 않는 무위자연(無爲自然)의 삶을 강조하였으며, 세속적 가치에 대한 욕망에서 벗어나 내면의 자유로움을 추구하였다. 대표 학자로 노자와 장자가 있다.

07
정답 ③

핵심체크
사회 문화적 성(gender)은 사회적·문화적으로 만들어지는 여성다움과 남성다움을 통칭하는 것이다.

오답체크
④ 성적 관심, 성적 활동 등 성적 욕망과 관련된 것이다.

08
정답 ③

핵심체크
민주 시민은 국가의 주권자로서 자유를 행사할 권리를 가지며, 국가에 대해 생명·재산·인권의 보호, 사회 보장과 복지 증진, 공공재의 효율적인 관리와 제공 등을 요구할 수 있다. 동시에 민주 시민은 사회의 질서 유지·조정을 위한 임무가 있다. 국가의 정당한 권위를 존중하고 국방·납세·교육·정치 참여의 의무 등을 잘 이행해야 한다. 민주 시민의 권리와 의무는 유기적으로 연결되어 있다. 시민의 의무를 성실히 수행할 때 개인의 권리가 올라가므로 민주 시민이자 국가 공동체의 구성원으로서 많은 권리와 혜택을 올바로 행사하려면 공동체에 대한 의무 또한 이행해야 한다.

09
정답 ①

핵심체크
양지(養志)는 부모님을 즐겁게 해 드린다는 의미로, 부모와 자녀 간의 가족 윤리이다. 형우제공(兄友弟恭)은 형제 간에 서로 우애 깊게 지낸다는 의미로, 형재자매 간의 가족 윤리이다.

오답체크
• 우애(友愛): 형제자매간에 서로 사랑하고 공경해야 한다는 뜻이다.
• 부자유친(父子有親): 부모는 자식에게 인자하고 자녀는 부모를 잘 섬겨야 한다는 뜻이다.
• 정조(貞操): 부부가 된 이후에는 부부간의 윤리로 배우자에 대한 정조를 지켜야 한다는 뜻이다.
• 교우이신(交友以信): 벗을 사귈 때는 믿음으로 사귄다는 뜻이다.

1일차
2일차
3일차
4일차
5일차
6일차
7일차

10

핵심체크

측은지심(惻隱之心)은 사단(四端) 중 하나로, 남을 불쌍히 여기는 마음을 이른다. 인의예지(仁義禮智) 가운데 인에서 우러나온다.

오답체크

① 자신의 잘못을 부끄러이 여기고 남의 잘못을 미워하는 마음을 이른다.

② 겸손하고 양보하는 마음을 이른다.

③ 옳고 그름을 가리는 마음을 이른다.

11

정답 ②

핵심체크

스핑건은 미적 가치와 도덕적 가치는 무관하므로 윤리가 예술에 관여해서는 안 된다는 심미주의의 대표 사상가이다. 그는 시(詩)가 도덕적이거나 비도덕적이라고 말하는 것은 정삼각형이 도덕적이고 이등변 삼각형이 비도덕적이라고 말하는 것과 같이 무의미하다고 주장하며 예술에 대한 윤리적 규제에 반대하였다.

12

정답 ④

핵심체크

사회 윤리는 윤리 문제의 원인을 사회 구조나 제도의 부조리에서 찾으며 공동선과 사회 정의 실현을 과제로 삼는다. 저작권 침해 문제가 발생하는 경우, 처벌이나 제제와 같은 제도적인 장치를 마련해야 한다고 주장한다.

13

정답 ①

핵심체크

제시된 글은 부유세에 대한 내용이다. 부유세는 일정한 금액 이상의 자산을 보유하고 있는 사람에게 비례·누진적으로 세금을 부과하는 것을 말한다.

오답체크

② 사회 여러 분야의 채용이나 승진에서 일정한 비율을 여성에게 배분하는 제도이다. 여성에 대한 부당한 차별을 바로잡기 위해 실시한다.

③ 지방 학생에게 유리한 내신 성적을 기준으로 입학생을 뽑는 것을 말한다.

④ 실직자, 노숙자, 저소득 취약 계층에게 재취업의 기회를 제공하고자 시행하고 있는 실업 대책 사업 중 하나이다.

➕ PLUS CHECK 더 알아보기

우대 정책에 대한 찬반 입장

찬성	• 사회적 격차 해소와 긴장 완화 • 과거의 부당한 차별에 대한 보상 • 사회적 운으로 발생한 불평등을 시정하여 기회의 평등 보장
반대	• 과거의 피해와 현재의 보상 사이의 불일치 발생 • 업적주의에 위배되며 다른 집단에 대한 차별 발생

14

정답 ②

핵심체크

도덕적 추론은 도덕적 탐구 과정에서 옳고 그름을 판단하는 도덕 원리(법을 준수해야 한다.)가 우선되어야 한다. 그 후 참과 거짓을 구분하는 사실 판단(무단횡단은 법을 어기는 행동이다.)이 이어져야 하며, 논리적 과정을 통해 올바른 도덕 판단(무단횡단을 해서는 안 된다.)을 내리는 과정으로 이루어져야 한다.

15

정답 ③

핵심체크

사이버 불링은 사이버 공간에서 특정인을 지속적으로 공격하거나 괴롭히는 행위를 뜻한다.

오답체크

① 지역, 소득, 교육 수준, 성별 등의 차이로 인해 정보에 대한 접근 및 이용에 차별이 발생하여 사회·경제적 불평등이 초래되는 현상을 의미한다.

② 자신의 의사와 무관하게 개인 정보가 다른 사람에게 노출되거나 악용되는 것을 말한다.

④ 인터넷으로 글이나 자료를 올릴 때 본인의 실명과 주소를 사용하도록 하는 제도이다.

16

📋 핵심체크

소비자는 대중문화에 대한 성찰과 비판적 시각을 가지고 이를 능동적·주체적으로 수용하며 수동적인 소비 주체에서 탈피해야 한다.

🔍 오답체크

① 대중문화를 주체적으로 선별하고 비판적으로 수용해야 한다.

③ 양질의 작품을 소비하도록 노력한다.

④ 저작권을 존중하여 정당한 가격을 치르고 즐긴다.

17

📋 핵심체크

과학 기술이 사회의 모든 문제를 해결할 수 있으며, 인간에게 많은 혜택을 준다는 것은 과학 기술 지상주의에 대한 설명으로, 과학 기술의 부정적 측면을 강조한다.

🔍 오답체크

ㄱ·ㄷ. 과학 기술 혐오주의에 대한 설명으로, 과학 기술의 부정적 측면을 강조한다.

18

📋 핵심체크

공직자는 국가 기관이나 공공 단체의 일을 맡아보는 직책이나 직무에 종사하는 사람이다. 국민의 봉사자로서 친절하고 공정하게 직무에 임해야 할 필요가 있다.

🔍 오답체크

② 공사를 구분하고 공익을 실현하기 위해 노력해야 한다.

③ 위임받은 권한을 남용하지 않는다.

④ 직무를 이용하여 부당하게 이득을 취하지 않아야 한다.

19

📋 핵심체크

자연을 경제 성장과 복지 향상의 도구로 생각하는 환경 개발론에 대한 입장이다.

20

📋 핵심체크

싱어는 동물 중심주의 사상가로, 공리주의적 관점에서 동물도 쾌락과 고통을 느끼므로 도덕적 고려의 대상이라고 보았다. 동물이 인간과 마찬가지로 쾌락과 고통을 느끼므로 동물을 고통에서 해방시키자는 취지의 동물 해방론을 주장하였으며, 종이 다르다는 이유로 동물을 차별하는 것은 옳지 않다고 보며 종 차별주의에 반대하였다.

🔍 오답체크

① 이성적 존재인 인간만이 도덕적·자율적 주체가 될 수 있다고 보는 인간 중심주의 사상가이다.

③ 무생물을 포함한 생태계 전체를 고려 대상으로 삼는 생태 중심주의 사상가이다.

④ 도덕적 고려를 모든 생명체로 확대한 생명 중심주의 사상가이다.

21

📋 핵심체크

노직은 해외 원조를 자선의 관점으로 보아 의무가 아니라고 주장하였다. 개인은 정당한 절차를 통해 취득한 재산에 대해 절대적 소유권을 가지므로 자신의 부를 어떻게 이용할지는 개인의 자유라고 보았다.

🔍 오답체크

② 칸트는 타인의 곤경에 무심한 태도는 보편적인 윤리로 통용될 수 없다고 보았으며, 선행의 실천이 도덕적인 의무라고 주장하였다.

③ 싱어는 공리주의적 관점에서 해외 원조는 인류에게 주어진 의무라고 주장하며, 누구나 차별 없이 도움을 받아야 한다고 주장하였다.

④ 롤스는 해외 원조는 정의 실현을 위한 의무로, 고통받는 사회가 '질서 정연한 사회'가 되도록 돕는 것이라고 주장하였다.

22 정답 ④

📑 **핵심체크**

종교와 윤리는 모두 도덕성을 중요시하며, 대부분의 종교는 윤리에서 강조하는 보편 윤리를 포함하고 있다.

🔍 **오답체크**

ㄱ. 종교는 윤리와는 달리 초월적인 세계, 궁극적인 존재를 상정한다.

ㄴ. 종교에서는 종교에서 상정한 세계와 존재에 대한 신념이나 교리를 따른다. 윤리에서는 종교적으로 중립적인 태도를 갖추고 인간의 이성, 양심, 상식에 기초하여 윤리 규범을 도출한다.

23 정답 ②

📑 **핵심체크**

생태계를 보존하고 지속 가능하게 하는 친환경 소비는 윤리적 소비라고 할 수 있다. 또한, 지역 농산물을 소비하는 로컬 푸드와 '좋고 깨끗하고 공정한 먹거리'를 실현하고자 하는 슬로푸드 운동은 음식 문화의 윤리적 소비에 대한 대표적인 예이다.

🔍 **오답체크**

(가) 모피, 털, 가죽 등을 이용한 상품은 동물의 생명과 고통을 외면한 소비이므로 윤리적 소비가 아니다.

(라) 짧은 주기로 대량 생산하여 판매하는 패스트 패션은 환경 문제와 자원 낭비를 가져올 수 있으므로 윤리적 소비가 아니다.

24 정답 ④

📑 **핵심체크**

관용은 타 문화에 대해 배타적인 태도를 보이거나 간섭하지 않는 것을 말한다. 관용을 통해 서로 다른 문화를 가진 사람들이 평화롭게 공존할 수 있으나, 모든 문화에 대해 관용을 무제한으로 허용하면 타인의 인권과 자유를 침해하고 사회 질서를 훼손할 수 있다.

🔍 **오답체크**

① 문화적 편견이 타인의 보편적 권리를 침해할 경우 심각한 문제가 발생할 수 있으므로 이를 극복해야 한다.

② 문화 상대주의는 문화의 고유성과 상대적 가치를 이해하고 타 문화를 존중하는 태도로, 문화적 차이에 따른 갈등 예방과 다양한 문화의 공존을 위해 필요하다.

③ 화이부동(和而不同)은 자신의 문화적 정체성을 버리지 않으면서도 다른 사람들과 조화롭게 살아가는 것으로, 타 문화와 평화롭게 공존하기 위해 필요한 자세이다.

25 정답 ③

📑 **핵심체크**

제시된 글은 세대 갈등에 대한 내용이다. 세대 갈등은 세대 간의 의식과 가치관 차이가 커지면서 서로의 차이를 인정하지 못하여 발생하는 것이다. 이는 어느 사회에서나 경험의 차이로 나타나는 보편적인 갈등이다. 갈등으로 인한 충돌과 대립이 일상화되면 개인의 고통이 심화되며, 사회적 역량 결집과 사회 발전을 방해하므로 이를 해소하기 위한 노력이 필요하다.

2025 시대에듀 고졸 검정고시 7일 완성 실전 모의고사

개정2판1쇄 발행	2025년 01월 10일 (인쇄 2024년 10월 18일)
초 판 발 행	2023년 03월 03일 (인쇄 2023년 01월 05일)
발 행 인	박영일
책 임 편 집	이해욱
편 저	편집기획실
편 집 진 행	이미림 · 박누리별 · 김하연 · 백나현
표지디자인	하연주
편집디자인	장성복 · 차성미
발 행 처	(주)시대에듀
출 판 등 록	제10-1521호
주 소	서울시 마포구 큰우물로 75 [도화동 538 성지 B/D] 9F
전 화	1600-3600
팩 스	02-701-8823
홈 페 이 지	www.sdedu.co.kr

I S B N	979-11-383-7901-4 (13370)
정 가	25,000원

2025

고졸 검정고시

실전 모의고사

7일 **완성**

STRONG

빛나는 당신의 내일을 위해 ——— 시대에듀가 함께합니다.